大平正芳秘書官日記

森田一［著］
福永文夫・井上正也［編］

東京堂出版

はじめに

本書は、大平正芳元首相の女婿であり、田中角栄内閣の外相・蔵相および三木武夫内閣の蔵相時代に大平の秘書官を務めた森田一氏の日記の翻刻である（以下敬称略）。時期的には、田中内閣が成立した一九七二（昭和四十七）年七月七日から三木内閣のもとで総選挙が行われた翌々日の七六年十二月七日までが収められている。

編者が本日記の存在を知ったのは、小池聖一広島大学助教授（当時）を研究代表者とする共同研究「大平正芳関係文書の整理・公開・保存および研究基盤の創出に関する調査研究（科学研究費補助金基盤研究B、二〇〇三年―二〇〇五年度）」のメンバーに加えてもらったことによる。当時大平文書は、香川県観音寺市の大平正芳記念館に所蔵されていた。日記は非公開であったが、拙著『大平正芳――「戦後保守」とは何か』（中公新書、二〇〇八年）を刊行する際、拝見・引用させていただくことができた。日記については、ご家族も拙著が出るまでその存在を知らなかったという。

まず、著者である森田一の略歴を記しておく。

氏は一九三四（昭和九）年五月、香川県坂出市の、両親ともに医師を務める家庭に三人兄弟の長男として生まれた。坂出高校を経て高松高校を卒業後、医師をめざして東京大学理科二類に入学した。在学中、坂出市出身の先輩でもある津島寿一元蔵相の知遇を得たことは氏にとって一つの転機となった。津島の勧めもあり、文科一類に転科し、卒業後の一九五七（昭和三十二）年に大蔵省へ入った。その経緯は、大平と似ている。将来の事務次官コースといわれた大臣官房文書課に配属された。

大平とは津島の紹介で知ることになり、大平（当時は官房長官）に見込まれて一九六一年十月、その長女芳子と結婚した。六二年七月池田勇人内閣の改造で大平が外相に就任すると、大蔵省から出向し、退任する六四年七月まで秘書官を務めた。

その後、一旦大蔵省に戻ったが、一九七二年七月に田中内閣が成立し、大平が二度目の外相に就任すると、再びその秘書官を命じられた。大平が蔵相に横滑りすると同秘書官となり、大平が自民党幹事長に就任すると大蔵省に戻ったが、一九七八（昭和五十三）年には大平首相秘書官となった。その半生は大平とともにあり、その政治家としての事績を身近で見てきた一人である。氏自身は、一九八〇年六月初の衆参同日選挙の最中に急逝した大平の跡を継ぎ、衆議院議員に初当選。以後、二〇〇五（平成十七）年に引退するまで八期二五年務めた。二〇〇〇年の第二次森喜朗内閣では、運輸大臣兼北海道開発庁長官として初入閣している。

森田がこの日記をしたためるきっかけは、岳父大平から日記を書いておくようにと言われたことに始まる。氏によると、大平は将来回顧録を書く際に日記を参照したいと考えていたという。その意味で本書は、森田日記でありながら、実質的には政治家としての大平の行動記録であり、本書のタイトル「大平正芳秘書官日記」の由来もここにある。

日記は市販の自由日記五冊と、大学ノート一冊の、計六冊からなる。仕様は以下の通りである。

『自由日記』（株）マルマン	昭和四十七年七月七日〜昭和四十八年九月十九日
『自由日記 春秋』（株）ミドリ	昭和四十八年九月二十三日〜昭和四十九年十月六日
『自由日記 歳時記』（株）チダ・ハンドラー	昭和四十九年十月八日〜昭和五十年十月十四日
『随想日記 四季』（株）サンエックス	昭和五十年十月十五日〜昭和五十一年十月二十三日
『自由日記 春秋』（株）ミドリ	昭和五十一年十月二十五日〜同十二月七日
『訪中日記』大学ノート	昭和四十七年九月二十五日〜同九月三十日

日記には、おおよそ見開き半頁一杯に、大平の面会記録や会合日時など一日の動きが丹念につづられている。当日書かれたものもあるが、内容から推察して数日分まとめて書かれたところも見受けられる。また、ときに大平自身が語ったと思われるさまざまな言が簡潔にまとめられている。氏は秘書官として、たとえば同乗した車中など、折に触れ大平の考えを聞き、意見を述べることもあったという。とはいえ、日記には書きたいことの四分の一あるいは五分の一しか書けなかったと述懐している。

いずれにせよ、日記は日中国交正常化、石油危機、三木、田中、福田、大平のいわゆる「三角大福」の熾烈な派閥抗争など、内外の政治状況をうかがわせ、その叙述は一九七〇年代前半の重要な歴史的証言である。

日記を起こすにあたっては、一つに、氏の残した表紙に一九七三年と七四年と銘打たれた手帳各二冊計四冊と、同じく手帳の代わりに使われた一九七五年と七六年と推測できる一三冊の市販のコクヨの便箋に書かれたメモを参照した。いずれも非公開であるが、多忙な業務をこなしつつ、日記はこれらの手帳・メモ等を基に書かれたと思われる。

もう一つに、大平が遺した日々のスケジュールとメモを記した、一九七一（昭和四十六）年から八〇年に至る手帳一〇冊を参照した。そこに記された大平自身の筆になるメモは、『大平正芳全著作集7』（講談社）に翻刻の上で掲載してある。

福田赳夫内閣の幹事長時代は、氏は大蔵省におり日記はない。首相時代についてもその有無をお尋ねしたが、「ない」とのお返事であった。なお、大平文書は現在国立国会図書館憲政資料室に、大平文庫は香川県立図書館に移管されている。

＊＊＊＊＊

翻刻にあたっては、原本を忠実に復元させることを本旨としたが、以下いくつか断っておきたい。

一、読み易さを考え、適宜句読点や濁点を付した。

二、漢字は原則として常用のものに、旧かなは新かなに置き換えた。

三、日付については、一部アラビア数字のものがあったが、すべて漢数字に統一した。

三、日記中の（ ）は原文のままであり、〔 〕内は編者による補筆・修正を示している。

四、明らかな誤字・脱字については、編者が修正した。なお、不明な字は□で記した。

五、人名については、大平派（宏池会）所属議員については、解題中に一覧を付した。他派の国会議員は各年の初出で〔議院名、選挙区、所属派閥〕を付記し、財界人は〔 〕内に当時の職名を付し、その他の人物は適宜説明を加えた。なお氏名・役職については、『人事興信録』（人事興信所）、『職員録』（大蔵省印刷局）並びに森田が残した「後援会名簿」および氏からのヒアリングによって書き入れた。

『大平正芳秘書官日記』◆目次

解題　735

人名索引　771

一九七二（昭和四十七）年

七月七日（金）

入閣決定。大平派代議士、幹事長もしくは蔵相を要求してつき上げ、選挙区関係、家族も外相を歓迎せず。森田〔一〕が秘書官になるかどうか相談。主計局は歓迎せず。大蔵省の官吏としてはマイナスであろう。

三時二〇分～五時二〇分　認証式（宮中）
五時五〇分～六時一〇分　初閣議
六時三〇分～七時　記者会見
七時三〇分～八時　ＮＨＫ座談会
八時一〇分～八時二五分　本省幹部挨拶、以降各社個別インタビュー

七月八日（土）

十時二十五分　新旧大臣事務引継。話が組閣の際の有田〔喜一・経済〕企画庁長官〔衆、兵庫5、福田派〕、三池〔信〕労相〔郵政相。衆、佐賀、福田派〕の件に及び福田〔赳夫〕氏は、三役は福田、田中、大平の三派で構成してもらえば問題はなかった旨語っていた由〔認証は七月十二日〕。
十時四〇分～五〇分　外務省省員への挨拶
十二時～四五分　第一回記者懇談会。
日中・日米・各般の問題にわたり大臣より自分の考え方を説明すると同時に細かい問題については勉強中と回答、
七時二〇分　箱根に向う。大臣夫妻、森田夫妻、孫二人。

七月九日（日）

八時起床。朝食後、霧のためスリーハンドレッド〔神奈川県茅ヶ崎市のゴルフ場〕へ向う。朝食の際、武内竜〔龍〕次〔元外務次官〕氏と出会う。十二時頃よりプレー開始。大臣ゴルフは三週間ぶり。大臣は好調、四六・四七にて上る。森田四五・四六、バックでやったことを考えればよいスコアというべきであろう。その後ホテル・ニューオータニにて理髪。

七月十日（月）

十時～十時三〇分　B52問題〔29機のB52が台風避難を理由に沖縄に飛来し、沖縄で激しい反発を招いた〕で協議

十時三〇分～十二時　日中問題

十二時～十二時三〇分　インガソル在京米大使と会見

十二時四五分～一時十五分　記者懇談

一時三〇分　東宮御所　四宮家（高松、常陸、東宮、三笠、秩父宮）

三時〇〇～三時四五分　日米経済関係ブリーフィング

四時～四時三〇分　儀典関係ブリーフィング

五時～五時一〇分　NTV　VTRのレコーディング

五時三〇分～六時一五分　第一四回外務省記念日にて挨拶

六時三〇分　佐々木更三氏〔衆、宮城1、社会党元委員長〕と会談。大臣より〝日中でいざという時は頼みに行くからその際はよろしく頼む〟と発言された由。

七月十一日（火）

九時三〇分 経済関係閣僚協議会。

十時～十一時 閣議 特に重要案件なし、記者会見。

十一時一〇分 西田信一議員〔参、北海道、大平派〕、衆議院の情勢について。

木村武千代議員〔衆、香川1、中曽根派〕政務次官の依頼。通産・大蔵・郵政の順に希望するとのことであった。

十一時より 日ソ関係ブリーフィング

（通産大臣は同じ派の中曽〔根〕なので問題がありうるかということであった）

夜 稲山〔嘉寛・新日鉄〕会長〔社長〕、岩佐〔凱実。富士銀行〕会長、日中延払問題で訪問。大臣より政府としてはポジティブな方向で処理するとの発言あり。

古川丈吉議員〔衆、大阪4、石井派〕訪問。大平総裁実現まで協力するとの発言。

参議院の大平派が園田〔清充。参、熊本〕・藤田〔正明。参、広島〕氏に対する反発でもめる。

七月十二日（水）

七時三〇分 佐藤正忠氏私邸に来訪（フェイス出版株社長）。電工社社長、阿久津精秀氏、常務、岩本十太郎氏お祝いのため来訪。

八時三〇分 ヒルトンにて国会酒販問題懇談会にて来る総選挙の対策を協議。大臣のほか大久保（武）〔大久保武雄。衆、熊本1、大平派〕、岩動〔道行。参、岩手、大平派〕、原田

〔憲。衆、大阪3、水田派〕、古川（丈）が出席。

幹部会の最中鈴木政調〔総務〕会長〔衆、岩手1、大平派〕より政務次官等のことで電話があった。大臣より、参議院の大平派がもめているので、アフターケアーを頼むと依頼。

フジテレビＶＴＲ　三木〔武夫。衆、徳島、三木派〕、増原〔恵吉。参、愛媛、福田派〕、二階堂〔進。衆、鹿児島3、田中派〕氏とともに出席

三木氏は平和条約締結を正面に打ち出し、日台条約が中国全土との関係をカバーすると理解するか否かが分かれ目であるとし、大臣は政府としては真剣に取り組むつもりであるので政府にまかせてほしいと述べた。

七月十三日（木）

中条〔晴夫〕百十四銀行副頭取来訪。就任お祝い。黒川信夫氏〔内外政策研究所代表〕来訪。

来たる総裁選に備え、なるべく宏池会に顔を出すため、毎昼食は、宏池会にてとることの提案あり。できるだけその方向で処理することとした。

屋良〔朝苗・沖縄県〕知事来訪。大臣と一緒のところを写真にとる。Ｂ52問題。三井鉱山社長倉田典人氏来訪。

テレビ「あまから問答」慶大教授石川忠雄。前のカウラ市長（オーストラリア捕虜脱走事件で日本人の慰霊に尽力された人）の叙勲の件につき、東京新聞の沢〔佳弘〕さんより依頼があった。

七月十四日（金）

堀田正行氏〔阪急産業会長〕、早朝来訪。叙勲の件のほか特別の案件はないが、諸々の話を比較的ゆっくりした時

間をとってする。最近のような状況だとこのように時間が空くのは珍しい。

韮沢〔嘉雄・世界経済研究協会専務理事〕氏来訪し、世界経済研究協会に対する補助金の陳情。会計課長には森田より伝える。

七月十五日(土)

NHK録音はおだやかな雰囲気で、野党の石橋氏〔石橋政嗣。衆、長崎2、社会党〕及び評論家も協力的姿勢であった。

この日、講演のため箱根に行くこととしていたが、台風のため十七日に日帰りで旅行することとした。

七月十六日(日)

箱根での〔中堅企業トップセミナーの〕講演は一時間半のレクチャー一時間の質疑応答であったが、大臣はのびのびと熱べんをふるった。

夜、秘密裡に総理と会談。総選挙、臨時国会、日中、日米訪問、エバリー〔米通商交渉特別代表〕氏の通商問題等について話し合った〔田中首相との会談メモは、『大平正芳全著作集7』49—50頁参照〕。総理は今後の政権の運営は二人で相談してやろうということであった。

七月十七日(月)

朝、前尾〔繁三郎〕先生〔衆、京都2、大平派〕及び池田〔勇人〕邸を訪れる。大臣より、池田邸では砂原格議員〔衆、広島1、藤山派〕の死去に伴う候補者リストに行彦氏〔池田勇人女婿〕がのっていること及び関係者が一致して推せんするようになればお願いに来ることもありうる旨述べた。

なるべく一日に一度宏池会に顔を出す趣旨から、昼食は宏池会でとる。岩動、天野〔公義。衆、東京6、大平派〕、安田〔貴六。衆、北海道5、大平派〕、斎藤〔邦吉。衆、福島3、大平派〕諸先生と会う。

車の中で大臣は〝疲れがたまって二時から五時頃までがねむくてつらい〟ともらす。

夜、平河クラブ〔自民党担当の記者会〕約四十人位招待。さぬきうどんで接待。大臣も武田節をうたい好評。

七月十八日（火）

大臣、藤山〔愛一郎。衆、神奈川1、藤山派〕邸に立ちより日中関係懇談の後、閣議。藤山氏主宰の日中関係パーティ〔後述の七月二〇日のパーティ〕に出席することを約束。

国際金融問題につき、井上〔四郎〕日銀理事・柏木〔雄介〕顧問、稲村〔光一〕財務官、鶴見〔清彦〕外ム審議官、大内〔幸夫〕NHK解説員が出席。

台湾の経団連の幹部にあたる〝ゴシンポー〟氏〔辜振甫。台湾証券取引所理事長〕が、賀屋〔興宣〕先生〔衆、東京3、無〕の紹介で大臣に会いたいとの申し込みがあったが、日中正常化を進めている最中でもあり、丁重にお断りした。

沖縄県民代表がB52問題についての議会の決議をたずさえ、大臣に面会。

夜、NHK編集委員長が日中問題で意見具申に来訪。

七月十九日（水）

塩崎議員〔塩崎潤。衆、愛媛1、大平派〕、オレンジジュースの自由化（給食使用）・中国訪問等のことで来訪。

夕方在京エジプト大使が急きょ大臣を訪問し、現在のエジプト情勢のことで説明。

遠藤〔福雄・神崎製紙〕社長に招待を受ける。加藤〔藤太郎・同〕相談役、威二氏も出席。威二氏を知事選に出したいと、遠藤社長は考えているようであり、大臣も威二氏ならよかろうという気持であるが、直接そのことは話題にはならなかった。

七月二十日（木）

佐治〔敬三〕サントリー社長来訪。

藤田正明議員来訪し、参院のいざこざについて自分の立場を説明。

肖向前〔中日備忘録貿易弁事処東京連絡処・首席代表〕のパーティに出席。初の政府間接触として大きく報道される。

若泉敬先生〔京都産業大学教授〕が話に来られるが、大臣室以外でゆっくりお話ししたいとして、あまりつっこんだ話をされなかった。

夜ＰＬ教団の教祖御木徳近氏によばれたが、教祖は〝人生は芸術なり〟ということで愉快に過しているということであった。

はじめて、私邸でクラブ懇談を行ない三〇人あまりが参加した。

七月二十一日（金）

朝、観音寺の清水、藤田、石川三氏来訪。大臣室を見学。

斎藤〔晋二〕住友電工副社長挨拶のため来訪。

昨日台湾より日本の対中政策につき注意の喚起があったが、本日の新聞には小さくしか報ぜられなかった。

その時の声明次の通り。

Japanese Government leaders have recently made frequent pronouncements on the so-called normalization of relations between Japan and the Chinese communists regime. We wish to caution the Japanese authorities that since the end of world war

II, the republic of china and Japan have rebuilt a close friendship and , on the basis of the spirit have concluded a peace treaty.

The recent pronouncements of Japanese government leaders are, in fact, contrary to the pledges of Japan of many years to seep international faith and to respect treaty obligations.

The Marxist regime has consistently treated Japan with arrogance and contempt and also carried out vigorous infiltration and subversive activities in Japan. Should Japan chose to negotiate for the establishment of diplomatic relations with that regime, it would seriously affect the reputation of Japan throughout the world and the relations of friendship and cooperation between our two countries.

On this important questions, we hope that the Japanese government shall fend it imperative to take a far sighted view, to distinguish between right and wrong, and to make an objective and accurate appraisal considering Japans own basic interests and the grave consequences upon the security of the whole of Asia so as to avoid falling prey to the political intelligence of the Marxist regime.

七月二十二日（土）

朝、公明党竹入〔義勝〕委員長〔衆、東京10〕と会談。八時半より会談時間は十時頃に及ぶ。

午後三時半より肖向前、孫平化氏〔上海舞劇団団長、中日友好協会副秘書長〕と会談。新聞記者はこれを追い、当方はカムフラージュの日程を作りこれに対抗。

ただし、昼の顧問との昼食会のころには、新聞記者は飯倉公館に満ち、協定を結び会談の時間と場所は明らかにしないが、会談後は記者会見することとした。会談は約一時間に及び、宴会場ロビーに出たところで写真をとる。

七月二十三日（日）

永野〔重雄・新日鉄会長〕、今里〔広記・日本精工社長〕、桜田〔武・日清紡績相談役〕氏とゴルフをハーフだけやる。はげしい雨でずぶぬれになったとか。

森田は大蔵省での事務引継ぎのため同行せず。大臣夫人、芳子〔大平長女・森田夫人〕は京都に出発。来週はＰＬ教団の御木〔徳近〕氏の招待で大阪に行くので、二週続けての関西行きの予定。

七月二十四日（月）

日中〔国交〕正常化協議会の準備もあり、箱根から帰ってくるため身体検査は延期。

一橋れい明会に出席。会場にあふれるばかりの人がつめかける。日米経済問題について重点的に語る。中国問題はしゃべりにくいようだ。

宇山〔厚・駐中華民国〕大使は、なにわ節によわいということを繰り返えし、大臣は、大使はこのような時にあたって見識をもつべきであることを強調していた（大使に直接はコメントせず）。

島村一郎先生〔衆、東京1、大平派〕の事務所開きに出席。事故のため車が混雑。二時間位かかる。

七月二十五日（火）

加藤常太郎議員〔衆、香川2、三木派〕と宏池会で会うことになっていたところ先方より断ってきた。その真意不明。

佐藤文生議員〔衆、大分2、中曽根派〕は訪中の時は党の自由新報の記者も同行させてくれるように依頼。

加川〔隆明・外務省情報文化局文化事業〕部長、文化交流基金の件につき大臣に説明。予算要求三〇〇億円とか。盛大なものだと感心する。

中華民国大使〔彭孟緝〕来訪。重大なる決意を表明。折から右翼の宣伝カーが外をねり歩く。

夜、古井〔喜実〕先生〔衆、鳥取、三木派〕と会談。安保の問題を中心に議論。森田も別室にて、同じ問題が最もハード・コアではないかと思考していた次第。

七月二十六日（水）

文芸春秋が巻頭のグラビヤの写真をとりに自宅に来る。屋内及び庭で写真を撮影。

宏池会で定例総会。選挙のポスターを党本部が配布することにつき、選挙ムードをあふるとして批判が多く出た。

美濃部〔亮吉〕都知事は、北朝鮮との交流につき陳情に来訪。公開論争を提唱。

スナイダー米国大使〔首席公使〕を夜招待。シャーマン参事官も同席。食事のあと日中問題につき議論する。その詳細は別添〔なし〕。

七月二十七日（木）

日経研究センターで講演。今まであまり話したことのないような中国問題の真相を語り我々の方が驚く。新聞には書かない約束とする。
宇山大使の再度の情勢報告。千三百人の在華日本人の保護が問題となる。蔣経国〔中華民国総統〕は、いかなる場合にも日本人の保護には万全を期する旨語っているとか。
木曜研究会〔下村治を中心とする勉強会〕は中止する。午後から岩波書店に寄り
ウェーバー紀行　安藤英治

道元禅師の話　里見惇
内面の記録　上下　Fモーリア
人と人との間　木村敏
レーニン伝への序章　ドイッチャー　を購入した。

七月二十八日（金）

昼、井上〔義海《よしみ》〕神戸製鋼社長と会食。大蔵省の出身者であることを始めて知る。

夜は四つの会合が重なり、大蔵省同朋会祝賀会（本如月）、金曜会（宇佐美〔洵《まこと》・元日銀総裁〕氏。〔大平を囲む会〕）、萩原〔徹〕大使 世界成人教育会議レセプション、日興証券白木〔小一郎〕会長レセプションの順序で出席する。

四つも重なるのは、日程がまずいが、後から二つ入ったためこのようなことになる。

七月二十九日（土）

朝、佐藤〔榮作〕前首相宅を訪問。予定より長くなり一時間ばかり話し込む。佐藤首相とも、いんぎん無礼でもよいから低姿勢でつき合うことを勧める。今後重要資料はわたすことにする。

昼二時より、古井先生と会合〔『全著作集7』51頁参照〕。そのため浅地庄太郎〔日本ビルサービス社長〕氏夫人の法要には森田が代理で出席。鳩山〔威一郎〕前大蔵次官夫人夫妻と会う。

大臣は、古井先生はなかなか良い点を指摘するとの感想をもらす。

七月三十日（日）

習志野にて、平河クラブ〔自民党担当の記者クラブ〕の招待ゴルフを実施。ここ数日と異なり猛暑。

大臣は一ラウンドの後半より胸が苦しくなっていたようでショットも乱れる。車の中で気持が悪くなる。千葉県警のパトカーを頼み、鶴巻先生〔大平のかかりつけ医〕宅に直行する。幸いに狭心症ではないことがはっきりするが、家族一同肝を冷やす。身体にはくれぐれも気を付けねばならぬと思う。長期の疲労がたまっているので、序々〔徐々〕にこれをとるようにして行かねばならぬ。

〝人間はいつかは死ぬ〟が天命の時まで注意をおこたらぬことは、大臣にとって自分自身及び国民のために義務ではなかろうか。

七月三十一日（月）

成人病研究所に検査に行く。心電図、血沈、レントゲン等をとる。くずや〔葛谷〕先生よりくれぐれも身体に気をつけるようにとのご注意がある。

そこでモーニングに着換えて宮中に向う。ウォーナー英国大使、ハムガーヴィ・イラン大使との侍立及び陛下に内奏を行なう。

金子〔一平。衆院大蔵〕委員長〔衆、岐阜2、大平派〕が大臣との写真をとりに来る。選挙用に使うとか。

マッケイン米太平洋軍総司令官が退官挨拶のため来られる。大臣は、おれはこれから苦労するのに、彼は悠々自適の生活か、うらやましいなとの感想をもらす。奥様、芳子などPL教団の招待で大阪に発つ。

八月一日（火）

昼、桑田〔弘一郎〕さんが政治部長になった昇任祝いを行なう。メンバーは、朝日側から桑田、柴松、松下、田所氏が出席する。桑田氏が中国に行った時の経験談を話す。食事のときのなにげない会話にも気をつけるようにとの話がある。

ブラジル文部大臣が来訪し、大学設立につき経済援助を要請してきたが、基金法には経済開発と限定が付されているので、困難な旨大臣より回答した。原数栄氏〔香川県山本町長〕や若山〔好雄〕県会議員が来訪。共同の遠藤〔勝巳〕氏が政治部長になった挨拶のため来訪。ヒルトンホテルに賀屋先生を訪ねる。

八月二日（水）

11時　福田〔篤泰。衆院〕外務委員長〔衆、東京7、水田派〕が世界連邦の関係者を連れて大臣を訪問。

四時　衛藤瀋吉〔東京大学教授〕、若泉敬〔京都産業大学教授〕、江藤淳〔東京工業大学教授〕氏などが安全保障問題研究会議という組織をつくっているが、その結論をもって大臣室を訪問。

夕刻　ラウレル前〔フィリピン〕駐日大使が訪問し、きわめて流暢な日本語で大臣と歓談。おみやげを交換。当方からは佐賀錦のハンドバッグを贈る。

八月三日（木）

午前中は、午後からの日中国交正常化協議会の常任幹事会の打合せに終始する。

おかげで午後からの大臣説明は好評。ただし、午前の政務次官会議で政務次官が説明した文書が増刷されて新聞記者に配布されたため、大臣がアドバルーンをあげたのではないかと夕刊のトップをかざる。

特に午後の正常化協議会で、台湾との貿易経済関係のところをぼかしていたのに、政務次官会議の文書には、はっきり書いてあったため問題となったものである。確か一週間位前に、青木〔正久。外務〕政務次官〔衆、埼玉4、中曽根派〕が大臣に対し、政務次官会議で中国問題の大要について、文書で書いたものを基礎に話をしたいということを話していた。

八月四日（金）

十時五十分、閣議のあと、総理とともに竹入〔公明党〕委員長の報告を聞く。（中国側より共同宣言案の提示がある）。これ〔竹入メモ〕は極秘事項として大臣限りの取扱いとする。

その後、岸氏〔岸信介元首相〕を訪問。

三時〇五分発のそよかぜ五二号で軽井沢に向う。車中11日の日米協会のスピーチについて手を入れる。

八月五日（土）

朝十時より、日精樹脂工業社長青木〔固《かたし》〕氏とゴルフをすることになる。同会社よりは、島専務、室賀常務、小島支店長が同行。室賀氏は韮沢〔嘉雄・世界経済研究協会専務理事〕氏と同期とか。大臣のスコアは五一、五三であまりよくなく、小生もハーフだけであるが四九で悪い。

小生は先にひき上げ、中本〔孝〕秘書官よりの総理の記者会見用の想定問答を書きとる。

電話で一時間四十分を要する。

八月六日（日）

末広会。大臣のスコアは四六、五一、小生五〇、四七。前尾〔繁三郎〕、黒金〔泰美。衆、山形1、大平派〕、小坂〔善太郎。衆、長野1、無〕、宮沢〔喜一。衆、広島3、大平派〕、大久保〔武雄〕の各先生及び財界の方々が参加。宮沢先生が優勝。前尾先生がラスト。夜の懇親会では前尾先生の三味線で宮沢先生、大久保が妙技を披露。

八月七日(月)

午前中、ハワイ用プレスキット作成のための家族入りの写真撮影。

帰りは列車の遅れのため七時頃上野に着く。

ホテルオークラで、竹入〔義勝〕、正木〔良明。衆、大阪5、公明党〕、大久保〔直彦。衆、東京4、公明党〕の諸先生と会談。公明党筋よりもれたため青木〔徹郎・TBS〕、中島〔清成。朝日新聞官邸キャップ〕記者などがつめかけていた。

会談後、外務省にて記者会見。ニュースでは、大平大臣は竹入委員長との会談は満足すべきものであったと語り、中国側の態度の全容が明らかになったようであると伝えた。

八月八日(火)

大臣は、奈良〔靖彦・シンガポール〕大使より諸情勢の報告を聞かれる。

奈良大使は、中国問題に関し、米国にとっては物価や失業が正面に出る大きな問題であって、中国問題は例えば大統領選の争点にはならない旨述べた模様〔『全著作集7』53―54頁参照〕。

夜は、砂野〔仁〕川崎重工会長らと会食のあと、大平会に出席。森田もはじめて参加。

八月九日(水)

朝、決算委で、外務大臣が、日中国交正常化の暁には台湾との条約は消滅すると答弁したことが報ぜられ、一〇日の日中〔国交〕正常化協議会では決算委員会の議事録を取り寄せ、十五日の会議で改めて外務大臣に質すこととなった。

一〇日の協議会では、中川一郎〔衆、北海道5、水田派〕、丸茂重貞〔参、全国、福田派〕、藤尾正行〔衆、栃木2、福田派〕、中山正暉〔衆、大阪2、福田派〕各議員がタカ派の立場から相当激しく演説した模様である。

桑田〔弘一郎〕政治部長が訪問、短時間会談。庭野〔日敬〕立正佼成会会長は、ヴィエトナム平和決議をもってくることになっていたが、青木〔外務〕政務次官が代行。

夜の大臣主催霞クラブ〔外務省記者クラブ〕招待パーティでは、阿部〔穆《あつし》・サンケイ〕さんが名演説。

八月十日（木）

孫平化と会談することになっていたが、連絡に手間取り十一日に延期。インガソル米大使と会談。

昼ホテルオークラで、加藤常太郎議員と会談。その内容は次の通り。

（1）大平氏は総裁候補の本命となったので次回は支持したい。

（2）坂出ではあまり票をふやさないでほしい。大臣より肯定的回答。

（3）後継者については長男は出る意思がなく、当面大野〔功統〕君では陣営が一本化しないので自分が出馬する。

（4）知事については、双方が異論のない人物を推せんする。

世界経済研究協会で講演〔講演記録は「現在の世界情勢とわが国の立場」と題して、『全著作集4』所収〕。

八月十一日（金）

朝田実〔静夫。日本航空〕会長と朝食会。現在の国際情勢とわが国の立場をわかりやすく話しする。

昼、日米協会にて英語で演説。少し長いが立派な演説とほめられる（別添〔なし〕）。

三時に那須へ向けて大平会に出発。

八月十二日（土）

大平会ゴルフ。那須カントリークラブ。

大臣は痛風気味で不調。四九、五八でブービーとなる。小生は四四、四八で三等賞まあまあの成績か。福川さん〔伸次。大平通産相秘書官。のち同首相秘書官〕、菊池さん〔清明。池田内閣外相時代の秘書官〕も参加。中田〔乙一《おとかず》〕三菱地所社長が優勝。

八月十三日（日）

小泉さんの関係の結納のためホテルオークラに出かける。池田〔勇人〕さんの八回忌にも出席。

留守に藤井〔宏昭〕秘書官が訪問。

丁度大臣帰宅時に、愛国党本部党員ほか二名が訪問。まわりを太鼓を鳴らして騒ぐ。結局面会のうえ、警告書を受け取る。

八月十四日（月）

朝七時に、自宅を出て大阪に向う。痛風の足が痛そうだ。空港に大阪市長〔大島靖〕、弟芳数氏が出迎えてくれる。

十時より関西大平会、京阪神大平会で挨拶。結局一時間位の講演といった形となる。

昼は、関経連で食事の後、前より少し専門的な外交問題の話をする。二時より同友会等経済三団体の主催でホールに於て講演。引き続き記者会見。質問はなかなか鋭いが、あまりなれていないので記事にする糸口をつかめないようである。

五時半より懇親会を大和屋で行ない、八時十分発ひかりで帰京。新聞記者の長谷川、萱場、伊地知氏が車両に同乗。

八月十五日（火）

朝、小林コーセーの小林〔孝三郎〕社長と国連に行っている明石〔康〕さん〔当時国連職員〕が来訪。明石さんは藤井秘書官の小学校の先輩とか。

十一時五十分より全国戦没者追悼式に出席。その後、日中正常化協議会で激しくつるし上げられる。外務省のＯＢが霞関会というのを作っているが、それに出席したところ、ごく短時間の予定が次々話しかけられて大いに延びる。

その光景は、まさに三島由紀夫の宴のあとにぴったりである。出席者は大いに楽しんでいるようだ。

八月十六日（水）

十時、中国〔中華民国〕彭〔孟緝〕大使が抗議のため来訪。

宏池会定例総会に出席しようとしたところ、小坂〔善太郎〕会長をはじめとする日中〔国交〕正常化協議会の正副会長が現われ、外務大臣は言動を慎重にするよう申し入れ。

大臣より協議会の意向は十分傾聴する。協議会にはいつでも出席し充分説明すると答えた。

宏池会に行くと、武元〔忠義〕平和生命社長をはじめとするお客様がごったがえしにお待ちになっておりてんやわんや。三時過ぎ本省にもどる。

夜、主計局総務課長以下を招待したところ、戸塚〔岩夫〕総務課長が防衛構想について一席ぶつ。

八月十七日(木)

国際交流基金設立会議に出席。リチヤドソン氏の長広舌により予定が少し延びる。

午後、西本貿易副社長がマクミラン・サンキスト副社長をつれて来訪。

スペンサー・デービスＡＰ記者と懇談。通訳のまずさから、大臣が不可侵条約締結を検討と答えた旨報道される。このような時期に本当に新聞は鬼門だ。次いで在京スエーデン大使と会談。

夕刻、島田〔豊〕防衛次官、田代〔一正〕官房長、伊藤〔圭一〕防衛課長が来訪。

そのあと国際交流基金レセプションに出席後クラブ懇談。

八月十八日(金)

午前中は、中国問題の勉強。

昼、第二大平会の食事もそこそこに、遠山〔元一〕日興証券相談役の葬儀に出席。キリスト教式の清冽なる葬儀がとり行なわれた。葬儀委員長は森永貞一郎氏〔東京証券取引所理事長〕。全て円滑に進行したが、会場の暑さは相当のものであった。

午後はビルマ問題の勉強をしたあと、突然木村〔武雄。衆、山形1、田中派〕建設大臣が来訪。

夜はマブチモーターの株主総会に出席のあと、稲田〔耕作・日本長期信用銀行副頭取〕氏の三金会に出席。

八月十九日(土)

午前中は自宅で過し、午後から登庁。

二時に、山中〔貞則〕前総務長官〔衆、鹿児島3、中曽根派〕が来訪。台湾への特使として佐藤前首相案を持ち込んだ模様。

日米問題勉強の後、キッシンジャー米大統領補佐官と会談。同氏は大臣のことをあまり心中のことをしゃべらぬ人だとの印象を持っていたらしい。会談内容は、日中が大部分で日米、朝鮮、台湾などが話題になった。

夕刻、福田赳夫氏を訪問。四十分位会談。

七時二十分発の浅間五号で出発。青木〔徹郎・TBS〕、浅野〔勝人・NHK〕、長谷川、御喜田〔三喜田泰三・共同通信〕四氏が切符がないまま同乗。

八月二十日（日）

朝七時半、田中総理別邸を訪問。五千坪の宏壮な邸宅、元徳川氏の所有によるものとか。

台湾への特使の問題、自民党の訪中団の問題等が話題になった模様。

八時三十八分より南軽井沢の七二ゴルフ場にて、総理、外相、インソガル大使、小坂善太郎先生の四人でまわる。そのあとを、木内〔昭胤〕総理秘書官、守川〔宇川秀幸〕北米第二課長、藤井〔宏昭〕、小生の四人でついてまわる。

大臣は足が痛くて不調。田中総理は四五、四六。

八月二十一日（月）

十時、東京発ひかりにて、浦野〔幸男〕先生〔衆、愛知4、大平派〕のお父様の葬儀のため名古屋に向う。名古屋よりパトカー先導にて豊田市に向う。弔辞を朗読後、まもなく退席。

宮脇〔朝男・全国農協中央会会長—以下、全中と略す〕氏の米国農業団体レセプションは、小生が代理出席。

夜、松村謙三先生〔衆、富山2、69年引退〕の一周忌。日本インドネシア協会主催の八木〔正男〕、田中〔弘人〕両大使夫妻の歓送迎会に出席。

八月二十二日（火）

朝早く、鈴木総務会長が来訪。次いで篠島〔秀雄〕三菱化成社長が来訪。藤田正明議員と短時間懇談。黒川〔信夫〕、奥田氏より、台湾訪問の帰国報告を聞いている最中に、雨で道路が混雑との報告が入り、夕刻再び会うことを約束。

昼、鈴木治雄氏〔昭和電工社長〕肝入りによる化学工業日報の座談会に出席。食事をしながら一時間程日中経済問題の座談会。

その後、参議院外務委員会に出席。吉野〔文六・ＯＥＣＤ日本政府代表〕大使より原子力兵器持ち込みについてのレクチャーがあった後、高橋〔幹夫〕警察庁長官が来訪。政治情勢一般について語り合う。夜は大栄会。小生は霞クラブ〔外務省記者クラブ〕の新旧幹事を招待。

八月二十三日（水）

幹部連絡会のあと、日米会談に関し、総理に第一回目のレクチャーを行なう。十二時より宏池会の定例総会であるが、若干遅れて出席した。途中世界貿易センターの松本学氏〔元貴族院議員、内務官僚〕が車椅子に乗って、中経連〔中部経済連合会〕の井上五郎〔中部電力元会長〕氏とともに来訪。（柳田誠二郎氏〔元日銀副総裁、日本航空相談役〕は都合により来られず）案件は、名古屋に貨物専門空港を建設しようとするもので、アメリカに一つ、ヨーロッパに一つ、合計三つを作ろうとするものである。古井喜実先生が飛び入りで相当長時間会談〔『全著作集7』55—56頁参照〕。途中福田〔篤泰〕外務委員長が来られる。

記者懇談のあと、四時から内閣委員会が開かれ、平和オクシデンタルの披露パーティには、森田が代理出席。社長に来られぬ理由を説明したところ、側にいた福田赳夫氏よりこんなに暑いのに国会をやっているのかと聞かれる。

八月二十四日（木）

朝、自民党外交調査会の後、中国問題を勉強した。安田隆明議員〔参、石川、大平派〕が来訪。次いで三度目のアメリカ赴任をする河村〔欣二〕朝日新聞アメリカ総局長が来訪し、日中日米全般について所感を述べる。滝口〔丈夫〕日石社長が、日韓定期協議で出ることが予想される採掘権のことについて大臣に陳情を行なった。外人来客のあと、近藤鉄雄氏〔衆、山形1、三木派。一橋の後輩〕来訪し、大臣より激励。昼、渡航注射。服部先生〔服部安司。衆、奈良、大平派〕が奈良市長〔鍵田忠三郎〕と昼食を一緒にして欲しいとの申し出があり大臣と昼食を共にする。

その時、二時に予約の白石〔春樹〕愛媛県知事、塩崎〔潤〕議員が今度の総選挙の候補者のことで来訪。又前田〔敬二〕、福家〔俊一〕、稲井〔正〕の各県議も来られる。

八月二十五日（金）

朝、三崎〔友一・三崎産業〕会長〔香川県観音寺市出身〕が来られる。八時半に、宮武〔徳次郎〕大日本製薬社長が来訪。閣議のあと国防会議議員懇談会が開かれ四次防決定の時期が議論される。防衛庁では、佐藤内閣時代の建前から八月決定を強く希望していたようであるが、結局日中その他のことを考慮して時期をずらすことにした模様である。

午後は二十七日の宏池会の原稿を検討した後、岩波書店に出かけられる。

森田夫妻は十時の飛行機で鈴木重武、木村友輔氏両家の結婚式に列席し祝辞を述べるため帰郷。式は四時より七時までかかる。トップで挨拶。

八月二十六日（土）

大臣は箱根で静養。天候が悪くゴルフもされなかった模様。森田夫妻は、三時二十分発の飛行機で帰京。

八月二十七日（日）

大臣は、午前中は霞クラブ〔外務省記者クラブ〕のゴルフに参加し、前半ハーフを46でまわられたが、後半は四ホールで中止し、箱根観光ホテルにもどられる。富士高原カントリークラブはキャディもいないし、コースもあまりよくなかったようだ。

森田は東京より同ホテルに到着し、大臣夫人がその車で帰られた。

五時より宏池会研修会の開講式の挨拶を行ない、はりのある大きな声で演説された。ジャパンタイムズの西村〔義博〕氏の表現によれば、年を取るもあれだけの進歩を見せうるのだから我々も鼓舞されるとのこと。香川県より上京した福島達郎氏〔坂出市議〕等十一人に面会のあと、七時より会食。八時より一時間記者懇談の後、帰京。

八月二十八日（月）

朝、小林章氏〔参、全国、前尾―大平派。71年落選。大蔵省出身〕御紹介のジョージ石山氏〔石山コーポレーション社長。国際大学アジア発展研究所創設に寄与〕が来られることになっていたが、腹痛のため中止。ＮＨＫ大内さんが来られ日米会談のことについて大臣と懇談。

午前中は、日韓定期閣僚会議の打合せ及び日米会談打合せに終始する。午後、官邸へ総理説明に往訪。続いてインドネシア問題及び中国問題について会議。

夕刻、稲嶺一郎議員〔参、沖縄、大平派〕及び川崎秀二議員〔衆、三重1、三木派〕が来訪。

夜、柳光亭で登原《とはら》さんの会（大臣就任祝賀の会）が催される。宮沢〔喜一〕先生、後藤〔基夫・朝日新聞〕編集局長、桑田〔弘一郎〕政治部長が出席。

日中問題、日米問題等特に天皇訪米についてニクソン訪日が先でないか、あるいは天皇が訪日〔米〕されると安全かについて議論に花が咲く。

八月二十九日（火）

朝八時半に登庁し、スジョノ・インドネシア大統領補佐官との会談準備の後、会談。

閣議の後、日韓閣僚懇談会が開かれ、あわただしい記者会見の後、佐々木〔良作〕民社党書記長〔衆、兵庫5〕と会談。今後の自民党の姿勢について要望があり、その態度次第では民社党も考える旨言明した。チャーシューメンを昼食にとった後、自民党訪中団・団長就任依頼のため小坂善太郎氏を訪問。続いて日中国交正常化協議会常任幹事会に臨む。タカ派議員の猛反〔撃〕により大荒れに荒れる。

日米問題の会議及び日韓関係閣僚会議打合せのあと、福田篤泰議員、橋本清〔高商同級生〕、三井物産会長〔水上達三〕来訪。続いて朝田〔静夫〕日航社長、岩井〔章〕総評事務局長来訪。

夜スジョノ氏の接待の後、十時前帰宅。

八月三十日（水）

宇山在中華民国大使より報告を聞いた後、幹部会を開く。そのあと自民党〔国交〕正常化協議会の正副会長会議に出席する。昨日に引き続き荒れに荒れる。

日米会談・国連問題について会議。山王事務所の古井喜実議員と会談。日中コムュニケの案文につき古井議員の意見を聴取した模様。

再び本省にもどって、時子山《とこやま》〔常三郎〕私学財団理事長がハロルド田ノ上氏が百万坪を寄贈することにつき陳情。下村治氏が韓国副総理太〔完善〕氏よりセマール運動〔一九七〇年四月、朴正熙大統領が全国地方長官会議で提唱した農村振興運動〕について大臣よろしくと頼まれたとして来訪。下村氏個人もセマール運動を高く評価していた。加藤〔五郎〕住友商事副社長、川崎寛治〔衆、鹿児島1、社会党国際局長〕、田実《たじつ》〔渉〕三菱銀行会長来訪。

八月三十一日（火）

朝六時五十分、私邸出発。七時二十分頃、到着。続いて見送りの各閣僚が到着。続々見送りの議員が来られる。機は予定通り八時出発。

〔九月一日、二日なし。ハワイで日米会談〕

九月三日（日）

午後四時、ハワイより予定通り帰国。総理夫人、直紀氏〔角栄女婿〕、真紀子さん〔角栄長女〕と坊ちゃんも出迎え。

九月四日（月）

午前十一時三十分、第六回日韓定期閣僚会議に向けて出発。ＪＡＬ特別機で、前方は閣僚及び局長等、後方は課長以下に分れて分乗。到着後、太〔完善〕副総理以下の出迎えを受け、大臣は到着声明を発表（声明文の入れ場所が一瞬分からなくなるというハプニングが起る）。

午後より朴〔正熙〕大統領を表敬したが、全閣僚とともに行ない表敬が長びいたうえ外務大臣のみ残った。会談の時間が長くなり金〔鐘泌〕国務総理の表敬は後日にずらした。朴大統領との会談ではハワイ会談の内容、日中正常化、南北朝鮮問題等種々の問題が話し合われた。

夜、大臣は太副総理のレセプションに出席したあと、金国務総理主催の晩さん会に出席した。その後、秘密でウオーカーヒルに赴き、中央情報部長〔李厚洛〕等と会談した。そのため十時半より予定された記者会見ができず、記者諸公は若干むくれ気味であった。

九月五日（火）

午前十時、開会式。会議そのものは、内容も予め準備されていて儀式に近い。実質的な折衝は舞台裏で行なわれていた。経済協力の一七〇百万ドル供与は、いち早く林田局長より最終的には認める意向が示されていたので、早目にセットしたが、条件の三・五％、二五年を主張する日本側と三・五％、三〇年又は三・二五／二五年を主張する韓国側が対立した（結局三・二五％二五年で決定した。）又大陸棚問題では共同開発を行なうことが早めに決定したが、その間試掘及び探索を中止させるかどうかが議論の分れ目となった。

共同コミュニケの内容ではないが一応「試掘及び探索を含め共同開発」ということで妥協した。コミュニケの案文では予想通りセマール運動の評価が問題となった。韓国側はセマール運動に対し日本側が前向きに協力するという表現に固執し、当方も認めることとなった。

九月六日（水）

朝六時半起床し、泰陵ゴルフ場に向う。大臣、金〔溶植〕外相・李〔澔〕大使、森田の組と、尹〔錫憲〕次官、鶴見〔清彦〕審議官、後宮〔虎郎〕大使の組に分れてプレーする。

スコアは全員あまりよくなく大臣五四、森田五〇であった。それからただちに朝鮮ホテルに帰り、大陸棚問題につき大平・中曽根〔康弘〕・金会談を行なったあと、形式的に全体会議を開き第六回日韓定期閣僚会議を終了した。その後、日韓共同の記者会見があったが、わが国と北鮮との交流等の問題に関心が深いようであった。その後、後宮大使の公邸で閣僚及び秘書官は日本食を御馳走になった。公邸はつい先日完成したばかりでなかなか立派なものであった。

三時三十分金浦空港を出発し、五時半帰国した。その後、共同記者会見に臨み大臣は通産一水会へ、森田はデサント石本〔他家男《たけお》〕氏のレセプションに大臣代理で出席した。

九月七日(木)

八時半私邸を出発し、九時三十分より中国問題の勉強にかかる。

十一時椎名〔悦三郎〕副総裁〔衆、岩手2、椎名派〕と会談し、台湾への特使を依頼し承諾を得た。

昼の宏池会の定例総会はハワイ会談の結果等の報告を聞こうとするためか、満員の盛況であった。

宏池会に伊吹〔島〕の漁港改築のため観音寺の川端〔喜久治〕市議一行が訪れる。これは漁港改修の五ヶ年計画に入れたいとするものであるが坂出のびつ石の計画と競合する点が難点である。できれば双方が入るように努力せねばならぬ。二時頃、稲山訪中団の稲山〔嘉寛・新日鉄〕社長はじめ、出光〔計助〕、今里〔広記〕、岩佐〔凱実〕氏などが訪れ訪中の模様を語る。大臣よりハワイ会談の模様をかなりくわしく報告した。

夕刻安本〔和夫〕東棉社長〔高商同期〕、矢野〔良臣〕丸善石油社長〔高商同窓〕が大臣のところを訪れる。恒例の自宅の記者懇談は役所で行なうことに切りかえる。六時より古井先生と会談した。

九月八日(金)

閣議の時間がくり上げになり九時から開かれる。九時半より経済閣僚協議会が開催され、引き続き米軍戦車問題について〔米軍相模補給廠への戦車輸送問題〕、井上普方〔衆、徳島全、社会党〕の質問が行なわれる。昼頃から中国問題の勉強を行なう。

一時二〇分羽田発。一昨夜総理と大臣とが話し合った際、総理も八日に福岡に行くとのことで大臣は取りやめたいとしていたが、田中六助先生〔衆、福岡3、大平派〕からやはり行ってほしいとの連絡があり行くことにしたものである。（結局田中ブームのせいもあり、遠藤一馬候補が藤吉候補に三万票余差をつけて圧勝した。）

福岡では十五分ずつ三ヶ所で演説した。

飛行機が遅れて八時頃ついたが、それから栄家に行き大平会に出席したあと、古井先生と会談した。

九月九日（土）

朝六時四十分自宅を出発したが、途中の事故でパトカーに頼る。七時二〇分東京駅発つばさ一号に乗る。米沢市でおり、山形市をへて天童市まで北上し五分ずつ位演説した。

雨の中の演説であったが、大臣は黒金〔泰美〕先生もここ三年間どこか怠慢なところはなかったか、どこか不備なところはなかったかを反省しているので、今度こそはよろしくとの趣旨で演説された。見通しとしては、今回は、近藤鉄雄、黒金泰美ともどもうまく行くのではないかと思われる。

しかし、次回の本番については余程がんばらぬ限り大変であろう。

九月十日（日）

大臣は一橋出身者〔三金会〕とスリーハンドレッドクラブでゴルフを楽しむ。

九月十一日（月）

午前中知事会議に出席した後、栄家で行なわれた渋谷氏（外務省）と本田さんのお嬢さんの婚約式に立ち会い、引き返して党本部で行なわれた小坂〔善太郎〕訪中団の結団式で挨拶の後、大蔵同朋会〔同期会〕（飯倉公館）に出席した。

午後エルサルバドル大使、APU〔アジア国会議員連盟議員団〕議員と会ったあと、外国人記者と会見した。外国人記者との会見は、やはりしんが疲れるようであった。中山素平氏〔興銀相談役、経済同友会代表幹事〕、梅棹忠夫先生〔京都大学人文科学研究所所長〕が、日本文化の研究と日本文化の教育とPRをかねた組織〔国立民族学博物館〕の設立を建議した。

夕方は翌日の内閣委員会のブリーフで、夜の会合には出席しなかった。

九月十二日（火）

朝、伊藤昌哉氏〔東急建設常務。池田首相元秘書官〕が来て、現代は自信が持てる時代ではないが自分が正しいと思ったことをつきすすんでやっていく以外にはないことを諄々と説いた。

閣議・国防会議議員懇談会のあと、第八回APUに出席した。

十一時より総理との訪中打合せ行なった後〔『全著作集7』58—59頁参照〕、午後より、内閣委員会が開かれ引き続きホテルオークラにて、総理と小坂〔日中国交正常化〕会長との会談を行なった。

三時半より、マリク〔インドネシア〕外相が大臣を訪れ、米の援助の要請を行なった。

かもめ会〔海運・貿易関係の会〕からは熱心に大臣出席方の要請があったが、大臣は結局出席しなかった。十二日会に出席。大臣夫人は、ヒース来日に備えて飯倉公館にて閣僚夫人の午さん会を開いた。

九月十三日（水）

九時より、幹部連絡会。その後ザイール鉄道借款問題について伊能繁次郎議員〔衆、千葉2、福田派〕が来訪した。

午前中いっぱいかかって中国問題の勉強に励む。

正午木曜研究会〔下村治を中心とする勉強会〕のあと、フィンランド大使の新任表敬、シンガポール大使の新任表敬、林逌氏〔参、高知、大平派。74年補選で初当選〕、フジテレビ報道局長吉村〔克己・元サンケイ新聞政治部長〕氏、菊地稲次郎氏〔菊池福治郎。衆、宮城2。落選〕、在京インド大使が次々に来訪する。

三時から五時まで、中国問題の勉強をする。中国問題も大筋についてはめどがつき、だんだん細かい問題に入ったが、これも終局に近づきつつある模様である。中国問題のように前例のない仕事だと細かい点まで大臣に上がってくることになる。

九月十四日（木）

七時四十五分、岡田〔晃〕香港総領事が中国問題について次の提言をした。

（1）中国については、数字はいわぬこと。（マカオがしばらく→四百年久々が九十九年になった例がある。）

（2）台湾と中国間には我々の想像以上に密接な関係があり、両者とも漢民族であることを忘れぬこと。台湾擁護派のような発言は台湾にも評価されぬこと。

（3）中国は台湾の独立運動を恐れており、従って台湾の帰属はわが国の関知するところではないという発言は誤解を招くので、台湾の独立運動は支持しない旨明確に発言した方がよいということであった。

九月十五日（金）

総理とのゴルフの話があったが流れ、森〔美夫。第百土地社長〕さん、福井先生〔福井順一。衆、千葉3、60年落選〕とともにスリーハンドレッドに行ったが、どしゃぶりの雨で結局プレーできなかった。

佐藤〔榮作〕前総理が来られ、大臣と小一時間にわたって中国問題について意見を交わした。

九月十六日（土）

十時から若泉敬先生との会談《ママ》し、十一時より椎名〔悦三郎〕特使との顔合せに出席した。友人は困った時に頼りになるものだという挨拶を行なった。

福田家〔紀尾井町の料亭〕で黒川〔信夫〕氏グループ十三人と昼食し、そのあと英国記者とのインタビューを行なう。

三時より、田中勳氏〔衆院候補、東京5、落選〕の激励会に出席した。美輪明宏（丸山）、春日八郎氏も来ていた。

五時過ぎ、ヒース〔英〕首相を羽田に出迎えた。雨のため屋外での儀式は取り行われなかった。

帰りに田中首相が、栄家で食事をしたいということで、すきやきをつつきながら一時間余を過した〔『全著作集7』58—59頁参照〕。

九月十七日（日）

朝、椎名特使を見送りのあと、明君〔大平三男〕とスリーハンドレッドへ行った。大臣は五六、五六で最悪のスコア。明君は四九、四九であった。

夜、大臣主催のヒース首相歓迎晩さん会に出席。

九月十八日（月）

朝、成人病研究所へ身体検査に行く。十時半まで時間があるのでゆっくり検査する。その後、勝田〔龍夫〕不動産銀行の頭取が来て、天野〔公義〕先生の後援会会長を決めてほしい旨要請があった。続けてデンマーク大使新任表敬、三浦〔甲子二〕ＮＥＴ〔現テレビ朝日〕報道本部長が来訪した。

桑田、畠山〔武〕、柴、松下さん〔朝日新聞記者〕が先日の招待の返礼に大臣と森田を招待してくれた。

九月十九日（火）

閣議、記者会見のあと、今日出海〔国際交流基金〕理事長の辞令交付を行ない、そのあと拡大ＥＣ経済調査団団結式に臨んだ。

午後、宮中午さん（ヒース英首相）に出席した。

参内閣委員会において、中山太郎〔自〕、水口宏三〔社〕、上田哲〔社〕、山崎昇〔社〕氏の質問を受けた。

次いで中国問題への台湾関係について最後のつめを行なった。

夜はヒース首相の晩さん会のあと椎名特使をお迎えし、その後十一時という遅い時間にヒース首相をお見送りした。

九月二十日（水）

幹部会のあと、十時四五分から椎名特使の報告を総理とともに聞いた。

椎名特使によれば、日本と中華民国との従来の関係の維持ということには、外交関係を含むということになっていると、台湾政府に説明したとのことである。これは予想外のことで、大臣にとっても大きな衝撃であったようである。その後、日本商工会議所会頭副会頭会議において中国問題等の説明をした。

午後、時事の立花〔丈平〕編集長等が来訪された。夕方ヤクルト新社屋落成祝賀パーティにおいてスピーチの後一橋如水会〔一橋大学の同窓会〕による大臣祝賀会で講演を終えた〔講演の記録は、「外務大臣に就任して」と題して、『全著作集4』391—402頁に収められている〕。

九月二十一日(木)

朝、宮武〔徳次郎〕大日本製薬社長が私邸に見えた。

九時半より、中国より帰った橋本〔恕〕中国課長より報告をきいた。次いで講堂で国際交流基金の設立準備会議に出席した。

十時半より小坂訪中団長の総理と外務大臣に対する報告をきいた。

午後より宏池会定例総会のあと、鹿内〔信隆〕サンケイ社長が来訪しモナリザ展をわが国において開くことで協力を依頼してきた。

夜は末広会、かや会のあと私邸でクラブ懇談を行なった。クラブ懇談では、台湾の大使館は相当困難であった。

九月二十二日(金)

早朝には伊藤昌哉氏が来訪され、午前中は閣議のあと中国問題の勉強をした。十二時に邱永漢氏〔作家、実業家〕との会談〔栄家〕のあと、滝田実〔元同盟会長〕国際交流基金監事の辞令交付を行ない、二時より訪中同行記者団の結団式に臨んだ。

夜、大臣主催で椎名特使一行を千代新に招待した。

九月二十三日（土）休日

九月二十四日（日）準備に終始

〔以下九月二十九日（金）までは、森田『訪中日記』〕

九月二十五日（月）

前夜から羽田東急ホテルに泊り込み、朝6時半起床、階下のロビーで遠藤副社長、吉野工業社長、三崎会長等の見送りを受け、7時半過ぎ空港機側に向う。

空港では、椎名副総裁、三木副総理以下の自民党議員、竹入公明党委員長、佐々木〔民社党〕書記長等の見送りを受け、8時10分予定通り離陸。

機長富田、パーサー田中さんとのアナウンスあり。

田中総理の写真撮えい中フラッシュが破裂する事故があった。

森下先生、下条えみ先生に外務大臣の身体検査の記録表の説明をする。機中新聞で地図をみる。

〔北京市手書きの地図―略―〕

朝食に和食をとり、昼近くになって再びそばが出る。

10時40分中国大陸が見える。「あれが大陸か」という外務大臣の声には、昔中国にいたことのある人のみが持つ親愛の念がこもっている。

眼下に山の頂上近くまで耕された大地を見下しながら更に飛ぶこと2時間足らずで北京郊外の空港におりたった。

窓外に陸海空三軍の兵が整列し周総理の顔が見えた。

主要随員は前のタラップからおり、中国首脳全員と握手する。

国歌吹奏、閲兵及び在北京日本人等と挨拶をすませると直ちにモーターケードにより、迎賓館に入った。さっきおそばを食べたばかりなのに中国料理の御馳走がどんどんお腹に入る。

不思議な気がする位だ。

1時40分迎賓館を出て人民大会堂に向った。写真撮影の後、会議場に入り、周〔恩来〕総理より次のような挨拶があった。

「私は、田中総理の訪中に対し正式に歓迎の意を表するものであります。現在の諸情勢は、両国首脳が会談を持つのによい時期であると思います。

7月8日に新内閣が成立し、日中国交正常化を急ぐ決意を初閣議で表明されたので、翌9日には当方としては
〔原本は改頁され、次のように続いている〕

2時50分
正式の歓迎の意を表しまず両国首脳が会談を持つのによい時期です。

七月八日に日中国交正常化を急ぐと初閣議でいわれたので七月九日に応えました。大平大臣は孫〔平化〕、逍〔肖向前〕を通じ田中訪中の意を伝えられた。

ですから姫〔鵬飛〕外務長は権限を授けられて、日中国交正常化についての歓迎の意を表明したのであります。

八月十五日田中・孫両者の間で会談がもたれ、話し合いを通じて問題を解決したいという意を表明された。そして今ここに田中、大平、二階堂の訪中が実現したのである。

外交の面でこのような急ピッチで進められたのは前例はなかったのではないか。私は田中首相が二月《マ》二十《マ》日にい

われた言葉、訪中を成果あるものにしたいという言葉を評価するものである。

周恩来総理主催招宴における田中総理演説（九月二十五日）

周恩来総理閣下並びに御列席の各位。

このたび、周恩来総理の御招待をうけ、日本国の総理大臣として、隣邦中国の土を踏むことができましたことは、私の喜びとするところであります。本日はここに、かくも盛大な晩餐会を催して頂き、まことに心暖まる思いであり、関係者各位の御配慮に心から感謝いたします。

このたびの訪問にあたつ〔っ〕て、私は、空路東京から当地まで直行してまいりましたが、日中間が一衣帯水の間にあることをあらためて痛感いたしました。この様に両国は地理的に近いのみならず、実に二千年にわたる多彩な交流の歴史を持つ〔っ〕ております。

しかるに、過去数十年にわたつ〔っ〕て、日中関係は遺憾ながら、不幸な経過を辿つ〔っ〕て参りました。この間わが国が中国国民に多大のご迷惑をおかけしたことについて、私はあらためて深い反省の念を表明するものであります。第二次大戦後においても、なお不正常かつ不自然な状態が続いたことは、歴史的事実としてこれを率直に認めざるをえません。

しかしながら、われわれは過去の暗い袋小路にいつまでも沈淪することはできません。私は今こそ日中両国の指導者が、明日のために話し合うことが重要であると考えます。明日のために話し合うということは、とりもなおさず、アジアひいては世界の平和と繁栄という共通の目標のために、率直にかつ誠意をもつ〔っ〕て話し合うことに他なりません。私が今回当地に参りましたのは正にこのためであります。われわれは、偉大な中国とその国民との間によき隣人としての関係を樹立し、両国がそれぞれのもつ友好諸国との関係を尊重しつつ、アジアひいては世界の平和と繁栄に寄与するよう念願するものであります。

もとより日中間には政治信条や社会体制の相違があります。私はそれにもかかわらず、双方の間に善隣友好関係を樹立し、互恵平等の基礎に立つ〔っ〕て交流を深め、相互の立場を尊重しつつ協力することは可能であると考えます。

このように日中間の善隣友好関係を確固不動の基礎の上に樹立するためには、国交正常化が是非必要であります。勿論、双方にはそれぞれの基本的立場や特異な事情があります。しかしながら、たとえ立場や意見に小異があるとしても、日中双方が大同につき、相互理解と互譲の精神に基づいて意見の相違を克服し、合意に達することは可能であると信じます。私はこの大任を全うし、悠久にわたる日中友好の新しい第一歩をふみしめたいと念じております。

この挨拶を終えるにあたり、私は、ここに閣下並びに各位とともに盃をあげて、毛沢東主席閣下の御清栄と、周恩来総理閣下の御健康と御活躍を祈念し、日中両国民の友好とアジアの平和、繁栄のために、乾杯したいと存じます。

乾杯

田中首相歓迎の宴会における周総理のあいさつ

一九七二年九月二十五日

尊敬する田中角栄首相閣下

日本の貴賓のみなさま

友人のみなさま、同志のみなさま

日本首相田中角栄閣下が中日国交正常化問題の交渉と解決のため、招きに応えてわが国を訪問されたことを、われわれはうれしく思います。わたしは、毛沢東主席と中国政府を代表致しまして、田中首相ならびにその他の日本の貴賓の方がたに熱烈な歓迎の意を表わします。

田中首相のわが国訪問によって、中日関係史上に新しい一ページが開かれました。われわれ両国の歴史には、二千年の友好往来と文化交流があり、両国人民は深いよしみを結んできました。われわれはこれを大切にすべきです。しかし、一八九四年から半世紀にわたる日本軍国主義者の中国侵略によって、中国人民はきわめてひどい災難をこうむり、日本人民も大きな損害をうけました。前の事を忘れることなく、後の戒めとするといいますが、われわれはこのような経験と教訓をしっかり銘記しておかなければなりません。中国人民は毛沢東主席の教えにしたがって、ごく少数の軍国主義分子と広範な日本人民とを厳格に区別してきました。したがって、中華人民共和国成立後、中日両国の間で戦争状態の終結を公表していないにもかかわらず、両国人民の友好往来と貿易関係は絶えなかったばかりか、たえず発展してきました。ここ数年らい、毎年中国を訪れる日本の友人は他の国の友人よりも多く、平等互恵を基礎とした中日貿易の総額も中国と他の国との貿易のそれを上回っています。これは中日関係の正常化に有利な条件をつくりました。

いま、世界情勢にはきわめて大きな変化がおきています。田中首相は就任後、決然として新しい対中国政策をうち出し、中華人民共和国との国交正常化を急ぐと言明し、中国側の提起した復交三原則は十分理解できると表明するとともに、このための実際の段どりをとりました。中国政府は一貫した立場にのっとってこれに積極的に応えました。両国の国交正常化の実現には、すでによい基礎ができています。中日友好を促進し、中日国交を回復することは、中日両国人民の共通の願いであります。いまこそわれわれがこの歴史的使命を果たす時機であります。

首相閣下は中国訪問に先だって、両国の会談は合意に達すると思うし、合意に達しなければならないと言われました。わたしは、われわれ双方が努力し、十分に話し合い、小異を残して大同を求めることによって、中日国交正常化はかならず実現できるものと確信しています。

中日両国の社会制度は異なっていますが、これをわれわれ両国が平等かつ友好的につきあっていくうえでの障害にすべきではありません。中日国交を回復し、平和共存五原則を基礎として友好善隣関係を樹立することは、われわれ両国人民の友好往来をいちだんと発展させ、両国の経済、文化交流をいちだんと拡大するうえでひろびろとした前途をきり開くことになるでしょう。中日友好は排他的なものではなく、それはアジアの緊張情勢の緩和と世界平和の擁護に寄与するでありましょう。

中国と日本の民族はいずれも偉大な民族であり、中国人民と日本人民はいずれも勤勉で勇敢な人民です。中日両国人民は子々孫々友好的にしていかなければなりません。わたしはここに、中国人民を代表して、日本人民にあいさつをおくるとともに、日本人民が前進の途上でいっそう大きな成果をかちとるよう心から願っています。

きょう、中日両国の指導者は両国の国交正常化実現の問題について重要な意義をもつ会談をはじめました。われわれは、この会談が円満な成功をおさめるよう期待します。

それでは、

田中首相閣下のご健康のために、

大平外相閣下、二階堂官房長官閣下のご健康のために、

その他の日本の貴賓のみなさまのご健康のために、

ここにおられるすべての友人のみなさま、同志のみなさまのご健康のために、

中日友好のために、

乾杯しましょう!

此度私及び大平外務大臣一行が周首相の招きで訪中することができたのは光栄。日中は、二千年の歴史を持つものであって日本文化は、中国文化の伝統を継承しています。

両国は一衣帯水の間にあり両国は切っても切れない間にありました。しかし第二次大戦以後中国に迷惑をかけ不幸な関係にあったことは残念なことであります。サンフランシスコ平和条約以降日中国交回復はつねに国民の間に考えられてきたことであります。

私は常に国会等を通じ日中国交正常化を唱えてきたのであります。

今度自民総裁選には四人立候補しましたが四人とも日中国交回復を急ぐことと唱えてきた。

組閣にあたって日中国交を唱えましたが時が来ないとなかなか実現しないものでありますが、周総理がこの希望に調子を合わせてくれたのでいただ《ママ》きこんなに早く訪中できたので望外の幸せであります。


今度北京を訪問できた機会に今日まで時間をかけなければならないことには理由もあり困難な問題もありますが、この困難と日中国交回復のいずれが大きいかを考えれば問題なく後者であると思います。

私はその意味で北京訪問をこれからの長い長い幕開けにしたいと思います。私は今度のも日中国交回復を是非成功させたいと思います。

最後に一点申し上げると外国に行ったという感じではなく、日本にいるのと同じ気持であり、本当に仲よくしなければならぬなあという実感がわいてくるのであります。

本日の招宴に対して心から感謝したいと思います
周　日中人民は世々代々仲よくをしなければならぬ。北京の家にいる気持と同じだというのは結構です。そうすれば卒直な会談を行なうことができぬ。歴史の上から人民友好が築かれてきているのです。
もちろんこの間、非常に不幸であったことは一八九四年より軍国主義によって侵略が開始され日本人民も被害を受けまして、それだから一部の軍国主義者と多くの人民を毛主席は区別している
ですから中国が解放されたのち戦争が終了してはいなかったが、日中両国人民の友好的交流は途絶えたことはなかったし、
貿易も増加してきた　中国を訪問した人民の数は他国の人民の数よりはるかに大きかった。ずっと対外貿易の第一位でした。これは歴史の上の関係の深さ人民の間のよしみの深さをあらわしている。田中首相はまず第一にとりあげられたのであります。従って私も応えないわけにはない。
それは両国の人民の□□□□〔原本の字が薄く判読できず〕です。今日は皆様を招待しすぐに首脳会談をし会いたいと思う

この後首脳会談に入る。森田等は人民大会堂を見学した後その帰りを待った。
（1）大会議場
10000人　3500人
大会議場　12種類の言葉の同時通訳
4人に1人のマイクがある。
天井カベプラステッチより
天井　赤い星　4・5mの有機ガラス
外側のひまわりの花金メッキランプ付
500　100位通風施設

中国共産党
裏からついているランプ・・・発展して行く状況
映画のライト
音楽効果には充分配りょされている
全国人民代表大会党の大会
各国人民の闘争支援集会

湘南省　ししゅう
四川省　竹細工
木の上に竹をはりこんだもの
木の彫刻↑水利工事の模様
竹のすだれのうえにかいた画（細いもの）
人民公社の公社参加
自己かんか□〔判読できず〕している模様
少数民族（チベット）の生活
竹のすだれ
金銀の糸でつくった花びん
銀つくったかべかけ（長征　1935
眼がかがやいている　延安に至る
四川省のしゅう

一九七二（昭和四十七）年

うるしで作った模様しゅこうの虎
野菊
パンダの絵

広東省　海南島風景　油絵
象牙彫
木彫の上に金（えびたい）
珠江の濱
したん〔紫檀〕黒たん〔檀〕での家具
広東コンミューン（蜂起1927年）
こういう部屋30いくつ
省に属さない部屋もある

上海ホール
毛糸のししゅう　つげの木の□□〔判読できず〕ころ
農林水産業　孔子の書いた詩
上海和平ホテル
中国共産党第1回大会の場所
宴会ホール　長さ102m　幅72　高さ15m　建坪7000㎡
5000人の宴会　カクテルパーティ

10000人
天井ひまわりの模様　台所は西側
宴会場入口＝迎賓ホール　毛首席の字
江山如此多嬌
中国の略字　胜利（勝利）、主义（主義）、万岁（万才）

10時マッサージ
（備考）最初に迎賓館に到着した時、周首相と田中首相のやりとり。
田中「こちらにいる大平外務大臣は大蔵省のエリート官僚の出身ですよ。」
周「田中首相も大蔵大臣をされましたがその時大平さんは大蔵省にいたのですか。」
田中「いや私が大蔵大臣の時は大平君は外務大臣でした。」
大平「私が大蔵省にいたのは大臣ではなく下僚としてです。」
田中「その頃彼は税金を取る方の親玉でした。」
夜大臣より指示あり。帰国後直ちに米ソに飛んで報告することの可否、日程をつめるよう打電した。
田中総理は前々より渡米の必要性を唱えていたが米国のみに行くのは疑問があるのでソ連にも飛ぶこととした。
（※）但し藤井秘書官のいうように日ソ交渉の視点からすればプラスとはいえないと思われる。

九月二十六日（火）

朝8時過ぎより庭を散歩する秋階堂、柳の木などが美しい。
9時より朝食。総理は梅干のり等を持参していた。総理は次のような話をひろうした。

新潟県のある旅館で大へんな美人がいたが田中角栄氏が訪問したあといなくなり、田中氏が連れて行ったのではないかという噂がたった。その時旅館の主人は次のような漢詩をよんだという。

風光伝然眞明眉　麗花揚柳任措去

　　田中総理が箸の紙にかきつけたもの

又外務大臣の健啖ぶりを呼して

来者全不拒　悉之収腹中　尚逍遙

10時～　外相会談　戦争終結　台湾問題についてのコミュニケの表現をつめる（相手方が提示）

外相会談後、高島、吉田、栗山、橋本課長らコミニュケの表現の打合せ

（1）　戦争の終結を〝合意〟とするか、相手の宣言を確認するにとどめるか

（2）　日本軍国主義と人民とを区別して考えるのをどうするか

（3）　カイロ宣言により台湾の領土権は中国のものと従来にさかのぼって認めていたことにするのをどうするか

等の問題が残った。

朝　民族飯店にいる新聞記者の諸公をたずねようとした。

その旨申し出たところ、運転手にそのことを命じた。

丁度出ようとした時、一部の新聞記者が許可をえて迎ひんかんにやってきた

従って運転手に手まねでストップを命じ、そこでしばらく待つことを要請した。

彼の顔には明らかに困惑の表情が浮んだ。
彼は、民族飯店につれていくことを命じられたのであり
途中で停車することの許可はとっていなかったからである
私はあきらめてそのまま民族飯てんに行くことを命じた。(新聞記者の人が通訳した)
その時の喜悦の表情を忘れることはできない。
民族飯店についた。中に入れない
だれに会いたいかというわけである
三喜田と書いた

漢字による森田は世界中moritaなのである。中国読みになる

人の名前に通訳がいる。米国豪州その他の国よりはるかに不便であった。英語が通じないのである。

2時から始まった首脳会談は4時半までかかった。

周総理は請求〝権〟の放棄ということについて激しく反発したといわれる。

その後5時まで部内打合せ。


賠償の請求権……請求の放棄であって請求権の放棄ではない。

日中間の取りきめは排他的ではない。
① 第三国に向けるものではない。…前文に入れること
② 軍国主義という表現。

日本政府は日本が損害があたえたことを深く反省する
③ 三原則の入れ方。日中正常化にあたっては、〝この立場に立って〟というのは適当でない。理解するという立場に立って、とも解釈もできる
充分な理解を示し、かつ、この立場に立って
④ 戦争終結…今後平和友好関係を宣言する。
⑤ 領土、唯一の合法政府として

5時頃より第2回外相会談が開催される。当方出席者外相及び橋本中国課長
6時10分外相会談終了し、あと又夕食まで打合せを続けた。
結局戦争状態の終結が一番厄介な問題である。
賠償の放棄は、いずれにしろ一方的なものである、がその意味はどうか。
実質的には相手方が再度要求しないことを相手方と合意するということを含んでいる。
従って権利の放棄は相手方が困るといえば当方は要求できるか

当方の立場から言えば、日台平和条約で、中国との賠償権は放棄している。あとは、そのことを中国を〔に〕確認したということになる。

しかし、中国には、このことは主張できない。

日中それぞれ4人（高島、吉田、栗山、橋本）が出てバレーが終了してから、大臣あずかり事項―前文の復交三原則の入れ方　以外は表現をつめることとした。

6時半より食事

紅色娘子軍見学　マッサージして就寝

九月二十七日（水）

朝6時半起床。万里の長城（八達嶺）

〔万里の長城　定陵博物館　印刷物による説明―略―〕

2時25分帰宅　軽い昼食の後高島局長が午前中に相手方とつめた結果を報告した。

残ったものは

（1）大使交換の期限をつけるかどうか

（2）戦争終結についての表現はどうか

（3）体制の相違といわなくてもよいかどうか（前文にある）

（4）平和友好条約締結の意図を表明

（5）署名は、首相外相

（6）題目を田中首相にきめてもらう。

・首脳会談。

4時4分迎賓館を出発。4時13分到着写真撮影及び万里の長城と日本列島改造の話。4時20分開始

・周首相・姫外相・廖承志・韓念りゅう・通訳2人　記録1名

首相　外相　官房長官　橋本　通訳（畠中〔篤〕事務官）

頂上〔長城〕延々6千里

汲尽蒼生苦汗泉
始是希求城内和〔泰〕
不知抵抗民心在
山野〔容〕城壁黙不語
栄枯盛衰全如夢〔大平の漢詩〕

周首相　万里の長城は如何でしたか。
田中　すばらしいものでした。
周首相　万里長城は6千キロですが、日本列島改造の高速道路も6千キロで同じですね。
田中　いや9千キロですが難しいところがあって、6千キロということになっているのです。
万里の長城をみて日本列島改造が可能だという確信を持つことができました。
星期1……5

6時45分に首脳会談終了した。8時30分会談開始9時45分終了
8時15分　毛主席を訪問　10時に終了
毛主席は迷惑の問題はどうなりましたかという質問をしていた、とのことである。
その後コミュニケ発表の段取りの打合せ
29日午前コミュニケ発表。
コミュニケ発表後・三木副総理が記者会見。
コミュニケ発表後・大平大臣・官房長官が記者会見。

29日午後上海へ向う。
10時15分から姫外相との会談に入る。12時50分終了。
朝食9時　9時半に電話　10時出発
訪米訪ソの相談。
グロムイコ外相・新聞は会わなかった。日ソ交渉が大臣が切り札
日中は神秘性。台湾が一番大切。党首会談　自民党報告。マスコミ報告。チュメニ問題
当方は電報は打っていない。電話は、している。
国府に事前に連絡しておくべきこと。の検討
28日午後首脳会談2時30分。通商航海条約　航空協定は早くやる、ことを伝えることが必要。
1時35分　大臣就寝

九月二十八日（木）

8時起床。大臣は前夜は寝つかれず、村松喬、ロベールギラン、衛藤瀋吉氏等による中国人の心　G.マルチネによる五つの共産主義、戴季陶氏日本論を読む
総理も八時起床
共同声明を総理に説明　三木副総理への説明ぶり説明　題名を簡単にすることについて了承をとる
9時朝食
9時半　三木副総理へ電話

（1）戦争の終結は、前文と本文に分け本文は不正常の状態の解消という形にする
（2）台湾については官房長官の談話の形とする
のほか次のような連絡をした
左記は、大臣の原文であり、プロトコールの部分は大臣は話されなかった。

一、首脳会談。毎日三名〔高島、橋本、通訳〕一回ずつ、昨日まで三回行われ、国際情勢、日中間の基本問題、これからの日中関係等について率直な意見の交換を行った。
会議には当方より大平外ム大臣、二階堂官房長官が同席しておる。
二、外相会談は、首脳会談における日中間の基本問題の討議を受けて、これまで三回行われ、昨夜から今夜にかけての会談で、コムニケ作成のあらかたの仕事を終え、目下修文中である。
三、毛主席に対する田中総理の会談は昨夜北京時間八時三十分頃より九時五十分頃まで行われ、大平と二階堂が随行した。
話題は、世界情勢、日中関係その他広範にわたったが、総じて友好的で、おおむね肩のこらない話題に終始した。
四、本日中に、コムニケの修文そろえ、明日にはコムニケの発表ができると思う。
問題、
予想通り
✓・戦争の終結
✓・台湾の領土帰属

✓・三原則に対する態度
✓・反省問題
・賠償問題
・平和友好条約
・大使館設置問題
・第三国関係

〔「文化大革命中に出土した文物」プリントされたもの―略―〕

9時58分：故宮へ見学に出発　10時7分到着
今日の懇談
72万㎡、建坪15万㎡、9000部屋　東ヨーロッパより大きい
木でできているので保存しにくい
明日位ちゃんとする、今日のことにはならぬ
10時40分休憩　王羲之の息子の書1200年　元の時代の書画
　　　五代の画　618～907年
　　　唐の時代
　　　テベト〔チベット〕へお嫁に行くことの連絡の画
晋時代の顧愷之　水上の仙人仙女の画
宋の趙昌の画　960～1278

一九七二（昭和四十七）年

西漢BC１１３　漢の時代皇帝の墓　はにわ　男女の召使
食事のおかず入れ
ローソクをつける長信宮灯　金のはり
６１８〜９０７　唐王朝　銀の器　中に動物の画
おさけのかん　物語がある　唐の皇帝１００匹の馬をかりておどらした話　１００匹の馬が一度におどり出し何
匹かが前に行っておどった
唐時代の薬剤

日本の和銅開珎
東漢（後漢）ＡＤ25〜２２０　青銅細工　馬　馬車
戦の物督人がのる馬車　金メッキの硯
石硯
銅枝灯　馬踏飛燕7キロ
釉陶碉楼　２０００年前の建物の推測しうる。
北京は快晴風強し
11時30分大臣見学終了
総理は丹念に一品一品みてまわる。
長沙馬王堆一号一号漢墓発掘簡報をいただく
文化大革命頃出土文物

12時迎賓館に帰宅　総理　官房長官とともに
プレスの写真撮影の後、コミュニケの説明ぶりについて事務当局との打合せ。
1時昼食終了

田中総理主催招宴における田中総理挨拶
（九月二十八日夕）

周恩来総理閣下、並びに御列席の各位。

本夕ここに、周恩来総理閣下はじめ、中華人民共和国政府首脳、並びに関係各位の御列席を得まして、私どもの感謝の気持を表わすための宴を催す機会を得ましたことは、私のまことに欣快とするところであります。

このたび、私をはじめ、大平外務大臣、二階堂官房長官以下随員一同、及び報道関係者に対して、周恩来総理閣下はじめ、中華人民共和国政府首脳並びに関係各位から、暖かい歓待と心のこもつた御配慮を示されましたことにつきまして、私は、改めて厚く御礼申し上げます。

また、昨日私は、毛沢東主席閣下にお目にかかり、日中両国関係の将来、及びひろく国際の諸問題について御話合いをする機会を得ましたが、この会談は私にとり、極めて感銘の深いものでありました。

私は、日中国交正常化という厳粛な使命を果たすため中国を訪問しました。これまで周恩来総理閣下をはじめ、貴国関係各位と親しくお目にかかり、終始友好的な雰囲気のなかで、極めて率直に意見の交換を重ねて参りました。その結果、いまや、国交正常化という大事業を成就できるものと確信しております。

日中両国の首脳が、今回のように、膝を交えて友好的な話合いをするまでには、長い歳月と茨の道がありました。私は、日中間の対話の途を拓くため貢献された両国各方面の方々に対し感謝の意を表明するものであります。

国交正常化は明日への第一歩であり、私は、歴史の大きな流れの中で、新しい展望を目指して進みたいと思います。今後、日中間には、なお解決すべき幾多の問題があります。しかしながら、両国が互譲の精神と相互信頼に基づいて対処するならば、これは決して超克できない問題ではないと信じます。

かくして、これまでの両国間の不正常な状態に終止符がうたれ、両国国民の多年の願望である両国間の国交正常化が実現されるならば、これは、両国の歴史に新たな一章を開くのみならず、アジアひいては世界の平和に貢献するものと確信致します。

私は、今回の私どもの訪中が契機となつて、相互の間に、多方面にわたる交流がますます促進され、両国が、強い友好のきずなで結ばれるよう切望するものであります。

この挨拶を了えるにあたり、私は御列席の各位とともに、盃をあげて、中国の偉大な指導者、毛沢東主席閣下及び周恩来総理閣下の御健康と御活躍のために、中華人民共和国の繁栄、日中両国民の末長き友好、アジアと世界の平和のために、

乾杯したいと思います。

乾杯。

田中首相の答礼宴会における

周総理のあいさつ

一九七二年九月二十八日

尊敬する田中角栄首相閣下

日本の貴賓のみなさま
友人のみなさま、同志のみなさま
今晩、田中首相閣下は宴会を開いてわれわれを心からもてなしてくださいました。わたしはこの席にいる中国の同僚を代表して、また、わたし個人の名において、首相閣下ならびに日本の貴賓各位に深い感謝の意を表わします。

田中首相のこのたびのわが国訪問は、短期間ではありましたが、実りゆたかな成果をおさめました。

田中首相は毛沢東主席と会見し、一時間にわたって真剣かつ友好的な談話をおこないました。

われわれ双方は、数回にわたる会談をおこない、中日国交正常化の実現と双方がともに関心をもつ問題について、真剣、卒〔率〕直かつ友好的な話合いをおこないました。相互理解と小異をのこして大同を求める精神にのっとって、われわれは中日国交正常化に関する一連の重要な問題で合意に達しました。

われわれはまもなく両国間にこれまで存在していた不正常な状態に終止符をうつことになります。戦争状態の終結と中日国交の正常化という中日両国人民のこの長い間の願望の実現は、両国の関係に新たな一章を開き、アジアの緊張情勢の緩和と世界平和の擁護に積極的な貢献をなすでしょう。

わたしはわれわれの会談の円満な成功を熱烈に祝うとともに、田中首相ならびに大平外相が中日国交樹立のためになされた重要な貢献を高く評価するものです。

われわれが成果をおさめることができたその功労は、われわれ両国人民に帰するべきです。両国人民はかならずわれわれの成果に大きな喜びを感じるものと、わたしは信じています。

この歴史的な時点に、わたしは中国人民を代表して、長期にわたり中日友好の促進と中日国交正常化の実現のために貢献され、はては自己の命を犠牲にすることさえ惜しまれなかった日本各界の友人に心からの感謝と敬意を表わしたいと思います。

中日両国は社会制度の根本的に異なる国です。しかし、われわれ双方の実りゆたかな会談が示しているように、双方が確信をもちさえすれば、両国間の問題は、平等な話合いを通じて解決できるのです。
われわれ双方が平和共存五原則を遵守しさえすれば、われわれ両国の平和友好関係は、かならず絶えまなく発展し、われわれ両国の偉大な人民はかならず子々孫々友好的につきあっていくことができるものと、わたしは信じています。
それでは、
田中首相閣下のご健康のために、
大平外相閣下、二階堂官房長官閣下のご健康のために、
すべての日本の貴賓のみなさまのご健康のために、
ここにおられる友人のみなさま、同志のみなさまのご健康のために、
中日両国人民の偉大な友誼のために、
乾杯しましょう！

〔上海県馬橋人民公社　プリントされた文書――略――〕

九月三十日（土）

一時五分に、日航特別機は羽田についた。
大勢の出迎えを受けてステートメントを発表後、直ちに宮中に記帳に伺った。官邸で田中総理とともに記者会見のあと、両院議員総会に臨んだ。両院議員総会はタカ派の常連である中川一郎、中山正暉、浜田幸一〔衆、千葉3、

無〕等の各先生が従来と同じ主張をくりかえし予定時間をはるかにオーバーした。そのため各社の企画は短縮のうえ、十一時頃までテレビに出演した。

十月一日（日）

テレビ等の企画は、この日も続いた。フジTV、NTV、ラジオ関東に出演のあと、羽田野氏〔羽田野忠文。衆、大分1、大平派〕結婚披露宴に出席した。

十月二日（月）

本日は月曜日ではあるが特に日程をとらないこととしていたため、午前中福井〔順一〕先生とスリーハンドレッドでゴルフを楽しんだ。大臣は五〇・五五のスコアでよくなかった。森田は四六・四八であった。夕刻本省で藤田正明氏及び福田〔篤泰〕外務委員長と会ったあと、肖向前氏のパーテイに出席した。肖向前氏の挨拶は、北朝鮮を援用するなど当方としてはあまり聞きよいものではなかった。当方は三木〔武夫〕副総理が挨拶した。

十月三日（火）

朝、佐渡〔卓〕国土開発会長が来られた。閣議記者会見のあと、インガソル〔米〕大使と相当長時間話した。そのあと、三時から飯倉公館でしばらく休んだ。

五時に、古井喜実議員と会談。

夜はピノチェット・チリ大使主催の永野重雄〔日本商工会議所会頭〕、土光敏夫〔東芝会長〕両氏の叙勲式に出席した後、飯倉公館で行なわれた今回の訪中団の慰労会に出席した。

他方二時から四時まで、訪豪閣僚夫人の訪豪レクチャーが行われた。

十月四日(水)

八時に田中六助先生が来られ、選挙問題等について話をし、八時半には黒川〔信夫〕さんが来訪された。

午前中ジャーラック・クエイト記者及びチャバン・インド蔵相の表敬訪問を受けた。

ひるは飯倉公館で、池田〔満枝。勇人夫人〕さんを中心とする満和会校友会が開かれていたので、そこで会食及び挨拶を行なった。

宏池会にちょっとよった後、二時半から安保問題のブリーフを受けた。

5時半矢次一夫氏〔一八八九―一九八三。「国策研究会」を創立、戦後韓国・台湾とのパイプ役となった〕が来訪し、国慶節への出席は岸〔信介〕さんなどもやめさせた旨の報告を行なった。一水会〔池田勇人を中心とする会〕に出席した後、家で記者懇談。今日は特ダネはなかったというのが彼らの感想であった。

十月五日(木)

九時登庁し、伊東正義先生〔衆、福島2、大平派〕と写真撮影の後、日ソ問題のブリーフィングを受けた。その後ワフドュック全米自動車労組会長と会談し、栄家で松田〔耕平〕東洋工業社長、田中〔外次〕住金〔住友金属鉱山。一橋同窓〕社長と会談した。

宏池会の定例総会のあと、藤井〔丙午〕新日鉄〔副〕社長、加藤〔五郎〕住商副社長、グレゴリー・クラーク・ジオーストラリアン紙の東京支局長とインタビューした。

四時から水野清先生〔衆、千葉2、川島―椎名派〕の財界後援会にて、中国問題の報告を行なった。安藤建設創業一〇〇周年のパーティに出席した。次いで佐藤文生先生の子息の結婚式に出席した後、フリース在京オーストラリア大使主催の晩さん会に出席し、飯倉公館で泊った。

十月六日（金）

朝、御坐先生、馬谷先生に見てもらい、痛風や腎臓結石の原因と思われる尿酸の濃度を下げる薬をもらった。次いで経済関係閣僚懇、閣議を経て、コロンビア大使、ブラジル蔵相に面会した。

昼には大聴衆を前に内外情勢調査会にて、日中国交正常化を終えてという講演を行なった〔『全著作集4』117―128頁参照〕。若泉敬先生より、歴史的事件の解明に非常に役立ったとの電話をいただいた。

午後ブリーフ等のあと理髪し、法眼氏〔家〕の結婚式に出席した。

八時には、ひかり三四三号にて大阪に向った。途中静岡浜松間で地震があり、大阪到着が予定より相当遅延した。

十月七日（土）

大阪ロイヤルホテルを出て、高松に向った。九時から九時半まで、県森林土木協会の会合に出席した。

九時半から、記者会見。十日出発二十五日帰国、近隣の日中地ならしを行うことが先決であるとした。

十時三〇分から十一時〇〇分の一時間、綾南、綾上、綾歌地区を対象として、綾南中学校にて講演。中西県会議員が祝詞。前場綾歌〔町会〕議長が祝詞。

十二時～一時二〇分　津島寿一先生〔元蔵相。次官時代に大平を大蔵省に引き入れた恩人〕銅像除幕式。綾子夫人も列席。青天に恵まれて挙行。

十四時～十四時五〇分　国際ホテルにて県主催祝賀会。金子〔正則・香川県〕知事挨拶。

十五時三〇分～十六時二〇分　琴平中学校（満濃、仲南、琴南）多少予定よりのびる。

十六時三〇分～十七時三〇　善通寺市東中学校　友情之美酒拓腸潤　中国山時緑爽

事志成遂　　宋夫同飛心平

十八時三〇分～十九時三〇分　丸亀市東中学校（丸亀、多度津）丸亀市副議長、信濃〔勇〕多度津町長

十九時四〇分～二〇時四〇分　坂出市中央小学校（宇多津、坂出、国分寺、飯山）

十月八日（日）

八時半、大平事務所を出て墓まいりをした後、数光氏〔大平の実兄。豊浜町長〕のところに立ち寄る。

九時三〇分～十時　豊浜中学校　消防団が両門に立ち並び敬礼した。ただし、朝日新聞が事前運動ではないかということをいっているとのことで押えた演説をした。

十時三〇分～十一時　観音寺市民会館

十一時三〇分～十二時　高瀬町公民館　上戸学園の体育館で実施

十二時三〇分～十四時　詫間町福祉センター……大臣のあとは、高梨英男氏が講演された。

十四時三〇分～十五時　仁尾町　仁尾中学校……曽根町長が祝詞を述べた。

十五時三〇分～十六時　三野町　三野津中学校　この後大臣はさすがに疲れたなという感想であった。

十六時三〇分～十七時　財田町　町立体育館

十七時三〇分～十八時　山本町　山本会館

十七時三〇分～二十時　豊中町　豊中中学校

二〇時三〇分～二一時　大野原町公民館

これらの行事を終えて、やっと十時半の関西汽船にのりこんだ。

十月九日（月）

関西汽船にて大阪に着く。引き続き空路東京へ。

八時三〇分、日豪閣僚委員会顔合せ。九時、四次防をいよいよ決定するため、国防会議議員懇談会を開く。その後閣議記者会見。

十一時より、小泉・森田両家の結婚式の仲人を務める。披露宴の後、ウ・ルイン・ビルマ計画財務大臣が表敬。

その後、外交演説ブリーフィング。

夜は、日中正常化をとげて帰国した大臣の帰朝祝賀会と黒金〔泰美〕先生の当選祝賀会が行なわれる。

大平会。大臣夫人及び森田夫人は運輸大臣とともに豪州に向った。

十月十日（火）

朝十一時より、羽田東急ホテルで西独シエール外相と会談する約束をしていたが、飛行機の到着が約一時間遅れた。

会談の後、田中首相と極秘で諸々の問題について話し合った。

八時発カンタス二六三にて、シドニーに向った。

十月十一日（水）

現地時間九時三〇分、シドニーに到着した。シャン外務副次官が出迎えた。空港ＶＩＰルームで小憩。記者団より質問があった。

十時三五分　十六人乗りのＶＩＰ機でキャンベラに向った。キャンベラでは、ボーエン外相以下外務省高官が出迎えた。直ちにキャンベラレックスホテルに向う。昼はキャンベラレックスホテルで昼食をとる。他の大臣はキャンベラ見物に自動車でまわるが、外相は静養。みぞれが降る突然の寒さに全く驚く。四国電力山口〔恒則〕副社長と会う。

四時マクマーン首相表敬。続いて豪州閣僚との顔合せ。

六時より、豪州国立大学でボーエン外相主催レセプション。その後、斎藤〔鎮男〕大使主催のディナーがあった。

十月十二日（木）

八時四〇分、各閣僚ホテルを出発。

九時より、委員会開会式。マクマーン首相の歓迎の辞に答え、外相答辞。マクマーン首相は、選挙に有利になるとの判断からか大いに喜んだといわれる。

九時三〇分より実質討議に入り、十二時三〇分まで会議。時折質疑がある。一たんホテルに帰り、昼食（コロシアル・レストラン）。

二時半より、再び会議再開。夕方まで会議が続く。会議は順調。六時より、外相はウイトラム労働党首と会談。その後記者会見。

八時より議会のプライベートルームにて、タキシードによるボーエン外相ディナーに出席。随員はロータス・レストランで十二時まで食事。

日豪全出席閣僚と斎藤・フリース両大使、ソマレ首席大臣が出席。その後、共同コムニケの採択に入る。

十月十三日（金）

九時二〇分、全閣僚ホテルを出発。荷物を全て積み出した。

九時三〇分より委員会での討議開始。共同コミニケ採決、贈物交換。ヒル頃委員会を終了し、十二時四五分より、外相主催ランチョン。

二時十五分から五時十五分まで、日豪外相会談。日中・アスパック〔アジア太平洋閣僚会議〕などがでる。

五時三〇分より、日豪共同の記者会見。活発な質問が両外相に向けられた。その後シドニーに向うため、フェアバーン空軍基地に向う。

八時にシドニーにつき、ウェントワースホテルに入る。八時三〇分より総領事館、日本人会、商工会議所主催ビュッフェ・ディナーに出席した。（近くのメンジースホテル）

これで今度の豪州旅行の大部分は終了したことになる。通訳は大久保氏が務めた。

十月十四日（土）

十時三〇分ホテルを出発し、シドニーを視察した。シドニー市内の見物のほか、特別のランテによるハーバー・クルーズ、タロンガ動物園等をまわった。移動はほとんどこのランテによった。

一時、ローズ湾でコットン民間航空大臣夫妻主催の非公式の昼食をとり、三時頃ホテルに帰った。

四時にホテルを出て、五時一五分のTE八八四にてニュージーランドに向った。十時にニュージーランドにつき、サウス・パシフィックホテルにて宿泊した。
（注）新聞記者を放置したため、一騒ぎあった。人数が手うすなのと報道課が来ていないことでなかなか手がまわらぬようである。

十月十五日（日）

九時にホテルを出発し、あたりの景観を楽しみながら、一時ワイラケイに到着した。ワイラケイホテルで昼食をとる。新聞記者とゴルフを四ホールまわった後、四時三〇分ホテルを出てタウポ空港に向った。タウポ空港より特別機にてウェリントンに着いた。

七時半より、大使公邸にて日本側のみの晩さん会。ジェームズクックホテルに泊る。

光藤〔俊雄〕大使夫妻の念入りの料理に舌づつみをうち、日本料理の味を楽しんだ。

十月十六日(月)

十一時三〇分、ホリオーク外相をたずねた。中国問題では、豪州より一層台湾擁護の雰囲気が強く、アスパックなどで維持したがっていたようである。

次いで、マーシャル首相に表敬したが、ほとんど実質的な話しは出なかった。引き続き、閣議で閣僚と討議した。昼食会のあと、ホリオーク外相と外相会談を行ない、記者会見を行なった。夕刻同外相のレセプションの後再び大使公邸で食事を御馳走になり、特別機でオークランドに向った。

オークランドから二つのパーテイに分れ、大臣、大和田〔渉・欧亜〕局長、秘書官を残して大臣夫人一行はたった。


〔十月十七日~二十四日なし。オーストラリア、ニュージーランド、アメリカ、ソ連訪問〕

十月二十五日(火)

大臣は予定通り、一一時一五分JAL四四六便で帰国した。鈴木善幸先生はじめ大平派の各先生が出迎えていたが、官房長官〔二階堂進〕らが出迎えに来ていなかったのは淋しい感じであった。

東急ホテルで記者会見後、直ちに官邸に急行し総理と会談した。解散はどうするのだと聞いたところ、君が帰るのを待っていたんだ。俺は今でもやりたくないんだと言われたとのことである。しかし大勢だから仕方がないよとの声には無言の肯定であったとか。本省で外交演説打合せのあと、理髪を行なった。本田家の結婚式で仲人を務める。

夕方NHKに行き緒方〔彰〕解説委員長の対談を吹き込んだ後、九時文芸春秋の雨宮〔秀樹〕さんと対談した。

十月二十六日（水）

朝八時半より、パレスホテルにて三菱グループの朝食会に出席し、その後ガイラー米太平洋陸軍司令官の表敬を受けた。封印産業スタディグループの団長への辞令の交付のほか、安保問題でブリーフを受ける。

十二時より、宏池会の定例総会に出席。各先生方から毎日一度は出席するようにとの要望が出て了承した。その後、川端先生が遊説の依頼、前川〔憲一〕先生が撤収の手続きの相談、古内〔広雄〕先生の支持者の出馬要請などがあった。

記者懇談のあとマッキャアン副首相等と会談し、夕刻鹿島〔守之助〕氏の叙勲に立ち会い、昭和十一年会〔一橋十一年卒の会〕に出席した。後、雄心会に出席した。

十月二十七日（木）

朝、酒販組合の正副会長会議に出席した後、閣議に出席。酒販組合は消費生協の酒の員外売りの問題が中心であった。その後ヴィエトナム問題についてのブリーフィングが行なわれる。

お昼に、第二大平会が行なわれる。ユーゴ大使、フランス大使と接見の後、丁一権韓国共和党議長が今回の戒厳令についての説明のため来訪。その後、国会答弁の打合せ。賀屋〔興宣〕先生来訪。

八田〔貞義〕先生〔衆、福島2、大平派〕が伊東〔正義〕先生のところにのみ応援に行くことのないよう注意を喚起するために来訪。

夜、末広会に出た後、住商会長津田〔久〕氏、柴山〔幸雄〕社長、加藤副社長と会食した。

十月二十八日（土）

九時半から臨時閣議で、施政方針演説、外交演説等を協議した。十一時より第七〇回臨時国会開会式が行われる〔外交演説は『全著作集4』12―18頁参照〕。前川憲一氏の立候補辞退の問題について、政府委員室にて菅野和太郎先生〔衆、大阪1、無〕、原田憲先生、古川丈吉先生が会合して話をつけた。

午後、外交演説が行われる。少し早いがなかなか良い出来である。参院で総理が一ページとばして読むというハプニングが起った。三時、藤山〔愛一郎〕先生が来訪した。

十月二十九日（日）

八時半、羽田発全日空機にて松山に向い、空港にて記者会見が行なわれた。四次防の問題、派閥選挙の問題が話題となる。秋の運動会の紅白組だとたとえ話をし、選挙区制のせいだからそうやかましくいわないでほしいとうまく切り抜けた。

直ちに宇和島に向い、今井〔勇〕先生〔衆、愛媛3、大平派〕の応援のため千五百人位を集めて講演を行なう。直ちに松山にとってかえし、松山の県民会館に六千人近の大聴衆を集めて講演会を開く。そのまま帰郷し、夜、鈴木重雄夫妻が来訪する。

十月三十日（月）

十時より、ヴィトナム・朝鮮問題のブリーフ。その後、鈴木晴山写真場にて、写真撮影を行なう。

十二時より糖業会館にて格物会が行なわれる。

一時より衆院本会議にて代表質問。成田知巳〔社〕、桜内義雄〔自〕、竹入義勝〔公〕の各氏の代表質問に、田中総理は相当興奮の面持ちで答える。

その後、宏池会により、古内先生〔古内広雄。衆、宮城1、大平派、72年死去〕の問題、鍛治良作先生〔衆、富山1、大平派。72年引退〕の問題を討議した。

夜、芳明会（夏山〔光造〕、宮崎〔輝〕、小宮山〔精一〕、そだ）三金会の後、谷〔勝馬〕テアック社長（副社長は大蔵省出身）と会食した。

夜、島〔桂次・ＮＨＫ〕さんが来た。

十月三十一日（火）

九時より、院内で記者会見。十時より参議院の本会議が開かれた。昼は宏池会で、衆院古内先生の後継者問題等について協議を行なう。二時より、衆議院本会議で代表質問が続行される。本会議終了後、政府委員室にて草野一郎平先生〔衆、滋賀、大平派〕の支持者と会うた。公認を現役三人にしぼるべきであるとの主張である。そのためその後の日程が次々に遅れた。

六時頃、ホテルオークラで開かれた自民党香川県連顧問会に出席し福家〔俊一〕の公認を決める。

六時四十分参議院の火曜会に出席した後、大栄会（遠藤〔福雄・神崎製紙社長〕・岡内〔英夫・資生堂社長〕・田中〔外次・住友鉱山相談役〕・成吉〔競・新日本無線社長〕・本田〔弘敏・東京ガス相談役〕・森〔泰吉郎か美夫か〕・若杉〔末雪・

三井物産社長〕に出席し、その後、米沢〔滋・電電公社〕総裁、田村電機の桑原さんと会った。その後、自宅でフレミング氏より話を聞いた。

十一月一日（水）

九時に、ベトナム特使ラム氏と会見。十時より参議院の本会議で代表質問が続行される。そのまま政府委員室でモーニングに着がえて、宮中園遊会（赤坂御苑）に臨んだ。その後、宏池会で広島から立候補する萩原〔幸雄〕副知事〔衆、広島1、72年初当選、大平派〕と写真撮影を行なった。

夕方、衆参両予算委で提案理由の説明が読み上げられた。結局福田〔篤泰〕外務委員長主催のビュフェには出席できなかった。小山〔長規。衆、宮崎2、大平派〕環境庁長官の講演会に出席し、黒木先生〔黒木利克。参、全国、石井派〕の後援を行なうことを後援会の方々に披露した。

その後、大臣主催で、愛知〔揆一〕・木村〔俊夫〕・青木〔正久〕三特使の招待が行なわれた〔日中国交回復について日本の立場を説明するため、愛知はインドネシア、シンガポール、タイ、フィリピン、マレーシアに、木村は韓国、青木は南ベトナム、ラオス、カンボジアのインドシナ3国にそれぞれ特使として派遣された〕。

十一月二日（木）

朝八時半より党本部で開かれた酒販組合総会に出席した後、閣議に向った。

十時より予算委員会が開かれ、厳しい質問戦が始まった。

昼は宏池会に出席し、豪・ニュージーランド・米・ソ歴訪の報告を行なった。

昼から再び予算委に出席の後、天野〔公義〕先生の後援会に出席した。原明太郎氏〔鹿島建設専務、一橋同窓〕の令嬢の結婚式に出席の後、ＮＥＴに録画に行った。〝あれこれサロン〟という番組で、角田房子という評論家が対談の相手であった。

十時に朝日の生田〔真司〕記者がソ連に赴任するため、松下、中島、野村氏等とともに私邸をおとずれた。また古内先生の後継者問題につき、鈴木夫妻は出ないことを決めた。

十一月三日（金）

石川県一区の別川悠紀夫先生〔衆、石川1、大平派。72年落選〕と瓦力先生〔衆、石川2、大平派〕の応援に行った。

十一月四日（土）

川端先生応援のため九州に飛んだ。

十一月五日（日）

大平会に出席した後、北海道の阿部文男先生〔衆、北海道3、大平派〕の応援に向った。

十一月六日（月）

九時過ぎ、羽田に着いた。この直後ハイジャック事件〔羽田から福岡へ向かう日本航空三五一便がハイジャックされた事件〕のため羽田空港は閉鎖されたので、間一髪の差であった。十時より内閣委、午後から外務委に出席した。

一時過ぎより予算委が開かれる。

外務委質問者は、石井一〔自〕、松本七郎（社）、中川嘉美（公）、曾根〔禰〕益（民）、松本善明（共）の各氏であった。

衆予算委質問者は、小林進（社）、正木良明（公）、細谷治嘉（社）であった。

夜八時半過ぎに閉会となり、田中与作氏〔ネコス工業社長〕の清友会に顔を出した後、朝日、毎日、読売、日経等各社の論説委員長の会合に出席し、日中問題その他について説明した。

十一月七日（火）

朝、来たる選挙に関連し、江戸〔英雄〕三井物産社長と佐渡〔卓〕日本国土開発社長が来訪した。

九時より、閣議。十時より、衆議院予算委が開かれた。質問者は、和田春生〔民〕、楢崎弥之助〔社〕、二見伸明〔公〕、安井吉典〔社〕、松本善明〔共〕の各先生であった。

松本善明先生は、田中総理の土地投機問題につき、五つの例をあげて追及し、総理は苦々しい表情をかくさなかった。

夜の青らん会には、橋本〔恕〕中国課長を招いて、中国問題の話をしてもらい、大臣出席までの中つぎとした。大臣は八時半頃到着し九時近くまでいたあと、栄家で今里〔広記〕社長と会談した。帰りに奥村綱雄〔野村證券相談役〕氏の邸に弔問に向った。

十一月八日（水）

七時三十分に伊藤昌哉氏が訪れたほか、安田金属社長が交替のため私邸に来られた。九時三十分より院内で法眼〔晋作・外務〕次官との打合せを行なった。

十時より予算委開会。矢野絢也（公）、西田八郎（民）、鈴木康雄（公）、辻原弘市（社）、阪上安太郎（社）。お昼に予定していた三菱地所の中田〔乙一〕社長との会合は延期になった。衆議院予算委は、組替動議、討論採決を行なった。七時三十五分から衆院本会議を開き九時頃採決した。その後、大平会は結局出席できなかった。

十一月九日（木）

朝、パレスホテルにて日産自動車の山口さんが世話役をやっているさつき会が開かれ出席した。九時院内の総務会長室で森〔誓夫。旧制三豊中学の同級生〕共同石油社長と会った。次いで今日出海氏及び和歌山県県議長の妙中〔正一〕氏と会ったあと、参院予算委に出席した。質問者は、小林武〔社〕、米田正文〔自〕、竹田四郎〔社〕の各先生であった。

夜は村上孝太郎氏〔参、全国、無〕の一周忌には出席できず、大臣主催のエカフェ二五周年記念レセプションに臨んだ。次いで佐藤正忠〔フェイス出版社長、『経済界』主幹〕が世話役をしている芳芽会に出席した。

夜のクラブ懇談は取りやめとなった。

十一月十日（金）

朝、藤野〔忠次郎〕三菱商事社長、石上〔立夫〕国土開発社長、谷〔勝馬〕ティアック社長が私邸に来訪。経済閣僚懇談会、閣議が開かれる。

十時より、参院予算会が開かれる。足鹿覚（社）、三木忠雄（公）、上田哲（社）の各氏が質問者であった。

昼、休憩の時間に、森田欽二候補〔衆、福岡1、大平派〕と会った。

夕刻、総理とともにインドラ・チェコ議長と会見した。

五時頃から大川家結婚式があったが、六時過ぎ遅れて出席した。挨拶は好評で、中原さんからは、二五日の自分の時にも同じ挨拶をしてくれということであった。

その後、島村一郎先生〔衆、東京10、大平派〕の後援会に臨んだ。高令〔齢〕でもあり活気乏しく前途多難を思わせた。

十一月十一日（土）

朝早く、佐々木義武先生〔衆、秋田1、大平派〕が私邸に来訪。林〔一夫〕帝石社長、法華津〔孝太・極洋捕鯨〕会長、佐々木栄一郎氏〔丸茶社長〕、西田〔修一〕広島県議長が相次いで来訪した。

十一月十二日（日）

朝九時五五分発のＪＡＬで大阪に向い、木野晴夫先生〔衆、大阪5、大平派〕の後援会（ロマン宮殿）で昼食をとった後、木野先生の事務所と堺駅前と金岡団地で講演したあと、藤井寺中学校での古川丈吉先生のところで講演した。

そのあと、こだまで米原に向い長浜の商工会議所で、草野一郎平先生のところで講演した。ここは上田氏〔上田茂行。衆、滋賀、田中派〕という二五才の田中総理秘書が公認を求めて出るということではげしい相克が行なわれていた。夜十一時二〇分に東京に帰った。

十一月十三日（月）

十時より、参・予算委開会。上田哲（社）、横川正市（社）、喜屋武真栄（第二）。補正予算討論採決。参予算〔委〕、参本会議（院内）。補正予算討論採決、日中共同声明に関する決議。

衆本会議において、緊急質問を機に解散が行なわれた。その後、政府声明のために臨時閣議が開かれた。

夜は、十二日会と広島県の田中好一〔山陽木材防腐社長〕と萩原〔幸雄〕候補の石崎氏と栄家で会合した。

十一月十四日（火）

朝七時三十分に中田〔乙一〕三菱地所社長が来訪したほか、外務省で山根酔心社長、重光〔武雄〕ロッテ社長と会った。

十時より閣議記者会見のあと、グラハム在日米軍司令官及び堂垣内〔尚弘〕北海道知事が来訪したほか、安田貴六先生が来訪した。また加藤住商副社長も来訪した。

十二時すぎより、宏池会で大平派の各先生方に大平派としての公認料を渡した。そのあと鈴木総務会長とともに記者会見した。夜、松本重治国際文化会館二十周年記念に出席した。帰宅後レコード吹込みを行なった。

十一月十五日（水）

朝、藤田正明先生のほか、クラレ仙石〔襄〕社長、越智副社長が来訪した。宏池会に出かけ、長田〔庄一〕東京相互銀行社長、川口〔勲〕三井アルミ副社長と会った。

その後、院内の理髪室で散髪をし、共済会館で開かれた伊東〔正義〕先生の後援会に出席した。

その後、二時四〇分羽田発の飛行機で大分に向った。

〔十一月十六日〜十二月十三日までなし〕

十二月十四日（木）

前夜、森田香川県より帰り、日記を再開。午前中八時水野〔清〕先生訪問。八時三〇分小坂徳三郎先生来訪。

十時頃、自宅を出発。十一時より宇山〔厚〕前駐国府大使より報告を聞く。その後、斎藤〔晋一〕住友電工副社長来訪。

ヒル、宏池会で定例総会。その後直ちに経団連評議委員会で挨拶。その後、全国小売酒販総会で挨拶。宏池会でベアワルト・カ〔カリフォルニア〕大教授ら八人一行とお会いする。三時~四時まで記者懇談。

宮沢喜一先生や木村武千代先生が挨拶のため来訪。

夜、大平会に出席の後、九時よりクラブ懇談。言葉のはしばしに外相留任を前提とした言いまわしが出て記者の間で爆笑が起る。

十二月十五日(金)

朝八時、伊藤昌哉氏来訪。八時半、田畑〔久宣〕錦海塩業社長来訪。青木〔徹郎〕TBS記者来訪。

閣議記者会見。閣議中、田中首相は当面の政局に関し、三木副首相と中曽根〔康弘〕通産大臣と個別に会談して意見を交換した。

閣議終了後、田中首相と大臣は会談した。そのため宏池会で記者会見があり、第二大平会、宏池会への当選祝賀会には遅刻して出席した。宏池会の当選祝賀会には、木村武千代先生が一応顔を見せたのが注目された。今回初当選の若い先生方は発らつと当選の抱負を述べた。夕方箱根へ向った。

十二月十六日(土)

箱根カントリーで、三金会のゴルフ大会が行なわれ、大臣は九五のスコアで優勝した。夕方宮城県の菊地福次〔治〕郎先生の選挙違反のことで奥様が見えられ、浅沼〔清太郎・警察庁〕次長に大臣より電話した。

十二月十七日（日）

朝七時半出発して、習志野カントリーに向い、外務省幹部と霞クラブ〔外務省記者クラブ〕の懇親会ゴルフに出席した。

大臣は五〇・五二と振るわなかった。前日の疲れが残っていたせいだろう。森田は四七・四九であったが、他の人が悪かったため優勝し、霞クラブ杯を獲得した。

十二月十八日（月）

朝七時半に家を出て、八時半から十時半まで成人病研究所で検査を受けた。

昼、伊東正義先生の当選祝賀会に出席した。

一時から二時まで雲事務官の葬儀に出席し母堂より胸中をお察し下さいと言われ、哀切の情を如何ともすることができなかった。

二時すぎより、大河原〔良雄〕アメリカ局長のブリーフを受ける。四時藤田工業〔藤田一暁〕社長、四時十五分木村〔武雄〕建設大臣、四時半森田欽二先生がそれぞれ来訪した。

五時半より経営同友会忘年会（千代新）に出たあと、銀座東急ホテルでの末広会忘年会一次会、米田中での二次会に臨んだ。

十二月十九日（火）

朝八時過ぎ、安田金属〔安田睦彦〕社長、三崎会長が来訪。

十時閣議記者会見。

十一時より福島「さきがけ新聞」に新年企画として伊東正義先生との対談を行なう。

十一時過ぎ宮武〔徳次郎〕大日本製薬社長、来訪。

昼より、古内広雄儀の葬儀、告別式に葬儀委員長として出席。

夕方サンデー毎日の新年企画に映画評論家の荻昌弘氏、中山千夏氏〔タレント〕と対談。

夜、栄家にて奥村綱雄氏〔野村証券相談役。72年11月死去〕追悼の火曜会に出席の後、選挙でお世話になった方々のお礼のための夕食会を催した。その席上、芳子が貧血で倒れるというハプニングが起る。

十二月二十日(水)

八時過ぎ、佐藤正忠氏〔『経済界』主幹〕来訪。十時より幹部連絡会。太〔完善〕韓国副総理との会談。在京インド大使の新任表敬が行なわれる。

昼、木曜研究会〔下村治を中心とする宏池会の勉強会〕。物価問題につき、下村治氏等から意見を聞いた。物価を政策により下げるというのが一種の政治的幻想ではないかという意見が強かった。宮沢〔喜一〕先生はじめ宏池会の各先生が挨拶に来られる。

夜、飯倉公館において、大臣主催の霞クラブ忘年会が行なわれる。

十二月二十一日(木)

昼、宏池会の定例総会が行なわれる。記者懇談はもっぱら翌日以降の組閣の話で持ち切りである。

福田〔赳夫〕入閣、中村〔梅吉。衆、東京5、中曽根派〕議長がほぼ固まってきた段階であるので、焦点は副議長と政調会長に移っている。各紙とも倉石〔忠雄。衆、長野1、福田派〕政調会長を予想する。

十二月二十二日（金）

中村、秋田〔大助。衆、徳島、福田派〕両氏が正副議長に決定し、倉石政調会長が決定した後、総理は各実力者と会談した。その際、組閣認証式を一気に本日中に終了するとのスケジュールが流れる。

事実組閣は次々と進められた。天野〔公義〕先生の入閣がはずれて、斎藤邦吉先生が厚相に就任した。組閣に哀歓はつきものである。久野忠治先生〔衆、愛知2、田中派〕などは涙を流して喜んでいた。

また、三木派は加藤〔常太郎〕入閣を強力に推進した。香川県もついに二人の大臣を出すことになったわけである。ただ、坂出など加藤陣営と必死の戦いをした支援者には申しわけない気がする。

認証式が終り、初閣議が終ったときは十一時をまわっていた。外相留任は早くからきまっていたので劇的要素は少なかった。

十二月二十三日（土）

朝九時半より、各社の企画が次々と行なわれた。午後一時からは、ＮＨＫの実力者討論会に出席した。大臣のほか、福田、三木、中曽根、二階堂の各先生方である。

討論は豪華なメンバーの顔ぶれの割には、通りいっぺんであり、実力者相互の間の意見の表明はほとんどみられなかった。

十二月二十四日（日）

ゴルフに行く予定であったが、嵐のような悪天候で取りやめとなり、大臣夫妻は〔坂東〕玉三郎の公演を見に行った。

十二月二十五日(月)

朝、自宅に小林章先生が来られる。十時三十分から十一時三十分まで、予算の打合せを行なう。その後スジョノ・インドネシア大統領特別顧問と会見。午後から院の構成のための衆院本会議が開かれる。夕方斎藤〔武幸〕住友建設社長、木村武雄前建設大臣、若泉〔敬〕先生〔京都産業大学教授〕等が来訪。若泉先生はForeign Affairs に寄稿した論文について、大臣の意見を求めた。五時半から宏池会忘年会が清水で行なわれる。七時より、東棉安本〔和夫〕社長との会合。

十二月二十六日(火)

十時より、閣議記者会見。中曽根大臣の訪中が問題となった模様である。

十一時三〇分よりコンデ在京ギニア大使の新任表敬を受けたあと、岡林〔次男〕クラレ副社長や今〔日出海〕国際交流基金理事長が来訪。

午後から近藤駒太郎氏〔大阪商工会議所副会頭〕や佐治〔敬三〕サントリー社長の来訪のあと、宏池会に行って年末のもち代を渡した。(党の方も五十万円ということで五十万円とした。)夕方は、大栄会のあと、私邸で宏池会の記者の忘年会を行なう。

十二月二十七日(水)

十時より、幹部連絡会を行なう。その後、総理の方より連絡もあり、リトル・エンジェルス一行の表敬を受ける。

十一時より柴田〔護〕本四架橋公団副総裁等が来訪。続いて瀬戸大橋岡山香川議員懇談会に出席した後、宏池会での木曜研究会〔下村治を中心とする勉強会〕に参加。

酒井〔新二〕共同通信編集局長や園田〔清充〕参院議員が来訪。園田先生は亀長〔友義〕農林次官〔参、徳島、77年初当選〕を宏池会に引き入れることの打合せのため来訪。

綾田〔整治〕百十四〔銀行〕頭取、平井〔寛一郎〕東北電力会長、高羅〔芳光〕富士通社長が次々と来訪の後、タン・インド大使、コンデ・ギニア大使の信任上奉呈式のため侍立。

夕方鈴木三樹助氏〔大平岳父。三木証券創設者〕十三回忌。四水会〔池田勇人を囲む財界人の会〕が行なわれる。

十二月二十八日（木）

この日は出勤の予定ではなかったが、結局出勤するはめになった。朝自宅に八田〔貞義〕先生来訪。九時に重光〔武雄〕ロッテ社長来訪。

十時過ぎより、外務省で訪中の打合せ。（中曽根大臣の訪中は人数の規模が非常識に近いほど大きく問題となった。）

十一時過ぎ堀越〔禎三・経団連副会長〕日台交流協会会長、板垣〔修〕理事長が台湾よりの帰国報告。長谷川〔健一〕朝日新聞常務、淡輪〔就直〕三井石油化学副社長、川口〔勲〕三井アルミ副社長来訪。

三時過ぎ車にて川奈に向う（森田は年末の挨拶まわりのため別途列車による。）

十二月二十九日（金）

朝から大臣、藤井〔宏昭〕、中本〔孝〕、森田の四人で富士コースをまわる。藤井さんが一〇〇で一番よいだけで、大臣、森田は非常に不調であった。

十二月三十日（土）

朝八時より、富士大島アウトのワンハーフをまわった。大臣はパットが好調で富士の18番まで四五のペースで来ていたが、一八番でバンカーに落し、グリーンオーバーして結局十一たたき、夢が破れた。夜帰宅。

十二月三十一日（日）

芳子が風邪で発熱。大臣は家で片付けなどを行なう。

一九七二（昭和四十七）年

一九七三（昭和四十八）年

一月一日（月）〜一月三日（水）

大臣は、二日に田中総理とスリーハンドレッドでゴルフをしたほかは自宅でお客の応接に終始する。

一月四日（木）

十二時半より名刺交換会において、大臣は別添〔なし〕のような挨拶をされた。夜、河上〔健次郎〕住友金属鉱山社長が縁談のことで令嬢をつれてお見えになる。

一月五日（金）

十時より、〔スワラン〕シン・インド外相訪日についてのレクチャーを受ける。北原〔秀雄〕大使（ジュネーブ〔国際機関日本代表部〕）の報告が行なわれ、大臣もよい報告であると賞讃していた。

橋本〔栄一〕三井物産会長、林〔祐一〕公使（中国）が挨拶のため来訪。ヒル日本鉄鋼連盟新年賀詞交換会がホテルオークラで行なわれ、中曽根〔通産〕大臣につづいて挨拶。

外交演説打合せの後、経済四団体、自動車工業団体、化粧品工業会の名刺交換会に出席し、化粧品工業品の会では挨拶した。

夜、高橋〔朝次郎〕キリンビール社長主催新年宴会に出席。前尾〔繁三郎〕先生、宮沢〔喜一〕先生も出席。

一月六日（土）

朝九時半より、スリーハンドレッドで遠藤〔福雄・神崎製紙〕社長とともにゴルフを行なう予定であったが、朝から雪が降り出し取りやめた。総理もゴルフ行きを中止したという。

〔一月七日なし〕

一月八日（月）

朝、〔大蔵省〕内示案のための臨時閣議。引き続き牛場〔信彦〕駐米大使報告。（米側は自由化とともに、円の再切り上げを求めているとして問題となっている。）

十二時、井上〔四郎〕アジア開銀総裁来訪。二時よりシン・インド外相との会談。鹿内〔信隆〕サンケイ社長来訪し、訪韓の際の報告を行なった（韓国は南北の連邦制には反対とのことである。）

ポルトガル大使と短時間挨拶。

夕方五時より古河電工の新年会に出席した後、大臣主催でシン・インド外相歓迎晩さん会を行なう。

以上のほか、四時に木村武雄先生〔衆、山形1、田中派〕が来訪したほか、今井勇先生〔衆、愛媛3、大平派〕が選挙違反のことで来られた。又大谷貴義氏〔和歌山県出身の実業家、政財界に太い人脈をもつ〕が一月十六日の茶会のことで来られ、宗匠からの茶器を置いて帰った。しばらく問題となっていたローリングストーン〔ズ〕のリーダーの入国は結局認められないこととなった。

一月九日（火）

朝八時半より、瀬戸大橋国会議員朝食会が東京ヒルトンホテルで行なわれる。華麗ではあるが、内容的には何となく空疎な感じである。

定例閣議記者会見。

一九七三（昭和四十八）年

十一時吉田工業新年会、十二時より外交強化議員懇談会が行なわれた。福田系の先生方が〔国際交流〕基金強化をぶち上げる。

十二時半より、シン・インド外相主催午さん会が行なわれ、引き続きシン外相と会談した。次いで槙田〔久生・日本〕鋼管社長来訪。

四時よりＮＴＶのＶＴＲのレコーディング。五時半より経営同友会例会の予定であったが、とりやめた。

六時住友金属鉱山の新年会。国際交流基金の件で、相沢〔英之〕主計局長に電話した。

一月十日（水）

十時より、幹部連絡会。

十一時より、〔ジョレンテ〕コロンビア蔵相と会談、次いでピアソン米上院議員と会談。

昼大臣主催で、金〔鐘泌〕韓国総理招待の午さん会を行なう。金総理はアスペックの維持を訴えた。次いでスミス大使、ブレジンスキー教授と会談。

前田正男先生〔衆、奈良全、田中派〕が常盤住職を連れて、インパール第二次慰霊団の陳情のため来訪（パント内相あての親書をほしいというものである）。大平正芳名のレターを発出することにした。

夕方、香川県町長会懇談会（ホテルニューオータニ）に出席の後、日本製薬工業会の会に出た後、〔通産〕一水会に出席。一水会の後、佐橋〔滋。余暇開発センター理事長。元通産次官〕、徳永〔久次。新日鉄専務。元通産次官〕、大堀〔弘。電源開発副総裁。元経済企画庁次官〕各氏とマージャンをした。

一月十一日（木）

朝、前田〔敬二・香川県議会〕議長と平尾〔勘市〕善通寺市長が来訪した。

朝九時半、佐藤〔前〕総理往訪し挨拶〔『佐藤榮作日記』第五巻、276頁参照〕。

十一時、アジア財団会長のウィリアム氏来訪。続いてキャンベル・カナダ大使が来訪。

昼、日本記者クラブにおいて講演を行なう。防衛費の限界を数量的に明確にすることは不可能という発言が翌日新聞で問題となる。

本省に帰ったあと、瓦林〔潔〕・永倉〔三郎・九州電力〕正副社長来訪。定例の宏池会の記者懇談の後、NET・VTRに科学技術館スタジオに行った。慶大の加藤寛先生と日本人は国際人になれるかについて対談。

夕方、東京ガスの会合の後、自宅でクラブ懇談を行なった。主計局長〔相沢英之〕に電話し、国際交流基金は三年間三百億円、四十八年度五十億円追加の線をつたえた。
(注) NETのテレビは、主婦向けの一般的なものであった。

一月十二日（金）

朝、伊藤〔昌哉〕東急建設常務来訪。閣議のあと経済閣僚関係協議会、定例記者懇談。

十二時三十分東京発ひかり六三号にて名古屋に向う。二時三一分名古屋着。三時より講演。続いて懇親パーティ記者会見、河文にて夕食会。

八時三分発のひかりにて東京に帰る。森田は予算に備えて、東京に残り、中本〔孝・秘書官〕が同行した。主計局長より四十八年度追加額は二十億円という提案が法眼〔晋作〕次官に対してなされ　物議をかもす。

一月十三日（土）

朝、色紙に揮毫。次いで理髪を行ない、午後外務省に登庁。

国際交流基金及び機構定員の説明を受ける。午後三時頃主計局長より連絡があり、国際交流基金については大臣の主張の通りにする旨の説明があった。

午後九時頃、大臣折衝。その前にヒルトンの外務関係議員に挨拶。大臣折衝では、愛知〔揆一〕蔵相が、二十億円・三十億円という方式を執ように主張したが結局は折れた。そのほか、インドシナ救済の予算、災害等緊急援助予算等が認められた。

一月十四日（日）

朝スリーハンドレッドに行き、上田克郎氏〔東急電鉄顧問〕、五島昇氏〔東急電鉄社長〕、五島氏の子息等のプレーを楽しむ。

概算決定のための閣議が延び夜中になる。国防会議の連絡がもれたため総理以下閣僚を三十分以上待たせる結果となる。結局国防会議事務局のミスと判明した。

梅野典平氏〔高松高商・東京商大同窓生〕が関係者を連れて来訪。

一月十五日（月）

閣議。政府予算案決定が午後五時になったため、午後一時半よりのアメリカンフットボールの開会の挨拶のため、国立競技場に行く。インガソル〔米〕大使も見え、挨拶と始球式を行なう。ミス東京も花束贈呈のために来ていた。しばらく試合を観戦したあとホテルオークラで休憩。

夕方食事をともにしながら、江藤淳氏〔東京工業大学教授〕と歓談。江藤淳氏も土地問題の庶民感情に訴える重要性を強調していた。

一月十六日（火）

閣議。記者会見はなく、朝、堀田〔庄三〕住友銀行会長と朝食をともにする。十一時よりトロヤノスキー〔ソ連〕大使との関係のブリーフィング。正午にアジア調査会に出席講演。

二時三〇分泉州銀行佐々木〔勇三〕頭取来訪。岸和田よりのフェリーについて陳情。二時四〇分より、野村〔能村竜太郎〕太陽工業社長来訪。続いて時事通信佐藤〔達郎〕社長が新年の挨拶のため来訪。

三時から約二時間アジア局のブリーフィングがあった後、在京バングラデシュ大使との会談（早川〔崇。衆、和歌山2、三木派〕先生より強力な申し込みがある。）続いて西日本経済協議会陳情。四国電力の中川〔以良・相談役〕氏、芦原〔義重〕氏などそうそうたるメンバー。夕方火曜会に出席の後、七時より外務省幹部新年会に出席。

一月十七日（水）

朝八時半より、酒販朝食会。（ヒルトンホテル）の予定であったが二十四日に延期。

十時より幹部連絡会。続いて国連局のブリーフィング。十二時より、プレスクラブにおける講演。ほとんど質問形式の形をとった。二時半よりトロヤノスキー〔ソ連〕大使との会見。次いでニューズウィーク東京支社長来訪。

宮沢〔喜一〕先生の口ききによる。

夕方、外交演説の打合せ。夜ホテルオークラで芳明会。森田は富樫〔総一・元労働次官。一橋大学の同期〕氏のお通夜に行く。

（注）ニューズウィークのクリシャー氏は中本秘書官によると好ましい人物ではなく、同氏提案の私的会合に大臣が出ることも外務省の事務的見地からすると問題が多いとのことである。

一月十八日（木）

朝、福田家で黒川〔信夫〕氏の会合が行なわれる。高速道路の事故で約二〇分遅れる。十時より、安保問題の検討。十二時より、宏池会定例総会。参院対策の話がでる。二時半、若林〔彊〕東北電力社長来訪。次いで記者懇談。夕方経済局ブリーフィング。

六時より、カヤ会〔賀屋興宣を中心とした大蔵・通産ＯＢの会〕に出席。大阪ガス正副社長〔西山磐〕に栄家で会った。その前に加藤紘一先生〔衆、山形2、大平派〕の後援会に出席し挨拶を行なった。九時より、クラブ懇談。相変らず中国大使問題が関心の中心であるが、土地問題も話題になった。

一月十九日（金）

閣議記者会見。十一時より国連局ブリーフィング。正午、第二大平会。一時半より、インガソル米国大使との会談。二時半より、経済局ブリーフィング。四時より、アメリカ局ブリーフィング。

夜、三金会〔一橋出身者を中心とする大平を囲む会〕。七時半に近藤〔道生〕国税庁長官が来訪し、ビールの値上げ問題について国税庁の立場を語る。サッポロ〔ビール〕の内多〔蔵人〕社長も強硬なので、不測の事態も予想される。

一月二十日（土）

午前中、外交演説、施政方針演説の草稿づくりを行なう。二時三十分のひかりで京都に向い、夜京都で、青藍会〔青年会議所の現役やＯＢを中心とする大平を囲む若手財界人の会〕が行なわれる。（場所はつるや）。京都では塚本〔幸一。ワコール社長〕氏が中心となって、新たな後援会が結成され、京芳会と名づけられる。約二十五名になる見込。夜翌日の講演の打合せをして就寝。

一月二十一日（日）

午前中は芳数おじさん〔正芳実弟〕、小林氏が指圧の先生を連れて来訪し、十一時に宮崎旭〔輝〕氏が輸出用タイプライターリボンのダンピング問題に関し来訪し、約四十分間会談。すぐ軽い食事の後、一時より国際会館で約七百人の会員を前にして講演した。最初は日中日米日ソ問題に触れた後、identification論で青年たちの笑いと共感を呼んだ。三時五九分のひかり四〇八号で東京に帰り、琴桜優勝祝賀会に出席した〔場所後、横綱に昇進。大平が後援会長を務めた〕。いつもはがらんとしている佐渡ケ嶽部屋が満員の盛況で中に入れないほどであった。二場所連続優勝ということで横綱は間違いないものと思われる。

一月二十二日（月）

九時半地価対策懇談会が行なわれ、引き続いて記者会見。十二時に国際交流基金発足記念パーティ（ホテルニューオータニ）に出席。一時の故富樫氏葬儀において、友人代表として弔辞を読む。中山伊知郎先生〔一橋大学名誉教授〕も平明な文章で弔辞を読む。途中退席し新春全国経営者大会（ホテルパシフィック）で講演。日本人は国際人なれるかということを主題とする。帰庁後、伊部〔恭之助〕住友副頭取と会談。リネン・タイムライフ会長来訪。在京ボリビア大使来訪。岩佐〔凱実〕氏帰国報告。

直ちに古内会に出席。帰庁後霞関会〔外務省OBの会〕に出席し、引き続いて記者懇談、続いて米沢〔滋・電電公社総裁、鈴木〔治雄〕古河電工社長と会った後、政治部長の会に出席した。この会には、永井陽之助〔東京工業大学教授〕、萩原延寿〔歴史家〕、江藤淳氏が出席し、勇ましい発言が続出した。（例えば前田〔義徳〕会長をくびにしろ――江藤氏）

一月二十三日（火）

閣議記者会見。外交演説打合せ。十二時より日米安保協議会に関連し、在京米国大使主催午餐会を米国大使館で開催。増原〔恵吉・防衛庁〕長官が病気のため、その出欠が問題となる委員会にのみ出席。

二時三十分より、日米安保協議委員会開催。

五時より、中国儀典長韓叙氏一行と接見。

六時より、大栄会〔大平を囲む財界人の会〕。七時半より、大臣防衛庁長官共催の日米安保協議委員会出席者の晩さん会開催。大臣はあまりお気に入りでない千代新のサーヴィスを改めて見直し、歌を歌うなど御機嫌であったといわれる。

森田は香港のワールドワイドの進水式のため、木曽〔光陽ドック〕社長の要請に応えて佐世保に行った。

一月二十四日（水）

八時三〇分、全国小売酒販朝食会を東京ヒルトンで開催。十時、第二十八回定期党大会が文京公会堂で実施された。

木曜研究会〔下村治を中心とする宏池会の勉強会〕。

三時五十分より、新春トップマネージメントセミナーが東京プリンスホテルで開催。

四時十五分、横田〔正俊・前〕最高裁長官。四時半、エジプト・ハイカルアハラム紙主筆。五時より、宮脇〔朝男全国農協中央会〕会長と河庄で懇談会。

六時、四水会〔池田勇人を囲む会〕。外務委員会理事懇談会。ベトナム和平が発表になり、外務省はてんやわんやの渦にまきこまれた。直ちに外相談話発表。

一月二十五日（木）

十時より欧亜局ブリーフィングの予定であったが、国防会議議員懇談会のため中止。続いて外務省法案条約案説明も中止。国連局ブリーフィングも中止となり、国防会議の後、記者会見。

十二時より、宏池会定例総会。話題の中心は参院選対策となる。

一時三十分、安保防衛問題に関する総理説明。時間が短縮となる。五時より《ママ》、NYタイムズ東京支局長インタビュー。

一時半から五時までヴィエトナム和平に関し、時事・毎日・朝日・日経・共同・読売・サンケイの個別企画。

六時より、三金会。七時半より、大臣主催主計局主計官・主査接待レセプションはNHKの生放送のため政務次官〔青木正久〕が代行した。私邸にてのクラブ懇談は、夕方懇談することでこれに代えることとした。中国大使に小川〔平四郎〕氏かということで各社はてんやわんやであった。

一月二十六日（金）

十時、閣議記者会見。十二時、外交強化議員懇談会が東京ヒルトンホテルで開催。午後から長時間、安保基地問題。

四時五十分黒川氏。五時〔ダニエル・〕イノウエ上院議員他が来訪の予定は、ジョンソン前〔米〕大統領逝去のため中止。五時半より結城義人氏〔元大蔵省造幣局長〕結婚式。

七時より、藍亭で主計局長、三次長、総務課長を接待。当方よりは政務次官、官房長〔鹿取泰衛〕が出席。
（注）結城氏の新婦はデザイナー〔桂由美〕で、大蔵省ＯＢをほとんどそろえ、芸能界も多数参加するきわめて華やかなものであった。

一月二十七日(土)

九時半より、施政方針演説等のために臨時閣議。十一時、第七一回国会開会式。

一時、衆院本会議演説。演説はゆっくりすることに努めたが野次が入るとヤヤ早くなり勝ちであった。

三時、参院本会議演説。理想的なテンポで演説を終了した。霞クラブ〔外務省記者クラブ〕諸兄の批評も比較的好意的であった〔外交演説は『全著作集4』18—26頁所収〕。

一月二十八日(日)

十時半より、讃岐塩業の関係者が来訪。(下津さん等)十二時より東京プリンスホテルにて、坂東玉三郎〔歌舞伎役者〕後援会の大平会長就任披露レセプション。記者会見(奥様は同席しないことにした。)就任の動機について質問があった。レセプション、鏡わりに続き、会長挨拶が行なわれ、祝辞として今里広記〔日本精工〕社長が挨拶し、城口会長も挨拶の後、乾杯を城口会長が行なった。組織発表に引き続き、玉三郎より大平会長その他に記念品を贈呈した。玉三郎の素踊りを鑑賞した後、散会した。

一月二十九日(月)

八時、伊藤昌哉氏来訪。当面の情勢について話し合う。

九時三十分~地位協定問題。十時半より、ヴィエトナム問題のブリーフィング。

十一時三十分、森英氏、箭内氏、ファーストシテイホテル社長来訪。安田〔貴六〕先生が後援会長とともに挨拶のため来訪。十二時、塩工業会新年会で大臣挨拶。

一時、衆院本会議代表質問。石橋政嗣〔社〕、倉石忠雄〔自〕、辻原弘市〔社〕の三氏が四〇分ずつ質問。総理が主として答弁。記者懇談。

川口〔勲〕三井アルミ副社長と会った後、日中経済協会設立パーティに出席し挨拶。その後、次点会に顔を出された。末広会〔池田勇人以来の宏池会を支持する財界人グループ〕には結局欠席した。

一月三十日（火）

九時、閣議記者会見。

十時、参院代表質問（本会議）。占部秀男（社）、米田正文（自）の質問があった。

二時、衆院代表質問（本会議）村上弘（共）、浅井美幸（公）、受田新吉（民）の各氏が質問した。その間議運での共産党の自社なれ合いとの発言で参院遅延。

五時から小坂徳三郎先生〔衆、東京3、田中派〕の懇談会に出席する予定であったが出席できなかった。三崎氏〔三崎産業会長〕の日商岩井副社長と〔の〕会合に七時頃より出席。

みそか会（これまでの幹事役であった藤田義〔光〕先生〔衆、熊本1、無〕が落選されたので組織替えのうえ継続）みそか会は、今後米田中で行なわれることになっていたが、米田中がとれなくて松ヶ枝で行なわれた。

一月三十一日（水）

七時四十五分より、参議院火曜会〔大平派〕朝食会。八時結城義人夫妻挨拶。

九時三十分～四十五分フーレエ・パリオランダ銀行頭取来訪。田実〔渉・三菱銀行〕頭取来訪。

十時より、参院本会議代表質問。渋谷邦彦〔公〕、向井長年〔民〕が大臣に質問。

十二時、木曜研究会。

四時、衆院予算員会。提案理由説明、補足説明。五時参院予算委員会。記者懇談。

さつき会（ホテルニューオータニ）に出席した後、永井〔陽之助〕、高坂〔正尭・京都大学教授〕、神谷〔不二・慶應義塾大学〕教授との会合。（第一九森ビル）に出席した。

二月一日（木）

朝パレスホテルにて、日本貿易会常任理事会が行なわれた。出席した商社首脳からは、円対策は着々と進んでいる旨の発言があった。

十時より衆院予算委総括質問。宏池会には出席できなかった。北山愛郎（社）及び宮沢喜一の両先生が質問を行なった。

夕方、日本繊維産業連盟設立三週〔周〕年記念が東京プリンスホテルで行なわれたが、鍛造大平会（清水）の第一回会合が行なわれ、大臣より挨拶した。

クラブ懇談会は、翌日の朝食会に備えて飯倉公館で行なった。ホテルオークラで泊ることとした。

二月二日（金）

七時四十五分、衆議院朝食会を行なった。田沢〔吉郎〕、浦野〔幸男〕、佐々木〔義武〕、服部〔安司〕の各先生出席。

九時、閣議記者会見。十時、衆予算委員会総括質問。中沢茂一（社）、不破哲三（共）、正木良明（公）の各先生が質問し、不破先生は安保・ヴィエトナム問題に長時間を費消した。ヴィエトナム戦争開始の時期について、事実の答弁にやや乱れがみられた。

六時、論説委員の会（らん亭）。八時、大倉商事岸本〔吉右衛門〕会長との会合。

二月三日（土）

十時、衆院予算委総括質問。小平忠（民）、関連、小林進（社）、金子満広（共）、松本善明（共）。

森田は坂出市松山の青年後援会に出席のため、郷里に向った。ただし、東京―大阪間の日航の故障のため大阪泊りとなった。

二月四日（日）

十時よりＰＬの御木〔徳近〕氏とともにゴルフをしたが、夕方佐藤栄作氏が米国より帰ってきたので羽田飛行場へ出迎えた。

二月五日（月）

八時、藤田工業社長〔藤田一暁〕来訪。御子息のケンブリッジ入学の件で来訪。八時半、法華津〔孝太〕極洋漁業社長来訪。

十時　衆院予算委総括質疑

　安井吉典（社）…沖縄六千五百万ドルの移転費に関する密約問題追及

　阿部昭吾（社）　渡部一郎〔公〕

夕方記者懇談。六時に、アルメイダ・チリ外相表敬。

六時半、水野〔清・外務〕政務次官を励ます会がホテルオークラ平安間で行なわれ、安田火災の三好〔武夫〕社長、椎名〔副〕総裁に続いて挨拶した。

二月六日（火）

八時に伊藤昌哉氏の他、田中六助氏が来訪した。十時より、閣議記者会見。続いて条約局長〔高島益郎〕、アメリカ局長〔大河原良雄〕等をよんで国連憲章等を勉強した。

林田悠紀夫先生〔参、京都、大平派〕が、山田無文老師〔臨済宗僧侶〕（ビルマへ渡航）を連れて来訪。十一時半、アル・ウィンダーウィ在京イラク大使が新任表敬。

昼、国会対策委員会懇談会（原田〔憲〕国対委員長の招待）が行なわれた。

一時より、衆院予算委員会。安宅常彦（社）、安里積千代（民）が総括質問。

六時三十分より、経済部長の会（吉兆）。

二月七日（水）

香川県連会長大久保雅彦氏が亡くなられた。

八時半より、自民党外交調査会朝食会（党本部九〇一号室）。中国問題について、訪中以後の情勢について報告。

九時三十分～四十五分　ソマレ・パプアニューギニア首席大臣がおみやげをもってきた。インガソル・アメリカ大使来訪。インガソル大使出身の大学（イェール大学）より博士号を授与したいので渡米して欲しいということであった。

十時より予算委員会、総括質問。

　楢崎弥之助（社）　六千五百万円の電報の公開を求めて審議が若干中断した。

　田中武夫（社）、中島武雄〔敏〕（共）

十二時～三時、福井〔純一〕博報堂社長就任祝（ホテルオークラ平安の間）には出席できず、森田が代りに出席した。五時、泉・加藤両家結婚式（ホテルオークラ）。

六時、一水会〔池田勇人を囲む財界人の会〕（栄家）、今星会（亀清）、津島〔寿一〕氏七回忌追悼会、海洋博協会（ホテルニューオータニ）

二月八日（木）

故大久保雅彦氏の弔辞を書いたほか、南海化工機の坂口氏のために紹介状を書いた。

十二時より、宏池会定例総会。藤田正明議員、ヒラタ・ブラジル下院議員。佐伯〔勇〕近鉄社長、中国博のため中国訪問する旨の報告。茂木〔啓三郎〕キッコーマン醬油社長—工場の拡張計画等のための報告があった。

三時～四時、記者懇談。四時三十分、認証式。これまで長らく問題とされていた中国大使に小川平四郎氏が就任認証された。

六時より、大平会〔大平を囲む財界人の会〕。六時からの会には出席しなかった。九時、クラブ懇談の後、ホテルオークラで宿泊した。衆議予算委員会は、社会党大会のため休会となった。

二月九日（金）

七時すぎ橋本清氏を招き、当面の通貨状勢の話をきいた。

九時閣議、経済閣僚協議会、記者会見。

衆院予算委員会、総括質問。大橋敏雄（公）、大原亨〔亨〕（社）、細谷治嘉（社）。

六時より証券大平会（公館）。独眼流とのニックネームがある立花証券の石井一氏が田中総理の自邸を公開すべしという議論をはじめとして、大企業の人と会わないことなど、ユニークな提言を次々行なった。早朝再開された西独為替市場はドル売りが激化し、末期的様相が伝えられた。

二月十日（土）

十時、衆予算委員会、総括質問。寺前巖（共）、阪上安太郎（社）。

西独、日本の両為替市場とも本日は閉鎖した。西独は二重市場制又は変動相場制に移行することが予想され、わが国も何らかの対応策をとることが必至の様相となってきた。

二月十一日（日）

九時三十分、太平会ゴルフ、スリーハンドレッドクラブ。大臣は五一・五一、森田は四七・五七であった。真鍋〔賢二・大平秘書〕は四二・四七で実質的に優勝であったが、柳田〔誠二郎〕さんに優勝を譲った。

円は切上げか変動制に移行することが決定的という状勢になった。またボルカー〔米〕国務〔財務〕次官が秘密裡に来日し、愛知〔揆一〕蔵相らと会談したことが明らかとなり、話題を呼んだ。

二月十二日（月）

九時二〇分より、ブリーフィング（英国国防相関係）。その後一時半ごろまで予算委は開かれず、国会でブリーフィングが続けられた。又この日は寺前巖先生（共）に引き続き、堀昌雄先生（社）らが国際通貨問題について質問を行なった。

記者懇談。六時、大雄会〔青年実業家を中心とした大平を囲む会〕（松山）、十二日会（栄家）〔大蔵省および同ＯＢの会〕。八時、同じ宮脇〔朝男・全国農協中央会〕会長、小林〔与三次〕ＮＴＶ社長と会合、大雄会に出席した後、栄家で会い、知事には柴田〔護〕氏をかつぎ出すこと、玉置猛夫先生には資生堂・日通などをつけることを検討することなどを話し合った。

二月十三日（火）

九時閣議、記者会見。

十時、衆院予算委員会は開かれたが、通貨問題の質問をめぐり中断した。ワルトハイム〔国連〕事務総長との会談に備えてブリーフィングを受けた。

安田貴六先生が、後援会の人を連れて来て大臣と一緒に写真撮影を行なった。

柴田〔護〕本四架橋公団副総裁が来訪。

六時、キャリントン英国防相との会談。とても感じのよい人であった。ワルトハイム国連事務総長夫妻出迎え（平服）。羽田は到着が九時過ぎに遅れたため、三秘書官〔森田、藤井、中本〕とともに栄家で夕食（すきやき）をとった。

二月十四日（水）

九時、ワルトハイム総長との会談。会談は予定より延び、十時半をこえた。

十時二五分、参院沖特委員会はとりやめとなった。十時三〇分、衆院外務委員会もとりやめとなった。

午後ブリーフィングの後、虎ノ門書房に本を見に行った。DC・ヘルマンの〝日本と東アジア〟など五、六冊の本を買ってきた。

六時より山王事務所で、今度参院に出る、看護婦の寺村さん〔寺沼幸子。日本看護連盟〕と会った。サッポロビール内田〔内多蔵人〕会長、門脇〔吉一〕社長、野村〔勉四郎〕副社長挨拶のため来訪。七時より、官邸で総理夫妻主催ワルトハイム夫妻歓迎晩さん開催。

二月十五日（木）

朝、外交調査会調査会（党本部）はとりやめとなった。

十時、参院外務委員会も流れたため院内で散髪した。宏池会定例総会にしばらく出席した後、十二時四十分宮中午餐（ワルトハイム夫妻）（モーニング着用）に向った。

三時宏池会　記者懇談。

四時十分、小川栄一氏〔藤田観光社長〕来訪。下条進一郎氏、田畑輝氏〔田畑久宣錦海塩業社長子息〕、三浦〔甲子二〕NET〔現テレビ朝日〕編集局長、高木正夫氏等が来訪した。

五時、佐藤前総理の叙勲を祝う会（帝国ホテル）は車が著しく混雑するほど大盛会であった。カヤ会に引き続き、私邸でクラブ懇談。

二月十六日（金）

八時、宏池会朝食会（ホテルオークラ）・参院選の情報交換を行なった。

九時、閣議記者会見。十時にヴィエトナム問題のブリーフィングが行なわれる。十時に予定されていた衆院予算委は開かれなかった。

十二時、第二大平会。ほとんど全員が出席し、日産の川又〔克二〕社長が後に残って、二人だけで会談した。

一時、衆院本会議には、外務大臣は出席しなくてもよいことになった。

夜、六時の三金会（稲田氏）には出席せず、水野〔清〕政務次官の肝いりで開かれた衆院外務委員長等の招待に出席した。

二月十七日(土)

衆予算委は相変らず円問題をめぐって空転を続けた。

一時半ルーマニア大使の新任表敬があったが、チャウセスク訪日等にはふれなかった。二時ド・ラブレー仏大使及びウォーナー英大使が来訪。

三時三十分ワルトハイム夫妻見送り。

(注)新聞にも紹介されたが、英仏両大使は日航が解約したコンコルドの購入につき日本政府の善処方を要請してきたものである。

二月十八日(日)

田中六助先生等とスリーハンドレッドでプレイしたが、大臣は五四・五六・五七と最悪のスコアで会った。大臣夫人と森田夫妻は、官休庵家元・千家の結婚式に出席のため、京都に向い、午後から式のリハーサルを行なった。式は小笠原流に基くおごそかなもので、NHK教養部が撮影を続けていた。

二月十九日(月)

朝、石川荒一氏〔箕面観光ホテル社長。香川県観音寺市豊浜町出身〕が来訪される。

午後は総理とともに　官邸でキッシンジャー特別補佐官と会談し、その後記者会見した。会談の内容は未だ大統領に報告していないので極秘とされたが、ヴィエトナム問題、中国訪問に係る問題が話し合われた。

夜、マブチモーター株主総会に出席した後、大臣主催のキッシンジャー補佐官招待晩さん会に臨んだ。

二月二十日（火）

九時、閣議記者会見。

十一時三十五分より国会は再開し、堀昌雄議員〔社〕、村山喜一議員〔社〕、津川武一議員〔共〕が円問題について政府の責任を追及した。

夕方は琴桜横綱昇進祝賀会が八芳園で行なわれたが、大臣はこれに出席せず、栄家の火曜会に出席した後、続いて新橋ニュートーキョウで行なわれた雄心会〔大平後援会〕に出席した。大臣は円問題について講演した。帰りの車で、高橋毅〔高橋商事社長〕氏より話を聞いた。

二月二十一日（水）

八時半より、新井俊二〔俊三、新井経済研究所長〕氏が組織した後援会の朝食会に出席し、当面の内外情勢に関し所信を述べた。その後、院内大臣室で法眼〔晋作〕次官の東南ア大使会議の報告を聞いた。

十時より衆院予算委で円問題の質疑があり、その間内閣委員会にも出席して、大出俊議員〔社〕の質問に答えた。

四時頃国会終了し、引き続き法眼次官の報告の残りを聞いた。

五時半より、金田中で豊田〔英二・トヨタ自動車〕社長らと会合した。当初予定されていた内閣委員長等の招待は二十三日に延期された。

二月二十二日（木）

八時十分に、本省でインガソル米大使と会談した。相互に連絡事務所を設けるという米中コムニケの事前通報であった。その後、芳友会〔大平後援会〕に出席した。

十時より衆内閣委員会、法案提案理由説明。参院外務委員会、大臣挨拶及び提案理由説明。

十二時宏池会定例総会。俵孝太郎氏〔元産経新聞論説委員。政治評論家〕を呼んで共産党についての見方をきいた。

三時より定例記者懇談。

六時藤井勝志議員〔衆、岡山2、三木派〕の激励会に出席した後、光亭で住友建設社長〔齋藤武幸〕等と会談し、クラブ懇談に臨んだ。懇談では田中首相の訪ソがニューズとなった。
（注）藤井勝志外務委員長就任祝賀会では、岡崎嘉平太〔元全日空社長、日中覚書貿易事務所代表として日中国交正常化に尽力〕、三木副総理等が挨拶した。

二月二十三日（金）

前夜はホテルオークラで夫人とともに泊り、朝はゆっくり食事をとった。

九時、閣議記者会見。参院沖特委員会、所管事項説明。参院外務委員会。

衆沖特委員会、所管事項説明。

六時より、又心会（銀座東急ホテル）に出席し、大臣就任のお祝いを受けた。住友信託山本〔弘〕氏、神崎製紙の遠藤〔福雄〕社長との会合の前に、大臣主催内閣委員会与党委員の招待に出席した。大臣は席上見違えるばかりに次々と各問題を論じ、出席した人々は大臣の能弁に驚嘆していた。大臣は内閣が力みかえるより各省を活用すべき旨を述べた。

二月二十四日（土）

国会の質問がなくなったため登庁せず、昼近くに夫人とともに箱根の小湧園に出かけた。

その前スリーハンドレッドで本田〔弘敏・東京ガス取締役相談役〕さん等とゴルフをしたが、大臣の調子は芳しくなかった。

二月二十五日（日）

夕方小湧園より帰り、ホテルオークラで木村武雄先生と会食した。

二月二十六日（月）

八時、花岡〔弥六〕電気化学社長来訪。ダンピング問題で陳情を受ける。

九時半より、メナＩＤＢ〔米州開発銀行〕総裁と会見。十時より、衆院予算委員会。

昼頃終了。昼食後、安田貴六先生〔衆、北海道5、大平派〕の選挙区の人々とともに写真撮影。

午後、宮崎〔弘道〕経済局長等からレクチャーを受ける。その後、石上〔立夫〕国土開発社長、伊藤昌哉氏来訪。

五時に、堀家〔重俊〕丸亀市長、香川議長、浜野漁連会長が来訪。また広島の赤木さん、太田さんに会う。記者懇談の後、矢野〔良臣〕、安本〔和夫〕、橋本〔栄一〕各氏と会食の後、三金会に出席した。

二月二十七日（火）

九時、閣議記者会見。十時より衆院予算委員会。共産党の梅田勝氏より外務大臣に質問あり。

十一時三十分より衆院沖特委員会で、国場幸昌〔自〕、安井吉典〔社〕、瀬長亀次郎〔無〕各委員の質問を受けた。

三時過ぎより、沖縄海洋博ブリーフィングが行なわれ、四時に小林章先生が来訪された。大臣より今度の参院選に小林先生はたつべきでない旨申しわたした。四時四十分、矢部〔知恵夫〕敦賀市長が来訪。

六時より、大栄会及び大臣主催国際関係懇談会が行なわれた。森田夫妻は山田栄太郎氏を見舞のため帰郷した。

二月二十八日（水）

八時三十分党本部で、自民党外交調査会が行なわれる。

十時半頃より、衆院外務委員会で、保岡興治（自）、堂森芳夫（社）、金子満広（共）、大久保直彦（公）各委員の質問を受けた。

午後は時間が空いたので、宏池会の先生方の不満を解消するため、所用のある人は集まってもらい懇談することとした。その後、本屋に立ち寄った。

夕方記者懇談。四水会及び大臣主催の予算委員長与党理事委の招待の会に出席した。

三月一日（木）

八時に、藤田義光議員〔衆、熊本1、無〕が糸山英太郎氏〔新日本観光代表取締役。74参院選当選〕を伴ない私邸に来訪。十時より衆院沖特・外務連合審査会。

岡本富夫（公）、谷口善太郎（共）、折小野良一（民）、松浦利尚〔社〕各委員の質問を受ける。

一時近くに、遅れて宏池会定例総会に出席した。本日は、国税庁の吉田〔冨士雄〕直税部長より共産党の民商活動について話を聞いた。夕方香川県酒造組合の藤井孝太郎氏ほかが来訪した。

多田〔実〕読売新聞編集局次長も来訪。水野清先生及び中尾宏先生〔衆、鹿児島2、椎名派〕の会と清友会〔一橋一九三四年卒の有志を中心とする大平を囲む会〕に出席した後、クラブ懇談に出席した。前田〔敬二・香川県議会〕議長が再び来訪し知事選につき懇談。ホテルオークラ泊り。

三月二日（金）

朝、ホテルオークラに福家〔俊一〕、西岡〔香川県会〕議員が来訪した。九時より、閣議記者会見。

十時に、衆院予算委員会第二分科会が開かれる。楢崎弥之助（社）、上原康助（社）、安井吉典（社）、小林進（社）、芳賀貢（社）、安宅常彦（社）、山原健二郎（共）、中路雅弘（共）、金子満広（共）、近江巳記夫（公）等の各氏の質問を受ける。

質疑が長びき、予定されていた香川県連顧問会（ホテルニューオータニ）には出席できなかった。

七時より、佐藤〔達郎〕時事通信社長等と菊亭で相談した後、栄家の金曜会にまわったが、皆んなが帰りかけるところであった。

三月三日（土）

横浜カントリーで、讃油会が行なわれる。幹事は松原さんが行なった。大臣が四五・五一で　森田が四六・四八であった。宮井さんが四五・四五で優勝した。風もなくさんさんと陽光の輝く暖かいゴルフ日よりであった。

三月四日（日）

田中六助先生等とスリーハンドレッドでプレーした。森田は、日商岩井の小泉秘書室長と三崎矩光《みさきのりみつ》さん〔三崎友一氏子息。元大平秘書〕と真鍋〔賢二〕君と四人でプレーした。

三月五日（月）

朝ゆっくり起床し、十時前に家を出発した。十時四五分より、ダール在京バングラデシュ大使の表敬を受けた。

十一時より米国ピーターソン特使（商務長官）との会談に備えて、ブリーフィングが行なわれた。十一時四五分バーマＦＡＯ〔国連食糧農業機関〕事務局長と会談した。

本省に帰って昼食をとった後、二時に理髪に行った。夕方記者懇談の後、大臣主催参議院外務委員長の招待の宴に臨んだ。翌朝の朝食会に備えて、ホテルオークラで宿泊。

三月六日（火）

八時に、来年の参院選に備えてホテルオークラで選対会議を行なった。九時、閣議記者会見。本省でモーニングに着換えの後、皇后陛下の誕生日の祝賀のため宮中に向った。

午後から沖縄特別委員会。

三時より国会が空いたので、宏池会で宮崎〔茂一〕、今井〔勇〕、加藤〔紘一〕、瓦〔力〕の各先生方と懇談した。その他内田〔常雄〕、小山〔長規〕、塩崎〔潤〕先生なども宏池会にあらわれた。

夜、藤井〔勝志〕外務委員長就任レセプションには欠礼することとし、飯倉公館での芳明会の接待に出席した後、栄家で大阪ガス西山〔磐〕社長及び副社長と懇談した。帰宅したところ　細川勝清、細川博巳両氏が待っていた。

三月七日（水）

朝七時半に、伊東正義先生が自宅に来訪。

九時より、ピーターソン米特使と会談。同特使は主として当方の見解の徴〔聴〕取の態度に終始した。話題になったのは、安保、通商、及び経済であった。当方より通商面等における今日の結果は、米国の四分の一世紀にわたる世界政策の結果であり、新たに四分の一世紀位をかけて是正するつもりでなければならないのではないかと米国側の性急さを戒めた。

一九七三(昭和四十八)年

十時三十分より衆院外務委員会で、提案理由説明があり、深谷隆司(自)、川崎寛治(社)、河上民雄(社)、寺前巖雄〔巖〕(共)、渡部一郎(公)、永末英一(民)の各議員が国際情勢について質問した。その後直ちに、宮崎茂一先生の講演会にかけつけた。

午後から参院沖縄特別委があった。夜、全国特種林地改良協会会合。次官主催ピーターソン特使一行コクテル、一水会が行なわれた。

三月八日(木)

八時に、私邸に長谷川〔隆太郎〕アジア石油社長が来訪した。八時十五分、飯田〔亮〕日本警備保障社長が来訪した。三十九才の青年で今から十一年前に設立した会社を今日にまで築き上げ、現在は無人警備に力点を置いているとのことであった。

十時より、参院外務委。田英夫(社)が条約質疑。森元治郎(社)、渋谷邦彦(公)、星野力(共)の各議員が国際情勢について質問した。

午後から衆院外務委が開かれ、瀬長亀次郎(無)、岡田春夫(社)、渡部一郎(公)の各議員が質問した。

六時より全日本SB会における講演を行なった後、川崎重工坂出工場完工披露パーテイに出席し、続いて大平会に出た。

九時よりクラブ懇談を行ない、ホテルオークラ泊り。水野先生がマッサージの先生を連れてきた。(松崎さんという)

三月九日(金)

ホテルオークラで泊まっていても、閣議に出席するのは最後だというので、今日は早く出た。続いて経済閣僚協議会が行なわれる。記者会見。

十時より衆院予算委で土地、円、投機問題について特別審議が行なわれる。

質問者は、北山愛郎（社）、田中武夫（社）、増本一彦（共）、広沢直樹（公）の各議員であった。質疑は午後七時頃まで続く。

日本衣料縫製品工業協議会のパーティが行なわれたが、国会が遅れて出席できなかった。

三月十日（土）

午前十時より、土地、円、投機問題の集中質疑の第二日に入った。

塚本三郎（民）、美濃政市（社）、阿部助哉（社）、神崎敬〔敏〕雄（共）、新井彬之（公）の各議員が質疑を行なった。

三月十一日（日）

中曽根通産大臣、田中香苗東亜国内航空会長とスリーハンドレッドでゴルフを行なった。

大臣は五二　五六　五七という最悪のスコアであった。この会合は、田中内閣に入閣して、田中―大平ラインの強さを知った中曽根大臣が、ポスト大平に照準を定め接近を図ってきたため実現したものである。

前夜、山田栄太郎氏が死去した旨の知らせがあった。

三月十二日（月）

早朝、山田栄太郎氏の葬儀のため、大臣夫人は鈴木玄雄〔大平秘書〕さんを連れて帰郷した。

七時五十分、小山長規先生御依頼のフェニックスホテルの祝辞と撮影が行なわれた。

院内で、ドレーパー人口危機委員会名誉会長と会い、勲章を差し上げた。

十時より、衆院予算委員会。

夕方、大野〔勝巳〕帝国ホテル社長を励ます会に出席の後、シャトー三田で行なわれた内輪のパーティに出席した。

八木治郎氏〔毎日放送アナウンサー〕が司会をして下さったほか、スクールメイトの皆さんが華やかな雰囲気を盛り上げてくれた。

秘書官室は「王将」を、議員会館は「武田節」を、宏池会は「夜霧の第二国道」を歌った。

三月十三日（火）

九時より、閣議記者会見。衆院で予算のあがる日である。

予算審議は、まずまず順調に進み、夕方には予算委員会での採決が行なわれた。

本会議も四時間位かかったが、九時半頃には終了した。夕方予定されていたＡＳＣＡ〔アジア科学協力連合〕会議出席者招待レセプションは政務次官が代行して下さった。

十時すぎに帰宅後、十四日の千・田部両家の仲人の挨拶を書き上げて就寝した。

三月十四日（水）

朝私邸で、逢沢英雄氏、中尾宏先生〔衆、鹿児島2、椎名派〕と会った後、一旦外務省に登庁してＹＫパオさん、ウ・ルイン・ビルマ計画財務大臣と会談した。また福岡相互銀行の四島〔司〕社長が来訪した。

予算案の論議は、参院に移った。

トップバッターには、足鹿覚先生〔参、鳥取、社会党〕が立ち、日本の通貨当局は円の変動制を示唆したと、シュルツ財務長官は言っているが、これから見ても政府が米国のいうがままになっていることは明らかだと、政府の対米従属姿勢を追及した。国会を中座し、五時から千・田部両家の結婚式の仲人を務め、その後、シャープ・カナダ外相の設宴に出席した。

夜十時より、自宅には安本〔和夫・トーメン〕社長、ペンデルトン氏などが来訪した。

三月十五日（木）

七時五十分、大臣夫人の知人の小松秀子さん（国際親善の会）が来訪。八時に、宮武〔徳次郎〕大日本製薬社長が来訪。

十二時に国会が休憩になったので、宏池会を訪れ、約一時間出席した。その間、塩崎潤先生が無教会派の手島牧師及び西村関一先生〔衆、滋賀、社会党〕をつれてイスラエル往訪の挨拶に来られた。予算委は夕方田中スミ子先生〔寿美〕〔参、全国、社会党〕が財投の資料を提出せよと迫り、拒否されたものが古本屋で売られているということでもめた。

六時に大臣主催衆・国対委員長を接待晩さん会に出席ののち、カヤ会（田中総理出席）及び鈴木総務会長、丹羽〔喬四郎〕先生の会（斉藤敏雄氏の参院出馬の件）出席の後、クラブ懇談に臨んだ。

三月十六日（金）

九時に、閣議記者会見。

十時参院予算委員会、総括質疑。玉置和郎（自）、矢追秀彦（公）、瀬谷英行（社）。

昼、休暇になった時、第二大平会（栄家）に出席した。藤山愛一郎見本市特派大使の辞令交付を行なった。

夕方、国会終了後、藤井〔勝志〕外務委員長主催の外務委員レセプションに出席した後、三金会（稲田氏）（栄家）に出席した。

十時より、フレミング氏と会見した。フレミング氏は四、五月中に日本政府が何らかの手を打つよう進言した。その最も望ましい措置は、資本の自由化であるということであった。

三月十七日（土）

八時に、黒川〔信夫〕氏が来訪。

十時より、参院予算委総括質疑。瀬谷英行（社）、細川護熙（自）、前川旦（社）、安永英雄（社）が質問を続けた。結局、夜六時頃終了した。

三月十八日（日）

大臣とともにスリーハンドレッドに向う。スリーハンドレッドで、小林宏治〔ＮＥＣ〕社長とともにまわる。大臣は四九・五〇、小林社長五一・五四、森田四五・四七であった。

夜九時より、外務省アジア局長〔吉田健三〕、条約局長〔高島益郎〕、中国課長等が来訪し、中国大使館跡の問題について協議した。予定通り、中国か台湾大使館の跡を使うこととするかどうかを協議した。

三月十九日（月）

朝、樋詰〔誠明〕大丸副社長〔元中小企業庁長官〕が、大丸の高松進出について大西禎夫氏〔琴平電鉄社長、元衆院議員。故人〕に紹介状を依頼のため来訪した。

参院の予算委は、通貨対策で集中審議を行った。主役は通貨危機収拾の主要国蔵相会議（パリ会議）より帰国した愛知〔揆一〕蔵相であった。

愛知蔵相は二十六、二十七日の両日ワシントンで開かれる通貨改革二十カ国委員会に参加する意向を明らかにした。

川上為治（自）議員が通貨情勢の今後の見通しや中小企業対策を聞いた。中曽根通産相は前回と同様、輸銀の返済猶予や税制上の特別措置をとる考えを明らかにした。

夜、当方招待の芳芽会に出席した後、末広会に行って帰宅した。

三月二十日（火）

閣議記者会見の後、国会質疑に入った。安永英雄（社）、塩出啓典（公）、田渕哲也（民）、渡辺武（共）が質問。本日患者側の全面勝訴になった水俣病裁判について、政府の見解を質した。田中首相は政府の反省と決意を表明した。原告以外の患者補償についても政府も合理的解決に努力したい旨述べた。

中国側は日中航空協定に関し、台湾の東京乗り入れ反対を含むきびしい態度を明らかにした。日中国交正常化が明確に反映された協定（その方向が明らかであること）でなければならぬことを要求している。早急な解決は困難な見込みである。

夜、大臣は参議院内閣委員長与党理事等を招待した。

三月二十一日（水）

春分の日。霞ケ関ゴルフ場で大蔵霞会が行なわれ大臣が出場。

三月二十二日（木）

朝、小林章先生来訪。来たる参院選挙において、応援する候補者について相談あり。引き続き香川県教職員組合の貞広先生、太田先生、松本先生がお礼のために来訪。

十時より予算委員会。川村清一（社）、上田哲（社）、横川正市（社）の各先生が質問。

十二時、休憩のため宏池会に出席。十二時四十五分より院内で中央アフリカの外相に会う。

夕方、予算委員会終了後、中尾宏先生を励ます会出席し、小川〔平四郎〕中国大使の会に出席した後、〔作家の〕舟橋聖一先生と会食した。九時より飯倉公館でクラブ懇談、ホテルオークラ泊り。

三月二十三日（金）

朝、日華議員連盟の会合に出席。中川一郎議員〔衆、北海道5、水田派〕などは、中国問題を離れて四派会合を非難したといわれる。

参議院予算委員会。森中守義（社）がVOA〔ボイス・オブ・アメリカ〕通信政策問題について質問。外務はなかったが、田中寿美子〔社〕、萩原幽香子議員〔民〕、岩間正男議員〔共〕が質問した。

昼、休憩の際、本省で法眼〔晋作〕次官、アジア局長らの中国問題について協議した後、安藤〔龍一・ギリシア〕大使、山下〔重明・アイルランド〕大使が挨拶のため来訪。

大臣主催の文化使節団の結団式に出席した。

三月二十四日（土）

七時四十分、浅見さん女婿茂呂さん夫妻渡米の挨拶のため来訪。

参院選のことで塩工業会三副会長来訪。宮武大日本製薬社長が和解促進のため来訪。

九時過ぎより鐘中国電信総局長と会談。松本〔信一〕百十四銀行専務来訪。

参院予算委で、田英夫議員の南ベトナム革命政府グエンバンチン入国の件について、田中法相〔田中伊三次。衆、京都1、三木派〕が勘違いの発言をし、官房長官〔二階堂進〕が否定談話を出すなどあわただしい動きがあった。

他に熊谷太三郎（自）、竹田四郎（社）の両議員が外務関係で質問。四時より理髪。虎ノ門書房に寄って帰宅。

三月二十五日（日）

ヤマハ発動機川上源一社長を招き、鈴木〔善幸〕総務会長、大久保〔武雄〕先生とゴルフをすることにしていたが、総理とインガソル〔米〕大使がゴルフをすることになったので、そちらに参加した。

大臣はOB、総理はナイスショットしたので、大臣曰く「総理は根性が曲っているのに、球は真直ぐ飛ぶね」。大臣のスコアは冴えず、総理も四八、五〇、四九のスコアであった。インガソル大使が最も良いスコアを記録した。

三月二十六日（月）

八時、三崎会長来訪。八時三十分、武蔵川相撲協会理事長が中国行きのことで来訪。餞別を渡した。

参院予算委、一般質疑。和田静夫（社）、河口陽一（自）、内田善利（公）、吉田忠三郎（民）が立った。

三時頃から、プラウダ記者会見（ネクラソフ副編集長、オコチニコフ編集委員）。

遠山直道氏〔日興証券副社長、日本青年会議所会頭〕の告別式のため日本青年会館に行った後、経済局ブリーフィング。次官との打合せ。

夕方福田家で、政経部長の会にゲストとして出席した。主として経済部長が活発に意見を述べた。グエンバンチエン訪日にかかる田中〔法相〕発言が大きな問題となった。

三月二十七日（火）

朝、岡山県の逢沢英雄氏の父君、逢沢寛先生〔衆、岡山1、池田派。六七年落選〕が私邸を訪問し、英雄氏は当選の見込があれば出したいと述べた。更に加藤〔武徳〕氏〔参、岡山、福田派〕は参議院のほか、亀山孝一先生〔衆、岡山1、大平派〕が引退すれば、その後を考えている模様であるとも述べた。

閣議、記者会見の後、参院予算委、参院外務委、衆院外務委にかけもちで出席する。

午後から宏池会に行くことにしていたが、国会のために取りやめた。

夕方、永田亮一先生〔衆、兵庫2、田中派〕を励ます会に出席した。永田先生とは、昭和二十七年当選の同期生で、当初五十数人いた人が二回目には半分となり、その後次第に減って、現在では数人であるという趣旨の挨拶をした。その後、大栄会に出席した。

三月二十八日（水）

朝、伊藤昌哉氏が来訪し、田中法相発言の経緯について話を聞いて帰った。

九時半より、ルーマニア経済使節団の表敬訪問。古河電工、光洋精工から陳情のあった件である。

十時参院予算委、衆院外務委員会。

一時に、今度着任した陳楚中国大使が表敬訪問。丁度時を同じくして、トロヤノスキー大使が首相を訪問しブレジネフ書記長の親書を手交した。新聞は日本大もてと報じる。

夕方、香川県酒造組合役員懇談会が行なわれ、森田が代理出席。カンタベリ大僧正に挨拶の後、東京青年会議所において講演会を行なう。翌朝が早いので、ホテルオークラに泊る。

三月二十九日（木）

朝八時より、日華議員懇談会が党本部で行なわれる。最早純粋の中国問題というよりも倒閣運動の色彩が強いように見受けられる。

九時十分より、次期副大統領候補といわれるエドワード・ブルック上院議員と会談。

十時より衆院内閣委、大出俊（社）、中山正暉（自）、中路雅弘（共）各議員が質問。

衆院本会議に暫時出席の後、本省で休憩。風邪ぎみのため、クラブ懇談は中止してもらう。また栄家で予定されていた中野〔士郎・読売〕政治部長との対談も中止する。大臣は風邪で調子悪し。

ホテルオークラで夕食をとり、鶴巻先生の診察を受け早く休みにつく。二日続きのホテルオークラ泊り。

三月三十日（金）

朝、三宅〔和助・アジア局南東アジア第一〕課長が来て、田中法相発言、法眼〔晋作〕次官発言について大臣と打ち合わせ。

九時、閣議記者会見。衆院暫定予算、田中武夫（社）、東中光雄（共）、坂井弘一（公）、小宮武喜（民）、楢崎弥之助（社）の各議員が質問。結局夜十一時四十二分に衆院本会議を閉会することになる。

大臣が帰宅したのは、十二時二十分過ぎであった。

夜、予定されていた大臣主催参院予算委員長、与党理事委員の招待の晩さん会は政務次官が代行して行なわれ、各先生二十数人が出席するという盛会であった。

三月三十一日（土）

朝、秋山観一〔香川県立観音寺第一高校〕校長、宮本同窓会長が観一高の土地の問題で、塩田讃岐塩業専務、谷さん、山城さんが塩価問題で、泉〔美之松〕専売公社副総裁及び枝吉調査役が納付金の軽減問題で、それぞれ来訪した。

その他にも新井俊三氏、田中六助先生、川内〔一誠・テレビ朝日解説委員〕さん、前田将氏及び稲田〔耕作〕氏が私邸を訪れ、てんやわんやの状態であった。

参院予算委、羽生三七（社）、高橋邦雄（自）、上林繁次郎（公）、中沢伊登子（民）、渡辺武（共）喜屋武真栄（第二ク）の各議員が質問。夕方六時半頃には、本会議で可決終了した。

院内で社会党川崎寛治先生〔衆、鹿児島1、社会党国際局長〕は大臣と会い、北朝鮮との往来問題で質問を行なった『全著作集7』66―67参照〕。早速大臣はアジア局長〔吉田健三〕に命じて外務省の見解をまとめることとなった。

四月一日

大臣は朝、横浜カントリークラブに行き、一ラウンドプレーしてから塩崎〔潤〕先生の結婚式の仲人を務めたいとしていたが、先日以来風邪を引いていたので夫人と相談のうえ自重することとした。

塩崎悦子さんと用崎利夫さん（外務省東欧一課勤務）の結婚披露宴は、ホテルオークラで立食形式で行なわれ、約四百人が出席した。法眼次官、前尾繁三郎先生、鶴見〔清彦〕外務審議官、池田満枝〔勇人〕夫人等が挨拶を行った。

四月二日

八時、川口〔勲〕三井アルミ副社長がアルミ精錬業界の首脳部をつれて関税の問題で陳情に来られた。

九時二十分に、フランスのガロア将軍が来訪した。午前中に参議院予算委の質問がなくなったため、長時間にわたって話し合った。

続いて、次官〔法眼晋作〕、アジア・アフリカ各局長〔吉田健三、田中秀穂〕によるブリーフが行われた。昼、接見室にて上級試験合格者とともに昼食をとった。今年は東大に入学のない年で、七人しか入省者がいないのが特徴的であった。

四時十五分川崎寛治委員が来訪『全著作集7』66―67頁参照〕。四時半に、記者懇談。続いてナンシー・パーマー・

エージェンシーの写真撮影が行われた。夜の椎名〔悦三郎・自民党〕副総裁〔衆、岩手2、椎名派〕との会食は中止となった。

四月三日（火）

九時、閣議記者会見。十時、参院予算委。小林武（社）、阿部憲一（公）、上田哲（社）、杉原一雄（社）の各議員が質問を行なった。

続いて参外務委員会で、提案理由説明及び補足説明、条約質疑が行われた。渋谷邦彦（公）、星野力（共）、小谷守（社）各議員が質問を行なった。

委員会のあと、宏池会に行った。毎週火曜日の午後宏池会に行くことを決めて以来はじめてのことである。塩崎潤先生、斉藤〔晋二〕住友電工副社長、柴田〔護〕本四架橋公団副総裁等にお会いした。

六時より、糖業会館の格物会〔大平を囲む財界人の会〕で最近の内外情勢について話した後、大臣主催国対正副委員長接待の晩餐会に出席した。

四月四日（水）

朝、サントリーの佐治〔敬三〕社長が来訪し、ハワイにおける観光業の投資急増問題について意見具申を行なった。

十時より参院予算委で、上田哲（社）、中村利次（民）、加藤進（共）、喜屋武真栄（第二）の各議員が質問を行なった。

十時半より衆院外務委員会が開かれ、石原慎太郎（自）、岡田春夫（社）、堂森芳夫（社）、東中光雄（共）の各議員が質疑を行なった。午後よりＮＨＫ会長〔前田義徳〕、善通寺神原議長と会った。

記者懇談の後、冨司林での田中栄一先生〔衆、東京1、石井派〕の関係の会合に出席した後、栄家に赴き、一水会に出席し、金子〔正則〕知事と来たる知事選について話し合った。知事は素直な心境を述べたとのことである。

四月五日(木)

七時四十五分、宮武〔徳次郎〕大日本製薬社長が来訪。八時に山田〔光成〕日本信販社長が来訪。

九時よりウォールディング・ニュージーランド外国貿易大臣と会談し、続いてギニアの大蔵経済大臣〔イスマエル・トーレ〕に接見した。

十時より参院外務委員会で、田英夫(社)、渋谷邦彦(公)、星野力(共)が質問を行なった。宏池会の定例総会には出席できず。

宮中でのカメルーン大統領夫妻歓迎の午餐会に出席し、引き続き陳〔陳楚〕中国大使の信任状奉呈式に侍立した。

そのころ、国分〔香川県国分寺町〕の大平後援会長であった山下敬三先生の訃報が伝わってきた。

宏池会での記者懇談の後、堀江〔薫雄《しげお》〕経団連日ソ技術交流委員長や佐伯〔勇〕近鉄社長と会見した。亀井家の結婚式のあと、鐘〔夫翔〕中国電話総局長主催のレセプションに出席した後、各社論説委員の会に行った。

四月六日(金)

八時ホテルオークラで、春日民社党委員長〔春日一幸。衆、愛知1〕と懇談した。九時より閣議、経済関係閣僚協議会が行なわれ、十時より衆院外務委で条約質疑が行なわれた。

午後からは参院決算委で、昭和四十五年度決算の審議が行なわれた。夕方ECAFEスピーチの打合せを行ない、日本語で演説することに決めた。

ペーテル・ハンガリー外相表敬。大臣は相当な人物であると高く評価したようであった。続いてノバック・ワシントンポストの記者と会見した。八時前チェリーブロッサムホールの会場についた。三笠宮到着の直後であった。

宮様はダンスがお好きなせいか、十一時半頃までおられた。男どもはうんざりといった表情であった。森田は山下先生の葬儀に帰郷し夕方東京にもどった。

四月七日（土）

昼から相模原カントリークラブで、総理とゴルフを行なった。ゴルフの後、総理と対談したが（1）今国会は必要あれば十一月まで延長することを考える、（2）重要法案は選挙法改正案も含め極力通過させるようにする、（3）自分のいう重要法案は世間でいう国鉄・健保ではない、（4）予算通過までは低姿勢であったが、これからはどんどん審議を促進する。（5）来年は予算のみとし重要法案は出さない、（6）自分は党内の動きをおそれてなどいない等と語ったとのことである。夜，村田都会議員の応援に国際劇場に行った。大臣夫人と森田夫妻は芳数さん〔大平実弟〕のところの結婚式出席のため大阪に向かった。

四月八日（日）

大臣はスリーハンドレッドに行ってプレーした。橋本幹事長とたまたま一緒になり、桜花杯に参加した。九五でまわり、最近ではよい成績であった。悪いくせがついていたグリップも直り、次第に復調しつつあるようだ。

大臣夫人、森田夫妻が帰京し、横浜グランドホテルで公子さんの送別会を行なった。むし暑く、きわめて不快な天候であった。

四月九日（月）

七時半に菅原通済氏〔売春・麻薬・性病の三悪追放協会会長。江ノ島電鉄社長〕が、覚醒剤取締りのため韓国に行くことについて私邸に来訪した。小林章先生が事務所の風間君のことについて来訪した。九時よりエカフェのブリーフィングが行なわれ、十時より四時までびっしりと予算の分科会が開催された。玉置和郎議員〔衆、和歌山2、無〕が台湾問題でねっちりと質疑を行なった。

夕方記者懇談の後、ペーテル〔ハンガリー〕外相と一時間半にわたり会談した。その内容は肩のこらないもので楽しいものであったようだ。続いて、ブラジルに特派大使として出席した藤山愛一郎氏が帰国挨拶に来訪した。大平会に出席し、栄家で、泉〔美之松〕専売公社副総裁と会し塩価問題を処理した（納付金二百円減免）。続いて大臣主催ペーテル外相の歓迎晩餐会を行なった。

四月十日（火）

九時閣議、記者会見。

十時より、参院予算委。森中守義（社）、上田哲（社）、前川旦（社）などの議員がＰ３の予算はつかみ金であるとして追及した。結局国会は八時すぎまでかかった。

米国では十日正午、ニクソン大統領が「一九七三年通商改革法案」を議会に送った。これは（１）今後五年間の関税の引上げ引下げ権限、（２）非関税障壁の相互撤廃、（３）米国品に対する差別国に対する輸入制限、（４）輸入課徴金、（５）ダンピング防止法の改正などが盛り込まれている。

夕方ペーテル外相主催の晩餐会に出席した。晩餐会後、次官と打合せを行ない帰宅。

四月十一日（水）

八時玉置〔猛夫〕参院議員が参院選について、四本〔潔〕川重社長、加藤〔利一〕副社長等を私邸に連れてきた。

九時十五分よりフランス国営放送（ＯＲＴＦ）のコンテ会長と会談。

十時より、第九回エカフ〔エ〕総会開会式（東京プリンスホテル）に臨んだ。十時三十分より参院予算委で締括り総括質問が行なわれ、鈴木一弘（公）、向井長年（民）、岩間正男（共）、山田勇（第〔二〕）が質問を行なった。午後より本会議が開かれ、昭和四十八年度予算を可決成立させた。五時三十分より総理主催のエカフェレセプションが行なわれ、続いてユーゴ大使夫妻の晩餐会に出席した。帰宅後、島〔桂次〕さんが連れてきたふじねい〔藤根井・NHK副会長〕さんと会った。

四月十二日（木）

八時三十分より、酒販組合政治連盟の朝食会がヒルトンホテル二階寿の間で行なわれた。生協農協が酒販の大型免許を得ることに関し深刻な実情が述べられるとともに、来たるべき参院選に於いて推せする候補者が話題となった。

十時よりエカフェ総会で演説し、農業重視の立場を述べた。十一時過ぎ参院外務委員会で、田英夫（社）、渋谷邦彦（公）の質問を受けた。昼食後散髪をして、二時半からの朝日新聞エカフェ座談会に出席して、マリク〔インドネシア〕外相等と懇談した。四時から内閣委で、木原実（社）、東中光雄（共）、受田新吉（民）等の各議員の質問を受けた。

玉置和郎、楠正俊先生〔参、全国、無〕との会食には出席できなかった。新聞記者との定例懇談会はお流れとなった。

四月十三日（金）

九時、閣議記者会見。

十時より、衆院外務委員会。石野久男（社）、金子満広（共）、小川新一郎（公）、河上民雄（社）、山田久就（自）、

永末英一（民）の各議員が質疑。参院本会議。一時過ぎより、日中航空協定のブリーフィングを行ない、その後古垣鉄郎ユニセフ協会長が外遊の挨拶のために来訪した。続いてネパール外相と会談し、続いてブリーフィング。藤田一暁〔フジタ工業〕社長、鶴岡〔千仭〕国連大使来訪。外務、大蔵、農林、通産四大臣共催によるエカフェ代表団レセプションでレシーピングをした後、七時より芳明会に出席した。その後、芦原関西電力会長とホテルオークラで会談した（秘書役は内藤〔千百里〕氏）。

四月十四日（土）

朝、宮内庁長官と会うため、七時に家を出た。八時半ホテルオークラということであるから、そう早くなくてよいのであるが、新聞記者をまくためである。宇佐美〔毅〕長官とじっくり話し合ったが、天皇訪米は十月に実施することは困難であると感じた。ただその事態の収拾がまた困難な仕事なのである。

続いて大阪に向い、新大阪ホテルで、ライオンズクラブ二十周年の記念式典に出席した。フランスよりフリードリックス会長も来ていた。終わった後、新幹線で小田原に向った。

別に来ていた大臣夫人とともに、小涌園で泊った。当日朝の宮内庁長官との会談について、ひんぴんと問い合わせがあるがきっぱりと否定する。そのため多くの人に不義理が生ずるがやむをえない。

四月十五日（日）

前夜から小涌園に泊り込んでいたが、朝八時半に小涌園を出て、東富士カントリークラブに向った。三菱地所の肝入りでここを使わせてもらい大平会を開いたわけである。

渡辺武次郎〔三菱地所〕会長も元気にスタートしたが、雨が次第に激しくなり、ハーフで中止することとなった。ハーフのスコアで順位を決めたが、福川〔伸次〕さんが優勝し　一位真鍋〔賢二〕、二位森田であった。

四月十六日（月）

何回か流れていた身体検査を行なうため、成人病研究所を訪れた。今日は比較的時間があったのでゆっくり検査した。続いて欧亜局のブリーフィング。昼は、公館で大臣主催のノアゴー・デンマーク外国経済大臣招待午餐会を行ない、引き続きエカフェの宮中茶会が宮中で行なわれた。

本省に帰った後、金〔溶植〕韓国外務部長が来訪した。

玉置猛夫議員が川鉄の藤本〔一郎〕社長を伴って来訪した。岩倉県議、堀口県議らも上京の機会に挨拶のため来訪したほか、宇多津町の関係者が瀬戸大橋問題で、鉄道の駅をつくるよう陳情した。ウイジョヨ・インドシア経済企画庁長官と会談。益谷秀次先生の件につき、北国新聞とインタビューを行なった。夜末広会は欠席して、青らん会に出席した。

四月十七日（火）

九時より、閣議記者会見。

昼、芳明会の玉置忠夫経理事務所の十五周年謝恩記念パーテイに銀座第一ホテルに行った。政治家も経理士も自由業は楽な商売ではなく、人の信用が何より大切である旨の挨拶を行なった。

午後から衆院内閣委員会。神奈川県の池子の爆薬庫に野積されていた爆弾が運び込まれているとのことで最近騒ぎがつづいていて、大出俊議員あたりがうるさくとりあげている。定例となっている宏池会行きは中止となった。

夜、火曜会は取り止め、デンマークのノアゴー外国経済相主催の晩餐会に出席した。

四月十八日(水)

朝、廖承志〔中日友好協会〕団長と飯倉公邸で会談した。今後の日中関係は、原則性をふまえながら柔軟性をもって進めていくことを確認した。本省に藤井〔勝志〕外務委員長が訪ねて来た。アンクタッド〔UNCTAD〕のゲレロ事務総長が表敬。

ブリーフィングの後、本田弘敏氏〔東京ガス〕が会長をしている世界貿易センタークラブで講演したが、最後にユーモアをまじえてしゃべった〝これから国会の座敷牢で退屈な議論……〟のくだりが新聞記者につかまえられ、その取り扱いをめぐって夜まで混乱した。午後衆院外務委員会があり、丁一権韓国議長が表敬した。六時より、政治部長の会で、江藤淳氏、萩原延寿氏も出席して天皇訪米の是非等について議論した。

四月十九日(木)

快晴の日に、観桜会に向う。十時半頃新宿御苑に到着した。桜はやや時期が遅く、葉桜が目立っていた。総理は十一時五十分に到着した。廖承志さん一行がカメラの放列を浴びる。相変わらずの中国ブームである。少し早めに引き上げて、日本商工会議所の正副会頭会議に出席し、最近の内外情勢について語った。昼、宏池会で前田〔敬二〕県会議長と会い、本会議に出席する。続いて砂野〔仁〕神戸商工会議所会頭が訪中の挨拶。青葉氏が五月末の講演会の依頼。記者懇談。

マクナマラ世銀総裁と会見した後、中村記者(ファーイースターン・エコノミック・レビュー)と会見。院内で総理と会い、天皇訪米、総理訪米、森永〔貞一郎〕、木村〔秀弘〕、吉岡〔英一〕氏等の人事についてつめる。

四月二十日（金）

九時、閣議記者会見。

十時より、ネウイン関係、天皇訪米、首相訪米関係等につきブリーフィング。松平〔忠晃〕埼玉銀行副頭取の訪ユーゴの挨拶。北原〔秀雄・ジュネーブ国際機関日本代表部〕大使帰国報告。ウイジョヨ・インドネシア企画庁長官と援助問題について会談。デビスカップの抽せん組合せを主宰した（豪州対日本）。ザンビア大統領特使一行と接見した。

十二時より、第二大平会。栄家より帝国〔ホテル〕に向い、ネ・ウイン・ビルマ首相に表敬。二時藤田正明議員来訪。

中国問題についてレクチャー。衆院沖特委員会、西銘順治（自）、安井吉典（社）、国場幸昌（自）、上原康助（社）、瀬長亀次郎（共）の各議員が質問した。夜、三金会。

四月二十一日（土）

八時半、家を出発。九時半集合。十時にスタート。

第一組　大平、鶴見、ブブエドウイン・ナイゼリア大使、オリア・アルゼンチン大使

第二組　田中、大河原、フリース豪州大使、リー韓国大使

総理は一〇六をたたき、ハンデイを三六にされてしまうとぼやく。大臣は四九・五〇で九九であった。優勝はフランスのラブレー大使で、一位は木内〔昭胤・首相〕秘書官であった。幹事のエドウイン大使に、大臣が大使のゴルフは未完成だがすばらしいと言ったところ、シューベルトですら未完成交響楽を残しているじゃありませんかと答えたという。

四月二十二日（日）

前夜より泊っていたフジゴルフ場近くのフジホテルを出てプレーに向う。朝のうちは雨が残ったが、次第に晴れ上り、午後からは快晴となった。森田と一緒にまわった岩波さんは、四四と四二でまわり優勝した。大臣は四九と五〇で前日と同じスコアであった。

四月二十三日（月）

九時三十分から、訪欧関係のブリーフィング。天皇訪米関係で大臣がアメリカに寄るかどうかが問題となる。十二時より島村一郎先生後援会のため、東京会館に行く。

午後から、廖承志団長と二回目の会談を行なう。続いて、羽田へ伊首相の出迎えに行く。本省に帰ってきた時、田中六助先生が来訪。

記者懇談の後、帝国ホテルで第一回の栄会（森永〔貞一郎〕さん、瀬川〔美能留〕さん、石原武夫さん〔東京電力副社長。元通産次官〕、石原周夫《かねお》さん〔日本開発銀行総裁〕等）に参加した。

帝国ホテルのゴールデン・ライオンという会員制のクラブで気のきいたところであった。その後、総理主催の伊首相アンドレ・オッテイ氏の晩餐会に出席した。

なお三宅〔和助〕課長がハノイより帰り、大臣に報告を行なった。

四月二十四日（火）

朝八時過ぎ家を出て、閣議記者会見。参院外務委で冒頭のみ星野力（共）議員の質問を受ける。

午後一時よりアンドレ・オッテイ伊国首相との午餐会を行なう。三時よりハウ英国商務大臣と会談する。天皇訪米中止の発表を何時どのような形でするかでごたごたする。

三時半過ぎ宏池会に行ったが、来客あまりなく、早めに外務省に引き上げた。四時半にインガソル大使を招き、天皇の訪米延期と大臣の米国訪問を告げる。記者会見の後、アンドレ・オッテイ伊国首相夫妻主催のレセプションに出席した。

続いて国際協力シンポジウム関係の務台〔光雄〕読売社長主催の晩餐会に出席し、帰りに栄家の大栄会に立ち寄った。

四月二十五日（水）

朝早く、伊藤昌哉氏及び中尾宏議員〔衆、鹿児島2、椎名派〕が来訪した。九時からアジア局条約局ブリーフィング（日韓大陸棚問題）が行なわれた。続いてドノバン・タイム誌編集長とのインタビューを行なった。昼過ぎ、ココア協定が参院本会議で採決になる。

一時より大蔵委で、アフリカ開発基金の国内法関係で佐藤観樹議員〔社〕より質問を受けた。二時より衆院外務委員会が行なわれ、西銘順治（自）、金子満広（共）、岡田春夫（社）、渡部一郎（公）、堂森芳夫（社）、永末英一（民）の各議員より質問を受けた。

夜は大臣主催ハウ英国省務大臣、在京ＥＣ各国大使招待の晩餐会が行なわれた。

四月二十六日（木）

八時三十分、三崎会長来訪。その後登庁して、シンポジウムの勉強。天皇訪米の相談。十二時より宏池会の定例総会。

一時十分～四十分、経団連・読売新聞共催国際経済協力シンポジュームに出席して特別講演。米国通商法案の評価、資本自由化、資源問題について話した。（翌日の読売新聞に詳細報道された。）

二時より国連局のブリーフィング。韓国のWHO加盟問題について、共同提案国になることをきめた。二時半頃、衆院本会議。

四時より宏池会の記者懇談。五時より上玉・星川両家結婚式につい仲人をした。

九時よりクラブ懇談はとりやめとなったが、日経の山岸〔一平〕氏が来て遅くまで話をした。

四月二十七日（金）

朝九時より閣議。十時に松浦周太郎先生〔衆、北海道2、三木派〕が来訪した。そのあと記者懇談。総理の訪米、外相の訪米については未だ発表の段取りとならない。

十二時半より日豪、日ニュージーランド協会主催の皇太子御夫妻の豪・ニュージーランド訪問の午餐会を行なった。

本省に帰り、金氏と会談。その後、藤尾〔正行〕議員が日中航空協定のことで来訪。塩崎〔潤〕議員が参院選及び植松氏のことで依頼のため来訪。その後、政務次官と会談した。

五時に藤井〔勝志〕外務委員長が打合せのために来訪した。六時より、豊年製油の杉山金太郎氏を偲ぶ会（三井クラブ）に出席した後、帰宅した。

四月二十八日より五月六日まで訪欧
四月二十八日午前十時三十分　ＪＡＬ四三三便でユーゴ、フランス、ベルギーを訪問し、
五月六日午後五時十分ＪＡＬ四二二便で帰国した。
羽田では出迎えの方々と挨拶した後、記者会見を行なった。記者会見では、米国の外交教書に触れた部分が米国

の批判として毎日新聞等に大きく報道された。その後、法眼次官・深田〔宏・北米一〕課長より、首相の訪米問題でレクチャーを受けた後、七時二十分に豪・ニュージーランドを訪問される皇太子御夫妻をお見送りした。お見送りには、佐藤前総理も来られていた。

五月七日（月）

朝八時四十分まで充分睡眠をとった後、福井順一先生〔衆、千葉3、石井派。60年落選〕とともにスリーハンドレッドに向った。福井先生からもらったリンクスというクラブをはじめて使ったが、うまく当ると非常に飛距離の出るクラブであった。ただし、パット等が入らず、スコアは五三・五四という芳しくないものであった。福井先生は四九・五三、森田は四七・四七であった。

その後、外務省で丹下健三先生にお会いした後、加藤〔常太郎〕労働大臣とともに坂出市会議員より市長問題について懇談した。その結果（1）あくまで勝利をめざして統一候補をしぼる。（2）大平派と加藤派は統一候補を推せんする。（3）これまでの統一候補調整の努力を多とし引き続き努力する。（4）県連が両派の幹部市会議員等と連携しつつ一本化に最善をつくす。（5）そのために大平・加藤両派が代表者を出すということが決められた。

五月八日（火）

九時より、閣議記者会見。十時より外務委で、加藤シズエ〔社〕、田英夫〔社〕、森元治郎〔社〕各議員の質問を受けた。引き続き衆院外務委理事会に出席して、委員会より新聞に先に発表した件について釈明した。二時より漁業白書の件で島田琢郎（社）議員の質問を受ける。

三時半に宏池会に行き、香川大〔学〕村尾先生、伊藤昌哉氏、安居喜造氏〔東洋レーヨン社長〕、浦野〔幸男〕先生、佐々木〔義武〕先生等と面談した。

四時半、香川県人会に行って挨拶した後、帝国ホテルで横綱琴桜の昇進祝賀会に出席した。その後、大平会に出て食事をした後、天野公義先生依頼の都会議員深野いく子氏の激励大会に出席した。雨の中にもかかわらず多数が参集していた。

五月九日（水）

朝、伊東正義先生来訪。逢沢英雄氏が、自民党大村〔襄治。衆、岡山1、田中派〕、橋本〔龍太郎。衆、岡山2、田中派〕議員らの支援を期待しうるか否かについて来訪。

十時、幹部連絡会。十一時過ぎ、トドロビッチ・ユーゴ議会議長・議員団が表敬訪問に来訪。倭島〔英二〕鹿島研究所専務が、日本外交史の表彰のことで来訪。続いて、ジェステーデル・シャルデイーノ伊国大使離任表敬。（勲章を伝達する）

昼、田畑久宣氏〔讃岐塩業等社長〕、木村武雄氏来訪。二時衆院外務委。条約の討論採決を行なった。国会終了後、記者懇談（外交白書についての政府見解に関する質問が多かった。）を行ない、安居喜造氏の化せん協会会長就任のレセプションに出席し、続いて関西電力・四国電力に関する塩崎〔潤〕・浦野〔幸男〕先生等の会合に出席。その後、佐渡卓氏〔日本国土開発会長〕、宇山〔厚〕大使との会合に出た。

五月十日（木）

共和党の実力者といわれるハリー・デント氏と会うため、九時に外務省に着いた。十時十五分より総理と日中航空協定や外遊の日程の相談のため官邸で会談した。その後記者会見を行なう。続いてシンガポール首相との会談に備えて簡単なブリーフィングを行なった。正午より、リー・クアン・ユー・シンガポール首相と会談及び午餐。金野・早乙女家結婚式で挨拶の後、早々に引き上げる。

三時から衆院本会議で条約の採決。

続いて宏池会で記者懇談。六時より秘密で廖〔承志〕団長・古井〔喜実〕先生等とはん居でお会いした。飯倉公館に来た後、県民グラフにのせるため毎日岩見〔隆夫〕記者と対談した。

九時より、霞クラブとの記者懇談を行なった。ホテルオークラで泊った。

五月十一日（金）

八時より安藤太郎住友銀行副頭取が来訪し、近藤〔道生〕国税庁長官の次官就任問題で大臣に陳情した。閣議記者会見、経済閣僚協議会。十一時より陛下が訪欧のことについてお知りになりたいということで、内奏の御要請があり、宮中で内奏を行なった。昼、洲崎〔喜夫〕西本貿易社長、奥原〔次郎〕寿工業社長が来訪された。続いて春日一幸〔民社党〕委員長、小平忠副委員長〔衆、北海道4、民社党〕と昼食を共にしながら政局の話をする。日中航空協定、外遊日程等を協議し、三時過ぎ役所を出た。石橋〔湛山〕邸を訪問し弔問した後、神田の本屋に立ち寄った。

六時より文芸春秋の関係者を招待し、七時三十分より大臣主催廖承志団長の招待晩餐会を行なった。

五月十二日（土）

朝、鈴木玄雄氏〔大平秘書〕が来て額字書きをした。九時半に家を出て、吉田〔健三〕アジア局長、魚本〔藤吉郎〕シンガポール大使、中本〔孝〕秘書官とともに小金井のコースをまわった。

午後から総理、リー・クワンユー、大屋晋三氏〔帝人社長〕とともにプレーした。リー・クアンユーはハンデイ7で、世界の首相の中でもトップクラスの人である。そのうえオックスフォードで千年に一度出るかどうかの秀才で、文武両道の達人である。

夜、NHKの島〔桂次〕さんと橋本清氏が来訪した。

五月十三日（日）

朝九時、藤井、中本両秘書官とともにスリーハンドレッドクラブでゴルフをした。（森田は大蔵省の会に出席）スコアは五一・五五できわめて不調であった。

五時からホテルオークラで行なわれた小坂〔善太郎〕経企庁長官の結婚式に出席し、その後帝国ホテルに移動し、東欧二課の森君の結婚式で挨拶した。

続いて藤山邸で行なわれた、廖承志一行の招待の席に顔を出した。家に帰ると、小選挙区問題をめぐる首相の動きについて阿部〔穆、サンケイ〕さん、梶原〔武俊・共同〕さんなどが来ていた。

五月十四日（月）

小選挙区制の動きについて、朝七時に鈴木〔善幸〕総務会長が来訪した。九時より身体検査を行なうこととなっていたが、これを取り止め総理官邸で総理と会談した。本省にもどり記者会見を行なった。

十一時四十五分、小山長規先生が亀山〔高野山真言宗〕大僧正等を連れて来訪した。一時より週刊ポストにのせるための麻生良方氏との対談を行なった。続いて鹿島守之助〔鹿島建設〕会長が来訪し、日本外交史の表彰についての依頼を行なった。二時にユペール・ベルギー大使が来訪し、続いて近藤〔晋一・元カナダ。三菱商事顧問〕大使がエネルギー問題についての報告を行なった。続いて香川県小磯会長、大西県議、西岡議員、大前勝来議員が来訪し、坂出市長問題で協議した。大臣より加藤〔常太郎〕労働大臣に電話し、加藤氏の方でまず調整のうえ方針を決めることを約束した。総理は午後の記者会見で選挙制度問題でゴリ押しはしないという態度を表明した。

五月十五日（火）

朝八時半酒販問題懇談会に出席し、今度全国区で立候補する鳩山威一郎氏の件について依頼した。続いて、閣議記者会見。

外務省でブリーフィングを行なった後、三時半より宏池会で記者懇談会を行なう。宏池会に鹿内〔信隆〕サンケイ社長が、モナリザの日本における展覧会の件でお礼のため来訪。続いて大内〔三郎〕四国電力社長が料金値上げのため来訪した。五時からの総理主催海外日系人大会レセプションには、出る必要なしということで出席しなかった。

六時より、栄家の火曜会に出席した。小選挙区問題についてはなお総理は強気であった。

五月十六日（水）

朝八時半より、参院選対策の協議のためホテルオークラで朝食会を行なった。自動車工業会より山本重信氏〔元通産次官、トヨタ〕が出ることは朗報であった。亀長〔友義〕農林次官については極力出馬の方向で説得することとなった。十時より幹部連絡会に出席した。

続いて宮崎茂一先生がパンフレットに掲載される写真撮影のために来訪された。昼は幹部食堂で食事をし、その後青山のマンションにて休憩した。四時半に臨時閣議をすることになり、選挙制度改革について今国会での提案を見送ることを正式に決めた。本省に帰って記者会見し、夜は藍亭で青木〔徹郎、ＴＢＳ〕、河崎〔朝日〕・阿部〔サンケイ〕・田島〔三津雄・朝日〕・山岸〔一平、日経〕・梶原〔武俊・共同〕の六人の記者と懇談した。十時に帰宅すると、松井・米沢・西岡・藤原の四氏が来訪しており、加藤忠之氏の番匠〔辰雄・73年坂出市長に当選〕候補の事務局長問題を協議した。

五月十七日（木）

朝十時過ぎ、労働省に加藤労働大臣を訪ねた。その場で加藤忠之氏の事務局長を決定する予定であったが、労働大臣は忠之氏を呼ぶことを主張し、夕刻会を持つことになった。その後宏池会に行き、昼は定例総会に出席し、その後は宮沢〔喜一〕氏、ロッテ重光〔武雄〕社長、平野〔赳〕日魯社長等と会った。

三時からの平河クラブ記者との懇談では、読売の〃政党には党利党略はつきものだ〃という懇談発言の記事をめぐって、懇談の内容は直接引用してはならぬことを再確認した。

四時半に植村〔甲午郎〕経団連会長が来訪し、続いて村山達雄・山本家の結婚式に出席した。カヤ会に行き、坂出市長問題について、ホテルオークラに行った後、飯倉公館で霞クラブの懇談会を行なった。

五月十八日（金）

ホテルオークラに松井・西岡・藤原の三氏が来訪し、坂出市長選問題について話し合った。九時より、閣議記者会見。北朝鮮問題（ＷＨＯ）についてわが国が採決で破れたことに関連して、西村〔関一。衆、滋賀、社会党〕議員、安宅〔常彦。衆、山形2、社会党〕議員が来訪した。

十一時より総理府の広報紙〃時の動き〃に掲載するため、近藤日出造氏〔政治家の似顔絵を得意とする漫画家〕と対談した。十二時より第二大平会に出席し、そこでモーニングに着がえて、宮中園遊会に出席した。園遊会より少し早めに引き上げ、夜のフジテレビ関係のレクチャーを受けた。四時から今後のインドネシア政策を策定するためのインドネシア大使会議を開催し、夜はフジテレビで加瀬俊一氏〔外交評論家〕、稲山嘉寛氏〔新日鉄会長〕、萩原延寿氏〔歴史家〕と対談した。帰りに田中栄一先生の秘書の木村茂氏の応援に行った。また栄家で、三金会に出席し食事をとった。

五月十九日（土）

午前中は、家で本の整理をした。永らく懸案となっていた若杉末雪氏〔三井物産社長〕の弔問に出かけた。二時に予定されていた衆院本会議が五時に延期され、それに出席した後、佐藤・千家結婚披露宴に出席した。（ホテルオークラ「平安の間」）

大臣夫人と芳子は、十五時二十分のＪＡＬで米国から帰国した。

五月二十日（日）

朝七時半家を出て、総理と一緒にゴルフをした。立正佼成会の庭野日敬氏も加わることになった。はじめのハーフは、総理は乱調で最近にない不出来とのことであった。

ワンハーフを終ったところで庭野氏は中止した。総理はどうしても二ラウンドやりたいということで結局二ラウンドまわった。大臣のスコアは四九・五〇、五〇・五三であった。

ゴルフ終了後も総理は全法案を議了することを強調し、国会を再延長する気構えをみせた。また靖国神社法案の重要性についても強調した。

五月二十一日（月）

朝鈴木玄雄氏〔大平秘書〕が来訪し、たまっている額字や色紙をかたづけた。十時二十分石田〔和外〕最高裁長官が来訪し、退官の挨拶をされた。十時半よりアジア局のブリーフィング。

三時五十分、夏山〔光造。芳明会〕氏の知人の羊屋さんが大臣の洋服をつくりたいということで採寸を行なった。

続いて中尾〔栄一〕農林政務次官が渡米の挨拶に来られた。続いて小林〔孝三郎〕コーセー社長や国策パルプ副社長が来訪した。

五時過ぎ記者懇談をし、故遠山直道氏〔日興証券副社長〕追悼会（ホテル・オークラ）に出席した後、末広会で訪欧の話を行なった。

五月二十二日（火）

朝早めに家を出て、八時半に官邸に到着し総理と会談した。続いて閣議に出席し、本省で記者会見を行なった。水野清先生が、富山県の松岡松平議員〔衆、富山1、椎名派〕を連れて来訪した。法眼〔晋作〕次官等と協議した後、バングラデシュ特使と会見した。同特使は総理宛親書を持参していた。

十一時四十分に本省を出て東京駅に向い、車中にて食事（栄家でとくにつくってもらったもの）をとり、酒販全国大会に出席した。

会場へ、国会運営のことについて官房長官〔二階堂進〕より電話があった。三時半頃東京に帰り、宏池会に行き、若干の人にあった。六時より栄家で大栄会に出席し、引きつづいて千代新で田川〔誠一。衆、神奈川2、中曽根派〕、塩谷〔一夫。衆、静岡3、無〕両先生と会い、十時過ぎ帰宅した。家では第百土地の森〔美夫〕社長が来訪していた。

五月二十三日（水）

朝七時四十分に、合田工務店社長が来訪した。八時半よりホテルオークラで田沢〔吉郎〕、伊東〔正義〕、服部〔安司〕、佐々木〔義武〕の各議員と懇談した。浦野〔幸男〕議員は都合が悪く出席できなかった。九時五十分、堀家〔丸亀〕市長来訪。西岡・坂田両議員が来訪し、加藤忠之氏が事務長を引き受けることを確約したので、再度大臣との間で確認して欲しいとのことであった。大臣と忠之さんは直接電話で話をした。十時より幹部連絡会。十二時より故綾部健太郎議員一周忌に出席した。二時五十分に玉置猛夫議員、村上〔朝一〕最高裁長官、稲嶺一郎各氏が相次いで来訪した。

三時三十分より、ジョージ・シャーマン・ワシントンスター紙記者と会見。続いて在京アルゼンチン大使離任表敬、四時半に小磯県連会長が来訪し、忠之氏は市長をやると言っているとして、再度本人の意向確認を行なうこととなった。四水会の後、七時五十分皇太子妃出迎えに行った。

五月二十四日（木）

八時、宮武〔徳次郎〕大日本製薬社長が私邸に来訪。厚生大臣を軸として和解工作を進めて行くことにした。十一時より本省でリチャード・アレン氏〔米大統領補佐官〕と会い、続いてマジャリ・アンマン大学総長（田中六助先生紹介）と会見した。十時より、宏池会定例総会。一時より若杉三井物産社長葬儀告別式。宏池会にもどって松浦政雄氏が来訪。記者懇談。四時から赤城宗徳先生〔衆、茨城3、椎名派〕の私の履歴書の出版記念議員二十五周年記念のパーティに出席し、続いて三宅正一氏〔衆、新潟2、社会党〕の激動期の社会主義運動史の出版記念パーティに出席した。七時より栄家で山本重信氏、佐久間取締役等と山本氏の参院選出馬について話し合った。九時よりクラブ懇談。ホテルオークラ泊り。

五月二十五日（金）

朝八時半、ホテルオークラに大久保武雄議員来訪。日中航空協定等について話し合った。九時、閣議記者会見。十時よりメキシコ国立製鉄総裁、鹿島守之助氏表彰式と続いた。李〔澔〕韓国大使がＷＨＯ加盟についての日本の支持を謝するため来訪。十二時三十分より宮中午餐（米大使夫妻、仏大使夫妻等）、引き続き日中航空協定及び沖縄問題について内奏を行なった。三時辻〔良雄〕日商岩井社長、江口〔健司〕国税庁次長、堂森芳夫議員〔衆、福井、社会党〕等が来訪した。時間が空いたので虎ノ門書房に行って本を買い込んできた。

夜、浦上〔郁夫〕ハウス食品社長他と会食した。田谷夫妻が結婚一周年の挨拶のため来訪した。

五月二十六日(土)

八時半より程ヶ谷で、埼玉銀行松平副頭取、吉井〔幸夫〕セントラル硝子社長、鈴木〔正〕三木証券会長とともにゴルフをしたが、調子は最低であった。

早めに引き上げパレスホテルで着換をし、福永健司先生次男信彦氏の結婚式の仲人をつとめた。夜八時頃斉藤栄三郎氏が来られ、参院選立候補にあたっての打合せを行なった。

五月二十七日(日)

九時過ぎスリーハンドレッドで、森美夫夫人と森田と三人でプレーした。スコアは四五でまずまずの成績であったが、午後は堀江氏、森氏とプレーした。

五月二十八日(月)

朝八時過ぎ、田中六助先生来訪し、インドネシアの石油開発の件で大臣と打合せを行なった。続いて三崎会長、佐渡〔卓〕日本国土開発社長が来訪した。

十一時三十分、スナイダー米国務次官補がインソガル大使と共に来訪した。三時過ぎホテルパシフィックで行なわれた塩元売協同組合等の定時総会に出席して簡単な挨拶を行なった。

四時より、リーズデイル日英議員同盟会長他英国議員九名が来訪した。続いて日中航空協定にかかるブリーフィング。日中航空協定は、中国・台湾の主張が正面衝突すると同時に、運輸省、大蔵省等他省関係もあり、きわめて厄介な問題となっている。

六時に前田〔敬二・香川〕県会議長が来訪後、中村〔梅吉〕衆院議長主催でロイド〔英〕下院議長歓迎の晩餐会を行なった。〝ごまかし〟発言で辞める中村議長にとって最後の晩餐会であった。

五月二十九日（火）

九時より、閣議記者会見。西村関一議員がハノイに行くということで挨拶に来訪。十一時より共同通信が契約している全国の地方放送の会合に出席し、訪欧について一時間位講演した。

二時より本会議が開かれ、中村議長の後任に前尾繁三郎氏が選出された。

三時に、ロイド英国下院議長が表敬訪問。三時半よりニューズウイークのクリッシャー記者と約一時間対談した。

四時半より、前尾議長就任に伴う宏池会総会が開かれ大勢が集まった。六時より太田薫氏〔元総評議長〕、全せん同盟の宇佐美〔忠信〕氏との会合に出席した。増原〔恵吉防衛庁〕長官辞任の報が伝えられ、後任の山中〔貞則〕長官が決定したとのことであった。

五月三十日（水）

朝、ジョージ石山氏〔石山コーポレーション社長〕が来訪し、日米関係及び北ヴィエトナム援助の件について話をした。またチュメニ開発についても、サンフランシスコのヴェクテル株式会社を入れた方がよいのではないかというアドバイスを行なった。

十時半より衆院外務委が行なわれ、岡田春夫（社）、河上民雄（社）小林正巳（自）金子満広（共）、渡部一郎（公）永末英一（民）の各氏が質問を行なった。観音寺加藤議長、岸上副議長等が国鉄の土地払下げの件について来訪した。下条進一郎氏が参院選のことについて来訪。続いて日米貿易合同委の会議（打合せ）。

四時前、本田校長が来訪し、加藤〔藤太郎奨学〕財団の報告を行なった。四時岩佐〔凱実〕、水上〔達三〕、河野三氏が来訪し、日米ＥＣ財界人会議の報告を行なった。その後、アジア局がブリーフィングを行なった。続いて、記者会見。佐渡〔卓〕日本国土開発会長喜寿祝賀会及び朝日新聞政治部長等の会に出席した。

五月三十一日（木）

八時三十分、日華議員懇談会朝食会が党本部で行なわれた。論議は十時近くまで続いた。十時に院内で理髪を行なった。

昼宏池会の定例総会が行なわれ、新たに議長となった前尾氏が満面に笑みをたたえて現れたのが印象的であった。二時半外島〔健吉〕神戸製鋼会長等、環境問題訪米視閲団の方々が挨拶に来訪された。三時より記者懇談を行なった。五時より村上勇氏叙勲祝賀会がホテルオークラで行なわれ、総理が挨拶。続いて河野〔謙三〕参院議長、前尾衆院議長共催によりニュージーランド国会議員団のレセプションが行なわれた。栄家で大阪ガスの西山〔磐〕社長と会った後、宮脇〔朝男〕会長、三橋会長、嶋崎〔均〕、塩崎〔潤〕両議員と会食を行なった。九時より、クラブ懇談、ホテルオークラ泊り。

六月一日（金）

九時より、閣議記者会見。総理と二人で会見。

十時占部〔卜部敏男・フィリピン〕大使、安川〔壮〕大使が来訪。玉置猛夫議員が報告のため来訪。午後武内竜次〔元外務次官〕氏と会談し、食事を共にした。

豊中町の藤田公平町長と三原スエさんが来訪し、大臣への表敬を喜んでいた。

午後より衆院外務委が開かれ、ＩＬＯ関係について岡田春夫（社）、河上民雄（社）、柴田睦夫（共）、沖本泰幸

（公）、永末英一（民）の各議員が質疑を行なった。

夜、山本重信トヨタ専務の全国区出馬について、豊田〔英二〕社長等と中川で会食した。

六月二日（土）

朝、私邸に逢沢英雄氏が訪れ、参院立候補についての決意を固めた旨述べた。

横井広太郎氏〔元名糖社長〕の一周忌については、森田夫妻が代理で名古屋日泰寺を訪れた。

午後から、我孫子都議会議員総決起大会に出席して挨拶を述べた。夜は夫妻で平泉渉議員〔衆、福井、大平派〕夫妻に平泉邸に招待を受け、夜相当遅くまで懇談した。

ＮＨＫ島〔桂次〕さんはＮＨＫ会長に福島慎太郎氏〔元外交官、共同通信社長〕を推せんしていたが、放送法の規定でだめになり、代りに武内竜次氏〔元外務次官〕を推すかどうかで相談に来訪した。

六月三日（日）

朝九時半より、インガソル大使、小坂〔善太郎経済〕企画庁長官、大河原〔良雄〕アメリカ局長の三人とスリーハンドレッドでゴルフした。

六月四日（月）

朝九時半登庁。十時より日中航空協定のブリーフィングを行なった。十一時に韓国太〔完善〕副総理と会談した。近く金鐘泌総理とも会うことになっている。

食事の後、国際問題研究所において、訪欧についてのフランス首脳との会談、ＥＣ首脳との会談の模様について講演を行なった〔加筆修正のうえ「日欧関係の新段階」と題し、『大平全著作集４』442―456頁に所収〕。三時過ぎ、玉置猛夫議員来訪。日産自動車の山口氏来訪。労働界との今後の接触について相談。四時過ぎ、藤崎〔章〕住金〔住友金属鉱山〕新社長が挨拶のため来訪。仮縫い。（ひつじ屋さんはどうしても大臣の服をつくりたいとのことで来訪。）五時末常〔卓郎・ＮＨＫ〕ワシントン支局長来訪。四本〔潔〕川重社長、玉置〔猛夫〕議員来訪。夕方日印経協委員会に出席の後、本省中堅課長との懇談会に出席した。

六月五日（火）

今日はノーカーディで、七時五十分に出て、二子玉川園より電車に乗った。大勢のカメラマンが随行し、新聞の話題となった。

九時より、閣議記者会見。十時より参院外務委で、法案質疑採決（在外公館設置法）と国際情勢の質問を行なった。十二時より、衆院外務委理事懇談会が憲政記念館で開かれた。二時より参院外務委で国連憲章改正とアフリカ基金についての提案理由説明と法案質疑を行なった。

四時に徒歩で宏池会に行き、前尾議長へ贈る碁盤に署名した。伊東〔正義〕先生、佐々木〔義武〕先生等大勢の先生が来られた。坂出〔の〕西岡議員、藤田議員が（１）番匠氏を自民党推せんにできないか、（２）大平大臣は帰郷できるか、（３）資金は香川企業を合わせて三千万円位できないかの三点を確認し原則として承認を受けた。

六月六日（水）

九時半トロヤノスキー在京ソ連大使が来訪し、総理訪ソの時程について、八月末はソ連側は都合が悪い旨伝達してきた。そのため様々な憶測をよんだ。（ブレジネフ書記長の都合か、チュメニ、サハリン等への不満の表明か）
十時より参院本会議が開かれる予定であったが、中曽根発言のため開かれず、国連憲章改正等は自然成立した。衆院外務委で、石井一（自）、堂森芳夫（社）、石野久男（社）、柴田睦夫（共）、渡部一郎（公）等より質疑を受けた。

十二時、木曜研究会、二時より、日華議員懇談会で昼食を共にした。二時半、竹内〔道雄〕大蔵省官房長が景気等についてレクチャーに来訪。マスキー米上院議員が来訪、約一時間にわたって懇談した。夕刻、山下太郎氏〔アラビア石油創設者〕七回忌に出席した。夜、一水会。

六月七日（木）

朝、福田家《ふくだや》で黒川〔信夫〕氏の会合。九時四十分、国連大学の件で奥野〔誠亮〕文部大臣と会談。十時衆〔参〕院外務委、森〔元治郎・社〕・渋谷〔邦彦・公〕両議員が質疑。宏池会定例総会。ＳＢ創立五十周年記念パーティで挨拶。総理及び令嬢も出席。
二時半より、宏池会で川又〔克二〕日産社長、西田広島県議長、藤井〔良男〕フジタ工業副社長が相次いで来訪。
三時より、宏池会で記者懇談。四時半、遠藤一男氏結婚式（三井クラブ）
六時より、貿易センタービル三八階で雄心会総会が行なわれ、菊地〔清明・外務省条約局〕次長が講演した。九時より、公館で霞クラブと懇談した。今日は木曜日であるが、国会も峠を越したのでホテルオークラには泊らなかった。

六月八日（金）

朝、経済関係閣僚協議会、閣議が行なわれた。十時過ぎより、金鐘泌来日に備えて国連局・アジア局のブリーフィングが行なわれた。十一時、春日民社党委員長が来訪。

十一時過ぎ、マーキス・チャイルズ米評論家と約一時間にわたって対談した。二時に衆院本会議に出席した後、市政会館に行き、各社編集局長による編集委員会に出席してオフレコで話をした。帰りに故伊藤忠兵衛氏〔二代目。伊藤忠商事相談役〕の告別式に出席した。四時に平賀、高島両氏が来訪し、その後三井ガス化学の志岐義郎氏宅を弔問した。

六時より栄家で大平会に出席。

六月九日（土）

今日は、何も予定を作らずゆっくり起きた。そのうちどこで聞きつけたか、朝日新聞草鹿〔恵〕氏が来訪し、たっぷり一時間以上懇談した。

また朝、長谷川隆太郎アジア石油社長が来訪し、韓国巨済島における製油等について懇談した。昼すぎ長谷川社長より電話があり。小金井に行って一ラウンドまわった。大臣、森田ともにスコアは九七であった。長谷川社長がロングショットをするには全く驚いた。ハンデ十一というが、さもありなんと思われた。

六月十日（日）

習志野カントリーで芳友会（一橋出身者の会）のゴルフが行なわれた。森田が四二・四四のスコアで優勝したが、カップは不動産銀行の会長の湯藤〔実則〕さんにゆずった。大臣は前半四四で好調であったが後半に五一とくずれた。

六月十一日（月）

朝、浅見さんが安田金属の安田〔睦彦〕さんを連れて来訪。続いて山田〔光成〕日本信販社長夫妻が中元の挨拶に来訪した。十時より、今里〔広記〕、中山〔素平〕、松根〔宗一〕三氏が来訪。エネルギー問題について、大臣に要望を行なったが、大臣の方より日ソ経済協力について話を持ち出し意見を聞いた。十時半より、金総理関係のブリーフィング。十二時格物会が池田芳蔵〔三井物産〕社長就任祝いもかねて行なわれた。

二時より近藤日出造〔漫画家〕、江藤淳〔文芸評論家〕、松阪〔坂〕慶子〔女優〕、松原智恵子〔女優〕の各氏と対談。

国内広報用パンフレットを作成する。

四時過ぎ、ラディウス・インドネシア商務大臣が来訪。続いて近藤〔淳〕ゼネラル石油社長が日向の土地の問題で来訪。

六時より朝日渡辺〔誠毅〕専務、桑田〔弘一郎・政治〕部長と会食。

六月十二日（火）

九時より、閣議記者会見。十時すぎより、衆院決算委。綿貫民輔（自）、原茂（社）、芳賀貢（社）、稲葉誠一（社）、柴田睦夫（共）、坂井弘一（公）の各氏より質問を受ける。二時より本会議で条約採択の後、三菱ガス化学の志岐義郎氏の告別式に出席した。

三時半より宏池会に行き、静岡県幹事長江藤氏とも会談した。小山長規、佐々木義武、加藤紘一、瓦力の各先生も来訪した。

五時より石橋湛山氏の追悼会に出席し、続いて藍亭での論説委員会に出席した。首相のソ連訪問に関し、ソ連が時期を延期してきた問題や当面の日米問題につて話題が集中した。

武山〔泰雄〕日経論説委員長は、ジャクソン議員の訪日の件ついて依頼した。

六月十三日（水）

朝九時半に本省で藤山愛一郎議員と会い、藤山訪中について話し合った。十時半より衆院外務委員会で、堂森芳夫（社）、河上民雄（社）の質問を受ける。

十二時二十分、大臣主催の金〔鍾泌〕韓国総理の午さん会が賀寿老《かずお》〔俳優長谷川一夫が経営していた赤坂の料亭〕で開かれた。三時より五時半まで衆院外務委で、石井一（自）、金子満広（共）、渡部一郎（公）、永末英一（民）の各議員より質問会を受けた。夕方、記者懇談。

五時より県連大会開催について常任顧問会議が開かれ、木村武千代氏を県連会長にするかどうか、県会の方に県連会長をゆずるべきかについて協議した。また坂出市長選については、大臣より双方とも無所属にすることを主張した。六時に新井俊三氏の会合に出席した後、勤労福祉会館で矢田英夫〔都議〕と都政報告会で演説した。

六月十四日（木）

朝十時より、参外務委でＩＬＯの提案理由説明が行なわれた。それが十二時過ぎまでかかったため、宏池会定例総会には出席できなかった。直ちに、第二大平会に出席した。

それから二時に本会議に入り、国鉄法の採決に参加した。そのため宏池会の記者懇談も中止した。

四時十五分に、日韓議員懇談会議員団が表敬訪問。続いて国連加盟問題についてのブリーフィング。五時浅井〔孝二〕相談役、伊部〔恭之助・住友銀行〕頭取が挨拶のため来訪。五時に清水での宏池会五・六回生の会合に出席した。続いて芳明会に出た後、飯倉公館で記者懇談を行ない、家路についた。

大臣の意向でホテルオークラに泊るのは取り止めた。

六月十五日（金）

九時より、閣議記者会見。十時より、参院本会議。

防衛二法案を上程。十時三十分より外務委員会で、石原慎太郎（自）、石野久男（社）より質問を受ける。その後パレスホテルで行なわれた松永安左衛門氏〔「電力王」と呼ばれた財界人〕の三周忌に出席した。午後安川新駐米大使の認証式が行なわれ、待望の安川大使が実現した。

三時過ぎより参議院決算委員会に出席し、五時に、住友商事加藤〔五郎〕副社長が来訪した。首相専用機の話のほか新交通システムの住友プランの説明があった。続いて佐藤〔達郎〕時事通信社長が来訪した。夕方銀杏会がホテルオークラで行なわれ、その後、堀江夫妻主催のＩＬＢＳ〔国際福祉協会〕関係者の招待晩餐会に出席した。

六月十六日（土）

朝、五時半起床。七時羽田発の日航で大阪に向った。午前中遊説を続ける。大阪駅前などでは、民青〔日本民主青年同盟〕の緑の旗がひしめく中で森下泰候補の応援演説行なった。橋本〔登美三郎〕幹事長、中曽根〔康弘〕通産大臣、田中〔伊三次〕法務大臣、加藤〔常太郎〕労働大臣らも来阪していた。十二時よりロイヤルホテルで関西大平会が行なわれ、三時三十分より京阪神大平会が行なわれた。夕方には大平会の方々とつるやで会食した。渡辺〔忠雄〕三和銀行会長も列席された。大臣は共産党を前にしての演説で声がかれ、疲れたので九時過ぎには就寝した。大臣夫人はロイヤルに宿泊した。

六月十七日（日）

八時につるやを出発し、九時に宝塚高原ゴルフクラブに向った。九時にインよりスタート。大平会のメンバーのほかに、大平芳数氏〔大平末弟〕、小林良雄氏等も加わってプレーした。大臣はスタートでは調子が悪く、はじめのハーフは五五かかった。あとは大幅に改善して四五であった。森田四五・四七、真鍋四四・四四であった。塩田郁造氏は三六・四三でまわった。

六月十八日（月）

十時より、アメリカ局ブリーフィング。十一時、エドウィン・ナイジェリア大使離任表敬。この人は先般のゴルフで大臣が貴方は未完成だが偉大なゴルファーだと言った時、すかさずシューベルトですら未完成交響楽を残しているではありませんかと応しゅうしたウイットに富む人物。続いて平野〔赳〕日魯漁業社長が来訪した。昼には第一ホテルで、橋本清依頼の講演会を行なった。活発な質問が出て、予定時間を三十分もオーバーした。三時に洋服の仮縫い。三時半より調査部ブリーフィング。続いてマヌ・マクング・コンゴ商務大臣が来訪した。更にサドリ・インドネシア鉱山大臣も来訪。夕方本省を出て、大正製薬会長社長就任披露パーテイに出席し、金子一平議員の会にも出て挨拶した。

六月十九日（火）

九時閣議、沖縄海洋博協議会、十時より、参院外務委員会。十二時より社労委があり、終了後住友金属鉱山の河上〔健次郎〕会長、藤崎〔昭朗〕社長の就任披露パーテイに出席した。栄家の女将さんなども来ていた。二時の衆院本会議に出席の後散髪し、宏池会に行った。宏池会ではマリワ〔ア〕ナ群島の知事、柴田〔護〕本四架橋公団副総裁、園田直先生、西田信一先生等が来訪した。天野〔公義〕先生に対しては、共産党の日常活動について、多少金をかけても克明に調査してみるように大臣より指示した。夕方火曜会に出席の後帰宅。ＮＨＫの島さんがＮＨＫの会長問題で来訪した。

六月二十日（水）

八時半に酒販懇話会副会長会議に出席した後、本省に登庁。九時四十五分、合田健吉氏〔函館ドック社長〕と電発森田氏と会う。十時よりグラスビー豪州移民大臣と会談。十時半より衆院外務委。条約質疑。柴田睦夫（共）、渡部一郎（公）、永末英一（民）、午後より石井一（自）、川崎寛治（社）、河上民雄（社）、瀬長亀次郎（共）等が国際情勢について質問。

五時より立正佼成会庭野〔日敬〕会長が来訪した。六時よりホテルオークラで、さつき会に出席し、外交について話をした。日米日中日ソ欧等全般にわたって万べんなく触れた。七時より立食パーテイ。

六月二十一日（木）

八時半より、大久保武雄議員が私邸に来訪し、知日家バーク少将の知人について表敬訪問を依頼してきた。九時四十五分院内で川崎秀二先生〔衆、三重1、三木派〕と会い、訪中についての報告を聞いた。

十時より、参院外務委。提案理由説明及び国際情勢等の質疑が行なわれた。

十二時よりの〔宏池会〕定例総会には出席できなかった。一時より武藤嘉文議員〔衆、岐阜1、中曽根派〕が来訪し、当面の政局について語っていった〔『全著作集7』69―70頁参照〕。一時三十分に若泉敬先生〔京都産業大学教授〕が来訪し、首相訪米について意見を述べた。

四時に神崎製紙遠藤〔福雄〕社長が来訪し、電電公社の特殊紙の受注について陳情があった。続いて欧亜局ブリーフィング。

五時半に、渡辺〔武〕前アジ〔ア〕銀総裁来訪。夜は在京特派員を招待した。クラブ懇談。

六月二十二日（金）

九時、閣議記者会見。十時より衆院沖特委員会で、佐藤孝行（自）、安井吉典（社）、正森成二（共）、渡部一郎（公）が質疑を行なった。

一時四十五分、安田貴六先生が土地売却の保証の件について陳情あり。結局、不動産銀行の湯藤会長に頼むことにした。続いて馬場隆之先生〔72年総選挙で長崎1から立候補、落選〕が大臣とともに写真撮影を行なった。二時半より、アメリカ局ブリーフィングが行なわれた。

四時十五分、チヨードリ在京バングラデシュ大使が新任表敬。四時半に仮縫い。続いて吉村〔清三〕関電社長が来訪。五時半より、皇太子両殿下主催の茶会が開かれた。宏池会秘書会には出席できず。

六時より稲田氏、三金会。

六月二十三日（土）

十時より、李〔澔〕韓国大使が来訪。国連内での南北両朝鮮の併存をも認める政策の転換を通告〔『全著作集7』70頁参照〕。十一時より記者会見した。

午後から、本屋に立ち寄り帰宅。六時より森〔美夫〕第百土地社長と亀長〔友義・農林〕次官と会食した。亀長次官は瀬田の近くまで、土筆亭に到着するまで約一時間かかった。

六月二十四日（日）

朝、家を出てスリーハンドレッドに行き、九時半過ぎより、第百土地社長及び亀長次官とプレーした。大臣は五一・五一であった。森田は四四・五二であった。三時過ぎ、箱根小涌園に向った。箱根小涌園ではテレビをみたりしてのんびりすごした。

六月二十五日（月）

朝は小涌園でゆっくりした後、箱根観光ホテルで昼食をとり、家に一旦帰った。

五時半より、鹿島〔守之助〕会長日本外交史二十五巻の出版記念に出席して挨拶を行なった。田中総理も出席して挨拶された。

その後、栄家で大栄会に出席した後、同じ栄家で行なわれた大平親衛隊の会に出た。浦野〔幸男〕先生、田沢〔吉郎〕先生は来られなかったが、和気あいあいのなごやかな雰囲気であった。新たに栗原祐幸先生〔衆、静岡2、大平派〕も加わった。

六月二十六日（火）

七時五十分、大阪ガスの西山〔磐〕社長が来訪し、ガス料金値上げのために必要な措置をとった旨報告した。

九時、閣議記者会見。十時より参院外務委、ＩＬＯ関係条約三件を採決した。質疑者は、森元治郎（社）、羽生三七（社）、渋谷邦彦（公）、星野力（共）の各議員であった。

二時四五分ブパナ在京ガボン大使。三時仮縫い。三時半藤井〔勝志〕外務委員長、四時松川〔道哉〕国金局長、ホノルル桜の女王が来訪した。

四時半に宏池会に行き、楚〔麓邦明か〕氏より田中総理との関係の考え方について意見を聞いた。続いて庭野〔正之助〕日本鉱業専務〔一橋同期〕が来訪した。また鐘紡牛田〔一郎〕専務、中尾宏議員が来訪した。

六月二十七日（水）

朝八時半より、久しぶりに宏池会幹部会が開かれた。全員出席で国会情勢の報告が、斉藤〔邦吉・文部〕大臣、植木光教先生等から行なわれた。

十時半より衆院外務委員会で、原子力の条約質疑が行なわれた。質問者は石野久男（社）、柴田睦夫（共）、渡部一郎（公）の各氏であった。十二時に他方参院本会議が開かれ、ＩＬＯ条約が採決された。

午後も国会が続行され、故清瀬一郎氏〔衆、兵庫4、無〕七回忌、四水会、村上〔朝一〕最高裁長官披露パーティ等には出席できなかった。

国会終了後、各社政治担当論説委員と飯倉公館で懇談した。日中航空協定、首相の訪米訪ソが話題となった。

六月二十八日(木)

朝、八田貞義先生が来訪した。内閣改造に備えての訪問らしい。十時より、参院外務委。田英夫先生(社)が条約質疑、星野力(共)先生及び田先生が国際情勢について質疑を行なった。

十二時より宏池会の定例総会で、寺下〔岩蔵〕議員〔参、青森〕がはじめて姿を見せた。重光〔武雄〕ロッテ社長、斉藤三菱セメント社長〔斉藤秀雄専務〕、香川県知事〔金子正則〕等が相次いで来訪した。

三時より記者懇談し、大臣は資源問題で外交の性格も変わりつつあることを述べた。本省にインガソル米大使が、大豆の輸出禁止問題で来訪した。

夕方は三豊中学の同窓会に出た後、大雄会に出席し、終了後水野〔清〕政務次官主催の財界誌幹部との懇談に出席した。

六月二十九日(金)

九時、閣議記者会見。十時半より衆院外務委員会で、渡部一郎(公)、瀬長亀次郎(共)が条約質疑、石井一(自)、岡田春夫(社)、堂森芳夫(社)、金子満広(共)、渡部一郎(公)、永末英一(民)が国際情勢の質疑を行なった。

午後から三菱重工披露パーテイがホテルオークラで行なわれ、出席した。二時三十分、金子岩三議員〔衆、長崎2、大平派〕が佐世保軍事基地の返還について陳情した。三時より海洋法関係のブリーフィングが行なわれた。

国会終了後、直ちに草柳大蔵先生〔評論家〕と会い、さまざまな話を聞いた。鈴木〔善幸〕総務会長、水野政務次官、中尾〔宏〕先生、田中六助先生が出席した。

六月三十日(土)

資生堂岡内〔英夫〕社長よりゴルフの申込があり、九時半よりプレーを行なう。大臣は四九・五一であった。四時三十分発、大阪乗り継ぎで高松に帰った。八時頃から坂出の雄心会に出席挨拶し、その後白峯中学で番匠〔坂出市長〕候補の応援、続いて中央小学校で応援演説を行なった。その演説はこれまでの中で最高のものという評判であった。

大臣は、観音寺泊り。森田は坂出の家に泊まる。坂出の森田豊(父)に肺ガンの疑いあるとのことで暗たんたる気持ちになる。

七月一日(日)

朝早く、就職等の陳情客が多数訪れる。詫間の事務所開きに出席した後、番正〔匠〕事務所に到着。直ちに宣伝車に乗り、二時過ぎまで各地を流して走る。

二時三十五分、高松発ANA五八四で東京に帰る。土曜の夜は五時間位しか寝ていないので疲れが目立つ。

七月二日(月)

八時半に、宮中で宇佐美〔毅・宮内庁〕長官と会う。九時より、認証式(加川隆明マダガスカル大使)を行なった。

十一時二十分、衆院外務委員会で原子力協定質疑が行なわれた。瀬長亀次郎(無)、永末英一(民)、渡部一郎(公)、石野久男(社)の各先生が質疑を行なった。

四時過ぎ委員会終了し、今回滋賀県より参議院に立候補する望月〔邦夫〕氏が来訪した。次いで我孫子、清水都議候補のため、赤羽駅前で街頭演説を行ない、その後滝野川小学校での個人演説会で挨拶した。今日の話は若干長く固きに失した感があった。

七月三日（火）

朝、片岡〔勝太郎〕アルプス電気社長及び三崎炬光氏〔元大平秘書。三崎友一子息〕が来訪。三崎氏は前夫人木村滋子さんの旅券を公用旅券に切り換えることについて大臣に陳情のため来訪した。

九時、閣議記者会見。十時参院外務委で、原子力協定の採決。国際情勢について田英夫（社）、小谷守（社）、渋谷邦彦（公）岩動道行（自）の各氏が質疑。

午後、河合良一氏〔小松製作所社長〕夫人の葬儀に参列し、松浦〔均〕日東興業社長夫人の葬儀にも出席した。三時三十分、松岡松平議員が来訪。四時ウイー・シンガポール大使新任表敬。次いで末次〔一郎〕安保問題所長が来訪。米田東吾〔衆、新潟1、社会党〕、足立〔足鹿〕覚〔参、鳥取、社会党〕の各議員が来訪。

証券四社の会合の途中、核実験反対の決議のため本会議に呼び出され、終了後深野いく子、ひくら亀吉氏を応援した。

七月四日（水）

九時より、日本テレビで「世界にかける橋」のビデオどり。江藤淳氏と対談した。十時、参院本会議。農業白書の件であった。十時半、法務委で朝鮮人学生と国士舘学生問題がとりあげられ出席した。午後より、衆院外務委。原子力協定の件につき、渡部一郎（公）、石野久男（社）、西銘順治（自）、柴田睦夫（共）の各氏が質問した。

三時十五分よりフルツェヴァ・ソ連文化大臣と会談を行なった。フルツエヴァ大臣からはボリショイバレーを見ることをすすめられた。四時より、三四才のマダガスカル外相と会談した。

夜は七時より、ラテニカ〔ラチラカ〕・マダガスカル外相招待晩餐会を行なった。前閣僚懇談会及び一水会は欠席した。

七月五日（木）

七時二十分、花岡〔弥六〕電気化学社長が米国への輸出問題のため来訪した。八時半より、酒販懇談会常任世話人会（国会議員）に出席した。十時より中近東大使会議の件で近ア〔中近東アジア〕局ブリーフィング。十二時より宏池会定例総会。一時に神足氏が来訪した。続いて宝幸水産深尾〔清吉〕社長、洋服の仮縫い、宮武〔徳次郎〕大日本製薬社長等が来訪した。三時より定例の記者懇談のあと、スネッデン豪州自由党党首と会談し、モロッコ大使の新任表敬を受けた。

夕方より、日・マダガスカル協会主催のレセプションに出席した後、栄家で食事をして、矢田英夫・宇田川政雄氏の都議選の応援に出かけた。演説は自民党と国民とは夫婦のようなもので、あきがきても結局もとのさやに収まるのが幸せだという趣旨のことを述べた。

七月六日（金）

九時、閣議記者会見。十時、アメリカ局ブリーフィング。十二時半より飯倉公館で、ライシャワー〔元〕大使を招待してゆっくり歓談した。その席には若泉敬先生もお呼びした。二時四十五分、和田周一ブラジル日系人協会会長が来訪した。

三時に木村武雄先生、続いて中尾〔栄一〕農林政務次官〔衆、山梨、中曽根派〕が来訪した。三時四十五分より、アメリカ局ブリーフィング。続いて今〔日出海〕国際交流基金理事長が来訪した。訪米の際、実現する総理ファンドについてである。

六時より、吉兆にて安川〔壮〕大使、斉藤大使と会食した後、品川区の山村久候補と目黒区の岡田幸吉候補の応援にいった。越智通雄先生〔衆、東京3、福田派〕と出会った。

七月七日（土）

朝のうち、都議選の不在者投票を行なう。帰宅後は専ら、日本生産性本部の「国際協調と日本」という講演の準備を行なった。

四時二十五分、あさま四号で上野発、六時二十分に軽井沢着。七時過ぎより同行記者十二人と会食し懇談を行なう。光一〔森田長男〕が夜中に熱を出した。風邪のようである。

七月八日（日）

朝八時過ぎ朝食をとり、〝七二〟にて九時過ぎにスタートした。中山素平氏〔興銀相談役〕及び溜島氏と四人でまわった。

大臣は最初のショットから好調でほとんどミスショットがなかった。結局四四・四五の八九のスコアでまわった。森田は四五・四六であった。中山素平氏は前評判にたがわずゴルフは下手で空振りをくりかえした。

ゴルフ終了後、信越放送の緑陰清談に出てよもやまの話をした。続いて、日本生産性本部の主催の講演を行ない、資源問題について、石油問題その他につき節約を強調した〔「国際的な資源の緊迫化にどう対処するか」と題し、『大平全著作集4』471―483頁所収〕。翌日の新聞には、〝外務大臣はチュメニについて慎重〟と大きな見出しで報じられた。

七月九日（月）

七時三十分に伊東正義議員が来訪し、朝食をともにした。九時に、日米合同委関係の打合せを行なった。十時三十分より中近東大使会議が開かれ、各大使は石油禁輸の危険はそう大きくないとの意見具申が行なわれた。十二時に近鉄会長・社長就任披露パーティに出席した。一時半より、アメリカ局ブリーフィングが行なわれた。三時に海洋議員連盟での講演を行ない、十二海里説に同意せざるをえないなど述べた。四時二十五分戸田建設戸田〔順之助〕社長、四時半にゼームスアワー氏が来訪した。五時半外務省記念日の祝宴が講堂で行なわれ、挨拶した後、大平会に出席し、その後在京マダガスカル外相夫妻のレセプションに出席した。

七月十日（火）

朝七時、中村時雄議員〔衆、愛媛1、民社党〕が来訪した。九時より、閣議記者会見が行なわれた。十時に、アメリカ局ブリーフィング。十一時、ガレー・インドネシア中央銀行総裁が来訪した。十一時三十分に、藤山〔楢一・オーストリア〕大使が帰国報告を行なった。

十二時、総理主催の中近東大使招待の昼食会が行なわれ、総理は本席には外相はいないものと考えて自分に自由に意見を言ってほしいとのことであった。

一時三十分に、細川護熙議員〔参、全国、田中派〕と〔が〕自由新報のことで来訪。

衆院本会議で、日米原子力協定採決がなされた。富森〔叡児〕朝日編集委員と会談。三時より、参外務委員会で日米原子力協定の提案理由が読まれた。四時より、宏池会国会議員にお中元の手当てを渡した。

七月十一日（水）

七時三十分、蓑田〔又男〕光洋精工専務が来訪した。八時に、増田〔健次〕野村証券副社長来訪。十時、参院本会議。続いて衆院外務委員会で国際情勢について、石井一（自）、河上民雄（社）、瀬長亀次郎（無）、永末英一（民）

の各先生が質疑を行なった。終了後、大社〔義規〕日本ハム社長の叙勲祝賀会に出席した。本省にもどり、沢木〔正男〕ニューヨーク総領事、安川〔壮・米国〕大使と会見し、オシポフ・ソ連外国貿易次官と会談した。四時半、横須賀市長〔横山和夫〕、澄田〔智〕輸銀総裁、豊田社長（山本重信氏）が来訪した。澄田氏はチュメニ、サハリン等の経済協力の見積りについて、山本氏は選挙のことで来訪したものである。立石電機の息子さんがルーマニアとの経済協力について陳情した。李〔澔〕韓国大使と会った後、理髪に行き、七時より大臣主催の中近東大使会議出席者の晩餐会を開催した。

七月十二日（木）

朝、長谷川〔隆太郎〕アジア石油社長、株木〔政一〕日立セメント社長がお中元の挨拶のため来訪した。九時より、アメリカ局ブリーフィングを行なった。大角〔信男〕東邦ガス常務にお会いした後、参院外務委に出席し、原子力協定について森元治郎（社）、辻一彦（社）、渋谷邦彦（公）の各議員が質疑を行なった。〔宏池会〕定例総会に出席後、堤〔穎雄〕トヨタ車体社長、佐治〔敬三〕サントリー社長に会った。直ちに官邸に行き、総理にブリーフィングを行なった。二時より参院外務委に出席した。五時頃衆院決算委で、四五年度外務省の決算を採決した。夜、幸陽ドック木曽〔清〕社長との会合に出席し、田坂〔鋭一・運輸省船舶〕局長等と懇談した後、十二日会に出席した。クラブ懇談は総理と会ったため、時間をくり上げ外務省で夕刻行なった。夜はホテルには泊らなかった。

七月十三日（金）

九時、閣議記者会見。十時半より衆院外務委が開かれ、国際情勢に関し、石井一（自）、石野久男（社）、堂森芳夫（社）、柴田睦夫（共）、渡部一郎（公）、永末英一（民）の各議員が質疑を行なった。

午後からは、引き続き参院沖特委が開かれ、岩動道行（自）、田英夫（社）、藤原房雄（公）、春日正一（共）の各議員が質疑を行なった。

五時過ぎ本省で、今度の田中訪米に同行する長屋茂議員の子息長屋NHKプロデューサー及び長田〔庄一〕東京相互銀行社長が来訪した。長田社長はグリーン定期に大臣が加入するところを写真撮影し行内誌にのせるとのことであった。

続いてアメリカ局のブリーフィングの後、庭野〔日敬・立正佼成会〕会長、鈴木〔善幸〕総務会長、水野〔清・外務〕政務次官、田沢〔智治〕氏（日本会の世話をしていた人で参院に立候補）等と会食した。

七月十四日（土）

朝、八時半すぎ家を出て、横浜カントリーで行なわれた讃油会のゴルフに出席した。すごい暑さの中をワンラウンドまわった。大臣のスコアは四七・四七であった。森田は当りは悪かったが、四三・四六で優勝した。

夜八時に、テント商務長官を羽田に迎えた。バッツ農務長官は来日がとりやめとなった。

七月十五日（日）

午前中は日米合同委の勉強をし、十二時前ロジャース国務長官一行出迎えのため羽田に向った。

ロジャース長官一行は無事到着し、相互にステートメントを読み上げた。

七月十六日（月）

八時河合良一小松製作所社長が来訪し、お中元の挨拶。

九時十五分より第九回日米合同貿易委員会が南大会議室で開かれた。

十二時半より、総理主催午餐会が開かれた。二時十五分より日米合同委員会が続行され、予定より早く議事が進行した。七時半から大臣夫妻主催の日米貿易合同委ブッフェが開かれた。そこで、夫婦というものは好むと好まざるとにかかわらず毎日毎晩顔をつき合せているものである。そこでお互いに慣れっこになって、ぶつぶつ不平を言い合ったりしがちで、夫にしても妻にしてもつい浮気をしたくなる誘惑は強いものである。しかし、道を迷い浮気をしても結局帰ってくるところは、夫であり妻のもとであることが多い、日米関係は丁度夫婦のようなものであるとの挨拶を行なった。

七月十七日（火）

いつもより三十分早く、閣議が開かれた。九時十五分より日米合同委員会が開かれて、ほぼ実質的討議は終了した。

十一時十五分より、ロジャース〔米国務〕長官と個別会談に入った。昼食を共にしながら、よもやまの話をしたが、ロジャース長官は本当に気立てのよい立派な方であるとしみじみ感じた。

ニクソン政権の信用もこの人がいるから保たれているのであると思われる。二時より参院外務委で質疑、原子力協定を採決し、四時半より、日米合同委の共同コムニケの討議及び採決がなされた。五時半より大平・ロジャースの共同記者会見が行なわれた。続いてインガソル大使主催のレセプションに出席した後、直ちにＮＨＫに行きビデオ取りを行なった。

八時十五分より、岸〔信介〕さんが会長している日米協会の晩餐会に出席した。

七月十八日（水）

八時半より、宏池会の親衛隊（田沢、浦野、服部、伊東、佐々木、他に島、伊藤）が朝食会を行なった。その後宏池会に行き、中間派のお中元を決めた。引き続き、木曜研究会に出席した。久しぶりである。三時半に、春日一幸委員長が外遊のことについて来訪した。四時四十五分に、逢沢英雄氏がいよいよ立候補にふみ切ったことについて決意の表明に来訪した。

米価問題について、別川〔悠紀夫〕議員が陳情団を連れて来訪した。記者懇談後、モートローラ・アルプスの合弁会社の披露パーテイに出席し、直ちに芳芽会に行って簡単な挨拶を行なった。

七月十九日（木）

八時三十分に、党本部で開かれた酒販の総会に出席した。大型免許やスーパーの進出に脅かされる酒屋さん達の顔色はさえなかった。九時過ぎより経済協局のブリーフィング、在京ニクアラガ大使来訪。欧亜局のブリーフィングが行なわれた。

十二時、宏池会の定例総会に行った。三時に、金子岩三議員の陳情団が来訪した。続いて安孫子〔藤吉・山形県〕知事、佐々木義武議員が参院選立候補のために来訪した。

法華津〔孝太〕極洋社長、ＮＨＫ小野〔吉郎〕新会長と会った後、宏池会のパンフレットをつくるため村山達雄先生と対談した。

続いてメリーデル・ヴァル・スペイン大使、エジプト大使がそれぞれ離任表敬。水野政務次官主催の藤井委員長等招待の晩餐会に出た後、宏池会親衛隊記者（青木〔徹郎〕、河崎〔曽一郎・ＮＨＫ〕、田島〔三津雄・朝日〕、山岸〔一平〕、阿部〔穆〕、梶原〔武俊・共同〕）を接待した。

七月二十日（金）

九時より、閣議記者会見。十時半より外務委員会の予定であったが開会が遅れ、十二時頃となった。

一時半に終了後、三野町町長以下町会議員の一行が来訪した他、塩谷一夫先生と懇談した。続いて訪米打合せを行なった。

夕方から宏池会の記者を自宅に招待した。台風接近の影響でものすごい豪雨で、道は水びたしであった。国会は強行採決の影響を受けてあっせんが難行〔航〕し、前尾議長のさばきが注目された。

内田〔常雄〕、天野〔公義〕、西田〔信一〕、佐々木〔義武〕、伊東〔正義〕の各先生もみえた。

七月二十一日（土）

土曜日は日程はとっていなかったが、十時より幹部を集めて情勢を検討することになり、十時より宏池会に到着した。小山〔長規〕、宮沢〔喜一〕、丹羽〔喬四郎〕、福永〔健司〕、浦野〔幸男〕、小川〔平二〕の各先生が集まった。

国会延長問題について、前尾〔繁三郎〕先生の地位がからんでいるため大平派の立場は微妙である。

この日は一日中いろんな人が訪れて情勢を協議した。

七月二十二日（日）

前夜新聞記者が夜半までいたため、ゴルフは取り止めた。国会延長問題のめどがつかないため、いつ呼び出しがあるかわからず、朝早く起きてスリーハンドレッドに行き、昼までに帰ってくることにしていたが、これを諦めたものである。

午後から正樹さん〔大平長男〕のお墓まいりに出かけた。亡くなってから早や十年になる。あの葬式の時も暑い日であった。

夕方から次々と新聞記者がやってきた。橋本清氏とともに食事をし、国際金融情勢の話を聞いた。

七月二十三日（月）

朝九時十五分より、ヴァン・レネップＯＥＣＤ事務総長との会談のためのブリーフィングを受けた。十時より一時間半にわたって同総長と会談した。

昼、神崎製紙の遠藤〔福雄〕社長がやってきた。一時四十五分に小林章氏と宏池会で会った他、会期延長問題をめぐって次々と来客があった。小山長規先生などは目の色がかわっているような感じであった。

四時に本省にもどって訪米随行記者の結団式に出席し、続いて山口謙三氏〔内外労経研究協会〕、平泉渉先生、嶋崎均先生と会った。嶋崎先生については米価問題について大臣が心得ておくべきことをブリーフィングしてもらったものである。

夕方は大蔵同期会に出席した後、ヴァン・レネップ氏との晩餐会に出た。会期延長に備えて飯倉公館で泊った。

深夜六五日の延長。

七月二十四日（火）

十時より、院内で閣議記者会見。飯沼公館で朝食。十一時四十分藤井〔勝志〕外務委員長が来訪し、ゆっくり懇談した。

二時半に宮脇朝男〔全中〕会長が来訪し、米価問題について大臣の助力を求めた。その後は訪米問題等の勉強を行なった。

五時半にヴァン・レネップ事務総長主催のレセプションに出席のためホテルオークラに行った後、栄家で大栄会に出席した。夜は国会延長問題について大臣の見解を聞くため新聞記者が来訪した。

七月二十五日（水）

八時半に成人病研究所で身体検査（結果は血糖がやや高い程度で特に悪いところはなかった）。十一時より、訪米の打合せを行なった。一時四十五分に桜内〔義雄〕農林大臣がバッツ〔米〕農務長官との会談の件で来訪。西銘〔順治〕先生、水野〔清〕政務次官の関係の陳情団と会った。中国バレー団の表敬を受ける。陳楚大使が日本のバレーをほめると、大臣はすかさず中国の外交は日本より上だとほめあげた。福田篤泰先生〔衆、東京7、無〕、田中六助先生来訪。米王（ライスキング）といわれる西原〔清東〕氏の未亡人西原多賀子氏来訪。島根県知事〔伊達慎一郎〕、宇山〔厚〕大使と懇談。

五時半より古河グループの会合に出た後、賀寿老で行なわれた宏池会の長老の先生方との会合に出席した。

七月二十六日（木）

八時半に、虎ノ門病院にて腎臓結石の検査を行なった。斉藤部長の話によると、特に今手術する必要はないとのことであった。

本省で軽い食事をとった後、十時より総理のブリーフィングを昼まで行なう。十二時総理に会ったことについての記者会見を行なった。宏池会総会に出席した後、ＮＨＫのニュース特集のＶＴＲを行なった。三時からの記者懇談した後本省にもどり、四時河野〔謙三〕参院議長、四時十五分佐藤〔達郎〕時事通信社長と会った。

四時半アジア局ブリーフィングを受けた後、稲田〔耕作〕さんを東京女子医大に見舞った。その後、栄家で西山〔磐〕、安田〔博〕大阪ガス社長及び副社長と会食した。

九時に飯倉公館で記者懇談を行なった。

七月二十七日（金）

九時より、閣議記者会見。十一時に、訪米報告のため自民党総務会に出席した。十二時より、総理主催のマレーシア・ラザック首相招待午餐会に出席した。続いて院内で理髪を行なった。（サンケイスカラーシップ歓送迎会には政務次官が代って出席した。）

二時五十分、安西〔浩〕東京ガス会長がソ連の石油開発について来訪し、続いて川崎寛治先生〔衆、鹿児島1、社会党〕が来訪した。

夕方訪米について最終的なつめを行なった後、七時より航空協定の問題について新谷〔寅三郎〕運輸相と約一時間にわたって会談した。

七月二十八日（土）

古河グループと会食した時に約束した島村さん等と武蔵カントリーでゴルフを行なった。スコアは五一とあまりさえなかった。夕方は早く帰宅した。

七月二十九日（日）

いよいよ出発の日である。訪米準備もでき、午前中はお客も来ない。長谷川アジア石油社長から頼まれた金韓国首相への推せん状を書いた。

五時頃になると、宏池会の先生方が十人近く集まり、秘書がせいぞろいする。五時三十五分自宅を出発し、六時半総理、愛知〔揆一〕蔵相とともに出発した。二階堂〔進〕官房長官が臨時代理に選ばれた。

（八月五日まで訪米）

八月六日（月）

二時半田中・大平一行は、約一週間にわたる訪米の旅を終え帰国した。メッセージ朗読もなく、簡単な挨拶をすませただけで、総理はさっと車に乗り込んだ。

羽田東急ホテルにて記者会見の後、宏池会の先生方など出迎えの方々に挨拶を行なった。そのまま東急ホテルにとどまり、法眼次官等と日中航空協定の打合せを行なった。

夕刻ホテルオークラで、河野〔謙三〕参院議長と会った。訪中の際、周〔恩来〕首相からのメッセージを託されてきたものである。

正樹さんが亡くなってから満九年であるが、十年祭がホテルオークラで行なわれた。出席者のほとんど大部分が想い出話をした。そのままホテルオークラに泊った。

八月七日（火）

七時四十五分、上野〔幸七〕関電副社長がホテルオークラに大臣を訪ねた。料金改訂の件である。九時より、閣議記者会見。十時より、外交調査会・総務会に出席して報告を行なった。

十一時にメキシコ国会議員団表敬が行なわれ、その後直ちに上野駅に向った。上野発つばさ二号で黒磯に向い、和田〔力・エジプト〕、吉田〔健三・オーストリア〕、柘植〔格・モンゴル〕三大使の認証式に侍立した。終了後、大宮まで引き返し、信州五号にて軽井沢に向った。

軽井沢では万平ホテルに泊まったが、部屋が狭くて大臣夫人は御不満であった。

八月八日（水）

十時半より、七二カントリーで第百土地の森〔美夫〕社長と、とも子さんとともにゴルフをした。コースは西コース、前に総理とまわったことのあるコースであった。

天気は快晴で、大臣も前半は好調であったが、後半は疲れが見えた。とも子さん四四・四五、大平四五・四九、森田四三・四七で、森社長は百以上であった。しかし、森社長は体調も快復し、なかなか良いショットを放っていた。とも子さんよりオーバードライブすると、にっこり笑っていたのが印象的であった。

八月九日（木）

九時半より、旧軽井沢ゴルフで森さん、とも子さんとゴルフをした。旧軽井沢には今度メンバーになったものであるが、大変な混雑ぶりで十二ホール終了するのが結局二時半になった。

成績は森社長が良かったが、最後のホールで八をたたき、パーで上がった大臣に再び敗れた。その残念そうな顔を見ているとおかしくもあり、気の毒でもあった。

五時過ぎ軽井沢を出て、そよかぜ五三号にて帰郷した。五時から遠山光一氏〔日本鋼管副社長〕一周忌が行なわれたが、これは欠席した。

八月十日（金）

九時より、閣議記者会見。十一時に田中弘一氏から紹介のあった小田安太郎氏、大阪国貿促木村〔一三〕氏、藤井〔勝志〕外務委員長、四国電力山口〔恒則〕副社長、香川県知事、松岡先生（医学部設置）等が相次いで来訪した。

一時三十分より、モスクワ放送のテレビのインタビューを行なった。終了後、国際交流基金理事長の今日出海氏が来訪した。

四時に役所を出て、いったん家に帰り、直ちに箱根に向った。箱根では、新日鉄の仙石寮でかや会が行なわれた。

大臣は、佐橋さん、徳永さん等とマージャンをした。泊りは箱根観光ホテルであった。

八月十一日（土）

朝九時四十二分より、箱根カントリーでかや会のゴルフが行なわれた。朝方にたれこめていた霧もスタートする頃にはほとんど晴れた。最初変なショットをした佐橋〔滋〕さんが、最初のハーフを四〇で上がってきたのには驚かされた。大臣は四九・四六で九五であった。

夕方すきやきで夕食をとった後、新日鉄寮でマージャンをし、昨日の雪辱を遂げた模様であった。

秘かに板垣〔修・日台交流協会〕理事長を通じ、台湾側に打診をしていた日中航空協定についての台湾機の社名と標識を改める案については、台湾側から拒否してきた。大臣は九時頃から就寝した。

八月十二日（日）

大箱根カントリークラブで鳳雛会《ほうすうかい》〔政界入りしたばかりの大平を会長として結成されたゴルフコンペの会〕が行なわれた。

今年は大変な盛況で六十数人が参加した。成績の方も前半、中橋さんが三九でまわり優勝した。松本茂さんのネットが六十八であるなど驚異的なスコアが続出した。

大臣は四六・四九、森田は四五・四七（五等）であった。

その晩も箱根観光ホテルで泊まったが、窓を明〔開〕けて寝たため、夜中に蚊が入ってきてよく寝ることができなかった。

八月十三日（月）

十時過ぎ、私邸に帰ってきた。宏池会の研修会の演説草稿を直すことで過し、昼食は家でとった。そのまま院内の理髪に行ったが、森田がカーボングラッファイトのドライバーを佐藤栄作先生に届けたところ、丁重なお礼の電話があった。

その後に役所に登庁して、ブリーフィングを受けた後、池田〔勇人〕邸におまいりに行った後、栄家での大平会に出席した。

八月十四日（火）

七時四十五分、日向〔方斉・住友金属〕社長が来訪した。九時に登庁して、役所で新関〔欽哉・ソ連〕大使と打合せを行なった。

十時より、閣議記者会見。十一時半にユニタール〔国連訓練調査研究所、UNITAR〕事務局長ニコル氏の表敬訪問を受けた。

続いて中川〔融・国連〕大使が帰国報告を行なった。松尾県議、岸上氏が観音寺駅前の国鉄用地のことで来訪した。下津錦海塩業専務がブラジルへの企業進出を企画する人達をつれて来訪した。続いて黒川信夫氏〔内外政策研究所代表〕来訪。

夜はらん亭で政治部長の会を行なった。江藤淳、永井陽之助、萩原延寿、越智部長、多田〔実・読売新聞政治〕部長が出席した。

八月十五日(水)

朝八時、石上〔立夫〕日本国土開発社長が、広島県で起こった脱税事件の結末について報告のため来訪した。九時半より欧亜局のブリーフィングを行ない、訪欧についての勉強をした。十二時より経団連会館で日本経済調査協議会で、新しい日米関係と世界情勢と題して講演を行なった。ソ連のチュメニ開発に米国の参加を求めることなどが新聞で取り上げられた。二時半に毎年恒例となっている北方領土の少年達と会見した。続いて藤山愛一郎先生が来訪した。

三時十五分より国連局ブリーフィングが行なわれ、四時に西田〔信一〕先生の公認問題について、大平北海道会議員が来訪した。五時過ぎ記者懇談を行ない、夜は菅野〔和太郎。衆、大阪1、無〕、藤井〔勝志〕両先生の会合と、木村秀弘氏〔元国税庁長官〕の大蔵省幹部招待の会に出席した。

八月十六日(木)

十時より、アメリカ局ブリーフィングが行なわれた。十一時半に、サマト・バングラデシュ農業大臣が来訪した。十二時に定例総会に出席し、訪米の報告を行ない、また金大中事件について各先生方と意見を交換した。二時に前田〔敬二〕県会議長が、知事問題の件で来訪し、相当長時間懇談した。続いて澄田〔智〕輸銀総裁がソ連を訪問するに先立ち来訪した。三時より宏池会で記者会見し、その後外務省にもどって芦原〔義重〕関西電力会長とお会いした。五時半よりＮＥＴの新あまから問答に出席し、外交評論家の中丸薫さんと対談した。その後本四架橋公団の正副総裁の招待晩餐会が行なわれた。記者懇談はくり上げて夕方行なわれたため、飯倉公館では行なわなかった。

八月十七日（金）

八時半より高島〔益郎〕アジア局長が来訪し、金大中事件との《ママ》関連して日韓定期閣僚会議を延期すべしと建議した。九時より、カンボジア特使と飯倉公館で会った。本日の閣議は総理不在でとりやめとなった。十時よりアジア局ブリーフィングが行なわれ、十二時よりタタール・在京ネパール大使の離任表敬のため来訪した。一時三十分よりアジア局打合せを行ない、二時より官房長、会計課長が予算の説明をした。二時半より宮崎吉政氏〔政治評論家〕と〝自由新報〟けいさいのための対談を行なった。三時過ぎ植村〔甲午郎〕経団連会長が来訪し、春日〔一幸〕民社党委員長が韓国訪問について大臣の意見を質した。四時半より中川〔一郎〕、藤尾〔正行〕、玉置〔和郎〕先生が日台航空路存置のために来訪した。夕方六時より、マブチ株主総会（さくら茶屋）が行なわれた。

八月十八日（土）

十一時二十五分より上野発のあさま二号で軽井沢に向い、一時二十分に到着した。その夜は万平ホテルで泊まった。

八月十九日（日）

末広会のゴルフが大勢の参加を得て行なわれた。天気はよかったが、大浅間ゴルフ場はもともと暑いところなので、その暑さはきわめてきびしいものがあった。スコアは四八・五〇であった。末広会の懇親会の後、大平会の人達と一緒に会食をするため軽井沢プリンスホテルに向った。

軽井沢プリンスでは、矢野〔良臣・丸善石油専務〕さんがハイピッチでウイスキーを飲んでいたが、結局二日酔いで翌日のゴルフには出席できなかった。

大平会の会合終了後、別荘に寄り、光一たちと歓談した後、万平ホテルに宿泊した。

八月二十日（月）

朝七時過ぎ起床し、万平ホテルで朝食をとった。八時家を出発し、八時半に大浅間ゴルフ場についた。アウトから四組に別れて出たが、最初のテーショットは皆快調に打ち出した。しかし、暑さがきびしく、山坂の厳しいコースはお年寄りには無理が多いように思われた。しかし、八十才になる柳田〔誠二郎・日本航空相談役〕さんを含めて全員が無事競技を終了した。

大臣のスコアはさえず、五〇・五二で十等賞であった。森田は四四・四七で二等賞であった。芳子は前日より熱を出して寝ていたので軽井沢に残り、大臣夫人、おばさん、光一のみが東京に帰ってきた。

八月二十一日（火）

九時より、閣議記者会見。午後よりアメリカ局ブリーフィングが行なわれた。三時に石田博英先生〔衆、秋田1、三木派〕が訪ソに関連し来訪した。続いて三時半より宏池会に行き、西日本の田窪〔敏朗〕記者、玉置猛夫議員をはじめ多数の来客と会った。その一人の堀家〔重俊〕丸亀市長は大臣の知事選出馬勧告に対して、私では背が足りないと受けつけなかった。石野久男先生〔衆、茨城2、社会党〕が〔朝鮮〕総連の副議長の再入国問題で来訪した。

七時より、牛場〔信彦〕前駐米大使の慰労会が行なわれた。

八月二十二日（水）

九時半羽田発の全日空で大阪に向い、十時二十五分伊丹に着いた。ただちに須磨浦公園に新たに建てられた兵庫インターナショナルセンターの開所式に向った。

十一時半より開所式が行なわれ、大臣は役所で用意した挨拶を読み上げた。

十二時よりレセプションに出席した後、館内を視察した。続いて塩田〔郁造〕さんのところの熱帯植物園を見学した。そのときは神戸銀行岡崎〔忠雄〕会長も同行した。

その後、京都ホテルで小憩の後、五時半からの京芳会に出席した。京芳会では当面の日本外交について約一時間ばかり話した後、宴会に移った。

八月二十三日（木）

朝八時五十九分発のひかり四二四号で東京に向った。十一時十五分東京に着き、直ちに宏池会の総会に出席した。宏池会でも金大中事件が話題となり、大臣より現況を説明した。三時より記者懇談を行なった後外務省に帰り、四時十五分よりランゴーラム・モーリシャス首相と会談した。

四時四十五分に宮武〔徳次郎〕大日本製薬社長が飯倉公邸に来訪した。五時より党内実力者がホテルニューオータニに集まり、第一次参院候補を議論した。

六時より日本アラブ友好議員連盟創立レセプションに出席した後、七時から飯倉公館で大臣主催モーリシャス首相招待晩餐会が行なわれた。

八月二十四日（金）

九時より、閣議記者会見。十時に院内で松野幸泰議員〔衆、岐阜1区、田中派〕及び永末英一議員〔衆、京都1、民社党〕と会った。十時三十分より、衆院外務委員会で麻薬ココア協定関係の質疑が行なわれた。石井一（自）、河上民雄（社）、楢崎弥之助（社）、柴田睦夫（共）、渡部一郎（公）、永末英一（民）、瀬長亀次郎（無）各議員の質疑が行なわれた。各議員の質疑は金大中事件に集中した。

委員会終了後本省に帰り、ブリーフを受けた後、藤根井ＮＨＫ副会長と島〔桂次〕さんと吉兆で会食した。その際、参院選候補の野村泰治氏〔ＮＨＫアナウンサー〕の話となったが、藤根井副会長はＮＨＫに支持がないことを力説し、大臣の決心は固まった。早急に鈴木〔善幸〕総務会長に話をすることになった。

八月二十五日（土）

七時四十五分に遠藤〔福雄・神崎製紙〕社長が来訪し、ニュージーランドの林業開発の件で、大臣にニュージーランド大使への紹介を依頼した。

八時半頃家を出発し、晴海ふ頭で行なわれている立石電機の見本市船見学に出かけた。見本市船は新さくら丸といい船内一杯をつかい、電子医療器具・電子切箇切り・電子両替等省力化の機械が展示してあった。

続いて杉並の荒木万寿夫先生〔衆、福岡3、大平派〕の弔問に出かけた。ここしばらく便秘と腰痛を訴えられていたそうであったが、これほど突然亡くなろうとは誰も予想しえなかった。

そのまま家に帰り、しばらく休憩した後、箱根観光ホテルに向い、岡内〔英夫〕資生堂社長とともに食事した。

八月二十六日（日）

十時より、宏池会の大久保〔武雄〕先生、佐々木〔義武〕先生等及び新聞記者の諸君とともに大箱根でゴルフを行なった。

岡内社長は好調で、大臣から何ホールか勝っていたが最後に倍にのっけて消してしまった。大臣は四七・五一のスコア、森田四八・四九のスコアで全くさえなかった。

五時から宏池会の研修会で講演を行ない、資源問題ともからみ〝節約の政治〟を提唱した〔「新秩序への道標」と題し、『全著作集4』457―470頁所収〕。その後、香川県より出てきた青年達十六人と会った後、研修生全員と会食した。

八時より新聞記者と懇談したが、金大中事件、十月改造等が話題となった。

八月二十七日（月）

朝七時過ぎ家を出て、八時二十五分全日空にて小松に向った。十一時三十分に金沢の金花寮に到着し食事した。一時より、金沢観光会館で行なわれる益谷〔秀次〕先生〔衆、石川2、大平派。72年引退〕の葬儀告別式に出席した。式は一部二部に分れ、最初は県連、金沢工業大学、金沢医科大学の合同葬、二部は県主催の県民葬で大臣はこちらのほうで弔辞をあげた。

四時四十分に金茶寮を出発し、五時五十分発の全日空により東京にもどった。東京に着いて後、直ちに飯倉公館に直行し、次官〔法眼晋作〕・アジア局長〔高島益郎〕等と金大中事件その他の件に関し相談した。

八月二十八日（火）

七時三十分、三崎会長が私邸に来訪した。九時より、閣議記者会見。続いて参院外務委で、加藤シズエ（社）、田英夫(社)、渋谷邦彦(公)、星野力(共)の各先生より質疑を受けた。

十二時より日本記者クラブに赴き、昼食の後当面の日本外交の諸問題について一あたり万べんなく触れる内容の講談を行なった。質疑も二、三なされたが、それほど鋭いものはなかった。二時過ぎ、小磯〔治芳〕会長と宮下〔一郎〕議員が知事候補について協議のため来訪した。大臣は七選はだめだから、玉置〔猛夫〕議員を皆が推すなら受ける用意がある旨表明した。続いて西山〔昭〕駐カナダ大使が来訪し、二時半経済局のブリーフィングを行なった。訪欧訪ソの打合せを終え、大臣は久しぶりに自宅で食事した。

八月二十九日(水)

九時より日加閣僚会議関係閣僚打ち合わせ会が開かれる予定であったが、家を出発する直前にカナダよりストのため来日できない旨の通報があり、打合せ会も中止となった。日韓閣僚会議の延期と重なったところが、いやな感じである。

十時より、訪欧訪ソについて総理と打合せした。官邸で総理とともに食事をとり、一時から荒木万寿夫先生の葬儀に葬儀委員長とともに出席した。

葬儀終了後、院内でキャンベル・カナダ大使と会見した。三時半より衆院外務委が開かれ、麻薬ココアの採決及び海外子女教育等に関する決議に対する所信表明が行なわれた。五時に記者懇談。

八月三十日(木)

七時三十分伊東正義先生が訪ソのことについて相談に来られ、鈴木〔善幸〕先生ともよく協議することとなった。

九時に院内で理髪を行ない、十時に参院外務委に出席した。質問は堂森芳夫(社)、石原慎太郎(自)、柴田睦夫(共)、渡部一郎(公)の各議員が国際情勢について質した。

本省にかえり、二時に澄田〔智〕輸銀総裁が訪ソの報告のため来訪したほか、岡野〔喜一郎〕駿河銀行頭取が美術館開設のための大臣出席依頼で来訪した。在パキスタン大使の離任表敬。

三時より、記者懇談。四時十分セミチャストノフ・ソ連貿易次官が来訪した。西田信一先生、平泉〔渉〕先生来訪した。

続いてカリファンデス北部経済使節団代表（三井物産後藤副社長他）が挨拶のため来訪した。

夜、トヨタグループ社長との会合。夜、ホテルオークラ泊り。

八月三十一日（金）

八時三十分ガット関係閣僚会議協議会（院内大臣室）が開かれた後、閣議記者会見。十時より衆院内閣委、外務省設置法を審議した。質問者は大出俊（社）、中路雅弘（共）、鈴切康雄（公）、受田新吉（民）の各議員であった。

本省に帰って昼食をとった後、益谷秀次先生の自民党葬に出席した。県民葬と異なり、弔辞はあげなかった。

本省に帰り、ブリーフィングを受けた後、夜は七時より、トロヤノスキー・ソ連大使主催の晩餐会が大使公邸で行なわれた。最近は頻々と田中訪ソの結末の見通しにつき、政治的に話し合いを進めるべきだとの話がソ連側よりもたらされている。ソ連側は外務省の事務当局は冷たいという感触を持っているようである。

また金大中事件については、江崎〔真澄〕公安委員長より金東雲一等書記官の関与の疑いが濃い旨の連絡があった。

九月一日（土）

九時より、昨夜帰国した後宮〔虎郎〕大使より金大中事件にかかる報告を聞き情勢を分析した。結局昼食をしながら話は続けられた。午後は場所を移して在韓後宮大使と飯倉公館で話を続けた。これは記者会見要求を避けるためであったが、夕刻記者会見に応ぜざるをえなくなった。大臣は新聞が〝一転解決に向う〟という報道をそれとなく訂正する発言をした。

その後ヒルトンホテルで高橋〔幹郎〕警察庁長官、山本〔鎮彦〕警備局長と夕食を共にしながら金大中事件について話し合った。（法眼次官同席）警察は金東雲氏についてはは自信をもったようであった。

九月二日（日）

中本〔孝〕秘書官、森田夫妻とともに、スリーハンドレッドでゴルフをした。残暑の厳しい、風が強い日であった。大臣は疲れぎみで調子が悪かった。（五〇・五五）森田は九二でまとめた。すぐ後の組に三井信託銀行社長生野《しょうの》〔専吉〕さん、大蔵省におられた本間さんなどがまわっていた。

九月三日（月）

午前中は予定をとっていなかったので、家で読書をしながら過した。

昼食後登庁し、ビール値上げ問題で安川〔七郎〕国税庁長官等と、パラグアイの特派大使帰国挨拶のため田中龍夫〔衆、山口1、福田派〕議員と会った。その後、松浦〔薫〕坂出市長が挨拶に来られ、重光〔武雄〕ロッテ社長も自分の投資問題で相談に来られた。

続いて賀屋興宣先生、若泉敬先生等とお会いした後、洋服の仮縫いを二件行なった。新任駐日スペイン大使が表敬のため来訪。

六時より、松山で田中与策氏〔ネコス工業社長〕の清友会が行なわれた。

九月四日（火）

九時、閣議記者会見。午前午後と、金大中事件、訪欧訪ソ、ソームス〔ズ〕ＥＣ副委員長の来日についてのブリーフィングを行なった。

三時過ぎから宏池会に行き、小磯議員会長、宮下議員、橋本清氏、資生堂岡内正副社長、藤井〔勝志〕外務委員長等が次々と来訪した。

夜は六時より、朝日新聞が国交回復一周年を記念する特別企画に出席した。桑田〔弘一郎・政治部長〕、田所さん等が出席した。

九月五日（水）

朝八時半、青藍会の柳沢〔昭・グレラン製薬社長〕、牛尾〔治朗・ウシオ電機〕両社長が来訪した。

十時より、巖〔極〕秘裏に新谷〔寅三郎〕運輸相と日中航空協定の問題について会談した。

十一時東南ア開発閣僚会議についてのブリーフィングの他、昼食をしながら午後までブリーフィングが続けられた。

鹿児島の井上〔吉夫〕参院候補、米沢〔滋〕電電公社総裁、木村一三国貿促専務理事、安全保障問題研究会の衛藤瀋吉〔東京大学教授〕、佐伯喜一〔野村総合研究所社長〕等の各先生、上原〔正吉。参、埼玉、福田派〕・安井〔謙。参、東京、福田派〕両議員等が次々に来訪した。

金大中の事件は、いよいよ金東雲一等書記官が関与していたことが発表され、センセーションをまき起こした。

韓国側は同書記官の任意出頭を拒否したので、解決は更に長引く見通しとなった。

九月六日（木）

八時三十分、黒川氏の朝食会が福田家で行なわれた。十時より参院外務委が開かれ、国際情勢について田英夫〔社〕、星野力〔共〕の両先生が質問を行なった。

十二時半頃、宏池会の定例総会に出席し、その後淡輪《たんのわ》〔敏《つとむ》〕三井石油化学副社長、小林〔孝三郎〕コーセー社長、木野〔晴夫〕先生（和泉市長ほか）―産業医大の件―、逢沢英雄先生―参院選用写真作成―、福田篤泰先生、佐治〔敬三〕サントリー社長、小宮山英蔵〔平和相互銀行会長〕―日中航空協定問題―らが訪れた。

三時より記者懇談を行ない、その後アイルランド大使の離任表敬を受けた他、アジア局のブリーフィングと経済局のブリーフィングを行なった。夕方は、七時より大臣主催の同行記者の招待をした後、クラブ懇談を公館で行なった。

九月七日（金）

九時、閣議記者会見。閣議後、経済閣僚関係協議会が行なわれた。

十時半より衆院外務委が開かれ、石井一（自）、岡田春夫（社）、柴田睦夫（共）、渡部一郎（公）の各議員が質問した。

二時より衆院本会議が開かれ、「麻薬ココア採決、外務省設置法採決」が行なわれた。続いて金大中事件についての緊急質問が行なわれ、谷川和穂（自）、米田東吾（社）、米原昶（共）、沖本泰幸（公）、渡辺武三（民）の各先生の質問が行なわれた。

六時半より大平会が開かれ、その前に帝国ホテルで行なわれた藤田義徳君を囲む会に出席した。

金大中事件については、政府は、金東雲書記官が職務上の行為として行なったのでなければ、主権侵害にはならぬという見解を明らかにした。

九月八日（土）

讃油会が行なわれたが、金大中事件等の打合せのため欠席することとした。八時三十分宮本さん〔藤田工業常任監査役）が来訪し、九月三日逝去された藤田定市氏〔藤田工業会長〕の叙勲の件について大臣に依頼した。十時より公館で打合せを行ない、十二時総理とともに昼食した。金山〔政英〕元大使との打合せで、金鍾泌あての親書を届けることとした。総理と会ったので、一時四十五分より臨時の記者会見をした。四時から、丸紅飯田の桧山〔広〕社長等とマージャンをした。

九月九日（日）

シュルツ財務長官と愛知蔵相らとゴルフする予定であったが、シュルツ長官の到着が遅れてとりやめとなった。昨日総理と会った際、ゴルフをする話がまとまり、霞が関でプレーすることとなった。木内〔昭胤〕秘書官と森田の四人である。

八時四十二分よりスタートして、東コースと西コースのアウトをまわった。総理は五五・四七・四六の順でだんだんよくなった。大臣は五二・五一・四八であまりさえなかった。森田は四四・五三・四五であった。木内秘書官は四二・四九・四四で一番内容がよかった。

九月十日（月）

八時に、伊藤昌哉氏〔が〕来訪した。八時三十分、天野〔千代吉〕日野自動車社長が来訪。十時より参院本会議が開かれ、山崎竜男（自）、田英夫（社）、白木義一郎（公）、渡辺武（共）、木島則夫（民）の各氏が金大中事件について質疑を行なった。

十二時より、大臣主催のシャープ〔カナダ〕外相の午餐会が開かれた。吉兆の料理を出したところ、今まで食べた中で最もおいしい料理であったという批評をいただいた。続いて同外相と二時間にわたって会談した。

四時十五分、曽野〔明・西独〕大使が挨拶。記者懇談の後、ステルケース・イースト（牛尾治郎氏）の会合に出た後、青らん会に三十分位顔を出し、七時より、インガソル大使主催のシュルツ財務長官との晩さん会に出席した。

九月十一日（火）

九時より、閣議記者会見。十時にマラミス・エカフェ事務局長が来訪した。十時十五分衆院決算委が開かれ、加藤シズエ（社）、渋谷邦彦（公）、星野力（共）の各議員が質問した。

十二時十五分より、ジスカールデスタン〔仏〕蔵相と吉兆の料理で午餐会を行なった。二時半より一時間、ロング・ガット事務局長と会談したが、居眠をしてしまった。どうも仕事があまりに忙しすぎるらしい。レンスマン・ドイツ記者とのインタビューを行ない、安倍〔勲・ベルギー〕大使と会談した。夕方は大雄会に出席した。

九月十二日（水）

九時四十分、ガット閣僚会議が東京プリンスホテルで開会した。大臣は眠くなることのないよう前夜は充分に睡眠をとった。大臣が開会宣言を行ない、議長を務めることになった。

昼若干休憩があり、午後も会議は続行された。通貨問題が新ラウンドの前提となるか否か、後進国をどのように優遇するかが会議の焦点となった。

第一日の議長ぶりについては、各代表より絶賛を受けた。夕方七時より飯倉公館で、ＧＡＴＴ出席者を招いてレセプションが行なわれ、三百四十人位が出席して盛会であった。

九月十三日（木）

九時十五分より、大臣室で小川〔平四郎〕大使より報告を受けた。九時四十五分より、石田博英先生より訪ソの報告があった。十時十五分、イスハク・スーダン新任駐日大使表敬に来訪した。

十時三十分中山〔賀博・フランス〕大使の報告のあと、十一時よりシュルツ米財務長官との会談が行なわれた。シュルツ長官の印象は学者肌の地味な人ということであった。

昼は宏池会で食事をし、大久保武雄先生、藤田正明先生と会った。三時に近く訪ソする福田篤泰先生、林義郎先生〔衆、山口1、田中派〕、伊東正義先生が大臣を往訪した。

大臣は三時半よりGATTに出席して、それまで議長をつとめていただいた小坂〔善太郎・経済企画庁〕長官に交替した。

七時より、ホテルニューオオタニ芙蓉の間で五閣僚主催GATTの出席者の招待が行なわれた。

九月十四日（金）

九時、閣議記者会見。十時に宮武〔徳次郎〕大日本製薬社長、十時二十分田畑〔久宣〕錦海塩業社長が次々と来訪した。田畑社長は海水の淡水化の問題であった。十一時より劉希文中国経済貿易友好訪日代表団が来訪した。GATT会議は予定より早く終了し、昼には閉会した。

終了後大臣・ロング事務局長と共同記者会見を行なった。二時三十分田川誠一先生〔衆、神奈川2、中曽根派〕、続いて山田久就先生〔衆、東京8、田中派〕、赤城宗徳先生、坂本三十次先生〔衆、石川2、三木派〕、河野洋平先生〔衆、神奈川5、中曽根派〕が続いて来訪した。

三時四十五分、鈴木九平〔元参院議員、三共製薬会長〕、北村協会長、続いてケアンズ豪州貿易大臣が来訪した。四時三十分在京タイ大使、続いてNHKのインタビューを受け、五時より理髪のため国会に行き、久しぶりに家で食事をした。

九月十五日（土）

スリーハンドレッドでコンペが行なわれるため、朝からスリーハンドレッドへ出かけた。久しぶりに好調で九三でまわり、三等となった。それも最後にロストボールをしなければ優勝というところであった。ゴルフに出かける前、官邸長の中島氏と霞クラブの草鹿〔恵・朝日新聞〕記者が来訪し、朝食を共にしたほか、スリーハンドレッドクラブの入口まで同乗していった。

九月十六日（日）

昨日に引き続き、霞ヶ関カントリクラブで大蔵霞会が行なわれた。九六（四六・五〇）のスコアであったが、相沢〔英之〕氏の優勝に引き続く準優勝であった。このコースはフルバックでプレーするとなかなか難しく、一緒にまわった佐藤一郎〔衆、神奈川4、福田派〕議員なども五二・五二というスコアであった。

九月十七日（月）

九時より陳楚大使が来訪し、姫〔鵬飛〕外相の訪日を告げるとともに当方の訪中を要請した。これで年内相互訪問が実現の運びとなった。アジア太平洋大使会議で挨拶の後、経済局によるソームスＥＣ副委員長関係のブリーフィングが行なわれ、続いてビロー・ハンガリー貿易大臣、森〔治樹・イギリス〕大使、クレメンツ米国防次官、ヴラテニツ〔シ〕ア・ユーゴ副首相等と相次いで会談した。一時半に三井物産橋本栄一会長が来訪したほか、アフガニスタン大使、西山〔磐〕大阪ガス社長、訪中議員団に会った。コレラの注射を受け、外遊のための注射は終了した。

三時半より一時間、ソームズ副委員長と会談した。

夕方は記者会見の後、光琳で田実〔渉〕三菱銀行会長と会い、七時より飯倉公館で大臣主催ソームスEC副委員長歓迎晩餐会が行なわれた。

九月十八日（火）

九時より、閣議記者会見。十時より参院外務委員会が行なわれ、引き続き衆沖特委員会での北方領土返還決議のために同委員会に出席した。

昼過ぎ終了し、二時よりソームズEC副委員長と二回目の会合を行なった。四時よりソームズ副委員長とともに共同記者会見を行なった。終了後、資生堂岡内〔英夫〕社長が再販価格維持問題について来訪した。

五時半より一年生議員の集まりである三々会に出席した後、栄家で宮脇〔朝男〕農協会長、小林〔与三次〕日本テレビ社長、大社〔義規〕日本ハム社長等と会食した。

九月十九日（水）

八時より、ホテルオークラで朝食会が行なわれた。その際NHKの島〔桂次〕さんより、フジテレビの飯塚さんに電信課より情報が漏れている旨の通報があった。九時十分よりアジア太平洋地域大使会議に出て挨拶した後、衆院外務委に出席した。質問者は、岡田春夫（社）、石井一（自）、瀬長亀次郎（無）、渡部一郎（公）、永末英一（民）の各先生であった。続けて大急ぎの昼食の後、衆決算委が行なわれ、増岡博之（自）、綿貫民輔（自）、原茂（社）、稲葉誠一（社）、庄司幸助（共）、坂井弘一（公）、受田新吉（民）の各議員が質疑を行なった。

〔九月二十日～二十二日なし〕

九月二十三日（日）

飛行機は定刻にケネディイ空港に降り立った。晴で暖いニューヨークの第一日目である。斉藤〔鎮男〕大使、安川〔壮・アメリカ〕大使、小木曽〔本雄・元国連〕大使らが出迎えた。直ちにホテルに直行し、国連総会の演説の手直しをした。それから二時間ばかり寝た。疲れているのでぐっすりと寝込んでしまった。

四時半より、再び関係者が集まって明日のキッシンジャー〔米国務長官〕との会談に備えて構想を検討した。今まで電報では、かっかそうようの感があった本省と安川大使の意思の疎通も図られた。理由を示さないで、お前の案はだめだというのは現地の大使を侮辱しているとの相当に激しい反論もきかれた。

夕食会の前に、今度総領事の公邸になった昔の金持の邸宅を見に行った。いたるところに鏡をはめこんだ豪華けんらんたるものであった。本当の金持とは、このようにして金を使うのかと思わせるような建物であった。家具も入れて百四十万ドルとかである。その後、斉藤大使邸でビュッフェ形式の晩餐会が催された。

九月二十四日（月）

朝八時過ぎに安川大使、大河原〔良雄・アメリカ〕局長を招いて朝食をともにした。九時三十五分ホテルを出て、今総会の議長であるエクアドル外相を表敬訪問し、続いてペーテル・ハンガリー外相及びクメールの外相と会見した。

十一時よりキッシンジャー国務長官の演説を傍聴した。満員の盛況で、日本についてもわざわざ言及し、安保理入りを支持する旨述べた。ホテルにもどり、金〔溶植〕外務部長官と会談したが、大部分は金大中事件についての話であった。金長官に対しては本国より、定期協議をいつ開いてくれるかとの質問をしてみるように指示が来ているようであった。終了後、サンラックインペリアルというところで、邦人記者と会見及び会食をした。

新聞記者より金東雲の手下に元自衛隊員が使われていたというニュースが東京で流れている旨の指摘があった。昼は邦人及び同行記者とサンラックライスと中華料理店でともにし、簡単な記者会見を行なった。午後はフランスのジョペール外相と三十分、キッシンジャー長官と一時間半にわたって会談した。ホテルで夕食後、同行記者団と懇談し、その後十二時過ぎまで演説の練習を行なった。

九月二十五日（火）

安川大使が今日ワシントンに帰られるので朝食をともにした。九時四十五分ホテルを出て国連に行き、ストール・オランダ外相、イラン外相と会見し、グロムイコ・ソ連外相の演説を聞いた。

その後ヒューム英外相に表敬した後、小木曽大使の公邸ですきやきのごちそうになった。

昼食後、国連演説の最後の仕上げをして、総会議場にのりこんだ。ガイアナの代表の次で、四時五分に始まった。四時五十二分に終了したが、声も大きく態度も立派でなかなか聞かせたが、若干長すぎるきらいがあった。

演説終了後、ラウンジでチェコ外相、インド外相と会見した後、記者会見に臨んだ。全てはすらすら運んだが、演説のエンバーゴーの時間を朝刊にするか、夕刊にするかで食い違いが生じ、一騒動もち上がった。何事も万事スムーズには行かないものである。

六時より国連のダイニングルームでレセプションを行なったところ、シェール〔西独〕外相、金外相をはじめとして五百人あまりのゲストが出席してくれた。ただ来るといわれたキッシンジャーが来られなかったのは残念であった。その後ワルトハイム〔国連事務総長〕招待の晩餐会が行なわれた。

九月二十六日（水）

七時五十分朝食をとり、八時三十五分にホテルを出た。

国連でユーゴ副首相兼外相とソ連代表部でグロムイコ外相とそれぞれ会談した。再び国連に帰って、ポーランド外相及び西独シェール外相と会談した。その間、東独外相にも会ったほか、西独ブラント首相の演説を傍聴し、タイ国務大臣にあった。再び英国外相の演説を聞いた後、スーダン外相と会見した。

午後一時よりブラッセル・レストランというところで、大臣主催のアジア太平洋諸国代表招待の午餐会が行なわれた。ロムロ〔比〕外相が雰囲気をよくするのに大いに力を貸してくれた。又日本が安保理のことをいわないのが奥ゆかしいと妙なほめ方をされた。三時過ぎからウオルドルフ・アストリアホテルの大臣応接室でデンマーク外相と会談した。

その後ただちに空港に向い、空港で記者会見を行なった。途中混雑のため若干時間がずれた。五時五十五分パンアメリカンにてローマに向った。

九月二十七日（木）

ニューヨーク時間の二時頃ローマに着いた。こちらは朝の七時五十分であった。モーターケードを組み、町の中の混雑をかき分けながらグランドホテルに着いた。

それから、昼までぐっすり寝た。昼はホテルのレストランからスパゲッテイをとって食べた。しばらくロシアにおける広瀬武夫を読んだ後、理髪に行った。今日をのがしては再び機会がないからである。

午後四時ホテルを出てＦＡＯ〔国際連合食糧農業機関〕事務局長を表敬した。イタリアにある代表的国際機関であるので、一応訪ねることにしたものである。続いて首相を表敬訪問した。三十分の予定が延々一時間以上になった。

夕食は当初ホテルでとることになっていたが、新聞記者と食事をする機会がないので、下町のレストランで記者連中を招待した。カンツオーネなどを歌うところで、結局十一時過ぎになった。

九月二十八日(金)

午前中、外務省にモロ外相を表敬訪問し、約一時間にわたって会談した。引き続き定期協議に移り、アジア情勢及びヨーロッパ情勢、緊張緩和について見解を述べた。モロ外相から日ソ対立の将来の見透しを聞かれて、自分にもはっきりしたことはわからないと答えたのが印象的であった。中ソ対立の根の深さと同時に、わからないことはわからないとはっきり述べる点においてである。定期協議は約一時間続き、そのメンバーで昼食をとった。食事が終わったのは四時近くであった。

一旦ホテル帰った後、レオーネ大統領を表敬した。夜は竹内〔春海〕大使の公邸でビュッフェが行なわれた。場所が若干狭いようであった。

ビュッフェ終了後、今後は霞〔クラブ〕の記者だけでの懇談はできなくなるので懇談に移った。記者の関心はもっぱら訪ソの見通しについてであった。聞く方としては、田中首相の領土問題について若干の希望を持っているように見えるが、大平大臣はどうかというのであった。領土と経済協力をミックスすることはしない旨はっきり言明しておいた。

九月二十九日(土)

午前十時ローマ法王にえっ見するため、法王庁を訪れた。車の中でバチカンは国務長官がいること、法王になられたのは国務次官の経験者が多く、国務長官を務めると敵ができてかえってだめであるという話などを聞いた。時間通り拝えつが許された。今回はその部屋まで新聞記者が入ることが許されるような措置がとられたのは有史以来はじめてのことであるといわれた。

ローマ法王より、聖書とガラス細工とメダルが下された。帰って大急ぎで荷物のかたづけを行ない、ロンドンに向けて出発した。飛行機着陸、直後田中首相一行が到着した。空港行事はとくになく、直ちに英国歴代首相の別邸であるチェッカーズに向った。チェッカーズでは、田中首相とゆっくり話をしたほか、夜はヒース首相主催の晩餐会が行なわれた。

九月三十日（日）

朝食の後、ヒース首相差しまわしのヘリコプターでサンドウィッチというところにあるロイヤルセントジョージゴルフ場に向った。着いてみると、ロイヤルセントジョージゴルフクラブは屈指の名門コースといわれているのに木が一本もなく、ラフとフエアウエイもはっきりしない荒野という感じであった。そのうえ海から吹く風は計算によると、秒速二十二メートルという途方もないもので、プレーもきわめて困難であった。一緒にまわったのは、ヒルさんとアイルランド担当相のホワイトローさんであった。彼らはこの風の中で三九・四一というスコアでまわったのには驚かされた。大学時代はゴルフ部のキャプテンをつとめていたそうである。プレー終了後、ヘリコプターでロンドンに帰り、クラリッシズホテルに入った。夕食は、大使主催の晩餐会が行なわれた。

十月一日（月）

朝起きて、総理に渡すヒース会談用のメモを作成する。丁度それが出来上がった時、総理のところでの朝食が始まった。

十時半より、田中・ヒース会談がはじまり、二時間続けられた。そのまま英国の主要経済団体（ＣＢＩ等）主催の昼食に出席した。

それが終了した後、ウエストミンスター寺院を訪れ、無名戦士の墓に献花した。クラリッシズホテルに帰着後、総理の部屋を訪れ、しばらく話をした。

六時半頃まで自分の部屋で一休みをした後、大和田〔渉・欧亜〕局長らと明日の定期協議の打合せを行なった。

八時からヒース首相主催のブラックタイディナーが催され、晩餐後ヒース首相と田中総理が話していたので、ホテルへ帰ったのは十一時を過ぎていた。英側との話では、石油の話が多く、北海油田開発のための融資について基本的方向がまとまった。

十月二日（火）

朝七時に起床して、定期協議の資料を読んだ。八時半より総理と朝食を共にしながら、石油問題について話し合った。

九時二十分ホテルを出て、イギリス大使館で日英外相定期協議を行なった。一方総理は、ハウ商務大臣等とホテルで会談する。一旦ホテルに帰り、プレス主催の昼食会に出席した。

田中総理は、大平節を混じえて、相当長いスピーチを行なった。続いて、あらかじめ集められた資料に従って出席者の質問に答えた。

午後から定期協議が続けられ、田中総理は別途予定外の第二回目のヒース首相との会談を行なった。

夕方、日本クラブなど五団体主催のレセプションに出席したが、狭いところに大勢が入って大混雑であった。

午後八時からは、田中首相主催のお返しの晩餐会が行なわれた。田中首相は中山素平さんなどと会うため、大臣より一足先に帰着した。

十月三日（水）

いつものように朝食は田中総理と共にとり、岩動〔道行〕議員の御子息が訪ねてきて、しばし話をした。ドイツから宮沢〔泰〕公使が案内に来たので、一緒に定期協議の検討を行なった。十一時半クラリッシズホテルを出て、空港でヒース首相の見送りを受けてデュッセルドルフに向った。

デュッセルドルフには一時間位で着いた。三時より、ドイツ経済人との懇談会が行なわれた。田中総理は縦横無尽に答えた。

六時より、在デュッセルドルフの邦人代表と食事をした。田中総理は二十年ぶりの来独とのことでしきりになつかしがっていた。

八時にホテルパルクを出て、オートバーンによりシュロスギムニヒに向った。シュロスギムニヒは昔の城にほりに囲まれて緑の中に立っていた。警戒はきわめて厳重で独側のサーヴィス要員は多数来ていた。

十月四日（木）

朝、七時起床。快晴である。八時半に田中総理と共に食事をした。

八時十五分に、三台のヘリコプターに分乗してブラント首相の官邸に向った。ヘリコプターが降りると、直ちにその側でブラント首相に公式随員全員が紹介された。田中首相が儀仗兵を閲兵した。その後、直ちに首脳会談に移り、ビジネスランチをはさんで首脳会談は続けられた。

五時過ぎ、ヘリコプターによりシュロスギムニヒに帰ってきた。総理としばらく雑談した後小憩し、ブラックタイに着がえて、ブラント首相主催の晩餐会に出席した。

首脳会談では、ＥＣの将来が論じられたほか、米国が欧州より兵を引くことが将来起こりうるか否かが大きな問題である旨、ブラント首相より見解が述べられた。

今泊っているシュロスギムニヒは昔のお城で、お堀に囲まれており緑が美しい。気候も思ったよりはるかに暖かで汗ばむ程である。

十月五日（金）

朝七時起床し、総理とともに朝食をとり、八時三十五分にヘリコプターで大統領官邸に向った。大統領と十五分位会談した後、ホテル・ステューペンフェルトで行なわれた内外記者会見に臨んだ。約一時間にわたったが、総理の説明が長いので、あまり多くの質問には答えられなかった。それなのに〝東洋人は口が重くて申し訳ない〟と自分で言っていたのでおかしかった。

その後は総理と別れて、シエール外務大臣と定期協議を行なった。ECの今後の見通し等についてつっこんだ議論が行なわれた。一時過ぎ、再びホテル・ステューペンヘエルトでシエール外相主催の昼食会が行なわれ、その後はシュロスギムニヒの庭先で日独定期協議が続けられた。やがて日が傾き、夜の冷気がしのび寄って来る頃、定期協議は終了した。今使っているピアジェーがあまりよくないのでパテックフィリップを二千五百ドルで買ってきた。

昨日の晩餐会のお返しのため、シュロスギムニヒで田中総理主催の晩餐会が開かれた。

十月六日（土）

朝シュロスギムニヒで、ブラント首相出席のもと送別式が行なわれた。快晴でこの後、ヘリでクローンベルグに向うことになっていたが、クローンベルグ地方が生憎の霧でヘリは飛ばなかった。結局自動車で予定より相当遅れてクローンベルグに着いた。シュロス・クローンベルクホテルは、昔の王侯（皇太后？）の城で、内部の調度品の豪華さには目を見張らせるものがあった。早速着替えて、ゴルフを行なった。総理は五十・五一、大臣は四五・四五で大勝であった。（森田は四三・四九）

その後、大臣のところで打合せを行ない、再び総理のところで訪ソの打合せを行なった。

夜からは雨になった。田中総理は運の強さからか、行くと必ず快晴となっていたが、この日の雨もゴルフ終了後の雨で、ラッキーといえるものであった。

十月七日（日）

朝九時過ぎクローンベルクを経ち、フランクフルト空港に着いた。特別機はいよいよソ連に向って出発した。北海を通り、一時間余でソ連領に入った。空港にはコスイギン首相、グロムイコ外相が出迎えていた。国歌吹奏後、儀仗兵閲兵が行なわれたが、手をおりまげて上げる独特の行進はまことに力強いものであった。

直ちにクレムリン宮殿に入った。米国のニクソン大統領、イランのシャー等元首以外で、ここに泊ったのは田中首相が始めてであるといわれる。

夕食は、大使公邸で御馳走になった。その後、大使館の事務室で会談の打合せを行なった。

田中首相のやり方は、自分が相当荒っぽく道をつけておき、あとは事務的に地ならしをしてほしいということのようであった。夕食前、モスクワ市長の案内でがいせん門、モスクワ大学、赤の広場等を見学した。広く土地を使ってあり、万事が大味であり、またツアー時代の遺産に依存しているとの感が強かった。

十月八日（月）

朝、総理と共に朝食をとった時、結婚談議に花が咲いた。大臣が結婚とは美しき誤解に始まり、淡々たる理解に終わると言ったので皆んながどっとわいた。

九時四十五分、無名戦士の墓に献花が行なわれた。

いつも総理より遅れながらの大臣もこの時はぴたりと歩調が合っていた。両国国歌が吹奏され、厳しゅくに献花が行なわれた。

その後一旦クレムリンの宿舎に帰り、十一時より首脳会談が始まった。二時よりクレムリン宮殿内の宴会場で昼食会が行なわれた。大宴会であったが、中まではテレビにはとらさなかった。結局七時より首脳会談が再開された。九時頃首相は、顔を真っ赤に興奮させて会議場から出てきた。聞くところによると、ブレジネフは一方的にしゃべりまくり、自分の国には資源が豊富であることを机をたたいて力説したといわれる。日本がソ連という超大国からみると、まだ比肩するには至っていないことを象徴するような場面であった。その後公邸ですきやきをつつき、その後インツーリストに行って記者懇談を行なった。

十月九日（火）

朝九時十五分にクレムリンを出て、吉岡〔安直〕中将、宮川〔舩夫・ハルピン〕総領事のお墓にお参りした〔いずれも、戦後ソ連に逮捕され客死〕。そのままポドゴルヌイ議長を表敬訪問し、約一時間にわたって歓談した。きわめて友好的雰囲気の中で田中首相と何度も何度も握手を交わした。

その後引き続き首脳会談が行なわれた。首脳会談は平和条約問題に入り、二時から予定されていた迎賓館における日本側昼食会は三時頃から始まった。

そこから帰ると直ちに外相定期協議が始まったが、これは実質的には首脳会談のつめを行なうものであった。七時からチャイコフスキーの名曲眠りの森の美女をボリショイ劇場でみた。約四時間にわたる長いものであったが、さすがに素晴らしいものであった。

その後記者懇談のため、再びインツーリストに行き、帰ってから食事した。阿部文男先生が昨夜もきてスズロフ氏の見解を伝えて行ったが、再び大臣に情報を提供していた。

夜中に第二次大戦以降の懸案を解決し、平和条約を締結することを継続討議するという案ではどうかという電話がかかってきたので、できればその線で進めてもらうこととなった。

十月十日（水）

全く雲一つない快晴で、首脳会談が遅く始まるようになったので、九時頃朝食をとった。午前中会談まで総理と打合せを行なった。

他方事務局の間では、鶴見〔清彦・外務審議官〕―イリュービン次官をヘッドとする双方の間でコムニケの打合せが行なわれた。

首脳会談は十二時より開かれ、冒頭から早速平和条約問題について、日本側の案で特に異存がない旨の発言がコスイギン首相よりあった。

首脳会談は一時間余りで終了し、直ちに公邸にかけつけて邦人との昼食会に出席した。総理はきわめて上機嫌で一人でしゃべりまくった。一旦クレムリンに帰り小憩の後、内外共同記者会見に臨んだ。充分打合せしていたこともあり、文句のない出来栄えであった。五時過ぎより諸協定の調印が行なわれた。ブレジネフ書記長も立ち会って華やかな雰囲気であった。（クレムリン・エカテリーナの間にて）

七時半に、予定より三十分遅れてモスクワを後にした。二十日に及ぶ旅行を終えて帰るかと思うと心楽しい。

十月十一日（木）

特別機は、予定通り十時半に羽田に到着した。

出迎えは簡素にするようにとの指示もあり、少数の役員等が出迎えたに止まった。総理は直ちに宮中に記帳に参上し、大臣は羽田東急ホテルで記者会見を行なった。

その後外務省にもどって、東南ア開発閣僚会議のレクチャーを受けた後、散髪を行なった。

直ちに飯倉公館に行き、五時過ぎまで休んだ。六時半から公館で東南ア開発閣僚会議のメンバーを招待してレセプションが開かれた。引き続き羽田空港に行き、スペインに出発する皇太子夫妻をお見送りした。

十月十二日（金）

九時より、第八回東南アジア開発閣僚会議開会式が外務省南大会議場で行なわれた。十時より、閣議記者会見。経済関係閣僚協議会が引き続き開かれた。

十一時十五分より、宏池会で諸先生方に帰国の挨拶をした。十二時柴田〔護〕本四架橋公団副総裁が来訪し、報告があった。

昼、総理主催東南ア閣僚会議のメンバーの午餐会が開かれた。引き続き、記者懇談を宏池会で行ない、第二五森ビル披露パーティに出席した。

二時三十分より、東南ア会議の一般演説が行なわれた。三時半より、マレーシア副首相フセインと会った。その後大臣より、大王製紙の井川〔伊勢吉〕社長が会うことについて依頼した。

夕方は十二日会に出席した後、新喜楽〔築地の料亭〕で大臣主催の東南アジア開発閣僚会議出席者の招待晩餐会を行なった。

十月十三日（土）

朝九時より、東南アジア開発閣僚会議の最終日を迎えて、どのように取りまとめるかについて打合せが行なわれた。

九時半より、東南アジア開発閣僚会議が南大会議場で開かれた。会議は成功裡に終了した。

十一時過ぎより、金大中事件及び日中航空協定の件についてアジア局のブリーフィングが行なわれた。

昼食は役所でとった後、二時よりチュン・ヴィエトナム蔵相と会談し、引き続きチャートチャイ・タイ副大臣（外務大臣は首相の兼任で実質上外務大臣）と会談した。

三時よりコミュニケが採択され、閉会式が行なわれた。引き続きレセプションホールで、内外記者会見を行なった。

その後直ちにNHKに行き、訪欧訪ソについて社会党川崎寛治先生〔衆、鹿児島1、社会党国際局長〕、共産党上田耕一郎〔参、東京〕先生、公明党黒柳明〔参、東京〕等先生と討論会をヴィデオでとった。話題は専ら北方領土であった。家に帰って後、斉藤栄三郎氏〔経済評論家。参、全国、中曽根派。74年初当選〕と会った。

十月十四日（日）

風の強い日であった。森田は成城の先生を訪ねるため、菊地〔清明〕参事官と中本〔孝〕秘書官を連れてスリーハンドレッドでプレーした。バックでやって九七（四九・四八）であったから、帰国直後としてはまずまずの成績であった。菊地は一〇三、中本は一一一であった。

十月十五日（月）

帰国後はじめてゆっくり休養をとった。

朝は六時に目がさめたが、昼から三時間昼寝をした。五時に栄家に行き、知事問題について前田〔敬二〕県会議長と話をした。金子〔正則〕知事の態度ははっきりしないが、県会が前田議長を推せんすることで、金子知事の芽はなくなった。六時より、大平会が開かれた。

十月十六日（火）

十時より、閣議記者会見。十一時三十分より運輸省港湾局長から参議院〔全国区〕に立候補する岡部保先生を激励する会に出席した。

十二時より、国立イラン石油総裁エグバル氏を飯倉公館に招いて午餐会を行なった。イランよりの輸入は全輸入の四割を占めるということで大臣以上の待遇をした。

二時過ぎより、アジア局ブリーフィング。三時より、アセアン五ケ国の記者と会見した。

三時四五分、藤尾正行先生がヨーロッパ関係の国際会議に台湾も参加させるように主張しに来た。

三時過ぎより宏池会に行き、木村武雄先生、環境政務次官坂本三十次先生等と会った。

五時半より嶋崎均先生の結婚式に出席した。相手は遠藤築子さんといい、竹下登先生の義妹にあたり学校の先生をしていた方である。披露宴はビュッフェ形式で行なわれ、田中総理も出席してきわめて盛会であった。

十月十七日（水）

八時半より、パレスホテルで一橋出身の財界の人々の芳友会（相京光雄〔三菱金属社長〕氏世話人）が開かれた。

十時より幹部連絡会が開かれ、十時半頃知事問題で松尾・岩倉両県議、金子知事が来訪した。

昼食後、キリンビールの会長〔高橋朝次郎〕、社長〔佐藤保三郎〕就任披露パーティが開かれ、出席した後本四公団のパーテイに出席した。

二時より、アフガニスタン大使となった山田〔淳治〕氏の認証式が行なわれた。三時に、ソ連との漁業交渉の件で桜内〔義雄〕農林大臣が来訪した。三時半より、アジア局ブリーフィングが行なわれた。

六時より、論説委員の会が藍亭で開かれた。大臣は眠くてほとんど目を空けていられないような状態であった。

九時にアジア石油の長谷川〔隆太郎〕社長が来訪し、函館の工場の件で両角〔良彦・通産次官〕、山下〔英明・企業局長〕、山形〔栄治・重工業局長〕氏に頼んでいただけれるように依頼があった。

十月十八日（木）

九時にラーマン・バングラデシュ首相が来日し、総理とともに出迎えた。その後、午後からの党に対する説明に備えて勉強した。十二時より、宏池会の定例総会が開かれた。

一時より自民党総務会、外交調査会、政調会への報告が行なわれた。三時より、記者懇談会が宏池会で開かれ、今回の東南ア行きには大臣は同行せず、首相のまわらぬところを外務大臣がまわることを考えている旨述べた。

四時過ぎより、アブドル・ハーレック在京エジプト大使の新任表敬、続いて日経新聞の武山〔泰雄〕論説委員長が来訪し、北朝鮮訪問の件について意見を交換した。

その後、鳩山威一郎氏の激励会に出席した後、ＮＥＴの新あまから問答のビデオをとり、川内一誠氏〔ＮＥＴ＝現テレビ朝日、記者〕と対談した。

六時よりカヤ会が開かれ、七時過ぎ出席した。九時に、クラブ懇談が行なわれた。

十月十九日（金）

九時に突然、在京アラブ諸国の大使が来訪した。九時半より、バングラデシュへの援助に関し、愛知〔揆一・蔵相〕・小坂〔善太郎・経企庁長官〕両大臣と打合せを行なった。条件は一・八七五％で事務的にも話しがついた。

十時より、閣議記者会見。十時五十分藤井〔勝志〕外務委員長が来訪し、日中航空協定について意見を交換した。

在京メキシコ大使の離任表敬、ランパート前〔琉球列島〕高等弁務官の来訪があった。

十二時に郷田多度津議長他が、四国新幹線について陳情に来られた。

十二時四十分より宮中午餐会が行なわれ、ラーマン・バングラデシュ首相以下が出席した。

衆外務委員会が開かれ、河上民雄（社）、金子満広（共）、渡部一郎（公）、永末英一（民）の各先生が質問した。

九時より、ＮＨＫ島〔桂次〕さんが副会長藤根井〔和夫〕さんとともに私邸に来訪し、宮田輝氏〔ＮＨＫアナウンサー〕の参院選出馬問題等について意見を交換した。

十月二十日（土）

実にさわやかな秋晴れであった。

外交団ゴルフが、程ヶ谷カントリーで行なわれた。大使は三人しか参加しなかったが、総勢三十人以上でにぎやかな会が行なわれた。

大臣は不調であったが、森田はショートホールでバーデーが二つ出て四四・四五でまわり準優勝であった。

その後直ちにホテルオークラに行き、吉田〔茂〕元総理の七回忌に出席した。田中総理、佐藤前総理はじめとして政財界のお歴々が参集した。六時半、羽田発の全日空で大阪に行き、ロイヤルホテルで泊った。神戸市長選応援のためである。

十月二十一日（日）

朝八時半に、ホテルを出て神戸に向った。

九時過ぎ宣伝カーと落ち合い、団地等を流してまわった。雨のせいもあり、人出はまばらであった。そのまま県市長選の応援に行くことにしていたので、塩田郁造さん〔塩田商会社長〕の家で休憩し、カレーライスを御馳走になって、伊丹空港に向った。しかし、広島空港は誘導装置がないため、東亜航空は飛ばなかった。そこで、そのまま東京に向けて経つこととした。

十月二十二日（月）

今回の外遊の頃から疲れがひどくなってきているので、早く健康診断を受けることになっていたが、今日になってしまった。八時半より成人病研究所で健康診断を受けたが、血糖値が二百㎜と悪化していた。

十一時過ぎサンケイ鹿内〔信隆〕社長がモナリザ来日のお礼に来訪し、続いてピーターソンUNDP〔D〕〔国連開発計画〕事務局長、宮城県知事林屋亀次郎氏と会った。宮城県知事らはブラジル行の挨拶に来られたものである。（支倉常長の銅像の件）

昼からアジア調査会で国連、訪欧、訪ソについての講演をした〔講演記録は『全著作集4』128―144頁所収〕。二時よりウイットラム首相来日についての欧亜局のブリーフィングが行なわれた。

四時に桧山〔広・丸紅〕社長が来訪し、続いてアメリカ局ブリーフィングが行なわれた。五時過ぎに在京東独臨時代理大使が来訪した。

六時より米谷〔隆三〕先生の会である隆門会にちょっと出席した後、バングラデシュ大使の主催のラーマン首相歓迎レセプションに出席した。

十月二十三日（火）

朝早く、伊藤昌哉氏が来訪した。

九時半より日豪閣僚会議の打ち合わせが行なわれ、ひきつづいて閣議記者会見に移った。

十一時過ぎ、ナイジェリア大使の新任表敬があった。十二時より住友グループのソシエテ・フィナンシアル・ヨーロピエーヌのレセプションに出席し、続いて日米欧委員会のブッフェに出席した。

三時より飯倉公邸でラーマン首相と会談した〔『全著作集7』74頁参照〕。七千五百万人の人口をかかえ一人当り国民所得が六十ドルというような極貧層の国民の中で政治を遂行するのは容易ではないように見えた。

四時過ぎ宏池会に行ったところ、丹羽喬四郎先生〔衆、茨城3、大平派〕と松岡〔克由〕先生（立川談志）が来て、松岡先生からは身上相談があった。

夕刻、逢沢英雄さんを励ます会に出席し挨拶をした後、大栄会で手短かに訪欧訪ソの話をした。直ちにタキシードに着換えてラーマン・バングラデシュ首相晩餐会に出席した。

十月二十四日（水）

朝早く下条進一郎先生が来訪し、小川平二先生への説得を依頼してきた。

その後、羽田にラーマン首相を見送りに行った。総理が来られなかったので、外務大臣が代行した。そのまま全日空で大阪に向い、呉市長奥原〔義人〕氏の応援に行った。大阪空港で食事をし、東亜航空で広島空港に着陸した。呉市長選では七ヶ所ばかりで街頭演説をした。かなりの人が集まり熱心に聞いてくれた。空模様が怪しく、最後まで飛行機にするか汽車にするかが決定しなかった。

七時五十分、広島空港を出て十時に東京空港に着いた。

十月二十五日（木）

八時より、新井俊三氏の朝食会が行なわれた。それが終了後、カリフォルニアの知人のクライン夫妻が来訪した。

続いて永野重雄氏の依頼により、日本商工会議所会頭、副会頭会議で訪欧訪ソの話をした。

それが終了後、直ちに如水会館で行なわれた如水会〔一橋大学同窓会〕に出席し、訪欧訪ソの講演を行なった。

終了後、宏池会に行ったところ、坂出の松井さん、藤原さん、西岡さんが来訪し、坂出市の助役問題について協議した。三時より記者懇談を行なった。

本省に帰って、ウイットラム・オーストラリア首相関係の勉強をしたが、その頃安全操業問題で共同声明に継続協議と文字が欠落していた問題についての事務当局の説明で霞クラブ〔外務省記者クラブ〕が紛糾した。ようやくそれがおさまった後、米田中の末広会に出席して訪欧訪ソの話をした。直ちに飯倉公館にとってかえし、ロックフェラー・チェースマンハッタン会長歓迎の晩餐会を行なった。

十月二十六日（金）

朝早く起きて、ウイットラム・オーストラリア首相を出迎えに行った。

九時より、閣議記者会見。

十時より総理・ウイットラム会談で、これに立ち会った。一時より宮中で行なわれたウイットラム首相歓迎の午餐会に出席した。

一時から行なわれた王子製紙相談役中島慶次氏の葬儀には森田がかわって出席した。

閣議の後、運輸大臣が日中航空協定について総理と話しをしたので、その結果について公館で協議した。その後しばらく、アジア局長〔高島益郎〕等と話をした後、森田家で光一〔森田長男〕の誕生日を祝った。

七時半家を出て、宮ノ下の富士屋ホテルに入った。

十月二十七日（土）

朝八時に朝食をとった後、箱根カントリーにてプレイした。丁度東京相互〔銀行〕長田〔庄一〕氏が、谷村さん、中島さん、近藤さんを連れてきていた。

しばらく待った後、山田さん、角田さんという人と一緒にプレイした。大臣はいきなりOB、アンプレアラブルで一〇をたたいたが、尻上がりに好調となり、インに入ってからは四一を記録した。五一・四一であった。

森田は可もなく不可もなくといった感じで四五・四六であった。日本シリーズ第一戦は四―三で南海が勝った。

法眼次官より日ソ交渉について連絡があった。

十月二十八日(日)

朝より激しい雨であった。太平会は抽せんで賞品を分け、有志のみがプレーすることとなった。

共済関係で知り合いの松島のおばあちゃんがやって来て、一時間近く雑談した。

十一時頃富士屋ホテルを出て、東京に帰ったが、栄家のおばちゃんと稲田〔耕作〕さんを見舞いに行くこととした。

まず高島屋で食事をして稲田さんを見舞ったところ、前尾議長とばったり会った。丁度日本シリーズ第二戦の最中で、稲田さんも案外元気であった。次いで栄家のおばちゃんを見舞い、家に帰った。

夜、田畑久宣氏〔錦海塩業社長〕、守谷いくのさんが来訪した。

十月二十九日(月)

朝九時二十分より、第二回日豪閣僚会議が開かれた。

こちらで開かれているので、外務大臣が議長となっている。ひるは日豪協会、日豪経済委員会主催の午餐会がホテル・ニューオータニで開かれた。

二時半より、閣僚会議が再開された。労働党政権になったので事務方はどことなくぎこちないところがあったが、論議は多彩で面白いものが多かった。

五時半頃記者懇談が開かれたが、訪ソ共同声明脱落問題について論議が集中した。即ちフィリュービン次官と新関〔欽哉〕大使との間で、別書簡で日本文が正しいことを確認したが、事務当局の責任問題は免れぬこととなった。

六時半より、小沢一郎先生〔衆、岩手2、田中派〕の結婚式に出席して乾杯の音頭をとった。

八時より、官邸で総理主催のウイットラム首相歓迎晩餐会が行なわれた。

十月三十日（火）

九時より、閣議記者会見。

九時四十五分より、日豪閣僚会議の第二日目が開かれた。エネルギー問題でもめていたが、予定通り共同コミュニケが採択された。

十二時より閉会式が開かれ、引き続き飯倉公館でウイットラム首相兼外相のカウンターランチと会談が行なわれた。

三時四十五分より共同記者会見が行なわれ、その後前田敬二議長が知事問題のために来訪した。

六時よりウイットラム首相夫妻のレセプションが豪州大使公邸で行なわれた。その後、公館で金大中事件について協議した。

夜九時、逢沢英雄先生が打ち合わせのために来訪した。又毎日の久保〔紘〕さんが西山事件について話にやってきた。

十月三十一日（水）

九時半に家を出て、ウイットラム首相夫妻を見送りに行った。そのままパレスホテルに入り、着換えのうえ宮中園遊会に出席した。両陛下が二時半近くまでおられたので、お帰りになった後退出した。

そのままパレスホテルで休んだが、日ソ共同宣言文書欠落問題について、関係者を処分することについて、官房長〔鹿取泰衛〕が打ち合わせに来られた。結局、慣習に基づいて厳重注意を行なうこととなった。

四時五十分武藤嘉文先生が来られて、十一日の後援会に岐阜まで来てほしいという要請を行ない、大臣も受諾した。木曽〔清〕幸陽ドック社長が藍綬褒章のお礼に来られた。パレスホテルに行き、経済同友会で今回の外遊についての講演を行なった。

七時より、藍亭で訪欧訪ソの同行記者との会食を行なった。

十一月一日（木）

八時半に、成人病研究所で健康診断した。（その後結局糖尿はあまりよくなっていないことが判明した。）まず何よりも節食することが必要であるということであった。

十時四十五分大久保〔武雄〕議員が来訪し、ヤマハ川上〔源一〕社長との会談の打合せをした。十一時ミスインタナショナル入賞者五人が挨拶に来訪した。続いてブラジルの商工大臣と会った。

十二時より宏池会の総会で、金大中事件の報告をした。続いて佐々木義武先生と打合せをし、五洋建設水野〔哲太郎〕社長と会った。深尾〔清吉〕宝幸水産社長が税金の問題で来訪した。

川上ヤマハ発動機社長と会い、参院選に対する協力を依頼した。木村〔秀弘〕新専売総裁が就任の挨拶に来られ、大臣より塩の問題について検討し、年内にめどをつけるようにとの依頼を行なった。

記者懇談の後、飯倉公館で休憩し、外務省で記者懇談した後に、新政治部長の会に出席した。

十一月二日（金）

九時より、カリド・スーダン外相と会談した。

十時より、閣議記者会見が行なわれた。そのまま金大中事件のため来日する韓国金鐘泌総理に対する出迎えのため羽田に出かけた。それから公館に来て、カリド・スーダン外相招待の午餐会に出席した。

二時半より、田中総理・金総理との会談が総理官邸で行なわれた。韓国は大風呂敷を拡げることなく、清福ということを言ったところ、横から田中総理が、韓国には赤土しかないのだから、工業化を図る以外にないと口をはさんだ。
夕方、木村音羽さんの子息の結婚式に出席した後（木村音羽さんは石渡荘太郎先生〔一八九一―一九五〇。大蔵大臣、宮内大臣を歴任〕の妹に当たる）、北海道テレビの岩沢さんの結婚披露宴に出席した。

十一月三日（土）

朝八時に家を出て、九時小金井カントリーに着いた。トーメン安本〔和夫〕社長、新日鉄田坂〔輝敬〕副社長等とまわった。森田はアジア石油の長谷川隆太郎氏及び〔三菱〕重工の牧田〔與一郎〕さんの弟の牧田社長と一緒にまわった。四六・四七・五〇とあまりよくなかった。
五時より、丸紅飯田の桧山〔広〕さんなどとマージャンをした。

十一月四日（日）

十時十二分より、柏カントリーで芳明会が行なわれた。バックでやったため、各メンバーは四苦八苦の態であった。六時頃帰宅。
七時より、大臣夫妻主催インガソル大使の送別会を大臣宅で行なった。招待者はインガソル大使夫妻、シュースミス公使夫妻、法眼〔晋作〕次官夫妻、アメリカ局長〔大河原良雄〕夫妻であった。帰りにおみやげに日本人形を渡した。

十一月五日（月）

朝ゆっくり起きて、院内の理髪に行き散髪をした。英国のことわざに一日を清涼に過そうと思えば理髪に行きなさい、一年を愉快に過そうとすれば家を改築しなさい、一生を幸福に過ごそうと思えば正直にありなさいというのがあるとのことである。理髪のおかげで一日は愉快であった。

十一時四十分、秋草〔篤二〕電々副総裁が来訪し、外遊のあいさつをした。午後川崎寛治先生が来訪し、ファン・北ベトナム代表と会うこと決めた。

二時より、稲葉秀三氏〔経済評論家。社会経済国民会議議長。元経済安定本部官房次長〕、松根宗一氏〔実業家。経団連エネルギー委員長〕と〝今後の資源外交について〟という主題で座談会を行なった。三時ピアンストーン在京タイ大使が来訪した。

三時半、木村武千代先生が知事問題で来訪した。金子知事がやはり立つという。

四時より、メルチョール・フィリピン官房長官と会談した。

六時から石渡荘太郎先生の二十四周年に出席した後、阿部〔穆・サンケイ〕さん、青木〔徹郎・TBS〕さん等と食事をともにした。

十一月六日（火）

十時、閣議記者会見。閣議終了後、西山〔磐〕大阪ガス会長が外遊と料金値上げ問題のお礼のため来訪した。

木村武雄先生がアリ・ムルトボ・インドネシア大統領補佐官を連れて来訪し、長時間会談し予定時間を大巾にオーバーした。お昼の観菊会は大臣夫人のみが出席した。

金大中事件について総務会で報告したが、渡辺美智雄先生〔衆、栃木1、中曽根派〕がソ連の共同声明問題について激しく迫った。

三時、小磯、山下両議員が来訪し、知事問題について意見を交換した。三時頃総理に同行し、迎賓館を視察した。総理は建築にくわしいのでまことに興味深げであった。続いてホテルオークラで小憩した。

五時過ぎ、古内広雄先生の一周忌に出席した後、加藤〔藤太郎〕奨学財団の会に出席して挨拶を行なった。その後、東南ア訪問議員団の会合に出席し、野中英二先生〔衆、埼玉4、田中派〕の顔を立てた。

十一月七日(水)

久しぶりに、十時よりの幹部連絡会に出席した。活発に意見の交換がなされた。終了後、ホテルオークラに行き昼食をとった。

二時半よりアジア局ブリーフィング。

三時五十分に、在京スペイン大使が来訪した。四時に藤井〔勝志〕外務委員長が来訪し、翌日の外務委員会の件で大臣と意見交換をした。

四時、朝日、サッポロ両社の社長が来訪し、値上げ問題についてのお礼を述べた。

五時、朝日新聞の後藤〔基夫〕大阪代表が来訪した。

五時半から、奥村綱雄氏〔野村證券相談役〕の一周忌がホテルオークラで開かれ挨拶を行なった。

六時より、一水会に出席した。丁度アジア石油の割り当てがゼロになるということがあって、長谷川〔隆太郎〕社長より連絡があり、大臣から山下〔英明・通産〕次官に事情をきいてもらった。

八時半より森下泰先生と会い、大平派で立候補することときめた。

十一月八日(木)

八時半より、黒川氏の朝食会がいつもの通り福田家で開かれた。そのまま十時から衆院外務委員会に出席した。石井一(自)、河上民雄(社)、米田東吾(社)、金子満広(共)、沖本泰幸(公)、永末英一(民)の諸先生が質問した。

一時より参院外務委員会が開かれ、山本利寿（自）、田英夫（社）、渋谷邦彦（公）、星野力（共）、森元治郎（社）の各先生が質問した。

三時四十分、山田久就先生が来訪したほか、スックサック・サガン・カンボジア特使が来訪した。スグザ・ザイール外相の到着は大巾に遅れたため、ＥＣをつけて夜はあちこちを走りまわった。

即ち五時に鹿島平和研究所のシェール外相に対する平和賞の贈呈式に出席した後、都市センターホールに行き、上条勝久先生の激励大会に出席し、続いて羽田空港に向った。三十五才の外相を迎えた後、栄家の大平会で食事をして、九時からのクラブ懇談に出席した。終了後、次官〔法眼晋作〕と会談したので新聞記者の間で話題となった。

十一月九日（金）

七時四十五分、近藤鉄雄先生〔衆、山形1、三木派〕、伊東正義先生が来訪した。八時半より石川荒一氏が来訪し、紹介を依頼された。

十時より、閣議記者会見。経済関係閣僚協議会が行なわれた。十一時よりザイール外相と会談したが、三十五才の年令にもかかわらず識見が高く、さすがと思われた。

十二時三十分、大臣主催のエルサルバドル外相の招待午餐会が公館で開かれた。昨日宏池会の記者懇談ができなかったので、二時十五分より記者懇談が開かれた。

三時半より、ホアンコク・ヴェト北越祖国戦線代表と会談した。相変わらず帝国主義反対といった紋切り型であった。続いて福田篤泰先生、芦原〔義重〕関電会長が来訪した。

四時半より、キッシンジャー訪日に関するブリーフィングが行なわれた。五時半より今井〔榮〕空港公団総裁、増野さんと会った後、大平夫妻主催ザイール外相招待晩餐会が飯倉公館で開かれた。

十一月十日（土）

朝より雨で、ゆううつな一日の明け方であった。知事問題で柴田〔護〕本四公団副総裁を知事候補として引っぱりだすために、日本テレビの小林〔與三次〕社長に会いに行った。しかし、横須賀線が不通のため会うことはできなかった。岩波の本屋で本を購入して帰った。

十一月十一日（日）

朝、十時十五分のひかりで美濃市に向った。美濃市では武藤嘉文先生の後援会に出席するためである。十二時頃名古屋に着き、車で美濃市に入った。朝日中島、読売岡〔景義〕の両記者が同行した。夕方六時五十分東京に帰着した。

十一月十二日（月）

朝八時半より、成人病研究所に血糖値の検査に行った。何んとなく改善しているように思われるがどうなっているのか。

十一時より、日中航空協定についての打合せをした。十一時三十分、在京豪州フリース大使が離任表敬に来訪した。

昼は社会経済国民会議〔主要民間企業の労使を中心とした社会横断的組織。議長中山伊知郎〕設立の懇親会パーティに出席し、労働大臣〔加藤常太郎〕に続いて挨拶した。一時半鈴木〔善幸〕総務会長が来訪し、内閣改造問題について約一時間話し合った。

三時より中国の陳楚大使と会い、日中航空協定の交渉を北京大使館で開始すること、日本案を基礎とすること等を合意した。又大平訪問について、今週中にスケジュールを示すこととした。

四時過ぎよりブリーフィング。田中六助先生来訪。

五時四十分位に清水で玉置猛夫先生〔参、全国、大平派〕と川重の社長〔四本潔〕等と懇談した。

大臣夫妻主催トンガ国王父子招待晩餐会が開かれた。

十一月十三日（火）

八時半大久保武雄先生が来訪し、比較的長い時間話し合った。

十時より、閣議記者会見。十一時より、キッシンジャー訪日のブリーフィングが行なわれた。一時半に村田〔晴彦〕多摩美大理事長、江上〔波夫〕東大名誉教授が来訪した。

二時より衆院決算委員会で、相変わらず金大中事件等について質問があった。

決算委員会は夕方六時前まで続けられた。前田議長が、平井太郎先生〔参、香川、大平派〕がたおれたという情報をもって来訪した。

六時すぎから飯倉公館で鍛造大平会が開かれた。

八時過ぎから、知事問題について千代新で加藤労相等と会談した。

十一月十四日（水）

八時半、中村和正氏〔富士ランド社長〕が救世教の常務理事を連れて来訪した。

九時半より、キッシンジャー国務長官との会談に備えてのブリーフィングが行なわれた。どの程度米国と離れて独自の立場をとるかについて意見が分れた。十時半より官邸で総理と打合せがなされた。終了後二人だけで短時間会い、内閣改造について話し合った．総理は、自分は側近にも話していないが、構想を考えてくれということであった。経済閣僚はかえるにしても、農林と経企であろうとのことで、大蔵は予算と通貨をやっている間はかえられぬということであった。当方からは手足だけの改造では世間の物笑いになる旨強く進言した。

二時にキッシンジャー長官が到着し、羽田で出迎えた。三時半より六時近くまでキッシンジャー長官と会談し、その後長い記者会見を行なった。そのため五月会には出席できなかった。

七時半より大臣主催のキッシンジャー国務長官の招待晩餐会が金田中で開かれ、大臣は枯れすすきを踊った。

十一月十五日（木）

朝早く新聞記者の他、物価問題等について佐々木（義武）、村山〔達雄〕、嶋崎〔均〕、伊東〔正義〕の各先生が来訪した。塩業組合の役員が大挙して来訪した。十時にブリーフィング開始、十一時より総理とともにキッシンジャー国務長官と会見した。

十二時四十分位まで会談がかかり、遅れて宏池会に現れた。そこで中東問題の重要性について早期解決の要を説いた。武藤嘉文先生が岐阜行きのお礼に来訪。木村〔一三〕国貿促〔日本国際貿易促進協会関西本部〕専務理事と村上孝太郎夫人が続いて来訪し、それぞれ中国訪問及び顕しょう碑建立について大臣と懇談した。

二時より党副総裁、三役、外交部会長に中東問題について説明し、これが長びいたため、宏池会の記者会見は翌日に延期された。三時半より石油問題閣僚協議会が開かれ延々と議論がなされた。

十一月十六日（金）

八時に宮武〔徳次郎・大日本製薬〕社長が来訪し、八時半に北海道の中村さんが来訪した。中村さんは田中総理に続いて大臣の肖像画を届けてくださった。

十時より、閣議記者会見。十時五十分よりチェコ外相のフニョウペク氏との会談に備えてブリーフィングが行なわれた。

十二時より飯倉公館で第二大平会のメンバーを御招待したが、出光〔計助〕、桜田〔武〕、瀬川〔美能留〕の三人しか出席されなかった。一時三十分にインガソル大使が離任表敬に来訪し、続いてアジア局のブリーフィングが行なわれた。

三時より〔フニョウペク〕チェコ外相と会談し、終了後日経の武山〔泰雄〕氏など北朝鮮訪問の新聞記者が来訪した。五時より、前日流れた宏池会の記者懇談が行なわれた。六時三金会（稲田氏）に出席した後、七時より大臣主催のチェコ外相晩餐会が行なわれた。

十一月十七日（土）

九時五十分、嶋崎均先生が来訪した。

十時より、中近東問題について大臣室で打合せを行なった。十一時より石油関係の閣僚懇談会が開かれた。その後、総理と二人で改造の打合せを短時間で済ませた後、外務省にもどって食事をした。

十一月十八日（日）

朝、水野〔惣平〕アラビア石油社長より、英国より帰国して直ちに大臣に会いたい旨連絡があり、二時半より東京駅で会見した。それによるとサウジアラビアは、イスラエルとの関係を再検討ということを言明することを要求しているとのことで、水野社長としても日本政府がこれに踏み切ることを勧告した。

一五時、東京発のひかり四十三号で岡山に向った。十九時二十分に岡山に着き、半年位前に落成した岡山国際ホテルに宿泊した。

八時より逢沢〔英雄〕後援会が開かれ、九時半より同行記者と懇談した。同行記者は十七人にのぼった。翌日の講演のブリーフを作成して配布した。

十一月十九日(月)

八時半より、逢沢先生の実戦部隊と朝食を共にした。十一時より山陽新聞が主催で、今後の資源外交についての講演を行なった。大臣は専ら節約の政治を強調した。

十二時四十五分、岡山発のひかり三四号で大阪に向い、一時五十三分に新大阪着いた。二時半より関経連で資源をめぐる内外の諸問題について講演した〔「資源をめぐる内外の諸問題」と題し、『全著作集4』485―491頁に所収〕。

四時より記者会見を行なったが、日本政府のアラブ寄り政策についての記事が大きく報道された。

五時から関経連懇親会が大和屋で開かれ、七時に大和屋を出発した。

八時五分の全日空は到着が遅れ、九時半になった。家に帰ると、大勢の新聞記者が待ち受けていた。

十一月二十日(火)

九時より、第一回の石油対策推進本部の会合が開かれた。

十一時に、閣議記者会見。十一時より、アメリカ局のブリーフィングが行なわれた。翌日の内閣委に備えてのものである。終了後ホテルオークラに行き食事をした後、小憩した。

二時四十分、フニョウペク・チェコ外相と会談を行なった。

三時十五分、水野〔哲太郎〕五洋建設社長が来訪した。四時に、藤山愛一郎先生と相当長い時間にわたって会談した。

五時半には、皇太子妃両陛下主催のレセプションが行なわれた。続いてチェコ大使主催のフニョウペク外相歓迎のレセプションが行なわれた。

帝国ホテルで志村愛子先生〔参、全国、田中派〕の令息の結婚式に出席した後、栄家に行った。栄家では火曜会が取り止めになっていたのを知らず行ったもので、そこで食事をした。

十一月二十一日（水）

八時、田中六助議員が私邸に来訪。伊藤昌哉氏が来訪。

九時半より、中東問題に関する打合せを行なった。アラブ首脳会議を前にして再検討（reconsider）条項を入れるか否かが争点であった。総理、中曽根通産相、外務省事務当局の大半はやむをえないという空気で、外務大臣は孤立した感が深い。

十一時一五分に中村梅吉氏、十一時半にリベリア大使の離任表敬が行なわれた。

伊東正義議員が三木副総理との接触の問題について来訪した。

一時より衆院内閣委が開かれ、大出俊〔社〕、東中光雄〔共〕、鈴切康雄〔公〕、受田新吉〔民〕の各議員が質疑を行なった。

六時より、中川で日商岩井の首脳部及び三崎さん父子との会合が行なわれた。

結局安川〔壮〕大使がキッシンジャー長官に日本の方針は決定済との説明をしたのが契機となり、再検討条項は入れることとした。

十一月二十二日（木）

九時から、緊急石油対策推進本部の会合が開かれた。

十一時より、閣議記者会見。十一時四十五分アラブ諸国の大使との会談を行ない、日本の新中東政策について説明した。

十二時より定例総会で、一時三十分に佐々木更三議員が出席した。

二時に田中〔勇〕東亜国内航空会長、二時半に菅野和太郎先生が来訪した。

三時より宏池会にて記者懇談会を開催した。

四時五十分、平泉渉先生が来訪した。五時半の市川忍〔丸紅初代社長〕追悼会に出席し、六時より芳明会にて最近の内政外交を語った。

十一月二十三日（金）

朝から、大栄会のゴルフをスリーハンドレッドで行なった。その後大阪に向った。成績は九四でまあまあであった。

大西彰一氏の結婚式に出席した後、八時三十分の東京発全日空ＡＮＡ四一便によって大阪に向った。大阪でロイヤルホテルに着いた直後、愛知〔揆一〕蔵相の訃報が入った。

直ちに前〔善〕後策を協議したが、二十四日のゴルフ、新産の会、二十五日の三島のベルナールビュフェ美術館等の開館式は欠席することとしてとりやめ、二十四日朝東京に帰ることとした。

十一月二十四日（土）

朝、関経連、商工会議所、同友会三者共同の主催で、朝食会が開かれ出席した後、十時十分の日航で東京に帰った。

早速愛知邸を弔問した後、官邸で田中総理と会談した。内閣改造について、ほぼ留任の線が固まった他、福田蔵相を推せんした。

首相は本当にそれでよいかと聞いていたが、それでよいと答えておいた。三木〔武夫〕副総理は経企庁長官を提示され、田中・福田の板ばさみは困るとして断った。

十一月二十五日（日）

朝、総理と会った時、中村〔梅吉〕総務会長、内田〔常雄〕政調会長、鈴木〔善幸〕経企庁長官という案が示されたので、それは適当でない、鈴木総務会長、水田〔三喜男〕政調会長、内田経企庁長官で行けと求めておいた。

十一時臨時閣議で辞表をとりまとめ、続いて記者会見した。

十二時に宏池会の総会を開いて、人事について会長一任を取りつけた。一時より呼び込みが始まり、外務大臣留任が正式に決定した。三時過ぎより早速日経及び毎日のインタビューを行なった。

六時より初閣議。六時四十分より記者会見を行なった。

夕方八時四十分より、ＮＨＫの新閣僚に聞くという番組に出席した。

十一月二十六日（月）

新内閣となり、初日が明けた。

九時半よりマリク・インドネシア外相を迎えるについてのブリーフィングが行なわれた。

十時半半より、ホテルオークラの別館の案内を受け見てまわった。

十一時半に、アジア卓球大会のことで永野重雄〔日商会頭〕、飛鳥田一雄〔横浜市長〕氏が来訪した。

十二時に幹部会で大臣が挨拶し、続いてアジア局の打合せが行なわれた。十二時過ぎより、しばらくホテルオークラで休憩した。

三時過ぎより、中東問題について打ち合せた。新中東政策について各国からの反応を分析したものである。

四時半より記者懇談し、五時より唐島基智三氏〔政治評論家〕の出版記念のパーテイが開かれた。

六時より末広会で食事をし、八時四十分到着のマリク・インドネシア外相を出迎えた。

十一月二十七日（火）

八時半より健康診断を受けた。よくなっていることを祈るのみである。前回は食前で一五六ミリであった。

十時より、閣議記者会見。十一時より、長谷川記者が頼んで来た日本テレビのインタビューを行なった。

十一時半より、マリク・インドネシア外相との会談が行なわれた。

お昼過ぎよりホテルオークラでしばらく休み、三時半より宏池会で桜田〔武〕氏の他、佐々木〔義武〕先生等と会った。

五時半より、合成ゴム問題に関するわが国とアセアンとの会合が開かれた。

七時より、大臣主催マリク・インドネシア外相招待晩餐会が開かれた。

十一月二十八日（水）

前日の健康診断の結果は必ずしも改善していないことが明らかとなった。今後ますます食餌療法を徹底させることとなった。

八時半より、宏池会の若手議員と朝食会を開いた。服部〔安司〕先生の建議により、塩見俊二先生に宏池会の世話役を引き受けていただくこととした。

九時半より在京ベネズエラ大使と会見し、十時より参院決算委に出席した。鈴木力（社）、中尾辰義（公）、塚田大願（共）の各先生から質疑があった。

一時三十分より、総理の東南ア訪問について打合せを行なった。

二時半より、藤井外務委員長、秋草〔篤二〕電電公社副総裁、森下〔弘〕日本新薬社長等が次々と来訪した。

四時に、在京タイ大使が新任表敬に来訪した。

四時五十分より、西田信一先生のお嬢さんの結婚披露宴に出席し、岡内家の結婚披露宴に出席した。

八時より加藤常太郎氏とホテルオークラで会談したが、加藤氏は金子知事を七選することを支持した。

十一月二十九日（木）

八時に、田中六助議員が荒木〔万寿夫〕先生の補欠選挙において古賀県会議員が立候補することを報告し、宏池会で応援したいとした。大臣はこれを了承した。

十一時に、イタイムミーズ誌の編集長が来訪し、石油問題について質疑応答を行なった。

十一時半に、亀井善彰氏〔参、全国、中曽根派〕を励ます会がホテルニューオオタニで行なわれた。十一時半に、チリ大使が離任表敬に来訪。

十二時より格物会に出席し、その後理髪に行った。続いて宏池会で増田〔健次〕野村証券副社長等と会った後に、記者懇談を行なった。続いて日本酒販組合中央会の二十周年記念に出席した。

五時より、夜の飯倉公館での記者懇談をくり上げて記者懇談を行なった。

夕方は六時より、大雄会が開かれた。

十一月三十日（金）

八時半より、党本部で外交調査会朝食会が開かれた。

九時より、第三回緊急石油対策推進本部の会合が開かれた。

十時より、閣議記者会見。十一時過ぎより、中近東問題についての打合せが行なわれた。

十二時より中近東へ三木特使を派遣することについて、関係閣僚懇談会が開かれた。

その後記者会見した後、三木副総理とホテルオークラで秘密で会った。三木副総理とは政治的立場について一般的な話をするような予定であったが、結果的には中近東派遣問題について話し合った。

三時五十分、在京ソ連臨時大使が来訪した。

四時よりアメリカ局のブリーフィングが行なわれ、四時半にポーランド大使が来訪した。

四時四十五分、ミラトヴィナ・ユーゴ社会主義勤労人民同盟議長が来訪した。

五時より、故荒木万寿夫先生の百ヵ日が丸の内ホテルで開かれた。

十二月一日（土）

八時に、佐々木栄一郎氏〔丸茶社長〕が私邸に来訪した。九時半に臨時閣議記者会見。

十一時半に、飯田久一郎氏〔経済評論家〕が土地問題について三十分ばかり大臣に建議した。

十二時より、衆参議員総会。一時より衆院本会議が開かれ、総理・大蔵大臣所信表明の演説が行なわれた。

三時より、参院でも同様に施政方針演説財政演説が行なわれ、その後、岩波の本屋に寄って帰宅した。

十二月二日（日）

九時、家を出てスリーハンドレッドに向った。当方が主催の大平会〔太平会〕である。天気は良くなかったが寒風の中皆んな元気にプレーし、岡内〔資生堂〕社長が優勝し、取り切り戦では鷹尾〔寛・新日本証券。高松高商・一橋同窓〕社長が勝った。大臣は四六・五〇、森田は四八・四九であった。

十二月三日（月）

芳芽会世話人である五島昇氏〔東急電鉄社長〕、越後正一〔伊藤忠商事社長〕氏等が来訪して朝食をともにした。

一〇時四十五分、軍縮関係について西堀〔正弘・軍縮会議日本政府代表部〕大使と会談した。十一時、中近東問題について打合せを行なった。一時より衆院本会議が開かれ、臨時国会についての代表質問が行なわれた。勝間田清一氏（社）、石田博英氏（自）、藤田高敏氏（社）が代表質問を行なった。

夕方、記者懇談の新旧政務次官の歓送迎会が行なわれた。今回の政務次官は山田久就先生が就任したが、法眼次官がやりにくいのではないかと心配された。

しかし、法眼次官は差し支えない旨返事したので、就任が決定した。なお大蔵には中川一郎、農林には渡辺美智雄の両先生が就任し注目された〔『全著作集7』74―75頁参照〕。

十二月四日（火）

七時五十分、近藤鉄雄先生がインドネシアに出張するに際して大臣より助力があったことについてお礼に来訪した。

九時より、閣議記者会見。十時より参院本会議で、吉田忠三郎（社）と安井謙（自）の両先生が代表質問を行なった。

二時より、衆院本会議で引き続き代表質問が行なわれ、瀬長亀次郎（共）、正木良明（公）、塚本三郎（民）の三者が質疑に立った。

五時に塩工業会の代表の人が来訪し、讃岐塩業の人だけ後に残って懇談した。今日の石油危機と紙不足により重油価格及び紙袋の値段が値上がりし、これを公社が見てくれぬならばストに突入することも辞さないとの強い姿勢で臨んでいる。

六時より芳芽会が行なわれ、その後天野公義先生の後援会に行って挨拶した。鳩山威一郎氏も来賓としてきていたが、景品にくばったますにサインするよう大勢の人が大臣を取り囲んで帰してもらえない有様であった。

十二月五日（水）

八時十五分、法華津〔孝太〕社長来訪。会長より社長兼任になったものである。続いて茂木〔啓三郎〕キッコーマン社長来訪。

十時より本会議で、参院阿部憲一（公）、田渕哲也（民）、岩間正男（共）、竹田四郎（社）の各氏が質問した。

二時より予算委で、四八年度補正予算の提案理由説明が行なわれた。二時半より予算委でが行なわれ、終了後中東問題について勉強した。

記者懇談の後、黒川信夫氏のお嬢さんの結婚式に出席し、一水会で食事した。

その後、冨司林で行なわれた一、二年生の会合に出た後、伊東〔正義〕先生、服部〔安司〕先生、佐々木先生の三先生と十一時過ぎまで話し合った。大平派の先生が言うのは、大臣が本気に政権をねらう気持ちがあるのかということであった。また自分達を活用して大いに積極的に戦略を展開してほしいということであった。

十二月六日（木）

八時過ぎより園田清充先生、長谷川隆太郎先生〔社長〕、三崎会長が来訪し、お才〔歳〕暮の挨拶に来られた。

九時半よりカブリサス・ルイス・キューバ大使が離任表敬に来訪し、その後、十時よりいよいよ予算委が始まった。質問者は辻原弘市（社）、倉成正（自）、楢崎弥之助（社）が次々に立った。衆院予算委終了後、中東問題関係閣僚協議会が開かれた。

六時に記者懇談し、木村〔秀弘〕専売公社総裁就任披露パーティに出席した後、雄心会の東京総会に出席し、石油問題の実相について話をした。

十二月七日（金）

朝、佐治〔敬三〕サントリー社長が年末の挨拶に来訪した。

九時より、閣議記者会見。続いて経済関係閣僚協議会が開かれた。

十時に衆予算委員会が開かれ、松本善明（共）、渡部一郎（公）、竹本孫一（民）、安井吉典（社）の各先生が質問した。

一二時三十分より、アル・マカーウイ・アラブ首長国連邦大使が新任表敬に来訪した。

六時から、知事及び参議院補欠選挙候補を決める香川県連常任顧問会が開かれ、結局八けい会、大平会には出席できなかった。金子知事はどうしても参院にまわろうとしないので、これに猛反対する県議団が相対立し結着がつかなかった。結局は、金子を期限付きの知事候補とし、前田議長を参院にまわすことでやむをえないということになりそうだ。

十二月八日（土）

十時より衆予算委で、田中武夫（社）、荒木宏（共）、折小野良一（民）、小林進（社）の各先生が質問した。

予算委では、前日の渡部一郎先生が日ソ共同声明にミスが四ヶ所あるという問題をはじめ、小林進先生が金大中事件について大臣を売国奴よばわりをするなど、大臣に対する風当りはきわめて強いものがあった。

終了後、瓦〔力〕先生が写真撮影のため支持者をつれて来訪した。前日に引きつづきホテルオークラで香川県連の常任顧問会が開かれた。

シリア副首相兼外相夫妻が来日したが、飛行機の到着が遅れて、十一時過ぎよりアブダビ国務相の出迎えに行った。

十二月九日(日)

朝十時に、前田〔敬二・香川県会〕議長が私邸に来訪した。前田議長は金子知事と相うちになることを考えたようであるが、金子知事は受けなかった。

昼からホテルオークラに行き、中東問題について勉強した。

四時三十分よりハッダーム・シリア外相と会談し、七時より飯倉公館で招待晩餐会を開いた。

十二月十日(月)

八時半に、深尾〔清吉〕宝幸水産社長がお才〔歳〕暮に来訪した。

十時過ぎより、山田太郎(公)、林百郎(共)、安宅常彦(社)、大原亨〔亨〕(社)の各先生が質問に立った。

予算編成替についての動議が出され、討論を井原岸高(自)、阿部昭吾(社)、中川利三郎(共)、岡本富夫(公)、安里積千代(民)がした後、否決した。

続いて細谷治嘉(社)、中島武敏(共)、山田太郎(公)、安里積千代(民)の各先生が討論し可決された。

本会議が八時頃終了し、すぐクウエート大使主催のシリア外相歓迎晩餐会が開かれた。そのため酒販正副会長会議、天野公義先生後援会には出席できなかった。

十二月十一日(火)

七時五十分、玉置猛夫議員が私邸に来訪した。

九時閣議記者会見。

十時より参院予算委で、瀬谷英行(社)、熊谷太三郎(自)先生の質疑が行なわれた。

昼一時より、故愛知蔵相の自民党葬が築地本願寺で行われ、田中首相他主要メンバーが弔辞を読んだ。

予算委終了後、日本醬油協会二十五周年記念のパーテイが帝国ホテルで開かれ出席した後、ホテルオークラで常任顧問会が開かれた。

前田参院候補については、県会が金子知事ということでは納得しがたいという空気もあり流動的である。その場合は、平井卓二〔志〕氏又は玉置猛夫氏が浮び上る可能性がある。

十二月十二日（水）

朝八時より、さつき会が開かれた。十一月にはキッシンジャーが来日して延期になっていたものである。石油問題について相当厳しい意見を述べた。

十時より参院予算委が開かれ、上田哲（社）、鈴木一弘（公）、鈴木強（社）が質疑に立った。

十二時半より、衆院外務委員会で挨拶が行なわれた。

夜は大磯会には出席せず、十二日会に出て、その後ホテルオークラで宮田輝〔ＮＨＫアナウンサー〕と会った。宮田氏には参院出馬を勧め、原則的同意を得た。ただし紅白歌合戦等の行事があるので、二月頃までは極秘とすることとした。宮田氏に対してはＮＨＫ副会長の藤根井さんやら島さんも強力に出馬を勧めた。宮田氏はさすがに魅力的な人物であった。

十二月十三日（木）

七時三十分、加藤〔開〕アルプス電機〔副〕社長、小林〔孝三郎〕コーセー社長、森〔泰吉郎〕森ビル社長〔一橋同窓〕等が相次ぎ来訪した。九時半に草野〔一郎平〕先生遺族、九時四十分森〔誓夫・旧三豊中学同窓〕共同石油社長、九時二十五分にローマ法王庁大使離任表敬のため来訪した。

十時より参院予算委が開かれ、鈴木強（社）、杉原一雄（社）、向井長年（民）、三木忠雄（公）の各先生が質問した。

昼、牛場〔信彦〕大使より報告を聞いた。

午後も予算委が続行され、五時半より前尾〔繁三郎〕先生、小山〔長規〕先生二十五周年表彰及び周東〔英雄〕先生叙勲の祝賀会をかねた宏池会の忘年会が開かれた。大蔵同期会には出席できなかった。

七時半より、伊東正義、塩谷一夫〔衆、静岡3、無〕、葉梨〔信行。衆、茨城1、大平派〕、大石千八〔衆、静岡1、中曽根派〕等の各先生とじっくり懇談した。

もう着々と総裁選にむけて手を打つべきとの意見が強い。

十二月十四日（金）

朝七時半、木曽〔清〕幸陽ドック社長が私邸に来訪した。

九時から、閣議記者会見。

十時より参院予算委が開かれ、渡辺武〔共〕、小柳勇〔社〕、野末和彦〔野末陳平、放送作家。参、全国、第二〕の各先生が質疑に先立ち討論採決が行なわれた。

十二時過ぎ、ブパナ在京ガボン大使と接見した。

四時十分参院本会議が開かれ、昭和四十八年度補正予算を討論採決し、石油二法案について趣旨説明と質疑を行なった。

十二月十五日（土）

朝八時、日立セメント株木〔正郎〕社長が来訪した。

八時半高橋〔毅〕社長が続いて来訪、大雄会代表として堤清二社長とともに挨拶のため来訪。

十時より石油二法案の連合審査が行なわれ、多賀谷真稔（社）、石野久男（社）、庄司幸助（共）、玉置一徳（民）などが外務大臣に質疑を行なった。

夕方、香川県参院選に玉置〔猛夫〕候補を出すため、加藤常太郎先生が平井太郎〔参、香川〕未亡人のところを訪れ説得した。しかし、未亡人は完全に納得しなかった模様であった。

そこで外務大臣は翌朝訪れて説得することにした。

十二月十六日（日）

朝早く家を出て平井家を訪れ、奥様の口説を聞く。

その後石油二法の連合審査に出席して、河上民雄（社）、近江巳記夫（公）の両先生より質疑を受けた。午後若干時間ができたので本屋で本を購入した。

夜遅く平井未亡人が来られ、卓志氏を無所属ででも出させたいという強い意向を表明した。そのため参院候補の話は再び振り出しにもどった。

十二月十七日（月）

八時半健康診断したが、結果は一二七とよくなっており一安心であった。

九時一五分より、李〔澔〕前韓国大使の離任表敬が行なわれた。続いてラマホリミハーフ・マダガスカル代理公使が離任表敬のため来訪した。

十二時に園田清充先生、続いて上条勝久先生が来訪した。続いて商工委に呼び出され、外務省に帰って食事の後、一時より平井太郎先生の葬儀と告別式に来訪《ママ》した。大臣はほぼ最後までつき合った。

三時半より、共同通信関係の民放各社社長会で、最近の石油問題について講演した。

続いてホテルオークラで参院候補の話をしたが、結局平井か玉置かは大臣にまかされる形となった。

六時より藍亭で、木村〔俊夫〕外務委員長他理事を招待した。

十二月十八日(火)

七時五十分、蓑田〔又男〕光洋精工専務が来訪した。

九時より田中首相入院のため、閣議に代えて閣僚協議会が開かれた。

十時より衆院外務委で、石井一(自)、堂森芳夫(社)、河上民雄(社)、金子満広(共)、渡部一郎(公)、永末英一(民)の各先生が質疑を行なった。

一時四十分、菅野和太郎先生がリビア石油購入のことで来訪した。石油不足の折であるのでありがたい話であるが、メリーズと紛争中の油である点が難点で、結局政府はタッチせず菅野先生のさばきにまかせることにした。

二時より参院外務委が開かれ、田中寿美子(社)、田英夫(社)、黒柳明(公)、星野力(共)の各先生が質疑に立った。

夕方田中六助先生と玉置猛夫先生が来訪した。夜は栄家で火曜会にほんの短時間出席した後、峰也で開かれた九賢会*に出た。


*戦前大平が、蒙彊連絡部経済課主任として張家口に出向した頃、同時期中国に赴任していた人々の集まり。宮川新一郎・若槻克彦・大槻義公(大蔵省)、伊東正義(農林省)、磯崎叡(鉄道省)、村田恒、鹿子木昇(商工省)、佐々木義武(満鉄)、大平の九名。

十二月十九日（水）

八時に、増田〔健次〕野村証券副社長、山田〔光成〕日本信販社長、藤田工業社長〔藤田一暁〕が次々とお才〔歳〕暮に来訪した。又インドネシアの民間国際会議に出席した近藤鉄雄先生が報告のため来訪した。

十時より、久しぶりの幹部連絡会が開かれた。十一時より宏池会で大平派の先生方にお才暮配りを行なった。

十二時より大臣室で今度訪米する大久保武雄先生、佐々木義武先生等の訪米議員団の先生方と食事をともにした。

一時に藤井〔勝志〕前外務委員長が来訪した。

続いて理髪、二時半よりＡＡ研〔アジア・アフリカ問題研究会〕の先生方が日韓会談反対と金大中の釈放を要求して大臣と会談した。

金川日生下産業会長と会った後、宏池会で大平派の先生方にお才暮配りを続けた。

五時より長田東京相互〔銀行〕社長に会った後、李へいき〔海翼・農林部〕長官と会談した。

十二月二十日（木）

八時二十分、斉藤栄三郎父子が来訪した。新井俊三氏が一橋〔大学〕小泉〔明〕先生を連れてくることになっていたが、風邪のため延期となった。

十時より衆院沖特委が開かれ、上原康助（社）、美濃政市（社）、瀬長亀次郎（共）、渡部一郎（公）が質疑を行なった。

昼、宏池会での定例総会に引き続き、田島〔一雄〕ミノルタ社長、柳沢〔米吉〕アジア航測社長、崎戸製塩社長が次々と来訪した。

四時十五分より、ラディェース・インドネシア貿易相と会談した。五時に、イラン女優プリバナイさんが大臣室を訪ねた。大勢カメラマンが入り大変だった。

六時より、自宅で宏池会の記者招待が行なわれ、おみやげを次々に渡した。家の大そうじ兼記者招待というところである。

十二月二十一日（金）

七時五十分、石上〔立夫〕日本国土開発社長が来訪した。

九時より、閣僚懇談会及び記者会見。

十時より、アジア局ブリーフィング。日韓定期閣僚会議についての準備である。

昼、NHKで石油問題についてのビデオ〔撮り〕を行なった。二時過ぎ、住友化学長谷川〔周重〕社長等が来訪した。

二時三十分、国連局ブリーフィング。三時半宮武〔徳次郎〕社長、佐藤正忠〔フェイス出版〕社長、有吉〔新吾〕三井鉱山社長、古川丈吉氏等が次々に来訪した。

四時半よりサンケイ新聞対談を行ない、五時半より前田義徳NHK会長が来訪、続いて木村〔一三〕国貿促理事長が来訪した。唐島基智三氏〔政治評論家〕を囲む会が開かれたが出席できなかった。

六時より栄家で三金会が開かれ、米田中では末広会が行なわれた。

十二月二十二日（土）

総理がいよいよ退院して、臨時閣議が開かれた。

続いて国民生活安定緊急対策本部の会合が開かれ、首相談話が発表された。

十時三十分より国防会議議員懇談会が開かれ、十一時三十分に臨時閣議が開かれた。続いて記者会見。一時より、アジア局ブリーフィングが行なわれた。

一方塩業者が要求していた色装代と石油代の値上がりについてはやっとけりがつき、四億円で妥結した。ただし塩価については、今後の情勢の推移に応じ見直すことを予定しているので、四十九年度の塩の収納価格の交渉は相当紆余曲折が予想される。

十二月二十三日（日）

九時二十四分より、習志野で三木証券主催の親睦会が行なわれた。大臣は五〇・四八でまあまあであった。風が強く決してゴルフ向きの天候ではなかったが、皆んな元気にプレーした。外務省からも藤井・中本両秘書官が参加した。

十二月二十四日（月）

九時四十五分より、日本テレビで一月六日に放映する世界にかける橋のビデオ撮りが行なわれた。上智大の西園寺《ママ》〔武者小路公秀〕氏が対談の相手であった。

十一時より、ロシア共和国首相のソロメンツエフとの会談が行なわれた。十二時にヒルトンホテルに行き、今回の予算について党外交強化議員懇談会の先生方に挨拶した。

十二時半より、在京のアフリカ大使を集め午餐会を催した。

二時半にホテルオークラに宇都宮徳馬氏〔衆、東京、無〕が来訪し、金大中事件について意見を交換した。宇都宮先生は意見書を公表した手前おさまりがつかないと議員辞職ということになりかねないわけであるが、大臣よりは自重を要望した。

本省にもどり、岡山県知事〔長野士郎〕、平井〔平治〕帝石相談役、水野〔哲太郎〕五洋建設社長等と会った。五時よりアジア局のブリーフィングが行なわれた。

夜は三金会〔栗田氏〕に出席した後、藍亭の塚原、瀬木〔博政・博報堂会長〕両氏との会合に出席した。

十二月二十五日（火）

九時三十分より、日韓関係閣僚会議が開かれた。

十時より、閣議記者会見。十一時五十五分より、羽田に太〔完善・韓国〕副総理を出向えた。

二時半、経済局ブリーフィングが行なわれた。

三時五十分より宏池会に行き、小川〔鍛〕松下電機専務、宮崎輝氏〔旭化成社長〕、木曽〔幸陽ドック〕社長、日向〔方斉〕住金社長等と会った。

坂本三十次氏他ＡＡ研の先生十数人が来訪し、金大中氏の釈放について韓国により何らかの約束を取りつけて欲しい旨口々に要求した。

六時より大栄会に出席して、くじ引きをした後、七時より閣僚会議のメンバーをブュフェに招待した。今回の会議では経済協力の金額が少ないと、韓国側は大いに不満の様子であった。

〔十二月二十六日なし〕

十二月二十七日（木）

朝八時、藤本〔一郎〕川鉄社長、梅田〔善司〕川重常務が私邸に来訪した。九時二十分、外務省で新たに設立が検討されている国際協力公団の件につき桜内義雄先生〔衆、島根、中曽根派〕、床次徳二先生〔衆、鹿児島１、福田派〕

が来訪された。

続いて経済局ブリーフィング。

十時より金〔東祚〕韓国外務部長官と会談し、金大中氏の出国問題について話し合ったが確答は得られなかった。

十一時三十分、佐々木更三先生来訪し、訪中問題について話し合った。午後、太韓国副総理を羽田に見送った。

続いて宇都宮徳馬先生と会い、金大中氏の件について話し合い、かつ先生の辞任問題について慰留した。

一時半より、総理東南ア訪問について打合せを行なった。五時より大蔵省で予算の大臣折衝を行ない、農業協力10億円と在外公館との電信網二ヶ年計画について決定した。

七時より、大臣主催で霞クラブの忘年会を行なった。岩見〔隆夫・毎日新聞〕さんが幹事代表で名演説を行なった。

十二月二十八日（金）

八時十五分、三井製糖の水野〔忠夫〕社長が来訪した。また新井俊三氏が小泉明教授を連れてきた。

閣議記者会見。国民生活安定緊急本部第二回会合。

十一時過ぎ、近藤鉄雄先生がアセアンを結ぶ海運の重要性について、海洋大陸構想を持参した。

昼、第二大平会。

一時三十分より、日中問題に関するアジア局ブリーフィングが行なわれた。三時二十分羽田に三木〔武夫〕特使を出迎えた。

五時シベリア博視察、六時に川崎寛治先生が来訪。七時よりソロメンツエフ歓迎のブッフェに出席し、午後十時より、予算の大詰めである国防会議と閣議が開かれた。

十二月二十九日(土)

十時より、予算の計数整理の結果を報告する臨時閣議が開かれた。

続いて三木副総理を囲んで中東歴訪の結果について懇談した。

一時半より訪中の同行記者との顔合せが行なわれた。

二時半より在京ヴェネズエラ大使と会見し、引きつづきアジア局のブリーフィングを受けた。

三時四十五分に毛利松平〔衆、愛媛3、三木派〕先生と会い、理髪に行った。五時より桧山さんたちとマージャンをした。

十二月三十日(日)

朝スリーハンドレッドに行くことを予定していたが、風邪気味なので中止した。

一日中家でじっと寝ていた。鼻とのどがおかしく、はなが出てたんが出るときのどが痛い。

十二月三十一日(月)

朝十時頃、七度五分位熱があることがわかった。鶴巻先生に見てもらいに行ったが心配はないとのことであった。北京を訪問するのに誰か医者を連れて行くかどうかについて検討し、長沢先生についていっていただくことにした。熱海でゴルフしている葛谷先生を呼び出して相談するなど一日中大騒ぎであった。結局一日中熱は下らなかった。

今年は大晦日まで寝るなど良いことはなかったなあというのが、大臣の感慨であった。

一九七四（昭和四十九）年

一九七四（昭和四十九）年

一月一日（火）

熱は下ったが身体がだるいとのことである。朝宮中に行き、そのままホテルオークラで静養した。年始の客が大勢私邸につめかけたが、風邪をひいている旨を告げてお断りした。琴桜〔第53代横綱〕等の他、伊東〔正義〕先生、佐々木〔義武〕先生、大松〔博文。参、全国、無〕先生、玉置〔猛夫〕先生等が次々に来られた。夜は結局ホテルオークラに宿泊した。

一月二日（水）

朝身体がだるくて、おっくうなのを押して出発である。九時四十分にホテルオークラを出て、そのまま飛行機の乗り込み口まで直行した。羽田には陳楚〔中国〕大使のほか、藤山愛一郎先生〔衆、神奈川1、藤山派〕や宏池会の各先生が見送りに来ていた。官房長官〔二階堂進〕もこられていた。
ジャンボに乗って香港に行き、杭州まで汽車でわたって北京に乗り込む迂回路である。

〔一月三日～一月五日なし。日中航空協定の締結交渉のため訪中〕

一月六日（日）

夜九時半、予定通り全日空の特別機は着いた。空港には官房長官、陳楚大使のほか玉置〔猛夫〕先生、服部〔安司〕先生、天野〔公義〕先生らが来られていた。

羽田東急ホテルで記者会見の後、出雲の間で出迎えの人の挨拶を受け家路に着いた。

一月七日（月）

朝七時半に、総理官邸におもむき訪中の報告をし、東南ア訪問について打合せた＊。ホテルオークラで食事の後、十時出発の総理を羽田に見送った。顔面神経炎で総理の顔は未だゆがんでいた。帰りに吉田工業の新年会に立ち寄り挨拶をした。

十一時より、アジア・アフリカ法律諮問委員会の開会式に出席し挨拶した。しかし、身体の調子が良くないのでホテルオークラで休んだ。出発前にひいた風邪が残っているうえ、腎臓結石の一つが降りてきたため鈍痛があり元気が出ないのである。そのため古河電工の新年会の出席は取り止め、大臣夫妻主催アジア・アフリカ法律諮問委員会のカクテルパーティは次官主催に切りかえた。夜はそのままホテルオークラに泊った。

＊田中首相は、一月七日から十七日にかけて、フィリピン、タイ、シンガポール、マレーシアの五カ国を訪問。

一月八日（火）

十時、閣議記者会見。十一時半より南越〔南ベトナム〕外相と会談したが、途中より法眼〔晋作〕次官に代わってもらった。午餐会は次官主催に切りかえてもらった。

家で寝ていたが、四時前に葛谷先生より電話があり、気力がないのは糖尿病悪化のせいかも知れないということで、急きょ入院することとなった。夜の大平会〔大平を囲む財界人の会〕は欠席した。

成人病研究所には大臣夫人のほか、森田が泊りこんだ。便秘がひどく夜中に何回も便所に立った。熱はなく平熱である。

一月九日（水）

朝早く、通じがゆきだいぶ楽になってきた。しかし結石はやはりつまったままで調子は回復しない。熱はなく平熱である。朝食前と十時十分、十一時十分、十二時十分に糖尿病の検査をした。結果は食前が一三二でまあまあの状態であった。大臣の希望で昼過ぎ退院した。

二時半に松永〔信雄〕条約局長と国広〔道彦〕広報〔中国〕課長が来訪し、日中航空協定について説明し、今後の方針を協議した。

三時に、福田篤泰先生〔衆院外務委員長〕が来訪し、今週中に政府案を作成し、十七日に党に説明することとした。中華航空という名称と国旗はかえなくともよいということであるので、本問題はけりがつくものと考えられる。結局日航をダミーにすること、大阪を他へ移すこと、成田と羽田を分離すること、事務所業務は委託することが主たる内容である。

一月十日（木）

朝、気分は大分良くなったが、結石が出ないのですっきりしない。血沈が五六、白血球が増加しているのは、結石による炎症が起っているためと考えられる。

問題は十一日の閣議及び政府与党連絡会議に出るかどうかということと、十二日より四国に行くかどうかである。二月十一日にニクソン提案による外相会議〔石油消費国会議〕が米国で開かれることとなった。これには当方も出席しなければならない。病気のため苦しい毎日が続く。

しかし医者は結石ができることには関心が強いが、出ることにはあまり関心がない。炎症さえ起こらなければ命に別状はないからだ。

本人のいらいらは高ずるばかりである。夜ビールと水を飲んだところようやく石が出た。

一月十一日(金)

平井卓志氏の選挙〔参議院補欠選挙〕を応援するため、明日は郷里に帰らねばならない。

昨夜石が出たので、体力の消耗は残っているが気分はよくなった。

閣議に出席して中東への国連軍分担金について説明した。未だ身体が本調子でないので用心のため帰って寝た。

葛谷先生が心配して、四国行は見合わせるように言うが、この際帰っておかねばという決心は変らなかった。

一月十二日(土)

朝七時過ぎ、家を出て羽田空港に向った。朝早かったため恒例になっている火に気を付けるようにようにとの注意を今日だけは忘れた。

羽田空港で橋本清氏〔高商同級生。元東京銀行常務〕と〔その友人の〕伴野さんを、増岡〔博之〕運輸政務次官に紹介してよく頼んでおいた。フィジー島の運送会社(船会社)設立の件である。

高松に着くとすぐ記者会見し、市内を流した後、中央公園で卓志君の応援演説をした。

病気の間のもどかしさ、いらだちを一気に吐き出すように演説したため皆んなが驚いていたようであった。

そのまま観音寺に行き昼食をすませた後、観音寺市民会館で演説した。近隣の町村から二千数百人の人が集まった。終了後、坂出に向った。

坂出市内に入ってしばらくすると、後ろの警固車から警官が降りてきて東京の家が火事であることを告げた。相談の結果、森田のみ先に家に帰ることとした。

一月十三日（日）

予定通り丸亀、善通寺、琴平での演説を終えて東京に帰ってきた。郷里でも多数の人々から見舞いの言葉をいただいたが、むしろ恥しさ一杯であった。よく家を治めえぬものが天下を治めうるかと。

とりあえず焼けあとを見てまわった。既に十人以上の人々が見舞に訪れたとのことであった。夜はホテルオークラで泊った。自分の家も焼けることがあるものだというのが実感であった。

〔一月十四日なし〕

一月十五日（火）

休日であるが、相変わらず森田家には大勢に人々がつめかけた。二階堂〔官房〕長官、中村梅吉法相〔衆、東京5、中曽根派〕、小坂善太郎先生〔衆、長野1、無〕らが来られ、天野〔公義〕先生〔衆、東京6、大平派〕は一日中受け付けに立ってくれた。今日は成人式で萩原さんのところ、たか子ちゃんが振りそで姿で着かざっていたのが目を引いた。

家の再建は元の場所とすることとして取りこわしをはじめた。金庫は焼け残ったのでそのまま残すこととした。どこに頼むかはもめていたが、藤田工業に頼むこととした。林倉さんが直接の窓口である。こわすのはほこりが立つので結構時間がかかるそうである。

一月十六日（水）

六日に帰国してから、実質的には始めての勤務日である。

十一時半に、チャタウエイ英産業大臣と会談した。

おひるの〔宏池会〕定例総会は火事のお詫びに出ても、明日に迫った日中航空協定について派閥次元で処理しているとの非難を受ける恐れがあるため、森田が代って出席した。

明日への勉強と外交演説の原稿作りに精を出した。

四時十分パキスタン大使の新任表敬、四時三十分モンゴル大使の新任表敬が行なわれた。

夕方は、大臣主催英国産業開発大臣招待ビュフェの後、清水で行なわれた福田〔篤泰。衆、東京、水田派〕外交調査会会長〔外務委員会〕主催の新年会に出席した。

八時頃、松ケ枝での青らん会に出席して若手財界人と意見を交換した。

一月十七日（木）

八時半より福田家で黒川〔信夫〕氏の朝食会が行なわれたが、大臣は忙しいので森田が代って出席した。

十時より三時間、外交調査会、外交部会、交通部会、交通特別委員会の合同部会が開かれ、日華議懇の先生方や青嵐会の先生方が激しく政府案に反対した。ハト派からは河野洋平先生〔衆、神奈川5、中曽根派〕らが演説した。

二時半ブルスター・〔米〕エール大総長が来訪し、名誉学位授与のため是非五日に訪米して欲しいと要請した。

大臣も好意を喜んで受けたい旨答えた。

インドネシアで学生デモ等の洗礼を受けた田中総理が帰国し、そのまま官邸で意見交換を行なった。日中航空協定問題は話題にならなかった。

夜のクラブ懇談は時間くり上げの形でこの後行なわれた。カヤ会に出席し食事した。

一月十八日（金）

朝総理に電話し、日中航空協定問題についてよく依頼した。

十時より、閣議記者会見。経済関係閣僚協議会も開かれ、終了が相当遅れた。そのため塩工業会新年会には遅れて出席し、その後すぐ栄家の第二大平会に出席した。

二時よりアイルランドとの租税条約の署名式をとり行ない、続いて木村武雄先生〔衆、山形1、田中派〕と会った。

二時二十分、マダガスカル大使の新任表敬が行なわれた。坂出より松井さん達がお見舞いをもって押しかけてきたが一応持ってかえってもらうことにした。

夜は稲田〔耕作〕さんの三金会に出席した。

一月十九日（土）

朝十時より、党大会が行なわれた。大臣が出た後で中尾栄一先生〔衆、山梨、中曽根派〕が激しく大平糾弾を行なった。即ち、日ソ共同声明、アラブ外交、東南ア外交、日中航空協定についてである。

日韓問題を勉強し、総理の施政方針演説を検討した。続いて日中航空協定について問題点を洗った後、福田篤泰先生、藤山愛一郎先生と会った。

板垣〔修・日台交流協会理事長〕さんが台湾と交渉して帰って来たので報告を聞いた後、党四役と日中航空協定について意見交換した。

八時より、官邸で施政方針演説の打合せをした。

一月二十日(日)

ゴルフ日和の良い天気であったが、ゴルフをする気になれず、本屋に行くことにした。光一〔森田長男〕は自分の買う本を買ってしまうと早く帰ろうとせきたてた。三越の特別室で食事をしたところ、うなぎ丼を全部平らげた。帰ってから二時より五時頃まで昼寝をした。夕食は下の山里で皆んな一緒に焼肉を食べた。

一月二十一日(月)

九時半に、臨時閣議が行なわれた。

一一時より第七二回通常国会開会式が行なわれ、終了後栗田〔勝啓・三金会〕氏、プリンストン大学学長が来訪した。

一時衆院本会議の政府演説、三時参院本会議の政府演説が行なわれた。外交演説についてはほとんどやじもなかった〔『全著作集4』26—34頁所収〕。

翌日のサンケイ新聞が比較的くわしいコメントをのせていた。本会議より帰って、省内の日中航空協定の打合せをした。それが長引いて、ホテルオークラで行なわれた前尾繁三郎君を励ます会には出席できなかった。

森田は日中、今度森村さんより借りる家を見に行った。ここしばらくカラカラの天気が続いていたが、今度は一転して大雪となった。ある程度までつもって高速道路は札どめとなった。

いよいよ国会の開幕である。二十二日か二十三日かといわれた開会式も本日と決まった。九時半よりの閣議記者会見の後、十一時より七二回通常国会開会式が行なわれた。出来上がったばかりのモーニングを着ていくと、各閣僚がじろじろと見たそうである。

十一時二十分栗田氏が来訪し、続いてゴーヒン・プリンストン大学学長に会った。森〔誓夫〕共石社長が火事のお見舞いに参上した。

一時に衆院本会議が開かれ、総理、外務、大蔵、経企の四相の演説が行なわれた。総理の演説はビジョンがないと不評で、外交演説はサンケイ新聞の解説でおほめをいただいた。

三時に、参院本会議が開かれた。

夕方、ホテルオークラで前尾繁三郎議長の激励会が開かれたが、日中航空協定の会議のため出席できなかった。これは皆んなの注目するところとなった。

五時半に火曜会が開かれたが、お開きに近かったのでおかみさんの部屋で食事した。

一月二十二日（火）

八時半に田畑久宣氏〔錦海塩業社長〕が火事見舞いに来訪し、三土とうすけ〔統介。蔵相、枢密院顧問官、内相などを務めた三土忠造の三男。香川県出身〕氏のことを依頼して帰った。

九時より、閣議記者会見。

十時半に仮縫を行ない、十一時よりインガソル国務次官補に会った。

昼外務省で食事をした後、平野〔赳〕日魯漁業社長が火事見舞に来訪し、続いて私鉄各社社長と運賃値上げ問題について会談した。

一時より、国会関係やヤマニ〔サウジアラビア〕石油相との会談に備えてブリーフィングが行なわれた。

四時より日航会長小林中氏、朝田〔静夫〕社長が来訪し、日台路線について話し合った。四時《マ》よ《マ》り宏池会に行ったところ、浦野〔幸男〕先生、瓦〔力〕先生、佐々木〔義武〕先生等がおり、日中航空協定について打合せした。

六時より、栄家で大栄会が開かれた。

一月二十三日（水）

九時二十分に、露木清・三菱銀行専務〔商大同期〕が来訪した。九時四十五分ナフ〔ク〕ェア・エジプトアルアハラム紙中央編集会議理事と会談した。続いて吉田工業〔吉田忠雄〕社長、淡交会代表と次々に会った。

十一時四十五分、在京スペイン大使の離任表敬が行なわれた。

一時より衆院本会議で成田〔知巳・社会党委員長〕、小山〔長規・自〕、村山喜一〔社〕の各議員からの代表質問を受けた。四時半より記者懇談が行なわれた。

そのままOAPECの議長であるアブデスサラム・アルジェリア工業エネルギー相出迎に行ったため中島慶次氏〔元王子製紙社長〕を偲ぶ会には出席できなかった。帰りに銀座東急ホテル八〇一号室で、中尾宏先生〔衆、鹿児島2、椎名派〕と秘密裡に会談した。

一月二十四日（木）

九時十五分より、アルジェリア工業エネルギー相と会談した。

十時より参院本会議で、藤田進（社）、郡祐一（自）の両氏より質問を受けた。

十二時より宏池会の定例総会が行なわれたが、大臣は本会議が遅れて出席できなかった。又各先生方もお昼に行なわれた日中議運の日中航空協定の会合に出席したため宏池会総会は短時間しか開かれなかった。

昭和十一〜十二年に大蔵省に入省した人々の星野喜代治氏〔日本不動産銀行相談役〕を囲む会が葵会館で開かれたが出席できなかった。

二時、衆院本会議の代表質問で、金子満広（共）、竹入義勝（公）、春日一幸（民）の各氏が質問した。

七時よりアブデスサラム歓迎レセプションがホテル・ニューオータニで開かれた。公館で行なわれる予定のクラブ懇談は繰り上げて行なわれた。

一月二十五日（金）

八時四十分に、ホテルオークラに深尾〔清吉・宝幸水産〕社長が火事見舞のため来訪した。九時より、閣議記者会見。十時十五分より参院本会議で、二宮〔文造〕（公）、向井〔長年〕（民）、小笠原〔貞子〕（共）、田中〔寿美子〕（社）、和田〔静夫〕（社）、山田〔勇、横山ノック〕（第二）の各氏が代表質問を行なった。

思ったより早く本会議が終了したので、ホテルオークラで行なわれた関西経営管理協会に出席して二十五分位講演を行なった。この話に感激した出席者のメンバーが火事見舞を四十万円集めてとどけてきた。

七時より、藍亭で大臣主催の訪中同行記者団の招待会が開かれた。

一月二十六日（土）

結局、一月二十七日の投票日をひかえて、最初の応援にかけつけることとした。

十時に藤山愛一郎先生と外務省で会い、日中航空協定について意見を交換した。

十一時より、天皇皇后両陛下の金婚式が行なわれた。これには出席できるかどうかが最後までよくわからなかったが、結局夫妻で出席した。

十二時に、李〔哲承〕韓国副議長に接見した。

一時より、衆院予算委で提案理由説明及び補足説明が行なわれた。終了後ＥＣ〔エスコートカー〕つきで羽田空港に飛ばした。四時十五分高松着。瓦町駅前、三越前で街頭演説をした。

夜は加藤〔常太郎。衆、香川2、三木派〕、藤本〔孝雄。香川1、三木派〕、木村〔武千代。衆、香川1、中曽根派〕、福家〔俊一。衆、香川1、福田派〕の各先生とともに個人演説会に出席して、平井卓志候補の応援演説をした。十時三十分に関西汽船に乗船した。

一月二十七日（日）

六時十分大阪港に到着し、そのまま伊丹空港に向った。七時発七時五十五分に東京着。関西汽船の中ではあまり寝られなかった。

二時十五分より、ＯＡＰＥＣ議長及びヤマニ石油相と会った。福田蔵相、中曽根通産相とも一緒にである。会談は延々と夕方まで続いた。

記者会見の後、ホテルオークラに帰って、久保〔紘〕毎日政治部長とともにスキヤキを食べた。

一月二十八日（月）

衆院予算委が九時より開かれた。先陣の社会党書記長石橋政嗣氏が物価問題を中心に政府を追及した。しかし、石橋氏は外交防衛問題が得意の分野であるため、さほど迫力がなかったとの声が強かった。

昼、田英夫議員〔参、全国、社会党〕ほかが、日本ベトナム友好協会の件について、一方的に南越政府に援助することのないよう陳情にやってきた。

自民党からは田中正巳（自）先生が立ったが、与党質問らしからぬ鋭い質問も飛ばしていた。

夕方参院予算委で、提案理由説明が行なわれた。

記者懇談が終ると六時過ぎであり、栗田氏の三金会には結局出席できなかった。

七時半より大臣主催のアブデスサラム・エネルギー相、ヤマニ石油相招待の晩餐会が行なわれた。

一月二十九日(火)

九時より予算委が開かれ、閣議は社会党大会のため予算委が休みになる翌日に延期された。共産党不破〔哲三〕書記長が、商社脱税問題について追及し、新聞に大きく報ぜられた。また公明党矢野〔絢也〕書記長は、ミッドウエイの放射能の測定の誤り、ねつ造問題について追及し、社会党の質問より調査機能がいき届いていることを印象づけた。

六時から米臨時代理大使主催の日米安保協議委員会のレセプションと、栄家で住友金属鉱山の会合が開かれたが、国会が遅くなり出席できなかった。

アルジェリア大使公邸で開かれたアブデスサラム工業相とヤマニ石油相の晩餐会に出席したところ、日本人は一人で二人の大臣大使から次々質問が出され、通訳もいなかったためほんとに難渋した。

一月三十日(水)

九時に〔自民党〕交通部会長の佐藤孝行先生〔衆、北海道3、中曽根派〕がホテルオークラに来訪し、四十分にわたって日中航空協定について意見を交換した。

十時より閣議が開かれ、記者会見のあと、十一時より基地返還にかかるアメリカ局のブリーフィングが行なわれた。引き続き石油問題について、中近東アフリカ局のブリーフィングが行なわれた。

二時半より、第十五回の日米安保協議委員会が開かれた。四時半よりヤマニ石油相と会談し、終了後記者会見した。

六時からの末広会には出席できず、般若苑で行なわれた海洋議員連盟訪米団主催のガイラー米太平洋陸軍総司令官招宴に出席した。米太平洋軍の参謀長は台湾で不穏な動きがあるときは、米太平洋軍が責任をもって処理すると言明した。

九時半にアブデスサラム工業相を送りの予定であったが、翌日にのびた。

十時より総務会長〔鈴木善幸〕との間で党内取りまとめの案を打合せた。

「総務会における党議決定の案」

日中航空協定の処理並びに日台航空路線の処理についての外務・運輸・両省案の基本はこれを諒承する。政府がその具体的処理をするに当っては副総裁・党三役と事前に協議のうえ対処されたい。

一月三十一日（木）

八時半より成人病研究所で健康診断を行なったところ、食前が一三七であった。

十時より、福永一臣〔衆、熊本2、福田派〕委員長主催の航空対策特別委員会が開かれた。大平派の先生が大勢出ていたので比較的穏やかな空気であった。長らく宏池会の総会に出ていないので、これに出て午後の交通部会に臨んだ。ここで延々四時まで反対論がくりひろげられた。

三時からの宏池会記者懇談は延期となった。

四時から佐藤〔保三郎〕キリンビール社長、永野〔重雄〕バングラデシュ使節団団長が来訪した。

本省で記者懇談の後、日韓大陸棚に関するブリーフを受け、ヤマニ石油相を見送りに行った。

一旦清水にもどってきて、小山長規先生と会い、宏池会親衛隊の記者と会った後、アブデスサラムの見送りに行った。

二月一日（金）

宮武〔徳治郎・大日本製薬〕社長がサリドマイド裁判の和解の件について来訪した。

八時二十分サンケイの前田久吉氏〔元会長〕が来訪し、大臣と二人で相当長時間にわたり話し合った。

九時より、閣議記者会見。十時より衆院予算委が行なわれ、多賀谷真稔（社）、松本善明（共）、辻原弘市（社）の各先生が質疑を行なった。

一方党内では、日中航空協定の論議がにぎやかに進行している。時間が長引くにつれ、台湾の態度も次第に硬化しつつあるようだ。

四時四十分からアメリカ局ブリーフィング。

五時に有吉〔新吾〕三井鉱山社長がアメリカの鉱山開発について相談に来た。

二月二日（土）

九時からアメリカ局ブリーフィングが行なわれ、沖縄の基地整理について御進講した。

十時より衆院予算委で総括質疑が行なわれ、八木一男（社）、近江巳記夫（公）、阿部昭吾（社）の各先生が質問した。

五時頃終了し、そのまま私邸に帰って、六時より食事をした。

今日は引っ越しをしたのではじめて、森村邸より借り受けた家に入った。少し狭いがなかなか良い家である。ただし寝室がガラス戸一つで外から見えるため、その間に本箱を置くことにした。家の中はまだ片付かないので早急に片付けるように指示した。

二月三日（日）

日曜日とはいいながら、朝九時からお出かけである。後藤で花を三つ買った後、椎名〔悦三郎〕副総裁の宅を訪ねた。ごく短時間会談した後、水田〔三喜男〕政調会長の宅を訪ねた。いずれも御在宅で、長らくの懸案であった党幹部との会談が終了した。

その後、総理の宅を訪ねることにした。総理は銀座の末広に出かけ、その後病院へ治療に行くとのことであった。

帰りに交通会館に寄り、カバンを買って帰った。あれこれ探したが結局平凡な買い物になった。

夜、安本〔和夫・トーメン〕社長が先日国会で矢野〔絢也〕公明党書記長の提起した商社脱税問題について相談に来た。

その後、相模市の宇都宮徳馬先生〔衆、東京2、無〕を訪ね、議員を辞職することを慰留した。

AA研〔アジア・アフリカ問題研究会〕はこの問題も考え、党の正常化連絡組織を作ることとなった。

二月四日（月）

十時より衆院予算委が開かれ、玉置一徳（民）、石橋政嗣（社）、赤松勇（社）の質問が行なわれたが、今まで発動していなかった買占め売惜しみ法案五条による発動を、中曽根通産相らがこの条項に基づき調査していると答えたため委員会は中断した。

昼、OECD吉野〔文六〕大使が近く開かれる日米石油会議のことについて報告を行なった。

審議中断を利用して、夕方理髪を行なった。記者懇談のあと、アメリカ局のブリーフィングを行なった。

七時半より総理官邸で政府全閣僚と財界首脳との懇談会が開かれた。

二月五日（火）

九時より、閣議記者会見。

衆院予算委が開かれ、赤松勇（社）先生が前日に引き続き質問した。

夜、金曜会が行なわれ、椎名副総裁、灘尾〔弘吉〕先生、前尾〔繁三郎〕先生が来られるとのことであったが、出席できなかった。

大雄会に出席した後、昨夜なくなられた杉浦右門先生〔大平親戚。医師〕のお通夜に行った。

その後パレスホテルで三原朝雄先生〔衆、福岡2、無〕と秘密であった。三原先生は青嵐会等の先生方との間で調整に動いてくれているようである。

又昼行なわれた交通部会は、大臣は出席しなかったが、タカ派の先生方は専ら運輸省と外務省の連絡の不十分さや外務省の独走をなじっていた。

二月六日（水）

八時に、五島〔昇〕東急社長が芳芽会の火事見舞をもって私邸に来訪した。同じく前田〔敬二・香川県会〕議長が来訪し、今回の知事選には自粛するよう大臣より申しわたした。

九時半より日豪渡り鳥条約署名式が行なわれたが、同じ空飛ぶ話でも日中航空協定とは全く異なり、ノンビリムードである。

十時より衆院予算委が開かれ、岡田春夫（社）、荒木宏（社）の両先生が質問に立った。岡田先生はタイの運河における水爆工法をとり上げ政府を追及した。

五時過ぎ政審に入っているとき、PFLP〔パレスチナ解放人民戦線〕ゲリラによるクウエート日本大使館占拠の報が入った。外務省に帰り、平沢和重氏〔元外交官、NHK解説委員。三木内閣の外交ブレーン〕と会った後、対策を講じた。総理も病院からかけつけ直接に現地との交渉に当った。

今晩は陳〔楚〕中国大使から呼ばれていたので、ちょっと出席したうえ、再び外務省に帰り緊急措置にあたった。

日航がDC—8を出すことになり、田中〔秀穂・中近東アフリカ〕局長と大森〔誠一・アジア局〕参事官が同乗して行った。

二月七日（木）

各紙の紙面はもっぱら、PFLPゲリラの記事で埋めつくされている。

九時より経済局のブリーフィングを受けたうえ、予算委員会に臨んだ。予算委では楢崎弥之助（社）、正木良明（公）、湯山勇（社）の各先生が質問し、午前中に防衛問題で中断した。

午前に総務会が開かれ、水田〔三喜男〕政調会長が一項については賛成、二項以下については賛否両論ありとの報告を行なった。相変わらず藤尾〔正行。衆、栃木2、福田派〕、玉置〔和郎。衆、和歌山2、無〕議員が激しく反対の論陣をはった。

会議は本会議後再開されることになった。

昼、ワシントン石油〔消費国〕会議の打合せが行なわれた。

四時四十五分より記者懇談、その後同行記者との顔合せが行なわれた。

二月八日（金）

アメリカの石油会議の出発の日というのに、朝から予算委で特に午後からの小林進（社）先生の金大中事件に関する質問はひどかった。

予算委終了後、役所に帰って、日中航空協定及びゲリラ事件の打合せをした。そのため栄家での大平会は出席できなかった。

自民党総務会は日中航空協定について議論したが、結局結論を出すに至らなかった。外務大臣がいなくなってからの方がよいという、水田政調会長の配慮からのことである。

ゲリラの最終到着地は南イエーメンのアデンにきまり、解決のめどがついてきた。

九時三十五分役所を出て、九時半発のＪＡＬにのり込んだ。しかし出発が約一時間遅れた。新聞記者は約十三名が同行したが、伊藤団長はじめうるさ型ぞろいである。ハワイで二時間ばかり止った。

二月九日（土）

ハワイでゲリラ事件解決の報を聞いた。早速外務大臣の談話を用意した。人命に損傷がなかったのが何よりである。田中〔中近東アジア〕局長には、三木副総理が出迎え、田中総理が晩さん会を開くとのことである。一躍英雄になった。

ロスについて総領事等の出迎えを受け、センチュリープラザホテルに入った。それから間もなく中華料理店で新聞記者と食事をともにし、その後懇談した。同行の新聞記者もお互いにあまりよく知らないようで質問もあまり出なかった。

翌日九時過ぎ、ロスをたちワシントン入りした。丁度前日雪が降ったとのことで一面真白の雪景色であった。大使公邸に直行しビュフェを行ない、その後打合せをした。各人から相当活発な意見が出された。森山〔欽司・科学技術庁〕長官は相変わらずの調子で、原子力の重要性をとき、通産省のサンシャイン計画＊等との重要性又は緊急性の差についてとうとうと述べていた。

＊第一次石油危機を契機に、一九七四年七月エネルギー問題とそれに付随する環境問題の抜本的な解決を目指して作られた日本の新エネルギー技術研究開発についての長期計画。

二月十日（日）

朝は、夏時間のせいで八時頃まで暗い。八時半より、鶴見〔清彦〕審議官、吉野〔文六〕大使、宮崎〔弘道・経済局長、天谷〔直弘・通産省〕国際部長等とともに朝食を伴にした。通産省が異なる音色をださぬようよく意思疎通を図っておこうというわけである。

十二時半より、キッシンジャーとのビジネスランチがあった。キッシンジャーは、積極的に産油国と協調していく旨述べたそうで、わが国の会議に臨む気分もいくらか和らぐ。

その後、カナダのシャープ外相と会談し、日加閣僚会議のことを討議した。

その後、記者会見したが、最初から石油価格の見通し等核心に触れる質問が出てきたので、まだ議題が出ていないうちにあれこれいうのは早いといなしておいた。

夜は公邸で、森山長官らと一緒に御馳走になった。安川〔壮・米〕大使は淡路島のじょうるりがあるということで先に席を立ったが、ニューヨークで馬が暴れたとのことであった。

二月十一日（月）

いよいよ石油会議の開幕である。三番目に演説するということで、朝五時頃から目がさめた。

会議は十時から開催され、キッシンジャー長官が司会役をつとめた。ジョベール〔仏〕外相は相変わらず辛らつなセリフで米国にたてついた。

米上院議員のセリフを引用したりしたが、キッシンジャー長官が参考にその人の名を教えてくれませんかといったので、満場は爆笑になった。ＥＣはその内部の意見が固まらず、全体会議が終ってからは閣僚も入って調整がつづけられた。

夜はニクソン大統領主催のブラックタイ・ディナーが行なわれた。ニクソンからよい演説だとほめられた。

二月十二日（火）

朝はゆっくり寝た。前日のように鶴見審議官、宮崎局長、両角〔良彦〕顧問らと一緒に朝食を共にした。十時より、会議が続行された。コムニケに関するアメリカ案が出たが、そのままではとてもEC等にのめるものではない。フランス代表は今夜かえるといわれている。従ってコムニケも出せないという最悪の事態も予想されることとなった。

この両者（米とフランス）をとりもつための日本の考え方を紙にして各国代表に配布した。日本の自主的行動の基準というべきである。

夕方、内外記者会見が行なわれた。ジョベール外相の記者会見はそっけなかったのに反し、大臣の会見は丁寧でよくわかったと好評であった。

しかし、会議は結局EC内部の意見がまとまらず、翌日続行されることとなった。鶴見審議官と宮崎局長にコムニケ作業のとりまとめをまかせることとした。宮崎局長は結局朝五時まで徹夜した。

二月十三日（水）

EC内部は結局意見が一致しなかったが、ところどころフランスが留保したままコムニケが作成されることとなった。

宮崎局長が帰ってきたので、朝食前に各省随行者を集めて結果を報告した。日本の提案が全面的に入れられたわけではないが、充分な成果はあったというべきであった。

会議の開会はかなり遅れ、コムニケが採択された。そのため昼に予定されていたキッシンジャー長官との会談が五時からとなった。キッシンジャー長官との会談では、最後にニクソン大統領の訪日と天皇訪米問題が討議された。

六時より、ワシントン大使館関係者及び随行者の労をねぎらう慰労会が開かれた。しかし関係者は疲れがひどく、かえって気の毒であった。六時五十分より新聞記者会見を行うこととし、その前に打合せをすることとしていた。ところが国務省より電話があり、直接に六時四十分より記者会見をすることにした旨連絡があった。

記者会見は、会議終了というほっとした雰囲気の中で行なわれたが、天皇訪米が七四年中か否かをめぐって論議があり、安川大使が〝かけてもよい〟といったことが問題化した。

二月十四日（木）

舞台は暗転した。出発の日というのに憂うつであった。日本で天皇訪米が問題化することはほぼ予測可能であった。

十時十五分、シューラムホテルを出た。このホテルは格式の高いホテルではあるが、古いため設備が充分でなく、暖房の調節がきかなかった。そのためクーラーをかけたりした。エネルギー節約の会議に出席中であるというのに！

ニューヨークに立ち寄り、空港のすぐ近くのホテルで昼食をともにした。平沢さんに久しぶりに会えた。安川・斉藤〔鎮男・国連大使〕・沢木〔正男・ニューヨーク総領事〕の三氏がクラブを贈ってくれた。

ニューヨークから日航のＰＣ８で一路日本に向った。アラスカのアンカレッジから日本に電話を入れたところ、天皇訪米問題が大分問題化しているとのことであった。アンカレッジから東京まではぐっすりと寝た。ソニーの盛田〔昭夫〕社長夫妻と御一緒になった。

二月十五日(金)

東京時間の七時三十分に帰ってきた。直ちに記者会見が行なわれた。石油会議の質問と天皇訪米問題とが半々というような状況であった。

大平派の先生方が心配して大勢つめかけてきていた。その中に平井卓志先生がいるのが目立った。宏池会の先生方にも挨拶したという。

留守の間に宏池会がかなりがたがたしているようだ。窮地に立って諸々のうみがふき出してくる感じである。親衛隊の先生方ですら、考えていることは自分のことばかりといった有様である。

田沢〔吉郎〕、浦野〔幸男〕両先生は人事について不満があるようであった。

新聞記者の人達が四、五人押しかけてきていたが、十一時すぎには帰ってもらった。

マッサージをとってぐっすり寝た。

二月十六日(土)

朝十時頃、役所へ出た。特に予定はなかったが、安川大使の処分を決めるためである。打合せの後、昼から石油会議報告懇談会に出た。

その後、安川大使の処分問題について首相と協議し、戒告にすることとした。大使については更迭か戒告しかないそうである。こういうことは早くやることが肝要である。

五時から、吉沢さんの結婚式に出た。同じく五時より貞広家の結婚式があったが、これには森田が代理で出席した。

二月十七日（日）

朝七時に、家を出て空港に向った。空港では佐々木秀世先生〔衆、北海道2、大平派〕と青木〔徹郎・TBS〕・梶原〔武俊・共同〕両記者が待っていた。同行とはご苦労なことである。二時間あまりかかって旭川空港に着いた。旭川は珍しく暖かくオーバーもいらぬ位であった。西田信一先生の事務所に立ち寄り、幹部の人を激励した。ニュー旭川ホテルで記者会見をした。地方の記者は純朴であまりするどく追及しなかった。それから旭川市長〔五十嵐広三〕より陳情を受けた。その後、外務大臣歓迎のレセプションに出席し、簡単な挨拶をした。その後、演説会場で西田先生の応援演説と講演とをまぜたような話をした。会場一杯に千人以上入っていた。

話が終るとすぐ、大勢の人たちに送られて空港に向った。佐々木秀世先生もそのまま東京にもどってきた。青木さんと梶原さんは空港から自宅に随行し夕食をともにした。夜九時頃NHK島〔桂次〕さんが来て、宮田輝さんの立候補について打合せを行なった。

二月十八日（月）

九時半より、ECのオルトリ委員長の関係のブリーフィングが行なわれた。十時半頃まで勉強のうえ、十一時半にオルトリ委員長を羽田に出迎えた。

そのまま栄家にもどってきて、第二大平会に出席した。一時より外務委員会に出席することになっていたが、荒船〔清十郎〕解任決議との関連で外務委員会が開かれず、そのまま記者懇談に出席し、末広会に大平夫妻で出た後、植松〔清・古河電工会長。昭和2年一橋卒〕さん主催の木村〔秀弘〕専売公社総裁を招く会に出席した。

朝、法眼〔晋作〕次官を更迭する意向を固めた。本当は自分がまっさきに辞めたいが、田中内閣の中における立場としてそうもいかぬ。これを総理と官房長官に伝えた。総理と官房長官は特に異議を唱えなかった。天皇御訪米問題は意外の波紋を呼び、青嵐会〔自由民主党の派閥横断的に結成されたタカ派の政策集団。一九七三年結成〕等の政争の具にされる。

二月十九日（火）

本日の閣議記者会見は、もっぱら法眼問題一色であった。急な話であるので各方面に波紋が広がっている。外務省は自分達が犠牲にされたとの受け取り方が強い。

十時半から十一時二十分まで、ECオルトリ委員長と会談した。オルトリ委員長はおとなしい人だ。そのまま総務会に出席した。もっぱら藤尾〔正行〕・玉置〔和郎〕両議員が天皇御訪米問題を取り上げて責任を追及した。

一時より、参院外務委が開かれた。社会党の田〔英夫〕氏が法眼問題を取り上げ、人事を政争の具にしていると追及した。

五時より、宏池会の臨時総会が開かれた。ここでは、大臣より事態の説明があり、一層団結を固めていくことになった。そこで事態は大平派と青嵐会の対決の色彩を強めていくことになった。

七時から、飯倉公館で大臣夫妻主催のオルトリ委員長夫妻歓迎晩餐会が開かれた。

二月二十日（水）

八時三十分、パレスホテルで三菱各社の社長会が開かれた。法眼辞任に関する悪評さくさくたる中で気分は重かった。

十時より、オルトリEC委員長と会談した。十一時十五分より、内外共同記者会見が行なわれた。

お昼に山王の事務所では、親衛隊の先生が集まり、宏池会のあり方について討議した。

十二時半より、大臣主催のハテム・エジプト副首相招待晩《マ》餐《マ》会が開かれた。

三時半より七時十五分まで衆院外務委員会が開かれ、石原慎太郎（自）、石野久男（社）、松本善明（共）、渡部一郎（公）、永末英一（民）の各先生が、天皇訪米問題、法眼辞任問題について質問を行なった。

記者懇談の後、桜茶屋で開かれたマブチモーターの株主総会に出席した後、東邦ガス青木〔清〕社長、こも田〔薦田国雄〕専務らと栄家で会合した。

二月二十一日（木）

朝八時半より、親衛隊の諸先生とホテルオークラで朝食会を行なった。機構改革についての第一次案がまとまり、これをたたき台として討論することとなった。問題点の最大のものは最高幹部と称する長老グループの取り扱いである。

九時四十五分より打合せを行なった後、衆院予算委員会に出席した。一般質疑で、北側義一（公）、多賀谷真稔（社）、安里積千代（民）、美濃政市（社）等の各先生が質問を行なった。

十一時五十分参院内閣委で提案理由の説明をした後、宏池会の定例総会に出席して石油会議の模様や天皇訪米問題について報告した。

続いて飯倉公館で日航関係者の招待午餐会が開かれた。午後も予算委が続行され、必ず出るようにといわれていた大久保会にも出席できなかった。

八時から、エジプト大使の公邸でハテム副首相歓迎の晩さん会が開かれた。

二月二十二日（金）

八時半より、院内幹事長室で運輸大臣〔徳永正利〕と日中航空協定について打合せた。九時より閣議記者会見。十時十分より衆院外務委員会が開かれ、河上民雄（社）、石井桂（自）、松本善明（共）の各先生が質問した。一時過ぎ役所に帰って食事した後、二時に此度外務省顧問に就任した前ＮＨＫ会長前田〔義徳〕顧問へ辞令を交付した。

二時半より、在京マレーシア大使が離任表敬のため来訪した。

三時十五分より衆院予算委で坂口力（公）が質問し、衆院内閣委では渡り鳥条約について提案理由説明が行なわれた。

七時半より、在京ドイツ大使主催のオルトリＥＣ委員長歓迎晩餐会が開かれた。

二月二十三日（土）

朝八時に岡山の逢沢英雄氏〔参、岡山、74年落選〕が来訪し、当面の選挙情勢について報告した。九時より、国民生活安定緊急対策本部の第四回会合が開かれた。

会合後、総理と日中航空協定について打合せたところ、これを促進するようにとの話があった。

総理と会見したので記者会見の要求があり、記者会見をした後、十一時半から橋本〔登美三郎〕幹事長と党本部で会談した。その後、水田政調会長を訪ねたが、千葉の方に出かけて留守であったため、鈴木〔善幸〕総務会長の部屋を訪ね、そこで昼食をとった。

その後、一時より、全共連ビルで瓦力先生の後援会に出席し挨拶した。その挨拶には最近読んだアンドレ・マルローの「倒された樫の木」という本の中から適当な語句を引用した。

三時より、椎名〔悦三郎〕副総裁を自宅に訪ね懇談した。とりあえず日中航空協定の交渉を進めるについて何等の異議はなかった。

その後、外務省に帰って記者会見した。

二月二十四日（日）

朝八時過ぎ家を出て、小金井に向った。アジア石油会長の長谷川〔隆太郎〕氏と一緒である。向うでは日の丸自動車の富田〔金重〕社長が待っていた。長谷川、富田、大平、森田の四人でまわることとなった。

大臣は最初のホールこそ無難にスタートしたもののバンカーで数多く叩き乱調であった。六十、五七のスコアであった。これに対し、森田は奇跡的に良いスコアであった。二ヶ月ぶりで四二・四四であった。

長谷川会長も悪かったが、富田社長は一年ぶりにやったにしては立派なものだった。

夕方、内田常雄先生〔衆、山梨全、大平派〕の結婚式があったが、大平夫人が出席した。

二月二十五日（月）

八時ヒルトンホテルで格物会が開かれた。久しぶりの会であるが、きわめて出席率は良好であった。日本が独特の役割をワシントン石油会議について、かなり長時間にわたって話をした。

その後、宏池会に行ったところ、鈴木総務会長をはじめ大勢の先生方が押しかけてきた。日中協定で世話になった先生をどのようにお礼するかについていろいろ検討が行なわれた。佐々木〔義武〕先生は〝大平会長が宏池会に来たから雪が降る〟とからかったが、本当に二・二六前夜の雪であった。

二時に、院内政調会長室に水田政調会長を訪ねた。会談はごく短時間で終了した。

三時から、外務省で諸問題の打合せを行なった。四時半からパナマ大使の新任表敬が行なわれた。

記者懇談の後、木村武千代先生〔衆、香川1、中曽根派〕が知事問題で打合せにきた。

三金会に出席した後、家に帰ると玉置猛夫先生が来ており、その後水野清先生〔衆、千葉2、椎名派〕が来訪した。

二月二十六日（火）

九時より閣議記者会見。十時半より、参院内閣委が行なわれた。引き続き午後からは衆院沖特委が開かれた。

四時から宏池会に行って諸先生方と相談した。日中航空協定でお世話になった各派の先生方を大臣が招待することとした。当初は服地等を配るかと言っていたが、結局このようにきまった。大体二十日過ぎまでに終了する予定である。

五時半にせき悪林協会の喜多〔正治〕専務理事が来訪し、明日の総会で挨拶することを依頼あしていった。

六時からヒルトンホテルで開かれた衆院外務委員長主催の懇談会に出席した後、栄家の大栄会に出た。

二月二十七日（水）

八時半、私邸に田畑久宣氏〔錦海塩業社長〕が来訪し、塩価問題、三土とう介氏の問題、讃岐公論の問題等について依頼していった。

十時二十分より衆院外務委が開かれ、水野清（自）、河上民雄（社）、松本善明（共）、永末英一（民）の各先生が質問した。

二時半より陛下に上奏のうえ認証式に侍立した。そのため外務省に帰るのがかなり遅くなった。

三時半より木村〔一三〕国貿促専務理事〔国際貿易促進協会関西本部理事長〕が来訪し、中国問題等について話し合った。四時にバンデイ・フォーリンアフェアーズ編集主幹が来訪した。続いて仮縫し、五時より在京キューバ大使新任表敬が行なわれた。

六時にせき悪林協総会に出て挨拶したが、声が小さかったせいか、喜多専務理事が大臣は元気がないと心配して

《宏池会組織図（森田手帳74所収）》

議員総会
- 会長　小川
- 副　田沢、天野
- 〃　植木（参）

会長 ― 名誉会長

幹部会
- 衆　小坂
- 島村、鈴木
- 小平、福永
- 佐々木（秀）、小川
- 小山、黒金
- 丹羽、大久保
- 八田、宮沢
- 参
- 塩見、西田

（座長　福永
幹事　天野、大久保）

世話人会
- 小川、天野、田沢、植木
- 衆　金子（岩）、浦野、田中、伊東
- 塩崎、瓦（参）、藤田、岩動
- 服部、佐々木（義）、村山

政務部
- 会長　鈴木
- 副　大久保
- 副　佐々木（義）
- 〃　藤田（参）

政策部
- 会長　小山
- 副　金子
- 〃　浦野
- 〃　嶋崎

選対委
- 長　佐々木（秀）
- 副　谷垣
- 栗原
- 久保田（参）
- 山内（参）

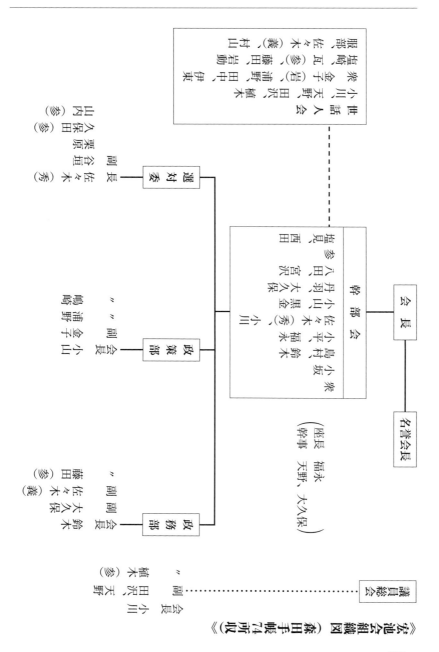

いたということである。

清水で〔宏池会〕幹部会のメンバーを集めて今後のことを依頼した。即ち此度の大平に対する攻撃を機に幹部会、世話人会、政務部、政策部、選挙部を設けて積極的に行動する派閥に脱皮することとした〔前頁図参照〕。

二月二十八日（木）

八時に、サントリー佐治〔敬三〕社長が来訪した。八時半に三土とう介氏が挨拶に来られ、九時に芦原〔義重〕関電会長が電力料金値上げ問題で来訪した。

国会は、証人切りかえに自民が応ずるかどうかで中断状態が続いており、暫定予算は必至の見通しである。

十二時より、宏池会定例総会が催された。

その後、参院議長公邸で行なわれた衆参両院議長主催のジミキ〔ヤ〕ーニン〔ソ連最高会議代表団〕団長歓迎レセプションに出席し、河野〔謙三・参院〕議長にも日中航空協定等のお礼を述べた。

その後、宏池会にもどって懇談した（宏池会記者との懇談をくり上げたもの）。

二時半よりアジア局ブリーフィング、三時半より中山〔賀博《よしひろ》〕駐仏大使、四時に松田竹千代先生〔衆、大阪5、72年落選〕が次々に来訪した。

夕食の後、九時からクラブ懇談を行なった。石井一先生〔衆、兵庫1、田中派〕が突然来訪し、最近の党内情勢等について話し合った。

三月一日（金）

九時より、閣議記者会見。十一時に金容完日韓経済合同委員会団長他が来訪した。

一時半に斉藤〔邦吉〕厚生大臣が今度の衆院選に立候補が予定される横田陽吉氏〔元厚生省年金局長〕を連れて来

訪した。若い感じのスラリとした好感のもてる人であった。

午後からは特に仕事がなかったので、岩波書店に行き本を物色した。同時に小平〔久雄〕先生〔衆、栃木2、大平派〕の御子息が結婚されるというので荷風全集を贈ることとした。

帰りに長谷川四郎先生〔衆、群馬2、福田派〕の長男の友三さんがなくなったので弔問に訪れた。また小平先生宅を訪れたが選挙区に行っており留守であった。

帰ってゆっくり本を読んだ。予算委が参考人か証人かで中断していることの余徳である。

三月二日（土）

朝は次々来客があった。即ち、出光佐三氏〔前出光興産会長〕が来た後、広島参院地方区の問題で藤田正明先生と西田県会議員が来訪し、黒川信夫氏が来て懇談した。その後、国見県議が来訪し、前田県会議長の件について懇談した。せめて前田議長を副知事として残してほしいというわけである。

その後は本の整理をした。即ち明ちゃん〔大平三男〕のところに置いてあったものを持って来て白いリュプケの本棚に飾った。

三月三日（日）

前日に続き快晴である。朝八時に藤井〔宏昭〕秘書官、八時十五分に中本〔孝〕秘書官が来訪した。今日は秘書官慰労のゴルフでスリーハンドレッドへ行こうというわけである。

スリーハンドレッドでは、永野重雄さん、桜田武さん、平和海運のパオさん、近藤荒一郎〔池田勇人秘書を経て、同女婿。実業家〕さん等に会った。

ゴルフは相対的に中本さんがよく、当たりから言えば藤井秘書官がよかった。大臣は四十台が出ず、五三・五五であった。以下藤井四八・五五、森田四二・五〇、中本五三・五六という工合であった。ゴルフが早くおわったので、パレスホテルに中山駐仏大使を訪ねた。

三月四日（月）

フランスでトルコ航空の飛行機が落ち、大勢の死者を出した。よく事故が起こるものである。朝十時に、日生下産業の金川〔義之〕社長が来訪した。続いてジミキーニン・ソ連最高幹部会議員と会談し、更にサリドマイド事件で宮武〔徳次郎〕社長が来訪した。

十一時過ぎからＡＥＡ事務局長と会い、成田勝四郎氏〔世界の動き社理事長・元外交官〕と紙上対談の写真撮影をした。

十二時過ぎ渡辺一太郎先生〔参、千葉、椎名派〕が来訪し、宏池会の先生なみに三月分を手渡した。

一時過ぎ青山斎場での玄雄君〔鈴木玄雄。大平秘書〕の岳父の佐々木俊二氏の告別式に出席した。

三時から衆院外務委が開かれた。これは六時頃終了したが、予算委が突然開かれることとなり、七時過ぎから寺前〔巌〕先生〔衆、京都2、共産党〕の墜落事故についての質問を受けた。

そのあと藍亭で開かれた三木派との会合に出席した。日中航空協定のお礼である。

三月五日（火）

朝、藤井秘書官から電話があり、事故のため大臣宅に着くのが間に合わぬとのことであった。確かに高速道路は混んでいた。ようやく八時半に国会にたどりつき、交渉開始について徳永〔正利〕運輸大臣〔参、全国、田中派〕と打ち合わせた。

九時より、閣議記者会見。

午前中は予算委が開かれ、終了後内閣委に出席したが、一時半に休けいになった時、原子力産業会議に出席するか、小坂徳三郎家の告別式に行くかの選択が残った。結局告別式に行った。帰って再び内閣委に出席した。五時前に終了したので宏池会に行き、伊東〔正義〕先生、佐々木〔義武〕先生等と打ち合わせをした。その後ホテルオークラに行き、遠山直道氏〔日興証券副社長。航空機事故で死去〕の追悼会に出席した後、霞クラブ〔外務省記者クラブ〕の皆さん方を家に招待しているので早めに帰宅した。霞クラブからは四十人位来て盛況であった。

三月六日（水）

朝から雨が降っていて、車が異常に混んでいた。十時半から宮中で地球〔地久〕節〔皇后の誕生日を祝う〕の儀式があったが、分科会のため出席できなかった。分科会は九時五十分から午後六時頃までぶっつづけに行なわれた。函館ドックの合田さんの結婚式があって出席して挨拶を述べた。それから直ちにひろしまに行き、田村元先生、鈴木総務会長、小川平二先生〔衆、長野3、大平派〕、小山長規先生と会食した。田村元先生一人に四人がかりとはえらく格式の高い先生ではある。食事の後、碁を打っていたが、途中で引き上げてきた。

三月七日（木）

十時より参院外務委が開かれ、田英夫（社）、黒柳明（公）、渋谷邦彦（公）、星野力（共）の各先生が質疑を行なった。二時からの故鳩山一郎先生十五年祭には出席しなかった。二時から、日中航空協定について打ち合せを行なった。三時半よりチャン・バンドン南ベトナム副首相が来訪した。露木〔清〕三菱銀行専務がアフリカミッションの帰国挨拶のため来訪した。また伴野氏と橋本清氏が突然に来て大臣と歓談した。平井北スマトラ石油社長が挨拶にきた。

四時半より、米国ＡＢＣテレビ・インタビュー。その後、木村武雄先生が来訪した。九時から飯倉公館のクラブ懇談はくり上げた。夜は水野〔清〕先生が幹事で、椎名派の先生を集めているところに出席して歓談した。

三月八日（金）

朝九時四十分に中曽根〔康弘〕通産相に会って、石油製品の値上げの件について話を聞いた。結局、適当な値上げ巾の範囲で上げることとした。

九時より、閣議記者会見。

引き続き衆院外務委が開かれ、午前中はそれでつぶれた。一時半頃終了し、昼食をしながら水野清先生及び野中英二先生〔衆、埼玉4、田中派〕に会って、ラオス議員同盟への報しょう費を五十万円支出することとした。また蔵内修治先生〔衆、福岡4、72年落選〕が来た。

アメリカ局及びアジア局のブリーフィング。丁度日中航空協定の議論をしている最中に、栗原〔祐幸〕先生が運輸大臣〔徳永正利〕と会った結果について報告をするために来訪した。それから上野精養軒で行なわれた天野公義先生の厳父の十七回忌の法要に出席した。そのまま栄家で開かれた大平会に行った。

三月九日（土）

朝八時半に家を出て、横浜カントリーに向った。讃油会出席のためである。三時頃にはワンラウンドを終了した。四五・四七で四等であった。森田は四三・四八で三等であった。

そのまま役所に行くこともできたが、一旦着がえのため家に立ち寄り、役所に出勤した。板垣〔修・日台交流協会〕理事長より、張研田・東亜協会理事長との交渉の結果について報告をきいた。記者会見の要求があり会見したが、板垣理事長より張氏の民間取極の構想について説明し、相手側も検討を約したこと、返答までには若干の時間を要すること等について話した。

その後、総理、党四役、江崎〔真澄。衆、愛知3、田中派〕氏、運輸大臣に電話し、中国との交渉に入ることの了承を求めた。皆それに賛成であった。あわせて板垣氏の報告を伝えておくという意味もあったわけである。

九時半頃から、県会議員の先生と会って知事問題について話をした。

三月十日（日）

雨が激しく降っていた。しかし、九時頃には曇りとなり、その後急速に天気は回復してきた。前日からもし晴天ならばゴルフをしたいと思っていたので、森田、芳子〔森田夫人・大平長女〕と三人で横浜カントリーに行き、前日と同じコースをまわった。

アプローチがよく、グリーンエッジから直接ホールインワンするなど九二でまわった。森田は悪く九七であった。

芳子は最初のハーフは悪かったが、後のハーフはよく当ってきた。

三月十一日（月）

朝十時より衆院予算委で、委員長報告、各党討論、採決が行なわれた。分科会主査報告、その後保留となっていた質疑が行なわれた。阿部助哉（社）、岡田春夫（社）、楢崎弥之助（社）、阿部昭吾（社）、野間友一（共）の各党先生である。

一旦休憩後、締めくくり総括として物価問題につき、小林進（社）、楢崎弥之助（社）、金子満広（共）の各先生が質問を行なった。

この委員会が遅くなったため、栄家のおかみさんの甥の吉田守さんの結婚式には出席できなかった。

七時半から、法眼〔晋作〕・東郷〔文彦〕両次官の会が行なわれたが、東郷次官は風邪で先に帰った。（結局東郷次官は翌日も翌々日も休むことになった。）

三月十二日（火）

九時より、閣議記者会見。十時より、衆院予算委が行なわれた。今日は最終日で、夜には衆院通過の予定である。山田太郎（公）、小平忠（民）、田中武夫（社）の各先生が組替動議の説明をし討論採決した。

午後から内閣委に出席し、外務省設置法を採決した。

戦後三十年フィリピン・ルパング島にひそみ、命令を一筋に守ってきた小野田〔寛郎〕さんがついに帰ってきた。その生き方には批判もあろうし、そのような人間をつくりあげた軍隊の非情さには怒りを覚える向きもあろうが、私的生活のほかに公の生活があること、それに生きがいを覚えることの清々しさを目覚めさせてくれた点で朗報であった。

三月十三日（水）

九時過ぎ洋服の採寸をした後、河本光章氏〔三晃物産社長〕が来訪し、タイで麻を原料とするパルプの製造について工場建設案を持参した。藤崎〔万里・タイ〕大使に紹介状を書いた。

九時半にチエンドフというブルガリアの外務次官が来訪し、二十分位懇談した。十時より参院予算委で、羽生三七先生（社）が物価問題について理詰めで質問を続けた。翌日の新聞には物価について首相発言後退という風に報じられた。

丁度十二時に、宏池会総会が開かれる時、具合よく休憩となった。ただし、記者懇談はできなかった。

六時から千代新で開かれた平井卓志先生の招待の席に三十分あまり出席し、七時半から資生堂パーラーで開かれた誕生祝に出た。この席では、加藤藤太郎氏〔神崎製紙相談役〕の挨拶、伊東正義先生の乾杯、今井勇先生の歌、佐々木義武先生の挨拶、服部〔安司〕先生の万才三唱のほか、高峰秀子さん〔女優〕のプレゼント、満子〔森田長女〕の表彰状などがあった。

三月十四日（木）

十時より、参院予算委の総括質疑が続いた。外務省に対する質問はほとんどない。衆院予算委とは全く対照的である。選挙をひかえているので票になる質問をするのであろう。

運輸省が中国に交渉団を出すのをしぶっているので、夜飯倉公館で運輸大臣、航空局長〔内村信行〕、国際課長〔中村徹〕を招いて懇談した。

運輸省の主張の中で、代理店を仮に許可の条件で押しつけたとしても、相手方が中華航空という名前をつけた申請をしてくればそれまでであるから、この問題の処理は難しいということであった。

夜九時からのクラブ懇談は、夕方に繰り上げて行なった。

三月十五日（金）

九時より、閣議記者会見。十時より、参院予算委の総括質疑。このところは毎日朝から晩まで国会に坐りづめである。質問がないのも楽でない。

今日は第二大平会の定例日であるが、幹事さんの都合でお流れとなった。

夜、藍亭で自民党長老との会合があった。井出一太郎〔衆、長野2、三木派〕、赤城宗徳〔衆、茨城3、椎名派〕、笹山茂太郎〔衆、秋田2、無〕、藤山愛一郎、河本敏夫〔衆、兵庫4、三木派〕の各先生が集まった。

三月十六日（土）

今日は土曜日であるが、参院予算委の総括質疑が続いた。専売公社の淡交会ゴルフが小金井カントリークラブで行なわれたが、出席できなかった。

六時に予算委が終了し、外務省で前田〔香川県〕県会議長と会った。前田議長は知事選をあきらめるにしても、今声明を出せば責任問題となり、議長を辞めねばならなくなるので、金子〔正則〕知事の処遇が最終的に決まるまで延ばしてほしいということであった。

金子知事七選を決める時は、七選の意味もはっきりさせねばならぬので、その意味からも前田議長の願いを聞くこととした。

三月十七日（日）

前日の天気予報の通り、曇後晴れであった。霞ヶ関クラブで、大蔵省霞会が行なわれたので出席した。しかし、打つ球打つ球全て左にひっかけて真すぐに飛ばなかった。結局五三・五四、ハンデイ一五で、ネット九二でブービーメーカーになってしまった。先週と雲泥の相違である。

夜、小平家の結婚式があった。日銀の営業局長の中川さんのお嬢さんで、頭もよくすばらしい美人であった。トーメンの安本〔和夫〕社長の奥さんと中川さんの奥さんが姉妹であることをはじめて知った。

三月十八日（月）

このところ天気が悪い日が多い。今日も午後からは雪になった。

八時半頃家を出たが、車が異常に混んでおり、一時間十分かかった。それでも一応外務省に行って、法華津〔孝太〕

極洋社長等、捕鯨業界の代表と会って陳情を聞いた。

十時より、参院予算委の質問が続けられた。

夜は大蔵同期会のほか、末広会、江崎〔玲於奈〕博士祝賀レセプション等があったが、いずれも出席できなかった。

ただ田中派の若手を集めた会合には出席した。

田中総理は鳥取の知事選の応援に行き、日中航空協定は、今国会に提出することを明らかにしたことが明るい話題であった。

三月十九日（火）

朝七時半すぎ、玉置猛夫先生が来訪した。香川県の責任者を誰にするか、富山県でYKKは応援してもらえないか等の打診に来訪した。

その後、東北電力社長〔若林彊〕が、電力料金の値上げについて陳情に来訪した。石油値上げの最大のしわよせを受けているのが電力である。

九時より、閣議記者会見。

引き続き参院予算の総括質疑が続けられた。お昼の休憩時に訪ソする植村〔甲午郎〕経団連会長と永野〔重雄〕日商会頭が院内に来訪した。総理の親書をもってシベリア開発の話で出かけるところである。

午後も参議院の総括質疑が続けられたので、宏池会に行くことはできなかった。

夕方は副幹事長等執行部の人達を招いて懇談した。日中航空協定関係の党内工作の一環である。

三月二十日（水）

朝八時半より、酒販小売組合の懇談会が開かれた。相変らずスーパー等の小売販売免許の話が中心である。その後九時半よりアセアンの合成ゴム会議の代表が来訪した。

十時より、参院予算委の総括質疑が続行した。そのため永野重雄氏より依頼のあった日本商工会議所総会にて話をすることはできなかった。

午後からは、衆院外務委員会で条約審議が行なわれた。

夕方は、政審の副会長クラスを呼ぶことになっていたが、本日は総括質問の最終日であるため、夜遅くなるということで、二十五日（月）にくりのべることとした。

当初は鈴木〔善幸〕総務会長に出ていただくことも考えたが、総務会長も予定があるため、このような措置をとったものである。

三月二十一日（木）

今日は春分の日であるが、参議院の選挙に臨んでいる園田清充先生の応援のため熊本に飛んだ。大久保武雄先生及び加藤紘一先生も同行した。天気予報では熊本は雨ということであったが、良い天気であった。

新たについた熊本空港に、予定より一時間以上も遅れて着いた。熊本空港から車で宇土市に入った。宇土市は鹿児島と天草に行く分岐点に位置していた。

着いてまもなく講演し、その後宇土市長選が行なわれていたので、現市長の宇土市長〔大和忠三〕を応援した。

夜、空港で食事をして東京に向った。羽田空港で遠藤〔福雄・神崎製紙〕社長のお父様が他界し、大臣夫人が加藤太郎相談役等とともに徳島に向ったことを知った。

三月二十二日（金）

朝、閣議記者会見。

今日からは参議院予算委は一般質問に入ったので、質問はほとんどないが、その代り定例の衆院予算委が開かれた。

日中航空協定については、今まで野党は沈黙を守っていたが、そろそろ質問が出るようになってきた。野党は本協定には賛成なので、一種の援護射撃の効果も持つものであるが、どうせやるなら、予算委員会で総理に質問してほしい。

夜は冨司林で水田派の佐藤文生、三原朝雄先生等を呼んだ。

この夜はこのあと河野〔謙三・参議院〕議長と会食しようとしたが、幹事の佐々木先生の反対でつぶれてしまった。

三月二十三日（土）

今日は予算委の質問がなかったので、一日中空いている。朝、讃岐塩業の塩田さん等が四十九年度予算の陳情にきた。その後、黒川さんが久しぶりということで自宅に来訪した。

お昼過ぎ出発して川奈に向った。三時に川奈に着いて、ハーフラウンドやろうとしたが、キャデイさんがいないということで諦めた。

夜までゆっくり本を読んだり、昼寝を楽しんだりした。

三月二十四日（日）

快晴で申し分のないゴルフ日和である。一年のうちでそう数多くない天気に恵まれてのゴルフであるが、こういう時に限ってスコアは良くないことが多いものだ。

鳳雛会《ほうすいかい》〔政界入りしたばかりの大平を会長とするゴルフコンペの会〕の参加者五十数人が、川奈富士コースを次々とスタートして行った。大臣は四九・五一であったが、午後からの大島コースは四十四で上がった。森田は悪く四十八・四十九であった。真鍋は四四・四五で六等に入賞した。

三月二十五日（月）

十時半、日中問題について本省で打合せの後、十一時半よりホンジュラス外相と会談した。その後直ちに大久保の浜田幸雄先生の宅に弔問に訪れ、一時過ぎより短時間参院予算委で和田静夫先生〔参、全国、社会党〕の質問を受けた。

一時半より三時半まで官邸で、日中問題について総理と打ち合わせた。

三時半より小川平二、木村武千代先生〔衆、香川1、中曽根派〕と会い、霞クラブ〔外務省記者クラブ〕で総理に会ったことについての会見を行ない、その後宏池会の記者の人達と長い間会っていなかったので懇談を行なった。

六時より本省で芳明会に出席した後、七時半より政審関係の先生方を招待した。伊東正義先生が世話役であった。

三月二十六日（火）

九時より、閣議記者会見。十時より、渡り鳥条約の提案理由説明。日・ギリシヤ航空協定の質疑が行なわれ、田英夫〔社〕、西村関一〔社〕、黒柳明〔公〕、星野力〔共〕の各先生が質疑をした。一時に石油開発公団法関係の衆院本会議に出席した。

三時に在京ペルー大使の離任表敬。在京カンボジア大使の離任表敬を受けた後、参院予算委で質問を受けた。

六時より栄家で大栄会が開かれ、別途赤城〔猪太郎〕さんが水原さんを連れて会合を行なった。赤城さんはもう現役を退きのんびり過したいという意向のようであった。

七時半より、吉兆で中曽根派の先生方を招待した。

三月二十七日（水）

八時半より、福田家《ふくだや》で朝食会が行なわれた。折から春の雪で相当の積雪であったが、季節は争われず融雪は早かった。

十時二十分より参院予算委で、矢山有作〔社〕、上田哲〔社〕議員から質問を受けた。終了後、宏池会の総会に出て、日中航空協定の現状を説明した。

三時より衆院外務委が開かれ、小林正巳〔自〕、堂森芳夫〔社〕、松本善明〔共〕先生より質問を受けた。

小林議員の質問に対しては、あらかじめ意図して日中航空協定を遅延せしめても日台航路を安定的に維持せしめることとならぬと言明した。

夜、木村〔俊夫〕外務委員長らと賀寿老で会談した。

三月二十八日（木）

積雪を車でかきわけての出勤であった。

今度の参院選に出馬する永野厳雄氏〔参、広島、大平派〕が挨拶にきた後、十時より参院外務委が開かれた。黒柳明〔公〕、星野力〔共〕、田英夫〔社〕の各先生が質問した。

衆院本会議が開かれ、四七年度決算が審議された。二時過ぎ藤山〔愛一郎〕議員と会談した。

三時四十分より衆議院外務委で、日中貿易協定の質疑が行なわれた。

六時より松ヶ枝で大臣主催の衆参議運委員長、理事の招待が行なわれた。

三月二十九日（金）

九時より、閣議記者会見。十時より衆院予算〔委〕で、暫定予算の審議が始まった。瀬野栄次郎（公）、河村勝（民）、楢崎弥之助（社）の各議員が外務大臣に質疑を行なった。

一時二十分に中尾栄一先生が、村山喜一先生〔衆、鹿児島2、社会党〕を連れて、鹿児島における国民外交協会の活動について抗議にやってきた。同地区選出の有馬〔元治。衆、鹿児島2、田中派〕前議員が役所を使って選挙運動することについて、村山喜一先生が怒っているというものである。

六時三十分より衆院本会議が行なわれ、四十九年度暫定予算が通過した。

六時より、飯倉公館で三金会のメンバーを夫妻でお呼びした。奥様方は招待という機会が少ないので大喜びであった。

三月三十日（土）

八時半より参院水曜会を開いて、当面の情勢を検討した。西田〔信一〕・園田〔清充〕の各議員が苦戦であると伝えられている。

十時より参院本会議で条約を採決し、日・ベルギー文化協定、日・ギリシヤ航空協定が成立した。

十一時より参院予算委で暫定予算の審議をして、矢追秀彦（公）、中村利次（公）両先生の質問を受けた。

十二時に植村〔甲午郎〕経団連会長、永野〔重雄〕日商会頭とソ連訪問について会談した。

六時より、参院本会議で暫定予算が成立した。これは十月までの本予算が可決成立するか、自然成立するまでの暫定的なものである。

このあと椎名〔悦三郎〕副総裁、橋本〔登美三郎〕幹事長、水田〔三喜男〕政調会長を次々と訪ねて、十一時すぎまで次々と会談した。

鈴木〔総務〕会長には翌日に会うので、その時に話をすることとした。

三月三十一日（日）

総理・鈴木総務会長とともに霞ヶ関カントリークラブでゴルフをした。

総理は四九・五五、大臣は四九・五三であった。とにかく天気はもったが、夜になって雨になった。森田は別に山田君と予定があったので、中本秘書官が同行した。

四月一日（月）

この日は、金子岩三先生の次男の結婚式に出席することとしていたが、小野田〔寛郎〕さんが来るほか、日中の打合せもあるので取りやめた。

十一時二十分、国連局長〔鈴木文彦〕と資源総会について打ち合わせた。

三時半より、アジア局打合せ。四時に外交官試験合格者と接見した。その中には東京工大出身者も混っていた。

五時過ぎより記者懇談の後、六時半より、山中〔貞則・防衛庁〕長官と賀寿老において懇談した。山中長官に対しては、自分は外交の基本を日米関係においていること、日米関係の基本は安保条約であることを説明したところ、自分はそういうことははじめてわかったと感激していた。

四月二日（火）

九時より、閣議記者会見。

十時十五分より、カナダのヘッド大使と会談した。

十一時二十分よりマキークロン・ジャパン・ソサイエテイ専務理事と会談した。池田〔厳〕光洋精工社長より依頼があり、ルーマニアの外国貿易次官の表敬を受けた。

二時に、松下電機〔器〕の小川常務がモトローラ売〔買〕収の件で来訪した。

二時すぎ佐々木秀世先生が来て、選対の模様を話していった。

四時二十分より衆院内閣委が開かれ、防衛庁職員給与法、在外公館名称設置法の審議が行なわれた。

五時よりラオス議員連盟の発会式が行なわれたが、大臣は出席できなかった。

六時よりカヤ会のメンバーを飯倉公館に招待しており、大臣は七時半すぎ遅れて出席した。

四月三日（水）

八時に風の強い中、新邸宅の地鎮祭を行なった。

九時半よりヒルトンホテルの保利〔茂〕事務所に保利行管長官を訪ねて、日中問題について話した。保利さんはとにかく日台関係を切らないようにしてほしいとのことであった。十時より参院沖特所管事項説明。十時十五分に小出〔伸二〕九州電力副社長が来訪した。

十時半より、イラン国会議員団が表敬に来訪したほか、エカフェの総会から帰国した斉藤〔邦吉〕厚相来訪。エジプト経済ミッションの結団式、アルヒーモフ・ソ連外国貿易次官来訪が続いた。

十二時四十分浅草発の東武電車で足利に向い、岡田広先生〔参、全国、大平派〕のために講演した。

三時五十三分に足利を出て本省に帰った。浅草で大臣車はパンクしてタクシーにて登庁ということになった。

七時より、私邸に宏池会の記者を招待した。

四月四日（木）

九時十分に、赤坂プリンス福田〔赳夫〕事務所に福田蔵相を訪ね、日中問題について説明した。

十時より参院外務委が開かれ、日中貿易協定の提案理由説明が行なわれた。続いて加藤シズエ議員〔参、全国、社会党〕より、渡り鳥条約について質問があった。

十二時二十分に、中尾宏議員が外務省の広報活動のあり方について意見を申し述べるために来訪した。その後、ポンピドー大統領の弔問にフランス大使館を訪れた。

二時より内閣法の一部改正が行なわれ、また国際協力事業団法の趣旨説明が行なわれた。引き続いて衆院外務委が開かれた。仲宗根美樹さん〔歌手〕の結婚をアクロポリスで安藤〔竜一・ギリシア〕大使が仲人をした件について、新聞に大きく取り上げられたため質問があった。

夜は中川で大臣主催の党国対委員長他の接待が行なわれ、その後冨司林で三原朝雄、栗原祐幸の両先生と会談した。

四月五日（金）

九時より、閣議記者会見。十時半より、衆院外務委で国際協力事業団の提案理由及び質疑が行なわれた。

一時四十分より参院予算委分科会が行なわれ、羽生三七（社）、玉置和郎（自）、田英夫（社）、戸叶武（社）、渋谷邦彦（公）、星野力（共）の各先生が質問した。

七時より、ホテルニューオオタニでチェリーブロッサムポ〔ボ〕ールが開かれた。常陸宮陛下を迎えての会で、くじ引きで総理夫人は真珠のネックレスが当ったのが面白かった。

日中航空協定の交渉は一応順調に進んでいるが、あまりとんとん拍子であるがような印象を与えているのがよくないと思う。

台湾へは明日アジア局長〔高島益郎〕を派遣し、牛場〔信彦・駐米〕大使といっしょに台湾首脳部と接触させることとした。

四月六日（土）

朝私邸に、佐藤前総理を訪ねた。よもやま話となり、一時間半もかかった〔『佐藤榮作日記』六巻参照〕。

その後、空港に向う途中の高速道路で事故があり、ぎりぎりに間に合った。岩動〔道行〕先生も高知に向うところで、玉置〔猛夫〕先生の後援会に出席した。高松空港では義和団と天地社という右翼が大平外交反対の運動をしていた。大臣の演説が始まろうとした時、前列より二列目にいた一人がビラを持ってとび出そうとしたが、警固の人に取り押えられた。

五時四十八分の連絡船で岡山に向った。岡山では夕食会の後、前に泊ったことのある岡山国際ホテルに宿泊した。

梶原〔武俊・共同〕、青木〔徹郎・ＴＢＳ〕両記者が同行した。

四月七日（日）

朝、部屋で米原さんなどと朝食をとった後、青盛さん、小島さんの地元の和気郡に出かけた。支部後援会の発足である。非常な盛況であった。

それから岡山国際ホテルにもどって昼食をとった。

午後、護国神社の会に出て、玉島市の講演会に出席した。玉島の小学校では、このような偉い人を迎えるのははじめてだと盛会であった。校長などに揮毫した後、井原市に入った。岡山県の最西端の地区で広島県と接している地域である。彫刻家の平櫛田中先生の出身地でもあった。終了後新幹線で大阪に向った。

京都府知事選が即日開票の分で大橋和孝候補がリードしていたため、その帰趨が話題になった。

四月八日（月）

朝八時、伊丹発の全日空機で東京に向った。

本省についてすぐ、日中問題及び台湾との関係で協議した。更にスエーデンの外務大臣と会談した。

一時に、アンデルセン〔スエーデン〕外務大臣夫妻主催の午餐会が開かれた。その最初の部分だけ出席し、二時からの衆院外務委に出た。事業団法の質疑で、河上民雄先生（社）、渡部一郎（公）先生が質問した。

五時三十分より、上田茂行先生の結婚式が行なわれた。

その後直ちに栄家に行き、大平会で短時間話をした。その後、大臣夫妻が主催するスエーデン外相夫妻の招待晩餐会に出席した。

更に北京での交渉を側面より援助するため、大平―陳楚〔駐日中国大使〕会談の第三回目が行なわれた。

四月九日（火）

日中航空協定の根回しの問題で、八時半より院内で三木〔武夫〕副総理と会った。九時より、閣議記者会見。十時より参院予算委が開かれ、締めくくり総括が行なわれた。

細川護熙（自）、戸叶武（社）両先生が外務省に対して質問があった。

昼、日瑞基金、スエーデン社会研究所〔一九六七年十月設立。大平が初代理事長を務めた〕共催のレセプションが霞ヶ関ビルで開かれたが、大臣は出席できなかった。夕方在京スエーデン大使主催スエーデン外相夫妻歓迎レセプションが大使館で行なわれたが、その後台湾を訪問した牛場〔信彦〕大使より話を聞いた。

牛場大使は北京との交渉につき、日本側の方針を台湾に知らせたが直接蔣経国〔中華民国総統〕には会えなかった。

四月十日（水）

八時半より、第一回の宏池会幹部会が開かれた。

福永〔健司〕座長〔衆、埼玉5、大平派〕の下、日中航空協定についての意見交換を行ない、今後も月一回位の間隔で開くことにした。

十時より参院予算委が開かれ、締めくくり総括が行なわれた。木島則夫議員（民）が外務大臣に質問を行なった。

午後四時過ぎ、参院予算委は四十九年度予算を討論採決した。

五時より本会議が開かれ、予算は討論可決された。

五時半より牛場事務所開設披露宴が行なわれ、大臣が出席した。その後、役所にもどって記者会見したが、昼党総務会が開かれ、藤尾正行議員が公電を暴露したことが専らの話題となった。

外務省機密ろうえい事件という取り扱いがなされることは耐えられぬので各方面に工作した。

四月十一日（木）

朝よりゼネストで、学校会社とも休みのところが多かった。

十時より参院外務委が開かれ、黒柳明（公）、星野力（共）の両先生が質疑を行なった。

一時半より在京イラン大使、一時四十五分よりブルガリア大使離任表敬、二時ローマ法王庁大使新任表敬、二時十五分東独大使表敬が続いて行なわれた。

二時半にシュール・マイスター・オーストリア・プレッセル紙主筆他五名、続いてムニエイム・クロワ紙外信部長が来訪した。

石田〔博英〕議員〔衆、秋田1、無〕がソ連に行くということで来訪会見し、長谷川〔隆太郎〕アジア石油会長が中国訪問についての報告を行なった。粟山ひで先生〔衆、福島1、椎名派〕も来訪し、いつもの協力を謝した。久しぶりで家に早く帰って食事をした。

四月十二日（金）

閣議の後、経済閣僚協議会が開かれ、記者会見が行なわれた。

十時参院本会議で法案採決、四十七年度予算の決算。

十一時半に岩動議員、田村元議員、佐々木議員が来訪し、藤尾議員による機密漏えい問題について意見開陳に及んだ。

その後、機密漏えい問題について、省内幹部で打合せを行なった。運輸省職員の処罰は比較的簡単であるが、相手が交通部会長である佐藤〔孝行〕先生であるので、ここまで可罰性があるか否かについては疑問がある。藤尾議員の場合は更に難しい。

三時三十分に、谷口〔千吉・映画〕監督、八千草薫さん〔女優〕が海外青年協力隊の撮影に行くため挨拶に来られた。

六時から、藤田観光の小川栄一氏主催の宮田輝氏を囲む会が行なわれた。

その後、十二日会〔大蔵省および同OBの会〕に行ったが、前尾〔繁三郎〕議長がいたので別室でいた。

四月十三日（土）

朝から快晴であった。ゴルフに出かけることも考えたが、時期が時期であるためにやめた。十一時頃、山中〔貞則・防衛庁〕長官から電話があり、自分が台北時代に知り合いの人が蔣経国の拝命を受けて来ているのでどういう姿勢をとっていくかという照会があった。

日本と北京の話し合いは台湾の利益を守るためのものであるという高次の立場から話してほしいと要望をしてお

いた。

お昼には、高島屋で食事をした後、本屋に寄って本を買って帰った。

夜七時頃から外務省の幹部が集まり、航空協定の問題と機密漏えい問題で協議した。話は延々として続いて、夜遅くなった。

梶原〔共同〕、青木〔ＴＢＳ〕両記者は遅くまで待〔た〕され不満気であった。

四月十四日（日）

朝から嵐のような強風であった。ゴルフに行くのがためらわれたが、思い切ってでかけた。最初四十九であったが、後は五十二にとくずれた。

横浜カントリーでプレーしたが、余り知り合いもなく、やはりスリーハンドレッドの方が落ち着くような感じであった。

四月十五日（月）

十時より、日中問題で打ち合わせを行なった。日台間の維持の見通しが危うくなってきたため、会議の雰囲気は深刻であった。

十二時十五分よりプレスクラブで、記者会見した。スピーチを短くしたことが好評であった。外務省に帰って、再び日中航空協定で打合せを行なった。四時十五分に藤山愛一郎先生がお見えになった。続いてネパール大使とチリ大使とが新任表敬に来訪した。

六時より、国際協力事業団の関係の先生方を招いて懇談した。

家には大勢新聞記者の人が来てなかなか帰らず、七時過ぎになった。

四月十六日（火）

八時半より、宏池会総会が開かれた。大平より日中問題について決意を披歴し、出席者の賛同をえた。

九時より、閣議記者会見。国会は靖国法案強行でストップしているので、朝から日中問題のみにかかり切りである。

一時半より水田政調会長、橋本幹事長、椎名副総裁と次々と会談した。

四時よりバッツ米農務長官と会談した。

四時五十分にＮＰＴ〔核拡散防止条約〕の件で、森山科学技術庁長官が来訪した。

五時半に農林省に農林大臣〔倉石忠雄〕を訪ねた後、栄家の火曜会に出席した。

四月十七日（水）

八時に伊藤昌哉氏が来訪し、大臣を激励していった。

九時半より、総理主催観桜会が新宿御苑で開かれた。北京に最終訓令を出すため、一度役所に立ち寄ってから行ったので時間には間に合わなかった。

一日中、日中問題の打合せが続いた。北京側は最終段階で橋本〔恕・在中国日本大使館参事官〕―王〔暁雲・外交部アジア局長〕会談の内容を確認してほしいという難題を出してきた。

三時より、宏池会の記者懇談で日中問題等を話した。

五時から石井一先生の〝自民党よどこへ行く〟という本の出版記念会に出席してあいさつした。総理からユーモアもあるし、挨拶集にも入れられるようなスピーチだとほめられた。

その後、藍亭に衆院内閣委の先生方を招待した。

四月十八日（木）

朝九時二十分、本省で鹿内〔信隆・サンケイ〕社長と会った。朝九時三十分、米国知事団が表敬訪問に来た。

芦原〔義重・関西電力会長〕さんが電力料金値上げ問題についてお礼に来られた。

北京側から、橋本―王会談の結果を文書で確認したいという要求がでて、これをめぐって夜中までもめつづけた。

昼間は対処方針で会議の連続であった。

四時から四役、首相、外相、運輸相、官房長官がでて首脳会談が行なわれた。台湾の見通しをめぐって、かなり白熱した議論が行なわれたが、結局、短期間にしろ相当長期間にしろ切ることがあろうとも、現在の政策はかえないことについて合意をえた。

それから台湾問題、日中問題の発表をめぐって、夜三時頃まで外務省で陣頭指揮を行なった。家に帰るのには遅すぎたためホテルオークラで泊った。

四月十九日（金）

九時より院内で、閣議記者会見。大臣より日中航空協定について、昨日の首脳会談と同様の内容を説明し了承をえた。ただし大臣の国旗等に関する認識の表明のペーパーが配られていないとして署名を拒否したが、説明を聞いた後、結局署名した。

十一時半より自民党総務会が開かれ、日中航空協定について議論がなされた。

二時半より党総裁室において四役等と打合せが行なわれた。調印の日は四月二十日に決定した。

台湾からの情報は相変らず厳しいものがあった。全く予断を許さないというのが実情である。

七時より、竹下〔登〕副幹事長〔衆、島根、田中派〕と会談し選挙情勢を聞いた。

四月二十日（土）

いよいよ調印の日である。

九時五十分より、打合せが行なわれた。十一時より院内総裁室に党四役と会合して情報を伝えた。

十一時に北京で調印、十一時十五分の記者会見の予定が、日台路線の「発展」…「決意」の文言をめぐって三十分位遅れた。

十一時四十分外務省レセプションホールでの記者会見で、予定通り外務大臣の認識表明が行なわれた。それ以降、台湾が日台路線を切ってきた場合の声明等について検討し、一旦家に帰ったが、五時前台湾が断絶を通報してきたということで役所にとってかえした。

七時二十分本省で記者会見し、このような結果になったことはまことに遺憾である旨述べた。

九時十分より院内総裁室に党四役打合せ会が行なわれ、このような事態にはなったが、協定の調印批准はかえないことが確認された。その後再び外務省にもどって記者会見した。

四月二十一日（日）

風が強い。十二時より党四役との打合せが行なわれたが、その前に外務省に来てその後の情勢を聞いた。

台北は平静で特にいやがらせ、デモ等不穏な動きはなかったのでその点は幸いであった。新聞等の論調も予想以上に平静であり、批判的な動きはなかった。

その後直ちに総理の目白の私邸に向い、一時間にわたってゆっくり懇談した。総理は本協定の批准に全力をつくすべきであるとして、会期についても慎重な構えを示した。

その後外務省にもどり、記者会見した。その後の懇談の中で、むしろ日台間はこれまでの不正常な関係が是正され、すっきりしたのではないかという見解を述べた。

家に帰るとＡＲＩの亀井さんと大阪のおばさんが来ていた。

四月二十二日（月）

朝宏池会で朝食会を開催し、日台路線断絶後の外交情勢について報告し、日中航空協定の承認批准は予定通り進めることとした。

九時半、アジオド・ナイジェリア鉱山大臣、ローリング〔ニュージーランド〕蔵相が表敬訪問に来た。

十時すぎ、板垣〔修〕日台交流協会理事長が報告のため来訪した。板垣理事長が台湾を訪問した際の台湾側の態度は冷たいものであったという。

十二時より、前日に引き続き党役員室で日台問題について打ち合わせた。

四時四十五分、小坂善太郎先生が訪豪のことで来訪した。五時コロンビア大使離任表敬。夜、論説委員の会合の後、植松〔清・古河電工〕社長〔会長〕、鈴木〔二郎〕社長等との会合のため、栄家に行ったが、既に帰られた後であった。

四月二十三日（火）

九時、閣議記者会見。

午前中は、午後の合同部会に備えて、外務省で打合せが行なわれた。

二時より党の合同部会が開かれたが、協定の不平等性と四役・外相の責任論を追及するタカ派の動きは執ようで、夜になるまで議論は続けられた。

四時の鍋山貞親先生〔社会運動家。元日本共産党幹部〕の出版記念会は出席できなかったので、森田が代りにお祝いのみを届けた。

宮田輝氏を励ます会には、予定より遅れて出席した。三金会（栗田氏）に少し顔を出して後、大栄会に出席した。

四月二十四日（水）

朝八時よりの酒販の常任世話人会は、大臣の代りに森田が出席した。十時半より、前日に引き続き合同部会が開かれた。この論議が午後も開かれたので、宏池会の総会はとりやめとなった。

その間、三時からは衆院外務委の条約質疑が行なわれた。五時よりの故安西正夫氏〔昭和電工社長。安西浩東京ガス社長の実弟〕の追悼会が開かれたが、遅れて出席した。

合同部会は延々外相の責任論を続けているほか、外は愛国党がマイクでがなり立て騒然たる雰囲気につつまれている。しかし、断固として日中協定にかける態度には賛意を表する向きも多かった。

四月二十五日（木）

八時に鈴木総務会長が、私邸に政審のしめくくりと総務会のしめくくりの打合せにやってきた。場合によっては、日台路線再開に努力するという決議を行なうということである。

十時より、参院外務委で日中貿易協定の審議が行なわれ、田英夫〔社〕、黒柳明〔公〕、星野力〔共〕の各先生が質疑を行なった。

一時より、三日目の合同部会が行なわれた。相変らずの議論が続き、〝春の夜の太平の夢を破りえず、むべ青嵐とひとはいうなり〟という詠み人知らずの歌がささやかれ、議論にうんざりした表情があらわであった。

新たに韓国留学生及び現代の記者が逮捕された件について＊、記者懇談では質問が集中した。

夜八時頃になってようやく青らん会に出席した。

＊一九七四年四月に大韓民国維新政権が発した緊急措置により、全国民主青年学生総連盟の構成員を中心とする一八〇名が、韓国中央情報部（ＫＣＩＡ）によって拘束され、非常軍法会議に起訴された事件（民青学連事件）。太刀川正樹（『日刊ゲンダイ』記者）と早川嘉春（ソウル大学院生）が逮捕された。

四月二十六日（金）

九時より、閣議記者会見。十一時過ぎより総務会に出席した。

総務会でも予定より時間をオーバーしてようやく終結した。結局、総務会では椎名副総裁が「政府、党は全力をあげて日台路線の再開に努力したい」と付帯意見を述べ、賛成反対の声が飛び交ううちにようやく国会提出にこぎつけた。四時より、直ちに臨時閣議が開かれた。

夕方五時より、在外公館名称位置法質疑採決が行なわれた。

韓国で太刀川〔正樹〕、早川〔嘉春〕両氏が逮捕された件は、当初の見通しとは異なり重大局面を迎えることとなった。

政府は韓国側に事実関係の説明を求めるほか、早期釈放、人道的取り扱い、大使館員、家族との面会、弁護士の選任などについて韓国側との折衝を続けていくこととなった。

四月二十七日（土）

快晴で一年を通じて最も良い気分の日である。

九時半より、宏池会で今回の参院選を迎える議員以外の議員に若干の手当を大臣より渡した。

十時五十分より衆院外務委員会が開かれ、日中航空協定提案理由説明及び質疑が行なわれた。水野〔清・自〕、石井〔一・自〕、石原〔慎太郎・自〕堂森〔芳夫・社〕、松本〔善明・共〕、渡部〔一郎・公〕、永末〔英一・民〕の各先生が質問した。

二時半より片岡〔勝太郎〕アルプス電気社長、二時四十分より太刀川氏が来訪した。韓国で逮捕された太刀川氏の弟である。この問題をこじらせないようにしなければならない。

三時に田英夫先生が来訪した。

この後、車で日通富士見ランドへ向い、太平会の方々と夕食をともにした。

四月二十八日（日）

快晴の中で、太平会が大熱海カントリークラブで行なわれた。

スコアは四六・五一であった。森田は四二・四二でまわり優勝した。沢村社長、増田健次さん〔野村証券専務理事〕がそれぞれ一等、二等であった。

四月二十九日（月）

今日は天皇誕生日で休日であるが、普段の日と同様に忙しい。まず十二時四十分より皇居で、天皇誕生日祝賀会が開かれた。

三時四十五分より、外交団を中心として同じく皇居で祝賀会が開かれた。昨年は丁度ヨーロッパを旅行中であったため、十年前の記憶しかない。

六時より、大臣夫妻主催の天皇誕生日祝賀レセプションが行なわれ、外務省関係者、外交団等大勢がつめかけた。

四月三十日(火)

九時半より、閣議記者会見。

十一時半より、日ソ問題でブリーフィングを行なった。

一時四十五分に佐々木栄一郎氏〔丸茶社長〕が、参院選の陣中見舞いにあらわれた。

続いて鶴岡〔千仭〕元国連大使。三時にアブダビのゴバシュ外務担当国務大臣と会談した。続いてスルデイ・ハンガリー国内商業大臣と会談した。永野重雄バングラデシュ経済調査団長が報告にきた。永野氏も今度の訪問ですっかりバングラデシュびいきになっている。〝日本人は人が良いからどこかを訪問するとすぐその国びいきとなる。〟

六時から政治部長の会が開かれ、末広会には出席できなかった。

日本専売公社と四十九年度の塩の価格を決めた。一三五〇〇円ということでまあまあというところではないか。

五月一日(水)

朝、野村証券本社に瀬川〔美能留〕会長と北裏〔喜一郎〕専務を訪ねた。早くつきすぎたので、かなりゆっくり懇談した。

役所に登庁し、十時半より幹部連絡会に出席した。

十一時半より、カジ・パキスタン大蔵・経済総務次官と会談した。

一時十分、川崎秀二前代議士〔衆、三重1、三木派〕が訪中の報告に来訪した。

一時半より、日加閣僚委員会関係のブリーフィングが行なわれた。もっともカナダの政治情勢は予断を許さず、今にも解散が行なわれそうな模様であるといわれる。

六時より、宮脇〔朝男・全国農協中央会〕会長が主催したハンガリー・スルデイ大臣の晩餐会に出席した。

五月二日（木）

朝九時すぎ、大平夫妻、三秘書官は川奈ホテルに向った。藤井さんのみは電車にした。お昼頃川奈にせいぞろいして四人でまわった。大平四五・四七、森田四二・四六、藤井四七・五五、中本五五・六二であった。コースは富士コースをまわった。アジア石油の長谷川〔隆太郎〕会長の招待によるもので、会長自身は後で到着し、プロを連れてまわられたという。

夜は宴会場でスキヤキを御馳走になった。

五月三日（金）

朝八時半より、富士コースをまわった。大平、長谷川、森田の組と、藤井、中本の組である。長谷川会長がすばらしいゴルフを示した。大平四四・四九、長谷川三九・四〇、森田四七・四八、藤井四八・五四、中本五四・六一であった。

それにしても長谷川会長の七九は立派であった。夜は田舎家でてんぷらを御馳走になった。藤井・中本両氏は夕方車で引き上げた。

五月四日（土）

朝、大平、長谷川、森田の三人で大島コースをまわった。

三日間ともよく晴れたすばらしい休日であった。大平、四三・四八、長谷川四四・四五、森田四四・四五であった。お昼すぎ川奈をたち家に向った。

四時より韓国学生逮捕事件に関し、河野洋平先生等が自宅に来られるためである。

五月五日（日）

朝八時半の飛行機で、大阪経由高知に向った。高知では、市内で五ヶ所にわたって街頭演説をした。林滇さんはなかなか健闘していた。徳永〔正利〕運輸大臣、登坂重次郎先生〔衆、茨城3、大平派〕、式守伊之助さんらが応援に来ていた。浜田幸雄先生死去に伴う参院選補選である。

夕方現地をたって、九時すぎ羽田にかえってきた。総理来高の時は人出もひどいがゆえに、野次も活発だったようであるが、野次も右翼もなく平穏であった。

五月六日（月）

朝ゴルフに行くことも考えたが、あまり続けると疲れるためやめにした。

プレスクラブの演説をレビューした後、ほとんど一日で〝落日燃ゆ〟を読了した。当時の外交も苦労が多かったことがわかり、感慨無量であった。

夕方伊東正義先生が来訪し、もろもろの話について意見を交換した。

来年の総裁選に立候補するか否かも話題になったが、大平はその話は早いということであった。

五月七日（火）

九時四十分、サンキスト正副社長を西本貿易の洲崎〔喜夫〕社長が連れてこられた。

十時より衆院外務・運輸連合審査会で、日中航空協定の質疑が行なわれた。江藤隆美（自）、久保三郎（社）、梅田勝（共）、松本忠助（公）、河村勝（民）の諸先生が質疑をして委員会審議を終了した。

一時に西山〔昭・カナダ〕大使が来て、カナダの情勢が切迫して日豪〔日加〕閣僚委員会が開くことができるかどうか疑問ということであった。

二時より日中航空協定について衆院本会議で採決が行なわれたが、相当数の欠席が出た。三時より衆院内閣委で、在外公館名称位置法の質疑採決が行なわれた。

夕方、春日〔一幸・民社党〕委員長が選挙資金のことで来られた。

夜はハッサン・ヨルダン皇太子との会談、晩さん会が開かれた。

五月八日（水）

朝、増田〔健次〕野村証券専務理事が参院選の関係で自宅に来ることになっていたが、風邪のため来られなかった。

九時十分に、韓国訪問議員団一行が来訪した。

九時三十分より、閣議記者会見。

十時過ぎより衆院外務委で、国際情勢について河上民雄（社）、金子満広（共）、土井たか子（社）、水野清（自）、永末英一（民）が質疑を行なった。

一時半に、沖縄県浦添市長〔又吉盛一〕他が来訪した。

四時に香川県人会が三越ホールで開かれたが、出席できなかった。五時に瀬木家の結婚披露宴がホテルオークラで、小林章家の結婚披露宴が学士会館で開かれ、順に少しずつ出席した。

七時より、大臣夫妻主催の日豪経済合同委に出席ののち大平会に出た。

五月九日（木）

八時二十分より、格物会の朝食会が開かれた。

九時四十分に、木村武千代先生に〔と〕政府委員室で会合した。

十時より参院外務委で日中航空協定提案理由説明と質疑を行なった。西村関一（社）、羽生三七（社）、黒柳明（公）、栗林卓司（民）、星野力（共）の各先生が質問を行なった。

二時より、衆院本会議で在外公館名称位置法を採決した。午後キャンベル在京カナダ大使が来訪した。

今度池田満枝夫人は行彦氏を選挙に出したいということで来たいということで、まず増岡〔博之〕運輸政務次官を呼んだ。増岡氏は今の情勢では無理ではないかいうことであった。

在京リベリア大使新任表敬、ニヤン南越蔵相が来訪した。

次いで夕方、夏目忠雄氏〔長野市長。74年参院選に長野地方区から立候補、当選〕を励ます会に出席し、大雄会にちょっと顔を出した後、小宮山重四郎先生〔衆、埼玉2、田中派〕祖父のお通夜に出席した。その後、国土開発佐渡〔卓〕さん紹介の石川島播磨の真藤恒社長と会った。

五月十日（金）

七時四十五分逢沢英雄氏が来訪し、参院選のために資金を渡した。九時より閣議記者会見、経済関係閣僚会議が開かれた。

参院本会議で事業団法と内閣法の趣旨説明が行なわれた。午前中より、衆院外務委で事業団法の質疑を行なった。

永末英一（民）、河上民雄（社）、土井たか子（社）、松本善明（共）の各氏が質疑を行なった。

午後から、両陛下主催の園遊会が赤坂御苑で開かれた。

三時に政府委員室で田英夫先生と会い、海外協力事業団法に対する協力要請を行なった。

四時より、日・アイルランド及び日・スペイン租税条約の質疑が、衆院外務委員会で行なわれた。委員会は終了したが、事業団法を採決した後付帯決議のことで意見が出て、証券大平会及び政治担当論説〔委員〕懇談会への出席は遅れた。

五月十一日（土）

八時に伊藤昌哉氏が私邸に来て、日中航空協定についての大臣の業績を評価した。

池田満枝夫人が来訪し、行彦さんが大蔵省をやめて選挙に出るかどうかという問題について相談に来た。大平からは未だ早すぎる、増岡〔博之〕先生と両立するようにしてからすべきだとの意見を述べた。堀田〔庄三〕住友銀行会長が来訪し、ブラジルの投資会社がブラジル政府から手入れを受けた件について依頼に来訪した。

十時日中漁業協定関係の打合せをし、西村関一〔衆、滋賀、社会党〕先生に会った後、原田〔憲〕家（郵政大臣）の結婚披露宴に出席した。

午後から宮田輝さんの後援会に出席した後、マリ大使、在京ベトナム大使の離任表敬を受けた。

三時四十五分に佐々木秀世先生が来訪し、会った後散髪した。

五時から、香川県連常任顧問会がホテルオークラで開かれた。

五月十二日（日）

霞クラブ〔外務省記者クラブ〕の記者とのゴルフが習志野カントリーで行なわれた。

大臣ははじめ好調であったが、最後の二ホールにバンカーで大量生産をし（一二七をたたいた）、五一と六一であった。中本秘書官が好調で、二等に入賞した。

夜、橋本清氏が来訪し、最近の資源総会のコムニケには〝自由〟という字が一字しかない。それも資源の処分の自由というものである。これは危険な考え方であると思われると述べた。また自由とはまず、相手に与えられるべきものであり、互恵とはまず、相手を潤すものでなければならぬことを強調した。

五月十三日（月）

七時半に羽田を発って大阪に向った。国際新聞編集者会議に出席するためである（International Press Institute）。京都国際会議場に九時五十分に到着した。白石〔古京〕京都新聞社長等の挨拶が会った後、十一時頃から大臣の挨拶がはじまった。わが国の外交方針についても言及してサーヴィスの行き届いた挨拶であった。十二時四十四分京都発のひかりで、三時すぎ東京に帰ってきた。本省で岩動〔道行〕先生と会い、林ゆう〔道〕先生当選のお礼を受けた。続いて日韓関係の打合せをした。

六時に稲村利幸議員〔衆、栃木2、田中派〕が来訪し、夜は運輸省関係の事務当局を招待した。

五月十四日（火）

九時閣議記者会見、沖縄海洋博閣僚関係協議会。

十時より参院外務委で、日中航空協定について連合審査が行なわれた。この後外務委のみに切りかえられ、日中航空協定は採決された。続いて事業団法の提案理由説明が行なわれた。

一時半よりブルガリア大使の新任表敬を受け、二時よりの本会議で事業団法は衆院を通過した。久しぶりに夜は何もない日であった。

九時頃国安氏が来訪し、日台路線再開のやり方について大臣を懇談した。

五月十五日（水）

八時半より、成人病研究所で身体検査を受けた。結果は一〇七で極めて好成績であった。

十時より、参院本会議で日中航空協定は可決成立した。続いて十時半から、衆院外務委に出て租税条約を審議した。

午後の外務委はなくなったので、宏池会の総会に出てそのまま宏池会でいた。二時半より久しぶりに宏池会の記者懇談を行なった。

四時過ぎより、参院決算委で警告決議が行なわれた。夕方在京アルゼンチン大使とミューラー南阿外相と会談した。

また藤井勝志先生〔衆、岡山2、三木派〕と坂本三十次先生〔衆、石川2、三木派〕が来訪した。

本会議の後、前尾〔衆議院〕議長主催の各国大公使招待会に顔を出した後、七時から藍亭でおおぞら会が行なわれた。

九時半より宮武徳次郎氏が来て、サリドマイドの件について相談した。

五月十六日（木）

八時半よりヒルトンで、新井俊三氏〔新井経営カウンセラー事務所代表〕の朝食会が開かれた。

十時過ぎより参院外務委が開かれ、給与法の質疑・採決が行なわれた。また事業団法の質疑も行なわれた。

お昼に小川〔鍛〕松下電器常務が来訪し、続いて植松〔守雄〕関東財務局長が来た。

四時半に小林〔中〕エジプト・ミッション団長が来訪し、また南イエーメンの臨時代理大使の新任表敬があった。

夕方、訪米の打合せが行なわれた。

七時より日中航空協定について宏池会のご苦労さん会が開かれ、その後塩崎〔潤〕先生とともに深石グループの深石〔鉄夫〕社長と会った。

五月十七日（金）

七時半に、脇坂〔泰彦〕丸善石油専務が私邸に来訪した。九時より、閣議記者会見。十一時すぎ参院本会議で、給与法、モントリオールＩＬＯ条約の採決が行なわれた。一方十時半より、衆院外務委で租税協定の質疑採決が行なわれた。続いて衆院本会議でＥＣ関係条約租税協定二件は可決成立した。七時より三三会が開かれ、九時半に自宅に平井卓志先生が来訪した。

五月十八日（土）

十時四十分羽田発の日航で出発し、二十三日午後三時二十五分のノースウエストで帰国した。帰国後早々に島村家の結婚披露宴に出席した。

〔五月十九日～二十三日まで、米エール大学名誉博士号授与のため訪米〕

五月二十四日（金）

九時閣議記者会見。十時十分より衆院外務委で国際情勢に関し、石井一先生〔自〕、堂森芳夫先生〔社〕、土井たか子先生〔社〕、渡部一郎先生〔公〕、永末英一先生〔民〕の諸先生方が出席した。国会が終了したのは二時過ぎであったが、経団連総会に直行した。三時四十五分、増岡〔運輸〕政務次官が、池田満枝夫人との会談の結果について報告のため来訪した。四時北ベトナム議員団が来訪し、続いてロングＧＡＴＴ事務局長、北原〔秀雄・ジュネーブ国際機関日本代表部〕大使が来訪した。北原大使からは諸情勢の報告のほか、自分はフランス大使をやりたい旨の希望が述べられた。

五時半より、日消〔日本消防会館〕ホールで玉置猛夫先生の激励会に出席した後、参院関係の事業団法関係者を金田中に招いた。

五月二十五日（土）

今日は本来何もない日であったが、靖国法案の本会議がとびこんできた。

午前中岩波書店に寄り、本を買った後、衆院本会議に出席した。自民党の単独採決のため十五分位で終了した。

靖国法案は通す姿勢を貫くため、今週中に参院に送るということが至上命令となっていたものである。しかし、参院側での取り扱いは困難なことになるものと思われる。

五月二十六日（日）

朝八時過ぎ家を出て、スリーハンドレッドへ行った。向うで第百土地の森美夫さんがいたので一緒にまわることとなった。

森社長は病気をしてから、あまり飛ばなくなり大臣にかなり遅れをとった。大臣九十四、森田九十三であった。

五月二十七日（月）

靖国法案の採決で混乱した国会は正常化し、十時二十分より参〔院〕本会議でインド核実験反対決議、事業団法条約を可決した。

十一時に、佐渡〔卓〕国土開発社長〔会長〕が来訪した。

十一時半より、イランのシャハラーム殿下をホテルオークラに表敬訪問した。

十二時に、黒川氏が来訪。訪台訪比の挨拶に来た。

四時半よりブリーフィングがあったが、珍しくひまな一日であった。また久しぶりに末広会に出席した。

五月二十八日（火）

九時より、閣議記者会見。

午後二時半に藤山愛一郎先生が来訪し、貴方は気が進まないとは思うが、今度の改造でも留任し、日中友好条約だけは完成しておかれたいとの要望を行なった。

三時に松岡克由〔立川談志〕議員が後援会を結成する件について相談に来た。

三時三十分レバノン大使が離任表敬、続いてペルー大使が新任表敬、ベトナム大使新任表敬。

六時、大栄会が開かれた。森田は食塩の価格を決めるため専売公社で遅くまで折衝した。

五月二十九日（水）

宏池会の選対副部長クラスの朝食会がホテルオークラで開かれた。

九時五十分宮武〔大日本製薬〕社長が来訪し、サリドマイドの被害者側との交渉が最終段階に来たことを報告した。

十時より菅原通斉氏、十時すぎより引き続き幹部連絡会が開かれた。

十一時に経済局の打合せ、十一時半在京パキスタン大使の訪問を受けた。

十二時より宏池会の定例総会に出席して、参院選挙の打合せをした。

そのまま宏池会にいて、三時より記者懇談をし、四時には塩元売り総会がホテルパシフィックで開かれたので出席して、大臣が冒頭挨拶を述べた。

六時に、中山素平氏〔興銀相談役〕とＯＴＣＡ〔海外技術協力事業団〕を改組して作った国際協力事業団の問題について人事を話し合った。

七時より田中派を飯倉公館にビュフェに呼んだが、場所が珍しくて喜ばれた。

五月三十日（木）

朝八時、羽田発の全日空で高松に向った。

十時過ぎ高松に着き、琴平に直行し香川用水の記念式典に出席し挨拶した。早明浦ダムにためた水を、二百二十億円かけた香川用水で農工飲料用に配分することにつき通水式が行なわれたわけである。

十二時十四分発の土佐二号で高知に入り、塩見〔俊二〕先生の決起大会で激励の挨拶をした。

四時過ぎ高知発の全日空で、大阪経由で東京にもどった。

七時より、賀寿老で田村元先生と会食した。水田派の窮状が訴えられ、今後の見通しについて意見が交された。

八時半よりフィリピンのラウエル下院議長、ラウエル日比友好協会長をお呼びして御馳走をした。

五月三十一日（金）

八時に選挙前最後の、火曜会〔参院〕が行なわれた。

九時より、閣議記者会見。二学生問題の他、金大中氏について召喚がなされたことにより、日韓関係はさらに微妙な段階を迎えることとなった。

十時半韓国大使〔金永善〕が来訪し、十一時十五分奥田氏来訪。十一時三十分木村〔一三〕国貿促専務が来訪した。

西村関一先生が来た他、佐藤喜一郎氏〔三井銀行会長〕の葬儀に出席した。

国際協力事業団総裁の問題で、田口〔連三〕石川島播磨会長を新大手町ビルに訪ねた。

六時より沢田〔悌《やすし》〕国民金融公庫総裁の長男の結婚式に出席した後、藍亭で行なわれた自民党長老組の日中協定発効に関する会合に出席した。

六月一日（土）

ゴルフに行くことになっていたが、橋本〔登美三郎〕幹事長と小沢先生が自民党の資金をもってくるということで取り止めた。

十時過ぎに宏池会につき、鈴木〔善幸〕総務会長等と話をした。

一時半に橋本幹事長と小沢辰男先生が現われ、カレーライスで食事をともにして帰った。お二人の話でも玉置猛夫先生は危ないということであった。

六月二日（日）

本日は香川大学同窓会館披露があったが、帰郷するのは取り止めた。

十時スタートで紫カントリーのあやめコースに福井順一先生とともに出かけた。

ここは各ホールに動物の像がおいてあり、牛のとぼとぼ歩きとか馬のけりとかいったことが書いてある。大平、森田とも九十九であった。福井先生は百であった。バックでノータッチでやるとゴルフのきびしさが身に沁みた。このようなスコアは久しぶりであった。

六月三日（月）

九時半より、本省で金大中の件について打合せを行なった。

十一時に、在京の英国大使が来訪。

十二時に宏池会の総会を臨時に行ない、参院選の事務所開きを行なった。

一時五十分、庭野〔正之助〕氏が日本鉱業の社長に就任した挨拶に来訪した。

二時にホノルルの桜の女王、続いてルヌフ豪州外務次官が来訪した。金沢氏が在中国財産の件で来訪。

メキシコ新任大使来訪、今度海洋法会議の主席代表になる小木曽〔本雄・国連〕大使が訪れ報告を聞いた。

四時過ぎに重光〔武雄〕ロッテ社長が来訪した。

夜は金龍に水田派を招待したが、国会の最終日ということで田村〔元〕先生のみが出席であった。

八時半より、栄家での会合に出席した。

六月四日（火）

七時半に、アジア石油の長谷川〔隆太郎〕会長が私邸を訪れた。八時に玉置猛夫先生が来訪し、続いて日本国土開発の石上〔立夫〕社長が来られた。

十時より、閣議記者会見。

十一時に小出〔栄一〕共同石油新社長が就任の挨拶のために来訪した。

十二時より、官邸で総理主催の慰労立食会が開かれた。その後直ちに羽田に向い、上条勝久氏の応援に向った。

上条勝久氏を励ます会が、宮崎県連の主催で行なわれ、大勢の観衆を相手に講演をした。

七時に宮崎発の飛行機で八時四十五分に羽田に帰ってきた。

六月五日（水）

十時より、在アフリカの大使会議が開かれ出席した。アフリカ駐在大使は加川〔隆明・マダガスカル〕大使などを除いてパッとしない印象が強かった。

十二時に、高千穂交易とバロース社の合弁会社である高千穂バロース社の披露パーテイに出席した。

二時に永野〔重雄〕新日鉄会長を訪れ、法眼〔晋作〕国際協力事業団総裁問題で了解を求めた。永野さんは今の段階ではそれ以外にないだろうということであった。

三時より記者懇談、四時に永野厳雄〔参、広島、大平派。74年初当選〕参院候補が来訪した。その後、宏池会で資金手当の状況の検討等を行なった。

七時より、アフリカ大使会議の出席者を飯倉公邸に招待した。

六月六日（木）

八時に、前田〔香川〕県会議長が来訪した。

九時半に、名古屋より立候補している藤川一秋氏〔参、愛知、無。74年初当選〕が来訪した。

十時に、日韓問題について打合せを行なった。

十一時に宏池会の総会を開き、資金わたしを行なった。富士化学紙工業パーテイが帝国ホテルで開かれた。

二時半に西山〔昭・カナダ〕大使の認証式に侍立し、その後陛下に御進講を行なった。

四時に金丸〔三郎〕鹿児島県知事、土光〔敏夫〕経団連会長がそれぞれ来訪した。

五時半より、記者懇談。

六時より、ホテルオークラで芳明会、七時半より千代新で中曽根派を招待した。

六月七日（金）

十時より閣議、経済関係閣僚協議会、記者会見。十一時に寿工業の奥原次郎氏が来訪した。十一時四十五分韓国で捕っている早川氏のお父さんが来訪して、国の援助を要請した。

十二時に佐藤〔達郎〕時事通信社長と朝日の秋山〔耿太郎〕氏が来訪し、日生下産業会長の金川〔義之〕氏、岩佐〔凱実〕富士銀会長、中山素平氏が次々に来訪した。

三時より在京リベリア、ブルガリア大使の信任状捧呈のために侍立した。

四時より韓国関係の打合せ。

五時より山本重信トヨタ自工専務が来訪した。続いて海洋法会議の打合せ。

五時五十分に船田中先生〔衆、栃木1、船田派〕が栃木地方区の問題で来られた。調整が難航し困っているようである。

六時からの大平会にちょっと顔を出し、七時半より藍亭で三木派を招待した。夜十時五十分に羽田に、秩父宮妃殿下をお見送りした。

六月八日（土）

九時四十五分、羽田発の全日空で北海道に向った。

十一時過ぎ千歳に着き、食事をした後西田〔信一〕先生を励ます会に出席した。札幌市の中島スポーツセンターに八千人を集めて行なわれた。

講演が終わった後、五時三十五分千歳発の全日空で、七時過ぎに羽田に帰ってきた。西田先生も元気で情勢も前よりは好転しているようであった。

六月九日（日）

朝から、スリーハンドレッドへ向った。

前インドネシア大使井口氏〔井口貞夫か。同氏にインドネシア大使の経歴はない〕、第百土地の森美夫氏といっしょになり、ワンラウンドハーフをまわった。

大平は四五・四七・五二、森田は四六・四七・四七、井口は四四・四六・四九であった。森さんはあまりとばず飛距離がうんとおちていた。

六月十日（月）

九時四十五分羽田を発ち、十時四十分伊丹に着いた。

十二時より関経連との昼食会が新大阪ビルで行なわれ、講演を行なった〔講演は「激浪の中の世界と日本」と題し、『経済人』七四年八月号に掲載。『全著作集4』495―501頁所収〕。

二時より関係経済団体との懇談会がロイヤルホテルで開かれた。

四時三十分より記者会見、五時半より大和屋で夕食会が開かれた。

八時半伊丹を発ち、夜九時三十五分に東京に帰ってきた。

六月十一日（火）

八時に、私邸に伊藤昌哉氏が来訪した。九時半より、外務省で日韓問題の打合せが行なわれた。十時より閣議、引き続き総理と日韓問題について打合せした。

続いて十一時三十五分記者会見。

十二時に難航した法眼総裁の辞令交付が行なわれた。続いて党本部で香川県連常任顧問会が開かれた。

二時にスエーデン政府より最高の勲章が贈られた。二時半に三菱化成の篠島〔秀雄〕社長を往訪した。

三時よりアルゼンチン、ペルーの各大使の信任状捧呈の侍立。

四時十五分より横田陽吉年金局長、白洲次郎氏、中部〔謙吉〕大洋漁業社長、神足氏、長田〔庄一〕東京相互社長が次々と来訪した。

六時より銀杏会、国際親善の会、七時より外務省のOBを飯倉公館に招待した。

六月十二日（水）

朝八時半より、福田家《ふくだや》で恒例の黒川氏を囲む会が行なわれた。

十時より幹部連絡会、十時五十分「議員、続いてコーナー・ニュージーランド外務次官、植村〔甲午郎〕前経団連会長が来訪した。

お昼は宏池会に行き、参院選の準備を行なった。

三時より記者懇談、広島・愛媛の際記者が随行してくることとなった。

松根宗一氏〔日本原子力産業会議副議長〕、森ビル森〔泰吉郎〕社長、山本〔壮一郎〕宮城県知事、山下〔英明〕通産次官が次々に宏池会に来訪した。

六時より浜野清吾先生〔衆、東京9、椎名派〕、水野清先生等と懇談し、続いて椎名派の先生方と日中協定のお礼の意味で会食した。これで各派との会合の予定は全て終了した。

六月十三日（木）

八時に、サントリーの佐治〔敬三〕社長来訪。

九時に木村武雄先生が来て、来年の総裁選について決して不出馬の意向を明らかにするなとの注意があった。

九時半より、東欧大使会議。

十一時半頃、溜池の森下泰候補の事務所開きで挨拶。宏池会で食事をし、打合せをした後、外務省に帰った。

三時十五分、今〔日出海〕国際交流基金理事長、続いて日韓問題打合せを行なった。その後、小渕〔恵三・総務庁〕副長官、西村〔光夫〕スエーデン研究所所長が来訪し、仮縫した。

五時半に記者懇談。六時から三豊中学同窓会には森田が代りに行った。

六時に日本青年館で岡部保氏の後援会、七時より大臣主催の東欧大使会議出席者招待の晩さん会が行なわれた。

六月十四日（金）

いよいよ参院選の告示である。九時半よりおかべ事務所、十時より玉置〔猛夫〕事務所、十時五十分宮田〔輝〕事務所、十二時斉藤〔寿夫〕事務所、一時三十分安井〔謙〕事務所、二時鳩山〔威一郎〕事務所の順に選挙事務所まわりをした。

その後、宏池会に行ってしばらく休んでから帰宅した。

六月十五日（土）

今日は太平会ゴルフが東京クラブで行なわれたが、参院選中のため出席できなかった。

八時二十分東京発こだまにより、十一時四十四分米原着。彦根、近江八幡、大津等を街頭演説してまわった。坂健氏〔74年参院候補、落選〕もずっと一緒に便乗してきた。きわめてうまいやり方である。

大津の滋賀会館で記者会見した後、京都に入った。都ホテルの近くで一ケ所（山科）街頭演説をやり、都ホテルに入った。

ホテルでは国会議員の方々と夕食を共にした後、夜の個人演説会場を二ヶ所まわった。京に田舎ありといわれるとおり、その会場風景は香川県よりもひなびたものであった。

六月十六日（日）

翌日《ママ》は朝早く、長岡京市というマンモス住宅街へ出かけた。団地の中を外務大臣ということで流して歩き、一ケ所で街頭演説した。

一旦事務所に帰って昼食の後、大阪に向った。まず千里ニュータウンで玉置候補応援のため演説し、続いて事務所前のかんかん照りの中を街頭演説した。地方区の中山太郎先生〔参、大阪、福田派〕の事務所に寄り、続いて森下泰先生の事務所へも立ち寄った。森下泰先生と中山先生とともに心斎橋で街頭演説をぶった。

その後五時四十三分の列車で岡山に向った。岡山では夜、個人演説会が開かれた。八百人以上の人が集っていて熱気に溢れていた。何とか当選させてあげたいと思う。

六月十七日（月）

朝岡山を出て、御津・津山・久世・勝山・大佐《おおさ》・新見・高梁《たかはし》・総社《そうじゃ》・倉敷・玉野と随所で街頭を行なった。途中から相当の豪雨となり、悪条件が重なった。それにしても昼食の時間を返上しても、なお時間が足りないという強行スケジュールであった。

しかし、窓から顔出す人、畠の手を休めて手をふってくれる人など、なんとなく心暖まる選挙風景であった。

結局悪天候のため飛行機は飛ばず、新幹線で夜十時三十五分東京に帰ってきた。

六月十八日（火）

朝八時に、藤田正明先生が来訪した。

十時に、閣議記者会見。十一時に、事業団法設立委員会に出席。藤山〔楢一〕オーストリア大使、グアテマラ大使離任表敬が行なわれた。

十二時三十分より、李へき〔李海翼〕長官と極秘であった。院外団の青木氏は朴大統領とも会ってきたという。

奇妙なことが起れば起るものである。

千葉市に渡辺一太郎先生〔参、千葉、椎名派〕の応援に行った。千葉駅前など三ヶ所で街頭演説を行なった。五時過ぎ東京に帰り、火曜会に出席した。六時よりの内田〔常雄〕経企庁長官と大阪ガス安田〔博〕社長の会合には特に顔を出さなかった。

六月十九日（水）

朝、サリドマイド児の件で、宮武〔大日本製薬〕社長、足立氏、小幡氏が来訪した。

八時過ぎ私邸を出て、九時二十分発の東亜国内航空で花巻に着いた。欠航になるのではないかと恐れていたが、何とか無事出発した。

着いてすぐ、やぶやで昼食をとり、花巻市内四ヶ所で街頭演説をうち、北上市に移り、ここでも二ヶ所の演説をした後、北上市の東京屋で夕食をとった。

夜は二ヶ所の応援演説を行なった後、花巻温泉の〝ホテル花巻〟に帰り宿泊した。増田盛先生〔参、岩手、大平派〕も元気で運動に精を出していた。

六月二十日（木）

朝早く起き、七時五十九分のやまびこ一号で仙台経由山形に向った。山形では山形ホテルで会見し、昼食をとった後、大江町及び朝日町で街頭演説をした。

それから南に下り、長井市の丸満で夕食をともにした。

夜は、川西町中央公民館及び白鷹町荒砥小学校で個人演説会を開催し、夜十時頃南陽市赤湯温泉に到着した。桜湯という旅館である。

安孫子〔藤吉。参、山形、74年初当選〕さんは知事の経歴が長く、知名度も抜群で強い。ただ田中派に言わせれば自分の方だと考えているようである。どこの選挙でも現在の時期は市内を残して田舎の方をやっている。

六月二十一日（金）

八時十二分赤湯駅発やまばと一号に乗り、九時八分に福島駅に着いた。

福島では市内に入らず、直ちに太平洋岸に出る。原町→小高→浪江→請戸→相馬と各地で街頭演説をしながら福島にもどってきた。

ここは自民二人区でなかなかの激戦である。しかし何とか自民党が二人当選できるのではないかと思われる。いずこも自民の二人区のところは、お互いの競争になるので争いは深刻である。もっとも一人区でも徳島の地方区のように〔久次米健太郎と後藤田正晴の〕骨肉の争いを繰りひろげているところはあるが。

十五時四十一分福島駅発やまびこ四号で二一時四十六分に上野駅に帰ってきた。

六月二十二日（土）

香川県連大会が開かれたが、加藤常太郎先生〔衆、香川1、三木派〕が県連会長になったため、こちらは帰る必要がなくなった。順番からいくと加藤先生か大平かということであった。

宏池会に行って、鈴木総務会長と会い打合せをした。前夜から全国区の岡部保先生が危いという報が入っていたので会社その他あちこちに電話で依頼した。

玉置〔猛夫〕先生の他、岡部先生も危いということになると作戦も複雑になる。

二十五日間の遊説のうち、今日が唯一の休みであった。

六月二十三日（日）

朝九時四十五分のＪＡＬ一〇七で伊丹経由高知に入った。塩見〔俊二〕先生応援のためである。岩動道行先生も同行した。

二十三日と二十四日の遊説は、丁度候補者が地方廻りをしている頃で計画の樹て方が難しく、園田〔清充〕先生のところに行くこととしていたが、水また〔水俣〕の方に行っているとのことで取り止めた。その代り高知と宮崎とに行くこととした。

丁度宮本〔顕治・共産党〕委員長が来高しているときで、向うをはったような形となった。市内数ヶ所で街頭演説をした。日曜市で人が集っているところであったので、そこをねらった。お昼に城西館で食事をした。夜は数ヶ所で個人演説会が開催され、そこで塩見先生の人間性と誠意について話をした。夜は前夜総理が泊った城西館で泊った。新緑の高知は本当にみずみずしい光景であった。

六月二十四日（月）

朝九時五十分発全日空七九三便で宮崎に向った。宮崎空港には十時五十分に到着して直ちに事務所に入った。昼食の後事務所を出て、西都市に着き、街頭一ケ所をやり、立会演説の間市長室で休けいした。上条〔勝久〕候補は十数年かかって、こつこつ築いた信用がにじみ出ているような雰囲気であった。

帰りに佐土原に寄り、街頭を一ヶ所やった後、四時頃事務所に帰着した。事務所前にて街頭演説を行ない、市内でもう一ヶ所街頭演説をした後、五時五十分の飛行機で東京に帰着した。上条さんの選挙は順調でまず心配ない。

六月二十五日（火）

朝、閣議記者会見。午後から在京大使夫妻の宮中午餐があったが欠席させていただいた。十二時より宏池会総会が開かれ、その後、丹羽喬四郎先生とともに秦野章先生〔参、神奈川、無。74年初当選〕の応援に行った。一時東京を出て、厚木で一ケ所、伊勢原で三ヶ所等街頭演説を行なった。秦野先生はまず大丈夫ということであり、また相変らずべらんめえ調の演説をしていた。ああいう演説ができるのは相当の肝っ玉のすわった人であるといえよう。

夜栄家で大栄会に出席し、その後松山での清友会に移った。当初三金会にも出ることを考えていたがとりやめた。河野議長の話によると、秦野先生は大平派につれて行ってもよいということである。

六月二十六日（水）

朝、九時のひかり二七号で東京を発って名古屋に向った。着いてすぐ食事をして、市内の街頭の流しを行なった。一時に桜花会館で行なわれた軍恩連〔軍恩連盟〕大会に出席して挨拶した。岡田広先生〔参、全国、大平派。74年初当選〕はきわめて元気であった。軍恩連というのは非常に強固な組織であることがよくわかった。名古屋は暑いところであるが、この日もむし暑い湿度の高い日であった。

終了後玉置〔猛夫〕事務所に寄り、次いで藤川〔一秋〕事務所に寄ってから、三時五分のひかり三四号で東京に帰った。

選挙遊説もこの二、三日が比較的楽な日程で、これから胸つき八丁にかかる。

六月二十七日（木）

九時、新宿発あずさ三号で松本に向った。松本市内は下条〔進一郎〕候補の強いところであるので街頭演説はやらず、市内を細かく流して歩いた。〝白バラ、ハンカチ、きれいな選挙〟〝よいお父さん〟ということが売り物であった。

車で諏訪の方に移動し、諏わ湖のほとりで開かれた個人演説会に出席した。

夏目〔忠雄〕さん〔参、長野、無。74年初当選〕は実直な人柄で婦人層に人気があるということであった。

諏訪駅より五時十六分のあずさ八号に乗り、八時五十二分に新宿に帰ってきた。

六月二十八日（金）

朝、八時五十分発の全日空六七三便で広島に向った。

ハンス・ベアワルド教授やジェームソン記者（ロスアンゼルス・タイムス）も含めて十九人の記者が同行した。

羽田を発った後、三十分あまり非常に揺れた。

十一時二十分広島につくとすぐ事務所で食事をし、竹原市、安芸津、安浦、川尻、広町、海田町、呉市、府中町、広島へと街頭演説を続けながら帰ってきた。

夕方は永野重雄氏など財界人などとの会合があった。その後、同じところで一時間半にわたって記者懇談した。

田中六助先生、宮崎茂一先生、萩原ゆきお先生が同行した。

ここは中津井〔真〕さんと永野〔厳雄〕さんによる二議席確保の問題で県連が紛争中の模様であった。

六月二十九日（土）

朝早く、広島グランドホテルを出て港に向った。

水中翼船で青井政美候補〔参、愛媛、田中派。74年初当選〕応援のため松山へ渡った。松山では、塩崎〔潤〕先生の関係者により波止場での歓迎を受けた。

次いで県庁に入り記者会見し、車で宇和島に向った。宇和島では青果市場において個人演説会をし、車で八幡浜に移動した。八幡浜では、毛利松平先生〔衆、愛媛3、三木派〕関係の青井激励会に出席した。

新聞記者は大体半分の九人になったが、強行日程に疲れたようであった。

八幡浜で乗車して観音寺に向った。八時四十三分に観音寺につき、地元関係者の歓迎の出迎えを受けた。

六月三十日（日）

朝、観音寺駅前で雨中の街頭演説をした後、多度津に入った。多度津で一ヶ所、丸亀、善通寺、琴平と移動した。

琴平の林先生のところで昼食をいただき、岡田、羽床を通って高松に向った。市内二ヶ所で街頭演説をしたが、三越前では立すいの余地のないほど一杯であった。

その後、志度に行き、川六に帰って食事をした。

木村武千代先生の話によると、相当に動員をかけたとのことである。

今回の選挙は、社会党がやる気をなくしたため、しまりのない選挙になっているが、勝負は問題なしと思われる。

七月一日（月）

朝、県連主催の朝食会が開かれた。その後九時二十分発のホーバークラフトで宇野に向った。玉野では三井造船を訪ね、加藤支持といわれる同造船所に支持を呼びかけた。その後、流しながら岡山市に入り街頭をやった後、総決起大会に出席した。社会党の寺田〔熊雄。参、岡山、社会党〕さんとの間に大接戦となるような模様であった。加藤武徳氏〔参、岡山、福田派〕は選挙上手で、要所要所に手を打ってあったため、終盤に至ってぐんと盛り上がり、後は社会党との戦争になった。

二人区での独占というのは非常に困難なことのように思われる。

七月二日（火）

閣議記者会見の後、十二時二十分東京発の列車で静岡に向った。

静岡県では、まず三島市におりて個人演説会をした後、富士市に向った。最初の個人演説会で時間をとりすぎたためおくれそうになり、ＥＣ〔エスコートカー〕の先導によりようやく五時の名古屋行きにのることができた。

名古屋では、二ヶ所で藤川一秋先生の演説会に出席した。一ケ所は政談演説会できわめて多数の人々が入場していた。

名古屋では、自民が藤川一秋先生一本に候補者をしぼったため、自民は有利な戦いを進めている。ただし浦野〔幸男〕先生あたりはひきしめに懸命であった。

名古屋観光ホテルで泊ることとなった。

七月三日（水）

選挙もいよいよ大詰めにきた。あと三日間の運動である。是非西田信一先生に上がってほしいとの祈りをこめて、十一時二十五分発の全日空七〇四便で千歳に向った。

西田先生は、本当に顔を真黒に日焼してがんばっていた。人間の顔がこんなに黒くなるものかと思うほどである。

途中江別に寄ってから札幌市に入った。

札幌市内数ケ所で街頭演説をした。その熱気や候補者の熱意をみて、これは当選できると感じた。

夜、個人演説会を厚別などでやった後、十一時前に小樽に入った。小樽は古ぼけたわびしい町だった。ホテルもほとんど従業員のいない北海ホテルというところであった。

七月四日（木）

朝、青果市場での街頭を皮切りに札幌に向った。街頭演説をやっているというスタイルの演説で、どの程度効果があるのであろうかとの疑問もわく。しかし、他に良い方法がないのでそれを続けているだけのような気もする。北海道はどの候補もトラックスタイルである。道が広いせいであろうか、冬や雨の時は大変だろうと思う。トラックに乗っての長い遊説の一日が終わり、事務所で酒販の人達と懇談した。

六時三十分、札幌発の日航五〇二便で羽田に向う。夜九時すぎ自宅に着いた。

七月五日（金）

朝六時半に起き、七時過ぎ家を出た。

八時羽田発の全日空で小松空港に向った。安田隆明先生〔参、福井、大平派〕応援のためである。安田先生は大丈夫であるが、前回行けなかったこともある。この一番良い時期に応援にかけつけることとなった。

金沢市観光会館で行なわれた総決起大会に出席し、終了後雷鳥六号で福井に向った。

福井は大雨であった。ここでも、福井工業大学で行なわれた個人演説会に出席した。

立山二号で米原乗りかえ大阪に向った。立山二号は他の乗客はなく、貸し切りといった風景であった。車掌が喜んで、びわ湖の北側を走る湖西線の開通が近いことを教えてくれた。

七月六日（土）

いよいよ最終日である。

台風が本州に向っており、九州に上陸するかも知れないとのことである。今夜は場合によっては帰れなくなることも予想しながら熊本に向った。

八時十分に熊本に着き、直ちに遊説をはじめた。全国最激戦地に最終日に乗り込んできたわけである。嵐の前の静けさで雨も降らず、薄日さえさしていた。園田清充先生の応援は、農協がバックで相当の熱気であった。熊本市内が勝負ということで中小企業にも働きかけたということであった。

飛行機が飛ぶかどうかが最後までわからなかった。ホテル〔に〕もどり汽車の切符も手配したが、結局予定通り飛ぶことができた。

七月七日（日）

朝から相当の雨であったが、投票は早くすませた。

九時頃になると雨はほとんど上った。藤井秘書官、中本秘書官を連れてスリーハンドレッドに向った。

快適なコンディションとなったが、朝雨が降っていたのでほとんど人がいなかった。長いブランクの後のため成績はふるわず、大平四七・五一、森田四七・四七、藤井四九・五一、中本?《ママ》であった。

いよいよ九時頃から投票結果が次第に発表になった。

この日は予想通りの結果でとりこぼしもなかった。園田先生がついに勝った。

七月八日（月）

地方区で園田先生が勝ったことはよかったが、西田信一、逢沢英雄、松平勇雄〔参、福島〕、斉藤寿夫〔参、静岡〕、渡辺一太郎の諸先生が相ついで敗れた。

自民党は地方区で四十三議席しかとれなかった。続いて全国区でも次点以下に自民党候補が並び、結局自民党は十九しかとれなかった。

無所属の久次米健太郎氏〔徳島〕及び岩上妙子〔茨城〕氏を入党させて、ようやく保革逆転を食いとめる有様であった。物価その他による自民党批判は予想外に根強いことがわかった。

今後の道は険しい。当面執行部に対する批判をどのようにかわしていくかの問題がある。

四時半に、栗田氏が宏池会に来た。その後外務省に行き、クエイト事件関係者の表彰式をレセプションホールで行なった。

夜は六時より、栄家で大平会に出席した。

七月九日（火）

八時半に牛尾〔治朗・ウシオ電機社長〕、柳沢〔昭・クレラン製薬社長〕両氏がお中元の御挨拶のため来訪した。財界でも田中批判が次第に強まっていることを語っていた。

十時、閣議記者会見。十一時四十五分より、在京ギリシヤ大使が来訪した。

エアハルト〔ベアワルド〕教授は明日帰国するとのことで挨拶に来てしばらく話しこんでいった。

その間、安孫子知事など今度参議院議員となった先生方が次々と現れた。未だ所属派閥が明確でない人が多く微妙な点が多い。

これからこれらの人がどのように定着していくか、それによって政界新地図が決まる。各新聞に出ている派閥表も内容はまちまちではっきりしない。

七月十日（水）

十時過ぎより幹部連絡会があり、選挙の間たまっていた諸々の問題について協議した。

経済局長の話によると、石油等は過剰になり、資源の過剰問題が表面化していく傾向にあるという。

夕方五時から、ホテルオークラで宏池会の当選祝賀会が行なわれた。

神田博先生〔衆、静岡1、水田派〕、斉藤栄三郎先生なども顔をみせていた。平井卓志先生も会の最初から終わり頃まで出席していた。安孫子先生等出席できぬ先生方もいらっしゃるので、又あらためてこのような会合を考えることとした。

園田清充先生が入ってきたときは、一きわ高い拍手がわいた。今度の選挙で一番難しいといわれていた熊本だけが保守二議席独占を実現したためである。

七月十一日（木）

八時半に成人病研究所で血糖の検査をした後、じん臓の石灰沈殿について相談を受けた。血液中の石灰（カルシューム分）が増加しており、のどの甲状腺の裏側にある副甲状腺が良性のしゅようか何かで機能こう進が起っているのではないかということであった。そのため四―五日かけて身体検査をすることが是非必要ということであった。

十時よりアジア局ブリーフィング、十一時国連局ブリーフィング、十二時よりトヨタ自動車等の社長とオークラで会食をした。

二時半に池田行彦氏が大蔵省辞職の挨拶に来たが、大臣からは引き続き翻意を促した。

三時に、つるまいカントリーのますの氏が今井〔榮文・新東京国際空港公団〕総裁留任のためにつれだって来訪した。

三時すぎ事業団関係の打合せをし、木村武雄先生と話をした。四時安田〔博〕大阪ガス社長、福井勇先生〔衆、愛知5、田中派〕等が来訪した。六時より飯倉公館で大栄会の人達を夫妻で招待した。

七月十二日（金）

九時十五分、加藤常太郎先生と会うために外務省に向う途中、総理より電話があった。三木副総理がやめるということである。

加藤先生と木村〔竹千代〕先生が来訪し、今度の知事選はきわめて難しいことを訴え、全力を尽くすべきことを説いた。しかし、方法論として副知事についての回答も出してこないなど、口さきのみで、こちらの資金めあてという雰囲気が強かった。

十時より閣議、経済関係閣僚協議会が開かれ、次いでカンボジア大使が新任表敬に来訪した。

十二時すぎより白斗鎮議員〔元韓国首相。商大卒〕と飯倉公館で昼食をともにした。続いて田中〔秀穂〕ニュージーランド大使、土屋〔南夫〕ジョルダン〔ヨルダン〕大使の認証式。

三時半より三木辞任について、宏池会で記者会見及び懇談が行なわれた。大平派としては、この際田中派との連けいを強めていくべきだということで意見がまとまった。

七月十三日（土）

金曜日夜から軽井沢に行くことにしていたが、昨日の三木ショックで取り止めたので、今日は特に日程がないが、ゴルフなどに出かけるわけにはいかない。

宏池会に出て、大平派の先生とあった後、三省堂により本を四、五冊買いこんだ。

四時過ぎ帰宅して、情勢を冷静に分析した。大平派としては今は何もいえないし、いうべきでないのでだまって事態を見つめて行く以外にない。

しかし福田〔赳夫〕氏は時間が経つにつれて次第に苦しくなっていくのではないか。大義名分がなく、結局派閥闘争以外の何ものでもないからである。

福田のみが辞任するのか、三閣僚も引き上げるのか難しい局面に立たされているようだ。

七月十四日（日）

朝、雨は次第にこぶりになってきた。

総理も今日はゴルフに出かけたらしい。来週の政局激動をひかえて英気を養っておこうというわけである。

スリーハンドレッドに行くことにした。森〔美夫・第百土地社長〕さんもスリーハンドレッドに行っているらしい。

今日は福田さんも記者懇談をしたが、特に何もしゃべらなかったようだ。

七月十五日（月）

福田大蔵大臣は、火曜日に閣議に出る旨言明しているので、今日は辞表を提出することはない見込である。しかし、佐藤〔榮作〕、岸〔信介〕、石井〔光次郎〕、山口〔喜久一郎〕の各氏等、総理・議長経験者による長老会議が開かれたり、各派の会合が開かれるなどとあわただしい動きである。

しかし、長老会議の代表が田中総理に会談を申し入れたところ、田中総理はのどの痛みを理由にこれを断った。

これにより長老会議という名のもとに、福田赳夫氏を擁護しようとした動きは封ぜられた。

七月十六日（火）

閣議のあと、保利〔茂〕氏がやめるようだという情報が伝わってきた。結局、保利氏と福田氏とがやめ、倉石〔忠雄〕氏と町村〔金五〕氏は残ることとなった。倉石大臣はぜんそくで入院中で、仮病ともいわれたが本当に悪いようだ。

夕方まで、後宮〔虎郎・韓国〕大使を入れて日韓問題を協議したが、福田氏の辞任に伴い、三役が官邸によばれた。同時に待機状態に入り、五時半頃総理より電話がかかってきた。大蔵をやってほしいということで、結局外相には木村〔俊夫。衆、三重1、無〕氏でやむをえないということになった。大臣は、平泉〔渉〕氏でどうだと申し入れたが問題にならぬといわれ、二階堂〔進〕氏を推せんしたが総理はウンといわなかった。

六時半頃決定の通知が入り、官邸で記者会見、辞令交付の後、大蔵省に初登庁し、幹部に挨拶ののち記者会見をした。

七月十七日（水）

十時に外務省に登庁し、木村大臣と引き継ぎをした。

新旧大臣の職員に対する挨拶の後、霞クラブでお別れの記者会見をした。

十一時十分登庁。十一時より御進講を受けた後、各社別のインタビューに応じた。

一時半に日銀総裁〔佐々木直〕が挨拶に来訪し、二時より福田大臣と新旧両大臣の引継ぎをした。第一会議室で新旧大臣の御挨拶をして、又再びインタビューを続けた。

十五社六時間に及ぶ会見と人間わざではないような気がした。

七月十八日（木）

八時半、伊東正義先生が来訪し、お祝いとともに米価の話をした。百十四〔銀行〕の綾田〔整治〕頭取が就任挨拶のために来訪した。

九時十五分に家を出て、十時より関税局のレクチャーを受けた。その間、酒造組合中央会長、小売酒販会長・専務、佐々木〔邦彦〕全銀協会長が次々と来訪した。

十二時四十五分より銀行局のレクチャーがあり、二時過ぎ故益谷〔秀次〕先生〔衆、石川、前尾派。72年引退〕を偲ぶ会がオークラで開かれ、田中総理とともに挨拶した。続いて日本在外企業協会創〔立〕総会が工業クラブで開かれた。

四時十五分白斗鎮議員来訪の予定であったが、翌日に延びた。続いて加藤〔乙三郎〕中部電力社長が来訪した。

五時夜回りの会見の後、カヤ会、永野厳雄先生の当選祝賀会に出た後、各社政治部長と懇談した。

七月十九日（金）

十時閣議、大蔵大臣として初閣議。

閣議後記者会見。十一時三十分長銀宮崎〔一雄〕会長来訪、古賀〔進〕住友セメント会長来訪。

二時半より日経のズームアイのインタビューに応じた。山岸一平氏〔日経新聞政治部長〕が来訪した。

三時十五分、四国農協代表が来訪し、岩持〔静麻〕農協中央会の本部長が来訪した。

四時より国際金融局の会合。五時に白斗鎮議員が来訪した。続いて米価問題での会議が遅くなったため、三金会はとりやめＮＨＫに直行した。

九時に宮田輝先生が来ることになっていたが、米価問題を再び協議したため、家に帰ったのは十一時前であった。

七月二十日（土）

八時半、伊東正義先生と三崎会長が来訪。

十時二十分頃登庁し、十一時より秘密で宮脇〔朝男・全国農協中央会会長〕氏と会う。続いて小山長規先生が来訪し、米価問題の打合せを行なった。自民党には危機感が強く、かなり大巾の引上げが主張されている。

お昼過ぎ、総理官邸で米価の打合せをした。

一旦役所にもどり、主計局との会議を行なう。四時より総務会が開かれ、一四一四〇円の引上げをめぐって激論が続いた。

六時より官邸に入り、三役との折衝を続けた。

党側は一万四千円を割ったのでは交渉にならないと主張し、三七・四％ＵＰ（基本米価三二・二％ＵＰ）ということで一旦は引き上げた。しかし、意思疎通が不十分であったため、党側は納得せず、日曜日にも形式的に折衝を続け、日曜日に決着をつけることとした。

七月二十一日（日）

田中総理からゴルフに誘われたが、米価劇が続いている最中なので遠慮することとした。お客も少なく、読書と昼寝の一日であった。

夕方から官邸に出かけて、三役折衝にのぞんだ。

実は党を説得するために土曜日にも折衝をつづける形をとりたかったものである。しかし、このような芝居をしなければならぬこと自体執行部は情ないと思う。食事を共にしながら意見交換をして散会した。

七月二十二日（月）

米価は総務会、政審ともに了承をとり、幕をおろした。

一旦決めた政府案を変更しなかったので、政府の一応の面目を保つことができた。

十時半より主計局のレクチャー、十一時より銀行局レクチャー、十二時に朝日ビール高橋〔龍太郎〕社長が挨拶のため来訪した。

十二時半より国際金融問題懇談会の最後の会合があり、出席して挨拶した。

三時半より官房のレクチャー、四時より証券のレクチャー、四時半から夜回り会見をして役所を出た。

夜は予定が何もなかったので、大野〔明。衆、岐阜1、無〕・柳田〔桃太郎。参、福岡、田中派〕両政務次官を招待した。栄家で歓談しながら、すきやきをつついた。

七月二十三日（火）

朝、私邸に宮武〔大日本製薬〕社長が来訪したが、参院火曜会〔大平派〕に一足先に出たのでオークラに後を追った。オークラでは火曜会が開かれ、十数人が集まった。

十時に閣議記者会見。十一時四十分、造幣局渥美〔謙二〕局長が挨拶のため来訪。続いて不動産協会の三井〔不動産〕江戸〔英雄〕社長と瀬山〔誠五郎〕会長が来訪した。

十二時半より、大平会が開かれた。

二時半より小川〔平四郎〕中国大使、山村新治郎〔衆、千葉2、田中派〕、安藤〔純光〕新日鉄参与が来訪した。

三時半より、官房のレクチャー。五時から関係閣僚協議会が開かれ、内田〔常雄・経企庁〕長官の経済運営の基本方針を決定した。

六時より本如月で大蔵同期会が開かれ、続いて栄家で張基栄氏〔韓国副総理〕と会った。坂本紡績に対する融資という難題を持ちこまれた。

七月二十四日（水）

八時半に、芳友会がパレスホテルで開かれた。十時から十一時半まで関税局の会議が開かれ、十二時より宏池会定例総会に出席した。

役所にもどって、醸成局のレクチャーを受けた後、三時から宏池会の記者諸君と懇談した。東急の五島〔昇〕社長が来訪し話をした後、四時四十分より全国経営者大会で講演をした。

夜はいくつも重なったが、まず佐藤正忠氏〔『経済界』主幹〕の会合に出席し、続いて栗田氏の会合〔三金会〕に出たうえ、シャトー三国で行なわれた外務省、宏池会記者等の謝恩パーテイに出た。

七月二十五日（木）

八時半より、日銀氷川寮で日銀総裁〔佐々木直〕と会見した。

十時に、ジェトロ理事が挨拶に来た。続いて理財局国税庁の会議。

十一時より、堀昌雄〔社会党〕議員が来訪。十一時四十五分群馬銀行頭取〔諸田幸一〕来訪。

午後共同の新旧編集局長、酒造米の財政援助の件で村山〔達雄〕、藤井両先生が来訪した。

二時より銀行局、主計局のレクチャー。四時にテイアックの谷〔勝馬〕社長が来訪し、訪ソの見本市の時の模様を報告した。

四時四十分より、全国経営者大会で講演した。

七時より、飯倉公館で第一回外務省ＯＢ会が開かれた。

七月二十六日(金)

八時より、住友金属日向〔方斉〕社長と自宅で会見。

十時より閣議、公共企業体等関係閣僚協議会、記者会見。

十一時二十分、人事院総裁〔佐藤達夫〕が人事院勧告を持って来訪した。

十二時四十分頃より、竹入〔義勝〕公明党委員長とホテルオークラで会食した。

二時に、石川荒一氏と労働組合福祉対策協の広瀬秀吉先生〔衆、栃木1、社会党〕が来訪した。

二時十五分より国際金融局レクチャー。三時五十分セミデストノフ・ソ連外国貿易省第一次官が表敬のため来訪した。

四時十分、極洋の法華津〔孝太〕社長が来訪。木村武千代先生も続いて来訪した。

タバコ耕作組合小屋迫〔二〕会長が就任祝に来た後、五時より開かれた都市センターホテルの草の根民主主義出版記念会で挨拶した。

七時より、藤川一秋先生、鈴木総務会長等と栄家で会食した。

七月二十七日(土)

十時より、主計局レクチャー。続いて調査企画課のレクチャー。

十二時十分、森山〔欽司〕科技庁長官が予算の陳情のため来訪。黒金泰美先生も引き続き来られた。

本屋に寄り、一旦家に帰った後、六時頃家を出てホテルマウントフジに向った。満子〔森田長女〕も同行した。着いてすぐ、会員の人達に挨拶した後、早く寝た。

七月二十八日（日）

朝、七時に食事をして、富士ゴルフ場に向った。昭和十年につくられた古いゴルフ場である。快晴の中次々にスタートした。皆んなが見守る中で打った第一球は二〇五ヤードのショートホールに見事ワンオンした。

しかし、結果は四十七・五十三であった。森田は四十八・四十九で九十七で三等であった。

七月二十九日（月）

九時半に、田村元先生が来訪した。十時阪急産業の堀田〔正行〕会長が来訪し、お祝を述べ、玉置選挙のことを話し合った。続いてアラブ銀行のショーマン氏が来訪した。東京の支店が開設されるまでの便宜的方法についての陳情であった。

十一時より、第七十三回臨時国会開会式。

十二時半より、両院議員総会。一時より衆院本会議が開かれ、木村〔俊夫〕外相就任に伴う外務委員長選任等が行なわれた。

続いて稲村〔光一・大蔵省〕顧問、服部安司氏、セントラルガラス吉居〔吉井幸夫〕社長が次々に来訪した。

三時より、国際金融局の会議が行なわれた。五時より、宏池会議員の当選祝賀会が開かれた。

六時より、栄会が栄家で開かれた。

七月三十日（火）

九時三十分、国会酒販の正副議長会議が東京ヒルトンホテルで開かれ、大久保〔武雄〕先生が当面会長代行を行ならこととなった。

十時より閣議、給与関係閣僚会議。

一時より月刊自由民主の新大蔵大臣に聞くという対談を行なった。続いて水野哲太郎氏〔五洋建設社長〕、二時衆院本会議。設計の杉山氏来訪。

指定九大市市長議長の陳情。国税庁のレクチャー。

五時より、米価でお世話になった仮谷〔忠男。衆、高知、田中派〕、丹羽〔喬四郎〕、坂村〔吉正。衆、群馬2、中曽根派〕、伊東〔正義〕の諸先生を大畔にお招きした。

七時に、中山素平氏等国際協力事業団の関係者を中川に招いた。

七月三十一日(水)

十時より、専売管理官室の会議、続いて国際金融局の会議。

十二時より、宏池会定例総会。

一時に、松下小川〔鍛〕常務が来訪した。一時半に黒田〔了一〕大阪府知事が予算の陳情に来訪。

午後から国会のため、宏池会の記者懇談を二時から三時に繰り上げた。

夜は、大雄会で景気問題等について懇談した。大臣就任のお祝いを頂戴した。

八月一日(木)

八時半に、大日本製薬宮武〔徳次郎〕社長がサリドマイドの件で来訪。

十時過ぎ、三宅正一先生〔衆、新潟2、社会党〕等が、中小私鉄、バス対策の件で陳情。十時半、小林章氏が選挙の報告のため来訪。中尾宏先生来訪。

十一時、輪銀の澄田〔智〕総裁来訪。続いて浜野清吾先生に来てもらって、椎名派の諸先生にお中元をくばることを依頼した。続いて本四架橋公団の柴田〔護〕副総裁が来訪。

十二時より、北島武雄氏〔専売公社総裁〕の葬儀で弔辞を読み上げた。

二時に、土屋〔南夫〕ヨルダン大使が来訪。

国際金融局の会議。ドル不足でドル相場が上昇気味なのは物価対策のうえからも問題だ。国際収支の状況も思わしくない。

四時三十分、植松守雄氏〔関東財務局長〕来訪。

五時、参院火曜会が茄子で開かれ、続いてみかわ台クラブの小川栄一氏〔藤田観光社長〕の会合に出席した。

八月二日（金）

八時に、安田貴六先生が陳情団をつれて私邸に来訪。

八時半、本多高松国税局長が挨拶のため来訪。

九時半一度役所に寄り、全日本鍛造工業会の伊藤〔太刀郎〕専務〔理事〕に会った。

十時に閣議、沖縄海洋博閣僚協議会。十時半より参院大蔵委。

一時半に、旭化成の宮崎輝社長来訪。三時過ぎ石油連盟会長・副会長来訪。

その後、野中英二先生〔衆、埼玉4、田中派〕、久喜市の市長選に応援にかけつけた。駅前の広場に大勢の人が集まっていた。

八月三日（土）

香川県の知事選応援のため郷里に帰った。事務長を引きうけているので全力投球をしなければならぬ。金子〔正則〕

知事の人気はきわめて芳しくない。革新陣営はむしろ楽観気味とか。

十一時四十五分、予定通り高松に着いた。事務所で食事をして観音寺に向った。観音寺では市民会館を埋めつくす二千人余の人を相手に金子知事の応援をした。

うつぼやで食事をし、七時から市民会館で個人演説会をした。夜はうつぼやで泊った。

八月四日（日）

八時宿舎発、十時より十二時琴平榎井小学校で個人演説会。

一時より三時まで、丸亀農協会館で個人演説会。

三時より五時まで、善通寺農協会館で個人演説会。

その間、丸亀商業が甲子園に出場するので激励のため学校に立ち寄った。

七時発の飛行機で、九時過ぎに東京に帰ってきた。

暑い一日であった。金子知事も懸命だが、なんとかして勝ちたいものだ。

八月五日（月）

十時より、銀行局の会議。このところ会議、会議の連続だ。早く財政金融の全貌を頭の中に入れて独自の政策を打ち出さねばならぬと思う。しかし、いずれにしても非常に難しい時期である。総需要抑制策と中小企業の救済が矛盾する日が来なければよいが。

十一時より、証券局の会議。

十二時半より、永井〔陽之助〕、萩原〔延寿〕両先生と会食して話を聞いた。

二時に、高橋〔正太郎〕クエート大使が挨拶のため来訪。

三時より、ＴＢＳ、日本の広場「新蔵相に聞く」に出演。

四時より、国際金融局の会議。

六時半より、飯倉公館で木村〔俊夫〕外相といっしょに霞クラブ〔外務省記者クラブ〕の記者を招待した。ＮＨＫの河崎〔曽一郎〕さんが面白い挨拶をした。

八月六日（火）

朝、私邸に黒川氏が来訪した。

十時より、閣議記者会見。十時四十五分ユーゴスラビア・スモーレ大使、十一時新聞協会前田〔雄二〕次長が新聞会館のことで陳情。続いて笹山茂太郎先生と全国肉用牛協会の代表が来訪。横浜市経済局長等来訪。ネオン協会寺下会長来訪。

午後三時頃、じん臓の機能検査と血液内のカルシューム過多に影響しているのではないかとの疑いがもたれる副甲状腺の検査のために東大病院に入院した。北病棟十階十五号室。

八月七日（水）

朝七時から尿を全部ためて検査が続く。

吉川教授、小沢助教授、藤田講師の布陣で親切にやってくれる。ただ血液をとられることが多いので、それがいやな感じである。老人科という名前も気に入らない。

夜ひまなので、橋本清氏を呼んで、財政金融政策について議論した。円転換を認めても、これをすぐに吸い上げるような政策をとることはよくないということであった。また物価対策のうえからも円相場の維持がきわめて大切だということであった。

アメリカでもフェイズワンからスリーに及ぶ所得政策を実施しているので、わが国でも充分検討すべきではないかという主張も聞かれた。

理論的に正しくても政治的な基盤がしっかりしていなければその衝撃にたえられない。

八月八日（木）

十一時より、公務員給与の人事院勧告の実施について内閣委が開かれた。大出俊先生〔衆、神奈川1、社会党〕が豊富な知識を披れきして次々と質問した。

午後主計局と会議を行ない、その後病院に帰った。

食事が千五百カロリーに制限されているのでお腹が空く。醤油をかけてはいけないというのが厄介である。

夜の大平会には出ることにしていたが、出席しても何も食べられないということで突然中止した。

夜は一人で泊るので何となく淋しい。皆んなは軽井沢に行ってしまった。

八月九日（金）

朝起きて、新聞に目を通し閣議に出席した。

参院内閣委が開かれたが、大臣の出席は免れた。

相変らず検査が続くが、明日退院と思うと楽しみが湧いてくる。日曜日には鳳雛会《ほうすいかい》に行く予定にしている。のどの検査、心臓の検査もした。全く異常がなく、きわめて快調だとのことである。

ただ予想外であったのは、甲状腺にふくらみのような異常が認められることである。甲状腺は悪性のものに転化しやすいので、除去した方が良いかどうかの問題がある。この点については、葛谷先生と東大の先生方とがよく相談して決めることにした。

八月十日(土)

朝五時より三回、一時間ごとに尿の検査をした。

朝、松川〔道哉〕官房長が、サウジアラビアからのドル借款に関し来訪した。現在はドル不足でドル相場は上るばかりであるので、民間のユーロ取り入れだけにまかすことなく、政府においても助力することとした。そのため藤岡〔真佐夫・国際金融局〕次長を派遣し、アリ通貨庁の総裁に会見させることとした。その借款は三年〜五年で、利率はユーロ金利とほぼ同一水準を考えている。

いよいよ退院で、早くから後片付けにはげんだ。

一旦家に帰り、久しぶりに家で食事をした。それから鳳雛《ほうすい》会に出席するため、箱根仙石原ホテルに向った。四時過ぎにホテルに着いた。

夜、会食の後、村山達雄先生、菊島、山岡社長とマージャンをした。

八月十一日(日)

快晴である。六時半に起床して食事をし、七時三十四分にスタートした。

はじめ痛風が出かけているような状態で、ゴルフの調子もよくなかったが、そのうち次第に痛みもうすらいできた。

結局四五・四八で、第五等であった。森田は四四・四六で第三等であった。

その後、マージャンをして、四時から表彰式が行なわれた。途中で失礼をして、家に帰ってきた。

八月十二日（月）

朝十時より、主計局の会議が行なわれた。国鉄の財政状態を聞いた。

十時四十五分、米沢〔滋〕電々公社総裁が来訪した。十一時より毎日新聞の〝日本株式会社どこに行く〟というインタビューに出た。

一時より引き続き、主計局のレクチャーが続いた。日本ビクター百瀬〔結《ひとし》〕相談役が来訪し、大臣就任のお祝いを述べるとともに、光一が風邪をひいていたことを話した。

佐藤正忠氏〔『経済界』主幹〕が芳芽会の残りのお中元をもってきた。

三時より西日本新聞の〝実力者との対談〟に出席した。

続いて村上一氏〔地産ストア社長・大蔵省出身〕が竹井〔博友〕地産社長をつれてきた。竹井氏は今度中部読売の社長となって、読売の名古屋進出を計画しているとのことである。

夜は光琳で、日本鋼管の槙田〔久生〕社長などの不動会が行なわれた。

八月十三日（火）

八時に伊藤昌哉氏と田中六助先生が来訪し、当面の政局について懇談した。

九時に、院内の理髪で散髪した。

十時過ぎより少し遅れて、主計局の会議が始まった。

浦野先生が河川改修について陳情にあらわれた。

十二時より、ホテルオークラで内田忠夫先生〔東京大学教授〕と会食した。橋本清氏も同席した。

二時より、閣僚懇が開かれた。三時より、主計局の会議が開かれた。

四時三十分より、ＮＨＫで稲山嘉寛氏〔新日鉄会長〕、土屋清氏〔経済評論家〕などと教養企画座談会の録画をとった。

六時より栄林で平河クラブ〔自民党担当記者クラブ〕記者を招待した。佐々木〔義武〕、浦野〔幸男〕、天野〔公義〕先生なども参加した。

八月十四日（水）

朝、大阪ガス安田〔博〕社長がガス料金の値上げのことで来訪した。丁度大阪ガスが東電に追随して政治献金を取り止めとの報道記事が出ていたが、丁度その時に来訪したのが印象的であった。

十時より、経団連幹部との懇談会が経団連会館で開かれた。

その後、大蔵省に帰って主計局のレクチャーを聞いた。

三時過ぎ羽田発の全日空によって、五時四十分に高松についた。三木町に直行して街頭演説した。

国際観光ホテルにもどって夕食をとり、高松高商〔香川大学〕で行なわれた個人演説会に出席した。千三百人以上の大勢が集まり、大臣の金子応援演説をきいていた。

川六に帰り、県会の後援者との懇談会に出席した後、加藤常太郎先生と会った。加藤先生の要請により、二十二日にもう一度帰ることにした。

八月十五日（木）

朝八時より、県連主催の朝食会が開かれた。平井選挙の時より人数はかなり少なかった。

十時より、栗林町、田町、三越の前で街頭演説会が開かれた。花崎〔政美・高松市議会〕議長、鎌田道海、前田議長、木村武千代、福家俊一、金子正則の各氏が演説した。

昼、川六で銀行、証券、保険の関係者と食事をした。

二時半に、全日空で東京に向った。四時五十五分に東京に着いた。

一旦宏池会に寄り休憩した後、葵会館で横山〔宗一〕東銀頭取、露木〔清〕三菱銀行副頭取から話を聞いた。

その後NETのあまから問答に出演した。

八月十六日（金）

八時四十五分私邸を出て、九時半に国民生活緊急対策会議に出席した。続いて十時より、閣議記者会見。

十一時半にブラジルの宇山〔厚〕大使が来訪した。十一時四十分テイアックの谷〔鞆馬〕副社長と山下氏が来訪。

続いてホッドソン駐日米大使が表敬のため来訪した。

一時に栗原〔祐幸〕先生が来て、新聞の座談会の話をして帰った。

二時三十四分、上野発の列車で軽井沢に向った。太平会の人と一緒であった。

軽井沢では、遊ふぎ利で夕食をした後、晴山ホテルで泊った。

八月十七日（土）

小雨のパラツク中でゴルフをした。太平会である。

しかし、風がやや強かったが、涼しくてよいゴルフ日和であった。

ゴルフの成績は、四二・四四で真鍋君が優勝した。大臣は不調で五〇・五七であった。フェアウエイウッドが特によくなかった。森田も四六・四九で不調であった。

大浅間は上り下りがはげしくて重労働である。

八月十八日（日）

今日も大浅間で、末広会のゴルフ会が行なわれた。

大臣は昨日と打ってかわったように好調で、四五・四七で断然優勝であった。大臣夫人が胃けいれんを起し、医者にみてもらい、一日中寝ていた。

五時から、遊ふぎ利で表彰式が行なわれた。

六時七分の軽井沢五七号で帰京し、二十時二十四分に上野に着いた。

八月十九日（月）

参院予算委が開かれた。小谷守（社）、松岡克由（自）、田代富士男（公）、星野力（共）、工藤良平（社）の各氏が質問に立った。中で一時間の中断があったが四時過ぎ終了した。

四時半より、主計局の会議が開かれた。

今日は東大の藤本先生に会って話を聞いた。手術は先生におまかせする以外にはないが、場合によっては声帯を調節する神経を除去しなければならなくなる場合が考えられ、それが問題である。

手術の最中に相談することになるかも知れぬというが、葛谷先生と二人で最終決断をしなければならないかも知れない。大臣夫人にも相談するわけにはいかない。

夜、福井順一先生が来訪し、遅くまで話し込んだ。

八月二十日（火）

閣議記者会見は中止になった。吉野弥太郎氏が私邸に来た。

十時半に参院決算委が開かれた。和田静夫（社）、須原昭二（社）、峯山昭範（公）、渡辺武（共）、田渕哲也（民）の各氏が質問に立った。

二時に、プレビッシュ国連〔貿易開発会議〕事務総長が来訪した。また小山長規先生も二度大臣室を訪れた。

五時過ぎより、国際金融局の会議が開かれた。

夜は、桜茶屋でマブチモーターの株主総会が開かれた。

八月二十一日（水）

朝八時半より、日銀との定例懇談会が開かれた。

十時に香川県知事選のために、総理の応援を求めるかどうかの点について自民党選対の金田、子安の両氏が来訪した。

十時、西本貿易の洲崎〔喜夫〕氏がサンキストのブラウン副社長をつれて大臣の表敬に来た。

十時半より、主計局、主税局のレクチャーが行なわれた。

十二時より、山本幸雄先生〔衆、三重1、田中派〕がタバコ耕作組合の陳情に訪れた。国税局長会議が開かれ、出席して挨拶した。

小林章夫人が静岡県の神様を連れてきた。また続いて伊東〔正義〕先生紹介の大坪藤市氏〔全国酪農業協同組合会長〕が来訪した。

三時より銀行局の会議。四時に桃谷〔勘三郎。桃谷順天館社長〕氏が融資の件について来訪した。引き続き主計局会議。

夕方東京女子医大に稲田氏を見舞った。

栄家により、石原兄弟〔武夫、周夫〕、植松〔清〕氏〔古河電工相談役〕と懇談した。

八月二十二日（木）

最後の金子〔正則〕選挙応援である。八時、羽田発の全日空で高松に向った。

十時に高松に着いて、琴平で宣伝車にのり、財田町、山本町、大野原町、豊浜町をまわって事務所に帰着した。

お昼を事務所でいただき、多度津、丸亀、善通寺、坂出とまわった。

沿道の反応は悪くなかったが、これが果して票につながるかどうかということになると疑問がわいた。

独善県政という宣伝がかなり行き届いているように思えた。増岡〔博之・運輸〕政務次官も応援にかけつけてくれた。

夜、八時十分の大阪経由の全日空で二一時五分に羽田に帰着した。

八月二十三日（金）

十時に閣議。物価対策閣僚協議会。記者会見。

十一時すぎに島村一郎先生が来訪した。

十一時五十分屋良〔朝苗・沖縄県〕知事が来訪し、パイナップルの滞貨融資について陳情した。岩動道行先生が田中総理と二人にパターをくれた。

明石〔康〕氏が此度国連代表部の参事官になることになり挨拶に来られた。

五洋建設水野〔哲太郎〕社長がスエズ運河の件について挨拶のため来訪した。

午後から主計局、銀行局、官房の会議が次々開かれた。陳〔楚〕駐日大使が来訪した。

五時に上条勝久先生、増田盛先生が来訪した。

六時に藤田正明先生、江戸〔英雄・三井不動産〕社長とともに藍亭で会食した。

八月二十四日（土）

朝九時半に家を出て、箱根カントリーに向った。資生堂岡内〔英夫〕社長、鈴木総務会長とともに箱根カントリーでプレーした。

岡内社長四五・五〇、鈴木総務会長四五・五〇、大臣四七・四八、森田四四・四五の結果であった。

夜は、箱根観光ホテルで夕食をともにして、そのまま泊った。

八月二十五日（日）

台風の接近で、夜半から激しい雨であった。

プレーは無理かと思ったが、予定通り九時十五分より宏池会の記者のゴルフは開始された。下着の隅々までびしょ濡れになりながら、ワンラウンドのプレーを完了した。大臣四六・四七、森田四三・四七であった。

五時より、宏池会青年研修会で挨拶した。

六時より、宏池会の記者に講演のアドバイスを行なった。

七時半より研修会での各先生方の紹介をした後、部屋で食事をとった。

その最中に金子選挙の結果が入り、惨敗が予想された。結局二九万対十九万という大幅な開きとなった。

八月二十六日（月）

九時五十分武藤嘉文先生、続いて加藤紘一先生が来訪された。十時より証券局の会議が開かれ、十一時より各社論説委員との懇談会が開かれた。次官以下各局長が出席した。

八百板〔正〕先生〔衆、福島1、社会党〕がタバコ耕作組合の関係の陳情に来られた。

二時に、専売の関係。二時半より、土屋陽三郎〔三洋証券〕氏など四社長と対談した。

四時過ぎ、自民党専売特別委の小沢辰男先生ほか十七人が来訪した。

四時四十分より、主計局の会議。国際金融局の会議が行なわれた。

夜栄家で、米沢〔滋・電々公社総裁〕、植松〔清〕両氏と一緒に会食した。

八月二十七日（火）

八時に、安田貴六先生が陳情のため私邸に来訪した。

九時半より、農林企画庁長官とともにホテルオークラで会い、諮問案は三六％とすることを決めた。決定米価は三〇％あまりにする含みである。

十時半の給与関係閣僚会議に少し遅れて入った。

十一時二十分、大久保武雄先生が陳情のため来訪。続いてタバコ耕作組合中央会の代表が来訪。

十二時より社会経済国民会議理事会に出席し、時局について話した。

二時頃、地銀協伊原〔隆〕会長が来訪した。井上〔四郎〕アジア開銀総裁、野村証券北裏〔喜一郎〕社長が続いた。

三時四十五分より、主税局会議。

夜は六時より、吉兆で栗田さんの三金会が開かれた。

八月二十八日（水）

朝六時に起きて、七時に家を出た。八時半に湯の花ホテルに着いた。

今日は宏池会青年研修会の最終日で、討論会が行なわれた。香山健一〔学習院大学教授〕、坂本二郎〔一橋大学教授〕、下村治〔エコノミスト〕、永井陽之助〔東京工業大学教授〕の諸先生を対象に質問がなされた。

香山先生が、私は派閥は悪ではない、必要悪でもない。自民党が活力を維持していくために必要なものだと力説したのが印象的であった。政治資金についても、世の中には大ぴらに議論するのが適当でない事項があるとして現実的見解を述べた。

午後一時から、会長の講演が行なわれた〔講演は「新しい社会の創造―量的拡大から質的充実へ」と題し行なわれた。『全著作集4』88―109頁参照〕。何回も手を入れた苦心の作であった。

帰りに仙石原に寄ったところ、総理にゴルフを誘われた。総理は四三、大臣四九、森田四三であった。

八月二十九日（木）

十時三十分、主計局の会議が始まった。

十一時、本四架橋公団柴田〔護〕副総裁が来訪した。

十一時すぎより、ルックジャパンの対談が行なわれた。

十二時、岡山大学医学部長小坂教授が高松に予定される医科大学の学長人事のことで来訪した。

一時より、国際金融局及び証券局の会議。

二時四十五分、渡辺武〔参、全国、共産党〕先生ほかが来訪した。

三時より、放送人政治懇話会。少人数だがざっくばらんな質問が行なわれた。

夜第一公邸で、財研、財政クラブの大臣招待パーティが行なわれた。夏の夕暮れの戸外でのパーティは快適であった。大臣は第一公邸に因んで渋沢敬三氏の話をされた。

八月三十日（金）

十時より、国民生活安定緊急本部の会合が官邸大広間で行なわれた。

十時三十分、閣議及び記者会見。十一時四十五分、大阪ガス西山〔磐〕会長が来訪。

一時半より、李へいき〔李海翼〕と秘密でホテルオークラで会った。

二時より大臣メモの会議。朝日の青柳さんが〝実力者の秋の陣〟という題で、この会議の内容を取材した。

三時に、豊浜町長らが全国自治体病院開設者協議会の代表として来訪した。

四時より、企業会計審議会黒沢〔清〕会長が答申を手渡した。続いて自民党の専売特別委の先生方が葉タバコの収納価格のことで来訪した。

一旦家に帰り、私邸車にのりかえて箱根に向った。

八月三十一日(土)

朝から台風六号の影響で雨であった。しかし、時折降りやむので誰もやめようとは言いださなかった。ハーフを終ったところで、石原〔武夫、周夫〕兄弟などがやめた。

大臣やスコアのよかった人は、男子一旦志を立てたからはといってよそうとはしなかった。

大臣は四八・五二であった。後半は降りしきる雨でグリーンが使える状態ではなかった。森田は後のハーフだけをやり、四八であった。

終って風呂に入ってから、スキヤキをし、マージャンをした。永野重雄さんが六段だといって、いかにも楽しそうに打っているのが印象的であった。

大臣は或る程度浮いたが、途中で帰宅した。家には前田議長と綾県議が来訪していた。

九月一日(日)

朝からはげしい雨であったが、昼からは上るであろうとして小金井に出かけた。藤原さんも比較的早く来た。

雨の中を三ホールまわったが、新日本観光の浅川〔正義〕さんがやめようと言い出して途中でやめた。しばらく待ったがやまないので、昼食をとり、風呂に入って帰ることとした。

それから茅ヶ崎の松川〔道哉〕官房長のお父様の弔問に出かけた。丁度高木〔文雄〕次官も来ておられた。

せっかくゴルフをやりかけたのにしゃくだというわけで、スリーハンドレッドに寄ったが、既にクローズドされていた。

夜、橋本〔清〕さんと福井順一氏がやってきた。

九月二日（月）

七時五十分私邸を出て、赤坂プリンスホテルに着いた。黒川〔信夫〕さんから依頼があった二水会に出席するためである。

十時前より証券局の会議、続いて、戸川猪佐武氏〔政治評論家・作家〕が来訪した。

十一時三十分より主計局の会議。

神崎製紙遠藤〔福雄〕社長がニュージーランドのスームー氏をつれてきた。浦野〔幸男〕先生と藤井勝志先生が続いて来訪。

一時より、理財局の会議。続いて実業の日本の高橋亀吉氏〔経済評論家・経済史家〕との対談を行なった〔対談記録は「暗夜に光をどう探すか」と題し、『実業の日本』七四年一一月一日に掲載。『全著作集6』所収〕。

たまのひかり酒造宇治田社長が農林中金の借り入れの件で来訪。

木村武千代先生が陳情のため来訪。ＮＴＶのおはよう対談。ノルウエー外相表敬訪問。

宮脇朝男氏が中国訪問のあいさつのため来訪した。

夜は、消費者米価で三大臣の会合のあと、永野重雄さんのところでガイラーに会った。

九月三日（火）

十時に、閣議記者会見。

十時半より、大蔵委が開かれた。松本十郎〔自〕、阿部助哉先生〔社〕が質問を行なった。定期金利について、ようやく大蔵、日本銀行（中小金融機関は消極的）の大かたの合意が得られたので、大蔵委の答弁の形でこれを発表した。

現在目べり対策論がやかましいが、目べり対策として大巾に引き上げを行なうことは不可能であり、預金者にも若干の調整を行なうことに止まる。

夜、安倍晋太郎〔大蔵〕委員長の招待があったが、これをお断りして信託協会の会合に出席した。

三井信託・生野専吉、三菱信託・赤間義洋、安田信託・戸沢芳郎、東洋信託・有光茂夫、中央信託・福田久男、日本信託・下村正次、住友信託・奥平泉一の各社長が出席した。

九月四日（水）

十時すぎより、広沢〔直樹。衆、徳島、公明党〕、矢追〔秀彦。参、全国、公明党〕両先生が陳情に来た。

十一時より、日本商工会議所正副会頭会議に出席して、当面の経済情勢について講演した。

十二時四十分宏池会について、九日の入院の件について諸先生の了解をとった。その後、厚生大臣〔斉藤邦吉〕が医療費のアップと租税特別措置について大臣に説明した。

二時に関電芦原〔義重〕会長が来訪、二時半に西武堤〔清二〕社長が来訪。

三時より、宏池会記者懇談会に出た。その後、入院したら散髪ができなくなるので、院内の理髪に行った。

六時より、栄家の一水会に出席、その後三井金属尾本〔信平・一橋大学同窓〕社長等と会食した。

九月五日（木）

八時半より、日本貿易会の常務理事会の朝食会に出席して、当面の経済情勢について話をした。

十時四十五分、柳田〔桃太郎・大蔵〕政務次官の関係の九州地区土地開発公社の代表の人が陳情に来た。

十一時より、主税局の会議。四十五分ハンス・ベアワルド教授が来訪した。

お昼は久しぶりで宏池会の木曜研究会〔下村治を中心とする宏池会の研究会〕に出席した。

一時半、増岡博之先生、大昭和製紙の関係のアメリカン・キャンメイ社長が来訪した。

二時より、財政制度審議会に出席して挨拶した。

三時に、ＤＡＣ〔ＯＥＣＤ開発援助委員会〕のウイリアムス議長が表敬訪問に来訪した。

三時半、小川栄一氏〔藤田観光創業者〕が東京湾の埋め立ての件で大臣のところに来訪した。また専売特別委の先生方が葉たばこの収納価格のことで来訪した。

夜六時頃から、主計局の概算要求の閣議報告の説明があった。

九月六日（金）

朝、玉置猛夫先生と田中六助先生が来訪された。

十時より、閣議記者会見。その後、金丸信先生〔衆、山梨、田中派〕が大臣室に来訪された。

午後から、朝日新聞の賃金と物価を考えるという対談のレクチャーを受けた。この対談は他の企画と異なり、政府としても腰をすえて国民に訴える必要があるからである。所得政策の採用は時期尚早であるが、相当の耐忍と節度がなければ日本経済の立ち直りは難しい。

服部安司先生が、しいたけのエキスをとかした水を持って大臣に飲ませるようにお勧めがあった。

五時半より官邸で、消費者米価引き上げの政府与党折衝があった。原田憲〔衆、大阪3、水田派〕、小坂徳三郎氏〔衆、東京3、田中派〕等都市議員が橋本幹事長に電話で圧力をかけたため、折衝は遅れ、九時頃に決着した。しかし、他方葉たばこの収納価格の問題が意外に手間どり、帰宅は一時二十分になった。

九月七日（土）

横浜カントリーで讃油会が行なわれたが、葉たばこの収納価格の問題が審議会で討議されているのでゴルフに行くことは見合わせた。

結局午前中は役所に来たが、午後から本屋に立ち寄り、本を購入して帰宅し、それ以降は家で電話による指示を行なった。

葉たばこの収納価格は労賃の計算がコメの約半分であることからつき上げがひどく、最後まで五％の線をゆずろうとしなかった。そのため当方の四十％以内に止めたいとする企図は挫折した。結局大巾引上げもやむなしの判断となり、四四・三三％で決定した。

これを決めるに当っては素直にのめないことを示すうえで、木村〔秀弘・専売公社〕総裁は辞意を表明したが、これは問題を更に大きくするのみであるので強く慰留した。

その後、二十三時発の特急ゆうづるで青森に向けて経った。

九月八日（日）

田沢〔吉郎〕先生に頼まれて、青森の青年会議の講演に出席するため青森に向った。

九時二十五分青森駅に着き、ホテル青森で朝食をとった。

十時二十分青森テレビで録画をとった。

十一時に青森を出て弘前に着き、中三《なかさん》というところでうなぎを御馳走になった。

十三時二十分より、弘前の新しい立派な農協会館で日本経済の展望と題して約一時間にわたって講演した。

その後、田沢先生の後援会に出席し、三時頃弘前を出て十和田湖畔を経由して八戸に着いた。

八戸のグランドホテルで寺下岩蔵先生〔参、青森、大平派〕等と会食して、予定通り二十二時に羽田に帰着した。

八戸は海上自衛隊の飛行場であった。

九月九日（月）

十時十五分より、衆院決算委が開かれた。概要説明のみで短時間で終了した。しかし、参院決算委を流してもらうのに相当苦心することになった。

十一時より、初級職採用の人達が大臣室を見学にやってきた。

十一時四五分に前田議長が上京してくることとなっていたが、前川〔忠夫・香川県〕知事の宴会があるので松尾県議が代って上京してきた。

お昼に総理官邸で、総理と会い小一時間話をした。入院した後、長く総理と会えないこととなるためである。しかし、総理の勧めでバンクーバーで会うこととなり、一日早く出発することとなった。

二時より、朝日新聞の対談。三時に西郷氏、三時半にスエーデン社会研究所の西村〔光夫〕理事長。四時三豊地区婦人会長。四時一〇分愛野興一郎先生〔衆、佐賀全、田中派〕が次々と来訪された。

四時半に夜回り会見をし、六時から川鉄との会合及び大平会に出席した後、東大病院第二外科に入院した。

九月十日（火）

十時閣議、続いて経済閣僚協議会があったが、入院中のため欠席した。本日は特にすることはないが、午後から明日の閣議に備えて身体検査をした。

病名は甲状腺結節ないし結節性甲状腺腫ということであった。

執刀は藤本先生ということに決まった。甲状腺の専門家である。

九月十一日（木）

朝八時過ぎ、麻酔の注射をし、ベットに乗って手術室に入った。

手術は九時過ぎより始まった。神経にまでくっついていると高い声を出す神経をとるかどうかが問題となるので、藤本先生の相談に応ずるため待機していた。

手術は簡単に終わり、もどってくるや入れ歯を入れてくれということで、声に支障がないことがわかって安心した。最近は軽症の人にも酸素テントを使用することが通例となっているが、馴れないとちょっと驚かされる。

この日一日はほとんど身動きもしないで静かに寝ていた。

九月十二日（金）

もうすっかり元気そうだ。根が丈夫な身体だからだろう。

昼頃には起き上って、見舞客に礼を言ったり、アンパンを食べたりした。

傷口はきれいで、きわめて理想的な手術であった。昼からは病院での食事が出るようになった。食欲は大いにあるようだ。むしろ糖尿の管理の方に一層神経を使う。

お見舞い客が次々と来るが、面会は全て断った。手術後に出るのが普通の発熱もなく、先生も驚く位である。

九月十三日（土）

身体の調子はますますよい。お見舞客にも会うこととした。

遠藤〔福雄・神崎製紙〕社長が、加藤藤太郎氏〔神崎製紙相談役〕を連れて見舞にきた。相当話し込んだ。そのためかどうか、はじめて三七・一度の熱が出た。もっともこの程度では発熱といえる程度のものではなかった。そのため、その後は面会客を制限することとした。

九月十四日（日）

朝藤本先生が来て、もういつでも退院してもよいという御託宣であった。大臣と相談したところ、今日の午後にも退院しようということとなり、大臣夫人を呼びよせ、荷物を取りまとめて退院の手続をとった。石田教授、杉浦助教授、藤本講師、三浦助手、鶴丸医師、金丸医師には非常にお世話になった。

退院というのは、何ともいえず嬉しいものだ。家に帰ると本当にほっとする。今日は久しぶりで家で食事をした。

九月十五日（月）

今日は昼、服部安司先生の御子息の結婚式があったが、さっそうたる若手検事で本当に立派な息子さんであった。お嫁さんも気立てのやさしそうな方である。

今回の手術は、そもそも腎臓結石ができるのは血液中のカルシュウムが多いせいであり、それの原因として副甲状腺の肥大が考えられたためであった。そのため八月六日より東大病院にドック入りをしたのであるが、その際藤本先生の触診により甲状腺結節が発見されたのであった。早く取るに越したことはないということで、二十五日にＩＭＦ総会に出席する前に手術をすることとしたものである。

この場合の一番の問題点は噂をいかにして封殺するかであった。

福井順一先生が夜来て話し込んでいった。その後、橋本清氏が来て、ＩＭＦの演説原稿の検討をした。

九月十六日（月）

今日は敬老の日の代休であった。

外に出たくなったので、高島屋の図書部で本をのぞいた。数冊の本を購入した後、四階の特別食堂で食事をした。

光一がついて行って、いつものようにうなぎを食べた。

午後から、もっぱら読書で半日を過した。

夜が来ると、寝なければならないのが苦痛である。朝が来ると嬉しい。家でぶらぶらしていると、選択の可能性がたくさんあるのでかえって迷ってしまうような面もある。

九月十七日（火）

朝から、結構次々とお客さんが来た。読書にも若干あきがくる。

福田赳夫氏が、相当はっきりした形で田中批判を打ち出すことを始めた。

これからの政局は混迷の度を加えてくるだろう。

特に国会が開かれて以後は、参院などでどのようなハプニングが起らないとも限らない。物価の動向、春闘、春の統一地方選が、先の政局を占う大きなカギとなるものと思われる。

身体の方は、午前中に東大病院で抜糸をして、すっかり元通りとなった。

九月十八日（水）

もう役所に出て仕事をしても良いのであるが、委員会をやめてもらったため、あまりあちこちで動いているのはまずいという判断で家でレクチャーを受けた。

韓国問題もようやく落ち着いてきたが、一時は大使引き上げ寸前の状態であった。

木村発言の問題もあるが、朴〔正熙〕大統領のやり方は色々問題が多い。このような状態では朴政権は長持ちしないのではないか。

朴大統領は基本的には反日的感情を抱いているのではないかと思われる。

いずれにしても今後とも日韓関係は大変である。

九月十九日（木）

今日も役所から説明に来て、家で会議を開いた。今度の外遊に備えての勉強もした。

身体の方はすっかりよくなった。

九月二十日（金）

久しぶりに閣議に出て、他の閣僚から顔色がよいではないかと冷やかされた。

一旦役所に来て記者会見した後、新聞記者と個別にしばらく懇談した。

午後からは、嶺南坂で秘密の会議を開いた。新聞の方へは家に帰ったこととしておいた。

夕方家に帰ると、福井先生が来ていた。

福井先生は暇をもてあましているようである。何かやりがいのある仕事をしたいという気持ちが強いようだ。息子が自分のことをどのように考えているかが一番気になるという言葉の中にもそれがあらわれている。

九月二十一日（土）

午前中に、最後の診断のため東大病院を訪れることとなった。経過はきわめて順調で、全く心配がないとのことである。

午後から城山三郎氏〔作家〕と対談した。お互いに初対面同志〔士〕であるから、意のあるところが通じ合ったかどうか心配である。

城山三郎氏は広田弘毅首相の伝記〝落日燃ゆ〟で一躍洛陽の紙価を高めた。その広田氏が〝自ら計らわず〟ということや、一切自らを弁解せずというところが大臣に似ているので妥当な企画であった。

九月二十二日（日）

朝から雨でゴルフを止められた。もう身体はすっかり大丈夫であるが、風邪がこわいということであるが、何としても残念である。

昼寝したりしたり《ママ》、一日中心残りであった。

九月二十二日（日）〔同日のものが二つある〕

今日は天気が回復するであろうということで、長谷川隆太郎氏と約束していたことが功を奏した。

小金井で久しぶりにクラブを振ったが、暑くも寒くもなく全く快適であった。はじめのハーフは不調で五一であったが、あとは四六に回復した。長谷川さんははじめは四五であったが、あとは林に入れたりしてさんざんであった。森田は四二・四五で快調であった。

九月二十三日（月）

閣議記者会見のあと、お昼前に田川誠一先生〔衆、神奈川2、中曽根派〕、河野洋平先生の合同後援会のため東京プリンスホテル一階ブルーガーデイニアに出席した。河野〔謙三〕議長が、もっぱら面倒をみており、河野議長と大臣が主賓であった。

二時より、香川県常任顧問会に出席して、加藤〔常太郎〕県連会長辞任後の体制を話し合った。

三時十五分より、関税率審議会に出席し、そのあと各局の勉強会をした。銀行局の問題、石油備蓄問題、国金局の問題等多岐にわたって勉強した。

九月二十四日（火）

八時私邸発で、九時より衆院本館一階で理髪を行なった。米国から帰るまで持つようにしておこうというわけである。

十時十五分より、香川県農協中央会田岡部長ほかが陳情のため来訪した。

十時半より、主計局会議。トランバンドン・ベトナム副首相が来訪し、十二時より宏池会の総会、一時十五分金丸信先生、続いて主計局・国際金融局会議。

また三時より、宏池会にて記者懇談を行なった。

四時過ぎに、ワルダナ・インドネシア蔵相が来訪した。

四時半より、国際金融局の会議ほか諸々の会議が開かれた。出発前で全てを総ざらえといったところである。

七時に幹部による乾杯をして、七時半に出発、九時にバンクーバーに向けて経った。

九月二十五日（水）

一時十五分頃、予定通りバンクーバーに着いた。空から見ても湾がありきれいな町である。ハイアット・リージェンシーホテルに着いて少憩の後、同行記者一行を連れて近郊の観光に出かけた。海あり、山ありで引退したら住みたくなるような町である。

二時間位観光の後ホテルに帰ったら、丁度総理が着いたところであった。

その後、七時よりカナダ政府主催の晩餐会に出席した。三百人を越す大宴会であった。

新聞記者とは機中で顔合わせしたので、特に懇談はしなかった。

水城さんが単独で部屋に来て、日銀総裁人事のことを聞いた位であった。

九月二十六日（木）

朝ゆっくり起きて、八時四十分頃より総理と一緒に朝食をとった。その後、総理の同行記者も含めて記者懇談をした。

八時五十分頃ホテルを出て、カピラノゴルフ場に向った。木立のきれいな素晴らしいゴルフ場であった。

総理は身体の調子が万全ではないようで、ゴルフもまともには当らなかった。五三・五一であった。大臣も四五・五一でまわった。

総理を軍用飛行場で見送った後、コマーシャルラインにのり、サンフランシスコに着いた。そこで合流した稲村〔光一〕顧問、大倉〔真隆・国際金融局〕局長も一緒に前田〔利一〕総領事とともに食事をした。

九月二十七日（金）

朝、稲村顧問、吉田〔太郎一〕財務官、大倉国金局長、田中〔啓二郎〕審議官、佐上〔武弘〕審議官等が集まって朝食を共にしながら仕事の打合せをした。

前田総領事と会うことができて、大臣も嬉しそうであった。韓国での最近の事件を見ていると。丁度良い時に逃げだしているという思いと同時に、やはり日韓関係が気にかかるようである。金鍾泌に往年の力はないと思われること、朴政権を倒すには軍の力しかないと思われること等の話が印象的であった。

ワシントンはボルチモア空港に着き、シェラトンパークに着いてすぐ記者会見をした。その後、安川大使夫妻と共に食事をした。

九月二十八日（土）

夜三時に目がさめて、ルース・ベネディクトの〝文化の型〟という本などを読んだ。十一時に、世銀総裁室にマクナマラ総裁を訪ねた。マクナマラはワンマンで世銀の職員はピリピリしているようであった。

その後直ちに公邸に行き、木村外相と打合せをした後、昼食をともにした。朝から雨模様でキャンプデービット行きのヘリが飛ぶかどうかが懸念されたが、結局五カ国外・蔵相会議は国務省で行なわれることになった。

五カ国外・蔵相会議は大きな対立もなく、皆んなが集まることに意味があるわけだが、その会議の性格・目的はもう一つはっきりしなかった。五時半に記者会見が行なわれた。

夜は十時より記者懇談が行なわれ、五カ国外・蔵相会議に質問が集中した。

九月二十九日（日）

前日に引き続き、国務省で五カ国会議が開かれた。ただし、この日は日銀総裁はじめ各国中央銀行総裁が出席し、外相は出席しなかった。随員は前日と同じく財務官と行天〔豊雄・国際金融局国際機構〕課長であった。

二時半から、サイモン財務長官を表敬訪問した。サイモン氏は能吏ではあるが、そう性格の強い人のようには見えなかった。

四時から十カ国蔵相会議が開かれ、サイモン長官より五カ国会議の模様を説明した。若干皮肉めいた発言もあったが、五カ国会議の存在は確認された格好となった。

夕方、総務会議長主催のレセプションにちょっと立ち寄った後、堀理事主催の夕食会に出席した。九時半に本省と定時通話をした。

九月三十日（月）

いよいよIMF世銀合同の総務会がシェラトンパークホテルで開かれた。まず議長演説の後、IMF専務理事と世銀・IFC〔国際金融公社〕・IDA〔国際開発協会〕総裁の挨拶があった。

ウィッテフェーンIMF専務理事の演説は中道的なものでわが国の演説とよく似ていた。

昼少憩の後、いよいよ三番目にわが国の演説が行なわれ、大きな声で一語一語区切る演説は各国代表、職員、新聞記者等から好評であった。特に橋本清氏がサジェストしたラテン語のコンコルデイア・ヴィンチットという言葉は流行語とさえなった。

夜、駐米大使夫妻主催のレセプションが公邸で行なわれた。神末記者等から日本人学校についての陳情があり、その後、一階と二階に分れて幕の内弁当を食べた。

十月一日（火）

朝八時半より、代表団主要メンバーと長谷川〔丈作〕公使、加倉〔加舎章〕参事官、伊勢各公使等を入れて朝食会を開いた。

次いでサイモン長官等主要国の演説を聞いたが、国連のように演説が終ると各国代表がそこに集まって演説をほめるというような光景は見られなかった。

一時に大臣主催のアジア太平洋諸国総務招待ランチョンがシェラトンホテルのハミルトン・ルームで開かれた。各国大蔵大臣とも喜んでいた。

午後からデイビッド・ロックフェラー氏及びエバリー氏が表敬訪問にやってきた。記者会見の後、ウイッテフェーン、マクナマラ両氏主催のブラックタイ・レセプションとデイナーが行なわれた。オペラ見物は失礼することとした。

十月二日（水）

八時半よりホテルのパビリオンルームで、大臣主催のスペシャル・ゲスト招待朝食会が開かれた。北裏〔喜一郎・野村証券社長〕さん、鷹尾〔寛・新日本証券社長〕さん等五、六十人を招待した。

昼、インガソル国務副長官主催のランチョンが開かれた。当方からは、日銀総裁、大使、財務官、顧問、局長等も出席した。

四時から開発援助の合同会議が開かれたが、大臣会議とは思えないほど内容の乏しい会議であった。夜のサイモン長官のレセプションは失礼させてもらうこととした。

その後、邦人記者を現地記者も含め、北京レストランに招待した。席上、ゴルフカップを寄付した。

昼アリ総裁が表敬訪問に来られ、新聞懇談でもそれを発表した。

十月三日（木）

朝、連銀総裁のバーンズ総裁《ママ》を表敬訪問した。バーンズ氏はオイルのリサイクリングは金ぐり問題にすぎず問題の解決に迫るものではないとし、また英国がＩＭＦにリサイクリングのシステムをつくることを提案（ヒーリー蔵相提出）していることを批判した。

一時に大臣主催で、十カ国蔵相会議の議長になったカナダのターナー蔵相をランチョンに招待した。四十五才の春秋に富んだ若い蔵相であった。

夜、大臣主催のデイナーが行なわれる予定であったが、極秘でアリ総裁と会うため取り止めてもらった。アリ総裁との会談は、東京銀行がアレンジし、横山〔宗一〕頭取、渡辺支店長も出席した。当方からは、大倉局長が御伴した。新聞社にも全くばれなかった。

十月四日（金）

朝から暖かくてよい天気であった。大使とチェビテェイスのゴルフ場に行ったが、しばらくグリーンが凍っていてプレーをさせてもらえなかった。そのうち許可がおり、三人でプレーした。最初から大臣が好調で、特に後半は大使、森田ともほんろうされた。大臣は四四・四九、大使四九・五〇、森田は四七・五〇であった。

一旦ホテルに帰り、着換えてキッシンジャー長官のランチョンに出席した。ただし、政治向きの話は一切でなかった。ワシントンホテルで、二時半から会見し、四時のシャトルでニューヨークに向った。

六時から中島〔信之〕大使主催のニューヨーク政財界、金融界主脳等招待のリセプションが開かれた。終了後、大蔵省関係者の記念撮影をし、大使公邸で夕食会に出席した。

十月五日（土）

八時半に小泉、平沢、柳沢、森領事を呼んで朝食会を開いた。その後少憩の後、ニューヨーク北東にあるロックフェラー（CMB代表D・ロックフェラー）主催の昼食会に出席した。それはインディアン語のポカンチーコヒルにある別荘で行なわれた。ゴルフ場、クロケットコート、水泳場（屋外・屋内）、テニスコート（屋内、屋外）があるプレイグラウンド地区が使われた。帰りは違った道を通って帰った。

四時半に、長銀の宮崎一雄会長が表敬にやってきた。

七時から日本商業会議所の夕食会で挨拶したが、総需要抑制策、来年度予算編成等において〝仏心鬼手〟の精神で行かねばならぬことを訴えた。夕方は早く就寝した。

十月六日（日）

七時半に朝食をとり、八時半に宿舎を出発した。

九時半に空港につき、UA九八九でハワイ向け出発した。ジョン・F・ケネディ空港という名とともに故大統領のことが想い出される。

しかし、未だに〝We Remember You〟という特集がなされたりするのをみると国民の中に強い印象を残しているようである。

機内ではニューヨークとハワイの中間点に達する時間はいつかというゲームが行なわれた。

十月八日（火）

ハワイは、定刻四時半に出発した。一緒にプロゴルファー達が乗り込んできてゲイゴリューワーやジョージアーチャー等と一緒になった。

七時二十五分帰国後記者会見し、出迎えの人達とともに挨拶をかわした。

家には佐々木義武先生等がきていた。

夜は、早く床に入ったが、時差ボケは未だなおりそうもない。今夜もよく眠れるかどうか。

夕方になると眠くなる日が続いている。

十月九日（水）

十時半から褒章の伝達式が行なわれた。三崎さんがお世話していた三浦さんも褒章をいただき嬉し涙を流していた。

十二時より、宏池会の総会に出て帰国の挨拶をした。一時三十五分より、ヴァンレネップＯＥＣＤ事務総長との会談に備えて、事務当局よりレクチャーを受けた。これにつづいてヴァンレネップ氏と会った。

三時より、宏池会の記者と久しぶりに懇談した。続いてヨハネス・フィンランド蔵相が表敬に来訪し、大臣室に入ったとたんに外債発行の話をしはじめたのには驚いた。

民社党の塚本〔三郎〕書記長、本四公団柴田〔護〕副総裁が来訪した。時事〔通信〕の中野事業本部長が講演の依頼のために来訪した。

夜、大平会が開かれたが、出張中の人が多く人数が少なかった。

十月十日（木）

今日は体育の日である。おまけに絶好の秋晴れである。鷹之台カントリークラブでトーメン安本〔和夫〕社長、新日鉄斉藤〔英四郎〕副社長、阿部〔譲〕専務とゴルフをした。

夜、橋本清氏がやってきて、ＩＭＦの時の模様を聞いてかえった。コンコルデア・ヴィンチットというラテン語は、橋本氏のアイデアで入れたものであった。

十月十一日（金）

今日は一日来客の多い日であった。私邸に安田貴六、浦野幸男の両先生、十時閣議、記者会見、続いて経済関係・物価対策合同会議が開かれた。

十一時四十五分細谷喜一氏〔大平が官房長官の時、副官房長官〕、続いて教科書関係陳情、水野清先生の後援会出席の依頼、〔タット〕ネパール蔵相、〔ソンマイ〕タイ蔵相、田沢吉郎先生等土地改良関係議員等が相次いであらわれた。

二時から、生命保険大会で大蔵大臣として挨拶した。総理にさそわれ官邸に行く。

理髪をした後本省に帰ったところ、金子〔正則〕前知事、相沢〔英之・大蔵〕前次官、内藤誉三郎先生〔参、全国、中曽根派〕、増田昇二氏〔前木下商店社長〕、鯨岡兵輔先生〔衆、東京10、三木派〕等が相次いで来訪した。

栄家で十二日会が開かれ、総理と会ったので大勢の新聞記者が来訪した。

十月十二日（土）

今日は、特に用事がないので家でいることとした。朝、共同の梶原〔武俊〕さんが来訪し、朝食を共にした。昼近く、黒川信夫氏が来訪した。香港に駐在して中国問題を検討することについて、大臣の助力を依頼して帰った。

夕方、佐藤栄作夫人の宰相夫人秘録の出版記念会が日比谷の日生劇場で開かれ、橋本〔登美三郎〕幹事長、遠藤周作氏〔作家〕、鹿島守之助氏、木村俊夫外相等があいさつに立った。

八時に大日本製薬宮武〔徳次郎〕社長が来訪し、サリドマイド児の件について最終報告を行なった。

十月十三日（日）

朝から雨模様であったが、大臣招待財研記者ゴルフ大会が開かれた。全員で二十八名が参加し、大臣杯の他両政務次官杯も出された。大臣は、最初五二でふるわなかったが後半四四であった。森田は、四八・四八の小波賞であったが、九六というのがベストスコアであるという低調さであった。

新聞記者の人の中にはコースに出るのがはじめてという人もありてんやわんやであった。

広報室長の亀井〔敬之〕君は自分がプレーしないのに世話をするのは御苦労さんであった。

十月十四日（月）

八時半より、経済政策について意見を聞く会を開いた。出席は、稲井〔好弘・三菱金属鉱業〕社長、山下〔秀明・旭ガラス〕社長、鈴木〔永二・三菱化成〕社長、新井俊三氏であった〔『全著作集7』82―83頁参照〕。

九時五十分大矢根社長が、十一月二十一日の結婚式の案内に来訪し、続いて藤田豊中町長、小林章氏、渡辺惣蔵先生〔衆、北海道4、社会党〕が来られた。

また、ウィッテフェーンＩＭＦ専務理事も表敬訪問された。

一時より全銀協佐々木〔邦彦〕会長、鈴木省吾先生〔参、福島、福田派〕が来られ、官邸での税調総会に出席した。

終了後、水野清先生の後援会で、今後の日本経済の進路はどうあるべきかについて講演した。

五時からエバリー特使と会い、夜、雄心会十周年記念会に出席した。むつ入港問題がようやく解決し、官邸で関係閣僚懇が開かれた。

十月十五日（火）

朝、私邸に大久保武雄先生が来られた。

十時より閣議記者会見。

渡辺識氏がアメリカンエクスプレスのロビンソン副社長を連れてきたので会う。

一時より、衆院決算委。九月に入院のためのばしていたものである。

五時半からの火曜会には出席できなかった。

六時から、オークラの土地住宅供給調査会で講演をした。

ジェネラル・インスランス社のパーティにちょっと顔を出し、ＩＭＦウィッテフェーン専務理事を招待した席に行った。

時差の影響が未だ残って眠くて仕方がなくなる。

十月十六日（水）

朝、高橋〔幹夫〕警察庁長官が夫妻で挨拶に来られた。

九時から金丸信先生が金融のことで陳情に来た。三菱レーヨン金沢〔脩三〕社長が繊維不況の実態を大臣に説明した。続いて納税表彰式。

昼は、知事会議の午さん会に出て、一時すぎより土光〔敏夫〕、松根〔宗一〕、出光〔計助〕氏と会食した。五ヶ国会議の模様が聞きたかったようである。宏池会記者懇談。広瀬〔秀吉〕先生〔衆、栃木1、社会党〕、生保労連の陳情。

三時四十分より、知事会議に出席して、地方の超過負担などの問題などで議論した。

関電芦原〔義重〕会長と会い、毎日新聞西経済部長などと会った。

十月十七日（木）

スタジオナインに出演した。

優良こども銀行表彰式、続いて会議。香川〔前川忠夫〕、岡山〔長野士郎〕両知事陳情。東邦ガス薦田専務。十二時より格物会。

二時から全国地銀大会、三時から秋元秀雄氏〔経済評論家〕と週刊現代の対談。どう取り扱うか苦慮したが、経済問題に限るということで受けた。

上森〔剛・上森農機。旧三豊中学一年下〕社長等来訪、オーストラリア・ニュージーランド記者団が表敬訪問。

知事会等の陳情と、続いて住友ゴム斉藤〔晋一〕社長来訪。

会議をしたのち、かや会に出席し、大阪ガス安田〔博〕社長等と会食した。

十月十八日（金）

朝、伊藤昌哉、阿部〔文男〕先生、辰巳倉庫太田〔誠三郎〕社長が来訪した。

十時より閣議、記者会見。

衆院大蔵委が開かれた。これも入院のためのばしてきていたものであった。

政局は文藝春秋の田中首相批判記事以来緊張してきた。これは、容易なことでは収まらぬかもしれない。臨戦体制である。

総理と会った時　石橋〔湛山〕内閣時のようにスムーズにバトンタッチする方法はないかという重大なことを打ち明けられた。誰にも他言するなということであった。

夜は、大雄会（松山）に出席した。

十月十九日（土）

太平会が開かれた。野村証券の増田〔健次〕さんが幹事である。場所は東富〔士〕カントリーで、九時三十六分よりスタートした。快調で九一でまわった。ようやく米国訪問の影響から解放されたような気がする。政局が混迷し、景気が沈滞し、陰うつな気分の中で、ゴルフをしているときが唯一の気ばらしだ。

十月二十日（日）

東京科学馬渕〔喬〕家の結婚式が同社の松戸寮で行なわれた。東京科学は、結婚式等のための施設をつくってあるようで社長自らそこで挙式を実行したものである。

NHK島〔桂次〕さんが来て、政局は今後急迫を告げることになろうということ、その場合、椎名〔悦三郎〕、河野〔謙三〕、西村（英）〔西村英一。衆、大分2、田中派〕などとパイプを通じておくべきであること、栗原〔祐幸〕先生を副幹事長にしてこれらの人々との連絡役にすべきこと等を進言したいということであったが、入れ違いとなり森田より伝えた。

十月二十一日（月）

朝早く家を出て、成人病研究所に行き定期検査をした。

午前中、古井〔喜実〕先生、安徳氏等が来た。昼、日本記者クラブで講演したが、一ドル＝三〇〇円堅持というのが、大きな話題となった。

午後も木村武千代先生、大西県議、松浦周太郎先生が次々と来られた。

三時半から給与関係閣僚会議を開き、人事院勧告の完全実施を決定した。

夜、文藝春秋の幹部の人達と懇談した。文藝春秋の田中批判は相当に鋭いようである。

十月二十二日（火）

朝八時より、宏池会の親衛隊議員による朝食会が開かれた。そこで大臣より総理はきびしい情勢認識をしている旨を出席者に告げた。

十時より、閣議記者会見。

参院大蔵委で各種の質問が行なわれた。十二時五十分保岡興治先生等が来訪する予定であったが国会のため流れた。二時二十分の小坂善太郎先生についても同様である。

終了後、植木光教先生とマブチモーターの馬渕〔健一〕社長が来訪した。

夜は、栄家で大栄会があった。

十月二十三日（水）

八時半より、土屋清氏〔経済評論家〕主催の総合政策研究会が開かれた。その後直ちに椿山荘の永年勤続者表彰式に出席した。

一時前に宏池会総会で同志と政局について懇談。そこへ木曽〔清・幸陽ドック〕社長と平和生命武元〔忠義〕社長が来訪した。続いて中西県議、村山〔達雄〕先生後援会幹部が来訪した。

三時より、宏池会記者懇談。

四時より会議、日商永野〔重雄〕会頭、続いて石油の会議を開いた。

石油関係で総理を訪問という話もあったが、大げさすぎるということで取り止めた。

夜、第一勧銀の井上〔薫〕、横田〔郁〕両氏と新喜楽で会った。

十月二十四日（木）

八時半に旭ガラス山下〔秀明〕社長が来訪し、独禁法改正、特に企業分割の問題について意見を述べた。馬渕喬氏夫妻が結婚の挨拶に来訪した。

九時四十五分に井上〔吉夫。参、鹿児島、田中派。74年初当選〕、柴立〔芳文、鹿児島3、田中派〕、保岡〔興治。衆、奄美、田中派〕の諸先生が来られた。

十時より国税庁の永年勤続者表彰式に出席し、十二時より官邸で総理と四十五分位話し合った。

一時過ぎ奈良県議議長、マニ〔ュ〕ファクチャラー〔ズ〕ハノーバー・マギリガディ頭取、原〔富士男〕香港総領事、神戸商大高木学長、木村武千代先生等が次々と来訪した。

二時半より外資審議会で、そのあと長谷川〔峻〕労相〔衆、宮城2、福田派〕、小磯県議が来られ、総理と会ったことについて、平河クラブ記者と懇談した。

五時過ぎ桃谷〔勘三郎〕氏が来訪。青藍会に出たところ、牛尾〔治朗〕氏より大臣のいわれる〝仏心鬼手〟は、鬼手にしゅんじゅんがあっては鬼手でなくなるとの注意があった。

十月二十五日（金）

朝八時半より、三原朝雄先生と懇談した。

閣議記者会見、閣議後参院決算委が開かれた。質問は専ら田中首相の脱税問題であった。長々と同じ質問がくりかえされ終了したのは七時十分であった。

終了後永野〔重雄〕氏、藤田氏兄弟と栄家であった。

今日は、河野議長は総理と会い　総理は退陣の腹を固めたようだとの話をしたので、翌日の新聞はセンセーショナルなものになった。

木村〔俊夫〕外相がアフリカ訪問に出発し外務大臣臨時代理となった。核問題に一応の結着をつけるためである。

十月二十六日（土）

朝、鈴木総務会長が政局について意見交換に来た。続いて東郷〔文彦〕次官が核問題について方針を決定するため、来訪した。朝から新聞記者が大勢押しかけてきた。

今日は快晴でゴルフに行く予定であったが、政局混迷のおかげで流れてしまった。

四時半より、波多家結婚式。六時半より、桧山〔広・丸紅〕社長とマージャンをした。

今日は光一の誕生日で十人あまり友達を連れてきた。

十月二十七日（日）

朝から激しい雨で、田中六助先生、福井順一先生とスリーハンドレッドでプレーする予定がふいになった。田中先生、福井先生とは充分懇談した。

夜、新聞の人達にスキヤキを御馳走した。

明日の総理出発には見送りにいかぬ予定であったが、大河原〔良雄・外務省〕官房長と相談して行くことに決めた。

十月二十八日（月）

朝六時に起きて、羽田へ総理の見送りに行った。

続いて八時半より宏池会の朝食会を開き、今後の宏池会の行動については、大臣に一任することを決めた。

続いて、野村証券瀬川〔美能留〕会長、国安社長、パオ社長、日本貿易会水上〔達三〕会長が来訪した。

東京国税局永年勤務者表彰式に出席した。

一時半から、城山三郎氏と如水会館で対談した〔『全著作集6』299―327参照〕。その後、党本部に行き橋本〔登美三郎〕幹事長と懇談した。

四時十分、戸川猪佐武氏が来訪。

五時半より、加藤藤太郎氏米寿の祝いに出席した後、阪〔坂〕東玉三郎の後援会に出席し、清友会にまわった。

十月二十九日（火）

朝、八時半より国際技術協力協会の朝食会（会長安芸皎一氏）が開かれた。十時に閣議記者会見。

十一時四十五分、民社党の小平〔忠〕先生〔衆、北海道4、民社党〕、玉置〔一徳〕先生〔衆、京都2、民社党〕が陳情に来訪した。

昼食は役所でとった後、組合交渉の準備をした。

二時半から、二時間ばかり組合交渉を行なった。組合のなかった外務省では経験のなかったことであった。

四時半より、日本テレビ・NNNワイドニュースのインタビューに出た後、会議をした。

夜は早く家に帰った。夜何もないというのは一年に何回かしかない珍しい日であった。

十月三十日（水）

八時に宏池会親衛隊の先生と朝食会を開くことが予定されていたが、外部に洩れたためとりやめた。

十時に米沢〔滋〕電々公社、澄田〔智〕輸銀総裁が来訪した。

昼、大蔵同期会には出席せず、宏池会定例総会に出席した。

今後の行動は会長に一任することで散会した。続いて園遊会に出席し、三時半から宏池会で記者懇談を行なった。

四時から、独禁法関係について勉強した。

六時過ぎ、米田中の末広会に出席し、続いて、栗原祐幸先生が主催した一年生議員の会合に出席して懇談した。

十月三十一日（木）〔ページの記載部分全体に取り消し斜線〕

ホテルオークラで外務省幹部と核問題について打ち合せした。

総理はこの問題を処理して退陣する意向を固めているようだ。十時より米沢電々総裁、澄田輸銀総裁、キューバ大使が来訪した。十一時より独禁法の勉強会が開かれ、大蔵省のとるべき態度を協議した。

十月三十一日（木）

朝、伊藤昌哉氏が来訪し、当面の政局問題について話をして帰った。十時より高橋〔俊英〕公取委員長が来訪し、独禁法改正案について意見を交換した。

十一時より、東京新聞の渡辺経済部長との対談を行なった。

続いて、前田正男先生等林産議員の先生方が陳情に来られた。

昼は、オークラの論説委員の会で意見交換し、ＮＨＫの経済討論会に出席した。続いてタバコ耕作組合中央会館に行き、内田儀典長より話を聞いた後（フォード来日日程）、小林章先生の至誠会解散式に出席し、五時から夜回り会見をした。

六時半より高橋〔幹夫〕前警察庁長官と会食した。

十一月一日（金）

十一月に入ってようやく多少静かになった。八日に総理が帰国するまで毎日、新聞記者が夜回りとはあまりに騒々しすぎる。

朝、私邸に新井俊三氏、三菱商事田部〔文一郎〕社長等が来訪した。

十時閣議、記者会見。続いて植木庚子郎〔衆、福井、田中派〕、京成電鉄川崎〔千春〕社長　松野頼三〔衆、熊本1、無〕、江藤隆美〔衆、宮崎1、中曽根派〕先生が来訪した。

十二時より証券懇談会、三木武夫先生関係陳情、経団連千賀〔鉄也〕常務が来訪。二時から夕方まで、主計局の予算の会議。

五時半より、毎日新聞江口〔宏・政治〕部長と対談した。

六時半より親衛隊の記者と会食し、続いて軍恩関係の野口、岡田、大久保の各先生との会合にまわった。

十一月二日（土）

八時に、自宅に藤井〔丙午・新日鉄〕副社長が来訪した。

九時過ぎより役所で安川〔壮〕駐米大使と会談し、昼まで会議をした。

十二時より青井家の結婚式に出席した後、理髪をした。

四時より、秘密で春日〔一幸〕民社党委員長、小平忠先生〔衆、北海道4、民社党〕と会い、田中内閣が臨時国会に臨む場合に民社党の協力が得られるよう懇談した。

夕方、河野〔謙三〕議長が栗原〔祐幸〕先生の家で食事をするので、そこに参加しないかとの誘いがあったが、現在は非常に微妙な時期でもあるので、この話は電話ですますこととした。

十一月三日（日）

久しぶりに日曜が雨でなかったので、福井〔順一〕先生を連れてスリーハンドレッドに行った。矢口〔麓蔵・元キューバ〕大使を誘って菊花杯に参加した。大臣は九五で三等であった。矢口大使は九八で不調のようであった。鈴木総務会長も藤田〔正明〕先生と一緒に来ていたが、帰りに自宅に寄り懇談をしていった。

六時に丸紅の橋本〔栄一〕氏が来て、インフレ対策試案要綱を置いていった。

海外旅行持出し外貨制限の強化、円相場下圧の方向に市場誘導、最低生活必需品につき間接税を全廃。その他の品物は奢侈の程度に応じ免税点を引き下げる。

十一月四日（月）

文化の日の代休で、証券大平会のゴルフが東京クラブで行なわれた。

石井〔久・立花証券〕社長は、前半を三十六のパープレイでまわった。優勝であった。大臣も好調で四十六・四十八の九十四でまわり二等であった。

久しぶりに良い天気で、競技が終った後もまたハーフラウンドを追加してまわった。

香川県連会長を誰にするかがもめており、前田議員会長が相談のため来訪した。

十一月五日（火）

朝、私邸に谷川〔和穂〕先生〔衆、広島2、三木派〕が来られた。

今日は一時間早く九時から閣議、続いて物価対策閣僚協議会。

十二時半の新幹線で、貨幣大試験のため大阪に向った。

三時四十分新大阪に着き、記者会見し経済三団体との懇談会に出席した。その後、財界有志の人と会食し、また大蔵省官衙長との懇親会に出席した。いずれもやまとやであった。夜は、ロイヤルホテルで宿泊した。

十一月六日（水）

九時より、大阪府黒田〔了一〕知事、大阪市大島〔靖〕市長より陳情を受けた。十時より、百四回目の貨幣大試験が行なわれ無事終了した。千枚単位で誤差を測ってもあまり意味がないように感じられた。十一時半より午餐会が行なわれ、その後工場見学をした。伸〔延〕べ棒から薄板へ更にコインと刻印という過程が手にとるようで興味深かった。

大阪銀行協会で金融懇談会が開かれ、終了後官衙長の人達と食事をして一八時五十五分発の新幹線で東京に帰ってきた。

十一月七日（木）

七時に家を出て、八時十分羽田発のＪＡＬで北海道に向った。

北海道新聞の講演のためである。

九時三十五分千歳に着き、安田貴六先生の後援会に出席した。

後援会の人達は、安田先生を是非北海道開発庁の政務次官にということであった。

十二時より、政経懇談会に出席して講演した。

日本経済の進路について語った。夕方予定通り四時五十分に羽田に帰ってきた。五時より学士会館の増井正次郎氏の結婚式に出席した。

また三井物産〔会長〕の橋本栄一氏と会い、昭和電工の鈴木治雄氏と会って、森田邸に立寄った。そこには、鈴木〔善幸〕総務会長が待っていた。

十一月八日(金)

朝、金子岩三先生と伊東正義先生が来訪した。大平派の体制についていろいろ話し合った。

十時より、経済関係閣僚協議会が開かれ月例報告が行なわれた。記者会見で外務省に行った時、核の問題について協議した。

十一時半より会議があり、造幣局のしょう像を作るための写真撮影が行なわれた。

午後も銀行の海外支店等の会議があり、阿部〔文男〕、今井〔勇〕、青井〔政美。参、愛媛、田中派〕先生等が来訪した。

四時半に松戸市長〔宮間満寿雄〕等、四時四十分浦野〔幸男〕先生、五時法眼〔晋作〕総裁、五時藤本〔孝雄〕先生〔衆、香川1、三木派〕が来訪した
六時より大平会、七時半よりサンケイ編集局長との懇談会があった。総理のラングーン談話が入ったので銀座記者懇を行なった。

十一時五十分、羽田に総理を出迎えた。

十一月九日(土)

政局の慌しさの中、水戸の新政経研究会に出かけた。

十時上野発で、着いてすぐ記者会見をした。主要メンバーと昼食をともにした後、一時四十分より講演をした。あまり数字も入れず、肩もこらないユーモアたっぷりの話で聴衆は大喜びであった。

四時十五分の列車が三十分近く遅れた。六時に上野に着いて、宏池会に行き食事の後、七時半に総理の私邸に行った。

ゆっくり一時間以上話し合った後、宏池会で記者会見し家に帰った。

十一月十日（日）

萩原〔幸雄〕先生の長男の結婚式に広島に行くこととしていたが、政局多端の折からであるので取り止めメッセージをおおくりした。

長谷川〔隆太郎〕氏とともに小金井に行き、そこに来ていた中村和正氏〔富士ランド社長〕と一緒にまわった。長谷川氏九一、大平九二、森田九二、中村一〇二であった。

長谷川氏とは、石油事業の国営化について話し合った。

夜は、鈴木〔善幸〕氏と会い、総務会長再任を決めた。その後は、大勢の記者の人達と一緒に食事をした。

十一月十一日（月）

今日は、いよいよ問題の改造の日である。三役には、二階堂〔進〕幹事長、鈴木総務会長、山中〔貞則〕政調会長が決まった。

椎名〔悦三郎〕副総裁は、福田〔赳夫〕総務会長を推していたが、結局主流派の返〔反〕撃で逆転した。

午前中、外銀の人などと会い、昼、内外情勢調査会月例懇談会に出席していたところ〔講演は「当面の財政金融政策」と題し、『全著作集4』155—172頁に所収〕、総理より呼び出しがあった。

十五分位総理と会い、宏池会の記者懇談をした後、四時から宏池会の総会に出席した。

五時辞表取りまとめ閣議。夜芳明会で食事した後、八時十五分留任閣僚の記者会見、十時十分官邸で初閣議。

財研の記者会見、幹部と乾杯して家路についた。

十一月十二日（火）

昨日の総理の記者会見は、田中以上のものでもなければ田中以下のものでもないという感じであった。いずれにしても政権交代の幕あけという感じである。

改造内閣も閉会式の準備的色彩が強い。保利〔茂〕氏が入閣せず、椎名副総裁が組閣本部に入らぬことなどをみれば一層その感が強い。

十時より、閣議記者会見。午後からは参院大蔵委。相変らず守秘義務の質問の連続である。もう少し質問も何とかならぬものかと思う。

夜六時過ぎまでかかった。

七時より、大平、中曽根〔康弘〕、木村、福田（一）、竹下〔登〕のメンバーで新内閣の課題についてのＮＨＫ討論会に出た。

十一月十三日（水）

朝、伊藤昌哉氏が来訪した。

十時半より、富士フーヅの問題で小川新一郎〔衆、埼玉1〕議員（公）が来訪した。

栗原祐幸先生、豊田〔英二〕社長等が次々来訪した。

十二時より、近代化協会の講演に出た。〝田中さんは責任ある自民党の総裁であり、誰よりも責任を重くみている。今後田中さんが何をするかしないか、一身上の利害得失をとうところは微塵もない。公人としてどうするか、一番深く受けとめている〟と述べたところ、読売などは、田中退陣を示唆と大きく報ぜられた。

二時より、宏池会記者懇談。

三時より、参院大蔵委。六時より阿部文男先生と会い、外人記者懇談会に出た。

十一月十四日（木）

八時半より、氷川寮で日銀総裁〔佐々木直〕との定例の懇談会。

十時より、中国の韓念龍次官と会った。十一時より、相互銀行大会に出て、その後トリニダードトバコのウィリアム首相と会った。

二時より、主計局の会議。三時より、金融制度調査会に出た。四時より、核問題で外務省よりレクチャーを受けた。五時より、衆院大蔵の委員長理事と懇談した。

六時に如水会六十周年記念で祝辞を述べた。

その後、栄家で鈴木総務会長、小川平二先生と、今後の政局への対処ぶりについて協議した。

十一月十五日（金）

朝、四国電力江坂〔秀夫〕副社長と安川〔壮〕駐米大使が私邸に来訪した。

十時より、閣議記者会見。十一時に、勲章伝達式。続いて記念撮影。

午後から、参院の決算が開かれた。秘密会でなら、ある程度の資料提出はやむをえない旨の答弁が行なわれた。

夜、栄家の三金会に出席の後、家に帰った。

東南ア閣僚会議より木村〔俊夫〕外相が帰ってきたので、臨時代理は解かれた。

十一月十六日（土）

朝、十時発の列車で郡山に向った。

昼食を安積（あさか）疎水土地改良事務所でとり、猪苗代会場に向った。猪苗代会場は大平・宮田輝という豪華メンバーにもかかわらずいささか淋しい感じであった。

それから喜多方市に向い、喜多方の会場でも講演した。会津若松では、萬花楼（まんげろう）というところで市町村長の方々と夕食をともにした。

夕食後、会津若松での会場で短い挨拶をして、直ちに車で郡山に向った。

列車が遅れて十一時半頃上野に着いた。

田中・保利会談が行なわれたため、鈴木総務会長はいらいらしたようであった。

十一月十七日（日）

今日は、総理とゴルフをする予定であったが、天気があまりよくないので取り止めた。あまり目立ちすぎるということもあったようだ。

スリーハンドレッドに行き、伍堂〔輝雄・日本航空元会長。永野重雄の実弟〕父子と一緒にまわった。伍堂父子は親子でホールマッチとパット数のかけをやっており冗談を言いつつ楽しくまわった。

大平は、最後のホールでがけ下におとして四八・五〇であった。森田は、四三・四五であった。

五時から鈴木総務会長と一緒に、明日総理と話す政局の段取りについて打ち合せをした。

八時に、高木〔文雄〕次官、安川〔七郎・国税庁〕長官、磯部〔律男〕次長等が守秘義務のことで私邸に打ち合せにきた。

十一月十八日（月）

今日は、嵐の中の静けさであった。

政局激動の中、フォード来日とあってあまり日程をとらなかったため、ゆっくりしていた。火曜日の閣議がくり上げとなり、記者会見続いて田中総理と政局の収拾について話し合った。首相は、大平政権へのバトンタッチという点で気持の動揺はなかった。クリスマスカードに署名し、新聞記者の相手をした。

一時に、厚生省前年金局長の横田陽吉氏が来訪した。続いて麓〔邦明〕氏来訪。

二時に、田渕哲也〔参、全国、民社党〕、栗林卓司〔参、全国、民社党〕両先生来訪。小林章夫人が静岡の神様をつれてきた。五時夜回り会見。

六時に河野〔謙三〕議長と秘密で会った。

十一月十九日（火）

八時に私邸を出て、九時からフォード大統領の歓迎行事に出席した。ストのため早めに家を出たところ、かなり早く迎賓館に到着した。十一時三十分より会議を行なう予定であったが、塩見〔俊二・宏池会〕幹事長と会ったり、散髪をしたため流れてしまった。一時十五分より、総理主催午餐会。三時に、塩崎〔潤〕先生等が私学振興助成法の陳情に来られた。

続いて経団連土光〔敏夫〕会長が公害防止融資の件で来られた。また同時に、田川誠一先生と浦野幸男先生が来られた。

五時半より火曜会で、七時半より九時四十分まで宮中晩餐会がホワイトタイ着用で行なわれた。

十一月二十日(水)

七時五十分に、私邸を出てホテルオークラで朝食をとった。

ライシャワー教授〔元駐日大使〕とは久しぶりで旧交を暖めた。

十時に、朝日ビールの高橋〔吉隆〕社長がビールの値上げについて陳情に来た。

十時半に宮沢喜一先生が来訪し、続いて朝日の草鹿〔恵〕さんが総理退陣後の臨時代理の話をもって現われた。

昼は帰って、植木〔光教〕先生とゆっくり話をした。植木先生との間は妙なことでこじれていたが、これで氷解した。

四時から両院議長主催の歓迎会、五時より愛知〔揆一〕蔵相の追悼会、七時半よりフォード大統領主催の晩餐会が開かれた。

十一月二十一日(木)

朝、伊東〔正義〕、佐々木〔義武〕、服部〔安司〕の各先生が朝食会に来た。

総裁選びも大平派の公選論が最も高まり、意気高揚している時である。

表面は、フォード行事が続く。九時より、迎賓館で歓迎行事が行なわれた。十時より主計局の会議。木村武雄氏を大蔵省に呼んだが意見はくい違っており、暫定政権構想をあきらめさ〔せ〕るには至らなかった。

青山葬儀所の山崎峯次郎氏〔SB食品創業者〕の葬儀に参列した。

三時より、宏池会の記者懇談。浦野〔幸男〕先生が多数派工作の意味もこめて藤井勝志先生をつれてくる。

夜は大矢根家結婚式、かや会、宏池会の前尾系の人達七八人を栄家に呼んで話をした。

十一月二十二日（金）

朝、伊藤昌哉氏が来訪し、心を平静に天の声を聞いて行動すべき旨進言した。

十時より閣議、記者会見。

十時半より衆院大蔵委が開かれ、山田耻目（社）、塚田庄平（社）、広沢直樹（公）、竹本孫一（民）、増本一彦（共）の各氏が質問した。このうち塚田庄平先生は、練馬の土地問題を取り上げ、政治献金と密接に関連していると追及した。

委員会終了後、国際ビルの日本クラブで古井喜実先生後援会講演（挨拶に近いもの）に出席し、その後、藍亭で毎日の岩見〔隆夫〕さん、〔共同通信の〕三喜田〔泰三〕さん等と会った。

大平の公選論に対し各派の反発はすごかった。

十一月二十三日（土）

今日は、ゴルフに行くことも考えたが、各派が会合している最中に大平のみゴルフというのはまずいので家で読書と立候補声明　所信表明に明け暮れた。

所信表明は、橋本清氏が書いてきたものを見本にしてつくり上げた。

夜五時から、鈴木総務会長、佐々木先生、島〔桂次〕さんなどが来て政局について意見を交換した。

八時より、記者懇談が行なわれた。

十一月二十四日（日）

今日は快晴のゴルフ日和であったが、終日家にこもって読書に明け暮れた。

各派の動きは相変らず急を告げているが、当方は〝悠々〟と評され新聞に写真がのせられた。

八時より、記者懇談をした。

総理と電話したが、しっかりしているようである。

田中派動揺とのニュースが伝ってくるがそのようなことはないものと確信する。ただし、総理の気持の動揺が激しいのが気がかりである。

十一月二十五日（月）

朝早く家を出て、ホテルパシフィックで福田赳夫氏と会った。

福田氏は総裁公選となれば、金が乱れとぶ恐れがあることを強調していた。当方は、それは、お互の力によりきれいな総裁選を実現をしようと切りかえした。

新聞には、成人病研究所に行ったこととした。

十時半より補正予算の会議をし、一日中大蔵省にとじこもっていた。

一時半に、和田、長谷川、佐野、加藤の諸先生が来られた。

夜は三金会に出て、七時より鈴木総務会長に会い、八時から植木〔光教〕先生、〔読売新聞の〕渡辺恒雄氏と会った。

十一月二十六日（火）

朝八時三十分、参院火曜会がホテルオークラ十階虹の間で行なわれた。九時四十五分より、国防会議閣議記者会見。

補正予算の大要をきめ正式には新内閣で決めることとした。

十一時より、椎名調査会が党本部総裁室で行なわれた。

十二時に読売国際経済懇談会月例会に出席することとなっていたが、両院議員総会で田中首相の退陣表明が行なわれるため、とりやめとなった。その後、記者会見とテレビのビデオ取り。

一時より、宏池会総会。

三時三十分より、参大蔵委に出席した。

夜は、大栄会に出席して家に帰り、森田邸で佐々木義武先生及び島〔桂次〕さんと会った。

十一月二十七日（水）

九時二十分頃家を出た。昼前、突然参院決算委に呼ぶ〔び〕出された。その後、宏池会の総会に出た。一時半に、二階堂幹事長が宏池会に来訪した。幹事長の実力者歴訪の一環である。二階堂氏には、たとえ分党があろうと、これを恐れぬつもりで当らねば当面の政局を打開できぬと強調しておいた。三時半より参院決算委が開かれ、相変らず守秘義務の問題で追及された。五時すぎよりラジオ関東のインタビューを行ない、六時半よりホテルオークラの植松清氏〔古河電工相談役〕の息子さんの結婚式に出席した。

その後、水田〔三喜男〕氏と栄家で秘密であった。

家に前田議員会長と千葉県議が来ていた。

十一月二十八日（木）

朝、新聞記者のいるところへ電話がかかってきて三木氏が会いたいという。＊急いで抜け出して、三木さんの娘婿の高橋〔亘〕さんのところで秘密で会った。新聞記者は、大平が突然いなくなったので一騒ぎとなった。

十一時半に、広島県知事〔宮沢弘〕と西田議長が来た。宏池会の総会に出た後、国会記者会館で論説委員との会合に出た。あまりこのような会合をやらぬせいか、皆んな食いつくように聞いていた。

三時より、宏池会の記者懇談で四時十分よりテレビインタビューが行なわれた。

＊当時ＴＢＳ報道局にいた青木徹郎が証言を残している（『大平正芳回想録・追想編』207頁）。

十一月二十九日（金）

十時に、閣議記者会見。十一時に、ロッテ重光〔武雄〕会長が来訪した。

椎名副総裁が三木武夫、中曽根康弘、大平正芳、福田赳夫の四氏と会談した。この中で三木氏は五者会談を提唱し、土曜日と日曜日とに実力者会議が開かれることとなった。

他方、河野洋平氏が立候補することとなり総裁選びも混とんたる様相となった。

二時より記者会見し、午後から宏池会で幹部と懇談した。

大平派としては、あくまで公選の主張で貫くこととなった。首相及び田中派は、しっかりしているとの話であり、これが頼みの綱となっている。

十一月三十日（土）

十時より、椎名さんを座長にして、福田・中曽根・三木・大平の四人が一堂に会して時間を定めずに、話し合いが行なわれた。午前中は、おひるまでやり、午後は、一時から四時半までみっちり話し合った。

党近代化・挙党体制の点では一致したが、総裁選びという点では意見は一致しなかった。

しかも一日みっちりと話し合いがなされ、話し合い路線は四対一の不利な状況に立たされることとなった。

しかし、まさか、これが一人の名前にしぼり切れるとは思われない。清潔な選挙を行なうことにより自民党が再出発する以外にはない〔『全著作集7』84頁参照〕。

十二月一日（日）

十時より、自民党本部で実力者会談が行なわれた。

この会談の冒頭に、椎名副総裁より三木氏を総理に推せんしたい旨の言明があった。福田がそれを受けるという態度を示したためこの実現性はにわかに真実味を帯びてきた。

中間四派もこれを受けて受諾の回答をした。

大平は、これを派内に持ちかえったが、この段階では大勢は如何ともしがたいところに来ていた。

目白邸で田中・大平会談が行なわれたが、田中総理は、三木でやむなしとの意向を示した。

これを一応党機関の了承を得れば従うという形で回答した。

十二月二日（月）

今朝の新聞は、党の大勢は三木総裁へということで、社説もこれを歓迎しているものが多かった。今や党の大勢は決まった。

大平内閣の夢は去ったのかも知れない。

形の上では、七月が未だ残っているが、果してどうか。

七月にまた内閣が交代しなければならないような事態では、まことに不幸な事態といえよう。

宏池会では、昼から四時前まで善後策についての議論が熱っぽく行なわれた。

これまで健闘してくれた先生方には、まことに申しわけないと思う。選挙という宿命を担っているだけに気の毒な気がする。

十二月三日（火）

戦い終って虚脱感におそわれる。

一人でゆっくり本でも読みたい心境だ。閣議・記者会見に出た後は、田中四郎氏が来たほか、二、三の新聞記者の相手をしていた。

二時より、全国地方婦人連合会山高しげりさんが陳情に来た。

つづいて、大平〔数光〕町長が、他の地域の町長等を連れてやってきた。

その後、時間があったので虎ノ門書房に行って本を四、五冊買ってきた。

四時半より植木光教先生の激励会に出席した。

五時半より藤井良男さん〔フジタ工業常務。高商同窓〕の結婚式に出席した。

十二月四日（水）

いよいよ宏池会も、総務会等党機関の承認を条件に撤退作戦を行なうこととなった。十一時より宏池会総会を開いて方針を決め、十二時からの両院議員総会に出席した。その後、再び宏池会にもどって一致団結を誓い合った。

全国農業会議所中央会長代表が相続税の陳情に来た。

五時よりホテル・ニューオータニで香川県町村長会に出席した。

土曜会（週刊紙の編集長の集まり）に出席の後、一水会に出て更に、宏池会の一年生議員の会に出た。宮崎茂一先生が酔って気炎を上げていた。

十二月五日（木）

八時に、大日本製薬宮武〔徳次郎〕社長が来訪した。サリドマイドの件のお礼である。

十一時半より、三木副総理との会談が行なわれた。会うやいなや、いきなり大蔵大臣として留任を求められた。出かける時どのように返事するか迷ったが、いさぎよく快諾することとした。

帰りに宏池会に寄り、記者会見し、宏池会の総会に出席した。

二時より、専売・主計の関係の会議が行なわれた。

四時から主計局の会議で、五時より夜回り会見の後に、新喜楽で白洲次郎主催のグリーンヒル（前英国外務次官）氏招待の会が行なわれた。

十二月六日（金）

七時三十分に、関電芦原〔義重〕会長とホテルオークラで朝食をとった。

八時半に登庁し、十時より閣議記者会見。

十一時より主税局の会議を行ない、十二時半より服部〔安司〕、伊東〔正義〕先生と食事をした。続いて、大久保〔武雄〕労相、木村武雄氏が来訪した。

三時より、田中六助先生が来訪した。

四時より、誌上座談会「池田勇人」（週刊朝日）のインタビューをした。

五時半に、木村武雄氏紹介のインドネシア大使と会談した。

六時より、大雄会が金竜で行なわれ、堤〔清二〕さんと高橋毅氏〔高橋商事社長〕との間でつっこんだ議論が行なわれた。

七時より、宏池会の記者を栄林に招待した。

十二月七日（土）

朝より快晴であった。第百土地の森〔美夫〕さんを呼んで、スリーハンドレッドでプレーした。寺田さんのお嬢さんの梅沢さんと一緒にプレーした。学生時代慶応のゴルフ部ということで、さすがにしっかりしたスイングであった。

大平は五二・四三であった。森田は、四七・四三であった。

夜は大平夫人の泊っている湯河原の天野屋で泊った。

十二月八日（日）

引き続き、森さんとスリーハンドレッドでプレーした。矢口大使が再び入った。大平は森さんに快勝であった。はり切っていたが、再び森田に敗れた。

今日も快晴で、暖い一日であった。

大平は、四四・四九で、なかなか快調であった。森田は、四六・四九であった。

十二月九日（月）

小林〔孝三郎〕コーセー社長が年末の挨拶に来られた。

九時半より臨時閣議、記者会見。

新内閣で、宮沢〔喜一〕外相、佐々木〔義武〕科技長官、植木〔光教〕総務長官が実現した。三木総理は、大はり切りで、緊張の面持ちであった。

組閣にあたっては、何ら連絡がなかったが、三時五五分に井手〔出〕一太郎官房長官が大蔵省に連絡にきた。

五時半より、賀屋正雄家の結婚式が行なわれた。

その後、赤坂大野で参院の田中派の先生方と懇談した。

十二月十日（火）

十日《ママ》十時より、閣議記者会見。各社別のインタビューが行なわれた。

十一時半より産経、十一時五十分より東京、十二時よりＮＨＫ、十二時半に昼食・・その間十一時半に百十四銀行の綾田〔整治〕頭取が来訪した。

引き続き、輸銀の澄田〔智〕総裁が再任の挨拶に来られた。

相沢〔英之〕前次官が大蔵大臣再任の挨拶のため来訪。

引き続き毎日、日刊工業、日本工業、日経、北海道、西日本、読売、時事、共同、の各社のインタビューが行なわれた。

夜、大平会にちょっと顔を出した後、ＮＨＫの三木政権の課題、主要座談会に、福田副総理、宮沢外務、井手〔出〕官房長官らとともに出席した。

その後、花蝶で行なわれた磯崎〔叡・国鉄〕副総裁を囲む会に出席して人生の哀歓を語り合った。

十二月十一日（水）

八時に伊藤昌哉氏。八時半に大久保武雄先生が来訪。

引き続き、久保等先生〔衆、香川2、社会党〕陳情。

十時より、朝日新聞インタビュー。これは、前日のものが、引きつがれたもので、終ると同時にホテルオークラに行き、福田副総理、宮沢外務大臣とともに座談会をした。

一時五十分、保岡〔興治〕、宮崎〔茂一〕、宇田〔国栄。衆、鹿児島1、福田派〕等の先生が大島つむぎの件で陳情に来た。

二時の銀行局の会議に続いて、官邸に三木副総理を訪ねて、森永〔貞一郎〕日銀総裁と前川〔春雄〕副総裁の人事を決めた。この大人事が、政権交代により影響を受けなかったことは、一つの重荷をおろした感がする。

夜は、参院宏池会の先生と清水で懇談した。

十二月十二日(木)

九時五十分より、調査企画課の会議。十時半より臨時閣議が官邸で開かれ、所信表明演説の討議が行なわれた。

続いて小山〔昭蔵〕主計官が説明のため来訪し、YXの件〔YS11に続く日本の航空機計画〕で、日本航空宇宙工業会より陳情があった。

お昼に、宏池会の定例総会に出席した後、安田隆明先生の東京後援会(全共連ビル　松屋サロン)に出て、友情論を一席ぶった。

一時半より、調査企画課の会議。三時より、宏池会記者懇談。

四時十五分に、木村武雄先生が来訪した。

七時より、藍亭で宏池会二、三、四年生議員の先生方を招待した。

十二月十三日(金)

八時三十分、三崎会長。十時に閣議、経済関係閣僚協議会で月例報告。

記者会見。続いてIMFの元為替制限局長フリードマン博士に勲章を伝達した。続いて　主計局理財局の会議。

続いて、田沢吉郎先生、藤井孝太郎氏〔香川県酒造組合会長〕、丸住製紙星川〔今太郎〕氏、戸井田三郎先生〔衆、兵庫4、田中派〕、指定都市・市長議長等が陳情に来た。

二時から、理財局、主計局の会議で、夜は、三菱銀行の中村〔俊男〕頭取等と会食した。

九時より服部〔安司〕、佐々木〔義武〕、伊東〔正義〕先生とシャトー東洋南青山マンションで、宏池会を一旦解散して再編成しなおす件について話し合った。

十二月十四日(土)

大蔵霞会と讃油会があったが、出席できなかった。

九時三十分、臨時閣議(官邸)。

十時半、院内に参集。

十一時に、第七四国会開会式。十一時二十分、サントリー佐治〔敬三〕社長。

十一時半、藤田正明先生。十二時、田畑久宣氏〔讃岐塩業社長・坂出商工会議所会頭〕。十二時半、小野明先生〔参、福岡、社会党〕。

一時から、臨時国会衆院本会議で施政方針演説、財政演説が行なわれた。大臣の演説は、声はりがあったが、早口すぎるとの評が多かった。

参院本会議後、主計局の会議が行なわれた。

〔十二月十五日なし〕

十二月十六日（月）

八時半より、成人病研究所で健康診断を受けた。

あとでわかったところでは、血糖値は二〇〇ときわめて悪化していた。恐らく疲労が蓄積したのであろう。

森ビル森〔泰吉郎〕社長、ラオス防衛庁長官、増岡博之先生が続いて来訪した。

増岡先生の件は、池田満枝夫人が広島で活動しているのを何とかしてほしいというものである。

一時、衆院本会議（石橋政嗣〔社〕、倉成正〔自〕、田辺誠〔社〕）。

夕方、石原〔周夫〕開銀総裁、福本邦雄氏〔画商、フィクサー。戦前の共産党の指導者福本和夫の息子〕が来訪。

夜、参院宏池会に出た後、フジテレビで、三木内閣の課題という座談会に出た〔福田赳夫経企庁長官、河本敏夫通産相、安倍晋太郎農相〕。

水野清先生が私宅に来た。

十二月十七日（火）

朝七時半より、今井〔勇〕先生他一年生の先生が朝食にやってきた。気軽に来てくれるのはよいことである。

九時、閣議記者会見。

十時参院本会議で、松永忠二〔参、静岡、社会党〕、丸茂重貞〔参、全国、福田派〕先生等の質問を受けた。一時に金の問題で国金局長、栗原先生が来訪。

二時、衆本会議。金子満広〔共〕、浅井美幸〔公〕、塚本三郎〔民〕の各先生が代表質問。

終了後、第一回経済対策閣僚会議。福田さんも厄介なものを作ったものである。

本会議後、衆大蔵委員長と懇談。

火曜会、日商岩井社長〔西川政一〕、大蔵同期会に次々と出席した。

十二月十八日(水)

朝、伊東〔正義〕先生、サントリー佐治〔敬三〕社長が来訪。信越放送の新年番組のビデオ取り。九時半より税調。

十時本会議で、小平芳平〔参、全国、公明党〕、春日正一〔共〕、藤井恒男〔民〕、田中寿美子〔社〕の各先生の代表質問があった。

二時衆予算委で、補正予算の提案理由説明、引き続き参議院でも提案理由説明。

三時に木村武雄氏が来訪。

続いて土地改良議員連盟、ロッテ重光〔武雄〕社長と会った。

夕方は六時に昭電の鈴木〔治雄〕社長と会った後、七時より水野、野中、塩谷、大石の各先生と会食した。八時半、鈴木善幸と栄家であった。

十二月十九日(木)

八時四十五分より宏池会のあり方について、幹部が集まって協議した。実質的には、黒金〔泰美〕、小山〔長規〕除名の件である。

しかし、宏池会解散、新研究会結成という形をとることについては、表面的には、少なくとも消極論が強かった。

十時より衆・予算委で、補正予算の質疑が行なわれた。

岡田春夫〔社〕、楢崎弥之助〔社〕村上弘〔共〕の各先生が質問に立った。

一日中予算委で、宏池会の定例総会、記者懇談が取り止めとなった。

六時よりかや会、七時半に栗原〔祐幸〕、田川〔誠一〕、河野(洋〔平〕)の各先生と会談した。田川先生は、ついに中曽根派を脱藩することとなった。

十二月二十日(金)

七時半より、大阪富士化学の赤城〔猪太郎〕氏、石上〔立夫・国土開発〕社長　サントリー佐治〔敬三〕社長、原専務等が次々と来られた。

九時に院内で閣議。十時より衆院予算委で、坂井弘一〔公〕、八木一男〔社〕、竹本孫一〔民〕、小林進〔社〕の各先生が質問した。

昼休みに党の下水道対策協議会の先生方が陳情に来訪した。

夜八時頃から衆院本会議が開かれ、補正予算は議決された。

六時よりの三金会は欠席し、十時五十分より各党への挨拶まわりをした。

十二月二十一日(土)

朝八時半より、経団連の朝食会が開かれた。

十時、参院予算委の質疑が終日行なわれた。

予算委終了後、経済対策閣僚会議が行なわれ、公共料金問題を議論したが結論をえなかった。

公共料金問題は、福田―大平の対決という形になり、容易に決着をみせるかまえをみせていない。このまま安易に据置けば、第四の硬直化問題をまきおこすおそれがあるので、安易に妥協を進めるわけにはいかぬものと思われる。

十二月二十二日（日）

十二時三十分、福永健司先生が婦人会館の件で県議をつれてこられた。

一時より、霊南にこもって予算のつめを行なった。

今年は政変等があり、予算編成が遅れたうえ、福田副総理が公共料金の凍結を提唱するなど、調整が難航し、予算編成は容易に進みそうもない。

しかもその直後に、米国に飛ばねばならぬこともありまさに、背水の陣である。

十二月二十三日（月）

八時過ぎ、電気化学の花岡〔弥六〕社長と佐藤正忠氏〔『経済界』主幹〕が自宅に来られた。

九時四十分、民社の国対の挨拶。

十時に、参院予算委で補正予算の質疑採決が行なわれた。

本会議は、九時より開かれ、補正予算の議決がなされ、十一時に成立した。

十一時十分より、大臣室で乾杯。

夜の末広会と、三金会（吉兆）は、いずれも出席できなかった。

十二月二十四日（火）

今日はクリスマスイヴであるが、とてもそのような気分ではない。

予算を控えてきわめて慌しい気分である。

住金社長、住栄作先生が来訪した。

九時閣議、記者会見。十時より公共料金問題についての会議。塩、麦等は目どがついたが、郵政、電々が大問題である。

昼、香川県知事〔前川忠夫〕、時子山〔常三郎〕氏〔私大連盟理事長〕、全国漁連関係者、木村武雄先生、田沢、渡辺、古賀氏等が次々と来訪した。

続いて、理財局の会議、主税局の会議が行なわれた。

夕方、大栄会、参院大蔵委員長〔桧垣徳太郎〕、与党理事等の会に出席した後、経済対策閣僚会議に出席した。

十二月二十五日（水）

八時に、増田〔健次〕氏来訪。続いて大日本製薬宮武社長が来られた。伊藤昌哉氏来訪。

増岡先生、ＮＨＫ大田解説委員が来訪した。

十時二十分、国金局長〔大倉具隆〕がレクチャーに来た。

十一時より会議。十二時より政府与党連絡会議。

その後、森永〔貞一郎〕新日銀総裁、前川〔春夫〕副総裁とゆっくり懇談した。

続いて斉藤〔邦吉〕先生ほかが国保の調整補助金の件で来訪した。

一時に本会議で、四六年決算の採決。

二時四十分より、郵政大臣〔村上勇〕と会って郵便料金の問題を協議した。

三時より、主計、国金の会議。夜は平河会に出た後、宏池会の忘年会に出席した。

十二月二十六日（木）

朝八時半に、成人病研究所で健康診断をしてもらった。

（後に明らかになったところでは、血糖値は二一〇で相変らず悪化したままであった。）

九時四十二分に床次徳二先生、十時より予算について総理への説明を行なった。（於官邸）

午後から佐藤正忠氏、伊東正義先生、天野公義先生等と次々に会った後、二時から党本部で三役に対して説明した。

次いで社会党堀〔昌雄〕政審会長、竹本〔孫一〕民社党政審会長、工藤〔晃〕共産党政策委員長、正木〔良明〕公明党政審会長と次々に会談した。

七時に、田中前総理と栄家ですきやきをして歓談した。

同じところで野村証券の瀬川〔美能留〕会長とも会った。

十二月二十七日（金）

朝、宇治田氏、茂木氏、五洋建設水野〔哲太郎〕氏等が来られた。

九時閣議、公害対策会議に出席した後、税調総会に出た。

十二時半より官邸で公共料金について最終的なつめを行なった。

郵便料金は、大臣が一人でがんばったが一月実施か十月実施かは決定しなかった。

そのため、少し遅れて李へいき〔李海翼〕長官とホテルオークラで会い、続いて財政審の総会に出席した。

五時から皇室経済会議、六時より宮中御陪食会で、その後、米田中で宮沢外相、国土開発佐渡〔卓〕社長と会った。

高木〔文雄〕次官が来訪し、郵便料金について十月実施でがんばることとした。

十二月二十八日（土）

八時、株木〔政一・日立セメント〕社長、住金河上〔健次郎〕会長、九時半より、国防会議議員懇談会。続いて臨時閣議、終了後郵便料金について、大臣は、一人でがんばり十月実施を認めさせた。その後、日本鉱業会稲井〔好広〕会長、近藤鉄雄先生、柴田〔護〕副総裁、有吉〔新吾。三井鉱山〕社長、木村武雄先生、赤城宗徳先生、大谷藤之助先生〔参、全国、船田派〕、小平忠先生等が来訪した。

その間、二時半より党説明。

四時二十分に自衛隊の糧食費について、坂田〔道太〕防衛庁長官が来訪。

六時より、二日に放映するＮＨＫ新春討論会のビデオどりを行なった。相手は、長谷川周重氏〔経団連副会長〕、市川、木村禮八郎〔元参院議員、社会党〕、下村治氏等であった。

十二月二十九日(日)

十一時に、木村一三〔日本国際貿促進協会関西本部理事長〕氏が来訪した。

十二時より、ＮＴＶで渡辺〔省吾〕日興證券会長と対談するため、スタジオを訪れた。続いて、大和勇三氏〔経営評論家・元日経新聞論説委員〕と時事問答を行った。

二時から、東京新聞の対談のため、福田、大来〔佐武郎〕氏と中日ビルで会った。

大来氏が日本経済の潜在成長力は相当に高いとみていること、五十年度予算の二四％増という意図せざる刺激効果は、結果的に良い影響を及ぼすであろうと考えていることなど、大臣の思考内容と似ているのが印象的であった。

福田副総理は、三時に一足先に中日ビルを出た。

その後、松原先生のところで歯を直してもらった。

十二月三十日（月）

森〔美夫〕さん、千葉県議倉田氏などとスリーハンドレッドで久しぶりにゴルフをした。大平99、森103、森令嬢94、倉田97、森田99、真鍋89であった。

その後、五時から、自宅に高木次官、主計局長〔竹内道雄〕、辻〔敬一〕次長、官房長〔松川道哉〕等が来訪し、予算の最終打合せを行なった。問題は、人材確保法に基づく、教職手当分について、四十九年度に約束した額を満額平年度化すべきか、否かであった。やはり平年度化である以上、これを断るのは相当困難であろうという結論に落ち着いた。

その後、高木次官は〝審議会にも出て来ないというならむしろ租特の廃止を実行する〟ということにしてはどうかと大臣に対してアドバイスした。

十二月三十一日（火）

大晦日で、一年間の疲れがどっと出る思いであった。

本をよんではまどろみ、夢かうつつかといった状態で一日を過した。

恒例の本の整理は、型ばかりながら行なった。

本年一年は、多事多難な長い一年であった。

しかし、現実というのは、きびしいのがあたりまえと考えるべきものなのであろう。

一九七五（昭和五十）年

一九七五（昭和五十）年

一月一日（水）

雨模様のすっきりしない天気であった。

朝おとそを楽しんだ後、宮中に参賀し、帰りに党本部、田中〔角栄〕邸、池田〔勇人〕邸を訪れ、家に帰った。

家では、借家のためあまり人が来ないかと考えていたが、昨年よりむしろ人の集りは多い感じであった。

珍しいところでは、永井道雄文部大臣が挨拶に来られた。

四時過ぎ、家を出て川奈に向った。

芳子が運転する車に、光一（満子はともちゃん等と留守番）をのせて二台の車で行った。

一月二日（木）

朝は雨であったが、十時過ぎから上ったので、二人でスタートした。富士コースのアウトからである。

前日トニーレマと陳清波のゴルフ（映画）を見ていたので、飛距離の違いが目立つ感じであった。大平は、途中のショートホールでスコアをくずして、四七・五〇となった。森田は四五・四七であった。その後は、ゆっくりと休養した。

一月三日（金）

朝八時五十四分スタートで、河野〔謙三・参院〕議長、新谷寅三郎先生〔参、奈良、無〕、富士〔銀行〕の岩佐〔凱実〕氏と一緒にゴルフをすることになっていたが、岩佐氏はやめたので三人でまわった。

大平は九十、河野は一二二、新谷は九九であった。

お昼頃終了し、三時四十八分の列車で高木〔文雄〕次官とともに東京に向った。

七時から予算省議が開かれて、八時四十分より記者会見した。

今年度予算は結果として、〝景気に対して中立的〟という説明をしたが、四日朝の新聞には、そう大きくはとり上げられなかった。

一月四日(土)

臨時閣議で予算案の内示案(大蔵原案)を審議した。

今年は、当然増にくわれて、二四・五%と伸び率は大きいが、中味は何もないといった感じである。

十二時より、名刺交換会が第一公邸で開かれた。

一時より、新日本証券の鷹尾〔寛・社長〕氏がサウジアラビアの社会保険庁総裁のザイド氏と会った。

一時四十五分に、田川誠一先生〔衆、神奈川2、無〕が来られた。

主計局の各係では、予算の内示が行な〔わ〕れた。

一月五日(日)

今日は、大蔵省は予算で大童であるが、大臣は今後に備えて英気を養うこととした。

スリーハンドレッドに、遠藤〔福雄・神崎製紙〕社長とともに行った。

大平一〇〇で遠藤社長は、それ以上であった。

夕方から、建設協会会長等とホテルオークラで会い、引き続き、本四架橋公団の副総裁〔柴田護〕、原健三郎〔衆、兵庫2、椎名派〕先生等とホテルで会食した。

一月六日（月）

朝、成人病研究所に健康診断に行った。後でわかったところでは、血糖値は一八〇余りであまり改善していなかった。

予算が本格化し、岩上〔二郎・茨城県〕知事、三菱重工・守屋〔学治〕社長、徳安〔実蔵〕先生〔衆、鳥取、水田派〕、佐々木〔義武〕先生、藤井丙午先生〔参、全国、無〕、鈴木善幸先生、野中〔英二〕先生〔衆、埼玉4、中曽根派〕、植木〔光教〕先生〔参、京都、大平派〕等、今日は、陳情受け付けの日であった。

一時半より、国金局で会議。二時より経済四団体合同祝賀パーティに出席して挨拶した。

三時半より再び、十カ国蔵相会議の準備。

六時には、消防議員連盟の大勢の先生方が来られた。

六時半より、歴代文相の陳情。

一月七日（火）

十時より、閣議記者会見、十時半より服部〔安司〕先生、二階堂〔進〕先生、指定都市市長ら今日も陳情を中心に明け暮れた一日であった。

昼、全銀連理事会の午さん会に出席。

二時、斉藤〔邦吉〕先生、安井〔謙〕先生〔参、東京、福田派〕等が国保の臨時交付金のことで来訪した。

二時半より、日本原子力会議のメンバーが原子力安全局のことで来訪。上条〔勝久〕先生、東北電力平井〔寛一郎〕社長〔会長〕等が次々と来訪された。原子力安全局は、佐々木〔義武〕先生が思いこんでおられるが、大平―佐々木事項という形にならぬよう演出が必要であると思われる。

一月八日（水）

十時に、吉田工業の新年会に出席して短かい挨拶をした。いつも姿を見せる田中角栄前総理の姿がないのが、一抹の淋しさを感じさせた。

電気事業連合会会長、大阪ガス安田〔博〕社長、田中六助先生、亀井〔光〕福岡県知事等が来訪した。

また今年はじめての試みとして、全政務次官と大蔵大臣の会合というのが開かれた。

午後からも社会党北海道議員団、中四国農協会長、堀〔昌雄・社会党〕政審会長、武藤嘉文先生〔衆、岐阜1、中曽根派〕、三菱石油渡辺〔武夫〕会長、松浦周太郎先生〔衆、北海道2、三木派〕、日生下産業金川〔義之〕会長等の来訪が相次いだ。

夜は、大平会〔大平を囲む財界人の会〕のあと次官―主計局長〔竹内道雄〕と打ち合せ、八時より陣中見舞をした。

一月九日（木）

朝、大日本製薬宮武〔徳次郎〕社長、島根知事〔伊達慎一郎〕、茨城知事〔岩上二郎〕等が私邸に来訪した。

十時より、トヨタの豊田〔英二〕社長。農協中央会の岩持〔静麻〕副会長、建設関係議員、竹本〔孫一・衆、静岡3〕民社党政審会長。

いよいよ午後から大臣折衝。四時十分に福田〔赳夫〕経企庁長官が手を白くほうたいにまいて、あらわれた。ぶったところは、財政硬直化と預金の目べり補償の問題で国民の関心事項ばかりであった。さすがに演出者である。

行管、裁判所、環境庁、総理府、自治・警察、北海道、科学技術、防衛、法務、郵政、労働、厚生、文部の順に夜半まで折衝が続けられた。

厚生、文部は予想通り問題が多く、坂田〔道太〕防衛庁長官はめし代の話でがんばった。

一九七五(昭和五十)年

一月十日(金)

九時私邸発、事前レク。十時に閣議、記者会見。

午前十一時過ぎより、外務、通産、農林、運輸、建設、総理府、文部の順に大臣折衝が行なわれた。

第三次教員給与改善については、本来断固断ることになっていたところ、結局総理裁定で5%の幅で実施されることとなった。

四時(PM)政審が開かれ、五時総務会で、八時より自民党との折衝が行なわれた。

十時三十分、再開(総務会)。十一時、国防会議。十一時十五分、概算閣議、記者会見が行なわれた。

ようやく予定通り、十一日を一日残して、予算折衝は終了した。

一月十一日(土)

十一時頃までゆっくり寝て、十二時に登庁した。

十二時より一時間ばかり勉強し、一時よりの追認閣議に出席した。

その間に、計数整理が夜を徹して行なわれたわけである。

二時より大蔵省で乾杯し、三時より外遊に備えて衆議院の院内の理髪に行った。

一月十二日(日)

予算がまとまって一夜明けた今日、ワシントンへ出発である〔IMF世銀総会出席〕。

快晴の中を予定通り出発した。

子供達も久しぶりで見送りにきてくれた。

十ヶ国蔵相会議では、議長を務めなければならぬので大変だ。最後のまとめがどうなるか手腕の発揮しどころである。

帰ってすぐ財政演説ということで米里〔恕・大臣官房調査企画〕課長がハワイに来ることになっている。多忙をきわめて、愛知蔵相の二の舞にならぬよう健康には充分の注意が必要である。

同行記者は八人ときまった。

一月十三日（月）（日本時間）

ニューヨーク空港で中島〔信之〕大使、小泉〔忠之〕領事の出迎えを受け、空港ホテル内で軽い昼食をとった後、ワシントンに向った。

ワシントンのウォーターゲートホテルに着いて、一服する。

三時半より、G10会議に臨むにあたっての記者会見をした。

夜は、森永〔貞一郎〕日銀総裁らとともに大使公邸で日本料理を御馳走になった。

安川〔壮〕大使は、十六日の大平―キッシンジャー会談に際しては出張からもどってくるとのことである。

一月十四日（火）

十カ国の蔵相代理会議に、吉田〔太郎一〕財務官が出席した。ここで十分そしゃくしておかないと、あとの蔵相会議運営が難しくなる。

夕方オツソラ氏が代理会議の議長として表敬訪問に来た。彼は、はじめて会うわけだが、国際金融問題についてのタレントといった風の人である。

ウォーターゲートホテルにはじめて泊ったが、窓外の眼下にポトマック河が眺められ、なかなか良いホテルだと思う。

明日はいよいよ議長を務めねばならぬ。マッサージをとって早く寝た。

一月十五日(水)

一昨日の暖かい日と一転してみぞれまじりの厳冬の一日となった。いよいよ議長を務める十カ国蔵相会議がはじまった。オッソラ氏が代理会議の議長でよく助けてくれた。

言葉のハンデがあるので議長を務めることも楽ではない。皆んな活発に発言はするが、決定的な対立はみられなかった。米仏の関係も、昨年の石油会議の際の雰囲気とは随分違うという感じであった。

昼には、大臣の招待ランチが行なわれた。

夜は記者団を北京という中国料理店に招待した。

一月十六日(木)

朝、安川大使のアドバイスでインガソル〔米国務〕副長官と朝食を共にした。ザヘーレン〔東アジア担当国務次官補代理〕という日本語の上手な人も同行してきた。

昨日の十ヶ国蔵相会議は、今日行なわれる暫定委員会と相関連するので、その結果をみながら平行してコミニケ作成作業をし、もう一度開くことになった。

十時からの暫定委では、オイルファジリティ問題を中心に活発な議論がなされた。

夜は、マジソンホテル内でターナー議長〔カナダ財務相〕主催のディナーが開かれた。

一月十七日（金）

朝、打ち合わせをかねて朝食会を開いた。十時より、第二日目の暫定委が開かれた。ここでは、早目に中座して大使公邸に行き、キッシンジャー氏との会談の打ち合わせをした。キッシンジャー氏とは昼食を共にしながら、三木政権との接触（特に宮沢〔喜一〕外相の訪米問題）、天皇訪米問題、フォード来日の評価、中東問題、米ソ通商条約の評価、キッシンジャー構想等が話し合われた〔『全著作集7』91頁参照〕。

ＩＭＦ暫定委はかなり遅れたが、コムニケもまとまり、大平、ターナー、ウィテフェーン〔ＩＭＦ専務理事〕の順で記者会見をした。

夜、アンダーソンハウスでサイモンのディナーが行なわれた。

一月十八日（土）

いよいよ最後の日となった。十時より開発委が開かれた。これにちょっと出席して、ジャパンインで昼食をとった。二時五十分のＵＡでワシントンを後にした。サンフランシ〔ス〕コでのりかえ、ハワイに一泊して東京に帰るわけである。

朝食打合せの時、長谷川公使夫人がもちをついてもってきてくれた。公使は、夫妻ともどもよくつくしてくれる。森永〔日銀〕総裁も国際関係は弱いので大変だっただろうと思う。

一月十九日（日）

ワシントンを発ったＵＡは、予定通り、サンフランシスコに着いたが、シカゴから来る飛行機が遅れて、ホノルルに着くのは真夜中になった。

しかし、翌朝は、六時四十五分に起床し、ワイアヲイ〔ワイアラエ〕カントリーでワンラウンドを行なった。大平五二・五六、森田四五・四九であった。ハワイで検事をしていた丸本さんという人と一緒にまわった。

日本には、一九時三十六分ＪＡＬ六一便にて帰着した。

一九時四五分より、羽田支署長室で打ち合わせを行なった後、記者会見した。

記者会見では、景気政策の転換が話題となった。

一月二十日（月）

朝はゆっくりねた。おひる頃まで本を読みながら、過した。

疲れはひどいが、そうかと言って寝むれるものでもない。

三時より井上〔四郎〕アジア開銀総裁、日本貿易会の田部〔文一郎・三菱商事〕、池田〔芳蔵・三井物産〕社長等が来られた。

四時から調査企画課の会議があり、その後、施政方針演説について官邸でレクチャーをした。

六時から住友の会が栄家で開かれ、塩崎〔潤〕先生が白石〔春樹〕愛媛県知事の応援の件について私邸に来訪された。

一月二十一日（火）

朝、長谷川〔隆太郎〕アジア石油会長が油田国有化のため、中山〔一郎〕日軽金社長等がアルミについての陳情のために来訪した。

十時より、閣議。自動車排出ガス対策閣僚協議会、記者会見が行なわれた。

十一時半、塩工業会役員一同が挨拶のため来訪。ドイツ銀行グート氏が、石油会議の件で来訪した。十二時四十分、日本経営合理化協会の講演。

一時よりアジア・アマチュアボクシング大会役員会のため、山田〔光成〕日本信販社長の顔を立てて出席した。

二時〜四時、物価安定政策会議。三時四十分より、全国経営者大会時局講演、五時半観音寺西山議長。

夜、ワコール塚本〔幸一〕社長来訪。

一月二十二日（水）

八時半より成人病研究所に検査に行ったが、一七八であまりよくなっていなかった。

十時自由民主党大会で、三木総裁が正式に選出されたが、大臣は出席しなかった。

十一時から、証券局会議。引き続き専売の会議。伊東正義先生が来訪し、宏池会の改革問題について論議。

一時より日本記者クラブで講演し、財政硬直化について三木首相の福祉予算もその因をなしているという指摘が大きく報ぜられた。〔ヘスター〕国連大学学長表敬訪問、四時より臨時閣議。

九時に、栗原祐幸先生が来訪した。

一月二十三日（木）

朝、坂出市長〔番匠辰雄〕ほか来訪。大生相互上田〔清〕社長が来訪した。

十時より参院決算委が開かれ、久保亘（社）、峯山昭範（公）、加藤進（共）、田渕哲也（民）、野末陳平（第二）の各先生が質問に立った。

二時逢沢工業社長、マブチモーター社長が相次いで来訪した。

国会での問題は、田中金脈問題で、一部追徴金をとることが大きな話題となった。

四時過ぎより、講演会に出かけた。

夜は、ホテルオークラで、宏池会記者の新年宴会が開かれた。今年は卯年でとびらが開く年であるという、えとに因んでの話しをした。

一月二十四日（金）

朝、伊藤昌哉氏が来訪したほか、長谷川文作氏の入社について東京相互の長田〔庄一〕社長が来訪した。

九時半より閣議、十一時より開会式が行なわれた。

今週の日本のインタビューをした後、田川誠一先生と会食しながら、訪中の模様を聞いた。

一時より、衆院で政府演説が行なわれた。財政演説はなかなか好評であった〔財政演説は『全著作集4』34—43頁参照〕。

三時より参院で政府演説が行なわれ、その後本省に帰って会議をした。

財政審の懇談会とパーティに出席した後、湊徹郎先生〔衆、福島2、中曽根派〕と会食した。（大月記者のあっせんによるものである）

一月二十五日（土）

今日は、土曜日で遊べる日の最終日である。しばらくは土曜日も委員会が続く。

太平会出席のため、十一時五十分東京発天城三号で川奈に向った。

四時四二分に伊東につき、六時より会食した。

十一時頃、高木次官の総理あて親書（予算の修正問題）について電話があった。

風邪で体の調子がよくない。〝テキサスの鯉のぼり〟（ジャックスロード）を読んで寝た。

一月二十六日（日）

朝、九時頃から富士コースのアウトをスタートした。身体の調子が思わしくなく、四八と五八もたたいた。全くゴルフの体をなさなかった。森田は、四四・四六で優勝した。

五時前に伊東駅を出て七時に東京についた。夜、鶴巻先生に来ていただいて診察してもらった。恐らく風邪であろうとのことであった。

一月二十七日（月）

身体の調子が思わしくないため、午前中の予定をキャンセルした。即ち、ラブレー〔仏〕駐日大使の離任表敬と中国婦女代表団の表敬訪問である。

昼近く、赤坂プリンスホテルで開かれた今井勇先生を励ます会には出席した。

一時より衆院本会議で、成田〔知巳〕氏〔社〕、松野〔頼三〕氏〔自〕、広瀬秀二〔秀吉。社〕氏が代表質問に立った。

終了後M七〔経済対策閣僚会議〕が開かれることとなっていたが、福田さんが風邪をひいたので延期となった。

夜のトリニダードトバコのウィリアム首相の晩さん会には欠席した。

一月二十八日（火）

九時閣議、記者会見。十時より参院本会議で、阿具根登〔社〕、温水三郎〔自〕の両先生が質問に立った。

二時より衆院本会議で、津金佑近〔共〕、竹入義勝〔公〕、春日一幸〔民〕の各先生が質問に立った。

夜は、大栄会〔大平を囲む財界人の会〕に出席した後、埼玉〔銀行〕の長島〔恭助〕頭取、小川新一郎先生〔衆、埼玉1、公明党〕に米田中で会った。

九時三五分位に家につき、共同の梶原〔武俊〕記者と福原〔亨一〕北京特派員と十一時頃まで懇談した。

一月二十九日（水）

八時二〇分、ロッテ重光〔武雄〕社長、住友金属河上〔健次郎〕会長が私邸に来訪した。中国代表団の婦女の方々と会い、十時より、参院本会議で鈴木力（社）、二宮文造（公）、星野力（共）、向井長年（民）、工藤良平（社）、喜屋武真栄（第二）の各氏が代表質問に立った。

夕方から、提案理由説明（大蔵委）。小泉純一郎（自）、武藤山治（社）、山田耻目（社）、小林政子（共）、広沢直樹（公）、竹本孫一（民）の各氏が質問に立った。

夜、家に帰ったのは、十二時近かった。NHKの浅野〔勝人〕さんが家にいて、一時近くまで話をした。

一月三十日（木）

七時五十分、泉谷氏来訪。八時に私邸を出て、「スタジオ9」に出演した。十時より、衆院予算委。江田三郎〔社〕、大野市郎〔自〕、田中武夫〔社〕の三先生が質問した。

休憩時、参院大蔵委で大臣の所信表明演説。

夜は比較的早く終ったが、夜回り懇談の後、目べり補償の会議をした。

その後、主計局長と協議した。糧食についての防衛庁との問題がもめている。

夜は、藍亭で各社の政治部長と懇談した。

一月三十一日（金）

九時より閣議、記者会見。十時より予算委で、不破哲三（共）、矢野絢也（公）、小平忠（民）の三氏が質問に立った。中央公害審議会の議事録が外にもれていた問題や、原子力兵器の持ち込みが問題となった。

予算委は、七時頃終了し、栄家に向った。栄家では、栄会のほか、伊東〔正義〕、倉成〔正。衆、長崎1、中曽根派〕両先生と一緒に会食した。風邪のため、身体がよわっていたのが回復し、だんだん元気になってきた。予算委は長丁場であるから、身体が第一である。

二月一日(土)

今日は土曜日であるが、予算委の審議が続いている。

今国会では、相変らず大企業性悪説が強く、また銀行に対する風当りが強くなってきた。

どこかの企業体をとらえて点数かせぎをしようとするようでは、自民党の地盤沈下はますますひどくなるばかりである。

この中にあって、多賀谷〔真稔。衆、福岡2、社会党〕議員の質問は、地味ではあったがよく勉強していたのみならず、我々が考えなければならぬ問題について次々と質問をしていったので感心した。

〔二月二日なし。以後曜日ずれ〕

二月三日(日)〔(月)〕

自民党の要請で、池田〔行彦〕秘書官をつれて愛知県知事選の応援に出かけた。

十一時半の列車で十三時四十分に名古屋につき、昼食を国税・財務両局長とともにした。

二時過ぎより、酒造組合酒販組合関係の会合で講演し、中曽根〔康弘〕幹事長が選挙の件で依頼した。

三時より同じことを金融証券の会合で実行したうえ、四時の列車で東京に帰った。

列車は少し遅れたが、杉浦〔右門〕先生〔大平親戚。医師〕の一週〔周〕忌に出席した。

二月四日（月）〔火〕

朝七時半に私邸を出て、パレスホテルでの三菱社長会の朝食会に臨んだ。十カ国蔵相会議等を中心にして話をした。

一旦役所にもどった後、十時より衆院予算委に出席した。今日は、大蔵大臣にはあまり質問がなく、湯山勇〔社〕、正木良明〔公〕、安宅常彦〔社〕の各先生が質問した。

五時前には、終了し、夜回り懇談の後、一時間ばかり、田中金脈問題について中間的な勉強をした。

夜は、会合がどこもなかったので早めに失礼した。

二月五日（水）

八時半より、成人病研究所で血糖値を図ったところ一一四で顕著な改善を示していた。

十時より予算委の総括質問が続き、渡部一郎〔公〕、正森成二〔共〕、楢兼次郎〔社〕の各氏が質問に立った。

十二時より米国の公定歩合引下げに伴い、国金局長よりレクチャーがあった。

五時半より夜九時すぎまで、大蔵委員会が開かれた。

一水会〔池田勇人を囲む財界人の会〕と故田中豊氏〔宝酒造社長。大蔵省出身〕の七回忌については欠席した。

二月六日（木）

十時より、衆院の予算の総括質問が行なわれた。

阿部昭吾（社）、増本一彦（共）、岡田春夫（社）の各先生が質問に立った。

昼の休憩時間を利用して、久しぶりに宏池会の総会に出席した。予算委終了後、国金局のレクチャーを受け、夜回り懇談をすまして、ラウル・レオン・トラスキューバ国立銀行総裁と会見した。

夜は、珍しく予定がなく早く家に帰った。

二月七日（金）

七時半、伊東正義先生が私邸に来られた。

九時より、閣議記者会見。ひきつづき予算委で総括質問が行なわれた。

阿部助哉（社）、広瀬秀吉（社）、矢野絢也（公）、岡田春夫（社）、安宅常彦（社）、荒木宏（共）の各氏が質問に立った。

夕方、国金局長のレクチャーが行なわ〔れ〕、その後、五時半より参院大蔵委で大塚喬（社）、鈴木一弘（公）、渡辺武（共）、野末陳平（第二）の各先生が質問に立った。

七時半頃終了し、その後で、栄家の大平会に出席した。

二月八日（土）

今日は、衆院予算委は公聴会で、大臣は出席しなくてよいので家で一日中いた。

風の強い寒い日で、ゴルフに行くことは遠慮した。

予算委も比較的平穏のうちに総括質問を終了した。

一国の首相がかわるということは国民心理に大きな影きょうを及ぼすことになるのが不思議なほどであった。

選挙は、プレ統一選で次々と勝っている。

二月九日（日）

今日は、天気もよく暖かい一日であった。久しぶりに田中角栄氏と霞ヶ関でゴルフをした。菅理事と鳩山〔威一郎〕先生〔参、全国、無〕がお供をした。

大平四七・四四・五一で、はじめのワンラウンドでは鳩山さんの九五を上回る成績であった。

終った後に、角栄氏と二人でゆっくり話をした〔『全著作集7』93、105頁参照〕。

第一は、田中七五人、大平七五人を維持すること、それぞれ十億程度かかること、一人三千というのは出すつもりのないことなどを打ち合わせ、選挙区ごとに細かく打ち合わせをして行くこととした。

二月十日（月）

朝十時から理髪にいった。一日愉快に過ごそうとするなら散髪に行け、一年を愉快に過ごすならば家を建てろ、一生を愉快に過ごすためには、正直であれということわざを実行したわけである。

十一時、アサヒビール高橋〔吉隆〕社長来訪、値上げの件である。

続いて鈴木秀雄氏〔ＩＭＦ世銀理事〕、富士通〔社長〕清宮〔博〕氏が来訪した。

一時より、独禁法、景気問題の勉強をした。

三井物産・池田〔芳蔵〕社長と三菱商事・田部〔文一郎〕社長が、株式保有制限の件で来訪した。

夜は、大雄会〔青年実業家を中心とした大平を囲む会〕で久しぶりにゆっくりした。

二月十一日（火）

元青年会議所の牛尾〔治朗・ウシオ電機社長〕、佐藤〔尭・佐藤工業副社長〕、北島〔義俊・大日本印刷専務〕、井関〔昌孝・

井関農機社長〕、中村〔和正・富士ランド社長〕、柳沢〔昭・グレラン製薬社長〕らの各氏とスリーハンドレッドでプレーした。大平は五一・五一、森田四五・四六でネットでは、いちばんよかった。

天気は、これ以上望めない程の上天気であった。全体としてスコアはふるわなかったが、にぎやかで楽しい一日であった。井関さんはシングルで四三・四一でまわった。

二月十二日（水）

九時より閣議記者会見で、続いて経済閣僚協議会が開かれた。

十時より衆院予算委の一般質問で、お昼には政府与党連絡会議が開かれた。

五時より、剰余金問題をめぐって衆院大蔵委が開かれた。

松浦利尚（社）、武藤山治（社）の両先生が質問した。

その後、糖尿のため急死した篠島秀雄氏〔三菱化成社長〕の弔問に出かけた。

栗原先生、伊東先生が夜来られた。

二月十三日（木）

篠島氏の叙勲のことで長谷川隆太郎氏〔アラビア石油社長〕が来られた。

八時半より、経済同友会の朝食会が開かれた。

十時より予算委の一般質問で、三谷秀治〔共〕、楢崎弥之助〔社〕、石田幸四郎〔公〕、松浦利尚〔社〕の各先生が質問に立った。

一時、米の奨励減税法のための衆院本会議があった。

五時半より、夜回り会見。

六時より、ホテルオークラで大臣主催の大蔵委員の招待が行なわれた。ついで、同じオークラで開かれた芳明会に出席した。

二月十四日（金）

朝八時半より、経済対策閣僚会議が開かれた。

九時より、閣議記者会見。

十時より、参院本会議。続いて衆院予算委で、安里積千代（民）、佐野進（社）、山本弥之助（社）、石母田達（共）の各先生が質問に立った。その間衆院本会議では、税法三法の趣旨説明が行なわれた。

予算委終了後、大蔵委が開かれた。

国会も予算委が終了後、大蔵委が開かれるので大変な労働となる。

二月十五日（土）

朝八時、黒川〔信夫〕氏が来訪し、占部〔卜部敏男・フィリピン〕大使も来られた。

十時衆院予算委が開かれ、多賀谷真稔〔社〕、鈴切康雄〔公〕、島本虎三〔社〕、柴田健治〔社〕の四人の先生が質問に立った。

お昼〔に〕行なわれた迫水久常先生〔衆、鹿児島1、無〕快気当選祝賀会には出席できなかった。

予算委終了後、木村武雄先生〔衆、山形1、田中派〕が来られて三十分位話し合った。

二月十六日（日）

トーメン社長の安本〔和夫〕氏などとともにゴルフをした。場所は鷹の台。朝から風邪気味のところをやったため、風邪が悪くなったようだ。スコアは、悪くなく九四であった。

終了後、平和生命武元〔忠義〕社長の新築祝いのため、大臣と森田夫妻が出席した。

コンクリートでつくれば家の建築単価は、五〜六〇万円もあればできるようであった。

二月十七日（月）

朝十時より、予算委員会の集中審議が銀行、生保協、農協、商社を呼んで行なわれた。

湊徹郎（自）、戸井田三郎（自）、村山喜一（社）、松浦利尚（社）、小林進（社）、田中武夫（社）、阿部昭吾（社）、野間友一（共）、広沢直樹（公）、野間友一《ママ》（共）の各先生が質問に立った。

終了後、谷〔伍平〕北九州市長、岩尾〔一・農林漁業金融公庫〕副総裁などが来られた。

主計局の会議をした後、鶴田部長等との懇談に出席した。

鹿島平和賞授賞式の祝賀会には出席できなかった。

二月十八日（火）

七時半に、高松市長選に出馬するか否かの件で玉置猛夫先生が来られた。

九時より、院内で閣議記者会見。

十時より、衆院予算委が開かれた。

柴田健治（社）、嶋崎譲（社）、村山富市（社）、中川利三郎（共）の各氏が質問に立った。

その間、政府委員控室で吉田法晴先生〔衆、福岡4、社会党〕と会った。

五時半に、経団連土光〔敏夫〕会長ほか副会長が独禁法問題で来訪した。

このほか平原〔毅〕ＯＥＣＤ大使と会い、高橋〔亀吉〕、下村〔治〕両先生より話を聞いた〔『全著作集7』95—96頁参照〕。

二月十九日（水）

朝十時より衆院予算委で、坂口力（公）、林百郎（共）、和田耕作（民）、石野久男（社）の各先生が一般質問に立った。

その間、昼食の時間に小林中、桜田武両氏が財政制度審議会で財政硬直化問題を討議してもらうよう依頼したが、小林会長は、財政制度審議会、地方制度調査会等の合併を主張してゆずらなかった。北原〔秀雄〕フランス大使、八田貞義先生が来られた。

夜、全信連〔全国信用金庫連合会〕大会で挨拶して家に早く帰った。

二月二十日（木）

十時に、衆院予算集中審議の第二日目が行なわれた。課題は公害、中小企業問題である。林義郎（自）、宮崎茂一（自）、田中覚（自）、石野久男（社）、土井たか子（社）、児玉末男（社）、中島武敏（共）、近江巳記夫（公）、折小野良一（民）の各先生が質問に立った。

今日は、間で要求のない人が出てきたため、その間、銀行局長からレクチャーを受けたり、後宮〔虎郎〕韓国大使に会った。

夜は、かや会〔賀屋興宣を中心とした大蔵・通産ＯＢの会〕に出席した後、訪米に同行した記者と懇談した。

二月二十一日（金）

今朝は大雪であった。バスレーンを通りようやく閣議に間に合った。

九時より、閣議記者会見。十時より、衆院予算委の一般質問のつみ残し分がなされた。島本虎三〔社〕、楢崎弥之助〔社〕、岡田春夫〔社〕、鈴切康雄〔公〕、田中武夫〔社〕、嶋崎譲〔社〕、石野久男〔社〕の各先生より質問があった。

十時半に、衆院大蔵委で剰余金特例法の討論採決が行なわれた。

昼、資生堂岡内〔英夫〕会長、福原〔信和〕社長の就任祝賀会が帝国ホテルで開かれた。

二時より、長い間もめにもめた酒タバコの趣旨説明が行なわれた。三木首相の錯覚発言等がからんでもめていたものである。

二月二十二日（土）

朝八時半に東郷〔文彦・外務〕次官が来訪し、日中平和友好条約、ＮＰＴ、日韓大陸だな等諸案件について報告があった。これからこれらの問題が政局にもひびく大問題になりそうである。

十時より、衆院予算委の集中審議が行なわれ、谷川和穂〔自〕、加藤紘一〔自〕、小林進〔社〕、田辺誠〔社〕、金子みつ〔社〕、寺前巌〔共〕、大橋敏雄〔公〕、小宮武喜〔民〕各先生が質問に立った。

本日の集中審議は社会保障が主題であったが、今年は、テレビが入らないこともあり、また、昨年のように狂乱状態ではないので、あまり盛り上りがなかった。

二月二十三日（日）

日の丸自動車の富田〔金重〕社長、アジア共石の長谷川会長と一緒にゴルフをすることとしていたが、一昨日の大雪でプレーができなくなった。

朝十時半に、鈴木善幸氏が来られて宏池会の運営について話し合った。

大臣より自分は、身一つで政府に入っているので閲務が充分できないが、手を貸してほしいと要請した。これに対し、鈴木氏より、そのためには、福永〔健司〕、小川〔平二〕、塩見〔俊二〕の各先生を大臣が呼びよく話し合ってほしいと要望し大臣も了承した。

二月二十四日（月）

九時より、ビジネスウィークのヤング編集長がインタビューに来た。続いて南〔徳祐〕・韓国経済企画院長官兼副総理より表敬訪問にきた。

十時より、衆院・予算の分科会（大蔵所管）が行なわれ、楢崎弥之助〔社〕、阿部昭吾〔社〕、上原康助〔社〕、岡本富夫〔公〕、川俣健二郎〔社〕、佐野進〔社〕、和田貞夫〔社〕、竹内猛〔社〕、三浦久〔共〕、村山喜一〔社〕、加藤清政〔社〕、田中昭二〔公〕、米内山義一郎〔社〕の各先生が質問に立った。

終了後、夜回り会見、末広会〔池田勇人を囲む財界人の会〕、清友会〔一橋一九三四年卒の有志を中心とする大平を囲む会〕、があり、河野〔謙三参議院〕議長との会合が行なわれた。

二月二十五日（火）

朝、坂〔健〕先生が来られ、今度滋賀より衆院選に立つことを告げられた。九時より、閣議記者会見。

十時半より、衆院大蔵入湯税法の質疑が行なわれた。

また、一時衆本会議で剰余金の特例法案の採決が行なわれ、村岡兼造（自）、阿部未喜男（社）、土橋一吉（共）、田中昭二（公）、小沢貞孝（民）の各氏が質問に立った。

六時より衆院大蔵委員長の招待に出席した後、大栄会に出て、その後、毎日林、読売田村、日経前川、朝日の梁瀬の各氏と懇談した。

二月二十六日（水）

七時四十分、野村証券の瀬川〔美能留〕会長が今度出す電々債のコマネージャー問題について銀行を入れないようにとの陳情があった。また毎日の近藤記者が前尾〔繁三郎〕先生との問題について来訪した。日立セメントの株木〔政一〕社長が関西電力に入る件について来訪した。

十時十五分より衆院決算委で予備費の提案理由説明をし、その後、李〔秉禧〕無任所長官と秘密で会った。

午後から衆院大蔵委で入湯税相続税について、武藤山治〔社〕、小林政子〔共〕、広沢直樹〔公〕の各先生より質問があった。

五時すぎより、植木〔光教〕総務長官が独禁法の閣僚折衝のために来訪した。

二月二十七日（木）

八時半より、氷川寮で日銀との朝食会が開かれた。幸い新聞記者等には気づかれなかった。

午前中は、主計局と調査企画課の会議が行なわれた。

十二時に、参院大蔵委で剰余金特例法案の提案理由説明が行なわれた。一時より衆院本会議で島田安夫〔自〕、小川省吾〔社〕、山田芳治〔社〕、多田光雄〔共〕の各氏より質問があった。

二時半より、衆院予算の大蔵所管分科会が行なわれた。

七時半に委員会終了後、大蔵委員との懇談会に出て、その後桜茶屋のマブチモーターース《ママ》の株主総会に出席した。

二月二十八日（金）

九時より閣議、記者会見。

十時半より、衆院大蔵委員会で税三法の質疑が行なわれた。

その間、鯨岡〔兵輔〕先生〔衆、東京10、三木派〕より公害防止事業団よりの融資についての陳情があった。

独禁法改正は、通産省と総理府が、営業一部譲渡原価公表、株式保有制限で対立し、未だ政府案がまとまらない状態である。

夜は、栗田〔勝啓〕氏の三金会〔一橋出身者を中心とする大平を囲む会〕に出席して帰った。

三月一日（土）

八時に、三崎会長が来訪した。

十時に衆院予算委において積み残しの質問がなされた。衆院通過が三月四日になって最後の審議である。本年の予算委は大きな波乱もなく順調に審議が進んだ。

荒船〔荒舩清十郎〕委員長の大声と与党をしかりつける議事運営も功績があったと認められる。

お金も使うが、なかなか見事なものである。

三月二日（日）

スリーハンドレッドで快晴の中でプレーした。

森〔美夫〕さん（第百土地）と一緒にまわったが、九九であまりよくなかった。近頃は、よい時は、九〇そこそこでまわるが、悪いと百近くになるのが残念である。

三月三日（月）

十時、衆院予算委でしめくくり総括質問が行なわれた。湯山勇（社）、金子満広（共）、山田太郎（公）、玉置一徳（民）の各氏が質問に立った。

六時二十分頃散会し、六時より河上健次郎さん〔住友金属鉱山会長〕のお嬢さんの結婚式がホテルオークラで行われた。

その後、同じオークラで毎日岩見〔隆夫〕記者等から政変時の事情について打診が行なわれた。大平・福田会談、大平・三木会議の内容とその時の状況が一番関心のもとであった。

三月四日（火）

九時閣議、記者会見。十時に衆院予算委でしめくくり総括質問が行なわれた。

社共公民の組替動議が出されたが、否決された。

予算休憩時に参院の大蔵委で剰余金特例法の質疑が行なわれた。

四時半に、衆院大蔵委で相続税法の採決が行なわれた。

五時十五分より衆院本会議で入湯税法、相続税法が可決され、五〇年度予算についても可決をみた。

八時過ぎより、朝鮮総連の議長副議長と会った。

三月五日（水）

八時半に、古河電工鈴木〔二郎〕前社長が電線工業会会長として来訪することになっていたが一日のびた。

八時半より独禁法に関する閣僚懇が開かれ、政府の素案を決めた。

十時より参院の総括質疑で、藤田進（社）、徳永正利（自）、田中寿美子（社）の三氏が立った。

春休みに佐々木義武大臣〔科学技術庁〕が地方選挙でお金が足りないので何とかしてもらえぬかということでやってきた。

六時より一水会〔池田勇人を囲む財界人の会〕に出た後、私邸で栗原〔祐幸〕先生と会った。

栗原先生は誕生日に宏池会の先生全部を呼んではどうかということで大臣も快諾した。

三月六日（木）

八時に、田中六助先生が来訪した。

十時十五分に、地球〔久〕節のお祝いのために宮中に参賀した。

終了後、大臣室で浦野〔幸男〕先生と会い、大阪の政経文化パーティに出席してほしい旨の要請を受けた。

十二時より参院予算委で、田中寿美子（社）、青木一男（自）、辻一彦（社）、玉置和郎（自）の各先生が質問に立った。

六時半より参院大蔵委が開かれ、剰余金特例法の審議がなされた。

八時過ぎより、栄家で宏池会長老の会が開かれた。

三月七日（金）

七時四十五分に、大日本製薬宮武〔徳次郎〕社長が私邸に来訪された。サリドマイド児の件について、訴外の人数が予想以上にふえたので、会社二と国一の比率を変えてほしいということであった。

九時、閣議記者会見。参院予算総括で、玉置和郎（自）、黒柳明（公）、渡辺武（共）、田英夫（社）の各氏が質問に立った。

昼、社会党の公共料金値上げ反対の陳情があった。

松岡松平先生〔衆、富山1、椎名派〕の葬儀には出席できなかったので森田が代りに出席した。

六時より、大平会に出席した。

三月八日（土）

朝七時半に、伊藤昌哉氏が来訪した。

九時より、大臣室で四十九年度の税収について会議した。

税収がかなり落ち込み、五十億円以上になると財政法の特例法を必要とすることになる。

二十三日頃にならぬとはっきりした見通しが立たないようである。

十時より、参院予算で総括質問が行なわれた。

今日行なわれた淡交会ゴルフと讃油会ゴルフには、いずれも出席できなかった。

三月九日（日）

最後まで行くべきがどうか迷っていた大阪の政経文化パーティ行きも、結局行くこととなった。まさに牛にひかれて善光寺である。

三木総裁以下党役員全員と内閣の主要メンバーを網らする大部隊である。

一応千七百人が入場し成功のうちに終了した。

大臣コーナーを設けたところ人が殺到し、写真を数知れずとられた。

三時四十分の列車で東京に帰った。

三月十日（月）

朝九時から、衆院本館で理髪をした。国会開会中は理髪に行くこともこと欠く始末である。十時より参院予算委で、総括質問が続けられた。

工藤良平（社）、和田春生（民）、三木忠雄（公）、立木洋（共）の各先生が質問に立った。

昼、鯨岡先生が東都通業のことで陳情に来訪した。

夜、論説委員の会を開いて各先生から御意見を拝聴した。

家に帰ったら嶋崎〔均〕先生が来ており、公定歩合を預金金利と連動させて一％以上引き下げるべきことを力説した。

三月十一日（火）

八時半より経済関係閣僚協議会が開かれ、企画庁の月例経済報告が披歴された。日銀もほぼ同じ見方で製品在庫減少の動きなどから見て経済は底をついたと考えているとのことであった。

九時、閣議記者会見。十時、参院予算委の総括質問が続けられた。立木洋（共）、上田哲（社）、和田静夫（社）、野口忠夫（社）、寺田熊雄（社）の各先生が質問に立った。

終了後、藤原、村田家の結婚式に出て挨拶したうえ、沢木、福田両家の結婚式にも出席した。

三月十二日（水）

八時半に、小林章先生が就職あっせんの御礼のため来訪した。

九時半より金〔永善・韓国〕大使が来訪し、五千万ドルの商品援助について要請した。当方は、これに応ずる意図はない旨否定的な答をした。

十時より、参院予算委。寺田熊雄（社）、和田静夫（社）、桑名義治（公）、内藤功（共）の各氏が質問に立った。

六時半より、第一公邸で大臣誕生パーティが開かれ二百数十人が来訪した。署名した人は二百人で、それ以外は、二～三十人はいただろうとのことであった。

三月十三日（木）

八時に、伊藤昌哉氏が来訪した。八時半に上条勝久先生が、海外建設業の保証の問題で来訪した。

十時参院予算委で、総括質問が続けられた。

青島幸男先生が田中角栄氏の税金問題について質問した。一時から財政審があったが、午後の参院予算で出席できなかった。これから財政硬直化について審議するとのことである。

三時半頃主計局の給与課の会議があり、四時から、参院大蔵で剰余金の特例法案が可決した。

五時半より、県連常任顧問会がホテルオークラで開かれた。

三月十四日（金）

七時半に伊東〔正義〕先生が来訪し、総裁公選規程が予備選挙を導入することとなり不利となることが報告された。

続いて、ひのやタクシーの大野さんが挨拶に来られた。

九時より、閣議記者会見。十時参予算委で、公聴会が開かれた。他方本会議で趣旨説明（税三法）がなされた。

寺田熊雄（社）、鈴木一弘（公）、近藤忠孝（共）、栗林卓司（民）の各先生が質問に立った。

二時より、石坂泰三氏〔元経団連会長〕の告別式が武道館で行なわれた。

衆本会議で、国民年金法趣旨・質疑採決がなされた。

銀行局の会議等のあと　参院予算大蔵国対議運の委員長理事を招待した。

三月十五日（土）

朝、氷川寮で定例の日銀との打合せを行なった。森永〔貞一郎〕総裁は四月中旬に〇・五％の中でどうかという感触であったが、四月上旬にもう一度打ち合わせをして決めることとした。

十時から、アラブ・フランス銀行（ＵＢＡＦ）のアブシャンディ総裁が来訪した。十時二十分、渡辺信氏来訪。

十時半より、四十九年度税収見積についての会議を行なった。未だはっき〔り〕しないが、見通しはかなり悲観的であるとのことであった。箱根カントリーでハーフだけまわった。

早目に箱根観光ホテルに着き、六時から太平会の面々と会食をした。

三月十六日（日）

快晴の中で太平会のゴルフが行なわれた。三月の箱根なので寒いのではないかと考えていたが、暖かくて快適であった。大平四五・四十七、森田三九・四十七、真鍋四三・四五であった。優勝は菊池〔清明・経済協力局兼条約局参事官〕さんであった。

クラブハウスで韓国に対する商品援助について菊池さんより説明があった。

帰りは、車で早目に帰ってきた。夜、橋本清氏が来訪した〔橋本清との話のメモは『全著作集7』所収〕。

三月十七日（月）〔記述全体に取り消し斜線あり〕

十時より、衆院予算委でしめくくり総括が行なわれた。湯山勇（社）、金子満広（共）、山田太郎（公）、玉置一徳（民）の各先生が質問立った。夕方まで予算委員会は続いた。

夜六時より、河上健次郎氏（住友金属鉱山）のお嬢さんの結婚式が行なわれた。同じホテルオークラで。

三月十七日（月）

八時半よりホテルオークラで、鈴木〔善幸〕先生と総裁公選規程その他の問題について打合せをした。

十時より参院予算委で、和田静夫（社）、有田一寿（自）、宮之原貞光（社）、秦野章（自）の諸先生が質問に立った。

六時よりの末広会には出られず、夜の荒川地区の自民党総決起大会に直行した。

天野公義先生より依頼があり、石原慎太郎氏、区長区議会議員の応援をかねて開かれたものである。

三月十八日（火）

九時閣議の後、人事院勧告をどう取り扱うかをめぐって給与関係閣僚会議が開かれた。

十時より参院予算委で、小柳勇（社）、夏目忠雄（自）、柏原ヤス（公）、小笠原貞子（共）、案納勝（社）の各先生が質問にたった。

大阪商工会議所の佐伯〔勇〕会頭が不況突破の大会決議文を持参した。昼、参院大蔵の相続税法、入湯税法の質疑、夜、参院大蔵が引き続き行なわれた。

七時半に木村武雄先生が来訪し、終了後、栄家で栗原〔祐幸〕先生と最近の政治情勢を語りながら会食した。

三月十九日（水）

朝八時半に、黒川信夫氏が来訪した。

続いて練馬区長選に出る正木氏が挨拶に来た。財田町出身とのことであった。

十時より参院予算の一般質問が続けられ、井上吉夫（自）、森下昭司（社）、最上進（自）、久保亘（社）、黒住忠行（自）、矢原秀男（公）の各先生が質問に立った。

四時から、衆院大蔵で税三法の質疑が行なわれた。

山田耻目（社）、武藤山治（社）、小林政子（共）、広沢直樹（公）、竹本孫一（民）の諸先生が質問に立った。

夕方は、横浜銀行の伊原〔隆〕頭取が来られた。

朝、保利茂先生〔衆、佐賀、福田派〕の意見を聞く会がホテルオークラで開かれた。訪中談をということであるが、保利暫定政権構想の一環の動きとの色彩が強い。

九時より給与関係閣僚会議が開かれ、続いて閣議、記者会見。十時より参院予算委が開かれ、宏池会総会に出席して、三人委員会の認知をするのはのびのびとなった。

夕方、衆参院大蔵が開かれた。

六時より、かや会、青藍会〔青年会議所の現役やOBを中心とする大平を囲む会〕、東畑〔精一〕前税調会長との懇親会が行なわれたが　結局青藍会だけにしか出られなかった。

三月二十日（木）

三月二十一日（金）

九時春季皇霊祭が行なわれたが、欠席して、小金井で田中角栄氏と久しぶりでゴルフをした。田中氏は、四九・五六でさえなかった。大平は四八・四八であった。

三月二十二日（土）

土曜日にも予算委はやるといわれていたが、結局とりやめとなった。

そのため早く川奈に行くこととし、十時発のこだまで川奈に向った。午後から田中四郎氏と一緒にプレーした。田中氏は大荒れだったが、自分も四六・五二でさえなかった。

三月二十三日（日）

川奈で五十人以上が参加して鳳雛会《ほうすいかい》が行なわれた。大平四四・四八、森田四三・四五で、森田優勝、大平一等であった。旧田中総理大臣杯の取り切り戦は、真鍋〔賢二〕君が勝った。

ハイヤーで四時半に熱海に向い、駅長室で北〔の〕湖と貴の花の優勝決定戦を見た。貴の花の宿願をとげた姿は、感激的であった。

三月二十四日（月）

八時半に、選挙公営の問題で自治大臣〔福田一〕と会談した。

九時に、経済対策閣僚会議。

参院予算委で、矢田部理（社）、対馬孝且（社）、相沢武彦（公）、小巻敏雄（共）、秦豊（共）の諸先生が質問に立った。お昼に、戸田建設の社長〔戸田順之助〕、副社長が九段合同庁舎の件で来訪した。

夕方、乳価についての会議をした。

六時に栄家で、栄会が行なわれ遅れて出席した。森永日銀総裁は所用のため、欠席であった。

三月二十五日（火）

七時に鈴木〔善幸〕先生が自宅に来訪し、池田〔行彦〕出馬問題について早く本人に大臣よりよく言って聞かせるようにとのことであった。

八時二十分より、公共企業体等関係閣僚協議会が開かれた。

九時より、閣議記者会見。

十時より参院予算で、工藤良平（社）、沓脱タケ子（共）、木島則夫（民）、市川房枝（第二）が質問に立った。

参院大蔵委で、相続税法の質疑採決が行なわれた。

夜は、大栄会にちょっと顔を出した後、衆院国対の諸先生と金田中で懇談した。

三月二十六日（水）

朝、毎日新聞の近藤記者が前尾問題について自宅に来訪した。久しぶりに青木〔徹郎・ＴＢＳ〕さん、梶原さん〔共同通信〕も来られた。

九時より、政府委員室にて税収問題の討議をした。

十時より、参院予算委で集中審議が行なわれた。

十時半頃、参院本会議で入湯税法、相続税法の採決が行なわれた。

昼、環境衛生組合の免許取得問題について、原田〔憲。衆、大阪3、水田派〕、大久保〔武雄〕、岩動〔道行〕等の各先生より、陳情があった。

夜は、栄家で二宮文造先生〔参、全国、公明党〕、藤田正明先生と懇談した。

三月二十七日（木）

九時より、院内大臣室で公選法改正等の説明会が開かれた。十時より参院予算委で、銀行等から参考人を呼んで集中審議が行なわれた。お昼に衆院本会議で関税暫定措置法が可決された。

六時から、参院大蔵で税三法の質疑が行なわれ、矢追秀彦（社）、渡辺武（共）、栗林卓司（民）、野末陳平（第二）の各氏が質問に立った。

七時より平井〔卓志〕先生ほか、四十九年に当選した参院の先生方の集まりがあったが、大臣が到着したのは九時半をまわっていた。

三月二十八日（金）

九時より閣議、記者会見。十時より、参院予算委集中審議が地方財政を中心に行なわれた。併行して、参院大蔵で税三法が審議された。

衆院大蔵では、旅費法が採決された。

参院予算では、地方財政に関し、和田静夫（社）、野田哲（社）、小山一平（社）、阿部憲一（公）、神谷信之助（共）、柄谷道一（民）、市川房枝（第二）の各氏が質問に立った。

参院大蔵では、総理が出席して税三法が可決された。

大臣室の西尾敬一君が結婚し、小粥〔正巳〕秘書官が代表で結婚式に参列した。

三月二十九日（土）

八時半に全国の農協代表の方々が、乳価の件について来訪した。八時半に静岡から出馬する原田〔昇左右〕先生が挨拶に来られた。

九時四十分、訪米調査団として米国から帰ってきた長谷川周重《のりしげ》氏〔住友化学社長。経団連副会長〕一行が報告のため来訪した。

十時より参院予算委の分科会が行なわれ、大蔵省所管の予算について徳永正利先生（自）、田中寿美子先生（社）が質問に立った。昼、税収問題で会議を行なった。

三時から、国際金融局長〔大倉真隆〕より今後の為替相場について報告があった。

三月三十日（日）

風の強い日であったが、裕〔大平次男〕さんと森〔美夫〕さんと一緒にスリーハンドレッドに行った。あまり調子は良くなく、九八であった。森田は、緑友会で九一で優勝した。（大利根）
夜は、個人演説会のため、板橋区民会館と足立区千寿小学校を訪れた。
石原慎太郎〔都知事〕候補は、劣勢をまぬがれないといわれるが、東京は浮動票が多いのでどうなるか見当がつかない。いずれにしても、青嵐会のタカ派イメージはマイナスであると思われる。

三月三十一日（月）

外遊に備えて、成人病研究所に健康診断に行った。血糖値は、一一八で上々であった。

参院予算委は、分科会に入った。午前中は、大蔵委に出席して、大塚喬（社）、寺田熊雄（社）、辻一彦（社）、鈴木一弘（公）、近藤忠孝（共）、野末陳平（第二）の各氏の質問を受けた。参院内閣委で旅費法提案理由を説明した。

夜、参院大蔵委で税三法を討論採決した。三金会（栗田氏）があったが、行けなかった。

四月一日（火）

九時閣議、記者会見。十時より、予算委でしめくくり総括質問が行なわれた。

宮之原貞光（社）、柳田桃太郎（自）、松永忠二（社）、岩動道行（自）、矢追秀彦（公）の各先生が質問に立った。

昼食時に大臣室で高木〔文雄〕次官と打ち合わせをした。

五時半より東洋亜鉛五〇周年記念パーティが行なわれたが、大臣が出席できないので森田が代りに出た。岩佐〔凱実〕富士銀会長、尾本〔信平〕三井金属鉱山社長等も出席していた。

四月二日（水）

八時、参院火曜会に出席し、意見を交換した。

十時より、参院予算でしめくくり総括質問が行なわれた。

星野力（共）、向井長年（民）、野末陳平（第二）、松永忠二（社）、矢追秀彦（公）の各氏が質問に立った。

山際正道氏〔元日銀総裁〕の葬儀が行なわれたが、高木次官が代りに弔辞を読んだ。

参院本会議で、五〇年度予算が可決された。一度の審議中断もなく、表面的には、順調な審議経過であった。成立後、本省に戻って記者会見をした。

四月三日（木）

八時半に、富士化学紙の赤城〔猪太郎〕社長が来られた。

十時に、ルーマニアのスタンチュー次官が大使とともに、経済協力のことで来訪した。

十時半には、ユーゴのクレアテッテ大使が赴任のあいさつに来た。

十一時十五分、本四公団の柴田〔護〕副総裁が来訪した。

お昼に酒販の首脳と懇談し、石原〔慎太郎〕応援を要請した。

二時から再び、銀行、保険、証券の首脳と懇談し、石原応援を要請した。

三時より、久しぶりに宏池会の記者と懇談した。

六時より田勢〔康弘・日経新聞〕記者の結婚式、アメリカンファミリーの日本支社設立披露パーティのあと保利〔茂〕、田川〔誠一〕、坪川〔信三。衆、福井、福田派〕氏と懇談した。

四月四日（金）

八時四十分より閣議で、終了後、赤坂離宮で、ルーマニア・チャウセスク大統領の歓迎式が行なわれた。その後一時の飛行機で大阪に飛んだ。三時に造幣局で百四回の記念式典をした後、三時半から、金融、保険、証券、四時半より酒販の会に出て、湯川〔宏。大阪府知事選候補〕支援を要請した。五時より、木野〔晴夫〕先生〔衆、大阪2、大平派〕の関係の織物組合と軍恩の陳情を受けた。夜は、在阪官衙長との懇談会に出席の後、近鉄山本駅で行なわれた個人演説会に出席した。夜は、ロイヤルホテルでマッサージの先生に指圧をしてもらった。

四月五日（土）

大阪発十時三十分のＪＡＬで帰ってきた。そのまま直ちに、第一公邸に入り税収不足問題について協議した。会議は、夕方まで続き、帰国後閣議に報告することとした。どの程度の反響があるのか心配される。後向きの責任追及論議になることが一番こわい。七時半、チャウセスク大統領の晩餐会が官邸で総理主催で行なわれた。

四月六日（日）

森〔美夫〕さんと一緒にスリーハンドレッドでプレーする予定であったが、朝から雨模様で一旦中止した。そのうち長谷川隆太郎氏〔アラビア石油社長〕より、小金井に行くことになり、昨日大阪で買ってきたブラックシャフトを使ったところ四三・四八が出た。

森田は、留守番をした。

四月七日（月）

九時四十分、アリーダ・ハーバード大教授が表敬訪問に来た。十時に、中国銀行の首脳が表敬訪問に来た。

メノウレイク・オクシデンタル社長が大臣室に表敬訪問にきた。

又インドネシアのウィジョヨ長官とサレー中央銀行総裁が来訪した。

午後から今回のパリ訪問に伴う会議をし、理髪をした後、五島昇〔東急電鉄〕社長の結婚披露宴に出席した。

夜八時半に私邸を出て、二二時半発のＪＡＬ四二一便にてパリにたった。


〔四月八日～十一日なし。ＯＥＣＤ会議出席〕

四月十二日（土）

午後十七時《ママ》二十分に、羽田に帰ってきた。

税関支署長室にて打合せをした後、六時より記者会見した。

終了後、私邸に帰り、マッサージをとってゆっくりねた。

四月十三日（日）

帰国の翌日ではあるが、投票をすませた後、スリーハンドレッドクラブに行った。

日本信販・山田〔光成〕社長、城山三郎氏〔作家〕と一緒にまわった。

最初第三打が直接ホールインしてバーディをとって以来順調にまわり、四二・四三でまわった。森田は、四二・四七の八九であり、城山氏は、四五・四九の九三であった。

四月十四日（月）

朝八時半より氷川寮で日銀との朝食会を開き、公定歩合引下げを決めた。

十時半に法眼〔晋作・国際協力事業団〕総裁が久しぶりということで来訪し、雑談をして帰った。

十一時に、栗田氏と舛野氏〔つるまいカントリー社長〕が来訪した。

十一時半に官邸に行き、税収不足問題について総理に報告した。

一時に西郷吉之助氏〔元参議院議員、鹿児島〕、二時にサン藤井社長、続いて伊藤昌哉氏、堀昌雄先生が次々と来訪した。

夕方、独禁懇が開かれた。

六時より沼田・山本家の結婚式が行なわれた後、大平会に出席した。

四月十五日（火）

七時二十分に三崎会長が、永野君の就職の件について依頼に来た。

八時半より、経済関係閣僚懇協議会が開かれた。（月例経済報告）九時より閣議、記者会見。十時半より参院内閣委で旅費法の提案理由の説明が行なわれた。

十時半より衆院大蔵委で酒・タバコの問題について、高沢寅男（社）、村山喜一（社）、増本一彦（共）、坂口力（公）、竹本孫一（民）の各氏が質問に立った。

お昼の時間に専売、電々の有額回答の問題で米沢総裁、泉副総裁が来訪した。夜は、火曜会と日経新旧部長の会に出席した。

四月十六日（水）

十時半より衆院大蔵委が開かれ、佐藤観樹氏（社）及び松浦利尚（社）が一般質問。午後から、増本一彦（共）が酒タバコの質問に立った。

お昼に佐々木義武先生と伊東正義先生が来られた。

幸陽ドック木曽〔清〕社長は奥様と一緒に大臣のところに挨拶に来られた。

夜は、十七日に告示になる練馬区長選に立候補する正木英世氏の応援にかけつけた。

四月十七日（木）

朝八時半、福田家《ふくだや》で黒川氏の会が開かれた。十時前までゆっくり当面の経済情勢について話をした。

十時に藤田観光、小川栄一社長が来訪し、その後、ニュージランドのティザード副首相と会談した。

十一時半に、東京相互の長田〔庄一〕社長の問題で工藤良平先生〔参、大分、社会党〕が来られた。五月の総会で長田社長をやめさせろというわけである。

お昼、宏池会の定例総会に出席した。

一時半澄田〔智〕輸銀総裁が来訪し、諸問題について意見を交換した後、宏池会で記者懇談した。

夜は、田中総理とともにかや会に出席した。

四月十八日（金）

九時閣議、記者会見。十時に参院本会議（酒タバコ趣旨説明）。

十時三十分衆院大蔵委で、酒タバコ法案の質疑が行なわれた。

増本一彦（共）、坂口力（公）、竹本孫一（民）の各氏が質問に立った。

一時に、塩田建設塩田社長が陳情に来訪した。

一時より、衆院本会議で政治資金と公選法の質疑が行なわれた。

佐藤孝行（自）、大柴滋夫（社）、林百郎（共）、林孝矩（公）、玉置一徳（民）の各先生が質問に立った。

夜は、久しぶりに稲田氏の三金会に出た後、西岡〔武夫。衆、長崎1、三木派〕、藤波〔孝生。三重2、中曽根派〕、塩崎〔潤〕と文教問題について意見を交換した。

四月十九日（土）

八時半より霞ヶ関カントリーで、田中前総理、鳩山〔威一郎〕先生、真紀〔子〕さんと四人でまわった。結局夜六時までツウラウンドまわった。

勝負は、田中前総理に軍配が上った。また勝負に熱中していて政治の話はしなかった。

四月二十日（日）

前日に続いて、スリーハンドレッドでプレーした。小坂善太郎先生、森〔美夫〕さんと一緒であった。四六・五四で、それぞれ二人に負けてしまった。昨日も今日も当りはあまりよくなかった。

四月二十一日（月）

八時に、開銀の石原〔周夫〕総裁が退任の挨拶に来た。十時十五分に正副開銀総裁の辞令交付を行なった。日銀の石坂〔一義〕理事、山中〔鉄夫〕理事が〔に〕辞令交付した。

尾本信平氏〔三井金属鉱山社長〕が日本鉱業協会の会長が就《ママ》任の挨拶に来られた。

お昼は、国際金融問題懇談会が開かれた〔『全著作集7』99頁参照〕。

お昼から、石原慎太郎先生、加川〔隆明〕大使、戸田建設正副社長が次々と挨拶に来られた。

二時半から、国金と証券のニュージ〔ー〕ランド国債発行の会議が開かれた。

夜は、新入生歓迎会、末広会、ニュージ〔ー〕ランド・ティザード副総理との晩餐会に次々と出席した。

四月二十二日（火）

九時閣議、記者会見。十時半より衆院大蔵委で、坂口力（公）、竹本孫一（民）、増本一彦（共）の各先生が質問に立った。

三時からは、衆院大蔵・物特の連合審査が行なわれ、夜再び大蔵委が再開された。

村山喜一（社）、松浦利尚（社）、荒木宏（共）、広沢直樹（公）の各先生が質問に立った。

お昼には、主計局の会議が行なわれた。

夜は、栄家で大栄会が開かれ、八時頃から出席した。

四月二十三日（水）

八時半に、伊藤昌哉氏が来訪した。

十時半より、衆院大蔵委で山田耻目（社）、荒木宏（共）、広沢直樹（公）、竹本孫一（民）の諸先生が質問に立った。

午前中は、一般質問及び銀行週休二日制の問題について議論し、午後は、酒タバコの問題について質問があった。

質問者は、村山喜一（社）、松浦利尚（社）、荒木宏（共）、広沢直樹（公）、横路孝弘（社）の各先生であった。

夜は、松本重治先生〔国際文化会館理事長〕〝上海時代〟出版記念会、エクソン・ジェミソン会長のカクテルパーティ、河野議長の体協会長就任パーティがあったが、中国銀行総裁の晩餐会にのみ出席した。

四月二十四日（木）

このところ連日雨つづきである。冬のように寒い日が続いている。

十時に佐治〔敬三〕サントリー社長、十時半サンキスト副社長、十一時に新入生との記念撮影、十一時半パリバー銀行が支店を出したのでピネー氏がお礼の挨拶に来られた。お昼は、宏池会定例総会。

衆院本会議。続いて、衆院大蔵、酒タバコ法案の審議。武藤山治（社）、小林政子（共）、山田耻目（社）の各氏が質問に立った。

夜回り懇談の後、夜金龍で大雄会が開かれた。

四月二十五日（金）

八時より第一回総合エネルギー対策閣僚会議に出席し、続いて公共企業体給与閣僚会議で有額回答問題を協議した。

十時二十分より河野〔謙三・参議院〕議長、十時三十分に前田〔佳都男〕副議長に酒タバコ二法案について協力を要請した。続いて四国電力中川〔以良《もちなが》〕相談役が国民協会の支部長辞任の件で来られた。

十二時より理財局会議をした後、浦和市長中川〔健吉〕氏、新座市長小船〔清〕氏の応援に行った。

四月二十六日（土）

朝、大日本製薬宮武〔徳次郎〕社長が、サリドマイド児の訴外の人数が六〇人が一八〇人になることの相談に来られた。訴外分の負担が六〇億円となり、これを国と会社でどのように分担するかが問題となる。

霞ヶ関でOKS七三回トーナメントが行なわれた。スコアは、九七でよくなかったが、優勝した。小林中先生の喜寿の祝いには出席しなかった。

四月二十七日（日）

トーメンの安本〔和夫〕社長、武内専務、米ホジソン大使と一緒に鷹之台でプレーした。

四三・四七でそれほど悪いスコアではなかった。

四月二十八日（月）

九時五五分、国金局のレクチャー。

続いて濃野〔滋〕官房長、銀行局の会議。その後、琴桜の佐渡嶽部屋の開所式に出席した。

直ちにとってかえしてBOAのクローセン頭取と会食した。（於ホテルオークラ）

三時から金融制度調査会の幹部と懇談した。

夜回り会見の後、栄家で古井〔喜実〕先生〔衆、鳥取、三木派〕と会い、その後、朝日新聞青山〔昌史〕政治部長等朝日の政治部の記者と会食した。

役所にもどり堀昌雄先生、長谷川〔峻〕労相と会談した。

四月二十九日（火）

天皇誕生日でお昼に宮中の午餐会に出席した。

佐々木義武科学技術庁長官と隣り合わせの席となった。

原子力船むつの問題について、大きな財政負担は困ると言ったところ、あなたが宏池会の会長であることを忘れてもらっては困ると言っていた。

夜、外務省主催のレセプションがあった。

池田〔行彦〕秘書官の辞任は決定的となってきたが、この問題で島〔桂次・ＮＨＫ〕さんが来訪した。

四月三十日（水）

八時半、増岡博之先生が池田立候補問題で来訪した。

十時より、主計局の会議。

お昼は、栄家で一旦延期されていた河野〔謙三〕・田中〔角栄〕・保利〔茂〕・大平・鈴木〔善幸〕・栗原〔祐幸〕・二階堂〔進〕・坪川〔信三〕の八者会談が開かれた。極秘の筈であったがＮＨＫ、東京・共同がキャッチして報道した。

午後からは、参院決算委の打合せで、四時に堀昌雄先生が来訪した。

二日からのお国入りに備えて理髪に行った。

夜は、栄家で栄会が開かれた。

五月一日（木）

八時半に、宏池会の幹部会（福永〔健司〕、小川〔平二〕、鈴木〔善幸〕）を開き、池田〔行彦〕立候補について協議した。皆んな困ったことだとしながらも、名案はなかった。

十時より財務局長会議に出〔席〕し、各地方の情勢を聞いた。

今日は午後から鈴木〔善幸〕先生と霞ヶ関ゴルフ場に行くことを約束したが　総会があるので取止めた。

三時過ぎから、郷里の講演の資料についてのレクチャーがあった。

帰りに前尾〔繁三郎〕先生のところにお見舞に行った。

五月二日（金）

十時閣議、記者会見。通産大臣を兼任したが記者会見は不要ということになった。

十一時二十分日本造船工業会役員の挨拶があり、理財・銀行〔局〕よりレクチャーを受けた。

一時に、塚田十一郎先生〔参、新潟、無〕が大興相互の件について来訪した。

三時羽田発のＪＡＬで香川に向い五時過ぎに高松に着いた。直ちに琴平に行き、林先生のところで食事をして、琴平小学校で講演した。

観音寺の事務所で泊った。

五月三日（土）

午前中は、観音寺の事務所でお客さんと会った。合田さん、宮本さん、白川さん、近藤さんがやってきた。

午後一時から、善通寺の中央小学校で講演したが、数百人の集まりで集まりが悪かった。

五時から、久しぶりで丸亀雄心会の皆さんと懇談した。

そのまま、市民会館で千人を超す後援会の人達を前にして講演した。

それから坂出市の市民ホールに移り、ここでも大聴衆を前にして講演した。

夜はやはり、観音寺の事務所に宿泊した。

五月四日（日）

早く家を出て、大野原の山田さんと豊浜町の墓参りをした。帰りに、豊浜の小学校を見に行き斬新な建築ぶりを見てきた。しかし、教育の本質は、建物にあるのではなく、内容にある。

豊浜・大野原合同の消防団の会合に出て挨拶をした。

一時より観音寺市の市民ホールで講演し、続いて高瀬地区の高瀬中学校で講演した。

斉藤栄三郎先生〔参、全国、無〕が来てくれたので、三日・四日と二人がコンビで講演した。

五月五日（月）

天気が心配であったが、何とか晴れ間が見えた。

十時護国神社に参拝し、香川療養所を視察した。

十一時から式典に出ていたところ、警察から電話で飛行機が、三十分前の十二時三十五分発になっているという。

パトカーを頼んで空港に直行し、予定より早く東京に帰ってきた。

夕方、眼科の医者のところに行き、老眼の度をはかってもらった。

五月六日（火）

当方の招待で、三日よりアペル〔西独〕蔵相が来ている。

十時半より会談した。福井勇先生〔衆、愛知2、田中派〕、浦野〔幸男〕先生、橋本先生が挨拶に来訪した。予想外の好成績で当選されたからである。

お昼は、西独大使主催のランチョンが行なわれた。

二時より衆院本会議が開かれ、酒タバコ二法案がようやく衆院を通過した。

四時半に平井卓志先生〔参、香川、無〕が来訪し、フランス大使が表敬に来られた。

五月七日（水）

九時閣議、記者会見。十時より参院決算委が開かれた。予備費、輸出保険等を議論した。

三時より、地方行政委員会が開かれた。

夜は、エリザベス女王の宮中晩餐会が開かれた。ホワイト・タイに勲章着用である。勲章は、日英のものがないので英国王室に近いスエーデンとノールウェーのものを着けて出席した。この模様は、テレビで放映され、全国の多くの方々がこれを観賞した。

五月八日（木）

朝、田中六助氏が来訪した。高橋〔俊英〕公取委員長は、引き続き留任したいとの意向であるとのことであった。

伊藤昌哉氏が来訪し、池田夫人には会いに行かなかったが、もはや池田辞任はやむをえない旨の判断を告げた。

そこで、四人委員会を開くこととした。

九時より会議、続いて、日銀氷川寮で森永〔貞一郎〕日銀総裁と協議した。

正宗〔早夫〕興銀頭取、宮之原〔貞光。参、全国、社会党。前日教組〕委員長、市川〔誠〕総評議長と懇談した。夕方、服部〔安司〕先生、東銀・横山〔宗一〕頭取と会談した。

夜、総理主催のエリザベス女王の歓迎晩餐会が開かれた。

五月九日（金）

九時、閣議、記者会見。十時過ぎより、主税局の会議。

三時より、ヴィジョヨ〔インドネシア開発企画庁長官〕、サレー〔中央銀行〕総裁と会談した。

今週は、エリザベス女王の来日で国会はなく、歓迎一色の毎日である。

夜、英国大使館で夜会が開かれたが、宮沢〔喜一〕外相の意見もあり、出席しないこととした。

憲法記念日に稲葉〔修。衆、新潟2、中曽根派〕法相が改憲集会に出席したことが次第に大きな問題となってきている。

これが酒タバコの大きな障害にならなければよいがと思う。

五月十日（土）

今日は、九時三十分よりスリーハンドレッドで佐藤文四郎氏と八木勇平氏〔東急建設社長〕とともにゴルフすることとした。曇りではあったが、雨にはたたられなかった。

大平四六・五二、森田四四・四八であった。

五月十一日（日）

財政研究会〔大蔵省記者クラブ。財研〕の記者連を招待して習志野であおば会を開催した。大蔵省の各局長も招待することとした。全く快晴のすばらしい天気であった。

キングのインより四組、アウトより三組スタートした。

大臣は、四三・四九でベスグロであった、森田は四五・四九であった。

五月十二日（月）

八時半より、朝日新聞の福田〔赳夫〕・大平〔正芳〕・河本〔敏夫〕鼎談に参加した〔「経済三閣僚の座談会・三木内閣半年の経済運営」と題し、五月十三日朝刊に掲載〕。場所はホテルオークラであった。

稲葉問題は、更に燃え上り、明日の法務委員会に首相、法相を呼んで聞くことになった。

三時よりエリザベス女王の歓送行事が迎賓館で行なわれた。

歓迎一色でぬりつぶされたエリザベス・ウィークもようやく終った。

前田〔敬二・香川県議会〕議長が午後より来訪した。

六時より十二日会〔大蔵省現役およびOBの会〕に出て、その後、世界石油会議の歓迎会に出席した。

五月十三日（火）

八時半より、経済関係閣僚協議会で月例報告が行なわれた。九時より、閣議記者会見。衆院大蔵委が開かれる予定であったが、稲葉問題が片付くまで、一切審議はストップ。参法務は、中断をくりかえした挙句真夜中まで押し問答を続けた。今回は、公明党が異常に強硬で強気である。

午後から百十四銀行の綾田〔整治〕頭取が来られた。

伊東正義先生と会った後、家に帰って休んだ。

夜七時より、比大使と一緒にホテルオークラで会食した。

五月十四日（水）

十時に、川瀬社長（東工物産）来訪。

十時二十分、香川の小磯〔治芳〕議長が挨拶のため来訪。

続いて韓国国会の副議長が表敬のため来訪。

証券局のレクチャー。銀行局のレクチャー。続いて園田清充先生が、国会の情勢報告のため来訪。

二時より、金融制度調査会で銀行法改正について諮問した。

国会は、未だ稲葉発言をめぐって空転を続けており、酒タバコは六月一日実施は絶望的となった。

これからは、延長問題がやっかいな問題になりそうである。

五月十五日（木）

十時より、税関長会議。十一時に藤田高敏先生〔衆、愛媛2、社会党〕が来られた。

十二時、宏池会の定時《ママ》総会。その前に四人委員会を開き、池田秘書官の辞任はやむなしとの結論を出した。定例総会では、最近の国会情勢を話題にした。

一時二十分より、宏池会の記者懇談。東京鉄鋼の吉原〔貞敏〕さんの御子息は、教会で結婚式をした後に大臣の仲人でオークラで披露宴を行なった。

その後、六時よりのカヤ会に出席した。

国会は相変らず空転を続けており、打開のめどは立っていない。

五月十六日（金）

七時四十五分に、大日本製薬の宮武〔徳次郎〕社長が来訪した。サリドマイド児の訴外分について、厚生省大蔵省と最終的な折衝に入るためである。

九時に閣議、記者会見。十一時に、伊藤昌哉氏が来訪した。続いて主税局のレクチャー（労働組合の食事の免税について）

一時に、塩見〔俊二〕先生に参院対策の話をした。

瓦〔力〕先生と島崎〔嶋崎均〕先生が、石川県連の問題で来訪した。

田沢吉郎先生、黒田〔了一〕大阪府知事、辻原弘市先生〔衆、和歌山2、社会党〕が続いて来訪した。

夜八時五十五分の全日空機で、京都の京芳会に出席するため、伊丹空港に向った。

五月十七日（土）

朝八時五十分に京都ホテルを出て、ジャパン・エース・クラブに向った。未だ雨が少し残っていたが、午後よりよくなった。二組に分れてプレーしたが、大臣は、どうしたわけか乱調であった。森田は、四一・四三で良いスコアが出た。

終了後、京都国立近代美術館に出席して、塚本幸一氏〔ワコール社長〕が世話されている現代衣服の現流展をみた。その後、五時半より京芳会の懇談会、七時前よりつるやで会食した。

京都ホテルで今日泊った。

五月十八日（日）

八時に大阪空港を出て、東京に向った。

八時五五分に羽田に着き、小憩の後、小野季雄氏〔琴平参宮電鉄社長〕の御子息の仲人をした。

午後から家に帰り、夜七時半に橋本清氏が来訪した。

浅野〔勝人〕さんが、大平正芳人物論を書きあげもちこんできているので、今年中には、これが出版の運びとなるものと思われる。第一章から第四章まで分れている力作である。

五月十九日（月）

九時四十分より本四公団の柴田〔護〕副総裁が来訪し、児島—坂出ルートより実質的に先に着工することを説いた。

仮谷〔忠男〕建設大臣〔衆、高知、田中派〕は、その線に乗って各方面に工作している。

十時より、総合政策企画の三井銀行板倉〔譲治〕社長と対談した。十一時に外資審議会が開かれた。

一時半に、党の住宅対策委特別委の大野市郎先生〔衆、新潟3、福田派〕ほかが来訪した。

三時仮谷建設大臣と会い、四時半、丁一権韓国議長来訪、次いで内田〔常雄〕、小川〔平二〕、塩崎〔潤〕、金子先生の件（経済調査会の懇談会）をすませた。夜は、火曜会、二百回記念の末広会、米沢〔電々公社〕総裁、植松〔清〕氏と懇談した。

五月二十日（火）

七時四五分に、フジタ工業の藤井〔良男〕副社長が来訪した。

九時より閣議、記者会見。

十時半、片柳〔真吉〕商〔農〕中〔農林中央金庫〕理事長、吉田専務理事が目べり預金のことで来訪した。

十一時より主計局、証券局の会議。新豊浜町長来訪。

昨夜、佐藤元総理が新喜楽の宴会の最中に倒れた。脳卒中であった。そのまま新喜楽にねかせてあったため、そこへお見舞に行った。

午後、宏池会へ行って、十数人の先生方と会った。

夜は、全銀協会長としての板倉〔譲治〕氏と懇談した。

五月二十一日（水）

朝、日大総長永沢滋氏が叙勲のお礼に来た。

九時より、総合エネルギー対策閣僚協議会が院内大臣室で開かれた。その後、記者会見。

昼は、ひまであったので宏池会に行った。そこから工業クラブの日本在外企業協会に出、挨拶した。

四国学院大学橋本〔牧夫〕学長挨拶。丸亀市の正副議長が挨拶のため来訪した。

シンガポール・リー〔クアンユー〕首相関係レクチャー。

東銀柏木〔雄介〕副頭取が長男の結婚式のため出席の依頼に来訪。

宏池会の秘書会の総会に出席して帰宅した。

五月二十二日（木）

八時、三崎会長が来訪。九時半シンガポール・リー首相が表敬のため訪問、十時半より、春の勲章伝達式。記念撮影、祝賀会が開かれた。

十二時宏池会の総会に出て、あとそのまま宏池会のメンバーとの打合せをした。三時より、宏池会の記者懇談。

四時頃、島根県知事〔伊達慎一郎〕が来訪した。

国会はようやく正常化の方向に向い、稲葉法相の罷免又は辞任を要求していた野党側も収拾の方向に入った。

五月二十三日（金）

九時より閣議、記者会見、十時の参院本会議でようやく酒タバコの趣旨説明が行なわれた。昼には、吉兆で、大臣夫人が省内幹部夫人を招待した。鍛造大平会のメンバーである天野〔房友〕さん、藤田〔一〕さんが叙勲の挨拶に来訪した。

伊東〔正義〕先生、増岡〔博之〕先生が来訪し、その後、経団連パーティに出席した。

四時半に、レクチャー（調査企画）を行なった。高木〔文雄〕次官、泉〔美之松・専売公社〕副総裁が処分問題について来訪した。

香川〔前川忠夫〕、岡山〔長野士郎〕両県知事が本四架橋問題で来訪した。

夜は、久しぶりにかもめ会〔海運・貿易関係の財界人の会〕に出席した。

五月二十四日（土）

朝から、自宅にいて本を読んだ。久しぶりにゆっくりした休みである。

夕方、松岡・佐野家の結婚式が東京プリンスのマグノリアホールで開かれた。

佐藤栄作氏は依然こんすい状態が続いている。

五月二十五日（日）

朝、川崎重工〔製鉄〕の藤本〔一郎〕社長と川出常務がスリーハンドレッドに集合し、スリーハンドレッドでプレーした。大臣は、四二・四六で八九であった。森田は四五・四八であった。野球会に出席してアプローチ合戦に出たところ優勝した。家に帰って服をかえ土筆亭で会食した。

藤本社長から、ブラジル進出の件について依頼があった。

八時半に家を出てＮＨＫに向い、広瀬氏との対談に出席した。財政危機の問題についてであった。

五月二十六日（月）

九時、私邸出発。

十一時より、東洋経済の中島編集長と対談した。（景気と政策運営）その後、官房、国金、財務官と出張の打ち合わせをした。

次官と昼食を共にし、次官人事について話し合った。

一時四五分、福井〔順一〕先生〔衆、千葉3、60年落選〕と福岡江口県会副議長が挨拶に来た。

国民食糧会議が開かれ、その後、イングランド銀行リチャードソン総裁と会談した。

五時半より、大石武一先生〔衆、宮城2、中曽根派〕の結婚式に出席し、栄家での栄会にまわった。

五月二十七日（火）

朝、電工社の阿久津〔精秀〕社長が来訪した。

九時、閣議、記者会見。十時に、岡崎市長〔内田喜久〕と浦野〔幸男〕先生が来訪した。

十時半より、国金と理財の会議の後、宏池会へ行った。

宮脇朝男〔全国農業組合中央会〕会長が退任の挨拶に来訪した。

三時より、全国信用金庫大会に出て短かい挨拶をした。

夜は、栗田氏の三金会に出た後、大栄会に出た。

九時頃、栗原〔祐幸〕先生が来訪して当面の政局について話し合った。

五月二十八日（水）

今朝、健康診断をする予定であったが、昨夜物を食べたため延期にした。

十一時に、宏池会で塩見〔俊二〕先生と会った。

その後、十二時に佐藤喜一郎氏〔元三井銀行会長〕の一週〔周〕忌に出席した。

その後、山王ホテルに行って少し休み、色紙を画いた。

五時に春日〔一幸・民社党〕委員長が陳情のため来訪した。

続いて、結城〔茂〕審議官からレクチャーを受けた。

理財局の会議が大臣室で開かれ、夜、赤城〔宗徳〕先生〔衆、茨城3、椎名派〕の叙勲祝いに出席した。

五月二十九日（木）

朝、米国次期大統領候補の民主党のジミー・カーター氏〔ジョージア州知事〕が来訪して外交問題について意見を交した。

十時より参院大蔵委が開かれ、酒タバコの提案理由説明が行なわれた。

夜、六時より二階堂〔進〕先生の永年勤続表彰を田中・大平派の幹部で実施した。田中角栄氏は問題があるのでお呼びしなかった。

七時より藍亭で水野〔清〕先生とともに、鶴田部長、田中氏とともに懇談した。

五月三十日（金）

九時より閣議、記者会見。

十時より参院本会議で川野辺〔静・自〕、安〔案〕納勝（社）、藤原房雄（公）、山中郁子（共）、木島則夫（民）の各先生が質問した。

十二時に、衆大蔵（共済法）の採決が行なわれた。

直ちに栄家に行き、第二大平会に出席した。そこで着換えて、園遊会に出席した。

四時より、興銀正宗〔早夫〕会長、池浦〔喜三郎〕頭取が挨拶に来られた。

在ブラジル香川氏が一時帰国し、表敬のため来訪した。

藤田高敏先生が、地元の富士紡の閉鎖の問題で陳情に来られた。

七時より、藍亭で論説委員の会を開いた。

五月三十一日（土）

午前中は家でゆっくりした。二日に結婚する嶋崎〔均〕先生の娘さんが嶋崎先生とともに来訪した。

午後二時に家を出て、ホテルオークラでバスに乗り河口湖に向った。

一行がバスに同乗するのは楽しかった。

内田常雄先生の世話で河口湖ホテルに宿泊し、夜は、沢村社長の歌謡曲などを楽しんだ。

六月一日（日）

心配された天気もまずまずで、当方が主催で太平会が開かれた。

富士レークサイドでプレーした。グリーンが難しくパットに苦労した。

大臣は、調子が悪く、四九・五〇であった。森田は、四二・四五であった。優勝は、鷹尾〔寛〕さんにお譲りすることとした。

沢村社長が風邪で発熱したが、帰りのバスの中では次々に歌を歌ってハッスルした。

六月二日（月）

朝、森〔美秀。衆、千葉3、三木派〕政務次官が陳情団をひきつれてきた。

一時に、日本酒造組合中央会の辰馬〔力〕会長ほかが陳情に来た。二時より、嶋崎先生のお嬢さんの結婚式が行なわれた。

三時に、富士銀行の佐々木〔邦彦〕・松沢〔卓二〕、新会長、頭取が挨拶に来訪した。三菱ガス化学有沢〔忠一〕、相川〔泰吉〕両氏が会長・社長就任のあいさつに、五島昇氏〔東急電鉄社長〕の子息五島哲氏が取締役就任の挨拶に、来訪した。

六時よりいな垣〔台東区柳橋の料亭〕でトーメン安本〔和夫〕社長と会い、シュレーダー西独〔元〕外相とディナーを共にした。

六月三日（火）

夜中に、佐藤元総理が死去した。（零時五五分）。直ちに慈恵医大にかけつけた。

院内で国葬にするかどうかを協議した。国葬には、野党側が異議があるとのことで国民葬に決定した。

十時より参院大蔵委が開かれ、大塚〔喬〕（社）、矢追〔秀彦〕（公）、近藤〔忠孝〕（共）、栗林〔卓司〕（民）の各先生が質問に立った。

十一時より、参院内閣委（旅費法）で審議が行なわれた。

午後から全国銀行大会に出席して挨拶した。

香川県酒造組合の人々との会合に出て、佐藤栄作氏のお通夜に行った。

六月四日（水）

十時半より衆商工委が開かれたが、大臣の出席要求はなかった。

光洋精工池田〔厳〕社長が外債の許可のお礼に来た。

三菱信託千頭〔暎臣〕会長、米国コラムニスト・ノバク氏、京成電鉄川崎〔千春〕社長が相次いで来訪した。

二時半より、パリで開かれる十カ国蔵相会議と暫定委員会等の件について、国際金融局の会議が開かれた。

九日から予算委が開かれる見込となったので、大臣の出席は困難になり森永〔日銀〕総裁に出席していただく方向で処理することとした。

六月五日（木）

今日は恒例のノーカーデーである。約一時間かかって、電車で大蔵委に出席した。参院大蔵で酒タバコをやったが、公選法との取扱いもからみ、なかなか上る予定が立たない。恐らく会期末になるものと思われる。

夜は、朝日生命数納〔清〕社長の叙勲パーティに出席した後、青藍会に神末氏を招いた席に出席した。神末氏が米国より帰国したのを機会に会食を企画したところ、青年財界人との会合を希望したものである。

六月六日（金）

野村〔証券〕北裏〔喜一郎〕社長が比国外債の件で私邸に来訪した。

九時より閣議、記者会見。

十時半より、国税局長会議。嶋崎〔均・通産〕政務次官、森〔美秀・大蔵〕政務次官、竹中〔修一〕先生〔衆、青森1、田中派〕が相次いで来訪。

築地本願寺の葬儀に出席した。

三時より、参本で四七年度の決算を議決。四時から、日経経済部長太田〔哲夫〕氏とインタビュー。

大韓貿易・安光鎬社長が表敬のため来訪。

六時より富山知事〔中田幸吉〕との会合に出た後、おおぞら会に出て、日中航空協定時の協力を謝した。

六月七日（土）

横浜カントリーに行って二人でまわった。

五時より、栄家で田中角栄氏と会って政治情勢全般について意見を交換した。

八時より、イシコフ氏〔ソ連漁業相〕をニューオータニに訪ねることとしていたが、十時にしてくれということであったので、今回はお会いすることを諦めた。

六月八日（日）

森〔美夫〕、佐々木栄一郎両氏と一緒にまわった。大臣は途中でくずれて、森さんにも負けた。佐々木氏はもっと悪かった。森田は、四三・四六の八九であった。

この日は、スリーハンドレッドのコンペであったが、この成績では、問題にならなかった。

六月九日（月）

十時より衆院予算委が開かれた。インドネシアの新情勢と才〔歳〕入欠陥問題が大きなテーマであった。

勝間田清一（社）、楢崎弥之助（社）、阿部助哉（社）、金子満広（共）、正木良明（公）の各先生が質問に立った。

二時より、参本で公選法、政治資金規制法の趣旨説明と質疑が行なわれた。

片山甚市（社）、峯山昭範（公）、内藤功（共）、和田春生（民）の各氏が立った。

主税局のレクチャーの後、大平会に出席した。

六月十日（火）

八時半、経済関係閣僚協議会が院内大臣室で開かれた。

九時閣議、記者会見。十時、衆院予算委が引きつづき開かれ、佐々木良作（民）、細谷治嘉（社）、土井たか子（社）、荒木宏（共）、安宅常彦（社）、小林進（社）の各氏が質問に立った。

昼、東北電力平井〔寛一郎〕会長及び木村武千代先生〔衆、香川1、中曽根派〕が陳情に来られた。

五時半から、永沢滋先生〔日本大学理事長〕叙勲パーティが帝国ホテルにて開かれた。これに出席して祝いの挨拶〔を〕した。

六月十一日（水）

八時に、伊藤昌哉氏が懇談のために来訪した。

十時に参院予算委が開かれ、鶴園哲夫（社）、柳田桃太郎（自）、田英夫（社）各氏が質問に立った。国会では、予想通り税収欠陥についての政治責任を問われ、自分の責任であることを明らかにした。

佐藤栄作氏の葬儀が国民葬になったことで噂が立ち、三木首相が貧乏くじをひいた形となった。築地本願寺での葬儀委員長は、田中角栄氏が立ち、田中再登場かと騒がれた。

六月十二日（木）

八時半、健康診断を成人病研究所で受けた。結果は一三五で、前回の一一八より悪くなっていた。

十時に参院予算委が開かれ、矢追秀彦（公）、上田耕一郎（共）、田渕哲也（民）、市川房枝（第二）の各氏が質問に立った。夜まで、長時間予算委が続けられた。

公選法については、自民社会が衆院段階で妥協して議決したが、参院社会党は、定数是正の保証を求めている。この公選法が、酒・タバコ二法とからむ恐れが出てきたので情勢を注意ぶかく見ておかねばならない。

六月十三日（金）

七時半に伊東〔正義〕先生が来訪し、財務委員会の設立や服部〔安司〕、浦野〔幸男〕、佐々木〔義武〕の三先生と定期的に会合する件について大臣の同意をとりつけた。

九時閣議、記者会見。十時半衆院大蔵で一般情勢の審議が行なわれ、松浦利尚（社）、武藤山治（社）、増本一彦（共）、坂口力（公）、竹本孫一（民）の各氏が質問に立った。

二時より、衆院で佐藤元総理の追悼演説が行なわれた。

二時半、藤田正明先生が国会情勢の報告に来られた。

アサハン計画〔日本とインドネシア両国間の国家プロジェクトとして設立されたPT。インドネシア・アサハン・アルミニウム〕に関する国金局の会議。

粟山〔ひで〕先生〔衆、福島1、椎名派〕、高橋千寿先生〔衆、新潟1、田中派〕が外遊のあいさつに来られた。五時より官房と関税がすずの会議を催した。

六月十四日（土）

九時エネルギー対策閣僚会議が開かれ、専門家から意見を聞いた。十二時阪急産業堀田〔正行〕会長が久しぶりにたずねてきた。

名古屋の小杉仁造氏〔東陽倉庫社長〕の依頼で、太陽信金の合併披露パーティに出席して祝辞を述べた。

十二時に嶋崎〔均〕先生が来訪し、諸情勢について報告した。

三時半から、NHK島〔桂次〕さんと諸情勢について検討した。

六月十五日（日）

スリーハンドレッドで、田中角栄氏、真紀〔子〕氏とともにゴルフをした。丁度小沢〔辰男〕大臣が来ておりジョインした。田中角栄氏とは、丁度引き分けであった。ホールマッチがワンダウン、ストロークでワンアップであった。

七時に、前田〔敬二〕県議が次期県連会長問題で来訪した。

長い間会長をやっていないので大臣が引き受けるかどうかが第一の問題であったが、激職と兼務することは無理なので平井〔卓志〕氏にやってもらおうと決心した。

六月十六日（月）

朝九時から経済対策閣僚協議会が開かれ、第三次不況対策を決定した。

終了後、広島県西田議長と会い、ジョンソン特使〔アレクシス・ジョンソン元駐日大使〕と短時間会談した。主計局と麦価問題について打ち合わせをし、昼食時には、主計局長と二人だけで懇談した。

一時に役所を出て、佐藤元総理の国民葬に出席した。その入口で、三木首相が暴漢になぐられるというハプニングが起った。

四時から、次期県連会長をきめる県連顧問会に出席し、ホテル。

六月十七日（火）

朝七時二十分、宮武〔徳次郎〕大日本製薬社長が来られた。

八時半より、公企体等給与関係閣僚会議が開かれた。

九時閣議、記者会見。

十時より参院大蔵が開かれ、酒タバコの審議が行なわれた。二法の動向は、公選法とからんではっきりしない。

結局は会期末にもつれ込むような情勢である。

五時半より栄家で栄会があり、途中で村山〔達雄〕先生と会った。

財務委員会というのを作り、派閥の経理を近代化しようというものである。

六月十八日（水）

八時にアルプスの加藤〔開〕副社長が、私邸に来訪した。

直ちに役所に登庁し、ザヘーレン〔米・東アジア担当〕国務次官補代理と会い、日本の政治情勢について話し合った〔『全著作集7』99頁参照〕。

十時参院本会議で佐藤元総理の追悼演説、農業白書の議論がなされた。お昼に麦価問題で安倍〔晋太郎〕農相と打ち合わせた。

一時半より衆院決算委が開かれ、予備費使用についての議決が行なわれた。

原茂（社）、増本一彦（共）、坂井弘一（公）、塚田庄平（社）の各先生が質問に立った。夕方宇治敏彦氏〔東京新聞〕の〝新中国への旅〟の出版記念会が開かれ、夜は、阿具根〔登。参、福岡、社会党〕、野々山〔一三。参、愛知、社会党〕先生と会食した。

六月十九日（木）

八時十五分、ブラジルのアルミ工場建設の件について、三井アルミの川口〔勲〕副社長が来訪した。九時四十分に、主計局長よりレクチャーを受けた。

十時より、参院大蔵で酒タバコの審議が行なわれた。大塚喬（社）、鈴木一弘（公）、近藤忠孝（共）、栗林卓司（民）が質疑に立った。十時半より衆院商工委・大物特〔大蔵委員会・物価問題等に関する特別委員会〕連合で独禁法の論議が行なわれた。昼は、国金局でレクチャーをした。

夜は、カヤ会が栄家で行なわれた。七時から同じく、鈴木一弘（公）、二宮文造（公）の先生と酒タバコの件について懇談した。

六月二十日(金)

七時半より、光洋精工蓑田〔又男〕副社長が私邸に来訪した。

九時に閣議、記者会見。

十時半に衆院大蔵、堀昌雄(社)が質問に立った。一時より衆本会議。四八年決算、概要説明。吉永治市(自)、渡辺三郎(社)、庄司幸助(共)、坂井弘一(公)、和田耕作(民)。

四時十五分より、衆大蔵委で荒木宏(共)、広沢直樹(公)が質問に立った。

夕方、ヘクシャー・スエーデン大使さよならパーティに出席した後、二〇時五五分の全日空四三便羽田発で大阪に着いた。ロイヤルホテルで泊った。

六月二十一日(土)

ロイヤルホテルで、京阪神の財界主要メンバーとの朝食会が開かれた。各出席者からは、きわめて厳しい意見が出された。

十一時、京阪神大平会が東洋ホテル二階大淀の間で開かれた。大臣から、今日大阪に来た機会に、いうべきことは言い、やるべきことはやると宣言が出された。

十五時三十分のJAL一一八便で羽田に帰ってきた。大平会は、六百五十人の盛会であった。

六月二十二日(日)

雨が降っていたが、予定どおりスリーハンドレッドクラブへ出かけた。

埼玉銀行の松平〔忠晃〕副頭取、セントラルガラスの吉井〔幸夫〕社長　品川の鈴木正氏〔三木証券会長。大平義兄〕が相手であった。

このところは、曇とか雨が多く、せっかくの休日の楽しみを奪われることが多い。

六月二十三日（月）

九時より、日加閣僚委員会の開会式があり、ぎりぎりですべり込んだ。

九時四十五分に、公明党の米価対策の申し入れがあった。

十時に、参院物特・大蔵の連合審査が開かれた。

森下昭司（社）、山中郁子（共）、粕谷照美（社）、中村利次（民）、対馬孝且（社）、鳩山威一郎（自）の各先生が質問に立った。

十二時三十分より日加閣僚委、宮沢〔喜一〕外相夫人の主催ランチョンが開かれ大臣夫人が出席した。昼、カウンターパートランチ及び会談が開かれた。

夜、日本ハムとニューヨークヤンキース提携パーティが開かれ、その後、宮沢外相夫婦主催晩餐会に出席した。

六月二四日（火）

七時半に、伊藤昌哉氏が私邸に来訪した。

九時閣議、記者会見。

十時十分より、参院大蔵委で酒タバコの審議が行なわれた。

寺田熊雄（社）、矢追秀彦（公）、渡辺武（共）、栗林卓司（民）、野末陳平（第二）の各先生が質問に立った。

日加閣僚委総理主催午餐会が官邸で開かれた。

六時より参院地方行政委が開かれ、出席した後、大栄会が栄家で開かれた。

日加閣僚委のマッカッケン外相主催の晩餐会が開かれた。

六月二十五日（水）

八時半に、田沢〔吉郎〕先生が青森県知事〔竹内俊吉〕等を連れて陳情に来訪した。

十時に、参院本会議で四八年度決算の概要説明及び質疑が行なわれた。小山一平（社）、田代富士男（公）、加藤進（共）の各先生が質問した。十二時全国法人会総連合に出席した。

十二時に、塩崎〔潤〕先生がスポーツ振興財団の件で愛媛県知事〔白石春樹〕が来訪した。

一時より、参院物特逓信連合委に出席した。質問者は、斉藤栄三郎〔自〕、森下昭司（社）、対馬孝且（社）、田代富士男（公）、渡辺武（共）、柄谷道一（民）の各氏が質疑に立った。

夜は、平河会に出席して所信を表明した。

六月二十六日（木）

八時半より、宏池会の幹部会が開かれた。

九時半より、衆院決算でしめくくり総括採決が行なわれた。十時より、参院大蔵委で酒タバコで審議が行なわれた。寺田熊雄（社）、矢追秀彦（公）、渡辺武（共）、栗林卓司（民）、野平陳平（第二）の各先生の質問があった。

一時四十五分より、衆院本会議で農業白書の質疑が行なわれた。

二時に、参院大蔵後、夜回り会見が行なわれた。

六時半に、大久保〔武雄〕先生、大野明先生〔衆、岐阜1、無〕と会食し、その後、再び参院に入った。

十時に戸川〔猪佐武〕先生が来訪し、サンケイのインタビューを行なった。

六月二十七日（金）

九時、閣議、記者会見。

十時、参院本会議で、突如、衆院より送られてきた独禁法の趣旨説明が行なわれた。但し、質問はなかったので保険審議会に出て、その後理髪に行った。その後、読売の経済懇話会にかけつけ、高木〔文雄〕次官につづいて三十分位講演した。二時半に参決に入り、参院大蔵に移った。夜は、松山で清友会が行なわれ、槙田〔久生・日本鋼管社長〕さん、太田〔寿吉・日産自動車常務〕さん等が出席された。その後、大平大臣主催の晩餐会が、藍亭で開かれカナダのクレテイテン予算長官等を招いた。

六月二十八日（土）

十時二十分、東京相互の長田〔庄一〕会長が来られた。続いて本四公団の柴田〔護〕副総裁が打ち合わせに来訪し、ウオーナー英大使が帰国の挨拶に来られた。十二時より小平久雄先生次男結婚式がホテルオークラで行なわれた。続いて東京女子医大に木村〔秀弘〕専売総裁を訪ね、見舞った。

夕方、古井〔喜実〕先生、伊原〔隆・横浜銀行〕頭取が来訪された。

六時より東銀副頭取、柏木氏長男の結婚式が行なわれた。大臣は乾杯の音頭をとった。

六月二十九日（日）

高松で県連大会が行なわれた。七時五五分の羽田発ＪＡＬ一〇三便で高松に向った。まず、香川用水の期成同盟会に出席し議長を務めた。そのまま引き続き、総合会館で食事をした。

十三時に、高松国際ホテルで県連大会が行なわれ挨拶をした。

十六時一五分高松を経ち、六時二十五分に羽田に帰ってきた。

六月三十日（月）

九時より、総合エネルギー対策閣僚会議、記者会見。

十時に、参院本会議で中小企業白書、地財白書の審議が行なわれた。

十時四五分、主計局主税局の会議。

一時頃宏池会に行って、そこに集っていた先生方と終盤国会での情勢を分析した。

その間、二時よりの国民食糧会議に出席した。

夜、参本では、河野〔謙三〕議長問責決議案が出されたが否決された。

芳明会がホテルオークラで開かれた。

七月一日（火）

九時閣議、記者会見。十時二十分より、アサハンについての財務官のレクチャー。十時三十分、特別通商代表デント氏表敬。

十時より、参院大蔵委で酒・タバコで質疑がなされた。

十二時頃宏池会に行き、国会終盤の見通しについて意見を交換した。一時、衆院本会議で福田〔一〕自治大臣とともに不信任案がつきつけられた。しかし予定通り、大差で否決された。

六時に栄会が栄家で開かれた。木村〔秀弘・前専売公社〕総裁のお通夜には、大臣夫人が出席した。

七月二日（水）

九時十五分、越智伊平先生〔衆、愛媛2、中曽根派〕が大臣と対談の写真をとりに来た。白洲次郎氏紹介のサー・エリック・ロール氏と会談。木村武雄先生が塩見執行部のやり方を批判のため来訪。田中派としては、公選法、政治資金規正法を何としても阻止したいということらしい。それを酒タバコ法案の前に本会議に上程することで社会党と話をつけたのが不満であるようだ。

午後から、木村前専売総裁の密葬出棺に立ち会った。

夜十一時、共産公明両党から内閣不信任案が提出され、一時二十分～三時五五分に否決され、二時五五分に私邸に帰った。

七月三日（木）

朝、三崎会長、佐治〔敬三・サントリー〕社長が来訪。

午前中は私邸で休養して宏池会に行った。

昼、衆院決算委で四八年度決算を審議した。

二時二五分に公選法の審議が開始された。これには出席しなくてもよいため宏池会で記者懇談した。

夜、日本醤油協会の懇談会に出席した。

金田中でトヨタの社長〔豊田英二〕、浦野〔幸男〕先生と会食した。

明朝、早いため、ホテルオークラで泊ることとした。

九時頃、酒・タバコが流れた時のための相談に、高木〔文雄〕次官、竹内〔道雄〕主計局長が来訪した。

七月四日（金）

朝九時四十分、参院本会議再開。十一時休憩、一時二五分再開。九時閣議、記者会見。

酒・タバコ法案の通過が微妙である。河野議長の議事整理権は果たして発動できるものであろうか。十時大臣室で国金局長〔藤岡真佐夫〕、主税局長〔大倉真隆〕、専売監理官よりレクチャーを受ける。

十二時に宏池会に向った。桧垣〔徳太郎。参、愛媛、中曽根派〕大蔵委員長がこのままでは酒・タバコ法案の通過は困難である。あとは、河野議長の議事整理権だけだが、そのためには、その発動がしやすい状態にしてやらねばならぬことを申し述べた。

七時十分、河野議長に呼ばれて酒・タバコはあきらめてくれといわれた。ついに両法案が流れ、臨時閣議、記者会見。二時十分私邸へ

七月五日（土）

朝八時半より、木曜会を切りかえた宏池会総会に出席。田沢〔吉郎〕、伊東〔正義〕、塩崎〔潤〕等の先生から、辞任などの強硬論が出る。しかし、臨時国会の早期開催を迫ることで意思統一がなされた。

この日は長谷川隆太郎氏〔アジア石油社長〕とゴルフをすることになっていたがとりやめとなった。一時一〇分より、政府与党首脳連絡会議。

二時に宏池会へ、四時半に私邸に帰着した。

夜七時半頃、馬渕〔健二〕社長が、避妊具のことで来訪した。

七月六日（日）

九時東京駅発ひかり二三号、十一時名古屋着。

ホテル・ナゴヤキ〔ャ〕ッスルで政経文化パーティが開かれた。

三木首相、以下各閣僚が出席した。

中小企業の代表から意見を聞かれて大蔵大臣は、中小企業対策をするにも金がかかる、金はほしいが値上げは困るという国民ではだめだと大声で話した。

一三時四五分名古屋駅発、一五時五六分東京駅着の列車で帰京した。

七月七日（月）

十時二〇分、故木村総裁の勲章伝達。

十時すぎより、斉藤栄三郎先生の記念講演に出席した。

午後から、インドネシアのウイジョヨ、戸田建設戸田〔順之助〕社長、藤田〔三郎〕全中会長、芳友会〔一橋出身者の会〕幹部、三井鉱山・有吉〔新吾〕社長、久保田英一氏〔高松市前助役〕等に次々と会った。

夜、スハルト・インドネシア大統領の晩餐会に出ることになっていたが、取り止めにした。

夜、私邸に栗原〔祐幸〕先生が来訪した。

七月八日（火）

八時、長谷川隆太郎氏、大日本製薬宮武社長、小林〔孝三郎〕コーセー社長が次々と私邸に来訪した。

十時閣議、記者会見。十時五〇分より大臣室で各局長の辞令交付。十一時に田中・大平派の幹部の会合に顔を出した。昼に、日本証券経済クラブで講演した。

米価がやかましくなってきた。陳情が相次ぐ。

金融財政事情インタビュー、東洋経済インタビュー。

夜は、大平会に出席し、宏池会の記者を栄林に招待した。

塩の収納価格を一五一〇〇円に決定した。

七月九日（水）

小山長規先生の主催する自民党テング会のゴルフに出席した。

米価に関し農林水産委員会が開かれたが、大蔵大臣は関係なかった。夜、大雄会が松山で開かれ、その後、前田県連会長が私邸に来訪した。

七月十日（木）

朝、黒川氏の朝食会が開かれた。浦野〔幸男〕先生、田中（六）〔六助〕先生関係の米価の陳情があった。

十一時に、朝日新聞の主婦との対談が行なわれた。

十二時、宏池会定例総会。鐘紡牛田〔一郎〕社長、平井卓志先生、ルーマニア大使、森ビル森〔泰吉郎〕社長が次々に来訪した。米価の陳情が相次いだ。

六時より宏池会の慰労会が開かれた。

夜十時に、伊東〔正義〕先生が農政連の青年部代表を自宅に連れてきた。

七月十一日（金）

八時半より、経団連会長等との朝食会がパレスホテルで行なわれた。不況対策に関する強い要望があった。

十時より閣議、記者会見。お昼に岩動〔道行〕先生後援会の昼食会に出席した。

二時にハンス・ベアワルド教授が来訪し、最近の政治情勢について意見を交換した。

相変らず米価関係の陳情が相次いだ。

六時半より、藍亭で経済部長の会が行なわれた。

〔七月十二日なし〕

七月十三日（日）

日本ゼオン・古我〔周二〕会長と武蔵カントリー豊岡コースでプレーした。朝日生命数納〔清〕社長、日本ゼオン島村〔道康〕社長も一緒であった。

前夜は米価決定で自宅に帰ったのは四時頃であったので、文字通り徹夜の後でのゴルフとなったわけである。

七月十四日（月）

十時五〇分、藤田〔三郎〕全中会長挨拶。十一時より主計局会議、続いて澄田〔智〕輸銀総裁が来た。

十二時半より、政府与党昼食会が開かれた。

その後、夜回りもかねて記者会見が行なわれた。

二時に下条進一郎氏〔元国税局次長。77年参院初当選〕が来訪し、次回総選挙に立候補の挨拶をした。

三時に、松隈秀雄氏〔元専売公社総裁〕が泉〔美之松〕総裁を決めるために、専売事業審議会会長として来訪した。

五時半より、保険審議会の委員の懇談会が開かれた。

七月十五日（火）

西武の堤〔清二〕社長が私邸に来訪。九時半より、経済関係閣僚協議会が官邸で開かれた。十時閣議。国防会議議員懇談会、記者会見。

十二時に丸亀市、塩飽漁連の陳情。一時に泉副総裁、小宮山〔重四郎〕先生〔衆、埼玉2、田中派〕、小山長規先生が相次いで来訪した。

四時半より、宝石の特別手記を書くためのインタビューが行なわれた。

五時半より院内で理髪、七時半に斉藤邦吉先生が来訪した。

七月十六日（水）

朝、伊藤昌哉氏、平泉〔渉〕夫人が来る予定であったが平泉夫人が風邪を引いて来られなかった。

十時より、外務大臣〔宮沢喜一〕と会談、十二時より、毎日新聞田中〔洋之助〕氏の肝入りによる講演会に出席した。

四時より、読売新聞経済部長インタビュー。

キリンビール佐藤〔保三郎〕社長が来訪、ダイハツ工業・山本〔正男〕会長、五時に平泉先生が来訪した。

六時より若手による勉強会に出席して、現在の経済情勢についての意見交換を聞いた。

七月十七日（木）

八時半より、氷川寮で日銀との朝食会が行なわれた。

十時林田塩産・谷社長、ランパート中将、ジョンソン・マサチューセッツ工科大学学長が来訪した。サンケイ新聞今井論説委員が福島への講演を依頼しに来た。

宏池会定例総会、一時佐藤正忠氏〔『経済界』主幹〕、越後正一氏〔伊藤忠商事会長〕来訪。宏池会記者懇談。法眼〔晋作・国際協力事業団〕総裁、安川〔壮・米〕大使が来訪して諸情勢を語り合った。

夜、栄家でのカヤ会。上条〔勝久〕、石破〔二朗。参、鳥取、田中派〕両先生と懇談した。

七月十八日（金）

八時より、佐藤正忠氏の主催する芳芽会が銀座東急で開かれた。

十時に、泉総裁の辞令交付。十一時に主計局の会議、第二大平会が栄家で行なわれた。染谷〔誠。衆、千葉4、田中派〕・水野〔清〕先生、佐々木秀世先生、市川衛門氏〔大蔵省出身〕、後宮〔虎郎・京都国際会館〕館長、古井喜実氏が次々と来訪した。

夜、三金会が栄家で開かれた。

古井先生は、鳥取に来てほしいと言っているが、徳安〔実蔵〕、相沢〔英之〕両先生がいるのでなかなか困難であるように思われる。

七月十九日（土）

朝早く家を出て、箱根カントリーに向った。箱根カントリーは開場二十周年の記念行事を実施していた。六十才以上の人のみがプレーができる日であった。大臣は、最初四三で、あとは五〇と悪かった。

夕方から、丸紅の桧山〔広〕会長とマージャンをした。

七月二十日（日）

朝九時より、第百土地森〔美夫〕社長、丸茶の佐々木栄一郎氏とともにスリーハンドレッドでプレーした。福井順一氏よりもらったチタン合金のクラブをはじめて使ってみたが、まだ手になじまず百七もたたいて、森社長をいたずらに喜ばせてしまった。

夜八時に、橋本〔清〕氏が来訪した。

七月二十一日（月）

十一時半登庁、全中代表より陳情を受ける。十一時五〇分、金子知太郎氏〔東京国税局長〕が来訪。

一時二〇分、関西経営者管理協会で講演（帝国ホテル）。

財政審において、このまま国債を発行していけば五年後には、六三兆円にものぼるという中間報告を受けた。

三時一〇分より、パレスホテルで日本経営合理化協会主催のパレ《マ》スホテル《マ》で紅林茂夫氏〔経済評論家、富士銀行常任監査役〕と対談した。

四時二〇分、丸亀浜町会長ほかが陳情のため来訪。

夜、古河グループの会合がホテルオークラで開かれた。

七月二十二日（火）

八時に山種証券山崎〔富治〕社長、三幸建設工業四元〔義隆。血盟団のメンバー、近衛文麿・鈴木貫太郎秘書〕社長来訪。

十時に閣議、記者会見。十一時より、主税局の会議。

十一時半より、調査企画課のレクチャー。経済の見通しは暗く、下〔村〕治博士のゼロ成長論が迫力をもって迫ってきている。政治は、明るい見通しを述べるべきであるかも知れぬが、果して根拠をもって主張しうるであろうか。

十二時より、日本記者クラブの講演。三崎産業・三崎社長、極洋・法華津社長、来訪。

五時より、原田〔昇左右〕先生（静岡県）の後援会に出て挨拶した。

夜、ジョンソンＭＩＴ理事長のレセプションに出席した。

七月二十三日（水）

朝八時より、大橋〔薫〕さんの常盤橋研究会に出席して意見を交換した。十一時に、日商岩井辻〔良雄〕社長が大臣室に来訪。田中四郎氏が久しぶりに来てゆっくりしていった。

二時四〇分より、全国経営研究会で講演した。

四時より、海外子女教育振興会水沢会長が陳情に来訪。

黒田〔了一〕大阪府知事が現在の税収は前年度の六割余に落ちている。これは八八％位まで回復するであろうが、予算は対前年一割増であるのでそのギャップが赤字となる。

夜、水野清先生の後援会の人々と懇談した。

七月二十四日（木）

八時半、四元社長の知人の木村氏が来訪。

十時頃、松浦薫氏〔元衆院議員、前坂出市長〕の弔問のため私邸訪問。十時半より組合交渉、十一時香川県知事〔前川忠夫〕来訪。

野党消費者団体の代表が、消費者米価の陳情のため来訪。

宏池会定例総会。鈴木茂夫氏父君の葬儀に出席。

藤井孝太郎〔香川県酒造組合会長〕、川人氏〔川鶴酒造〕が陳情に来訪。四時より組合交渉。

五時半より一橋〔大学〕小橋明学長激励会に出席し、六時より三思会が如水会館で開かれた。

七月二十五日（金）

朝、石上〔立夫〕日本国土開発社長、住金熊谷専務、役所で九時よりフォト対談。十時閣議、公害対策会議、公企体閣僚協議会。

お昼の四谷霊廟の松浦氏の葬儀告別式には森田が代理で出席した。

大久保武雄先生来訪。二時より、部内の会議。

三時三四分上野発あさま5号で軽井沢に向った。

五時半に軽井沢駅着、六時半より晴山ホテルで太平会の方々と会食した。

夜はロッジで泊った。

七月二十六日（土）

九時半より、大浅間で太平会が行なわれた。大臣四四・四九、森田四一・四三で森田が優勝した。

上った後、ビールを一びん飲んだところ、急性胃カタルのような症状となった。

夜は晴山ホテルではなく、別荘で泊ることとした。

七月二十七日（日）

朝八時に家を出て、旧軽井沢カントリーに行った。松本七郎氏〔衆、福岡2、社会党。72年落選〕、第百土地森社長といっしょに旧コースをまわった。大臣のチタン合金のクラブは当るとものすごく飛ぶのに驚いた。松本氏はなかなか感じのよい人であった。大臣四六・五二、森四五・五〇、森田四一・四七であった。

七月二十八日（月）

八時五四分軽井沢発特急あさまで、十時五二分に上野に帰ってきた。十二時より、政府与党連絡会議が行なわれ、臨時国会を九月五日をメドに招集することとした。

二時、帯広市長〔田本憲吾〕陳情。三時、主計局シーリング。

大塚喬先生〔参、栃木、社会党〕、マシュール・スエズ運河庁総裁が来訪した。

六時より末広会に出席した後、三金会が吉兆で行なわれ、同時に同じところに、高木〔文雄〕次官、退官幹部との懇談が行なわれた。

七月二十九日（火）

九時四五分、宮崎茂一先生、谷垣〔専一〕先生がパンフレットの写真撮影のため来訪。

十時閣議、記者会見。十一時二〇分、ＮＨＫＴＶインタビュー。

毛利〔松平。衆、愛媛3、三木派〕・今井〔勇。衆、愛媛3、大平派〕・阿部〔文男〕先生陳情。水野清先生、ＮＨＫ川越〔昭〕解説委員が来訪。

十二時過ぎ、羽田空港に向った。ところが北海道では、大雨のため函館に着けなかった。札幌経由で行くことも考えたが、時間がかかりすぎるため取り止めた。そのまま家に帰って休養した。

七月三十日（水）

今日は北海道に行っているはずであったが、とりやめになったので東京で過ごすこととなった。役所に出てレクチャーを受けた。

六時より、築地の河庄で内田洋行の久田孝氏と会食した。

夜九時に、栗原祐幸先生が私邸に来訪した。

外務委員会で宮沢訪韓の議論がなされる予定であるので、その打合せにきたものである。

〔原本では、七月三十一日と八月一日の記載が左右逆〕

七月三十一日（木）

二時より、エネ〔ル〕ギー対策閣僚協議会。

国金局、エジプト援助の頂上会談と主税局の6月税収実績報告。十一時半に、アジア航測の椎名〔佐喜夫〕社長が来訪。

総務長官〔植木光教〕がケネディ・センターへの寄附の件について来訪。宏池会定例総会。

山崎竜男先生〔参、青森、田中派〕が下北汽船のことについて陳情、三時より、栗原祐幸先生と会談。

高橋〔幹夫〕前警察庁長官、トーメン安本〔和夫〕社長の陳情。

日経での〝秋をにらむ〟のシリーズのため、本屋で写真撮影。六時より大栄会が開かれた。

八月一日（金）

十時、閣議記者会見。十二時に近代化協会で講演。

八時半、中山賀博〔前フランス〕大使が自宅に来訪した。

斉藤邦吉先生、金子岩三〔衆、長崎2、大平派〕先生が池田行彦氏の件について来訪し、宏池会としては、従来の因縁もあり、適宜応援すべきであるとのことであった。

三時より中央公論インタビューで、福田・竹内と個別に会見を行なった〔『全著作集4』215―223頁参照〕。

四時、ロスアンゼルス・タイムスの東京支局長が来訪した。

五時から、銀行クラブで若槻〔克彦。大蔵同期、九賢会〕氏の追悼会が開かれた。

七時より、藍亭で副頭取の会が開かれた。

八月二日（土）

九時二十分理髪、十時二十分より理財局の会議をした後、車で埼玉会館に向った。そこで埼玉経済人同友総会が開かれ講演をした。

四時に総理がアメリカに向けて発ったが、福田副総理が代表で見送るということで、見送りには行かなかった。総理は、日米協会の演説に何回も手を入れるなど大変なはりきりようである。

八月三日（日）

岩手県連主催の政経文化パーティ出席のため盛岡に行った。通産〔河本敏夫〕、運輸〔木村睦男〕、労働〔長谷川峻〕の各大臣と一緒であった。

岩動〔道行〕先生が県連会長をしているのでひっぱり出されたものである。

七時五五分、東亜国内航空二三三便で九時二五分花巻空港に着いた。乗用車で盛岡に向い、一一時半からの政経文化パーティに出席した。

一五時三五分に盛岡を出て八戸に向い、八戸パークホテルで夕食をした後、特別機で東京に帰着した。

八月四日（月）

十時に、小林先生の奥様が静岡の神様を連れてきた。

身体が相当疲労しているので、お護りをかえる必要があるとのことであった。

十二時四十分、羽田発ＡＮＡ六〇七便で宮崎に向った。

宮崎県庁に着き、記者会見をした後、四時からの歓迎パーティに出席した。

六時前から、時局講演会に出席した。黒木利克先生〔参、全国、石井派〕の青年部が千人以上集まっていた。自民党の兼田さんの話だとやりよう次第では当選は可能であるとのことである。

八時過ぎ宮崎を出て、羽田に帰ってきた。

八月五日（火）

九時に、大洋漁業中部〔謙吉〕社長が私邸に来訪した。捕鯨部門を縮小するにあたって、政府より低利融資をよろしくお願いしたいというわけである。

十時四十分、鯨岡〔兵輔〕先生が島村一郎氏の後、出馬する宇田川〔芳雄〕氏の件について一度面会をしてほしいとのことであった。ポーランド大使の離任挨拶。

十一時半日本鉱業協会会長、続いて主計局の会議。

合田健吉氏〔元貴族院議員〕が突然なくなられた。順天堂大学の病院に弔問に行った。

二時四十分羽田発のＡＮＡ二九便にて大阪に向い、車で六甲のオリエンタルホテルに登った。

八月六日（水）

六甲山頂のゴルフ場でプレーすることになっていたが、台風の余波による霧のため、下におりて、大西一氏〔日本ゴルフ振興社長〕の経営するゴルフ場でプレーすることとなった。

大臣は好調で、最終ホールまで、八十六・七のペースできていたが、バンカーでたくさん打ってスコアをくずしてしまった。森田は不調で、九五もたたいた。芳数氏〔大平実弟〕は、相当腕を上げているようだった。

夜は、赤城〔猪太郎〕さんなどとオリエンタルホテルで会食をした。

八月七日（木）

朝から雨がひどかった。ゴルフをとりやめ、早目に山をおりた。

神戸名物の寿司を御馳走になり、四時二五分に羽田にかえってきた。今回の神戸行きは、おび吉が、坪内〔寿夫・来島船渠〕社長に頼まれて、一度大臣に来てほしいということで、実現したものである。

夜、藍亭で政治部長の会が開かれた。

福田〔赳夫〕さんが最後の機会を求めて、活発にあちこちにアプローチしていることが話題となった。

八月八日（金）

笠岡喬先生〔衆、岡山1、福田派〕が、木村鉄雄という社長を連れてきた。

八時半より氷川寮で朝食会が開かれ、第三次公定歩合の引下げを決めた。

十時に閣議、そのあと経済関係閣僚協議会が官邸大食堂で開かれ、月例経済報告の披露があった。

十一時四五分、川崎千春京成電鉄社長が、成田空港の開港の遅れに伴う補償問題について陳情に来られた。

午後からは、二階堂〔進〕先生と会食の後、浦野〔幸男〕先生、粟山〔ひで〕先生等が来られた。夜、大平会が栄家で開かれた。

八月九日（土）

ゆっくり起きて、箱根に向った。箱根ゴルフで一人でプレーした。そのうち佐藤一郎先生〔衆、神奈川4、福田派〕を見つけたのでそのうちに入れてもらってプレーした。

四三であったのでまずまずの成績であった。

夜は箱根仙石温泉ホテルがとってあったが、箱根観光ホテルで泊った。

田中四郎先生がとってくれたものである。

八月十日（日）

大箱根で鳳雛会《ほうすいかい》が行なわれた。大平は、九八であまり、スコアは良くなかった。優勝は、渡部周治さん〔名古屋国税局長〕で、森田は八五であった。今回は、現役ばかりの会合であった。

八月十一日（月）

八時に上野発で、特急ひばり二号で福島駅に着いた。ホテル辰巳屋で記者会見。

十二時より県幹部、如水会、経済界、金融界の代表と昼食をともにした。

二時より講演会を〔が〕東邦銀行のホールで開かれた。

三時より大臣の講演が行なわれ、経済の現状及び先行きは楽観を許さないこと、財政しか期待できるものはないが、財政事情も困難をきわめていること等を述べた。

十七時十七分の特急ひばりで帰京した。

八月十二日（火）

十時三五分より、主計局の会議。

十一時に閣議で、帰朝報告がなされた。レストン記者にほめられるなど評判がよかったため、得意の総理といった場面であった。続いて、政府与党連絡会議。

一時一五分より、琴平町議長、都村県議が来訪した。

二時より、ニッポン放送の〝明日を考える〟という番組の録音がなされた。

三時より、毎日新聞の西〔和夫〕経済部長とのインタビューが大臣室で行なわれた〔『全著作集6』516—519参照〕。

八月十三日（水）

八時に、水野〔忠夫〕三井精糖社長が来訪した。高値で契約した砂糖の期限が迫り、業界は大変な状態になっているとのことであった。

午前中、鈴江倉庫鈴江〔強〕社長、川鉄藤本〔一郎〕社長、東京新聞堀田取締役、三井アルミ川口〔勲〕社長（社長に昇格）、人事院総裁〔藤井貞夫〕が次々と来訪した。昼、松野〔頼三〕政調会長とホテルオークラで昼食を共にした。

三時から、人事院勧告をめぐって給与関係閣僚会議が官邸で開かれた。

五時から、秘密裡にホテルオークラ本館で田中角栄氏と会い、一時間余にわたって懇談した。

夜、遠藤〔福雄・神崎製紙〕社長の会と宇治沢記者の会に出席した。

八月十四日（木）

八時に、宇田川氏が私邸に来訪した。また佐々木栄一郎氏〔丸茶社長〕が日東企業の土地売却問題で来訪した。十時、サンケイ五十畑〔隆〕経済部長とインタビュー〔『全著作集6』520―524参照〕。十一時に東郷〔文彦〕次官が退官の挨拶に来訪した。

午前から午後にかけ、日本アジア航空・板倉〔俊雄〕社長、斉藤栄三郎先生、米沢〔滋〕電々総裁、岩動先生、天池〔清次〕同盟会長と懇談した。

一時半から宏池会記者懇談に先がけ、有志の先生と箱根演説の打合せに。

四時から、日本短波放送「自由の窓」の対談に出席した。

夜、新聞関係五人会（ＮＨＫ山室〔英男〕、朝日畠山〔武〕、毎日上田〔健一か〕、読売渡辺〔恒雄〕、共同内田〔健三〕）に出席した。

八月十五日（金）

九時半より、官邸大広間で中央防災会議。

十時より閣議、記者会見。十一時半にモーニングで全国戦没者追悼式（日本武道館）に出席した。そのまま直ちに上野駅に向い、あさま四号で軽井沢に向った。

軽井沢では、第百土地の森〔美夫〕さんが迎えにきてくれていた。

八月十六日（土）

第百土地森社長、社会党松本七郎先生とともにゴルフをした。雨模様であまり天気はよくなかったが、なんとか快適にプレーすることができた。大平と森社長は丁度同じ位のスコアであった。

森田は、その後、日本信販ユートピアでテニスをしたところ腰の筋を痛め、末広会には出席できないこととなった。

八月十七日（日）

朝から激しい雨であった。台風の余波である。幹事の話では、プレーは中止ということであったが、とにかく行ってみようということで行った。

寺尾一郎氏〔三菱商事副社長〕、江戸英雄氏〔三井不動産会長〕、石上〔立夫・国土開発社長〕氏とともに雨の中を出て行った。

大平は九二で優勝であった。五時より遊ぶき利で懇親会が行なわれた。

八月十八日（月）

朝から、森父娘対大平父子のゴルフの対戦をした。

智子さんは、予想通り強かったが、森さんの調子が悪かった。

夜は、一家で梵というところの普茶料理を御馳走になった。

一皿一皿ゆっくり出てくるので　途中でお腹がいっぱいになってしまった。普茶料理は中国風の精進料理であるとのことである。

八月十九日（火）

十時五四分のそよかぜ一号七号に乗って上野に着いた。

一時三十分衆院内閣委で、人事院勧告について大出俊先生〔衆、神奈川1、社会党〕が質問した。

二時から、ＮＨＫの放送座談会の打ち合わせをした。

二時半より、主計局の会議。三時四十分、日本建設業協会渥美〔健夫〕会長が陳情に来訪した。

四時十五分より、ＮＨＫ放送座談会の〝財政危機をめぐって〟において土屋清〔経済評論家〕、伊部〔恭之助・住友銀行〕頭取と出演した。

七時より、開銀吉岡〔英二〕総裁との懇談が金田中におこなわれた。

八月二十日（水）

八時半に、成人病研究所で健康診断をした。

食前の血糖値が一六六ミリで少し悪化した。朝から、毎日近藤記者、山東昭子先生〔参、全国、田中派〕、地銀協伊原〔隆〕頭取、服部安司先生、徳安実蔵先生、江藤智先生〔参、全国、田中派〕、香川県知事〔前川忠夫〕・議長が次々と来訪した。

十二時に、山崎竜男先生が浅野〔勝人・ＮＨＫ〕記者とともに昼食を共にするため、大臣室を訪れた。

四時から国金局の会議。

六時より、ＮＥＴ三浦〔甲子二〕常務と藍亭でゆっくり懇談した。

八月二十一日（木）

八時に伊藤昌哉が私邸を訪れ、最近の政局について懇談した。長谷川〔隆太郎〕アジア石油会長がエネルギー調査会の答申のことで話をしに来た。

午前中、地域開発〔振興〕公団平田〔敬一郎〕総裁、堀昌雄先生、本四公団柴田〔護〕副総裁、榎本〔善兵衛〕久喜市長が来訪した。昼、宏池会に行き総会に出席し、箱根の演説について打合せをした。

三時より、日本下水道協会、関係市長が来訪し、夕方笠岡喬先生が来訪した。

六時半より大野で河野〔謙三〕議長、塩見〔俊二〕先生、栗原〔祐幸〕先生と会った。名目は、塩見先生の激励会という名目で開かれたものである。

八月二十二日（金）

十時に閣議、記者会見。福田〔赳夫〕さんの留守中の企画庁長官を兼ねたが、そちらでの会見は中止となった。

十時半より、衆院大蔵委で一般質問が行なわれた。山田耻目（社）、武藤山治（社）、増本一彦（共）、広沢直樹（公）、竹本孫一（民）の各先生が質問に立った。

お昼に駐韓前田〔利一〕公使、四時半に大久保武雄先生がそれぞれ来訪した。

五時から、宏池会で箱根の講演のアドバーンスをした。

その後箱根に向い、新日鉄仙石寮で行なわれたかや会に出席した。

八月二十三日（土）

紀伊半島のあたりに上陸した台風の余波で大変な嵐であった。昼すぎからますます激しくなったので、かや会でのゴルフはあきらめざるをえなかった。

くじ引きで賞品を分け、佐橋〔滋〕、徳永〔久次〕、原の三氏を相手に夕方までマージャンをした。

夜、たまたま観光ホテルに泊っていた田中四郎氏一行と食事をした。

翌日早く起きねばならぬので、早く就寝した。

八月二十四日（日）

六時に起きて、大箱根カントリーに向った。

七時すぎ、大平番の記者の人達が来てゴルフコンペが行なわれた。昨日と打ってかわってさわやかな素晴しい天気であった。

九時過ぎハーフを終了したが、次のスタートが十一時になるというので諦めざるをえなかった。芦の湖ホテルに行く前に、湯の花ホテルで先生方の総会が行なわれた〔「停滞の中からたしか未来を求めて」と題する演説が、『全著作集4』101—109頁所収〕。

そこでは、臨時国会に臨む態度について、総理・幹事長に対する申し入れ書が作られ、また事業費ベースで二兆円という公共事業の実施を鈴木〔善幸〕先生が記者団に説明することとなった。

八月二十五日（月）

八時半、橋本清氏が朝食を共にしにきた。

十時半、第一勧銀の横田〔郁〕頭取が興人の融資打切りの件で来訪した。鳩山〔威一郎〕先生と塩業界代表が来訪。

午後より理髪、川崎重工四本〔潔〕社長、国金局会議。

水野清先生来訪、五時に夜回り会見の後、ＩＭＦ同行記者との顔合せ懇談を行なった。

六時より、栄家で栄会が開かれた。

八月二十六日(火)

八時半に、増田健次氏〔野村証券常務理事〕が来訪した。脳血栓にかかったそうであるが、もうほぼ全快したとのことである。

午前中、三井物産・橋本〔栄二〕会長、北九州市長〔谷伍一〕等の陳情。

十二時より、格物会が糖業会館で開かれた。

午後より、白石〔春樹・愛媛県〕知事、塩崎〔潤〕先生、自民党長野県連県議団、全間連〔全国間税会連合会〕会長が次々と来訪した。

照国海運の問題で、長銀の宮崎〔一雄〕会長、杉浦〔敏介〕頭取に来てもらった。

夜、吉兆にて栗田氏の三金会に出て、後帰宅した。

八月二十七日(水)

十時二十分、詫間町長松田〔幸一〕氏ほか、地元の関係者が来訪した。高知県知事〔溝渕増巳〕災害の陳情。調査企画課の会議。
三木総理と福田家《ふくだや》で懇談した。臨時国会での協力申し合せが表向きの発表であるが、(1)補正の規模、(2)時期(十月上旬まではできないこと)、(3)抵抗の強い案件をあとにまわすようなことはしないことなどが話し合われた。
帰庁後直ちに、記者会見と懇談(平河クラブ)二時より財政審に出席あいさつ、
三時半より、財研の記者とＩＭＦ出発に際しての懇談。会議の後、四国変圧器の岸本〔辰雄〕社長と会った。

夜は、久しぶりに家で食事をした。

八月二十八日（木）

八時二十分私邸発、九時十分に予定通り羽田に着いた。

九時半に内庭よりバスにて機側へ。十時八分ＪＡＬは予定通り飛び立った。

訪問地は、ニューヨーク、ワシントン、ロスアンゼルス、会議はＩＭＦ総会、Ｇ10、ＩＭＦ暫定委である。

同日、十一時半ニューヨーク着、六時半日本商工会議所主催レセプション
宿舎は、いつものワールドルフ・アストリア・タワーズである。

（森田は同行しなかった。）

八月二十九日（金）

十時三十分、時事通信社主催の講演。十二時、ニューヨーク金融界との昼食。十五時四十分のＡＡでワシントンに向う。空港はラガーディア空港である。

ワシントンのナショナル空港に四時四一分に着いた。

八時より、駐米大使主催の夕食会が開かれた。

ワシントンでの宿舎は、シェラトン・パーク・ホテルであった。

八月三十日（土）

インガソル国務副長官主催の朝食会。十一時半サイモン財務長官を表敬訪問。

十三時、Ｇ五の昼食会。

十九時、Ｇ一〇の大臣主催夕食会。今回も日本が議長である。

二十二時三十分、記者会見。

八月三十一日（日）

八時より、大臣主催のスペッシャルゲストの朝食会
十時より、ＩＭＦ暫定委。カナダ、ターナー蔵相が議長である。

十三時より、ターナー蔵相主催昼食会。

十五時より、暫定委と記者会見。

十八時より、総会議長主催のレセプションと川口〔嘉一ＩＭＦ〕理事主催の夕食会が行なわれた。

九月一日（月）

八時より、大臣主催のＭＯＦ朝食会。

十時より、総会開会式。その日のランチョンとしてアジア太平洋総務の招待昼食。

十五時から、年次討議において演説が行なわれた〔『全著作集４』535―539頁参照〕。

「山上在山山幾層」という下村海南氏〔貴族院議員。鈴木貫太郎内閣国務大臣〕の言葉を入れた演説は好評であった。

引き続き記者会見。

十八時三十分、駐米大使主催レセプション。

二十時三十分、大臣主催邦人記者招待夕食会が行なわれた。

九月二日（火）

（十時、閣議、記者会見）

九時四十五分、ＡＡでダレス空港からワシントンをあとにした。

十二時〇四分ロスアンゼルスに着いた。

空港で食事をしてただちにゴルフ場に直行した。

終了後、カリフォルニア大のハンス・ベアワルド教授宅へ向った。

総領事主催の夕食会が、八時半という遅い時間に始められた。

九月三日（水）

十時三十分にＪＡＬ六一便にて東京に向った。

九月四日（木）

十六時五十二分、予定より少し早くＪＡＬ六一便は、羽田に着いた。

まずＱＲルームで出迎えの挨拶に来た方々に、好意を謝し、支署長室にて事務打合せをした後、記者会見に向った。

記者会見の後、五日の福田〔赳夫〕副総理との会談に備えて会議を行なった。

九月五日（金）

七時三十分に鈴木善幸先生が来訪し　留守中の出来事について報告した。

九時より国防会議議員懇談会が開催され、時間があまったので福田副総理と懇談した。景気対策について打合せをした。

十時閣議記者会見。一時国税局長会議。

二時に、葉タバコの収納価格についての森山委員長ほかの陳情。二時四十分、石油開発公団倉八〔正〕総裁。

三時から韓国の李へいき〔李海翼〕長官と会談し、韓国へ閣僚会議へ招待された。三時四十分、総理と会談、記者会見。

五時半から、大平番の記者と懇談した。

九月六日(土)

前夜は一晩中、葉たばこの収納価格についての交渉が行なわれた。専特の先生、耕作者代表、学識経験者、専売公社の各構成員が審議会を構成し、折衝が行なわれた。耕作者代表が一旦、一七・五%の提案をした後、十八%に修正したりしたため、川野会長が怒って帰り、朝五時に打ちどめとなった。

十時より審議会が再開され、夜十二時に至って、ようやく十四・九%で結着をみた。

九月七日(日)

九時にスリーハンドレッドに集合して、野村証券田渕〔節也〕副社長、神崎製紙社長〔遠藤福雄〕とゴルフをした。大臣は、アメリカで買ってきたブラックシャフトを使ってプレーしたが、疲れが残っているためか、クラブになれないためか、一〇六であった。森田八五、遠藤九六であった。

八時に、橋本清氏が来訪した。

九月八日（月）

国会の開会が遅れ、今は嵐の前の静けさの時期である。一時、産経岡沢部長とインタビューを行なった。二時下平〔正一〕先生〔衆、長野4、社会党〕ほかが、人事院勧告の完全実施について陳情に来訪した。このような財政危機の折であるからいくらでも実施を遅らすなり、何らかの措置をとるのが望ましいが、三公社五現業等とのバランスもあり難しい。

二時半に、鈴木正氏〔大平義兄〕の友人の狭山市長〔町田佐一〕が来訪した。

四時、NHK野村〔達治〕専務理事、続いて水野清先生が来訪した。

夜は、大平会の後、NET三浦〔甲子二〕常務とハーバード大セイヤー教授と松山で会食した。

九月九日（火）

朝八時より、氷川寮で公定歩合引下げについて打ち合わ〔せ〕、基本的方向について合意をみた。十時、閣議記者会見。

十一時半、主計局会議。十一時五十分、西田広島県議長。

午後より、自民党月刊自由民主のインタビュー。小川平二先生、田沢〔吉郎〕先生、中村寅太先生〔衆、福岡1、福田派〕が相次いで陳情に来訪した。

佐藤〔達郎〕時事通信社長。党三役・国対委員長と党本部で臨時国会についての方針を打ち合わせた。開会時期、会期、補正予算の規模等を話し合った。

四時半にトーメン竹内専務、中村専務がジェネラルダイナミックスの戦闘機を売り込みにきた。六時より、清水で証券大平会が開かれた。

九月十日（水）

朝、伊藤昌哉氏来訪。十一時牛場〔信彦〕外務省顧問が、五カ国首脳会談の代表になったため挨拶に来訪。続いて知事会陳情、博報堂パーティ。十二時半より政府与党連絡会議が開かれた。外務省、佐藤〔正二〕事務次官挨拶。近く日韓閣僚会議が開かれるが、これに大蔵大臣が欠席することが問題となっており、金〔永善〕韓国大使が出席を要請するため、来訪した。

午後から、住栄作先生〔衆、富山1、大平派〕、大坪〔健一郎〕先生、太洋漁業中部〔謙吉〕社長、松岡〔克由〕先生が次々と来訪した。

六時より、論説委員の会を藍亭で開いた。

九月十一日（木）

九時半より、対外経済協力関係協議会が官邸大広間で開かれた。記者会見、財務局長会議。十一時半より、主計局の会議。お昼には、代議士会の後、宏池会総会に出席した。

二時より、給与関係閣僚協議会が開かれ、人事院勧告の完全実施を決めた。

三時から、宏池会記者懇談、四時から理髪に行った。

一日を愉快に過ぞ〔そ〕うと思えば散髪をしろ、一年愉快に過そうと思えば、家を建てろ、一生愉快に過そうと思えば、正直であれを地で行ったものである。

夕方、安井謙先生ほかの陳情、北海道副知事、国連へスター学長が、相次いで来訪した。

夜、かもめ会で椎名、前尾両氏と会った。

九月十二日（金）

朝、田中六助先生と会った後、官邸で森永〔日銀〕総裁と打ち合わせをした。九時、経済関係閣僚協議会、閣議、記者会見。

十一時に、七六回臨時国会の開会式が行なわれた。

終了後、国金と財務官のレクチャー。

午後から、栗原先生、田川〔誠一〕先生が相次いで来訪した。

三時に、ＮＨＫ一億人の経済のビデオ撮りが行なわれた。

四時から、臨時閣議が開かれた。総理の施政方針演説。

六時四十分より、お茶の間エコノミー　ビデオ撮り。

夜は、六時から十二日会（栄家）に出席した。

九月十三日（土）

八時、尾本〔信平。三井金属鉱山〕社長、庭野〔正之助・日本鉱山〕社長来訪、
十時半より、田代〔一正〕日銀理事辞令交付が予定されていたが、非鉄金属の備蓄問題について一時間あまり説明を受けた後、大箱根カントリーに向った。
大平は調子が悪く、スコアはよくなかった。森田は、三九・四三でまわった。
夜はそのまま、黒川建設のシャトー赤根崎に向った。海岸に沿って豪華なホテルが建設されていた。

九月十四日(日)

今日明日と日韓閣僚会議が開かれているが欠席したのでゴルフをすることもできず、資料や本を読んで過した。日韓閣僚会議に欠席したのは、もともと金大中事件などあのような形で結着をすべきではなかったし、最近韓国に対しオーバーコミットメントが目立っている。そのような中で、国会の開会中に閣僚会議など開くべきではないということであった。福田、大平、宮沢、河本出席ということでは、あまりに重すぎると思う。

九月十五日(月)

敬老の日も引き続き、一日シャトー赤根崎で本を読んだり資料をみたりしながら過した。これからは郵政省を口説きおとして郵貯の利下げを実現しなければならぬ。月末までに発議しなければならぬので、相当早いペースで取り進めなければならない。経済対策閣僚会議で、第四次不況対策を決定するのは、十七日と決った。

九月十六日(火)

十時、閣議、記者会見。十一時ワルダナ・インドネシア蔵相が来訪した。大矢根社長が娘の結婚式の案内に来訪。山下武利氏のお母様が亡くなられて弔問に伺った。衆院、本会議で所信表明演説。四時半より、参院本会議でも実施。夕方、明日の経済対策閣僚会議の準備のための会議が行なわれた。七時より、栄家の火曜会に出席した。

九月十七日（水）

九時半に、ショア英貿易大臣が来訪。

十時より、経済対策閣僚会議、大きな議論もなく決定した。十二時より、政府与党連絡会議。

午後から、武藤〔嘉文〕、松浦〔周太郎〕先生等と会い、その後読売の経済部長と対談した。福田〔赳夫〕さんとも対談し、合成して掲載されるものである〔『読売新聞』九月十八日付朝刊掲載〕。

洋服の仮ぬいの後、浦野〔幸男〕、稲村〔左近四郎。衆、石川2、中曽根派〕両先生と会い、夜は、松山で行なわれた朝日田島〔三津雄〕記者の現役復帰の歓迎会に出席した。十時よりＮＨＫで生放送の特別報道番組に出演した。

九月十八日（木）

前夜、突如椎名〔悦三郎〕さんとの会談が決まった。

九時に私邸に行き第四次不況対策、補正予算、解散、党財政について話し合った。大平が出てから、田中六助先生が椎名さんに、三木内閣がこのまま続くことは自民党のためのみならず日本のためによくない、ここは椎名さんに決起してもらって次の政権を担当してもらいたいという話をした。椎名さんはよくわかりましたとのことであった。

十一時半、前尾〔繁三郎〕議長を表敬訪問した。一時より、衆院本会議で代表質問が行なわれた。

夜は、火曜会（参院）、衆院大蔵委の与党幹部に挨拶した後、かや会に出席した。

九月十九日（金）

朝、伊東正義先生が来訪した。九時閣議、記者会見。

十時より、本会議。終了後、河野議長を表敬訪問した。

二時から衆院本会議。金子満広（共）、浅井美幸（公）、塚本三郎（民）の三人が質問に立った。終了後、マニトラのビープラット氏の勲賞〔章〕伝達式が行なわれた。

夕方会議の後、東京ヒルトンでの日本紡績協会の会が開かれた。

大蔵大臣が場合によっては緊急関税を課することがありうるというだけで、相手側の輸出に秩序が出てくるとの要望があった。

九月二十日（土）

朝十時より、参院本会議が開かれた。小平芳平（公）、岩間正男（共）、中村利次（民）、茜ヶ久保重光（社）の各先生が質問に立った。三時頃役所を出て、本屋に寄り、四時五十五分の飛行機で函館に向った。

先達は、函館が嵐で飛行機がとばず順延になっていたものである。

六時すぎ函館について食事をした後、阿部文男先生の後援会で講演した。

夜は、国際ホテル泊り。

九月二十一日（日）

朝は雨模様で、突風が吹いていた。一応大沼カントリーに行ったところ、ウソのように晴れあがった。大沼カントリーは難しく、大平九七、森田九七であった。

四時前に湯の川観光ホテルに着き、五時から、大蔵省の出先も含む、町の有力者と会食をした。

七時すぎの全日空で羽田に向った。

家に帰ると橋本清氏がきていた。ドル高円安で為替が波らん含みなので、橋本氏が生き生きしている。

九月二十二日（月）

八時半から、成人病研究所で健康診断を受けた。

十時半、ＦＮＣＢ〔ファースト・シティ・バンク〕スペンサー頭取が表敬訪問に来た。

続いて英国のヒース元首相と一時間近く歓談した。

福岡県・江口副議長が、福岡の衆院選挙の情勢報告のため来訪した。

二時から牛場〔信彦〕外務省顧問が、五カ国首脳会談のための準備会議について話をするため来訪した。

三時より関税率審議会、続いて会議。四時半に経団連エネルギー対策委の方々が土光〔敏夫〕さんを先頭に来訪した。

夜は、末広会と栄会に出席した。

九月二十三日（火）

九時、閣議、記者会見。お昼に、日経新聞社の主催で福田〔赳夫〕さんと対談した〔『全著作集６』328—341頁参照〕。経済問題が主であったが、総裁の選定については、福田氏は話し合いを主張し、大平は選挙を唱えた。しかし、大福の歴史的和解といった握手の風景がみられた。二時よりエネルギ〔ー〕閣僚協にそなえての会議。

二時半に、理財局の会議が行なわれた。郵貯の問題がくすぶっており、未だ展望がはっきりしない。

六時に、大栄会に出席した。

九月二十四日（水）

田中角栄氏と一緒にゴルフをする予定になっていた。小沢辰男氏も一緒にプレーする予定であった。しかし、朝から雨のため中止することにした。

新聞記者も神経をとがらしていたが、お流れとなった。

九月二十五日（木）

九時半より、総合エネルギー対策閣僚協議会が開かれた。

その後記者会見。山崎竜男先生ほかが、下北汽船のことで陳情に来られた。続いて山内一郎先生〔参、石川、大平派〕の陳情。

十二時より、宏池会が開かれた。国会が動いていないのにきわめて出席率がよかった。

二時より、主税局の会議。三時より、宏池会記者懇談。

四時半に、宮崎輝氏〔旭化成社長〕来訪。

夜五時半より、夜回り会見、栄家で四水会〔池田勇人を囲む財界人の会〕に出た後、栗原〔祐幸〕先生と会い、八時半よりフジテレビでヴィジョン討論会のヴィデオをとった。

九月二十六日（金）

九時、閣議記者会見。十一時、実業の日本のインタビューで高橋亀吉氏と対談した。十二時より、ホテルオークラで水田〔三喜男〕元蔵相と懇談した。その後、宏池会で記者会見した。二時に保岡〔興治。衆、奄美、田中派〕、井上〔吉夫。参、鹿児島、田中派〕両先生の砂糖きびにかかる陳情があった。

二時十五分、佐伯建設・佐伯社長と百十四銀行三野〔博〕常務が多度津の埋立地の買もどしを中止する件について来訪した。三時より全国証券大会に出席し、三木首相とともに挨拶した。

四時半郵貯問題について利下げを要請するため、郵政省に村上〔勇。衆、大分1、水田派〕大臣を訪ねた。

夜は六時より、八芳園で鍛造大平会が開かれた。

九月二十七日（土）

朝は、珍しく、瀬田モダンゴルフで練習をした。あまり当りは、よくなかった。

十二時半より、新保実生氏の長女の結婚式に出席した。

学生時代の友人で、現在通産省に入っている仁坂君が相手であった。

塩見〔俊二〕先生も新保夫妻の仲人をしたことがあるとかで出席していた。

九月二十八日（日）

九時にスリーハンドレッドに集合して九時半にスタートした。太平会である。
今回は新日本証券の鷹尾〔寛〕さんが幹事であった。幸い天候には恵まれて涼しい秋の一日であった。大平は、
四九・五一で百であった。森田は、四四・四四で優勝した。
五時から、東京会館で行なわれた高橋為夫家の結婚式に出席した。

九月二十九日（月）

九時より、閣議記者会見。

十一時半より、国金局の会議。これまで二百九十八円で介入していたが、持ち切れなかったので介入点を上げたところ三百三円までずるす〔ず〕ると後退した。

十二時より政府与党連絡会議に出席し、その後、第二大平会が開かれた。

牛場〔信彦外務省〕顧問が来訪したのに続いて、主税局の会議。

四時から、日中協会設立披露パーティに出席した。中国陳楚大使の挨拶はきびしいものであった。

理髪の後、銀行副頭取の会に出席した。

九月三十日（火）

今日はいよいよ天皇陛下が訪米される日である。八時に家を出て、パトカーの先導で高速道路に入った。

福田さんが首席随員で同行したので、経企庁長官代理となった。十一時過ぎ、藤山事務所に藤山〔愛一郎〕さん〔衆、神奈川1、藤山派〕を訪ねた。

一時半に、経企庁の官房長などが挨拶にきた。

仮縫いの後、古内〔広雄〕夫人来訪。三時より会議。椎名副総裁の喜寿金婚のパーティに夫妻で出席した。

夕方、逢沢英雄氏が来訪。

六時すぎより、NETテレビのフィルムどり。

七時より塚原俊郎先生〔衆、茨城2、福田派〕父子、五島昇氏子息とともに食事をした。

十月一日（水）

八時長谷川〔隆太郎・アジア石油〕会長、八時半に藤井良男氏〔フジタ工業副社長〕来訪。

十時、マッカーサー元駐日大使〔ダグラス・マッカーサー最高司令官の甥〕が来訪した。十時半衆院大蔵委で提案理由を読み、伊藤宗一郎、小泉純一郎、村岡兼造、野田毅、村山達雄の各先生〔いずれも自民〕が質問に立ち、二時半、可決散会した。

同時に郵便法改正案も逓信委員会で与党のみで可決した。三木総理はかなり強行に消極的であったが、与党大蔵理事が押し切った形となった。

四時三十五分より国税庁の会議。坊秀男先生〔衆、和歌山1、福田派〕、篠田弘作先生〔衆、北海道4、椎名派〕等が相次いで来訪した。

七時より、水野清先生とともに新聞社論説委員と懇談した。

十月二日（木）

八時半より、日本貿易会の朝食会が行なわれた。大臣、次官〔竹内道雄〕、主計局長、主税局長、関税局長〔後藤達太〕等が出席した。

十時過ぎ、前田議員会長、十時半より財政法特例法について会議をした。十一時半、広島大用地確保の問題で広島県選出の代議士の先生が来られた。

十二時に、宏池会総会で選挙法の説明会があった。代議士会で中曽根幹事長、宇野〔宗佑〕国対委員長〔衆、滋賀、中曽根派〕より、酒タバコ法案に関する経過説明があった。

三時より、宏池会記者懇談。早く役所を出て、虎ノ門書房に寄り早く家に帰った。

十月三日（金）

九時、閣議記者会見。十時三十五分より、主計局長、官房長が大臣と懇談。

午前中、自治省次官〔鎌田要人〕と竹内次官の間で、地方財政問題について国の援助の話がつめられた。交付税減収分は、国が融資したうえ利子負担（本年度分）をする。国有の減収分については、地方債で措置を、うち二割は資金運用部で引き受ける。公共事業追加分についても地方債を資金運用部で引き受けるということになった。

四時半より、福田一自治大臣と折衝し、正式に決定した。

六時より、大阪ガス安田〔博〕社長と栄家ですきやきをした。

十月四日(土)

八時半頃家を出て、霞ヶ関カントリーに向った。ＯＫＳ大会出席のためである。九時半について十時よりスタートした。まだ、オールブラックシャフトのクラブになれず調子が悪かった。結局スコアは百であった。

夜八時に、橋本清氏が来訪した。

十月五日(日)

朝、伊東正義先生が来訪し、朝食をともにした。

九時半発の全日空で鹿児島に向った。お昼を金融関係者とともにして陳情を受け、続いて記者会見。

二時四十分に医師会館についた。講演。宮崎〔茂一〕先生の出身地、谷山小学校に移り、二度目の講演。

五時十分谷山小学校を出て、空港ホテルに着いた。空港ホテルで有力後援者とともに夕食をとった。

飛行機が十五分位遅れたが、七時四十分に鹿児島空港を発って、十時前に羽田に帰ってきた。

十月六日(月)

朝、八時半より成人病研究所で健康診断を受けた。これまでと違って、胃腸のレントゲン検査を受けた。

十一時四十五分サンキスト・アトキ社長、西本貿易洲崎〔喜夫〕社長が来訪した。十二時、仁尾町長以下町議の先生方が来られた。

十二時半に、政府与党首脳会議が行なわれた。

大日本電線社長、二時から会議。斉藤邦吉先生、島田〔安夫〕先生〔衆、鳥取、福田派〕、増岡〔博之〕先生、玉置猛夫先生が次々と来訪された。

夕方、宏池会の記者が大臣室に来て懇談した。銀杏会がホテルオークラで開かれた。

十月六日（月）〔同日を重複記載〕

八時半、健康診断。久しぶりで血糖値は下っていた。しかし、葛谷先生から一度ドックに入るように勧められた。

十一時四十五分サンキスト、西本貿易洲崎社長が来訪した。

十二時仁尾町町議二十名が大臣室にきた。

十二時半より政府与党首脳会議に出席した。

二時に大日本電線社長。二時から会議、斉藤邦吉先生、島田先生、増岡先生、玉置猛夫先生、鶴田〔卓彦〕日経局次長が次々に来訪した。

六時から、ホテルオークラで銀杏会が開かれた。

十月七日（火）

九時半、閣議記者会見。十一時半大蔵公雄キャシュサーヴィス社長、お昼に光洋精工東京社屋披露パーティで挨拶。お昼御飯を役所でした後、正力松太郎氏〔元読売新聞社主。元衆院議員〕の七回忌に出席した。

三時より国金局の会議。四時高木〔文雄〕前次官が来訪し、鍋島〔直紹・参議院議院運営委員会〕委員長から資金調達の依頼を受けたことを伝えてきた。

五時半より大矢根中村家結婚披露宴に出席して、ロバート・アンドレーのアフリカンヂェネシスのアイデンティティの話をした。

十月八日（水）

八時半より、氷川寮で日銀幹部と会合した。

十時半より、共産党都選出議員団が来訪した。十一時十五分より経企庁の会議。十一時四十五分より、理財の国債の消化の問題について協議した。

一時より、自民党代議士会。続いて水野〔哲太郎〕五洋建設社長、木村〔秀弘〕前専売総裁夫人が来訪した。一時半より、財政制度審議会の第四回総会が行なわれた。

三時半より、国債発行懇談会が国際会議室で開かれた。中尾宏先生、川瀬〔東工物産〕社長、大日本製薬宮武〔徳次郎〕社長が次々に来訪した。

六時より、大平会が栄家で開かれた。

十月九日（木）

九時、閣議記者会見。十時半に、財務官が首脳会談の準備会議の報告に来訪した。

十一時半、全中の吉田専務、片柳理事長（農中）が国債の割り当てを増やさぬように陳情のため来訪した。

十二時、宏池会、定例総会。この日に五十年度の補正予算と赤字公債発行のための財政法特例法を国会に提出した。

二時より、牛場〔信彦〕顧問、三時宏池会記者懇談。

四時半、平泉渉先生が来訪。

六時より、毎日新聞の労組委員長を務めた安東謙記者の慰労会を松山で行なった。

十月十日（金）

体育の日で休日であるので、スリーハンドレッドのプレジデント杯に参加した。森〔美夫〕社長と佐々木栄一郎氏と一緒にまわった。四十五・四十六、合計九十一で三等であった。第百土地の森社長は、全く調子が悪く、百をはるかにオーバーした。それから箱根小涌園に向い、そこで泊った。夜は時間をかけて財政演説を手直しした。

〔十月十一日なし。十二日は二回記載〕

十月十二日（日）

八時半、小涌園を出てフジゴルフに向った。九時すぎ山中湖畔のフジゴルフに着いて、九時半にスタートした。幸いに天気はよく気持よくプレーできた。
大臣は、四十五・四十五であった。森田は、四十二・四十七で優勝した。黒川〔信夫〕さんの会は、毎年ここで行なわれるのが恒例になっている。

十月十二日（日）

八時四十分に、〔東亜〕国内航空により青森に向った。行きも帰りも八戸経由であるので随分時間がかかった。ホテル青森で記者会見。昼食をして、一時半より政経文化パーティに移った。その際仮谷〔建設〕大臣が、災害復旧を必ず実現させることに関連して、〝この約束は、国会答弁のようにいいかげんなものではありません〟と言ってしまった。これが仮谷失言として大問題となり、以降連日にわたって政府与党を悩ますことになる。

九時五十分予定通り、羽田に帰ってきた。

十月十三日（月）

十時に、香川小児病院の久保先生が陳情。

十時十五分に小松製作所の河合〔良一〕社長が来訪し、中国原油の将来について話をしていった。

十一時より、主税局の会議。十一時半から、サントリーのロシア工芸とイコン展を見に行った。佐治〔敬三〕社長に対する義理立てである。一時半に理髪、三時から財政演説の検討をした。

四時半より、石橋家結婚式に出て挨拶した。森田が媒酌人を務めた。その後十二日会に出席して、前夜栗田さんが肺ガンで亡くなられたので弔問に伺った。

十月十四日（火）

九時、閣議記者会見。十時半相銀早坂〔順一郎〕会長、田村良平先生〔衆、高知、田中派〕、屋良〔朝苗〕沖縄知事、全国林産政治連盟陳情。神戸商大高木学長、朝日中島記者、小川平二先生が次々と来訪した。

訪米中であった天皇陛下が無事帰国された。何も事故がなくて何よりであった。

閣僚は夫妻で空港にお迎えした。

六時より、芳明会が開かれた。

十月十五日（水）

朝、高橋為夫氏が高橋家の結婚式についての挨拶のため私邸に来訪した。朝から全国知事会議が開かれ、大臣は、お昼の時間に出席し昼食を共にした。午前中、青森県連会長、輪銀澄田〔智〕総裁が来訪した。

午後二時より全国信用組合大会が開かれ、出席して挨拶にたった。二時過ぎより、省内でレクチャー。五時半より臨時国会での施政方針演説の検討を行なった。

五時過ぎより、栗原〔祐幸〕先生とともに河野〔謙三・参議院〕議長に会い協力を求めた。河野議長は趣旨をよく了解された。

終了後、九時半より自宅で記者会見した。

十月十六日（木）

八時に原健三郎先生が来訪し、スト権問題について、大臣の意の開陳を求めた。大臣より、自分は、閣僚協のメンバーでもあるので、専門委懇談会の結論をまって態度を明らかにしたいとの回答を行なった。

午前中サンキスト・ビルコール副社長、向井長年先生〔参、全国、民社党〕が来訪した。

十二時より、定例の宏池会総会に出席した。

二時より、第二六回の地方銀行大会に出席して挨拶を行なった。

午後は、宏池会の記者会見のほか、理財局の会議を行なった。

夜、藤田氏（大蔵省同期生）の関係の結婚式に出た後、
永野厳雄先生〔参、広島、大平派〕の子息の逝去について弔問した。

十月十七日（金）

八時半より、経済関係閣僚協が開かれた。

九時から、閣議記者会見。優良こども銀行表彰式に出て、挨拶やら写真撮影を行なった。

午前中、森、西銘〔順治〕先生〔衆、沖縄、田中派〕、今井勇先生、平泉〔渉〕、今泉正二〔参、全国、田中派。一龍齋貞鳳〕先生が次々と来訪した。

十二時より、第二大平会で比較的ゆっくりと懇談した。

二時四五分、財政法特例法の件で法規課の会議をした。

夜六時より稲田〔耕作〕さんの三金会に出たあと、衆院本会議が十一時十五分に開かれ、財政経済両演説が行なわれた〔財政演説は『全著作集４』44―49頁参照〕。
○時二十五分に、参院本会議で同様に演説が行なわれた。

十月十八日（土）

十一時、衆院本会議で代表質問が行なわれた。多賀谷真稔（社）、正示啓次郎（自）、青柳盛雄（共）、坂井弘一（公）、竹本孫一（民）の各先生が質問に立った。

あと日ソ漁業操業協定ほか一件がかかった。

本会議終了後、ＮＨＫビデオどりで　各党政審会長クラスで「補正をめぐって」というのをとった。

十月十九日（日）

九時よりスリーハンドレッドで、東洋信託森田〔千賀三〕社長、第百土地の森〔美夫〕社長とゴルフをする予定であったが、雨のため延期となった。

夜、橋本清氏が来訪し、国際金融情勢について話をした。

十月二十日（月）

三崎会長が染色工業会の関税問題について、浜野氏を連れてきて、暫定措置の二年延長について陳情があった。

九時半、ジョージア州の知事が来訪した。十時半より褒章伝達式であったが、参院本会議の代表質問のため、ダメになった。野々山一三（社）、柳田桃太郎（自）、塩出啓典（公）、塚田大願（共）、三治重信（民）の各先生が質問に立った。

四時に、衆院予算委で補正の提案理由説明を行なった。

六時より栄会を栄家で〔行な〕った後、樋山頭取、露木清〔三菱銀行〕副頭取と会った。

橋本清氏とばかり話を聞いていたのでは、偏った見方になるというのでこの会合を催した。

十月二十一日（火）

朝早く前田敬二先生〔元香川県会議長〕、洲崎〔西本貿易〕社長が私邸に来訪した。

八時半より閣議で、九時半から記者会見が行なわれた。

十時より衆院予算委で、田中武夫先生、堀昌雄先生、岡田春夫先生（以上社会）、荒木宏（共）の各先生が質問に立った。

夕方、千葉県知事〔川上紀一〕陳情。

五時半に火曜会、五時から嶋崎均先生を激励する会が行なわれたが、予算委員会が遅くなって出席できなかった。

十月二十二日（水）

八時に、讃岐かんづめの西山前社長があいさつに来られた。あとの社長は、当分の間空席にし、斉藤幸則さんが代表権をもつ専務になった。

午前中、国民参政八五周年の式典があったので、予算委は十一時から開会となった。

正木良明（公）、佐々木良作（民）、奥野誠亮（自）の各先生が代表質問に立った。

十二時から一時の間に、院内で政府与党首脳会議が開かれた。

十月二十三日（木）

朝九時、主税局長〔大倉真隆〕、国金局長〔藤岡真佐夫〕と打ち合わせの後、三豊郡議長の一行、ハンガリー貿易大臣、四国電力の山口〔恒則〕社長に次々と会った。

十時より、衆院予算委で阿部助哉（社）、正森成二（共）、細谷治嘉（社）、楢崎弥之助（社）各先生が質問に立った。

お昼の休憩時間に宏池会に出席した。

衆院議運委は、明日の本会議開会を委員長処理で決定した。

五時四十分、栗原祐幸先生と会って、国会情勢について意見を交換した。

十月二十四日（金）

九時より、閣議記者会見。

十時より衆院予算委。安宅常彦（社）、渡部一郎（公）、湯山勇（社）の各氏が質問に立った。

午後から故中村建城氏〔大蔵省主計局時代、大平の上司。のち国民金融公庫総裁〕の葬儀、告別式が行なわれたが、出席できなかった。

六時四十分より衆院本会議が開かれ、酒タバコ法案の処理がなされた。即ち、議運委員長解任決議案、逓信、大蔵、各委員長、大蔵大臣の不信任決議案が否決した後、郵便法の報告質疑討論、採決をした。酒税法たばこ定価法を報告、質疑、討論、採決を行なった。翌朝十時三十分可決した。ホテルオークラの宿泊の用意をするも完全徹夜のため利用しなかった。

十月二十五日（土）

大臣はゴルフに行くことを望んだが、身体が大切なのであきらめることとした。

十月二十六日（日）

朝八時に、全日空貴賓室に集合した。八時半全日空二四五便で福岡に向った。十時十分福岡着、十時五十分会場着。十一時〜十二時に陳情。福岡政経文化パーティを主催した二時四十五分に、パークプラザ発福岡空港着。三時五十五分に福岡発ＪＡＬ三六六便で東京に帰ってきた。田中六助先生の要請で行くことになったものである。

十月二十七日（月）

八時に、野村証券の増田〔健次〕氏が自宅に来訪した。九時半に青木建設社長〔青木宏悦〕、続いて離任するラムリ・インドネシア大使が来訪した。

十時より衆院予算委で、補正予算の質問を行なった。河村勝（民）、阿部助哉（社）、中沢茂一（社）、石野久男（社）、楢崎弥之助（社）の各先生が質問を行なった。

予算終了後、渡辺武先生〔参、全国、共産党〕と沖縄県議長が陳情に来訪した。

六時より、末広会に出席した。

十月二十八日（火）

九時、閣議記者会見。

十時衆院予算委で、山田太郎（公）、野間友一（共）、阿部昭〔吾〕（社）、岡田春夫（社）の諸先生が質問した。

六時に大栄会があり、これに出席した。

夜、金子岩三先生の御母堂の弔問に私邸を訪ねようとしたが会が遅くなりあきらめた。

十月二十九日（水）

朝七時四十分に、米財務次官ヨー氏とホテルオークラで朝食をとることとした。

八時五十五分より、主税局レクチャー。

十時に衆院予算委で、小林進（社）、増本一彦（共）、田中武夫（社）討論、採決し、夜十一時三十五分に可決した。

衆院本会議を零時十三分再開し、委員長報告を行ない討論し、一時二十分に可決し散会した。

夜は学者の会を予定していたが、国会があったため延期した。

十月三十日（木）

朝八時半より、千代田ビデオでNETのあまから問答のビデオ撮りを行なった。

十時より、参院予算で総括質問がはじまった。宮之原貞光（社）、黒住忠行（自）が質問に立ち六時四十五分散会した。休憩中院内で理髪をした。

七時から鈴木善幸先生と栄家で話し合った。

十月三十一日(金)

七時四十五分、マブチ社長が次男の〔以下、欠〕
九時、閣議記者会見。十時より、黒住忠行(自)、上田哲(社)、斉藤栄三郎(自)の各先生が質問に立った。
午後からの岸本吉右衛門氏〔岸本商店〕の葬儀には出席することができなかった。
夜パレスホテルでロイヤル保険の営業開始の記念パーティがあり、大月〔高〕同和火災会長の要請により出席した。

十一月一日(土)

九時十五分、ナイジェリアの石油相が大臣室に来訪した。

九時半、四国電力の山口〔恒則〕社長が来訪した。

十時より参院予算委で、斉藤栄三郎(自)、工藤良平(社)、秦野章(自)の各先生が質問に立った。四時半に散会となり、四時四十分より主税局と銀行局の会議を行なった。

みのる会〔証券会社社長父子の親睦会〕が箱根で行なわれ、森田が代理で出席した。

十一月二日(日)

朝十一時二十分の全日空で高松に向った。自民党の政経文化パーティである。三木首相は予定があり、あとの飛行機で来高した。

一時五十分より陳情を聞き、三時から四時半までパーティが行なわれた。

この頃は、ランブイエの〔第一回サミット〕会議に行くかいかないかが大きな問題となっていたが、(大蔵省事務当局は、国会に支障のないかぎり行ってほしいという立場であった)。三木首相も大平君と一緒に行くことを強調していた。

六時五十五分に羽田に帰着した。

十一月三日(月)

習志野〔カントリー〕の開場記念杯に、田中前首相を誘って出席した。大平、田中、鈴木善幸、森田の四人でまわった。鈴木、大平＝森田、田中の順であった。

夜、田中角栄氏と栄家で食事を共にした。

(1)大福がやめれば、三木政権はつぶれるが、そうでない限り簡単にはつぶれない。

(2)福田政権は、自分としては賛成しがたい。

(3)酒タバコ法案がダメになっても軽々に大蔵大臣を辞任すべきではない。三木は既に、後任の人選も考えていると思わねばならない。三木は辞任を待っていると考えるべきだ。

(4)スト権問題では筋を通すべきだ等の点を述べていた〔『全著作集7』102—103頁参照〕。

十一月四日(火)

九時、閣議記者会見。十時参院予算委で質疑が行なわれ、三木忠雄(公)、内藤功(共)、野口忠夫(社)の各先生が質問に立った。

十二時半より、山崎峯次郎氏〔SB食品創業者〕の一週〔周〕忌が行なわれたが出席できなかった。

夜は七時半から学者の会を開いた。萩原延寿先生〔歴史家〕、永井陽之助先生〔東京工業大学教授〕、館竜一郎先生〔東京大学教授〕で帰りに本代を渡した。

十一月五日（水）

十時より、石油連盟の会長等が陳情にきた。

田中六助先生が教科書協会の人達をつれて陳情に来た。戸塚〔岩夫〕審議官がスト権問題で大臣に御進講した。

上条〔勝久〕先生、温水〔三郎〕先生〔参、宮崎、三木派〕が宮崎での政経文化パーティについて大臣の出席を求めに来訪した。

平林剛先生〔衆、神奈川3、社会党〕がスト権問題で、大蔵省関係の組合の代表を連れて大臣に面会に来た。

午後から参院予算委で総括質問が続けられた。

辻一彦（社）、寺田熊雄（社）、桑名義治（公）、渡辺武（共）の各先生が質問に立った。

夜は、栄家で一水会が行なわれた。

十一月六日（木）

十時に、参院予算が開かれた。栗林卓司（民）、佐々木静子（社）、小野明（社）の各先生が質問に立った。

十二時より院内総裁室で、政府与党連絡会議が行なわれた。

二時の生命保険大会には出席できなかった。

予算委は六時四十分に散会したが、七時より旅費、共済について参院大蔵委が開かれ、九時五十五分までかかった。

首脳会談同行記者（宏池会）との懇談が清水で行なわれており、ちょっと顔を出してから帰った。

十一月七日(金)

九時、閣議記者会見。

十時より参院予算委で、矢追秀彦(公)、近藤忠孝(共)、星野力(共)、下村泰(第二ク〔コロンビア・トップ〕)の各先生が質問に立った。十二時よりランブイエに行くかどうかについて、国対委員長と会談し、国会審議第一主義の意向を伝えた。

八時過ぎから、参院本会議で議了案件の上程が行なわれた。

夜は大平会があったが、出席できなかった。

十一月八日(土)

今日は一日家で休養をとった。

夜八時に、田中六助先生が来た。田中先生は、椎名〔悦三郎〕副総裁と田中角栄氏をひんぱんに訪れていろいろの話を持ち込んで来る。

十一月九日(日)

七時四十五分のチャーター機で、広島の政経文化パーティに向った。十時四十分にグランドホテルに着いた。池田満枝〔勇人〕夫人と行彦氏が終始側で立っていた。

一四時二十分の広島発の全日空機で四時五十分羽田に帰ってきた。

十一月十日（月）

八時半、総合エネルギー対策閣僚会議。続いて九時半に、対外経済協力関係閣僚会議が行なわれた。十時四十五分、六大臣の懇談会が開かれた。引き続き、政府与党首脳会議が行なわれた。

午後から大久保武雄先生、田中栄一先生〔衆、東京1、石井派〕、伊藤昌哉氏が来訪した。

夜藤井良男〔フジタ工業副社長〕家の結婚式に出席した後、八時半より私邸で鈴木善幸先生と会った。

十一月十一日（火）

八時半より、経済関係閣僚協議会。九時閣議、記者会見。

十時過ぎ、田沢〔吉郎〕先生が青森県連二十ヶ町村の市長町長等を連れて来訪した。

十一時より、ブリユネ大使と会った。

十二時よりランブイエ会議出席の件について、外相蔵相が総務会に出席した。

一時半世銀ナップ副総裁、続いてフジTVインタビュー。

二時より衆院。本会議で財政法特例法趣旨説明と質疑が行なわれた。

夜、国連大学のレセプションと、三大臣同行記者との懇親会があった。

田中六助先生が夜私邸に来訪した。

十一月十二日（水）

八時半、成人病研究所。十時より、藤田耕作先生陳情。

十一時より衆院大蔵委。佐藤観樹先生（社）、山田耻目（社）、増本一彦（共）、広沢直樹（公）竹本孫一（民）

の各先生が質問に立った。

十二時より、首脳会議の件で両院議員総会が開かれた。そのあと各党の国対委員長などに挨拶にまわった。

夜、十二日会に出席した。

十一月十三日（木）

七時四十分私邸に、伊東正義先生が来訪した。

原田左右三〔昇左右〕先生〔衆、静岡1、76年初当選〕が写真撮影に来訪した。

九時閣議。終了後、国防会議議員懇談会、記者会見が行なわれた。

十時に参大蔵。酒タバコ提案理由説明が行なわれた。

その後、十一時より相互銀行大会で挨拶した。

十二時、宏池会定例総会、続いて記者懇談。午後から二階堂〔進〕先生、河野洋平先生、増岡〔博之〕先生が来られた。増岡先生は宏池会が池田氏をも応援することを決めたと聞き抗議に来られた。

夜、萩原幸雄先生を励ます会が憲政記念館で催された。夜二十二時五十五分にアンカレッジまわりパリに向けて出発した。

十一月十四日（金）

十八時間の飛行の後、ドゴール空港の上空に来たが、深い霧のためおりられず、近くの空港に降りた。そのため、歓迎式は行なわれなかった。

夜、ランブイエの城で夕食会が行なわれた。ランブイエの城は、森の中にある城でナポレオンがセントヘレナに流される最後の夜を過したという名跡である。

城で泊るのは、三人にしぼられたため、総理と高橋〔亘〕秘書官、北村〔汎〕秘書官に限られた。蔵相、外相〔宮沢喜一〕、記者団一行が一団となって市内のホテルに泊った。

十一月十五日（土）

六ヶ国十八人の首脳が細長い机に向い会った形で会議をはじめた。会議は、ジスカールデスタン〔仏〕大統領とシュミット〔西独〕首相が中心であった。

首脳以外は、キッシンジャー〔米国務〕長官も含めてほとんど発言をしなかった。ジスカールデスタン大統領は、首脳の決断を求めながらも、自分も固定相場制にすぐもどることを要求しているわけではないこと、しかし、現在の相場は、実勢以上に変動している点に難点があると述べた。イギリスは、日本がリードオフした貿易の時に、保護貿易に依存せざるをえない旨述べるかどうか心配されたが自由貿易主義に反対はしなかった。

十一月十六日（日）

各国首脳がそれぞれの項目についてリードオフし、これに対し、各国首脳が意見を述べおわったところで、蔵相は、ランブイエ宣言の起草にかかった。宣言の中には、日本案がかなりとり入れられた。

会議の途中、イギリスが、生命力のある企業まで犠牲にすることは賛成できないと主張したが、シュミット首相は、もし、ウィルソン〔英〕首相のいわれる生命力のある企業がヨーロッパのテクスタイルのことを言うのであれば自分は反対である。パリやイタリヤのは、ファッションとして生命力があるといえようが、それ以外は後進国に譲るべきだと主張した。ジスカールデスタンが間に入り、いつまでもこだわるのは自分も賛成できないが、この不況の中にせんい産業をつぶすのは適当ではないだろうと間に入った。

十一月十七日(月)

日航の特別機をお借りして、アムステルダムに飛んだ。

そこで乗りかえ、アンカレッジ経由で夕方六時二十五分に帰国した。

藤田正明先生より臨時国会の模様について報告があった。そのあと、大蔵省の幹部と打合せをした後、記者会見に臨んだ。

記者会見では、会議の模様について感想を述べるに止めた。

十一月十八日(火)

十時より、参院大蔵が開かれた。蔵相が帰国したので、とにかく審議するだけは審議しようというわけである。

大塚喬(社)、寺田熊雄(社)、野田哲(社)、近藤忠孝(共)の各先生が質問に立った。

途中で審議が中断し休憩になり、休憩のまま八時半に散会になった。

そのため、火曜会と故愛知〔揆一〕蔵相三回忌には出席できなかった。

十一月十九日(水)

九時より、閣議記者会見。十時より全交連の代表が陳情に来訪した。

十時半より参院大蔵委で財政法特例法の審議が行なわれ、松浦利尚(社)先生が質問に立った。

正午より、政府与党連絡会議が開かれた。

夜は、吉兆で青藍会の会合が開かれ、ランブイエの会議の模様を話して喜ばれた。

十一月二十日(木)

八時過ぎ自宅に、大日本製薬の宮武〔徳次郎〕社長がサリドマイド児の追加申出が来ている件について相談に来た。

九時半に、外債のお礼のためトーメン安本社長が来られた。

福永〔健司〕先生の陳情。十時三十五分より、参院大蔵委が開かれた。

寺田熊雄(社)、矢追秀彦(公)、近藤忠孝(共)、栗林卓司(民)、野末陳平(第二ク)の各先生が質問に立った。

昼宏池会総会があったが、時間がなかったため、院内で昼食、休憩をした。

夜、立正佼成会の庭野〔日敬〕会長の古稀祝賀会に出席した後、かや会に出て、八時半より伊東〔正義〕、佐々木〔義武〕、服部〔安司〕三先生と会合した。

服部先生は、安倍晋太郎先生〔衆、山口2、福田派〕よりの大福提携論を述べていた。

十一月二十一日(金)

八時半に、日銀総裁〔森永貞一郎〕と会うことにしていたが、前日のかや会で会ったので取り止めた。

九時、閣議記者会見。十時に衆院大蔵委で特例法の審議が行なわれた。

十二時より、第二大平会が栄家で開かれた。

駐日メキシコ大使、コルベック輸銀総裁が表敬のため来訪した。

二時半から、霊南坂にこもって来年の予算の概要と問題点の御進講をした。

夜、福井順一先生の沙羅に行き、大臣夫人の誕生会を行なった。フジテレビでランブイエ会議について、九時より牛場〔信彦〕、大来〔佐武郎〕両氏と対談した。

十一月二十二日（土）

九時四十五分、服部先生が陳情に来訪した。

十時より前日に引き続き、霊南坂で、来年度予算の問題点を討議した。十二時に小山長規先生の永年勤続祝賀会がニューオータニで行なわれあいさつした。

二時より、臨時国会の延長の手続が衆院本会議でとられた。これにより十一月二十四日までになっていた国会は、十二月二十日まで延長された。

十一月二十三日（日）

昼頃まで時間があったので、スリーハンドレッドに行った。

向うで、森〔美夫〕社長、矢口〔麓蔵〕大使と会い一緒にプレーした。

三時にスリーハンドレッドを出て、四時半に沼津インターチェンジについた。

五時に栗原〔祐幸〕先生宅で奥様手作りの料理を御馳走になった。河野〔参院〕議長、河野洋平先生、栗原先生後援会長が御一緒であった。

その後、三島市公会堂と沼津女子高校講堂での演説会に出席した。

十一月二十四日（月）休日

長らくのびのびとなっていた東洋信託森田〔千賀三〕社長、森〔美夫〕社長とのゴルフをした。九時より、スリーハンドレッドでスタートした。森さんは相変らず調子が悪かった。

夜、橋本清氏とマブチ社長が来訪した。

十一月二十五日（火）

九時、閣議記者会見。十一時すぎ、官房長、秘書課長が訪れた。十二時、政府与党首脳会議が開かれた。

一時より松沢〔卓二〕富士銀頭取、貝塚啓明東大助教授とともに国債座談会を行なった。

二時半に、人材確保法の予算返上の申し入れのため、日教組槇枝〔元文〕委員長が来訪した。

三時に、宏池会に記者懇談を行なった。四時に、韓国李議長が表敬訪問に来た。

夕方、朝日芝さん、住友商事加藤〔五郎〕副社長、宇山〔厚〕ブラジル大使が来訪した。

二十五日には大栄会が開かれた。

十一月二十六日（水）

八時に日本国土開発石上〔立夫〕社長、熊谷組牧田〔甚一〕社長が私邸に来訪した。十時二十分、故櫛田〔光男〕氏の叙勲を手渡した。

十時半より、納税表彰式が行なわれた。十二時半に藤田正明先生が、国会の今後のスケジュールについて説明した。

午後から、中尾宏先生、篠田弘作先生、栗原祐幸先生が次々に来訪した。四時から公企体関係閣僚協が開かれ、スト権問題について協議した。専門委懇談会の意見書が筋論を中心とした硬いものであったので、スト権ストは激しいものになりそうである。

夜は小林與三次さん〔日本テレビ社長〕を祝う会に出席し、その後、城山三郎〔作家〕、牛尾治朗〔ウシオ電機社長〕、栗原小巻〔女優〕、吉国二郎〔元大蔵次官、横浜銀行頭取〕の各先生とファイナンスの新春放談を行なった。

十一月二十七日（木）

九時半、インドネシアオイルの件で上野社長、大阪ガス安田〔博〕社長が大臣室に来訪した。午前中は、田中六助先生、主計局長〔竹内道雄〕のレク、浦野〔幸男〕先生、堀〔昌雄〕社会党政審会長が次々と来訪した。十二時より宏池会総会で、スト権問題について議論をした。宏池会も筋論ない硬論が中心であった。午後、主計局の余り米の陳情。

東電水野〔久男〕社長が来られた。三時より、スト権及びスト対策のため公企体等関係閣僚協が開かれた。終了後、宏池会記者懇談。六時より、栄会と武見太郎先生〔日本医師会会長〕叙勲祝賀会が行なわ〔れ〕、二十八日には、私鉄もストで混乱が予想されるため、ホテルオークラに泊った。

十一月二十八日（金）

九時閣議、記者会見。十時二十分、宇野〔宗佑〕委員長を国会の国対委員長室に訪ねた。その後、岩波書店に寄り、その後、三崎社長、川鉄藤本〔一郎〕社長、小野季雄〔琴平参宮電鉄社長〕、松岡健雄〔香川県医師会長〕両氏、同友のカメラマン、前田正男先生〔衆、奈良、石井派〕、武藤嘉文先生、床次〔徳二〕先生等が来られた。

午後、官房のレクチャーが行なわれた。

三時より公企体等閣僚協議会が開かれ、夕方より自由新報に掲載させるため下村治氏と対談した。

六時過ぎより、松山で行なわれた清友会に出席した。

十一月二十九日（土）

九時半に前川〔忠夫〕香川県知事、医大問題で陳情。

後藤田正晴氏が来訪。税のしるべについて対談。

十一時より、自民党結党二十周年の式典が行なわれた。

二時より、連日の公企体閣僚協議会。その後、財研と宏池会で記者懇談を行なった。

自民党のスト権に対する態度は次第に強硬論が勝をしめるようになり、大体専門委懇談会の線がそれ以上の強硬論で固まっていった。

それに当っては、田中派が申し入れをしたことが大きく寄与している。

十一月三十日(日)

日石の滝口〔丈夫〕社長と高麗川カントリーでプレーすることになっていたが、スト中でもあり、四時から公企体閣僚協が官邸で開かれることとなったため中止した。

連日閣僚協は開いているが、ゼスチャーの色彩も強くあまり中身の濃い議論にはなっていない。

七時に、橋本清氏が私邸に来訪した。

十二月一日(月)

八時半より、氷川寮で日銀との定例の朝食会を開いた。十一時多度津町長〔信濃勇〕、続いて安徳幹事長、安田貴六先生が来訪した。十二時政府与党首脳会議が開かれた。

宏池会で記者会見したあと、主税局、主計局、国金局の会合を次々と行なった。

五時より閣議を開き、スト権に関する政府見解を発表することとなった。これは、自民党の意見をふまえたもので公労協側が受け入れられるものではないと思われる。

中山伊知郎先生〔一橋大学名誉教授〕喜寿の祝賀会に出席した。

六時からの総理のプレスクラブ夫妻の招待には、大臣夫人が代りに出席した。

十二月二日（火）

八時四十五分から、大阪空港訴訟関係閣僚会議が院内で開かれた。九時、閣議記者会見。

十時半衆院大蔵委が予定されていたが、開会に至らなかった。一時すぎ、愛媛県の各先生がそろって陳情に来られた。二時から再び国会につめかけたが、結局大蔵委員会は開会されるに至らなかった。

夜六時半より、三崎氏と日商岩井辻〔良雄〕社長等とが、会合した。

その後八時半より、自動車労連の塩路〔一郎〕委員長と会食した。

十二月三日（水）

今日は貨幣大試験の日であるが、大蔵委員会が予定されているので急きょ取り止めた。

十時、三豊郡下の町村長が来訪。十時十五分より東北電力若林〔彊〕社長、浦野〔幸男〕先生が来訪した。

十時半から、衆院大蔵委で特例法の質疑が行なわれた。

増本一彦（共）、広沢直樹（公）、竹本孫一（民）、松浦利尚（社）の各先生が質問に立った。

お昼に、政府与党連絡会議が開かれた。夜は、委員会開会中に立食いのような形で食べた。

夜の一水会には結局出席できなかった。

十二月四日（木）

八時に、自宅に前田敬二先生〔香川県議〕が来訪した。

十時十五分に保岡〔興治〕先生と奄美町の市長他が陳情のため来訪した。十時半より主税局官房等のレクチャーがあった。

十二時より、宏池会定例総会。

一時に佐々木良作先生〔衆、兵庫5、民社党〕に会った後、青山葬儀所の櫛田光男氏〔大蔵省理財局長、国民金融公庫総裁を経て、日本不動産研究所所長〕の葬儀に出席した。三時から宏池会の定例記者懇談で、夕方夜回り会見の後、鈴木万平氏〔参、静岡、無〕と鹿島守之助氏〔参、全国、無〕のお通夜にまわった後、如水会館で行なわれた三思会〔現役の社長クラスを中心メンバーとする会〕の第一回の会合に出席した。

十二月五日（金）

九時から閣議物価対策閣僚会議。記者会見を行なった後、院内の理髪室で理髪を行なった。午前中主計局の会議、一時より、衆院本会議が開かれ財政特例法が可決採決された。

二時半より中期五カ年計画のレクチャーが行なわれた。

続いて理財局の会議の後、小坂善太郎先生と森ビルの森〔泰吉郎〕社長が来訪した。

五時から、アグニュー前アメリカ副大統領と会談した。

総理の首脳会談出席者の招待の席に顔を出した後、雄心会に出て、その後、芦原〔義重〕会長と栄家でゆっくり懇談した。

十二月六日（土）

朝八時二十分に、アジア石油の長谷川〔隆太郎〕会長が来訪した。

十時半に山中吾郎先生〔衆、岩手1、社会党〕が来訪し、人材確保法の財源は教員の海外派遣等に使うべきとの意見を述べた。

他に伊藤昌哉氏、山本幸一氏〔衆、岐阜1、社会党〕、坊秀男先生が次々に来訪した。

十二時すぎ、大蔵省を出て野中英二先生の後援会に向った。

春日部市民体育館に三千人余を集めて大盛会であった。

一旦東京にもどり、松岡克由〔立川談志〕先生の後援会に出席して、そのあと露口達氏〔日清紡績会長〕の奥様の弔問に露口家を訪問した。

十二月七日(日)

九時半に小金井CCに田中角栄先生と落ち合ってプレーすることになっていたが、雨のため一旦中止した。しかし、その後再び電話があり、結局ワンハーフのプレーを楽しんだ。大平は、四十五、五十、五十四であった。田中角栄先生は、これより悪かった。

八時に、橋本清氏が来訪した。

十二月八日(月)

八時に、東急ホテルで芳芽会が開かれた。

九時五十分に、玉置〔一徳〕先生〔衆、京都1、民社党〕、栗林〔卓司〕先生〔参、全国、民社党〕等自動車労連の先生方が来られた。

十二時より政府与党首脳会議が開かれ、その後、一時に記者会見をした。午後から財投についての会議、次官との打合せ、四時に遠藤周作先生〔作家〕がキリスト教文化交流協会の発起人になるように依頼があった。

四時半に仮縫い。六時に大平会が栄家で開かれた。その前に鹿島守之助先生のお通夜に出席した。

帰りに、塚原俊郎先生の宅に弔問に立ち寄り、帰宅した。

十二月九日（火）

八時半より、経済関係閣僚協議会が院内で開かれた。

九時、閣議記者会見。十一時に、ロッテの重光〔武雄〕社長。続いて、理財局のレクチャー。午後から、築地本願寺の鹿島守之助先生の葬儀に列席した。

午後には、浦野〔幸男〕、久野〔忠治〕先生、伊東〔正義〕先生、田中六助先生、塩崎〔潤〕先生、大久保〔武雄〕先生などが陳情に来られた。

夜、珊瑚会で各国の要人と会談したときの話をしたところ好評であった。

帰りに本如月での大蔵同期会に出席した。

十二月十日（水）

九時半、党治水治山海岸対策特別委のメンバーが来訪した。九時四十五分、時子山〔常三郎・私大連盟理事長〕さんなどが、私学振興の陳情に来られた。

十時より、参院本会議は議了案件（雑件）を片付けて簡単に終了した。大臣は出席しなかった。

主計局の物価問題の会議、主税局の会議、官房の中期計画の会議が次々と開かれた。

青木一男先生〔参、全国、石井派。元蔵相〕、川口〔勲〕三井アルミ社長、主婦連の代表が次々と来られた。四時から、党税調幹部が来訪した。

栗原〔祐幸〕先生の後援会に出席し、植松〔清〕氏、米沢〔滋・電電公社〕総裁と会い、また土田〔国保〕総監、綾田副総監と会合した。

十二月十一日（木）

八時に、野村証券増田〔健次〕理事が私邸に来訪した。

十時半石油商連、竹中〔修一〕、竹内〔黎一〕先生、日本交通川鍋〔秋蔵〕社長が次々に来訪した。

十二時宏池会定例総会が開かれ、引き続き記者懇談会が開かれた。午後から次官〔高木文雄〕、長銀、不動産銀、興銀の三行頭取、伊東正義先生が来訪した。三銀行頭取は中期国債の発行に反対の意向を表明した。国金局長、自治大臣、安田貴六先生、山口社長が続いた。三時半に栄家の和田栄子さんが突然死去した。朝から気分が悪いとは言っておられたが、夜の宴席には出るつもりのようであった。医者がかけつけてきた〔が〕まに合わず、文字通りの大往生であった。

夜、栄家に弔問にかけつけた後、新洋酒天国の出版記念会に出席した。

十二月十二日（金）

八時に、龍志会（山口敏夫先生）が帝国ホテルで開かれた。

八時半、原子力船関係懇談会が院内大臣室で行なわれた。

九時、閣議記者会見。十時半、本四公団富樫〔凱一〕総裁、十時四十五分、瓦〔力〕先生が来訪した。

十一時より、エネルギー対策閣僚協の会議をした。

十二時五十分、栄家へ弔問した。五時二十五分より参院本会議議長不信認〔任〕議了案件五件、蔵相問責決議案大蔵委質疑無効の動議、酒タバコ議題宣告、桧垣〔徳太郎〕委員長解任決議、と続き十一時半議了した。

結局本会議は、延会となった。

十二月十三日（土）

九時五十分登庁、レクチャー。院内議長室へ。

十一時、桧垣委員長解任決議、酒タバコ委員長報告。十二時四十五分より寺田熊雄（社）、野田哲（社）、矢追秀彦（公）、近藤忠孝（共）、栗林卓司（民）、野末陳平（第二）の各先生が質疑を行なった。

十時五分より討論を行ない、矢田部理（社）、鳩山威一郎（自）、相沢武彦（公）、渡辺武（共）、藤井恒男〔民〕の各先生が演壇に立った。十一時〇五分に可決した。

十二時～一時の和田栄子さんの葬儀には出席できなかった。

十二月十四日（日）

十二時半より、霊南荘で来年度予算についてレクチャーを行なった。

各係より重要問題を順番に説明した。

国鉄問題については考え方の基本がはっきりしないため再検討ということになった。

七時半に終了し、家にかえって食事した。

十二月十五日（月）

八時半より、経団連の土光〔敏夫〕会長ほかと懇談した。次官、局長等も出席した。

十時、参院本会議で特例法の審議がなされた。

大塚喬（社）、鈴木一弘（公）、渡辺武（共）、栗林卓司（民）の各先生が質問に立った。

十二時、政府与党首脳会議が官邸小食堂で開かれた。

大久保武雄先生、伊藤昌哉氏、住金日向〔方斎〕社長、戸田建設戸田〔順之助〕社長、塩川正十郎先生〔衆、大阪4、福田派〕、倉成正先生〔衆、長崎1、中曽根派〕等が相次いで来訪した。

八時半に山王事務所前で服部〔安司〕先生と待ち合わせ、上原正吉先生〔参、埼玉、福田派。大平の姻戚〕の宅で福田副総理と会った。

十二月十六日（火）

八時より、経済対策閣僚会議が開かれた。九時から、閣議記者会見。

十時より参院大蔵委が開かれ、提案理由説明をしたあと、野田哲（社）、矢追秀彦（公）、渡辺武（共）、栗林卓司（民）の各先生が質疑に立った。

江崎〔真澄〕、平井〔卓志〕、今泉〔正二〕先生、水野〔清〕先生がお昼に陳情に来た。

七時半より国鉄問題について会議をした後、私邸へ向った。

十二月十七日（水）

七時三十分より、三崎会長。有馬輝武先生〔衆、鹿児島3、社会党〕、小林〔孝三郎〕コーセー社長、西田広島県会議長、サントリー佐治〔敬三〕社長が次々と来られた。

十時に、日銀総裁が十カ国蔵相代理会議出席の挨拶に来た。

午前中、四本〔潔〕川重社長、久保融〔香川小児病院〕院長、日本住宅協湯藤〔実則〕副会長、経済連合会代表が次々と来られた。

二時より、五十一年度財投について全般的な説明があった。

続いて、トヨタ森〔秀太郎〕常務、東邦ガス大角〔信男〕専務が来られた。

二時十五分より、山王グランドビルにて、田中〔正巳〕厚相と会い、医師の租税特別措置について意見を交換した。診療体系と課税のあり方について本格的に検討する機関を作るとともに物価調整程度の小巾の医療費の引き上げを行なうことと提案することになった。

十二月十八日（木）

八時十五分、山崎〔富治〕山種証券社長が私邸に来訪した。

十時に、参院大蔵委が開かれた。質問には寺田熊雄（社）、矢追秀彦（公）、渡辺武（共）、栗林卓司（民）、野末陳平（第二）の各氏が立った。

お昼に、国対の先生方と打ち合わせをしながら食事をした。

五時半に内閣不信任案が出され、渡辺武先生質問中に休憩になった。

夜は田中栄一先生の後援会に立ち会った後、大雄会に出席し、八時から官邸の四者会談（福田、大平、松野、倉成）に臨んだ。

十時より、記者会見。十時十五分より主計、理財、主税の会議を行なった後、自動車重量税について村山〔達雄〕先生と会談した。

十二月十九日（金）

八時十五分、総合エネルギー対策閣僚協が院内大臣室で開かれた。九時、閣議記者会見。

十一時より財投。十一時十五分、土地改良関係議員が陳情に来られた。一時より、故鈴木万平氏の葬儀告別式に出席した後、二時の衆院本会議に出席した。

内閣不信認〔任〕の趣旨弁明が行なわれ、成田知巳（社）、稲村左近四郎（自）、堂森芳夫（社）、米原昶（共）、松本忠助（公）、塚本三郎（民）の各先生が質問に立った。四時二十五分に否決散会した。続いて国金局のレクチャー、主計局の会議が行なわれた。

六時から、おかみさんの追悼をかねて三金会が開かれた。

七時より日韓関係パーティに出た後、南〔徳祐・韓国〕副総理と中川で会食した。

十二月二十日（土）

七時五十分、光洋精工蓑田〔又男〕副社長、続いて電気化学花岡〔弥六〕社長、鐘紡牛田〔一郎〕副社長、田中六助先生が次々と来訪した。

十時より、理財局長のレクチャー。十時半より、衆院本会議で会期が二十五日まで延長された。

予算の内示は、二十四日にできるかどうかが年内編成をやれるかどうかの分れ目である。三時より福田〔一〕自治大臣と地方財政について事前折衝をした。八時より再び、四者会談を開き、公共事業費を増額することになった。輸銀資金についても充実することとした。

十一時四十分に財研と懇談し、その後、主計局と主税局のレクチャーを受けた。

役所を出たのは十二時を過ぎていた。

十二月二十一日（日）

十時より霞ヶ関カントリーでＯＫＫのコンペが行なわれたが、役所は予算編成の最中であり、格好が悪いというのでスリーハンドレッドに行った。第百土地の森〔美夫〕社長と一緒にプレーした。

夜八時に、ＮＨＫの島〔桂次〕さんが来訪した。

十二月二十二日（月）

朝九時から経済対策閣僚会議が開かれ、予算編成について四者会談の結果について了承をえた。

記者会見の後、お昼の第二大平会に出席した。

三時より、田中〔敬〕、松下〔康雄〕両次長からレクチャーを受けた。四時に運輸大臣〔木村睦男〕と国鉄問題について協議した。今年はスト権にからんで国鉄問題が大きな問題となり、党内もこの論議でわいた。

六時より、坂田〔道太〕防衛庁長官と協議した。また、両角〔良彦〕電発総裁が、松島火力、西部地域連絡線の件で来訪した。

九時より、総理に対する予算の説明を行なった。

記者会見の後、十時二十分役所を出て私邸に向った。

十二月二十三日（火）

七時にアジア石油長谷川〔隆太郎〕会長、八時半に讃岐会館の香川県予算問題懇談会にちょっと顔を出した。八時五十分に、自治大臣〔福田一〕と院内で会って地方財政について最後のつめを行なった。

九時、閣議記者会見。十時より、財審総会、参院大蔵委に出席した。近藤忠孝（共）、渡辺武（共）、栗林卓司（民）、大塚喬（社）、吉田忠三郎（社）、矢追秀彦（公）、鈴木一弘（公）の各先生が質問に立った。七時から休憩になり、八時十五分より、総理が出席した。

七時より、予算について三役に説明を行なった。

八時から金丸〔信・国土庁〕大臣と会うこととしていたが、特例法の討論採決を行なうため、とりやめた。討論を自社共公民が各三分行なった後、十一時四十分に特例法の採決をした。

十二月二十四日(水)

八時半より、国債発行懇がホテルオークラで開かれた。九時半より氷川寮で森永〔貞一郎〕総裁と秘密で会った。十時すぎ服部〔安司〕先生来訪。十二時三十五分より、予算省議が開かれた。二時五十分より、再び自治大臣と地方財政についてのつめを行なった。

四時頃議長から電話があり、特例法が本会議で可決されるまで予算内示を見合わせてほしいとの要請があった。阿具根〔登。参、全国、社会党〕先生がどなり込んだらしい。四時四十五分から参院本会議で、総理の問責決議案を否決し、八時十五分より特例法の審議に入った。九時三十五分に特例法はついに可決された。

十時半より臨時閣議が開かれ、大蔵原案が提示された。

十一時三十分に、記者会見をして帰宅した。

十二月二十五日(木)

八時に、佐々木栄一郎氏〔丸茶社長〕が来訪。服部〔安司〕、伊東〔正義〕、佐々木〔義武〕三先生が朝食をともにした。佐藤正忠氏〔雑誌『経済界』主幹〕、原明太郎氏〔元鹿島建設副会長〕が来訪した。

神田の本屋に寄って本を買ってきた。十二時より、宏池会の定例総会。午後から、福井県知事〔中川平太夫〕、佐々木秀世先生、原文兵衛先生〔参、東京、福田派〕、千葉県知事〔川上紀一〕が相次いで来訪した。三時から、宏池会記者懇談。四時十五分から、李へいき〔海翼〕長官と秘密で会談した。

五時斉藤〔邦吉〕先生ほかが、国債の臨時特例交付金について陳情があった。

六時より、永田町一条で宏池会の先生方の忘年会が開かれた。

十二月二十六日（金）

十時閣議、記者会見。水野清先生が、支持者とともに、打ち手の小槌をもってあらわれた。続いて長田〔東京相互銀行〕社長、山崎拓先生〔衆、福岡1、中曽根派〕、宝酒造清友〔文夫〕副社長、野中英二先生、川口〔勲〕三井アルミ社長、二階堂〔進〕先生、藤井先生が相次いであらわれた。一時半より、ジャマイカでのIMF通貨会ギ〔議〕の件について国金局よりレクチャーを受けた。

続いて、北海道議員団、社党芳賀〔貢〕先生〔衆、北海道2、社会党〕、坂本〔三十次〕外交部会長、早坂〔順一郎〕相銀協会長が来訪し、弘前相互と青森銀行の合併について同意した。社会党湯山〔勇〕議員〔衆、愛媛1、社会党〕が来訪。倉成〔正〕先生が予算の打合わせのために来訪。

六時より栄会が栄家で開かれた。七時に服部先生が来訪。

十二月二十七日（土）

九時～港湾議員連盟。九時十五分より、恩給議員連盟の先生方が来訪。九時半に茂木〔啓三郎・キッコーマン〕会長が来訪した。九時半政府与党首脳会議で国鉄問題の打合せをし、通常国会に法案を出すことを決めた。理髪をし、四時四十五分に銀行局の会議をした。午後から文教部会幹部、伊東〔正義〕先生、中村重光先生〔衆、長崎1、社会党〕が来訪した。社党政審会長、公明党政審会長、民社政審会長と予算について意見交換をした。

全中、全農会長、私大連盟、林学長ほかが来訪した。

夕方銀行局と主計局の会議。七時から省内を陣中見舞にまわった。

八時半から金丸長官と意見交換をした。（1）三木ではだめだ（2）田中・大平・福田でなけ〔れ〕ばだめ（3）福田が働きかけても成功しないだろう　大平も議〔義〕理はないだろう。（4）田中がやる以外にないという意見でこの問題について検討を乞うとのことであった。

十二月二十八日(日)

十時四十五分登庁。大阪市長〔大島靖〕と安徳氏と会談。一時半に香川〔前川忠夫〕、山梨〔田辺国男〕、福井〔中川平太夫〕三知事と金丸大臣が来訪。森戸辰男氏〔元文相、元広島大学総長〕、田中六助先生、佐々木〔義武〕科学技術庁長官、山下〔勇・三井造船社長〕造船工業会長、地域開発公団本田〔早苗〕副総裁、浦野〔幸男〕先生、水産部会、労働部会の先生方が、相次いで来訪した。

一日に二～三百人に会う計算になる。

十二月三十日(火)〔二十九日に抹消線。全体に斜線〕

八時半に、プレハブ協会の会長が年末のあいさつに来られた。

十時半、法眼〔晋作〕総裁。鈴木〔永二〕三菱化成社長〔一橋同窓〕が来訪した。科学技術部会の先生方が大勢陳情に来られた。今泉正二先生、有沢広巳先生〔東京大学名誉教授。原子力産業会議会長〕、田沢〔吉郎〕先生、荒船〔舩〕先生、社会部会の先生方、私大連盟の学長さんが来られた。

四時五十分頃から、大臣折衝が始まった。行管、裁判所、郵政省、環境庁、科技庁、自治省、労働省、防衛庁、法務省、文部省、外務省の順に大臣折衝が行なわれた。

十一時より農林、通産、厚生、総理府、運輸、建設の順に大臣折衝は順調に進み、三時十五分をもって終了した。しかし農林の公共事業の件で、荒船〔舩〕、渡辺〔美智雄〕、中川〔一郎〕の三先生がのりこんで来られた。機構についての三役折衝。党折衝をへて十二時には閣議が開かれ予算が決定された。

十二月二十九日（月）〔三十日とあり抹消線〕

八時三十分に、プレハブ協会の人達が挨拶に来られた。

今日はいよいよ大臣折衝の日である。午前中から国際協力事業団法眼〔晋作〕総裁、三菱化成鈴木〔永二〕社長、有沢広巳氏、田沢先生、有田〔喜一〕先生〔衆、兵庫5、福田派〕、荒船〔舩〕先生、前田正男先生等が次々に来られた。

五時過ぎ、福田〔赳夫・経済〕企画庁長官から折衝が始まった。福田氏は金融の機動的弾力的運用ということを述べたので、新聞は、一月中旬にも公定歩合引下げと書いた。

松沢〔雄蔵〕行管庁長官二三分、寺田〔治郎〕最高裁事務総長一分、村上〔勇〕郵政相七分、小沢〔辰男〕環境庁長官五分、佐々木科学技術庁長官三分、福田〔一〕自治大臣十七分、長谷川〔峻〕労働大臣十一分、坂田〔道太〕防衛長官六分と順調に進んだ。ただ、稲葉〔修〕法相は訴務局を主張して三十三分もねばった。永井〔道雄〕文相二十八分、宮沢〔喜一〕外相五分、植木〔光教〕長官とは恩給で再折衝となった。

十一時より記者会見して帰宅した。

十二月三十一日（水）

昨夜は、家に帰って寝たのが夜中になったので、ゆっくり朝寝た。

昼前に役所に出かけて、十二時から計数整理後の閣議に出席した。

一時十五分から幹部が乾杯した後、帰った。

家では恒例により本の整理をした。

一九七六（昭和五十一）年

一九七六（昭和五十一）年

一月一日（木）

朝八時頃、家族一同が集っておとそで正月を祝った。

今年は政治的に激動の幕あけのような気がする。

九時すぎ宮中に出かけ、帰りに自民党本部、田中〔角栄〕邸、三木〔武夫〕邸、前尾〔繁三郎〕邸、加藤〔藤太郎〕邸等を次々とまわって来た。

午後から大勢の年賀の客が押し寄せた。昨年は政変の直後でがっかりしたせいか少なかったが、今年は相当の人数であった。

川奈のホテルを確保してあったが、四日からジャマイカに出かけねばならないので取り止めにした。

一月二日（金）

朝から森〔美夫〕社長、矢口〔麓蔵〕大使とともにスリーハンドレッドをまわった。

午前中は四三でまわったので、新年杯は当然優勝と思ったが、晴れてから急におかしくなり、インは五五もたたいてしまった。それでも三等であった。

小坂善太郎先生が、ネット八〇で優勝した。

一月三日（土）

岡内〔英夫〕資生堂社長とスリーハンドレッドでやることを予定していたが、眼の病気になったため取り止めた。

森社長が来ているかと思ってスリーハンドレッドに行ったが、いなかったの〔で〕保谷硝子の鈴木〔哲夫〕社長とともに三人でまわった。

鈴木社長はよく飛ばす人だが、スコアの点では今一歩というところであった。

一月四日（日）

朝、大久保〔武雄〕、岩動〔道行〕先生らの見送りを受け、十時すぎ、少し遅れて羽田を出発した〔ＩＭＦ総会出席〕。機内に乗り込んでからＴＢＳのカメラマンが撮りそこねたとのことで再びタラップに出た。アンカレッジを経て予定通りニューヨークへ着いた。日曜日にもかかわらず、中島〔信之〕大使、小泉〔忠之〕領事、平沢〔貞昭〕領事等が出迎えてくれた。ニューヨークからディズニーワールドがあるオーランドというところを経由してマイアミに着いた。

さすがにシーズンで人がいっぱいであった。夜は、同行記者団とともに宿泊しているシェラトン・フォア・アンバサダーホテルで食事をして早目に寝た。

名誉総領事のスワンさんが、キャデラックをもって出迎えてくれた。

一月五日（月）

マイアミの朝はあいにく雨であった。朝十時半まで待ったが、未だ降りやまない。とにかくビスケーン・ゴルフ場へ行ってみることとした。

雨は相変らず降っていたが、稲村〔光一〕顧問、堀理事、冨沢〔宏〕秘書官とプレーした。ゴルフコースは湾を利用した素晴しいコースであった。スコアは四六・五〇であった。

夜六時から、記者団七人と一時間あまり懇談した。

その後、スワンさんが、随員とともにバンカーズクラブでの食事に招待してくれた。夜十一時すぎまで大変な御馳走が出された。

一月六日（火）

昨日とうってかわって素晴しい天気である。いよいよキングストンに乗り込んで本番の仕事に取り組まねばならない。マイアミで一週間位いられたらのんびりできてよいだろうと思う。

朝食は、昨日と同じくロビーにあるコーヒーショップでとった。九時四十五分、シェラトン・アンバサダーを後にして空港に向った。予定通り、ジャマイカのモンテゴベイを経て一時半近くにキングストンに着いた。宿泊場所のジャマイカ・ペガサスホテルに着いてすぐ森永〔貞一郎・日銀〕総裁と雑談した。三時四十五分よりサイモン〔米財務〕長官と会談し、そのあと四時半からの十カ国蔵相会議に出席した。同会議では、ＩＭＦの資金の調達方法と利用の基準について議論がなされた。

七時半から、伊藤〔政雄〕大使が記者団も含め食事に招待してくれた。

一月七日（水）

昨夜は胸がしめつけられるようでよく眠れなかった。時差の関係であろうか。八時からトラファルガーハウスで五カ国蔵相会議が開かれた〔『全著作集7』114―115頁参照〕。プレスにどのように発表するか微妙なところである。大臣に財務官が同行して出席した。十時から暫定委員会が開かれた。いよいよ本番である。お昼は、中華料理店で、大蔵省の人達だけで食事した。夕方、カナダのマクドナルド蔵相と会うことになっていたが、暫定委が延びたため、延期になった。

記者会見をした後、ウイッテフェーン専務理事主催の夕食会が開かれた。ＬＤＣ〔後発開発途上国〕の大臣も含めて二十数カ国の蔵相が出席した。この会議では、仕事の話が出てかなりのつめがなされた。

一月八日（木）

昨夜はぐっすり寝れた。朝十時から暫定委が開かれた。第一トランシェ〔資金の出し手、リスクレベル、利回りなどの条件で区分したもの〕の拡大をめぐってＬＤＣと先進国が対立した。一旦中断した後、三時より再び暫定委が開かれたが、まず二十四カ国のＬＤＣの側で協議してもらうこととなった。ＬＤＣは、使いやすい第一トランシェをできるだけ拡大してほしいという希望である。

本省から連絡があり、中期債について興〔銀〕長銀の反対が強く割引債をどうするかが問題となっているとのことであった。

結局暫定委の方は、第一トランシェを四五％増加することでけりがついた。ＩＭＦ協定改正の話も決まり、変動相場制が公式に認知されることになった。

一月九日（金）

朝九時より、開発委についての打合せを行なった。その後カナダのマクドナルド蔵相が表敬訪問にきて、約二十分間懇談した。十時から開発委員会が開かれた。午前中のみ出席して重要な点についてのみ発言した。お昼に記者団を招待し、そのあと、個別インタビューに応じた。個別インタビューといっても、共同でやり編集を個別にやったような形にするものである。その後ケイマナスというゴルフ場に行ってハーフだけまわった。四八であった。開発委のコミニケが八時頃まとまったので十日の会議は必要なくなった。夜、大臣が随員と記者団全員を招待した。同じコリヤという朝鮮料理店であったが、料理の内容は格段によかった。

一九七六（昭和五十一）年

一月十日（土）

朝、吉田〔太郎一〕財務官、冨沢秘書官（第一組）、稲村顧問、堀理事、藤岡〔真佐夫・国際金融〕局長（第二組）と一緒に昨日のcaymanasコースでプレーした。四五・五〇のスコアで、吉田、冨沢両君をやっつけた。ホテルに帰って食事した後、空港に向った。

いよいよキングストンともお別れである。今後〔度〕は会議もうまく行ったし、記者団とも和気あいあいであった。財務官なども大臣と一緒に行こうとして飛行機の予約を試みたがうまくいかなかった。マイアミ経由でメキシコ市に向った。メキシコでは、鈴木〔孝〕大使、石川公使が迎えてくれた。空港では、メキシコの新聞記者からインタビューを受けた。ホテルはカミノレアルというメキシコ調のホテルであった。

一月十一日（日）

朝八時半にホテルを出て、メキシコ一番のゴルフ場でゴルフをした。商工会議所の会頭の林さんと一緒であった。林さんはシングルの実力のあるすばらしいプレーヤーであった。六八〇〇ヤードのコースで、世界でも有数のゴルフ場ではないかと思った。スコアは、四七・五一であった。

その後一旦ホテルにもどり、それから市内の見物に出かけた。

二時間あまり、市内を見物をした後、コルベックという開銀総裁の招待を受け食事を共にした。

一月十二日（月）

朝早くホテルを出て、パンアメリカンでロスアンゼルスに向った。

ロスアンゼルスでは、橘総領事以下吉田君などが出迎えてくれた。

公邸で新聞記者も含めて日本料理を御馳走になった。少し二階の寝室で休ませてもらった後、空港に向った。一時間あまりでサンフランシスコについたが、そこで飛行機の整備のためとりかえをするとのことで一時間半あまり待たされた。

ようやく日本に向ったが、お客が少なかったので横になって休むことができた。

羽田では大勢の大平派の先生の出迎えを受けた後、竹内〔道雄〕次官らと打ち合せ記者会見をした。

一月十三日（火）

夜二二時〇五分着のパンアメリカン機で羽田に着いた。

まず出迎えの先生方と乾杯をしてから、部内の打合せをした。

中期国債については、銀行筋の反対が強くあきらめざるをえないという感じであった。

打合せの後、記者会見に臨んだ。記者会見では政治部的な質問は出ず、ＩＭＦ暫定委の話と公定歩合及び準備率の話だけであった。

一月十四日（水）

十一時に私邸に野村〔証券〕の北裏〔喜一郎〕社長が来訪し、中国割引債について是非認めて欲しいということであった。

小粥《こがゆ》〔正巳《まさみ》〕秘書官のお父さんがなくなったので専福寺へ葬儀告別式に出席した。一時からホテルオークラで興〔銀〕・長銀の頭取と会った。

二時から、証券業協会の渡辺〔省吾〕会長〔日興証券〕、証券引受業協会会長と会った。最後に板倉シンジケート団代表と会った。

四時から財特法、税制改正要綱の説明があった。

新日鉄稲山〔嘉寛〕会長、駐日オランダ大使が来訪した。

夜七時二十分に、桜田〔武〕、高橋氏とともに今後の栄家の運営の問題について協議した。

一月十五日（木）

七時五十分、羽田発の全日空機で熊本に向った。交通センターホテルでは、十一時から記者会見で物価について鋭いやりとりがあった。

みどり会の婦人会の代表と懇談した。二時から〝新年に当り一九七六年の経済動向を大蔵大臣に聞く〟ということで講演をした。四時半にホテルへ〔を〕出て空港に向った。空港では県議町議とともに、食事をともにした。

一八時四十五分に熊本を出て、二〇時十五分に羽田についた。

羽田についてみると、今日の夕方、仮谷〔忠男〕建設相が急死されたということで赤坂宿舎に弔問した。田中角栄氏がとりしきっていた。

一月十六日（金）

九時三十分基地問題閣僚協議会、続いて閣議記者会見が行なわれた。

十一時に、参院決算が行なわれた。小谷守（社）、久保亘（社）、峯山昭範（公）、橋本敦（共）、田渕哲也（民）、野末陳平（第二クラブ）が次々に質問に立った。

野党は、田中角栄氏の金脈についての弁明がなされていないが、盟友として弁明するように勧めるべしとの議論があったが、それはあくまで田中氏自身が判断すべき問題であると答弁しておいた。

六時より、論説委員の会が藍亭で開かれた。その前に芝増上寺の仮谷建設相のお通夜に出席した。

一月十七日(土)

十時より仮谷建設相の準内閣葬が行なわれた。これは奥様に出席しておいていただき、九時三十五分の全日空で岡山の政経文化パーティに向った。

大阪で新幹線に乗りかえて、十二時半に岡山国際ホテルに着いた。大臣の共同記者会見の後、陳情を受けた。二時から政経文化パーティで閣僚代表として挨拶した。続いて逢沢英雄先生の後援会に出席した。

同じところに高松高商の又信会の方々が集っていた。

一八時二十一分岡山発のひかり一二二号で新大阪に着き、芳数氏らの出迎を受け九時半に東京に帰着した。

一月十八日(日)

十二時よりアメリカの各大学のフットボール選手が来て、東西対抗を行なうジャパンボールが国立競技場で開かれた。アメリカンフットボール協会の会長をしているのでこの大会でも名誉会長を引き受けた。はじめに挨拶し〔た〕あと最後まで観戦した。明〔大平三男〕と光一〔森田長男〕と一緒につれていった。

七時に橋本清氏が来訪した。

一月十九日(月)

朝八時半から、久しぶりで成人病研究所の検診を受けた。

血糖値は一二七で相当改善していた。年末から相当無理をしているのに不思議だと思う。

役所に帰って理髪に行った。十一時より、政府与党首脳会議。そこでしばらくいて、今井勇先生を励ます会に出席した。二時すぎから日本経営者協会で講演。帰ってきて、宏池会記者と大臣室で懇談した。

四時からホテルオークラで開かれた財政審総会で挨拶した。

その後の会議が遅くなったため、末広会と住金の新年会には欠席して国際文化会館の晩さん会に出た。

一月二十日（火）

八時に中尾先生が来訪し、協和銀行頭取に紹介してほしいとのことであった。他に小林章先生〔参、全国、71年落選〕及び赤城〔猪太郎〕社長が来訪。十時、閣議と公企体等関係閣僚協議会。記者会見。

十二時にホテルオークラで自民党結党二十周年記念の祝賀パーティが開かれ参加した。

二時に、ユバフ銀行頭取が支店設置のお礼に来訪。二時過ぎ、東北経済連合会平井〔寛一郎〕会長が陳情に来訪。

二時半より、国金の会議。

五時からホテルオークラで開かれた、鹿島守之助氏〔鹿島建設会長、参院議員。鹿島平和研究所創設〕の七十七日忌に参加して帰宅した。

一月二十一日（水）

八時にNET目賀田〔武蔵〕氏、武元〔忠義・平和生命〕社長。十時より、自民党大会に少し遅れて参加した。古川丈吉先生〔衆、大阪4、72年落選〕が宏池会に加入することの挨拶。十二時半から、日本記者クラブで講演した。記事になるような話がなかったので、どちらかといえば不評であった。

二時半にロケットをめぐる荒船〔舩清十郎〕先生の件で、佐々木義武先生が来訪。

三時より放送政治懇話会、五時より施政方針演説等の検討閣議。

宏池会の記者との新年宴会に出席したあと、鈴木〔善幸〕先生と懇談した。

一月二十二日（木）

八時半より、福田家《ふくだや》で黒川〔信夫〕氏の朝食会。

九時四十分より、原子力製鉄の件で藤本〔一郎・川崎製鉄〕社長が来訪。

続いて自民党機関紙の座談会（出席者、江崎〔真澄〕先生、渡辺恒夫〔雄〕氏）に出席した。

十一時より、サンケイ座談会。十二時、平井卓志先生が参院選のことで打合せのため来訪した。

一時より関税主計の会議、三時より宏池会記者懇談会。

夕方、伊原〔隆〕横浜銀行会長と三井アルミの川口〔勲〕社長が来訪。

夜、上原正吉先生〔参、埼玉、福田派〕の叙勲お礼の会に出たあと、証券大平会に出席した。

一月二十三日（金）

八時、綾田〔整治〕百十四銀行会長が挨拶のため来訪した。叙勲が問題になっている。

九時半、閣議記者会見。

十一時より、国会の開会式が行なわれた。そのあと会議途中で東郷〔文彦〕駐米大使が挨拶に来た。

一時より衆院本会議で政府演説、三時より参院本会議で政府演説。

五時頃、香川県知事〔前川忠夫〕が予算のお礼のあいさつに来訪。

六時に宏池会の秘書会に出たあと、吉兆の三金会に出席して皆んなと歓談した。

一月二十四日（土）

一人でスリーハンドレッドへ行き、ゴルフを楽しんだ。

夜八時、藤根井〔和夫〕ＮＨＫ副会長が来訪し、ＮＨＫの料金の値上げ問題について懇談した。その際、小野〔吉郎〕会長に批判的態度であったのが気になった。

一月二十五日（日）

一人でスリーハンドレッドへ行ったところ、日本信販の社長の山田光成氏がプロの新井規矩雄氏と来ているのに出会い一緒にプレーした。さすがにプロのショットはすばらしく全然違っていた。

一月二十六日（月）

八時半に、野村証券の北裏〔喜一郎〕社長が瀬川〔美能留〕会長の叙勲の件で来訪した。役所に出て日生下産業金川〔義之〕会長、平井卓志先生、小松製作所河合〔良一〕社長と会い、そのあと主計局の会議をした。

一時十分より衆院本会議で、成田知巳（社）、石田博英（自）、山口鶴男（社）の各氏が質問に立った。

六時から、大野で河野〔謙三〕議長の慰労会を行なった。

出席者は、鈴木善幸、栗原祐幸、斉藤邦吉、塩見俊二の各先生であった。

一月二十七日（火）

九時、閣議記者会見。十時より参院本会議で、小柳勇（社）と吉武恵市（自）の両先生が代表質問に立った。

一時より再開まで主計局の会議を行なった。

二時より衆院本会議で代表質問が行なわれ、紺野与次郎（共）、竹入義勝（公）、春日一幸（民）の各先生が質問に立った。終了後、政府委員室で松岡克由〔立川談志〕先生とお会いして、自民党離脱について慰留した。

六時から宏池会の先生方の新年宴会に出席した後、はん居で行なわれた大栄会に出席した。

一月二十八日（水）

八時に伊東正義先生が来訪し、朝食をともにした。

九時すぎ、福永〔健司〕先生が畑〔和・埼玉県〕知事を連れて来訪した。

十時より参院本会議が開かれ、二宮文造（公）、沓脱タケ子（共）、向井長年（民）、小野明（社）、山崎昇（社）、下村泰（第二ク）の各先生が質問に立った。

五時半より予算委で、衆参両院について提案理由説明をした。

八時から九時まで大蔵省で会議をした。

九時半に平泉〔渉〕先生が参院からのくら替えのことで来訪した。

一月二十九日（木）

九時十五分より、週休二日制について関係閣僚懇が開かれた。

十時より衆院予算委で、赤松勇（社）、倉成正（自）、阿部助哉（社）の各先生が質問に立った。

お昼に宏池会の定例総会に出席した。

三時から宏池会の記者懇談会であったが、鈴木〔善幸〕先生に代ってもらった。夜七時より、田中角栄氏と秘密会談した。
（１）船田、水田、前尾等も福田とはよくない。（２）福田は一度会えば百年の知己のように言う（３）政局は自分と大平で決断してまわしていく以外にはない。（４）三木を倒すとき椎名をやめさせる話はついている。（５）椎名が大平に会いたがっている。椎名は、前尾か保利の暫定政権を考えているようだが、自分はダメダと言っておいた。

こちらからは、金丸と会った話と福田と会った話をしておいた。

一月三十日（金）

七時半に星川今太郎氏〔丸住製紙社長〕の長男が来訪して、今後の大計画について説明していった。

九時に、閣議記者会見。十時に衆院予算委が開かれ、不破哲三（共）、矢野絢也（公）、塚本三郎（民）の各氏が質問に立った。

五時から林迶先生を激励する会が開かれたが、予算委員会が遅くなり出席できなかった。

その後、役所で会議をした後、帰宅した。

夜、栗原祐幸先生が来訪した。

一月三十一日（土）

八時半に、伊藤昌哉氏来訪。

十時より衆院予算委で、小林進（社）、荒木宏（共）、堀昌雄（社）の各先生が質問に立った。

予算委終了後、ＮＨＫで国会討論会のビデオをとった。

倉成〔正〕、赤松〔勇〕、不破〔哲三〕、矢野〔絢也〕、塚本〔三郎〕の各先生が出席した。

ビデオのあと、乗用車で川奈に向い、十時に川奈に到着した。一緒に冨沢秘書官も連れてきた。

二月一日（日）

矢野良臣さん〔丸善石油〕の幹事で太平会が開かれた。川奈富士コースよりスタートした。

柳田、二宮、鷹尾〔寛・新日本証券社長〕、河本、竹原、山田、藤井氏など十三百《ママ》〔人〕が参加した。

森田が八七で優勝した。大平は九七で一等であった。冨沢秘書官はきわめて不調で一〇九であった。

二月二日（月）

朝、服部〔安司〕先生が福田〔赳夫〕さんと会うように勧めに来た。ワールドワイドシッピング・パオ社長が表敬訪問のため来訪。

十時より、衆院予算委。多賀谷真稔（社）、渡部一郎（公）、安井吉典（社）の各氏が質問に立った。

お昼に政府与党首脳会議。

四時半より主計局の会議をした。そのあと仁尾町の三宅町長ほか町議の方々が来られた。

夜日本繊維産業連盟のパーティに出たあと、政治部長の会に出席した。

渡辺恒雄氏〔読売新聞〕が一人でしゃべっていた。

二月三日（火）

九時、閣議記者会見。十時より衆院予算委が開かれ、玉徳〔置〕一徳（民）、田中武夫（社）、湯山勇（社）の各先生が質問に立った。

お昼に埼玉県知事〔畑和〕や神沢〔浄〕先生〔参、山梨、社会党〕が陳情に来られた。

四時半、田沢先生秘書が書をかいてもらいに来た。

七時から大野で、旧大蔵委員長、筆頭理事、財政部会長、旧政務次官を招んで懇談した。

出席者は、上村〔千一郎。衆、愛知5、中曽根派〕、桧垣〔徳太郎。参、愛媛、中曽根派〕、山下〔元利。衆、滋賀、田中派〕、村山〔達雄。衆、新潟3、大平派〕、森〔喜朗。衆、石川1、福田派〕、梶木〔又三。参、全国、田中派〕の各先生であった。

山崎五郎先生〔参、秋田、福田派〕は欠席した。

二月四日（水）

八時から、大平派の幹部で朝食会を開いた。

出席者は、鈴木〔善幸〕、福永、小川〔平二〕、内田〔常雄〕、斉藤〔邦吉〕の各先生であった。

十時より衆院予算委で正木良明（公）、松本善明（共）、安宅常彦（社）の各先生が質問に立った。

四時半に、安宅〔産業〕問題で住友銀行伊部〔恭之助〕頭取、協和銀行色部〔義明〕頭取が来訪した。

六時半より、大臣室でブラジルのウェキ大臣の表敬を受けた。

それから上原正吉先生のところで福田さんと会った。福田さんは、三木総理は、早く解散をやりがたっており、そのあとはあまり長くやるつもりはないと言っていた。

この日の朝日の朝刊がロッキード社の米上院チャーチ委員会の証言を報じ、夕刊では各紙とも大きくとり上げた。

二月五日（木）

八時に、三崎〔友一・三崎産業〕会長が友雄君のすいせん状のお礼に来訪した。九時半、新任の英国大使があいさつに来訪。

十時衆院予算委が開かれ、石野久男（社）、中川利三郎（共）、阿部昭吾（社）の各先生が質問に立った。

お昼に総理副総理とともに国対委員長〔宇野宗佑〕より国会情勢の説明を聞いた。

お昼は宏池会総会で四時半に時間をずらして宏池会記者と懇談した。

夕方、有吉〔三井鉱山〕社長が来訪した。

この日は激しく雪が降っていたので念のためホテルオークラに泊り、明日の閣議に備えることとした。

五日午後、高橋〔俊英〕公取委員長は総理に辞表を提出した。

国会ではロッキード問題の追及が急を告げてきた。

二月六日(金)

九時、閣議記者会見。十時より、衆院予算で突如わき起ったロッキード献金問題の追及がなされた。政府高官二人にも資金がわたっているかどうかが政界の関心を集めている。

楢崎弥之助〔社〕、正森成二〔共〕、小川新一郎〔公〕、小沢貞孝〔民〕の各先生が質問に立った。

いずれにしても領収証の本物であることが証明されている以上、じん常なことではおさまらぬと思う。

六時半より、ブラジル・ウェキ大臣のリセプションがあったが、出席しなかった。

二月七日(土)

十時、衆院予算は公聴会。木下和夫阪大教授、野尻茂出稼労働者、藤田武夫立教大名誉教授、藤田晴名古屋大教授が国会で説明した。

夜六時から、椎名〔悦三郎〕副総裁と懇談した。田中六助先生、山村新治郎先生〔衆、千葉2、椎名派〕が同席した。

(1)選挙公営について意欲をもやしていた。

(2)選挙はそうあわてることはないと言っていた。

(3)ランブイエの話について興味を示した。

(4)ロッキード問題については、そうあわてることはないと言っていた。

お昼には、森〔美夫〕さんと一緒にスリーハンドレッドでプレーした。

コーチャン・ロッキード社長は、丸紅首脳が政府高官へ金をおくることを勧めたと証言したことが伝えられた。

二月八日（日）

習志野で宏池会の記者と懇親ゴルフをした。四九・四九であまり好調ではなかった。

冨沢秘書官がお伴をした。幸い天気はよかった。お昼から雪か小雨といわれていたが快晴となった。

夜、橋本清氏、福井順一氏、眞ぶち〔馬渕〕健一氏、前田敬二氏が来訪した。

ロッキード問題については、野党側が児玉誉志〔士〕夫氏〔右翼活動家〕ら関係者の証人喚問を要求し、これが大きな問題となってきた。

しかし、自民党も最終的には応ぜざるをえないものと思われる。

二月九日（月）

十時に次官〔竹内道雄〕、官房長〔長岡実〕が公取委員長辞任に伴い、沢田〔涕〕国民〔金融〕公庫総裁を起用する件について打ち合せをした。今回の人事では、新聞は高木〔文雄〕氏に内定と書いていたため、予測を誤った形となった。衆院予算委では、公聴会が開かれ、中島正樹〔三菱総合研究所社長〕、長洲一二〔神奈川県知事〕、池田斉〔全国農業会議所専務理事〕、板倉譲治氏〔全国銀行協会連合会会長〕等が出席した。

十時から、ベトナム民主共和国大使が表敬に来られた。

十一時、コナリー元米財務長官が表敬に来られた。

続いてアンクタッド〔ＵＮＣＴＡＤ〕事務局長のコレア氏が来訪した。

一時、政府与党首脳会議。三時より瀬木博政氏〔博報堂相談役〕、ワーナー元駐日英国大使、中山〔賀博〕元駐仏大使、四時半より日銀総裁と氷川寮で会った。六時より、瓢亭で大平会が開かれた。

二月十日（火）

九時、閣議記者会見。十時より、衆院予算で積のこしの問題を議論した。

九日午後、久保〔卓也〕防衛次官は記者会見でPXLの取扱いについて四十七年秋の経過を語り、十月九日国防会議が開かれる直前、田中首相を中心に当時の後藤田〔正晴〕官房副長官、相沢〔英之〕主計局長が協議した結果、方針変更になったと語った。これが大きな話題となりあたかも疑惑を裏付けるような印象を与えた。

沢田氏は午後正式に公取委員長受諾の意を伝えた。

委員会では、楢崎弥之助（社）、山原健二郎（共）、小川新一郎（公）、小沢貞孝（民）、湯山勇（社）、正木良明（公）、松本善明（共）、安宅常彦（社）の各先生が質問に立った。

二月十一日（水）

建国記念日で休みなので、田中六助氏、森美夫氏とともにスリーハンドレッドをまわった。風が強かったが森さんは快調でバーディなどを出し九六でまわった。大平一〇一、森田九四であった。

夜、米大使公邸で行なわれたシュルツ前財務長官歓迎のディナーに出席した。

二月十二日（木）

ロッキード問題では、各党の代表団が続々とアメリカへつめかけた。チャーチ委員長は、日本政府高官の名前については知らないを繰り返したといわれる。しかし、日本人が署名した未発表の領収証があるとのことであった。

九時半より、大蔵省でシャーマン日本部長と会談した。

十時、予算委開会。不況、雇庸問題で集中審議を行なった。

上村千一郎（自）、堀昌雄（社）、多賀谷真稔（社）、石母田達（共）、沖本泰幸（公）、和田耕作（民）の各氏が立った。

夜はいつのものようにホテルオークラに泊った。

二月十三日（金）

八時半、経済関係閣僚協議会が院内大臣室で開かれた。

九時、閣議記者会見。十時衆院予算で、雇庸不況について集中審議。

藤井勝志（自）、小林進（社）、田中武夫（社）、阿部昭吾（社）、増本一彦（共）、広沢直樹（公）、竹本孫一（民）の各先生が質問に立った。

十六日、十七日に証人喚問がなされることとなったが、児玉氏は病気で自宅療養をしており、国会出席は無理だという話になった。

夜、赤坂満ん賀んで開かれた今泉〔正二〕先生〔参、全国、田中派、一龍齋貞鳳〕の会に出席し、家に帰った。

二月十四日（土）

八時に伊東正義先生が来訪した。

九時四十分より、役所で打合せののち、予算委が開かれた。

不況雇用に関し、奥野誠亮〔自〕、安井吉典〔社〕、三谷秀治（共）、楢崎弥之助（社）、石田幸四郎（公）、玉置一徳（民）の各先生が質問に立った。

ロッキード問題については、十六、十七の両日に証人喚問がなされることとなった。

二月十五日（日）

スリーハンドレッドで、森さんとともにプレーした。午前中はかなりリードしていたが、食事の後くずれてまったくタイとなった。スコアは、大平九九、森九九、森田九二であった。ヤシカの牛山善政氏が一緒にまわった。

二月十六日（月）

十時より衆院予算委で、小佐野賢二〔治〕氏、全日空若狭〔得治〕社長、渡辺〔尚次〕副社長の証人喚問がなされた。冒頭、荒船〔舩〕委員長が総括質問をし、奥野誠亮（自）、塩谷一夫（自）、楢崎弥之助（社）松本善明（共）、正森成二（共）、坂井公〔弘〕一（公）、近江巳記夫（公）、河村勝（民）永井〔末〕英一（民）の各氏が、次々に質問に立った。ただし、大臣は出席しないですんだ。テレビの視聴率はきわめて高かった。五時半より上条勝久先生の激励会に出席した後、六時より自民党税調幹部招待の会（中川）に出席した。ホテルオークラ泊り。

二月十七日（火）

昨日に引き続き証人喚問がなされた。前日の喚問では、三人とも疑惑を全面的に否定した。九時より閣議、記者会見。衆院予算委では、丸紅桧山〔広〕会長、大久保〔利春〕専務、伊藤〔宏〕専務、松尾〔泰一郎〕社長の四人が証言台に立った。

大臣は、参院大蔵委で米の臨時特例法の質疑採決が行なわれた。

野々山一三（社）、戸田菊雄（社）、矢追秀彦（公）、鈴木一弘（公）、近藤忠孝（共）、栗林卓司（民）の各氏が質問に立った。

一時に、馬渕〔健一〕社長と露木〔清・三菱銀行〕副頭取が来訪した。

その他栗原〔祐幸〕、岩動〔道行〕両先生が来訪された。

二月十八日（水）

十時、参院本会議米の臨特。十時半に官邸で、総理とロッキード問題について協議した。総理と各閣僚が個別に協議した。

十一時二十五分、記者会見。政府与党首脳会議が行なわれ、その後記者懇談が行なわれた。

二時より会議。国会は野党側がますます疑惑が深まったとして、証人再喚問追加喚問を要求した。そのため国会はストップした。政府特使派米や暫定予算について新聞報道がなされた。

二月十九日（木）

十一時に水野清先生、伊東正義先生が大臣室に来訪した。

お昼に宏池会総会に出席した。そこでは、宏池会の若手から十八日朝、朝食会を開くことが要求されていたが、派閥次元と受け取られることを恐れて取り止めた。しかし、それに不満の若手から突き上げがなされた。

一時より、臨時閣議を開いて記者会見で述べるべき事項について打合せた。三時より、宏池会記者懇談が行なわれた。

四時斉藤栄三郎先生〔参、全国、中曽根派〕、藤川一秋先生が個人住宅優遇税制について献言した。

夜、喜代竜〔で〕かや会〔賀屋興宣を中心とした大蔵省・通産省のOB会〕が行なわれた。

二月二十日（金）

八時半に、公共事業等対策本部が開かれた。九時よりロッキード問題閣僚連絡協議会、記者会見。十一時半に木曜研究会〔下村治を中心とする宏池会の勉強会〕に出席した。一時半大坪健一郎氏、二時に毎日新聞の江口〔宏〕政治部長とインタビューを行なった〔『全著作集6』525—528頁参照〕。

四時から、理財、税について会議が行なわれた。五時に岩波へ行って本を買ってきた。

六時より光琳で、三金会で〔が〕開かれた。

二月二十一日（土）

十時より衆院予算委で、自民党単独でもロッキード問題について審議するというスタンスをとっていた。荒船〔舩〕委員長が所信を表明したところで国対からストップがかかった。

ロッキード問題については、米国への資料要請が大きくクローズアップしてきた。総理は、入手資料はすべて公開ということをくり返えし強調した。

二月二十二日（日）

スリーハンドレッドで、森さんと一緒にプレーした。

ロッキード献金問題の審議をめぐる与野党対立が続く国会は、二十三日に衆参両院本会議で米上院に全資料の提供を要請するなど真相究明を求める決議をすることになった。

二月二十三日（月）

今日も予算委は、開会されなかった。小山長規先生が来訪し、椎名内閣でいくほかはないと思うということを伝えてきた。

十二時に政府与党首脳会議が開かれ、終了後記者懇談をした。二時に対米資料要求決議が衆院本会議でなされたが、大臣は出席しなかった。

伊藤昌哉氏、野田卯一先生〔衆、岐阜1、福田派〕等が来訪した。

対米要求決議のいわば見返りとして、自民党は財政特例法案を二十四日の衆院本会議に上程する腹を固めた。

衆院議運委は、このことを自民党だけで単独議決をした。

末広会が夜開かれた。

二月二十四日（火）〔二月二十五日（火）から修正〕

九時、閣議記者会見。十時より閣議のあと予算委員会が予定されたが、結局開かれず、衆院本会議での財政特例法の趣旨説明も流れた。

今朝東京地検、警視庁、東京国税局は午前九時より所得税法、外為法違反の各容疑で児玉誉志〔士〕夫、丸紅本社など二十七カ所を一斉に家宅捜索した。

三時頃から宏池会に行って、先生方と懇談した。

六時から、はん居で大栄会が開かれた。

二月二十五日（水）

東郷〔文彦〕駐米大使は、二十四日にホワイトハウスでフォード大統領に会った際、米ロッキード社献金事件に関する三木首相親書を国務省を通じて伝達する旨述べ、事件を〔の〕究明に対する米側の全面的な協力を要請した。

八時半に、健康診断を成人病研究所で受けた。

十一時半、次官、官房長、秘書課長が、沖縄開発公庫の総裁人事の件で協議した。

三時より、宏池会へ行った。

五時半より岩動〔道行・参院〕大蔵委員長を励ます会に出席し、伊東〔正義〕、佐々木〔義武〕、服部〔安司〕三先生と懇談した。

二月二十六日（木）

前日の健康診断の結果は、血糖値が二百十できわめて悪かった。九時過ぎに登庁し、国際金融局の会議をし、十時から衆院予算委に出席した。明日予算の審議はロッキード問題のトンネルを抜け、ようやく積み残し問題の審議に入ることになった。明日の質問者は湯山勇（社）、阿部助哉（社）、安井吉典（社）、安宅常彦（社）、阿部昭吾（社）、多賀谷真稔（社）、松本善明（共）、正木良明（公）、小沢貞孝（民）の各委員である。また明日三時に衆院本会議で財特法の趣旨説明が行なわれることとなった。

また七時より、衆院大蔵委で所信表明が行なわれることとなった。

二月二十七日（金）

ロッキード問題も多少興奮がさめてきたようでもあるが、戦後の大疑獄であることは間違いのないところである。

八時半よりロッキード問題閣僚連絡協議会が院内大臣室で開かれた。九時、閣議記者会見。その後は予定通り進み、凡一日中国会で明け国会で暮れることになった。このまま進めば、三月十五日頃に衆院を通過することとなろう。そうすると暫定予算は二週間足らずということになる。

二月二十八日（土）

八時十五分、大島佐賀県連会長が来訪し、次期総選挙に大坪健一郎氏を自重させてほしいということであった。当方からは、最終的には本人の決断によるので、責任はもてない。ただし、意向は充分本人に伝えると述べた。十時に衆院予算委で一般質問が行なわれ、稲葉誠一（社）、佐野進（社）、山原健二郎（共）の各先生が質問に立った。

なんとか予算委も軌道にのった。むしろ予算が成立したあと政局を運営する力があるかどうかが問題である。

二月二十九日（日）

スリーハンドレッドに行った。朝から雨が降っていたが、出かけた。向うで、第百土地の森さんをつかまえようとしたが、別の組でスタートしていた。五島哲君が入ってきて一緒にまわった。

だんだん雨が激しくなり、ハーフであきらめた。終り頃にはパットが水びたしで球が動かなくなった。

三月一日（月）

十時より、証人の再喚問と新証人の喚問が始まった。

十一時すぎより、伊藤昌哉氏が来訪した。

十二時に、政府与党首脳会談が開かれた。

二時から、政策時報社の日本の官庁という本の作成に関するインタビューが行なわれた。

二時半より、調査企画、銀行、理財、国金の会議が行なわれた。

四時半に、増原恵吉先生〔参、愛媛、福田派〕が愛媛県の地方区で自分を推せんしてほしいとのことで依頼に来た。

三月二日（火）

九時、閣議記者会見。十時、衆院予算委。

坂口力（公）、佐藤観樹（社）、和田耕作（民）、横路孝弘（社）の各先生が質問に立った。佐藤先生の質問に対し、四十八〔七〕年の総裁選においても人が金に支配されたというようなことはないと思うと答えた。金というのは崇高な存在で深みのあるものであるが、他面、人が簡単に支配されるようなものではないと述べた。

予算は十時より開会し、七時十五分に散会した。

西独大使のレセプション（ワインまつり）には失礼することとした。

三月三日（水）

今日はひなまつりの日である。十時より予算委。

松浦利尚（社）、寺前巌（共）、井上普方（社）。山梨選出議員と知事〔田辺国男〕が北富士〔演習場〕のことで陳情に来た。

国鉄総裁に高木〔文雄〕次官が就任することとなった。難問の山積の中であるが、未来に一条の光を見出すべく乗り出すことになったわけである。一時四十分に大臣室に挨拶に来られた。

五時半より衆院大蔵委の一般質問が行なわれ、武藤山治（社）、山田耻目（社）、小林政子（共）、坂口力（公）、竹本孫一（民）の各氏が質問に立った。

あと裕さん〔大平次男〕の宅でひなまつりの食事をした。

三月四日（木）

朝、玉置猛夫先生と川鉄桑江〔義夫〕専務が来訪された。田中六助先生と朝食をとりながら懇談。

十時より、衆院予算委。細谷治嘉（社）、中島武敏（共）、村山喜一（社）、吉田法晴（社）の各先生が質問に立った。

十二時より、参院大蔵委で所信表明。

一時より衆院・本会議で地方税法の趣旨説明が行なわれた。

夜はホテルオークラで泊った。

三月五日（金）

九時、閣議記者会見。十時に衆院予算委が開かれ、土井たか子（社）、近江巳記夫（公）、宮田早苗（民）、諫山博（共）の各先生が質問に立った。

二時すぎ藤井〔松太郎〕前国鉄総裁が来訪し、高木総裁をよろしく頼むと大臣より依頼した。

夜、衆院大蔵委の一般質問が行なわれた。小林政子（共）、坂口力（公）、竹本孫一（民）の各氏が質問に立った。

石坂泰三氏〔元経団連会長〕の一周忌には出席できなかった。

三月六日（土）

八時半、合田氏が私邸に来訪した。

十時半から宮中で皇后陛下のお誕生祝いが行なわれ、夫妻で出席した。

十一時半、伊藤昌哉氏がきて当面の政局について意見を交換した。

主計局の会議をした後、三時半羽田発の全日空機で、大阪に向いロイヤルホテルで泊った。指圧の先生に来ていただいてゆっくりと指圧をしていただいた。

本日の夕刊にインガソル国務副長官の議会証言が報ぜられた。それによると米国としては起訴にふみ切る時点での公表という態度であることがわかった。

三月七日（日）

七時四十五分大阪発、全日空五三一便で松山に向った。松山で記者会見をした後、直ちに宇和島公会堂に向った。宇和島で講演をした後、直ちに引き返し、松山市民会館で塩崎〔潤〕外務政務次官を励ます会に出席した。その後直ちに今治の明徳体育館で講演し、松山空港にひきかえした。

聴衆の反応はロッキード問題に深い関心を示していたが、予算を早くという話に拍手するなど、まだ救いがあるという雰囲気であった。

来島ドッグの坪内〔寿夫〕社長が来訪し空港に見送りにきたため、白石〔春樹〕知事との間で大きな問題をひきおこした。

三月八日（月）

七時四十五分に鈴木善幸先生が来訪し、当面の政局について意見を交換し、事態がきわめて深刻である点で意見が一致した。十時より参院本会議の予定であったが、野党の反対で開会されなかった。

お昼に政府与党首脳会議が開かれたが、名案はなかった。

午後からは佐々木義武大臣、大蔵主税局長〔大倉具隆〕、田中六助先生が相次いで来訪した。

ガンで亡くなった水野忠夫氏の弔問に自宅に向ったのち、瓢亭で行なわれた大平会に出席した。

三月九日（火）

国会は完全にストップしてしまった。政府与党が単独審議にふみ切ろうとしても、解散することもできないので手の打ちようがなくなっている。

九時閣議記者会見。十時衆院は開会されず、宏池会で午前中いた。そのあと岩波書店へ寄り、本を仕入れてきた。

二時半に、戸田菊雄先生〔参、宮城、社会党〕が陳情に来訪した。

夕方主税局長、水野清先生、越智伊平先生〔衆、愛媛2、中曽根派〕、田中六助先生が相次いで来訪した。

赤坂万喜で村岡兼造先生〔衆、秋田2、田中派〕の大蔵理事就任を祝う会が行なわれ出席した。

三月十日（水）

朝八時半、成人病研究所へ健康診断に行った。結果は一九八とよくなっていなかった。

十一時四十分、服部〔安司〕先生が吉岡英治氏邸を借りる件について話がまとまった旨の報告にこられた。

一時に臨時政審が開かれ、大蔵、自治、経企の三大臣が集まって暫定予算等について先生方から質問を受けた。

そのあと宏池会と財研〔大蔵省記者クラブ〕で記者会見。

田中栄一先生〔衆、東京1、石井派〕がサウジアラビアの耐熱住宅サンドミンのことで来訪した。

夜、三金会が吉兆で行なわれた。

三月十一日（木）

国会が休んでいる間に、日銀総裁〔森永貞一郎〕と会っておこうというわけで氷川寮で会談した。十時四十分に

人事院総裁〔藤井貞夫〕が教員給与の説明に来訪。平原〔毅・ＯＥＣＤ〕大使表敬、伊原〔横浜銀行〕頭取。

十二時より宏池会定例総会が開かれ、三時より記者懇談、そのあと国金局、証券局の会議。

田中六助先生が、椎名氏や田中氏と会ったことの報告。

夜は、ヨルダン国王の晩さん会に出席することはとりやめ清友会に出た。

三月十二日（金）

九時閣議、給与関係閣僚会議、記者会見。

十時に衆予算は開かれず。木村武雄先生〔衆、山形１、田中派〕、大石千八先生〔衆、静岡１、中曽根派〕、山口謙三氏〔内外労経研究協会〕、一時に国金局国税庁の会議。

国会は、全会一致で資料についての決議をしたが、野党は公開の決議をしたものと解して予算案の審議に応じない。特使派遣や対米再交渉を要求しているが、政府としてはとても受け入れられるところではない。

三時半より、ロッキード問題閣僚連絡協議会が官邸で開かれた。そのあと財研と宏池会で記者会見。

夜は内輪だけの誕生パーティが銀座資生堂パーラーで開かれた。

三月十三日（土）

十時すぎ、登庁した。児玉起訴の日である。今日の課税については、十五日まで直ちにおさめるようにとのきつい課税である。

調査企画課長の経済情勢全般にわたるレクチャーが行なわれた。

お昼に伊東正義先生、服部〔安司〕先生とともに昼食をとった。そのうち古井〔喜実〕先生がやってきた。

一時すぎより、証券局の会議をして帰宅した。夜八時に、橋本清氏が来訪した。

三月十四日（日）

八時半に全日空で羽田を出て、九時半すぎに小松空港に着いた。

石川産業展示館で陳情。昼食ののち自民党の政経文化パーティが行なわれた。

二時三十分より、北国政経懇話会で講演をした。〝これからの日本経済〟という地道なものであった。

そのあと北国新聞の立食パーティに出たあと、五時四十分の小松発の全日空機で帰京した。

三月十五日（月）

お昼に、政府与党首脳会議が官邸の小食堂で行なわれ、そのあと宏池会の記者懇談。

二時より、故三井精糖社長水野忠夫氏の告別式に出席した。四時中村太郎先生〔参、山梨、田中派〕が陳情のため来訪。

続いて国金局、調査企画課の会議。

重宗雄三氏〔元参院議長〕のお通夜に向ったあと、朝日の荒デスクと一緒に食事をした。

この日も例によりホテルオークラで泊った。

三月十六日（火）

八時半より、経済関係閣僚協議会。九時、閣議記者会見。十時より、ヨルダン国王夫妻歓送式が行なわれたが、出席しなかった。

十時に、長谷川〔孝昭〕北ベトナム大使が挨拶に来られた。

十二時に池田行彦君を励ます会に大臣は出席できないので、大臣夫人がはじめから最後まで出席した。

国会が動かないのでどうしようもないが、いよいよ暫定予算について最終的な決意を固めなければならなくなってきた。

福田副総理より電話があり、暫定予算については党の方にも意見があるようだから政府与党首脳会議を開いてきめたらどうかとの話があり同意した。

三月十七日（水）

八時半に、成人病研究所で血糖値についての検査を受けた。百九十でよくなっていなかった。

役所に登庁すると荒船〔荒舩清十郎〕予算委員長から抗議の電話があった。朝刊で暫定予算四十日と報ぜられているのに、何も報告にも相談にもきていないというわけである。

お昼に政府与党首脳会議が開かれ実質的に四十日が決ったが、一応蔵相、政調会長〔松野頼三〕が改めて会談して決めることになった。豊中町議が十三人挨拶に来られた。

大久保武雄先生、木村武雄先生、安川〔壮〕駐米大使、上村千一郎先生〔衆、愛知5、中曽根派〕、瓦力先生が次々に来られた。

六時よりオークラで山田光成〔日本信販〕社長と会食した。

三月十八日（木）

十時すぎ、稲嶺〔一郎〕、国場〔幸昌。衆、沖縄、福田派〕、西銘〔順治。衆、沖縄、田中派〕先生がオリオンビールについて陳情があった。続いて日商総会で挨拶した。

宏池会総会に出席し、暫定予算、日切れ法案の成立に全力をつくす旨の申し合わせをした。

一時三十分田畑久宣氏〔錦海塩業社長〕、三時に宏池会記者懇談。

五時に田中六助先生来訪、椎名さんや田中角栄さんに会ったことの報告〔『全著作集7』117頁参照〕。夕方、大久保〔武雄〕先生の経済、外交、労働三問題を考える夕べに出て、宮沢〔喜一〕大臣とともに講演した。そのあと喜代竜のかや会に出席した。

三月十九日（木〔金〕）

九時閣議記者会見のあと、主計局の会議が行なわれた。

十二時より、明さん〔大平三男〕のマンションで田中角栄先生と食事をしながら会った。約二時間ゆっくり話をした。カナダ大使表敬、砂野〔仁・川崎重工業会長〕、伊原〔横浜銀行〕頭取、加藤紘一先生、伊藤昌哉氏、住栄作先生と次々に来訪した。

夕方に会議をした後、院内に松野政調会長と会った。暫定予算は、四十日と正式に決定した。このあと、財研、宏池会で記者懇談を行ない、光琳で三金会が開かれた。

三月二十日（土）

春季皇霊祭には欠席した。神原亀太郎氏〔高松高商の同窓〕の子息の結婚式には大蔵大臣夫人が出席した。昭和電工の鈴木〔治雄〕社長とスリーハンドレッドでプレーした。裕さん〔大平次男〕と森田がお供をした。大臣は一〇一でよくなかった。

三月二十一日（日）

十時半より、小金井カントリーで細川隆元先生〔政治評論家〕、右〔石〕山氏とともに一緒にプレーした。細川先生は七十六才であるにもかかわらず一〇二位でまわった。

夕方から、ホテル・オークラでファイナンスの座談会が行なわれた。加藤寛〔慶応大学教授〕、新珠美千代〔女優〕、岩井半四郎〔歌舞伎俳優〕。ゲストとして高木文雄氏〔国鉄総裁〕が出席した。五時半から七時半までかかって座談会をした。

三月二十二日（月）

朝、時間があったので院内で理髪をした。十一時に、国連大使になった安倍〔勲〕氏が表敬に訪問。

十一時半、政府与党首脳会談。一時に重宗雄三氏〔元参院議長〕の自民党葬が青山葬儀所で開かれた。

塩見〔俊二〕幹事長が河野議長への工作資金のことで来訪した。

三時よりホテル・オークラで李へいき〔李海翼〕長官に会った。

四時から宏池会記者懇談。四時半より、主計、理財等の会議が行なわれた。夜回り会見の後、京極〔純一・東京大学教授〕、萩原〔延寿〕両先生と福田家《ふくだや》で会った。

三月二十三日（火）

九時、閣議記者会見。十時会議（主計、会計課）、十一時に三菱化成鈴木〔永二〕社長訪中報告。

十一時四十分秘書課長、お昼は外出して昼食。

二時から戸塚〔岩夫〕審議官の報告、暫定予算の想定問答。乳価、豚価の話を主計局より聞いた。

午後から田中六助先生、今井〔勇〕先生、木村武雄先生が来訪された。

五時すぎ、東京新聞創刊二十周年記念のパーティに出席した後　瀬木〔博政〕夫妻による招宴に出席した。その前にはん居での大栄会に出席した。

三月二十四日（水）

八時に、ロッキード問題閣僚連絡協議会が開かれた。続いて政府与党首脳会議が開かれた。記者会見。

午前中倉成〔正〕先生、佐上〔武弘〕審議官、次官、主税局長レク。

十一時に、医師会の推せんで来年の参院選に出馬する福島〔茂夫・埼玉〕県議が来訪した。

十二時よりホテルオークラで、春芳会（梁の元帝の言葉、春の芳しい草）が開かれた。

伊東正義氏、九電永倉〔三郎〕社長、田中六助先生、谷〔伍平〕北九州市長、林義郎先生〔衆、山口1、田中派〕が来られた。

院内三階の党役員室で、中曽根幹事長と会った。中曽根幹事長は、何か知恵はないかといって局面打開について苦悩をのぞかせた。大臣からは、何分党はおはらいをしなければならないと思うと答えた。大福会談に興味がありそうだった。

三月二十五日（木）

八時十五分に、経済対策閣僚会議。続いて臨時閣議で、暫定予算の提出とロッキード問題を協議した。十時すぎ暫定予算の国会提出がなされた。毎日新聞稲野〔治兵衛〕、寺平専務、平野局長が挨拶に来られた。

ジョルダン〔ヨルダン〕土屋〔南夫〕大使があいさつに来訪。宏池会総会記者会見。

夕方、総評市川〔誠〕議長、大木〔正吾〕事務局長が来られた。減税要求などを持ってきたが、とてものめるしろものではなかった。

夜六時より、鯨岡〔兵輔〕先生〔衆、東京10、三木派〕と会食した。三木内閣に対する支援の要請がその趣旨のようであった。

三月二十六日（金）

九時、閣議記者会見。十時半より、国金局の会議。

お昼近く栗原〔祐幸〕先生が来られた。十一時に金曜研究会が開かれた。

お昼に、高木文雄氏のお父様の葬儀告別式に出席した。

瀬戸大橋についての香川・岡山県議会の代表が陳情に来られた。

国会は相変らず空転を続けているが、せめて暫定予算と日切れ法案は月内に成立させたいと思う。日切れ法案のうち、関税はうまく行きそうだが、租税特別措置法〔租特〕が難航しそうである。主税局長が精力的に活動している。

三月二十七日（土）

一日中自宅待機で読書等ですごした。

雨であったのでゴルフができなかったが、国会中なのである意味ではよかった。

三月二十八日（日）

よい天気で、スリーハンドレッドで森〔美夫〕さんとプレーした。明さんと一緒だった。

三月二十九日（月）

いよいよ暫定予算を通すぎりぎりのタイムリミットとなった。租特に最後まで反対していた社会党もどうやら日切れ法案として取り扱うことに同意しそうである。十時より予算案ははじまり、提案理由、討論、採決が行なわれた。質疑抜きである。

十一時半に、大蔵委は関税法を可決した。十二時より、政府与党首脳会議が開かれた。

三時四十分より、租特の提案理由、討論採決が行なわれた。

七時より、本会議で暫定予算と日切れ法案が可決された。

夜はマブチモーターの株主総会が桜茶屋で行なわれた。

三月三十日（火）

閣議の前に中央交通安全対策会議が開かれた。閣議のあと次官、官房長、文書課長〔山口光秀〕が国会情勢を報告した。

お昼前に、新井俊三さんが来た。

午後平河会〔宮沢喜一外相を座長とする若手議員の政策集団〕で、椎名〔悦三郎〕副総裁が三木内閣総辞職論と三木の手では解散させないと述べたことが大きな話題となった。椎名の三木離れもここにきわまれりというわけである。

ロスアンゼルスタイムスのジェームソン記者が来訪した。

早めに家に帰って休養した。

松永官房長の話 ㊙　51・3・30

1．2月5日にロッキード事件が起った時、省議が開かれた。自分は、この問題は外交問題ではなく、外務省が介入すべきではないということを主張した。その時の話では、米国からもらう資料は公開することを原則とし、公開できないような資料はもらうべきではないという結論であった。

2．そのあと、各党が人を派遣した。その時東郷大使が未着任で、外務省としては、人を派遣するかどうかが問題となった。省内の大半の意見は西田公使がいるのだから人を派遣する必要はないということであったが、宮沢大臣としては、政治的にみて誰かを派遣すべきだということであった。そこで、有田審議官が派遣されたが、特に外交的には動くべきではないと言いふくめられていた。

3．そのうち、国内で外務省のやっていることは不充分であるという声があがってきた。宮沢大臣が捜査上障害がないかぎり公表と言って袋だたきにあう一幕があり、宮沢大臣自身も言わずもがなのことであったと謝った。そのうち2月23日に国会決議が出てしまった。

4．この国会決議については前々よりへんなものがでると困るということで懸念していた。国会事務局より決議案が届けられ、省内で検討した。宮沢大臣は、国会決議は国会の問題であるから、外務省はタッチすべきではないという意見であった。宮沢大臣は袋だたきにあってから逃げの姿勢を一層強めていた。アメリカ局長も同意見であった。これに介入すれば責任を負わされる恐れがあるということであった。しかし、自分は、この決議がなされるとえらいことになる恐れがあると直感した。外務省として意見を言うべきだと思い、宮沢大臣に意見を具申した。まず第1にこの事件の解明は日米友好に役立つと述べているが、解明されなければ日米友好にひびが入るということではないか。第2に本院は……要請するとあるが三権分立の立前からもおかしい。第3に高官名を含め公開というのは、従来の外務省の考え方と矛盾する。第4に最小限度国会決議が成立する時、政府としては政府の立場で行動するということを明らかにすべきだ。という点を大臣に申し上げた。宮沢大臣は乗り気ではなかったが、君が法制局長官に会って相談してみよ。もし法制局長官が君の意見に賛成なら自分が前尾議長に話してみようということであった。そこで法制局長官を訪ねたところ、不在で真田次長と話をした。真田次長は、日米友好については、裏まで読む必要はない。両院は……は、三権分立の立前から言って、いわば空に向って希望を表明したものと解釈すればよい。資料が政府に提供されると解釈するのが当然の筋である。特使についても触れているが、特使を送らないでも問題は生じないと思うとのことだった。そこで宮沢大臣から前尾議長に話をするというのは取りやめとなった。ただ、自分は、北村総理秘書官に電話して懸念を表明した。北村秘書官は海部副長官に話をしたらしく、すごい見幕で電話がかかってきた。自分達が、国会を軌道にのせるのに、これだけ苦労しているのにそれがわからないのか。日米友好など傷つくわけがない、ということであった。ただ、自分からは、このような決議は世界の憲政史上例がないことだと思うと反論した。（自分は、各国のロッキード問題に対するリアクション等を参考にして日本の措置を決定すべきだと思っている。）

5．親書については、事前に何ら相談はなかった。次官が官邸に呼ばれて行ってみると、これが一晩かかって書いた親書であるが検討してほしいということであった。持ち帰ってみると多くの問題点があった。まず冒頭に〝本事件は日米両国にまたがる不愉快かつ複雑な問題である。〟とあるが米国側は本問題は本質的には日本の問題であると認識しており、この表現は米側の認識に正面からチャレンジすることとなる。また〝キッシンジャー国務長官の意見は間違っている〟という表現があるが、これは外交上の配慮を欠いているといった点など約半分を削除すべしということになった。総理はそれまでの外務省の姿勢に批判的であったので直接話しても聞き入れられる可能性が乏しいので官房長官に頼み込んで何とか総理を説得してもらった。

6．いずれにしても親書を受けた米国側はかなり悩んだようである。SECには秘密保全命令がかけられており、地裁の命令を撤回してもらわねばならない。もし、資料の提供に応じないということになれば、日米友好にひびが入るのみならず三木内閣は崩壊するであろう。ホジソン大使からは詳細に日本の政情についての報告が行き、米政府の決断を迫った。インガソル副長官も大いに尽力してくれた。米国の法律で保護された利益は守らねばならぬが、最大限の便宜を供しようということになった。

7．この頃から法務省としては本件を自分の省で主管せざるをえないという覚悟を固めるに至った。それまで三木総理が公開が原則といっていても、おかしいと気がつきながら、あえて意見を申しのべることを差しひかえていたようである。もともと法務省という役所は、政治に邪魔されなければよいのであって、政治に頼ることのない役所である。そのような伝統がこのケースにもあらわれたのであった。塩野次官は渡米し、きわめてつぼを心得た折衝で米側とアレンジメントを結んだ。それで今日に至っているわけである。

8．今回の事件で資料が外務省の手にある場合外交機密として保護できるかどうかの議論があった。自分は、今回のものは外交機密では保護できないと主張した。結局そういう結論となり、捜査上の秘密で保護する以外にはないということになったわけである。

9．今後届けられる米側資料には状況証拠になるようなものが若干あるとしても　きめ手になるものはないと思われる。従って、贈収賄の捜査はかなり難航するだろうと思う。とりあえず、脱税、外為法の処分はきちんとやっておくことが大切であると考える。

10．今後高官名が判明する可能性としては次のケースが考えられよう。

①チャーチ委員会が自らの決定で公表にふみきる場合（可能性は乏しい）

②他国籍小委はまもなく全資料を入手するであろうが、委員会の性質上ＳＥＣが持っている場合よりもリークの可能性が高く、ここからもれる場合

③ＳＥＣの調査の結果司法省が告発し、裁判手続の中で名前が判明する場合

④ガルフの時のように特別委が作られ、そこからもれてくる場合

⑤日本側で任意調査を始めた時、報道される場合

⑥逮捕又は起訴された場合

⑦不起訴にした時、その理由とともに発表する場合などが考えられよう。

11．この問題の波及効果としては、日韓関係にあたえる影響が考えられる。まず本国会で批准しようとしていた

日韓大陸棚条約はたな上げせざるをえなくなった。日韓間には、日米間よりはるかに多くの人的交流、経済的接触があり、もしその実態が白日の下にさらされるようになればロッキード問題のような比ではないものと思われる。大平大臣も李へいき〔李海翼〕長官との接触については、しばらく見合わせられた方がよいと思う。

三月三十一日（水）

今日は暫定予算を参議院で通さなければならない。小沢〔辰男・環境庁〕長官が新潟県で選挙干渉ということで午前中は空転した。一時三十五分より参院予算、十二時に政府与党首脳会議。椎名副総裁は出席しなかった。

二時四十五分より、参院で関税暫定措置法と租税特別措置法を討論、採決した。

四時四十分参院本会議で、暫定予算と日切れ法案が可決された。

栗原先生と政府委員室で会った。

四月一日（木）

十時に、私邸を出て役所に向った。十一時にクウェートのファリファ大蔵次官と会談した。十一時半、宏池会に行き総会に出席した。青山で休んだ後、宏池会の懇談会に出席した。

国民金融公庫の沢田、佐竹新旧両総裁に辞令交付。

日野自動車の荒川〔政司〕社長、自販の天野論《ママ》長〔浩平常務〕が来訪した。

夕方主計局の会議の後、家に帰った。

四月二日（金）

九時閣議、記者会見。富士通小林〔大祐〕社長、住友信託武藤氏が来訪した。

一時より、アサヒ・ゴルフ対談で細川隆元氏と会った。

トロヤノフスキー・ソ連大使が離任表敬に来た。三時より、主税局、銀行局の会議が行なわれた。

六時半より、中沢・冨沢家の結婚式に出席した。

四月三日（土）

午前中、役所に出て国会情勢の報告をした。

住友銀行の堀田庄三会長と会食した。政治について、大福会談提携はできないかというわけである。

そのあと、大蔵省に帰って木村武雄先生と会食した。

横浜の森さんから食事の招待を受けていたが、お断りして川奈ホテルに早めに行った。

〔四月四日、五日なし〕

四月六日（火）

九時、閣議記者会見。官房長、文書課長が民社党と共同で通過させることになった本予算案についての情勢報告にきた。和田〔力〕メキシコ大使表敬、電通創立七五周年記念に出席した。木村武千代先生〔衆、香川1、中曽根派〕、広島県議、宮脇朝男氏〔前全中会長〕が次々に来訪した。

夜、白洲次郎氏の紹介でパリバー頭取のディフインエ会長等と会食した。

四月七日(水)

十時に、待望の予算委が開かれた。ロッキードの大統領返書について総理所信表明十五分が行なわれ、その後、佐々木良作先生(民)が六十分質問した。そのあと、十一時四十分より分科会が開かれた。十二時に政府与党首脳会議で財特法についても予算と一緒に本会議で上げる方針が確認された。二時から、信託大会が経団連会館で開かれた。

五時四十分から、衆院予算委で主査報告が行なわれた。

四月八日(木)

七時、西田広島県議会議長、上森〔上森農機〕社長が私邸に来た。そのあと木村武雄先生と大臣室で会った。十時より衆院予算委が開かれた。しめくくり総括が小平忠議員(民)、正示啓次郎議員(自)によって行なわれ、討論が河村勝(民)、井原岸高(自)によって行なわれ、二時三十分可決された。

二時すぎより宏池会記者懇談をし、会議をした後、藤田正明先生が来た。広島県の公認申請の件と財特法を通すことが三木内閣の手助けにならないかということであった。大臣より、そのようなことは気にする必要がない旨答えた。

夜、日の丸自動車の富田、中村氏の結婚式に出席の後、大平会に出た。

四月九日(金)

八時半より、経済関係閣僚協議会が開かれた。

九時より閣議、記者会見。十時四十分より理髪を行なった。

十一時半より、宏池会の金曜研究会。

田村電機の田村邦夫氏の告別式。三時より戸塚〔岩夫〕審議官、四時半より田中龍夫先生〔衆、山口1、福田派〕、今井勇先生等自民党の対外協力委について申し入れに来た。

五時、栗原先生。院内で食事をしたあと田沢〔吉郎・議院運営委員会〕委員長と話をした。

九時十分に衆院本会議が開かれ、委員長報告、渡辺武三先生〔衆、愛知4、民社党〕の討論、記名投票で採決された。

四月十日（土）

本予算が衆院を通過したので、スリーハンドレッドに行った。向うに田中前総理、小沢〔辰男〕環境庁長官、森下甲一先生、森下夫人がいた。それに合流し田中―小沢―大平森下夫妻―森田の二組でまわった。森田はワンハーフ目に三七を出した。

四月十一日（日）

今日もスリーハンドレッドに行った。安井謙先生〔参、東京、福田派〕、山田光成〔日本信販〕社長、山崎高氏〔同取締役〕とまわった。もう一組は、山田ひろあき、山田洋二、森田、大平明とまわった。

夜七時半、橋本清氏が来訪した。

四月十二日（月）

朝成人病研究所に行ったが、結果は血糖値一七八とあまり下っていなかった。午前中、上条勝久先生。お昼に政府与党首脳会議。国会が再び審議ストップになったが、これを正常化できるかどうかが焦点だ。山崎五郎参院議員〔参、秋田、福田派〕の告別式が行なわれ、参列した。午後、植木〔光教・総務〕長官が今度衆院選に出る並木議員を連れてきた。

第一回目のコレラの予防注射。毎日新聞西経済部長とインタビューをした。

夜回り会見終了後帰宅。

四月十三日（火）

九時、閣議記者会見。院内で財特法等の取扱いについて首相、副総理、宮沢外相、大臣の四人で集まった。記者会見後のニュース（ＮＨＫ）で大臣の発言が問題となった
即ち、財特法は前々より予算と一体であるという言い方であったが、大臣より、年度前半に成立すればよいのだが、その保証がないから今国会で成立させなければならないという発言をしたことが誤解されたものであった。

再度、十二時過ぎ記者会見。午後宏池会へ。

四時、参院議長公邸に河野議長を訪ねた。

夜六時より、田中派の細川〔護熙・大蔵〕政務次官、佐〔左〕藤恵〔衆、大阪6〕、髙鳥修〔衆、新潟4〕、愛野興一郎〔衆、佐賀〕、中山利生〔衆、茨城1〕、竹中修一〔衆、青森2〕、村岡兼造、戸井田三郎〔衆、兵庫4〕、小林正巳〔衆、兵庫3〕の各先生と会合した。

四月十四日（水）

午後から登庁した。午後鈴木正氏〔三木証券会長。大平義兄〕、岩動道行先生が来訪した。

春闘に関する電々・国鉄のレクチャー。米沢〔電電公社〕総裁、高木〔国鉄〕総裁が相次いで来訪した。

夜は、吉兆にベアワルド教授、ジェームソン記者と会談した。

四月十五日（木）

午前中に、新宿御苑で観桜会が開かれた。幸い雨も上って大勢が桜見物を楽しんだ。松浦利尚先生〔衆、宮崎1、社会党〕より春闘について電話があった。十二時に、宏池会定例総会に出席した。一時半に、堀昌雄先生〔衆、兵庫2、社会党〕。宏池会記者懇談、レクチャー（国金局）。インドネシア通商大臣〔ラディウス〕が表敬訪問に来られた。泉〔美之松〕専売公社総裁が春闘問題で来訪。トロヤノスキー駐日大使の帰国のレセプションが大使公邸で開かれた。かや会が喜代竜で開かれた。

四月十六日（金）

朝、下条進一郎氏。九時閣議、記者会見。十時半に、本四公団副総裁〔柴田護〕。モルガンスタンレー・ペティート会長。お昼に、総務会が開かれ財特法の早期成立の必要性について大蔵大臣より説明した。宏池会へ。日本ゴルフ振興大西〔一〕社長、澄田〔智〕輸銀総裁、前川〔忠夫〕知事が相次いで来訪した。国金局のレクチャーが行なわれた。いよいよアジア開銀へ出席するかどうかを決めなければならなくなった。六時より、三金会が光琳で開かれた。国会正常化への動きが次第に活発化してきた。

四月十七日（土）

朝九時より、公企業体等関係閣僚協議会が官邸の大広間で開かれた。十時より、政府与党首脳会議が院内の総裁室で行なわれた。引き続いて記者会見したところ、もう一度政府与党首脳会議が行なわれた。両議長が国会正常化へ乗り出し各党党首と会談する他、総理とも会い、正常化への条件をさぐろうというものである。

総理が両議長と会う間中断したが、首脳会議が終わったのは夕方で、そのあと記者会見をして帰宅した。

四月十八日（日）

牛尾治朗氏〔ウシオ電機社長〕より誘いの電話があり、盛田〔昭夫〕夫妻と一緒に月例杯に出場した。九十七であった。

四月十九日（月）

山田義晴君の友人の峯岸氏より紹介があり、東京商工会議所の三十六人とともに食事をしたあと、政治家になった動機及び青年経営者に望むことについて話をした。そのあと森永〔日銀〕総裁と大蔵省で会い、アジア開銀に行けなくなったことについてよく依頼をした。十時に、政府与党首脳会議が開かれた。午後はニューズ・ウィークのクリッシャー記者のインタビューを受けた。国会正常化について、両議長からあっせんがあり、刑訴法四十七条但書について、議長あっせんの中に入れるかどうかが問題となったが、結局法律の趣旨にのっとりという文言を入れた。夕方細川〔護熙〕政務次官を励ます会に出席した。夜は美竹会館で新入生歓迎会が開かれた。

四月二十日（火）

九時、閣議記者会見。法人の整理について秘書課長がレクチャーをした。午前中、地崎〔宇三郎〕先生〔衆、北海道1、無〕と町村〔金五〕先生〔衆、北海道1、福田派〕が、来たる参院選において西田信一元議員が出馬をあきらめてくれるよう大臣に頼みに来た。お昼に田中六助先生、浦野〔幸男〕先生、二時にカナダ国会議員団（議長以下超党派の派遣団）。アルミ精錬協会の陳情。飯田久一郎氏〔経済評論家〕より土地問題についてレクチャーを受けた。前夜は、ホテルオークラで泊ったが、今日は早く家に帰ることとした。

四月二十一日（水）

八時より三思会が行なわれ、三菱商事の田部文一郎氏、興銀の田島氏が激論を闘わせた。十時に芦原〔義重〕会長が大臣室に来訪した。このあと院内で理髪をした。十二時より、政府与党連絡会議が官邸で行なわれた。田中六助先生、読売社会部の勝方記者、佐々木〔義武〕科学技術庁長官が次々と来られた。両議長と五党首の会談がようやく実現して国会が正常化した。西銘〔順治〕、国場〔幸昌〕両議員が来訪した。

細川〔護熙〕政務次官、上森〔剛〕夫妻が来訪し、政府与党首脳会議で国会正常化の報告が行なわれた。

記者会見のあと私邸へ向った。

四月二十二日（木）

十時半頃、日本紡績協会の新旧両会長が挨拶に来られた。

ジュネーブ鶴見〔清彦〕大使、住栄作先生が来られた。宏池会の総会に出席した。衆院本会議で地方交付税の趣旨説明が行なわれた。三時より記者懇談のあと、国会タイムズの五味氏のインタビューを受けた。サントリー佐治氏、栗原先生が来られた。

六時よりカナダ議会代表団レセプションに出たあと、マルド〔ゥ〕ーン・ニュージーランド首相の晩さん会が行なわれた。

そのあと、田沢・田中（六）・藤田・岩動・嶋崎・栗原の各先生にホテルオークラのラ・ベルエポックに集まってもらって財特法について打ち合わせた。

四月二十三日（金）

九時、閣議記者会見。横田陽吉先生〔元厚生省年金局長。76年総選挙落選〕が来られた。十時三十分衆院大蔵委が開かれ、小林政子（共）、坂口力（公）、竹本孫一（自）の三人が質問に立った。十一時半に加藤〔乙三郎〕中部電力社長来訪。一時に衆院大蔵が開かれ、小林政子（共）、坂口力（公）、竹本孫一（民）が質問に立った。夕方経済同友会三十周年懇親会に出席したのち、西田〔信一〕先生、町田〔町村金五〕先生、地崎先生と会い、西田先生が参院選に出馬を断念することについて会合を持った。

四月二十四日（土）

十時より参院予算委が開かれ、加瀬完（社）が質問に立った。質問は、四時前まで続いた。続いて、自民の藤井〔丙午〕氏が質問に立った。藤井氏は身体が悪いのか顔色が悪かった。しかし、野党の先生方が金をとりにきた話を暴露するなど一種独特の迫力があった。土曜日にもかかわらず夕方近くまで質問が続けられた。

四月二十五日（日）

森さんと一緒にスリーハンド・レッドでプレーした。明さんが一緒だった。暖かく、初夏のような天気で、風がなく、ゴルフには最高であった。
大平四七・五〇、森田四二・四五、森さん四九・五一、明さん四八・五四であった。

四月二十六日（月）

八時四十五分より、日本ミニチュア・ベアリングの高橋高見社長と会食した。スイス外債について助力を願いたいということのようであった。十時に参院予算で、矢田部理（社）、玉置和郎（自）、神沢浄（社）が質問し、八時二十分に散会した。

十二時には、政府与党首脳会議には欠席して、ホテルオークラで行なわれた春芳会に出席した。

衆院大蔵委をやることになっていたが、夜遅くなったためとりやめとなった。

夜、十二日会の第一回会合（栄家で従来行なわれていたもの）が古河電工寮で行なわれた。

四月二十七日（火）

八時十五分に、アンクタッド〔ＵＮＣＴＡＤ〕関係閣僚会議が開かれた。

九時閣議、記者会見。十時から参院予算委が開かれ、黒柳明（公）、上田耕一郎（共）、山崎昇（社）の三人が質問に立った。

お昼に衆院大蔵委が開かれ、昼休みの時間に出席した。

七時過ぎに参院予算委が終わったので、大栄会に出席したのち帰宅した。

四月二十八日（水）

七時半に、堤〔清二・西武百貨店〕社長が緑屋との吸収提携について挨拶に来られた。

大日本製薬宮武〔徳次郎〕社長がサリドマイドの問題について説明に来られた。その後、迎賓館にニュージランド・マルドーン首相を表敬訪問した。十時より参院予算委で、安孫子藤吉（自）、竹田四郎（社）、矢追秀彦（公）、渡辺武（共）の各先生が質問に立った。

十二時より、政府与党首脳会議が開かれた。

三時より衆院大蔵委で税の集中審議が行なわれ、共済二法〔を〕可決した後、財政法特例法の提案理由説明が読まれた。夜、大蔵委が散会になったのは八時四十五分頃であった。

四月二十九日（木）

天皇誕生日でお昼に宮中での宴会に出席した。そのあと、ホテルオークラで共同主催の大平―福田会談が行なわれた。経済問題に限るということで実現したものであるが、結局、大福提携に合意ということが見出しとなった。その後、六時から飯倉公館で行なわれた天皇誕生日慶祝のレセプション（外務省主催）に出席した。この席には在京の各国大使が出席していた。

四月三十日（金）

七時四十五分に、野村証券の北裏〔喜一郎〕社長が来訪した。国債について話が出た。

九時、閣議記者会見。十時より参院予算委で、藤井恒男（民）、中村太郎（自）、市川房枝（第二）の各先生が質問に立った。

終了後五時半頃、木村武雄先生が来訪した。

そのあと植木総務長官を励ます会に出席した後、辺見―遠藤御両家の結婚式に出席して挨拶した。三味線も良いが、奥さんを大切にするようにとの挨拶をした。

五月一日（土）

森田、冨沢、大平明と四人で箱根カントリーに行った。朝から激しい風と雨であったが、午後からワンラウンドをした。冨沢九二、森田・大平九三であった。

その夜は箱根の小涌園で泊った。

三日夜に三養荘で泊ることとしていたが、四日に閣議があることになったためとりやめた。

五月二日（日）

同じく箱根カントリーで、大平・森田・冨沢の三人でまわった。天気は快晴とは言えないが、一応晴れた連休唯一の日であった。大平九三・森田九八・冨沢八七であった。

夜は同じく小涌園に泊った。

五月三日（月）

小涌園の部屋でゆっくり休んだ。小田原駅まで、二時間位かかるかも知れないということで出たら、四時過ぎにはついてしまった。

一七時二十四分発のこだま三五〇号で六時に東京駅に帰ってきた。

夜ホテルオークラ本館十階暁の間で、少林寺拳法の宗〔道臣〕管長と食事をした。

五月四日（火）

九時、閣議記者会見。連休の合い間のため都内は空いている。

十時から参院予算委が開かれ、森中守義（社）、宮崎正雄（自）、片岡勝治（社）の各先生が質問に立った。終了後、主計局、銀行局の会議をした。

五月五日(日〔水〕)

スリーハンドレッドで試合があり出場したが、四八・五〇で入賞は出きなかった。

九日には椎名・福田・大平会談を企画していたが、世話役の木村武雄先生が自動車事故で重傷を負ったため取り止めとなった。

しかし、椎名—大平、椎名—福田等個別の形で実施することとなった。

それに備えて、夜田中角栄先生と打ち合わせをした〔『全著作集7』120—121頁参照〕。

田中—大平会談について　五一・五・九

五月五日秘密裡に田中—大平会談が行なわれたが、その模様は次の通り。

1．田中先生より、次のような話があった。

（1）三木はこれまで最悪の首相である。自らの政権の維持のみに汲々としており、かつあらゆる懐柔策などテクニックのみにたけている。

（2）しかし、政局転換の話を簡単に考えてはいけない。三木はあらゆる手段をろうして抵抗するであろう。

（3）臨時国会を開くことになれば冒頭解散ということとなろう。従って財特法を含めあらゆる案件を今国会で処理しておかなければならない。

（4）解散までには政局転換を図り、新内閣、新体制で総選挙にのぞまねばならない。政局転換を椎名一人がやろうとしても無理だと思う。保利、前尾、灘尾、水田などの人達も主役にはなりえない。

（5）この点は、大平―福田の決断以外にはない。

（6）その後について、暫定政権を考えるとすれば、椎名しか考えられない。しかし、本格政権となり、大平首班となっても福田が党をわることはないだろう。

（7）他方福田首班を考えるとすれば、党の総裁は椎名にやらすべきだと思う。ただ自分も今までの経験から総理・総裁の分離論の難しさはよく承知している。第一首班指名に際しても自民党が一本化することすら難しい点がある。

（8）今後、椎名―大平会談（九日夜実施済）、椎名―福田会談（一〇日夜の予定）のような形で話を進めて行くべきである。大平―福田会談をいつどのような形で行なうかが大切である。

（9）福田も、三木ではいけないという認識では一致しているが、具体的行動について決断を固めているとはいえない。また三木ばなれがはっきりしてきたが、大平や椎名の下でも党をまとめて行くという決断をしているとはいえない。

（10）いずれにしても、わが陣営で党の方は押さえておきたいとの自分の決意は固い。

2．大平より、次のような話をした。

（1）自民党は、今極めて危険な状態にある。これまで三木がやってきたやり方は全て間違いであり、もはやどうにもならなくなっている。しかも、中曽根も半身不随となってしまった。しかし、この二人とも自ら進退を明らかにするような人ではない。従って外部的な圧力で転換を図るしかないが、よほど用心して手順を進めて行かなければならない。

（2）自民党は、ロッキード事件が起こるまでもなく、内部崩壊が徐々に進行していたと思う。その意味でも今度の総選挙は、党の運命をかけたものになろう。総選挙に臨むためには、三木はもちろんのこと椎名、福田、大平等全てを一新して臨むべきだ。それが自分のいう自民党のおはらいというものである。

（3）自分はこのような考え方から、田中六助や栗原祐幸を使って椎名を説得してきたが、これからは直接会って話すつもりである。

（4）しかし、椎名が一手に引き受けられるようなものではない。福田をどうしても引き入れる必要がある。多くの人から、大―福提携の話を聞かれるが、自分は目的が正しくて、手続きが正しければ協力にやぶさかではないと答えることにしている。

（5）この場合、大平・田中両派の諸君の納得を得ることが必要であり、今後は具体論を固めて行くことが必要である。この点二階堂―鈴木の間で充分連絡させたい。

五月六日（木）

朝、帝国ホテルで日本貿易会の朝食会が開かれ、各局長を従えて出席した。

十時より、参院予算委は公聴会を開いた。

衆院大蔵委ははじめて財特法の実質審議に入り、佐藤観樹（社）、山中吾郎（社）、武藤山治（社）の各先生が質問に立った。

お昼の時間に迫水久常先生〔衆、鹿児島1、無〕と院内で会った。

一時より、衆院本会議で健保の審議が行なわれた。村山富市（社）、寺前巌（共）、小浜新次（公）、小宮武喜（民）の各先生が質問に立った。

夜はホテルオークラで民社党の春日〔一幸〕委員長と会った。（1）江公民を成功させるためには、民社が三十五人位にならねばならぬこと、（2）リンチ事件で共産党をたたいたあとなので選挙は早い方がよい、（3）財特は通さねばならぬと考えているので具体的に言ってほしいとのことであった『全著作集7』121―122頁参照〕。

迫水久常先生の話

五一・五・九

1. 迫水先生が、先日（数日前）大平を訪ね、福井の山本氏は、田中支持をしてきたのみならず、自分の選挙も手伝ってくれた。
2. 山本氏は衆院に立候補することを考えており、自分（迫水）もそれを支持したいと考えている。ところが植木庚子郎がいるので大平派として出たい。
3. ところが山内一郎が自分の選挙のとき、現代議士の協力を得たいので、山本氏の出馬に反対している。
4. しかし、山内先生はそう気にすることはないと思うとのことであった。
5. しかし、大平としては、平泉先生のことがあるのみならず、山本氏の当選は難しいと思うので、宏池会で選対を開き、その結果を大平からか鈴木先生からか、迫水先生に伝えたいとのことである。

極秘　大平―春日会談について

五一・五・九

先日秘密裡に春日委員長と会った際の会談内容は次の通りであった。

（1）春日委員長は、次の総選挙では、民社党は35人位になることについて自信をもっているようである

（2）江公民については、民社と公明が強くなければうまく行かない。江田派といえども総選挙では総評に依存しているので、民社と公明が強くなって、これにのってこれるようにしなければならないとのことであった。（江田、山本〔幸一〕などのみ自力で選挙可能）

（3）春日委員長は江公民が実現することによって政界の再編成が推進されると考えているようである。

（4）公明党は創価学会よりの独立を考えている。竹入は池田大作とよくなく、池田は矢野を起用することを考えているようであるが、なかなか簡単にはいくまい。竹入は社会党右派と組んだ新党構想を考えているとのことであった。

（5）民社党は、一方では、自民べったりといわれ、他方では野党追随といわれ、極めて困難な道を歩んでいる。いわばハムレットの心境である。

（6）いずれは自民党の一部も含めた政界再編成が起るであろう。

（7）今度の総選挙はわからぬが、来年の参院選では、自民党は多数を失うこととなろう。その場合民社党の努力はキャスティングボートを握ることとなろう。

（8）大平君とは20数年のつき合いだし、福田君とも永年の付き合いである。福田君には十数年来大平君と提携しろと説いている。

（9）三木は、一日在職すれば一日の国損であると考えている。仮に、三木が野党と組んで政権を維持することを考えたにしても、民社党がこれにのることは絶対にない。

（10）財特法は是非成立させなければならぬと思っているので、何かあれば具体的に話してほしい。

五月七日（金）

いつものように六時四十五分頃起床。新聞を読みながら野菜ジュースとパン一切れを食べ、七時半に家を出た。世界救世教河合〔輝明〕総裁が中国を訪問するというので、自民党本部で挨拶を受けた。八時半より、財特法について、自民党の財政部会が開かれ、各先生の協力を依頼した。九時より閣議が開かれ、そのあと記者会見をした。新聞記者と会見するときは、余程用心しておかないと大変なことになる。池田〔勇人〕さんはその点そつのある方だったがかえってそれが愛された。昼は一時間予算委員会が休憩になったので、大蔵省にもどって昼食をとった。今日はゆっくり食事ができたが、委員会をいくつもかけもちしていると食事抜きになることも珍しくない。

七時に予算委員会終了後、秘書官室で作ってもらったにぎり飯を五分で食べ、衆議院の大蔵委員会に出席した。九時四十分に委員会が終わったあと、大蔵省にもどって、サンデー記者会見のビデオ取りをしたので、家に帰ったのは十一時半だった。

五月八日（土）

七時四十分に代々木にあるＮＨＫに行き、各党の政審会長とともに日曜日の放送討論会のビデオ取りをした。官房長官としてはじめて出演して以来、ＮＨＫの放送討論会に出席したのは何回目になるのだろうか。十時より参議院の予算委員会が開かれた。ロッキード事件のため、大巾に遅れた五十一年度予算も今日可決成立の予定である。十二時に院内で食事をしながら、中曽根幹事長以下党三役と財特法について協議をした。

予算は六時五十五分に委員会で可決され、八時からの本会議に上程され、九時五十分に成立した。家康の遺訓に、〝人の一生は重荷を負いて、遠き道をゆくがごとし。いそぐべからず。不自由を常と思えば、不足なし。こころに望みがおこらば、困窮したる時を思い出すべし。堪《かん》忍は無事長久の基、怒りは敵と思え〟というのがあるが、予算が成立するまで、このような想いの連続であった。

五月九日（日）

今日は久しぶりの快晴に恵まれ、高松高商の同窓生と一緒にゴルフをすることになった。他の代議士の先生方の応援に出かけたりして、日曜日がつぶれることも多いが、今日は久しぶりに楽しめる一日である。学生時代の友人と一日を共にできることは何と心暖まることであろうか。与謝野鉄幹がうたい上げたように、〝友を選ばば書を読みて六分の侠気四分の熱、友のなさけをたずぬれば義のあるところ火をもふむ〟という思いである。また、西洋には、〝思慮なき友人ほど危険なものはない。分別ある敵の方がまだましだ。〟という言葉があるが、私は本当に良き友に恵まれて幸せだ。人間らしい思いにひたった春ののどかな一日は暮れていった。

極秘　大平―椎名会談について

五一・五・九

1. 椎名より、政局で御苦労だが、三木は野党からもあなどりを受けており、党内の信頼もないので困ったものだ。早くやめてもらうとよいがやめようともしない。中曽根には、この前に（イ）大局的にものを見ることが大切であり、その意味で一旦退いた方が君のためになる。（ロ）君は幸い未だ汚染されていないし、今がチャンスだと言ってあると、椎名は言ったとのことであった。
2. 大平より、二人はやめないだろうから、自民党全体が出なおす以外に道はないと思うといったところ、椎名は全面的に同意した。
3．椎名より、核防、財特法は野党はある程度まではっきり合うが、今回全通過は相当難しいと思うと言った。大平より、延長しようとすれば、参院の定数や仲裁裁定をもち出し、会期内の技量も延長もなかなか困難なことを承知している。しかし、何とかしなければならぬと説明した。
4．政局が処理できれば仕事ができるし、それができなければ仕事はできないような様相になりつつあると、大平より説明した。椎名も同感の意を表した。
5．大福提携については、同じ党内に属しているし、目的が正しく、手順がきちんとしていれば、協力することはやぶさかでないと説明している、と大平より説明した。又昨年二度極秘で会った時の事情を説明した。
6．大平より政局転換については、福田氏も参加させることが必要である。三木をやめさすことは参加さすが、そのあとは党にはルールがあるのであって、総裁公選でなくても、少なくとも議員総会で投票する位のことをしなければ世間は納得しないと言った。これについては椎名も同感の意を表し、更に椎名より、その話を聞いて安心した。大福間に玉虫色の密約があるのではないかと思っていた。やめさせるまでについて、福田を参加させたいと思うと答えた。そのあとは、国のため、党のためを考えれば自ら道は開けるとのことであった。
7．大平より、この話（政局転換）は、鈴木―二階堂とも相当具体的にち密に打ち合わせをしておくことが必要であり、しそんじれば大変であると言ったところ、椎名はその通りであるとのことであった。
8．椎名より、政界に入った若手の人が途方に暮れているの〔を〕みると心痛に耐えないと説明した。また三木を推せんしたことについては、全く申し訳ないと思っているとのことであった。

五月十日（月）

朝八時より、ホテルオークラで円覚寺の朝比奈宗源老師と対談した。サハロフなどを引用し、反共論をとうとうとぶたれたのには閉口した。日銀監事辞令交付。国会のはじまる前に中国保険公司副総裁の表敬訪問を受けた。十時半より衆院大蔵委が開かれ、松浦利尚（社）、広沢直樹（公）が質問に立った。お昼に政府与党首脳会議が開かれた。

夕方のロッキード問題閣僚連絡協議会は衆院大蔵と重なったため欠席した。

水野〔清〕先生のお母様のお通夜に出席して帰宅した。

五月十一日（火）

八時半より経済関係閣僚会議があり、月例経済報告が披露された。景気はあらゆる指標が上向いてきた。九時、閣議記者会見。十時三十分、衆院大蔵委が開かれ、広沢直樹（公）、高沢寅男（社）、小林政子（共）、横山利秋（社）、竹本孫一（民）の各氏が質問に立った。

一時半より、衆院本会議で国鉄運賃法の趣旨説明が行なわれた。

六時半より藍亭で、銀行副頭取の会を開いた。

五月十二日（水）

朝早く、私邸に村山達雄先生が来られた。九時二十五分より、カタールの財政石油大臣〔アブドル・アジス〕が表敬訪問に来られた。

安田貴六先生の陳情、日本硫安業協会鈴木〔治雄〕会長の就任あいさつのあと、十時半より衆院大蔵委が開かれた。

松浦利尚（社）、竹本孫一（民）、村山喜一（社）、広瀬秀吉（社）の各先生が質問に立った。

四時から総理が衆院大蔵委に出席し、財特法は九時十分可決採択された。

その間、田中派参院議員と会食する予定であったが、延期することとした。

五月十三日（木）

朝読売が、椎名工作を克明に報じたため、政界は大さわぎとなった。三木総理は島〔桂次〕さんの宅にも電話をかけてきたとのことである。七時半より、伊東正義先生と朝食。竹中〔修一〕先生、竹内れい一〔黎一〕先生〔衆、青森2、田中派〕が清和銀行と弘前相互の合併の件についてお礼に来られた。

十時半より、参院内閣委で共済法のお経よみ〔国会用語で、国会における法案の提案理由の朗読等、文章を読み上げるだけの説明を指す〕がなされた。

お昼に参院地行で交付税の質疑が行なわれ、和田静夫（社）、阿部憲一（公）の二氏が質問に立った。

一時より衆院本会議で財特法を討論、採決した。

ホテルオークラで塩見〔俊二〕、植木〔光教〕両先生と話をしたあと、清水で佐藤〔誠三郎・東京大学助教授〕、公文〔俊平・東京大学助教授〕両先生の話をきいた〔『全著作集7』122—123頁参照〕。

五月十四日（金）

九時、閣議記者会見。十時、参院本会議で財特法のお経と質疑。福間知之（社）、矢追秀彦（公）、加藤進（共）、栗林卓司（民）の各氏が質問に立ち、十二時五十分散会になった。

一時三十分より、政府与党首脳会議が開かれた。参院大蔵委が開かれた。

政界は椎名工作で騒然となり、三木首相の世論をバックにしての猛烈な巻きかえしがはじまった。夜再び椎名さんとホテルオータニ《ママ》で会談した。
三木善玉、椎名悪玉とはっきり世論上の色分けがなされた。

五月十五日（土）

お昼に柏木善三郎氏の一家の結婚式に出席した。夜七時半に、大日本製薬・宮武社長が来られた。

五月十六日（日）

スリーハンドレッドでプレーし、夜七時半より私邸で栗原先生と会った。

五月十七日（月）

不動産協会の朝食会が赤坂東急で行なわれた。業界より保有税及び譲渡税についての陳情が活発になされた。錦海塩業田畑〔久宣〕社長、三井精糖岡庭〔雅〕社長、原健三郎先生〔衆、兵庫2、船田派〕が次々に来られた。矢野良臣氏〔丸善石油化学社長〕と会ったのち、院内で理髪に行った。
お昼は、政府与党首脳会議。そのあと、衆院決算で予備費の討論採決が行なわれた。
夕方、国金、戸塚審議官の会議の後、綿貫〔民輔〕先生〔衆、富山1、田中派〕を励ます会に出席し、宏池会で記者懇談をして帰宅した。

五月十八日（火）

九時、閣議記者会見。十時三十分より参院大蔵委。大塚喬（社）、福間知之（社）、矢追秀彦（公）、渡辺武（共）、栗林卓司（民）、野末陳平（第二）の各先生が質問に立った。お昼の斉藤寿太郎氏の結婚式には、奥様が代りに出席した。

一時、衆院本会議で予備費が採決可決された。

夜六時二十分に財特法のお経を上げた後、NETの三浦〔甲子二〕氏と会食をした。岩動〔道行〕先生、野々山〔一三〕先生〔参、全国、社会党〕と三人で会食をした。

五月十九日（水）

八時に、伊藤昌哉氏〔が〕私邸に来ら〔れ〕た。服部〔安司〕先生が大臣に来て、明朝早く福田さんと会う段どりをつけに来られた。

十時野田卯一先生、十時半衆院大蔵委で国金四法の質疑採決が行なわれた。

お昼に朝日の経済部長とのインタビューを行なった。

午後から参大蔵委は、税法についての参考人が登場した。

政局はますます緊迫し、世論はあげて椎名工作をロッキードかくしとして究明することとなった。

夜は参院大蔵委の野党理事と懇談した。（場所金田中）

五月二十日（木）

朝六時に服部先生が迎えに来て、大正製薬の上原さんの家で福田副総理と会談した。

一旦家に帰り、九時十五分より、キューバ・ロドリゲス副首相の表敬を受けた。十時半より参院大蔵委で、福間知之（社）、大塚喬（社）、寺田熊雄（社）、鈴木一弘（公）の各先生が質問に立った。

十二時より、宏池会定例総会。二時の衆院本会議で国金四法が可決された。

六時より、喜代竜でかや会が開かれた。

五月二十一日（金）

八時半、ロッキード問題閣僚連絡協が院内大臣室で開かれた。

九時より、閣議記者会見。十時半、衆院大蔵で輸銀法の質疑が行なわれた。横山利秋（社）、佐藤観樹（社）、小林政子（共）、坂口力（公）、竹本孫一（民）の各先生が質問に立った。

参院大蔵で、財特法の質疑が行なわれた。夕方、衆院大蔵本会議で輸銀法は可決された。

参院大蔵で、国金四法の提案理由説明が行なわれた。

三金会には出席できず、九時三十分まで国会にしばりつけられた。

五月二十二日（土）

ＯＫＳの七十六回トーナメントが行なわれたが、一時半から参院大蔵で輸銀法の提案理由説明が行なわれたため出席できなかった。

朝、伊藤昌哉氏が私邸に来訪した。

五月二十三日（日）

野球会が行なわれることになっていたが、雨のため中止になった。

田中六助先生、福井順一先生とともにスリーハンドレッドに行く予定にしていたが、これも雨のため中止した。

夜七時、橋本清氏が私邸に来訪した。

五月二十四日（月）

十時四十分、参院大蔵委で国金四法の質疑が行なわれた。

大塚喬（社）、寺田熊雄（社）、鈴木一弘（公）、近藤忠孝（共）、栗林卓司（民）が質疑に立った。

十二時に、政府与党首脳会議が院内で行なわれた。

四時に、参院大蔵〔で〕国金四法、輸銀法が可決された。夕方、参院本会議でこれらの関係法が可決された。

大臣室で打ち上げの後、宮川・田原両家の結婚式に出席した。

東京新聞、毎日新聞、読売新聞の三政治部長が四十分間ずつインタビューを行なった。

五月二十五日（火）

朝八時半に、宏池会の幹部会がホテルオークラで開かれた。

十時に、閣議記者会見。香川県仁尾町町議の一行が来た。十一時、官房調査課の会議が行なわれた。

十二時より、ホテル・オークラで春芳会が行なわれた。島村一郎先生の叙勲祝賀会が帝国ホテルで開かれた。

二時四十分より経団連総会が経団連会館で開かれ、総理、副総理、大蔵大臣の挨拶がなされた。

朝日新聞社で大平―福田対談が行なわれた〔『朝日新聞』五月二六日付掲載〕。

大栄会に出席した後、七時半より米大使館公邸でリチャード〔ソン〕米商務長官の歓迎ディナーが行なわれた。

五月二十六日（水）

十時に、リチャードソン米商務長官が大臣室に表敬に来た。

十時五十分、最高裁村上〔朝一〕前長官が挨拶に来られた。カノ元駐日大使表敬に来た。

佐〔左〕藤恵、平泉渉両先生が来訪した。十二時より大野伴睦先生を偲ぶ会がホテルオークラで開かれた。午後から栗原先生、小山長規先生、大久保先生が相次いで会談した。信用金庫協会総会に出て、挨拶した。夕方、国金局で会議が開かれた。

夜、水野清先生と新聞記者と一緒に会食した。

五月二十七日（木）

九時三十分、公企体関係閣僚会議。記者会見が行なわれた。前川〔忠夫〕知事、西山〔昭〕大使と会い、宏池会定例総会に出席した。

そのあと記者会見し、園遊会に出た。

三時半に、組合創立二十五周年記念（塩元売）がホテル・パシフィックで開かれた。

五時に栗原先生と会ったのち、六時より水野清先生とともに小宮山英蔵氏〔平和相互銀行相談役〕に会った。小宮山英蔵氏は大福提携の必要性を説き、自分が時間と場所を設定したがっていた。

ただ、大臣より具体的日程は福田さんと自分にまかせてほしい旨、述べた。（既に両者は上原正吉先生宅で会っているからである）

五月二十八日（金）

朝九時半より、公企体等給与関係閣僚協議会が開かれた。

十時閣議のあと、国防会議議員懇談会が開かれた。

十二時より、ホテルオークラにて佐々木義武先生と新佐々木〔満。青森、中曽根派〕参院議員と食事した。

二時より、物価安定政策会議が官邸で開かれた。

三時より、宏池会臨時総会が開かれた。

夜、荒川区民会館で天野〔公義〕先生が支部長をしている自民党支部大会が開かれ、出席して挨拶した。

五月二十九日（土）

久しぶりに佐治〔敬三・サントリー社長〕さんの息子さんの結婚式の機会に大阪に行くことになった。時節柄新聞記者が十八日〔人〕ついてきた。

九時三十五分羽田発、十時半に大阪に着き、記者会見ののち、関西大平会総会に出席した。

一時より時局講演をし、みそぎ論の解説をした。

四時半より、ロイヤルホテルで佐治・岩田家の結婚式に出席した。

七時にロイヤルホテルを出て京都ホテルに向い、八時より新聞記者と懇談した。

五月三十日（日）

十時四十分に京都ホテルを出て、滋賀県のセンチュリーシガというクラブで大宮社長、久木田専務とともにプレーした。大平―森田とタッグマッチをしたが、二アップで勝利を収めた。雨模様で下がぬかるんでいたが、すばらしいゴルフ場であった。

十七時より、谷垣〔専一〕先生も出席して、つるやで京芳会を催した。

十九時四十一分発のひかり二十二号で夜遅く帰京した。

五月三十一日（月）

午前中は、特に予定がなかったのでゆっくりしていた。

お昼の政府与党首脳会議に出席した。政局が灘尾〔弘吉〕調整待ちという状況で、特にこれといった話題もなかった。

午後　宏池会で記者会見し、本省にもどった。

二時、丸善の副社長になる本田早苗さんが挨拶に来訪した。続いて主計・主税局の会議を行なった。

そのあと、秘密で倉石忠雄先生〔衆、長野1、福田派〕と大臣室で会ったが、結局新聞記者にばれてしまった。

夜回り記者会見をした後帰宅した。

六月一日（火）

十時、閣議記者会見。そのあと次官、財務官が大臣に会った。

十一時十五分、バーネット英国次席大臣と会談した。

そのあと鈴屋・鈴木〔義雄〕社長の青山ベルコモンズに立ち寄り、お祝いを申し述べたあと、バーネット次席大臣の昼食会に出席した。

二時より銀行大会に出席したあと、官邸で、政局問題について三木総理と会談した。そのあと、宏池会で記者懇談した。

五時半より、党本部で椎名副総裁と会談した。

夜七時半よりバーネット歓迎ディナーが　英国大使の主催で開かれた。

大平――三木会談について（敬称略）51．6．1

1．最初に三木より、自分のみるところ、大平派が一番政局の動向を深刻に考えているようにみえる。微妙なニュアンスはあるようだが、派内は一枚岩で固まっており、政局にも真剣に対処しようとしているように見受けられる。その意味で敬意を表していると述べた。

2. 大平より、ロッキード事件について真相究明といわれているが、真相究明とはどういう意味をもつのか、あなたは、いつまでにどこまでやろうとしているのかを問うた。これに対し、三木より、ロッキード問題は、米国で政府高官が関係していると発表されたり、右翼の児玉がからんでいたりしているので、国民の関心は異常であり、容易に忘れるとは思えない。その意味で真剣に真相を解明しなければならぬと考えていると述べたあと、自分にも今のところ事件の真相はわからないし、稲葉君より報告も求めていないし、とくそくもしていない。なんとなれば、充分ねったうえで、報告してもらいたいからだと述べた。更に、ロッキード事件について一番軸となる部分は起訴であり、起訴があると不起訴との境が明らかになるし、灰色高官も明らかになる。人心一新というが、(この事件について馬しょくを斬ることによって)人心一新のりんかくもはっきりしてくると思うと述べた。

大平より、その場合起訴はいつかと聞いたところ、三木は、意外に早いようだと答えた。今検事が渡米しているが、これが帰国すると、そう時間はかからないと思うと述べた。(このことは大平が入手した別の情報とも符合する。大平としても、政局転換の動向は、ロッキード問題のピクチャーをはっきりさせて、どこまで三木に処理させるかが基本になると考えていている。その点をあいまいにしたままでの処理はできないと考えており、その意味で起訴が分水嶺になる。起訴及び起訴に関連する部分は三木にやらせた方がよいと考えている。ロッキード事件に関するかぎり、三木の考え方は理解でき、この点は大平—椎名会談において、椎名に伝えておいた。)

3. (三木が何をしてやめたいか又は後継首班に関心をもっているかどうかをさぐるために)大平より政局問題並びに後継首班問題はあなたが最大の関心と責任をもっているのではないかと質したところ、三木はその通りであると答えた。（ただ、その態度ははっきりしなかった。）三木は総裁公選問題に触れ、自分は自民党が議員政党から脱皮しなければならぬと考えており、その意味で総裁公選規程を改正し、予備選挙にできるだけ多くの人を参加させようとしていると述べた。また、党費も最低５０００円位に引き上げることにことに《ママ》より責任をもたせたいと思うと述べた。これに対し、大平より、その点については、自分は意見を異にしており、いわゆる党の近代化、組織化は自民党の活力を失わせることになる旨の持論を説明した。

4　大平より派閥解消についてどのように考えているかと聞いたところ、三木は派閥が人事を決定したり、政策に容喙したり、派閥的応援をくりひろげることはやめさせたいと考えていると述べた。資金については、今後は自然に派閥に金が集まらぬようになると思われ、心配しておらず、この点は2月に椎名に伝えてある旨述べた。更に三木は、聞くところによると田中も政治資金規正法ができると派閥が自然におとろえることになろうと言っているそうだと付言した。これに対し、大平より、以上の考え方は概して理解できる旨述べた。

5　大平より野党との協力についてどう考えているかと質したところ、三木は、（身をのり出して）保革協力などということは、一番こわいことだ。自分は鳩山内閣の時に経験ずみだが、どうしても避けなければならぬことだと考えている。（その意味で）自民党は多数を失ってはならない。先般イタリーのファンファーニが来て言うには、共産党は物わかりのよいことを言うが、どんなことがあっても共産党との連立はさけなければならないということであった。なんとなれば、共産党と手を組めば、経済運営の信用を失ってしまい、政治、経済運営の基礎が蝕ばまれてしまうからだと述べた。三木は、この点自分ほど野党との協力に警戒的な者はいないと力説した。大平より、その点あなたは一般に誤解されている点があるようだが、今話を聞いてよくわかったと述べた。

6　大平より政局については、椎名とよく話し合ってもらわねばならないと考えている旨述べたところ、三木は、自分もそうするつもりだと答えた。更に大平より、その場合灘尾君に調整を頼むつもりかと聞いたところ、三木はそのようにしたいと述べ、灘尾氏を中に立ててやる意向を明らかにした。
7 大平より、あなたも自民党を基盤にして栄光の座についたが、その間自民党の同志はあらゆる部署で守備についてやってきた。今から進むも退くも自民党の同志の祝福の下にやらねばならぬと思うがどうかと述べたところ、三木は、あなたの言う通りであり、自分もそのように考えている旨答えた。ただ、自分が理不尽に押さえこまれてしまうと、自分も反発せざるをえない。しかし、自分としても是非自民党の同志の方々の祝福の下で進退を決めたいと述べた。

結局結論として、対決ではなく対話で解決して行こうということとなった。

六月二日（水）

十時より読売新聞の経済部長とインタビューと、続いてサンケイ経済部長とのインタビューを行なった。お昼に栗原祐幸先生が来訪。午後から伊藤昌哉氏、浦野先生が来訪された。

三時半より国金局レクチャー、五時に塩業各社長との会見。今夜塩の収納価格を決定しなければならないのであらかじめ大臣との会見を求めてきたものである。

夜六時から、松山で米沢〔滋〕電々公社総裁と古河電工首脳部との会合が開かれた。

六月三日（木）

八時半より、新宿の成人病研究所に健康診断に行った。血糖値は大分下がってはいたが、一三〇であまり良くなってはいなかった。

十時半に理髪、十二時宏池会総会、二時より宏池会で記者懇談をした。

三時より佐藤栄作先生を偲ぶ会が開かれ、夫妻で出席した。政界の主要メンバーは全て参集していた。

四時に、民社党国対委員長の池田禎治先生〔衆、福岡4〕が来訪した。四時半より、佐々木〔義武〕、伊東〔正義〕、服部の三先生が大臣室に来訪し大臣と懇談した。

六時半より、酒造組合中央会の幹部と香川県の主要組合社長と会食した。

六月四日（金）

十時、閣議記者会見。そのあと政治部記者が数名大臣室に来訪した。

一時に酒造組合中央会の第二三回総会が共立講堂で開かれた。古井〔喜実〕先生、田中（六）先生、神戸市長〔宮崎辰雄〕が相次いで来訪。マルク債の御礼に神戸市長は来られたものである。

四時に主計局のレクチャー。続いて国金局レクチャー（インドネシア関係）。五時よりインドネシア・サレー中銀総裁と会談し、ＬＮＧの援助問題を協議した。

六時より、芳明会がホテルオークラ本館十階暁の間で開かれた。

六月五日（土）

第二十六回讃油会が横浜カントリー・クラブで開かれ、久しぶりに出席した。

九時にスタートした。大平は風邪を引いていて調子が悪かった。

百十二で最多グロスであった。森田は九一で優勝した。一日中雨が降りつづき、天候は悪かった。

六月六日（日）

九時より、スリーハンドレッドで佐々木栄一郎氏と裕と三人でプレーした。

月例杯に出たが百以上たたいたので勝負にならなかった。

夜七時半に、橋本清氏が来訪した。

六月七日（月）

お昼に、政府与党首脳会議が党本部で開かれた。

終了後、宏池会で記者会見。ＮＨＫ浅野〔勝人〕氏、秘書課長〔禿河徹映〕、官房長、次官が次々と大臣室に入った。

氷川寮で日銀首脳部との会談をした。佐藤栄作先生を偲ぶ会で森永〔貞一郎日銀〕総裁よりさそいがあったものである。

四時半より、総合政策で日本興業銀行の池浦〔喜三郎〕頭取と対談した。

夜は、日本信販の二十五周年記念がグランドパレスで開かれ福田副総理とともに出席した。

福田副総理は、山田社長の長唄など夜の芸をほめ、大平はゴルフのことを語った。

六月八日（火）

羽田で、ヨルダンを訪問する皇太子・皇太子妃の見送りに出かけた。十一時に、閣議記者会見。

参院ロッキード特別委が開かれたが、大臣は出席しないですんだ。

十二時に栗原先生と新聞記者が来訪。

三時に高木〔文雄〕国鉄総裁が来訪し、職員に支払うボーナス問題について協議した。田中六助先生来訪。

四時二十分より、ランパート・マサチューセッツ工大教授（副学長）が表敬のために来訪した。

夜は、アリミノ創立三十周年の会に出席した後、瓢亭の大平会に出席した。

六月九日（水）

十一時に、インドのゴンザルベス大使が新任表敬のために来訪した。仮縫い。

安田貴六先生より北海道に来ることの要請があった。浦野〔幸男〕先生が来て、党執行部にいることの苦衷を訴えた。

国有財産についてのレクチャーを受けたあと、狭山市長〔町田佐一〕と会い、三分割方式撤回の陳情を受けた。

税制調査会への諮問について会議をした後、中川一郎先生〔衆、北海道5、水田派〕と会った。運賃法を早く通してほしいとのことでボーナスを安易に払うべきではないということであった。

五時に栗原先生と会い、早く家に引き上げた。

六月十日（木）

十時より参院決算委が開かれ、夕方までかかった。大塚喬（社）、志苫裕（社）、黒柳明（公）、峯山昭範（公）、矢原秀男（公）、塚田大願（共）、青山〔島〕幸男（第2）の各先生が質問に立った。

塚田議員は、大臣が塩業政治連盟の会長をしていながら献金を受けていることを取り上げ攻めた。結局会長は辞任することとなった。

夕方、小山長規先生の叙勲祝賀会に出席した後、国金局の会議を開き、早めに家に引き上げた。

六月十一日（金）

八時、木村武千代先生が自宅に来訪した。

十時に閣議・経済関係閣僚協議会、記者会見が開かれた。

十一時三十分岩動〔道行〕先生が大臣室に来訪し、宏池会に行き、金曜研究会に出席した。

十一時半より、主計局の国鉄問題についての会議が開かれた。

伊藤昌哉氏、黒木利克氏〔参、全国、石井派〕が来訪し、意見を交換した
四時半に、局長クラスの辞令交付を行なった。

十八時四十分に上野発のあずま一号で那須に向った。

九時過ぎ黒磯に着き、藤田正明先生の別荘で泊らしてもらった。

六月十二日（土）

九時より那須ゴルフクラブでプレーした。大平と森田の二人であった。大平九九、森田九三であった。一時半には上って、公子さん〔大平次男裕夫人〕達とお茶を飲み、あとは別荘に行って休んだ。森田は、この日東京に帰ってきた。

六月十三日（日）

藤田正明先生の那須別荘で泊って藤和カントリークラブでプレーした。裕さんがおともした。

夕方車で私邸にかえってきた。三時間あまりかかった。

六月十四日（月）

十一時に、福永健司先生が基地返還三分割方式反対の件で陳情に来られた。佐藤綾歌町長が当選の挨拶のため来訪した。十一時十五分より国鉄関係の会議　国鉄については、運賃法成立遅延に伴なうボーナス支給問題が起っており、（1）労働組合が運賃法反対の態度を変えられるか、（2）経費の節減がどの程度できるのか、（3）臨

時国会がいつ開かれ運賃法はいつ通るのか、がわからなければ、資金運用部からの金は貸せないということになっている。

十二時より、政府与党首脳会議。二時に塩元売協会の阿部氏らが塩業政治連盟の会長に大臣が就任している件について来訪。会長代行制を敷いた。（塚田大願先生の国会質問に関連して）夜は十二日会。

六月十五日（火）

七時四十五分、綾南町栄氏来訪。八時塩田邦博氏〔塩田商会社長〕。九時半、物価対策閣僚協議会。続いて閣議、対外経済関係閣僚協議会。十二時過ぎより、衆院運輸委員会が開かれ国鉄問題について質疑を行なった。

一時半、鳴門大橋誕生に伴う旅客船組合等の陳情。

ポリヤンスキー・ソ連大使表敬。伊藤昌哉氏。大河原〔良雄〕オーストラリア大使が来訪。

夜、文藝春秋の肝入りで鈴木重信、公文俊平、木村尚三郎〔東京大学教授〕、渡部昇一〔上智大学教授〕、志水速雄〔東京外大教授〕の各先生と会食した。

自民党は、支持者から献金を受けることについてヘジテイトすべきでなく、社会主義は正義なりというムードに幻惑されないようにとのことであった。

六月十六日（水）

仙台へ日帰りで出張した。十時五十分、全日空で出発した。

羽田を出たところ、仙台空港に〝三木首相に反対する政府高官が乗っているので爆弾を仕掛けた〟との電話があり、一旦羽田へ引き返した。約二時間の後、出かけたが、お昼の経済五団体の会合は出席できなかった。

そのあとの一万人を集めて行なわれた大集会には間に合った。そのあとホテル仙台プラザで記者会見し、七時羽田に帰ってきた。

これから選挙戦になって同じようなことを真似する者が出なければよいがと思われる。

六月十七日（木）

八時半より、黒川〔信夫〕さんの朝食会。十時より、伊藤昌哉氏。

武藤嘉文先生、日本ゼオンの島村〔道康〕社長が日本プエルトリコ協会の会長をしているので七カ国首脳会議について来訪。

お昼にホテルオークラで、インガソル前国務副長官と会食。

そのあと前専売理事の坂本氏の告別式に出席した。

三時より、宏池会の記者懇談。岡田春夫先生〔衆、北海道4、社会党〕、対馬孝且先生〔参、北海道、社会党〕の陳情。

夕方、運輸大臣〔木村睦男〕、国鉄総裁が国鉄ボーナス問題で来訪した。

夜は、カヤ会に出たあと、フレーザー・オーストラリア首相（保守党四十五才）夫妻主催の晩餐会が行なわれた。

六月十八日（金）

九時より、迎賓館でオーストラリア首相〔フレーザー〕を表敬訪問した。

十時より、閣議記者会見。

コルベック・メキシコ開銀総裁が表敬訪問に来る予定であったが、フライト遅れのため中止になった。

香川岡山県会の瀬戸大橋特別委の先生方来訪。

島〔桂次〕さんと楚〔麓邦明か〕さんなどと、今後の大臣の身のふり方などについて山王事務所で協議した。

夕方、迎賓館でフレーザー首脳《ママ》の歓送式を行なった。

夜は三金会。

六月十九日（土）

アジア石油長谷川〔隆太郎〕社長〔会長〕が来訪。十時より、国鉄ボーナス問題に関する政府与党首脳会議。臨時国会を早期に開いて、九月の一日までに運賃値上げ法を通過させることとし、かつ、経費の節減に努めることとなった。これにより国鉄職員にもボーナスが支払われることとなった。

コルベック開銀総裁と会談。漁業補償の追加分（小豆島三豊郡）のことで香川県知事〔前川忠夫〕が来訪した。

一時より、宏池会の記者懇談。

六時より、私邸で牛尾〔ウシオ電機〕社長と会食した。

六月二十日（日）

キリンビールの高橋〔朝次郎〕会長・佐藤〔保三郎〕社長・小西〔秀次〕専務とともに、富士ヘルスカントリーでプレーした。小粥秘書官、冨沢秘書官も一緒だった。大平九五、森田八五、小粥百十、冨沢百一であった。

六月二十一日（月）

十時半に、柴田〔護〕本四公団副総裁が漁業補償のことで来訪した。

続いて相模原市長〔河津勝〕が基地の三分割方式のことで陳情。

十二時より、政府与党首脳会議。午後から部内の会議。

伊藤昌哉氏、佐藤文生先生〔衆、大分2、水田派〕、関電吉村〔清三〕副会長、澄田〔智〕輸銀総裁らが相次いで来訪した。

午前中に三木―椎名会談が開かれたが、基本認識において大きなへだたりがあり、政治休戦とはならなかった。椎名副総裁の会見も選挙は新体制でという点を明確にしていた〔『全著作集7』126頁参照〕。

夜、大栄会に出席した。

六月二十二日（火）

新井俊三氏の世話で金沢〔脩三〕三菱レイヨン社長、中田〔乙一〕三菱地所社長ら十人と朝食会を開いた。十時より閣議。首脳会議関係閣僚会議で、サンファン行きの件について打ち合わせがなされた。十一時半に総務会に出て、首脳会議出発への挨拶をした。十二時より春芳会。午後から参院、ロッキード特別委員会に出席。二時より、税制調査会総会に出席して自治大臣〔福田一〕とともに挨拶した。

四時から、水野清先生の勉強会に出席して経済問題について話をした。選挙をひかえてこのような会合や励ます会が盛んである。夜、大栄会がはん居で開かれた。

六月二十三日（水）

今日は天狗クラブのコンペがあったが出席できなかった。十時にターボーの知り合いのクラインさんが来訪した。十一時に、ウジミナス〔鉄鋼〕の件で堀越禎三氏〔経団連副会長〕が来訪した。副島さんの要請で、ファーストボストンのオーバービー氏と会った。

十一時半伊東正義氏に会ったのち、鈴木治雄さんの日本化学工業会の会長就任披露に出席した。

午後より小山〔長規〕先生、平井卓志先生が来訪した。来年の香川地方区の候補者が決らないので、加藤常太郎先生〔衆、香川2、三木派〕と二人で話し合ってほしいとして来られたものである。

午後首脳会議対処方針、夕方日銀総裁と氷川寮で会合した。

夜、江藤淳君の日本芸術院賞受賞のパーティに出席した。

六月二十四日（木）

九時半より、日本生産性本部経営最高幹部で講演した。

お昼は宏池会定例総会で、二時に椎名副総裁を党本部に訪ね挨拶した。

三時より、宏池会記者懇談。米価について合議。

夕方は夜回り会見を応接室で行なった。

サンファン〔第二回先進7カ国会議。サミット〕に出かける前で諸準備に多忙である。

六月二十五日（金）

日本―ロスアンゼルス間は、行きはホノルルに寄らずに直行できるので九時〔間〕半のちに、正確にロスアンゼルスについた。ロスアンゼルスは午後三時であった。空港には高松〔雪雄〕総領事、吉田〔道弘〕領事が出迎えてくれた。高速道路が混んでいたが、四時過ぎには、ベバリー・ウィルシャー・ホテルに落ち着いた。天皇陛下が泊られたことのある古いホテルとのことである。予定通り、五時半にハンス・ベアワルド教授が来られた。今度来るときには大学に立ち寄ってほしいとのことであった。六時から記者懇談をしたが、丁度嘱託じん問が始まった日であまり大勢は来なかった。

そのあと同行記者も含めて、高松総領事の公邸で和食を御馳走になった。公邸は十年前に購入したものでプールもある相当広いところであった。比較的早く床に入りぐっすり寝た。

大蔵省から出向している吉田領事の奥さんがよく面倒をみてくれた。今度の会議は懸案のようなものがないので、その点は気が楽である。

六月二十六日（土）

朝七時過ぎに朝食をとり、八時にビバリー・ウィルシャーホテルを出てサンファンに向った。一行は東京出発の時と同じく、藤岡〔真佐夫・国際金融〕局長、両秘書官、大野〔功統・財務官〕室長である。財研からは共同松尾、読売高田、日経堀川、ＮＨＫ山本の四人である。ニューオルリンズまで三時間半かかった。そこで小一時間休憩して、サンファンに向った。これも丁度同じ位の時間であった。フロリダのマイアミ（一月のジャマイカのキングストンを訪れたとき立ち寄った）の真上を通りながら、飛行機（デルタ航空）は飛んだ。サンファン空港に着くとヘリコプターが待ちうけていた。むし暑い。熱帯性の植物が一面に生い繁っている。

各国首脳が泊るところは、ドラード・ビーチホテルの奇数番号地区である。その他は偶数番号地域、藤岡局長らは、少し離れたセロマールビーチホテルに泊っている。又新聞記者はコンダードホテルに宿泊することとなった。

六月二十七日（日）

サンファンでの一夜が明けた。午前中は激しく照りつける太陽がまぶしい位であったが、午後にはしのつくスコールが襲ってきた。そのあとも曇天となった。朝食をとりに行っていたら、松川〔道哉〕財務官などと一緒になった。九時過ぎより大蔵省の内輪の事務打ち合わせをしたのち、総理、外務大臣と十一時半まで打ち合わせをした。

昼食を大蔵省一行ととった後、少し休憩して七カ国首脳会談にのぞんだ。四時から七時が予定されている。首脳が住んでいるエアリアは警戒が厳重で赤いパスがないと中に入れない仕組みとなっている。七時に丁度会議が終った。あとオープンカラーのシャツに着がえてフォード大統領主催のレセプションと晩餐に出席した。席に〔は〕丁度カラハンとフォードの中間であった。フォード大統領は選挙戦の疲れがにじんでいた。

六月二十八日（月）

朝八時に、三木総理とスカサというレストランで一時間にわたって話し込んだ。そのあと大蔵省随員と打ち合わせをしたあと、九時からの首脳会談に臨んだ。十一時半終了後、大蔵省の随員に内容を話したあと再びスカサで昼食。午後の会議は、予定通り三時には終った。三時過ぎより四時前まで、七カ国首脳による共同記者会見。そのあと話を聞いてはいなかったが、政治部記者と雑談。コンダードに閉じこめられたため、政治部記者のフラストレーションは相当のものであった。五時より三木・大平・宮沢の共同記者会見。今度の会議は、経済の回復は順調であることを確認しつつも、インフレなき拡大を目指して各国が協力していくことが合意された。夜はオールトカンファンの城塞あと等を見学した後、スペイン料理屋で歌を聞きながら食事を楽しんだ。

六月二十九日（火）

朝七時に起き、財務官とともに食事をした。九時すぎ日本ゼオン（パンセというところにある）の工場見学にヘリで行こうとしたが、エンジントラブルのため小型飛行機で行った。ただちにとってかえし、総督府にコロン知事を訪ねた。モスコソ開発庁長官も同席していた。近くの広場からヘリで、松下の電機工場を訪ねた。原田明アメリカ松下社長はニューヨークからかけつけてきた。お昼を和食を御馳走になり、一まわり工場見学をした後に再びヘリにのってサンファン空港にもどってきた。約一時間の休憩の後、イースタン・エアラインでニューヨークに向った。

ニューヨークでは飛行機が四時間遅れたためブラッセルに着いたのは二時前であった。少憩の後、ロイヤルゴルフクラブで大平・西堀〔正弘・ベルギー大使兼欧州共同体日本政府代表部大使〕・藤岡・森田、新聞記者の四人でゴルフをした。大平九一、西堀八九、森田八八、藤岡はハーフで四六であった。松川財務官と大野室長は夜中に着いた。

六月三十日（水）〔前日の内容と一部重複〕

朝、ブラッセルに着くはずが、四時間も遅れてしまった。出発が遅れたためである。ホテルについてすぐゴルフウェアに着がえロイヤルゴルフコースに行った。ヨーロッパは何十年ぶりの暑さに見舞われており、人々は出勤しない人もいるとのことである。大平・西堀・森田・山本・藤岡・堀川が二人ずつ組をつくってまわった。それぞれ九一・八九・八八・一〇二、あとの二人はハーフ四六・五四であった。一旦ホテルに帰ったあと、八時からの大使公邸での晩餐会に招ばれた。八時と言っても外は明かるく、昼間であるような錯覚におそわれる。ホテルは、ブラッセル・ヒルトンで近代的ホテルであった。

七月一日（木）

朝八時半に代表団一行と朝食を共にした。少し休んだ後、ド・クレルク〔ベルギー〕蔵相を訪ね欧州経済状勢について議論をかわした。十二時より大使公邸で食事をしたあと、欧州財務担当官との会議を行なった。大臣の挨拶につづき財務官、国際金融局長が報告し、各担当官も短時間の報告を行なった。

午後三時半にＥＣ本部にオルトリ委員長を訪ねた。オルトリ委員長は、日本の経済回復、物価の見通しについて聞き欧州各国の情勢を語った。そのあと七時より、大臣スイートにて記者会見をした。日経三橋氏がこちらに来ており再会できたのは幸いであった。そのあとブラッセルで一番良いといわれるヴィラ・ローレインで随員・記者団全員を招待した。

七月二日（金）

スカンジナビア航空でコペンハーゲンに行くことにしているが、地上員がストをしており飛行機が飛ぶかどうかわからない。もし飛ばなければパリまで行ってそこで同じ日航にのることを手配している。日曜日に帰ることができれば、大した問題にはならないが、月曜日には衆院大蔵委があるのでどうしても、それに間に合うように帰らねばならない。一週間にわたった海外出張もついに最後の日を迎えた。

心配したSASも予定通り飛んだ。コペンハーゲンまでは一時間あまりである。そこで日航に乗り込んでアンカレッジ経由で帰国した。

七月三日（土）

予定通り、少し遅れて六時前に羽田に着いた。出迎えの人に挨拶をした後、記者会見に臨んだ。サンファンでの大平・三木会談や円高相場についての質問があった。そのあと生産者米価についての打ち合わせをした。

家に帰って早めに寝た。

七月四日（日）

帰ってきた翌日ではあるが、森〔美夫〕さんと一緒にスリーハンドレッドでプレーした。

森さんをやっつけた。今日は、今のところあまり疲れを感じない。

七月五日（月）

十一時に、木村武雄先生来訪。未だ病み上りといった風情であった。米価について藤田〔三郎〕全中会長、国税庁長官〔安川七郎〕と打ち合わせ。新日鉄新旧社長〔平井富三郎・田坂輝敏〕と挨拶。

十二時より、政府与党首脳会議が開かれた。

帰ってきて早速国会が開かれうんざりする。一時より、大蔵委員会の一般質問。佐藤観樹（社）、武藤山治（社）、増本一彦（共）、広沢直樹（公）、竹本孫一（民）の各氏の質問があった。

夕方、夜回り記者会見。

米価についての会議が長びいて、アメリカ建国二百年のレセプションには出席できなかった。

七月六日（火）

九時に副総理、農相〔安倍晋太郎〕と官邸小食堂で米価についての打ち合わせをした。十時、閣議記者会見。

参院大蔵委が開かれ、戸塚進也（自）、寺田熊雄（社）、矢追秀彦（公）、近藤忠孝（共）、栗林卓司（民）、野末陳平（第二）の各氏が一般質問に立った。

宏池会で大森琴平町議長と面会。五時すぎより、国金局の会議。

ベトコン隊長〔米価値上げを強硬に主張する農林議員〕坪川〔信三〕先生〔衆、福井、福田派〕や安田先生らが米価のことで来訪。

今年の米価は算式によると二・五％のアップにしかならず、これをなんとか手直しして五・二％で米価審議会に諮問したが全体に盛り上らず、一部だけが過熱しているような情勢だ。

夜、清水で宏池会の若手と懇談した。

七月七日（水）

朝、サントリー佐治〔敬三〕社長が来訪した。宮武〔大日本製薬〕社長が続いて来訪。十時、武藤嘉文先生ほか大勢の先生方が米価の陳情に来られた。トヨタ森専務がお中元に来訪。

根本竜太郎先生〔衆、秋田2、無〕、西田〔修一〕広島県議長、株木〔政一〕日立セメント社長。

お昼に、椎名副総裁と霞ヶ関の東京クラブで会った。ロッキード事件の結末を待とうということになったが、そのあと臨時国会を開いていては、政局転換の時間的余裕がなくなる懸念が表明された。

午後からは、故安川第五郎氏〔元九州電力会長〕の葬儀。組合会見、小平忠先生〔衆、北海道4、民社党〕、田中六助先生来訪。

六時より、ＰＬの御木〔徳近〕教主と会食した。

七月八日（木）

八時半、三崎会長私邸に来訪。

十時半、衆院ロッキード特別委で、稲葉誠一（社）、野間友一（共）、近江巳記夫（公）、河村勝（民）の各委員の質問を受けた。

十二時、宏池会定例総会。

一時、横田陽吉先生と宏池会で会った。加藤紘一先生、米価の陳情。三時より、宏池会記者懇談。

四時から岩動〔道行〕先生後援会で講演をした。椎名副総裁が来られるのが遅く時間を引きのばしてやった。

六時より、瓢亭で大平会を開いた。

七月九日（金）

八時、伊藤昌哉氏私邸に来訪。

十時閣議、そのあと経済関係閣僚協議会、記者会見。

お昼に糖業会館で格物会。そのあと宏池会に行きお中元配りをした。

四時頃、中国大使館に朱徳氏〔全国人民代表大会常務委員会委員長〕の弔問に行った。

夜、三田共同会議所で主計局の七夕会が開かれ出席した。

森永〔貞一郎〕氏、石原〔周夫〕氏、谷村〔裕〕氏などそうそうたる人々が顔をつらねていた。

七月十日（土）

岩動先生が講演会の御礼に来訪。

園田清充先生、細川政務次官が来訪のあと、社会党米対協の先生方が来訪した。

十二時より、故藤野衆院事務総長の葬儀が千日谷会堂で開かれた。

お昼に米価の会議をやり、長谷川四郎先生〔衆、群馬2、福田派〕とお会いした後告別式に出席した。

四時に政審、総務会が行なわれ、良質米奨励会を含め七・三％で順調に審議が進んだ。

七時より、大蔵省で会議。八時半より、官邸で政府与党首脳の折衝。

七月十一日（日）

トーメン安本〔和夫〕社長、新日鉄阿部〔譲〕氏とともにスリーハンドレッドでプレー。朝打ち合わせの時は、雨が降っていなかったので出かけたところ、ドシャ降りとなった。そこで、お昼まで待つことにした。お昼ごはんを食べビールを飲みつつ談笑していたが、あとプレーに入った。ハーフをまわったところで雨が激しくなったのでとりやめた。

七月十二日（月）

電気化学の花岡〔弥六〕社長が来訪し、同社の転換社債の件について依頼した。

十時半、東京相互長田〔庄二〕氏来訪。

サンケイ今井論説委員、戸田建設戸田〔順之助〕社長。

十二時、政府与党首脳会議。宏池会で記者会見。

三時からヒルトンで、放送人政治懇話会に出席した。

宝幸水産深尾〔清吉〕社長、西郷吉之助先生。ロッテ重光〔武雄〕社長が相次いで来訪。

サントリー鳥井〔信一郎〕副社長出版記念会に出席したうえで、出版記念のあと十二日会にまわった。

七月十三日（火）

九時より、国防会議が官邸大広間で開かれた。十時、閣議記者会見。十時半より衆院決算委（四十八年度決算）で、塚田庄平（社）、原茂（社）、庄司幸助（共）、坂井弘一（公）の各先生の質問を受けた。

田中四郎氏、山下元利先生、千田〔正〕岩手県知事が相次いで来訪した。

本屋に立ち寄ったあと家に帰った。

夜の会合がないのも久しぶりである。政局はすっかりロッキード待ちになっている。若狭〔得治〕社長〔会長〕、桧山〔広〕社長まで逮捕されて、いよいよ政府高官の逮捕と政界はかたずをのんでいる段階になった。

七月十四日（水）

朝、伊藤昌哉氏、帝石林一夫相談役、稲村利幸先生〔衆、栃木2、田中派〕と高瀬社長が来た。

十時より参院ロッキードと十時半より衆院ロッキード特別委が開かれたが、午前中は呼ばれなかった。

お昼は宏池会に行った。

二時より峯山昭範（公）委員のときに出席したが、大蔵大臣への質問はなかった。

四時から理髪、議員食堂で前田敬二先生と会った。香川県政の模様を聞いた。

夕方、黒住〔忠行〕通産政務次官を励ます会に出たあと、前尾〔繁三郎〕議長の叙勲を祝う会に出席した。

七月十五日（木）

九時半、マイク・マンスフ〔ィ〕ールド上院議員が来訪した。十時十分、勲章伝達式。

十時半より、衆院ロッキード特別委が開かれた。松永光（自）、佐藤文生（自）、横路孝弘（社）らが質問に立った。

お昼に宏池会の定例総会が行なわれたが、記者懇談は出席できなかった。

夜、光琳で三金会が開かれた。

七月十六日（金）

十時より、閣議記者会見。十一時半に、横浜市長〔飛鳥田一雄〕が陳情に来訪された。

大月社長の日本ハウジングローン発足記念のレセプションに出た。

十四時五十分、羽田発の東亜国内航空で釧路に向った。安田貴六先生と佐々木秀世先生応援のためである。

釧路商工会館に着いてすぐ記者会見。

大平大蔵大臣を迎えて安田先生を励ます会に出席。

その夜は、釧路東映ホテルで泊った。

七月十七日（土）

九時半に釧路を出て帯広に向った。迎賓閣で昼食、陳情、記者会見。安田先生と政局を語る会に出席。

大臣講演、十四時半よりパーティに出席。十五時に帯広を出て北見に向った。いずれも三時間位の道行きになるのだから、北海道はひろい。北見で、明日の政局を考える時局講演会が行な〔わ〕れた。

八時より、記者懇談。

それから温根湯まで行って泊った。北見には大きな旅館はないそうである。温根湯とはいっても温泉の出る町というだけで景観の地ではない。

七月十八日（日）

八時半に、温根湯を出て旭川に向った。途中大雪山をながめ層雲峡を通ったが、その風光はすばらしいものであった。

十一時過ぎ旭川に着き記者会見をしたが、佐々木秀世先生が全日空から資金を受け取っていたという報道があったので大勢の記者が押しかけていた。続いて陳情。

昼食の後、時局講演を行なった。しかし佐々木先生の釈明演説会になってしまった。

三時過ぎ、演説会場を出て旭川空港に着いた。東亜国内航空で七時過ぎ東京に着いた。

時期が時期だけに新聞記者が十八人も随行してきた。

七月十九日（月）

八時半より、成人病研究所で健康診断を受けた。血糖値は一〇八で良くなったので薬を減らすこととした。

続いて大臣室で服部先生と政局について意見を交換した。三井鉱山有吉〔新吾〕社長来訪。お昼に政府与党首脳会議とそれを受けての宏池会記者会見。

三時半、新任のニカラガ大使が表敬訪問に来訪。

栗原先生来訪、最近園田直先生〔衆、熊本2、福田派〕と会い、大福調整の話を進めている。

酒造組合桃井副会長が来訪し、酒造米についての陳情をした。四時半に、財特についての会議。

夜回り懇談について帰宅した。

七月二十日（火）

十時、閣議記者会見。そのあと政治部の記者の人がきた。

続いて銀行局の会議。十二時に新日鉄の社長等披露パーティが開かれ、田中前首相も出席した。（これが田中前首相逮捕前の最後の公式の舞台となった。

小川平二先生が〝天地莫〔漠〕々〟という著書を持参。

少し時間があったので、大臣室でたまっていた揮毫をした。

夜、大雄会が松山で開かれた。

七月二十一日（水）

十時前に自民党の道路関係議員の陳情を受けたあと、十時より参院決算委で予備費の審査をした。和田静夫（社）、矢原秀男（公）、塚田大願（共）、田渕哲也（民）の各先生が質問に立った。

お昼に春芳会がホテルオークラで開かれた。

一時より参院ロッキード特別委員会が開かれ、首相、法相も出席した。

四時に植木〔光教〕総務長官が来訪した。日本建設業団体連合会陳情。木曽〔幸陽ドック〕社長来訪。

来年の参院選問題について、千代新で加藤常太郎、平井卓志両先生と話をした。

七月二十二日（木）

八時半、小林〔孝三郎〕コーセー社長が自宅に来訪。

十時過ぎより福島〔副島有年〕審議官、主計局の会議が行なわれた。原田昇左右先生が来訪。

お昼に宏池会総会。

一時より、宏池会記者懇談が行なわれた。

総選挙の時期について、いろいろの考え方ケースがあることについて法制局長官〔真田秀夫〕に質問したところ、回答をもって三時半に来訪した。

佐賀県知事〔池田直〕、藤田正明先生、産炭地域八団体知事の陳情があった。

夕方、主計局理財局の会議。夜回り会見。

六時半より、藍亭で論説の会。

七月二十三日（金）

八時半に、三菱化成鈴木〔永二〕社長。

十時閣議、対外経済閣僚協議会、三木・福田・大平会談が行なわれた。これは、火曜日の閣議で、三木首相と臨時国会について話し合おうとしたが、三木首相の方から三者で話しあおうということになったものである。

十一時、参院ロッキード特別委が開かれたが、午後からは証人喚問に関する緊急協議のため休会となった。

二時、広島市長〔荒木武〕、青木建設青木〔宏悦〕社長来訪。

夜、森田邸で島〔桂次〕さん、麓〔邦明〕さん、安田〔正治。前尾繁三郎幹事長秘書〕さんが集まって当面の政局問題について協議した。

七月二十四日（土）

暑い日であるからどうしようかと考えたが、スリーハンドレッドに行って森さんとプレーした。久しぶりに八九の良いスコアが出た。

七月二十五日（日）

昨日に続いて、スリーハンドレッドでプレーした。今日も九一でまずまず良いスコアであった。

七月二十六日（月）

十時半に、福島〔副島〕審議官の関係の会議が行なわれた。

高木〔国鉄〕総裁が国鉄運賃法について陳情に来られた。

福田篤泰先生〔衆、東京7、水田派〕、小山省二先生〔衆、東京7、田中派〕等が返還基地の三分割問題について陳情。

十二時に、政府与党首脳会議。宏池会の記者会見。

輪銀、ロッキード問題についての会議。

三時に駐日ベトナム大使グエンザップ氏、武藤嘉文先生、佐多忠隆氏〔参、鹿児島、社会党。68年落選〕あいさつ。

夜回り会見ののち、末広会（米田中）、栄会（吉兆）に出席。

七月二十七日（火）

九時過ぎからロッキード問題閣僚連絡協議会が開かれたが、それに符合を合わせるように田中前首相が逮捕された。八時前に東京地検に呼ばれ、一時間ばかりの事情聴取のあと逮捕されたものである。

十時閣議、政府与党首脳会議。記者会見（週休二日制定年延長問題閣僚協）。小川平二先生、大久保武雄先生来訪。

一時、参ロッキード特別委。

一時から三時、唐沢〔俊二郎〕先生〔衆、長野4、中曽根派〕後援会。

三時からテレビ会見、記者会見。田中逮捕は、ジャーナリズムにも大きなショックを与えている。

夜は小宮山重四郎先生〔衆、埼玉2、田中派〕の会に出席したあと、大栄会に出席した。

七月二十八日（水）

朝私邸に、山種証券山崎〔富治〕社長が来訪した。

十二時より、灘尾〔弘吉〕総務会長との会談がホテルオークラで行なわれた。現状のままでは臨時国会、総選挙はのり切れないということでは認識は一致した。

続いて記者会見が宏池会で行なわれた。

二時、財政審総会。

五時から、予算要求のシーリングについての会議。

調査企画課長のレクチャー。

六時、芳明会がホテルオークラ本館十階で開かれた。

夜、伊東正義先生、三池信先生〔衆、佐賀、福田派〕が私邸に来訪した。

七月二十九日（木）

朝、九時三十五分羽田発、全日空一九便で大阪に向かい、兵庫県政経文化パーティに出席した。

十一時二十分会場に着いて陳情を受けた。パーティでは、中曽根幹事長が挨拶に立ったが、今朝の新聞で中曽根へのロッキード資金ということを朝日新聞が報じたばかりであり　バツがわるそうであった。

そのあと共同記者会見。この会見でも中曽根節はさえなかった。

そのあと会場を出て大阪空港に向った。

羽田についたあと、シラク仏首相のレセプション、シラク首相晩さん会が行なわれた。

七月三十日（金）

八時半より岡山県伊藤幹事長が逢沢〔英雄〕先生のために、岡山へ来てほしいとの要請を伝えに来た。

十時閣議、公企体等関係閣僚協議会、記者会見。

十二時に、香川県知事が来年度予算の件で来訪した。

今度参議〔院〕選に出る藤井〔裕久〕元主計官、豊浜町長議長が来訪した。

太平会に出席するため、二時三十四分の白山三号で軽井沢に向った。

軽井沢プリンスホテルで泊った。

七月三十一日（土）

七時に朝食。八時ホテル発、大浅間カントリーで太平会を開いた。大平九十五、森田七八でアウトは印刷通りの三十六であった。鈴木秀雄さんが飛び入りで一緒にまわった。

四時五十三分に軽井沢発で皆んなは帰ったが、われわれはあとに残った。

夜は、軽井沢の別荘に泊った。

八月一日（日）

旧軽井沢カントリーで森〔美夫〕さん、岡内〔英夫〕さん（資生堂）とプレーした。岡内さんには昨日に引き続き連敗した。森さんにはずっと勝ちつづけで今日も勝った。

夜、森さん夫妻を藍亭に招待した。

八月二日（月）

午前中はゆっくりして、十二時五十五分の列車で軽井沢を出て東京に向った。二時五十二分に上野に着いた。役所に着いてただちに、記念貨幣についての会議。土光〔敏夫〕経団連会長等財界訪ソ団の表敬を受けた。

四時半、木村武雄先生が来訪。栗原先生来訪。最近は園田直先生と会い、大福間の意思疎通に尽力している模様である。広島銀行〔伊藤〕頭取に会ってから帰宅した。

八月三日（火）

八時五十分、田中六助先生と食事を共にしながら懇談した。

十時、閣議記者会見。そのあと理髪に行った。金属鉱山関係の陳情を受けた後、政府与党首脳会議。

一時参院ロッキードで野田哲（社）、峯山昭〔範〕（公）先生が質問をした。

四時古井喜美先生が来訪した。香川酒造組合が酒米の陳情をした。

五時栗原先生が来訪した。六時に青山のマンションで伊東〔正義〕、服部〔安司〕、佐々木〔義武〕の三先生と食事を共にしながら政局について意見を交換した。

八月四日（水）

八時半に、新宿の成人病研究所に健康診断に行った。

十時に浦野幸男先生、十時に参院ロッキード、山梨県知事〔田辺国男〕。

お昼からロッキード特別委に出席した。

カーター大統領候補の友人であるポープ氏が来訪した。

中川〔平太夫〕福井県知事、武藤嘉文先生、アクチュアリー協会の川井会長、協栄生命の亀徳〔正之〕社長が大会の挨拶に来られた。

夜は、吉兆で青藍会が開かれた。

八月五日（木）

十時に、藤井元秘書官が行くハーバード東アジア研究所長が来訪し意見を交換した。

十時半衆院ロッキード委員会で、松浦利尚（社）、正森成二（共）、坂井弘一（公）、河村勝（民）の各先生が質問に立った。

対馬孝且先生が幌内炭鉱の陳情者を連れて来訪。

お昼に宏池会総会。三時より記者懇談。

百十四銀行頭取〔綾田整治〕が大臣室に担保権付社債信託の認可のお礼に来られた。

木村〔睦男〕運輸大臣が国鉄問題で来訪。そのあと国金局の会議。

夜、高橋朝次郎さん〔キリンビール社長〕のお通夜にお伺いしたのち帰宅した。

伊藤昌哉さんが来られた。

八月六日（金）

十一時半の全日空で四国に向った。一年三カ月ぶりのお国入りである。時節柄、新聞記者も十五人位随行してきた。

一時三十分に着き、直ちに綾南町に向った。南部農協会館でただちに講演をした。

そのあと坂出市の綾県議の事務所で少し休憩をした。坂出の会場は市民会館で、大勢の人数を集めて講演が行なわれた。

夜は、国際ホテルに泊ったが、船員が泊るところとかでわびしい感じであった。

八月七日（土）

十時に、善通寺市の農協会館で講演会を開いた。農協は冷房がきいていて喜ばれる。それでも一人が貧血で倒れた。

十三時、琴平町中学校の体育館で講演会が開かれた。

十五時より記者会見。これが琴平町発言。

〔新聞記事添付「大平蔵相の発言要旨」―略―〕

八月八日（日）

十時に豊中町福祉会館、十一時観音寺市民会館中ホール、お昼に昼食。今日は、一日に十カ所まわるということで相当の強行軍である。

財田町体育館、山本町山本会館、大野原町小学校体育館、豊浜町小学校体育館、仁尾町公民館、詫間町福祉会館、

三野町中央公民館、高瀬町農協会館に次々とまわった。

ほとんどは冷房のないところで暑い暑い一日であった。

そのあと高松へ出て川六で泊った。

八月九日（月）

十一時頃、香川県森林土木協会総会に出席して挨拶した。

香川県の会長をしているので司会をした。

十二時三十五分、高松を出て大阪に向った。大阪で日航にのりかえ四時に着いた。

役所についたあと給与に関する会議を開いた。

六時に夜回り会見のあと、大平番の政治部記者と懇談し帰宅した。

八月十日（火）

九時国防会議、十時閣議、経済関係閣僚協議会、記者会見。

一旦役所に帰って記者会見。

十一時四十分より給与関係閣僚会議が官邸で行なわれ、そのあと大蔵省に帰って記者会見。

十二時より、人事院総裁が公務員ベアについて勧告。

そのあと、政府与党首脳会議が官邸小食堂で行なわれた。

宏池会で記者会見。

二時より参院大蔵で、福間知之（社）、寺田熊雄（社）、矢追秀彦（公）、渡辺武（共）、栗林卓司（民）、野末陳平（無）の各先生が質問に立った。

八月十一日（水）

八時半に、証券大平会がパレスホテルで開かれた。

十時より藤田正明先生、水野清先生が来られた。アメリカよりヨー財務次官が表敬に来られた。

円高にならぬように操作しているのではないかという疑念は消えぬらしい。

一時に、参院ロッキード特別委員会に出席した。三時に、三井アルミの川口〔勲〕社長が来訪。

八月十二日（木）

十時半より衆院ロッキードがある予定であったが、大臣は出席しなくてもよいことになった。

その代り十二時より総理とプレジデンシアルルーム（ホテルオークラ）と〔で〕会談した。そのあと決算委に出たあと、記者会見。

四時から、記者懇談した。五時からＮＥＴのあまから問答にビデオ撮りに行った。

夕方本省で記者団と会ったあと、私邸に帰った。

八月十三日（金）

十時半に、浦野先生が来訪。政局問題については慎重に対処するように進言した。

十一時に、突如急逝された高橋朝次郎氏に銀盃伝達。高橋さんは、前夜杉本正雄さんなどと共に酒を飲み、翌日はゴルフをする予定であったが、十二時すぎ心不全で亡くなられた。

田中六助先生、木村武雄先生来訪。木村先生は、最近田中逮捕のときに指揮権を発動すべきであったという発言で話題を呼んでいる。

午後から法眼〔晋作〕国際協力事業団総裁来訪。
四時から会議のあと、宏池会の記者と懇談した。

極秘　大平―三木会談の内容

51．8．12

大平―三木会談は12日正午より2時20分までホテルオークラ別館13階プレジデンシアル・ルームで行なわれたが、その概要次の通り。（敬称略）

1．三木より（1）ロッキード問題の真相究明、臨時国会における懸案の処理、総選挙の実施、党風の刷新は一体のものであるから、そのすべてを自分の手でやりたいと述べた。また、自分は政権に恋々とするものではないとしながらも、屈辱的な退陣要求には応じないつもりである旨述べ政権の維持に強い意欲を示した。

（2）三木より、ロッキード事件は、八月中に大体終る。但し児玉ルートは九月にかかるが、これも九月中には終えてしまう。いつまでもロッキード事件にかかわりあってはおれないとのことであった。

（3）三木は、難局の打開は、現体制で行きたいと述べ、福田、大平両君をはじめ党内の協力を得られれば、現体制のままでも乗り切ることは不可能ではないし、総選挙の見通しも決して暗くはないと思うと述べた。

（4）更に三木より、党風刷新の根本として、総裁公選規程をかえて公選を定着させるようにしなければならぬと考えている旨述べた。ただ、これを何時やるとは言わなかった。総選挙後という感じであった。

（5）三木は当面の課題である財特法その他の案件は是非通さねばならぬと考えていると述べ、特に財特には熱意を示していた。

（6）三木より、天皇陛下御在位の記念日（11月10日）は、政治日程とかかわりなく決めたものであって、解散、総選挙とはかかわりないものと承知しておいてもらいたいと述べた。

2．大平より（1）当面の急務は、党勢がおとろえ、ロッキード事件などの不始末をひきおこしているので、党が一本になって国民に対しお詫びをしなければならぬということである。そのため、党は党紀の粛清や人事の刷新を断行し、国民に対するお詫びの気持を態度であらわさねばならないと思うと述べた。

（2）当面の急務である財特法その他の才〔歳〕入法案はすでにタイムリミットをこえており、これを処理しておかないと財政がおかしくなるのみならず、経済の変調を来たし、雇庸問題に支障をきたし、労働不安をまき起すことになる。ひいては、この問題を未解決のまま放置しては、選挙にもならぬという事態になると思う。そこでこれらの懸案はどうしても選挙前に処理しなければならぬが、これをやるには党員がやる気にならなければならないし、野党や国民が自民党がやる気〔に〕なったと評価し、信頼がよみがえらなければならないと思うと述べた。そこでそれをいかに実現するかが問題である。そのため党員の憂え、願い、想いを吸い上げて、人事の刷新、党紀の粛清をやらなければならないのではないかと述べた。それをやらぬと懸案の解決ができないし、国民の信頼を回復することはできないと思うと述べた。

3．これに対し、三木より、自分は現体制でやらしてほしいと考えている。現体制でも福田氏及び大平氏の協力を得られれば難局は乗り切れると思う。人事の刷新と言っても、党のエネルギーのロスをきたす恐れが強い。政党の領袖はどんなことがあってもやっていくというリーダーシップが大切であると思う。あなたは党員がやる気になるかどうかを問題にしているが、党員がやるかどうかではなくて、まずあなたと福田君がやる気になるかどうかが問題であると述べた。なお現体制のままでという意味は党首交替は勿論内閣の改造、党役員の改選も行わないという意味のように受けとれた。

4．大平より、あなたは協力してくれというが、党内は全面的に協力しているではないか。党内にはあなたの党運営、政権運営に批判があるがそれはある意味では有難いことではないか。間違ってはならぬことは、批判するからといって非協力であるということではないということである。批判があることに神経をとがらしているような総理、三木派であっては困る。総理、三木派は、常に党員の気持がどこにあるかを気をつけることはもちろんであるが、批判を謙虚に受け入れて政権の運営に生かしていくという態度でなければならないと述べた。これに対し、三木は仰せのとおり、自分の派は人材も多くないし、馴れてもいないので、至らぬことばかりであり、あなたの言うことはよく理解できると述べた。更に大平より、このような困難な事態の下では、党員の気持を充分汲み上げて何をしたらよいか何をしたら悪いかを分別しなければ意欲だけが空まわりすることとなると補足した。

5．三木より、あなたはもっと暖〔温〕かく自分に協力してくれてもよいのではないかと思う。あなたと自分との間には何らのわだかまりもなかったし、因縁浅からぬ間柄であるのに、自分に対する仕打ちが冷いように思う。椎名と一緒になってあのような時期にああいうことをやられたことは心外であると述べた。これに対して、大平より、自分は骨身を削る思いで協力しているし私の同志もそれぞれの部署について協力している。ただし、協力と同時に批判をすることはやめないつもりだ。批判なしには健全な政権の維持はできないからである。あの当時椎名さんが中心になって話を始めたが、ロッキードかくしといわれるようなことではなかった。自民党はロッキード事件が起る前から、党勢の衰退が指摘されており、党の再建は椎名さんの悲願であった。正直言って、あなたの政治姿勢にも批判があった。そこで党の再生をどのようにして図るかという話し合いを始めた途端に、ロッキードかくしというわれない批判を浴びた。ロッキードかくしというのはマスコミの誤解であって、われわれはもっと真面目であった。しかし、そのような誤解を招きやすいということであれば、ロッキード事件の真相が究明されるまで行動を慎もうということにしたものである。従って本件を新聞のとりあげ方で評価するのは間違いであると指摘した。

6．結局今後も話し合いを続けることとし、福田氏とともに三者会談も行うようにしようということで合意した。

7．最後に外部に対しては次のような発表を行なうこととした。

〝（1）本日正午より、昼食をとりながら、二時間あまり三木総理と会談した。総理も私も時局が党にとっても国にとっても極めて深刻な事態であり、協力してその打開に当らねばならないという点では意見の一致をみた。

（2）難局打開の具体的方法については、今後とも会談を重ねて合意を見出そうということになった。

（3）総理からは現体制でこの難局を乗り切りたいという強い意向が示され、私からは私の見解を表明し、相互の理解を深める意味で有益な会談であったと思う。〟

八月十四日（土）

朝七時四十分に家を出たが、途中で混んでいて箱根カントリーに着いたのは、十時近くであった。品川の鈴木〔正〕さんと一緒にまわった。

鈴木さんは、きわめて調子が悪くシングルの人らしからぬ成績であった。しかし、真夏のゴルフにしては、風が涼しく快適なゴルフであった。

八月十五日（日）

全国戦没者追悼式が日本武道館で行なわれた。

十一時半集合、十一時四十分着席。十一時五十一分開会の辞、十二時黙とう。

この日は暑い一日であった。ほとんど全ての閣僚が出席したが福田副総理は欠席した。

夜、橋本清氏が私邸に来て懇談した。

最近ヨー財務次官が来日し、各方面と精力的に懇談したが、日本が円安にするための操作をしているのではないかということが大きな問題となっている。

八月十六日（月）

午前中は特に予定がなかったのでゆっくり出てきた。四時から為替相場問題について国際金融局の会議。

五時に夜回り会見。六時に後楽園にプロフットボールの始球式に出た。

この日は朝から熱っぽく鶴巻先生に見てもらったところ、多分風邪だろうということであった。血沈その他の検査をすることになった。

島谷先生は十二指腸かいようのため自宅で静養しているとのことであった。

八月十七日（火）

朝から七時〔度〕位熱があった。閣議にだけとりあえず出ることとした。午後のロッキード特別委の黒柳〔明〕先生〔参、東京、公明党〕が大臣の欠席を非難して診断書を要求しているということで、大蔵省診療所の所長の診断を受けた。

NHK飯島政治部長の挨拶を受けて自宅に帰った。

血沈が四十四で体内のどこかに炎症がおこっている可能性が強まり、尿検査の結果、軽いじんう炎だろうということになった。

大臣が良いおもちゃができてよかったろうと夫人に言うと、とんでもないおもちゃだと憤がいしていた。

八月十八日（水）

今日からしばらく自宅で静養することになった。朝から晩までに四回抗生物質を飲むこととなった。

八時からの宏池会朝食会は、政局問題を協議するということで大臣に是非出ていただきたいということであったが明日に延ばした。

午後から七度八分位熱が出たので今週一杯は静養しなければならない情勢となった。

八月十九日（木）

引き続き家で静養した。政局も署名集め位で大きな動きはなかった。大臣も結局署名することとなった。

夜のカヤ会には欠席した。

署名は臨時国会前の政局転換を図ろうというものである。

八月二十日（金）

お昼に春芳会があったので、内田常雄先生に出てもらった。

大分良くなってきて一日中ほとんど熱が出なくなった。

八月二十一日（土）

逢沢英雄先生のところに行く予定にしていたが、行けないので田中六助先生と森田が一緒に行ってお詫びをしてきた。

八月二十二日（日）

末広会には是非来てほしいということであったが、静養のため出席できなかった。

政局も二十四日の両院議員総会を控えて、緊迫の度を加えてきた。

二十四日の両院議員総会では、三木総裁の解任決議を成立させようというわけである。

八月二十三日（月）

十一時半に、私邸で高松市の民社党の世話役横田氏と会った。二時から総理と二人で会い、政局問題について意見を交換した。

総理は、現体制で臨時国会を乗り切りたいと強く主張した。現体制でということは内閣改造もしないという意味かとの問いに対しその通りであると答えた。また、大福が協力してくれれば、難局は乗り切れると強調した。そのあと記者会見を宏池会で行ない、党本部で副総理と会った。

夜宮沢〔喜一〕、植木〔光教〕両大臣に電話し、明日の両院議員総会に出てくれるように確約をとった。

また、挙党体制確立協議会世話人会では、明日の両院議員総会と三者会談の前後関係が戦術的に問題となった。

八月二十四日（火）

十時閣議であったが、その前に院内に反三木派の十五閣僚を集めて協議した。大義名分としては、昨日の三木—大平会談の内容を知らせるというものであった。

そのあと閣議。その後、大福より河本〔敏夫・通産相〕、稲葉〔修・法相〕、井出〔一太郎・内閣官房長官〕等に同様の内容を報告した。

十一時、記者会見。十一時半、党四役と会談。記者会見。

十二時、宏池会臨時総会。

二時より衆院議面の部屋〔衆院別館ホール〕で両院議員総会が開かれ、三分の二の二百六十一を十人ばかり上まわる人数を集め、挙党体制確立のための決議を成立させることとした。ただし五時半より三大福会談が行なわれるので、終了後に成立させることとした。しかし解任決議は党を分裂させる恐れがあるので回避された。

八月二十五日（水）

十時に、院内大臣室に大福会談を行なった。十一時半より〔ロッキード問題調査特別委員会で〕、稲葉〔誠一。社〕、諫山〔博。共〕、坂井〔弘一。公〕、永末〔英一。民〕の各先生が質問に立った。

十二時に宏池会総会が行なわれ、強硬論がいろいろ打ち上げられた。

二時より、再び三大福会談が行なわれた。昨日は、両院議員総会に人が集まって待っている関係であまり長くやれなかったが、今日は、二時間五十分にわたって会談した。そのあと直ちに共同記者会見。内容は、特に進展なく物別れに終ったということであった。そのあとホテルオークラ八三〇号室の挙党協の世話人会に出て報告した。大福が出ていって長時間会うことは、三木のペースに乗せられるだけであるので、もう二人は三木とは会わないでもらいたいということであった。

八月二十六日（木）

十時半より、衆院ロッキード委員会で松浦利尚（社）が政局問題について質問し、大福は政権欲のために抗争をやっているのではないかと週刊紙的質問をした。

十一時過ぎ、田中六助先生陳情。十二時、宏池会総会。

午後から国金局の会議。そのあと稲葉誠一先生〔衆、栃木2、社会党〕の陳情。二時半より、宏池会記者懇談。四時半より浦野先生来訪。浦野先生は副幹事長をしているので、穏けん派に属し、他の先生方より執行部ボケをしていると批判されているところである。

五時半より、応接間で記者懇談。財特法が十日までに通るかどうかが話題になった。

八月二十七日（金）

八時、佐々木、伊東、服部の三先生と朝食を共にしながら懇談した。十一時参院ロッキード特別委員会で、瀬谷英行先生（社）政局の問題について質問した。

十二時、宏池会総会。平井卓志先生が、鎌田道海先生〔香川県議〕をつれて自民党入党の挨拶に来訪した。財務官が外遊のあいさつ。今日本は円安にするための操作をしているのではないかとの疑惑が世界的に広っており、実情を明確にするために出かけたものである。

長谷川〔孝昭〕駐ベトナム大使挨拶（大臣室）。虎ノ門書店、夜回り会見。

八月二十八日（土）

大阪行きを予定していたが、政局激動の折から中止した。木野晴夫先生には本当に悪いことをしたと思う。

夕方、一七時五十二分発のこだまで静岡に行った。原田昇左右先生を励ます会に出席するためである。原田先生の会に出席し、二十時半から蔵相を囲む会に出席したあと、二十一時四十二分静岡発のこだまで小田原にもどった。

吉田記者を湯の花旅館に送ろうとしたところ、濃務〔霧〕で動けなくなった。護衛官が降りて先導したりして苦労の末ようやく十二時に箱根観光ホテルに辿りついた。

八月二十九日（日）

朝六時半に起きてみると、昨日の天気予報と異なり快晴であった。記者の人は、今年は少なかったが、青木さん、梶原さんと共にプレーした。四九・五一でスコアはよくなかった。森田は四二・四四であった。

五時より開講式で挨拶し、三木首相の政局に取り組む姿勢を批判した。原稿なしの演説は好評であった〔「時局に対する提言―政治力の回復を求めて」と題し、『全著作集4』109―116頁参照〕。

七時半から受講者の皆さんと会食したあと湯の花旅館に向った。湯の花では十時半頃まで記者団と懇談した。

八月三十日（月）

朝七時過ぎに起きて、受講生とともに講義をきいた。はじめは草柳大蔵氏〔評論家〕でマスコミ論〔『全著作集7』126―127頁参照〕、次は武田邦太郎氏〔池田首相の諮問機関・新日本農政研究所副所長〕で日本農業論であった。その講義が終り、質問をしているときに福田副総理より電話があった。三木総理が三時から会いたいと言っており、保利〔茂〕氏も会って話を聞いてきてほしいとのことであった。その直後三木総理からも直接に電話があり、三時から会うことになった。ところが党五役収拾案なるものが、あらかじめ発表されているのも奇怪であった。総理は、これで了承してほしいと執ように迫ったが、大福はイエスノーを言う立場にないということでがんばった。結局外部への発表形式でもめて三時半の会談となった。そのあと党本部で記者会見をしたが、その調子があたかも大福はこれを受け入れる意向であるかのようなものであったため、そのあと七時すぎからの挙党協との会合でも問題となった。

八月三十一日（火）

挙党協ではしばらく大福は後にひっこんで、保利・船田〔中〕氏が正面に立つことが決定された。読売新聞はこの時の模様を三木は仲居で大福は女学生だと表現した。挙党協は思ったよりはるかに根強いものがある。十時、閣議記者会見。そのあと政治部記者と懇談。十一時半、岩手タバコ耕作組合の陳情。葉たばこの収納価格決定の時期となったため、あちこちより陳情が相次いでいる。

午後から理髪、細川〔護熙〕政務次官と懇談。伊藤昌哉氏、浦野先生、四時から主計局の会議。今年の葉たばこは米が七・三％なので、これをどれだけ上まわるかが問題であると思うが組合側は二桁の数字に固執している。

夜は、八時半より自宅で懇談。

九月一日（水）

朝、伊藤昌哉氏。このところほとんど毎日来て相談相手になっている。十時に、森ビル森〔泰吉郎〕社長が修善寺ゴルフの開場開きの案内に来訪した。十時半より、衆院ロッキード委員会が開かれた。一時一五分頃宏池会へ。このところ三木総理はさかんに早期臨時国会の召集という線を打ち出しているが、保利氏などとは会うつもりはないらしい。午後から再び伊藤昌哉氏、栗原先生、金子岩蔵〔三〕先生などが相次いであらわれた。

四時から日本プレスセンタービルの竣工披露パーティが開かれ河野議長も来ていた。この日の夜の懇談で国会の理解をえ、九月中に財特法が成立することを前提としてシンジケート団と交渉を進めることを語った。

九月二日（木）

江藤隆美先生〔衆、宮崎1、中曽根派〕が葉たばこの代表二十人をつれて来訪。

伊東正義先生も来訪。政局の方は、党五役が保利・船田両氏と会って話をしたが結局まとまらなかった。五役は、臨時国会を開くように総理に進言する模様である。

十時より、国税局長会議。十二時、宏池会定例総会。宏池会の若い人達も大福がどのような心境にあるかをはかりかねている模様である。

二時より、財政審総会。三時より、記者懇談。四時半より昨夜の記者懇談の結果、国会各方面に根まわしをしたことについての報告。

夜、田中六助先生来訪。

九月三日（金）

十時、閣議記者会見。十時十五分に、高松空港問題で小磯議長や百十四銀行綾田〔整治〕頭取等が来訪。小山八郎氏にがくぶちの写真を手渡した。十二時宏池会総会。二時に、外務省が招待したウォルター・リップマンと並ぶ評論家といわれるジョゼフ・クラフト氏と会った。通訳には外務省北米一課の山崎君をつれてきた。

四時より、葉たばこの会議。五時より、ジョンソンアンドサンの小山八郎氏の副社長就任披露がホテルオークラの別館で開かれた。

そのあと、家に帰ったところ松野〔頼三〕政調会長から会いたい旨の連絡がきた。

明日は役所に出ていく予定がないと断ったが、どうしても会ってくれということで会うことにした。

九月四日（土）

十時半に、松野政調会長が訪ねてきた。今日の会談は長びくと困ると思っていたところ、幸い、十一時丁度におわった。

そのあと記者会見。国金局長より、松川財務官の訪米中の模様について報告した。

十一時四十五分、葉たばこについて木村〔武〕、塩崎〔潤〕、羽田〔孜〕三先生が来訪した。丁度その時に宮武〔徳次郎〕氏、大西氏、高笠原氏などが来て合流した。

九月五日（日）

昨日と打ってかわり良い天気となった。藤田工業・藤田〔一暁〕社長とスリーハンドレッドでプレーした。

九月六日（月）

総理は法案の所管大臣と午後から次々と会い、国務優先処理の姿勢を明確に打ち出すこととしたようだ。一時より郵政大臣、二時より運輸大臣、三時より大蔵大臣と会うこととなった。その前、藤井裕久氏の事務所開設の披露に出席し挨拶した。三時より、四十五分間総理と会談。そのあと財研で政治部と合同の記者会見。

四時四十分に、佐々木〔義武〕科学技術庁長官が来訪。

明日の臨時閣議で辞表提出を求められたら応ずるのか、罷免させるように持っていくかについて打ち合わせた。しかし、明日はそういうことはなかろうということになった。

夕方、田中六助先生来訪。

九月七日（火）

十時、閣議記者会見。今日突然辞表の提出を求められることもなかったが、緊張の空気が漂っていた。十一時四十五分、細川政務次官。十二時、宏池会総会。一時半から、財務局長会議に出て挨拶した。二時四十五分、三崎会長がともお君を連れて来訪。続いて塩見俊二先生が来訪され、当面の政局について打ち合わせをした。伊東先生、浦野先生が偶然一緒に来訪。三時半より、酒造米についての会議。五時に、武藤嘉文先生が来訪。

夜、財務局長会議の懇親会があったが出席しなかった。

夜、記者団と私邸で懇談。

九月八日（水）

十時半、衆院ロッキード特別委員会で、田中武夫先生〔衆、兵庫3、社会党〕が質問。十一時、国金局の会議。十二時より、宏池会の総会。三時に、川鉄藤本〔一郎〕社長が川出〔千速〕副社長とともに来訪。続いてNHK飯島〔博〕政治部長挨拶。連日挙党協の会合が続けられ、近く再度議員総会を開いて、三木首相が臨時国会召集について強行突破を図るときは解任決議をするべく署名集めがなされている。十六日に冒頭解散だという説も強く流れた。四時より、糖価についての会議。五時、栗原先生来訪。

五時半、伊藤昌哉氏が当面の政局について打ち合わせ。

六時より、瓢亭で大平会。三木はよくないという批評で持ち切りの会食であった。

九月九日（木）

十時より、日本商工会議所第四十四回通常総会で挨拶。

十一時より、銀行局の会議。十二時、宏池会定例総会。そのあと全国信用金庫大会に出て挨拶した。いよいよ政局の収拾も大詰めとなった。三木首相がどのように出るか。一つは、明日の閣議で臨時国会を問題にする場合であり、もう一つはガイゼル大統領の訪日のあとの二十日頃結着をつけるというものである。むしろ後者の可能性が多いように思われる。浦野先生が収拾について大臣を説得。五時、夜回り会見。

三木総理は冒頭解散という目標に向って着々と手を打っているという感じがしてならない。毛主席がついになくなった。記者会見やら回顧談を発表するのにてんやわんやであった。

九月十日（金）

今日は長い一日となった。閣議前に三木総理は、大福に対し協力を求めた。閣議記者会見。臨時国会の召集は、五時の臨時閣議で行なうことになった。十一時半に、村田公社債引受協会長が中期国債の件で来訪。十二時に、毛〔沢東〕主席の弔問に中国大使館を訪問。十二時宏池会の総会に出たあと、一時より署名十五閣僚と院内総裁室で打ち合わせた。

続いて院内大臣室で、福田副総理と会談。今日の臨時閣議で中央突破をしてくる場合は、明日の両院議員総会で解任決議を成立させることとなる。大平番記者と懇談した後、宏池会に行った。四時から、再び十五閣僚と打ち合わせたのち臨時閣議に臨んだ。休憩も入れて延々十時まで続く。ようやく終了の後記者会見。三木首相は署名を強行しようとしたが、坂田防衛庁長官のアドバイスもあり、明日の五時の臨時閣議で署名を求めることとなった。

ただし、自民党は分裂必至との状況となった。

九月十一日（土）

九時に、私邸発。極秘のうちに中曽根幹事長と会うことにした。両院議員総会に総理が出て党議を変更し、解散はしないと言明することで収めることにした。何とか分裂だけはさけたいという空気が支配的であったので、保利氏、福田氏ともこの線で収めることに同調することとなった。一時に、松川財務官が円安問題について外遊してきたこととの報告があった。

今日の政局収拾にあたっては、田中六助先生がおぜんだてをし、大活躍であった。

五時からの臨時閣議は持ちまわりでなく開かれることになり、全員が臨時国会の召集についての案件について、署名した。何とか自民党の分裂だけは回避した。

九月十二日（日）

台風の余波で天候が悪いのでないかと思ったが、良い天気であった。森〔美夫〕さん（第百土地）及び清水建設の竹下さんと一緒にプレーした。大臣は疲れが残っていてスコアは悪かった。森田は八六（四二・四四）であった。

夜六時から、新聞記者に対し慰労の意味もかねてうなぎを御馳走した。

痔の手術で入院していた島さんが久しぶりにやってきた。

九月十三日（月）

十二時より、政府与党首脳会議。そのあと宏池会で記者懇談。二時すぎ、小沢〔辰男〕環境庁長官が来訪し、来たるべき、内閣改造について意見を交換した。

三時から、ガイゼル大統領の訪日関係について役所で会議を行なった。四時二十分に、ブラジルへの投資案件について住友銀行伊部〔恭之助〕頭取が陳情に来られた。五時から、主計局の会議を開いた。小宮山精一氏〔平和相互銀行会長〕が弟の選挙のことで来訪した。

田中六助先生がその後の報告のために来られた。

六時より、古河電工築地分室で十二日会が開かれた。

九時十四日（火）

九時半に経済関係閣僚協議会、引き続いて閣議。そのあと三大福の三人の会談が短時間行なわれた。

十時の役員会で、役員一同辞表を提出した。十一時から総務会が開かれ、党役員人事の方針について了承した。

十一時半より会議のあと、宏池会で役員人事と内閣人事について相談した。松野幹事長〔案〕には、あくまで反対していこうということになった。

六時から臨時閣議を開いて、閣僚全員が辞表とりまとめをした。

六時より、いな垣でかもめ会が行なわれたが出席しなかった。

六時半より、田中六助先〔生〕と日産自動車の岩越〔忠恕〕社長をひき合わせる会合が行なわれた。

九月十五日（水）

今日は敬老の日で青森の津島雄二先生のところへ応援に行くこととしていたところ、内閣改造で出かけることができなくなった。代わりに林迶先生が行ってくださった。十一時過ぎ宏池会に出かけて待機していたところ、党本部に呼び出しがかかった。三大福中などが集って三役人事を相談した。三木首相より、松野幹事長、桜内総務会長、内田政調会長の線が示された。大福はこれに反対した。しかし三木首相は既に示された三人のわく組をくずすことについては断固として反対した。そこで内田幹事長、松野総務会長、桜内政調会長でいくことになった。

夕方から内閣改造に入り、福田派の入閣をめぐって一波乱あったが、大蔵大臣の留任は九時過ぎに決まり、九時二十分初登庁。九時四十分財研の記者会見（特にくり上げた）。十時半、初閣議を行なった。

九月十六日（木）

九時半より、ガイゼル大統領の歓迎式が迎賓館で行なわれた。十時に、酒造会館で酒販の総会が行なわれた。十時半から参院本会議で議席の指定、会期、特別委員会の設置が決められた。続いて伊藤昌哉氏が大臣室に来訪。伊藤氏のいわれ〔た〕ことで重要なことは、十一月に入れば解散ということではなく任期満了の告示ということで総選挙が行なわれることになるので、閣議での署名拒否ということは不可能ということである。三時より、日伯閣僚会議が外務省の国際会議場で行なわれた。

五時四十分、深石鉄夫〔ニッタン社長〕氏来訪。七時より衆院本会議で議席の指定、会期、特別委員会の設置が決められた。

九月十七日（金）

七時半に。私邸に深津さんが来訪した。九時半、閣議記者会見。お昼に宏池会に行って、下村〔治〕先生等の話を聞いた。二時から、小林総三氏（小林コーセー副社長）の告別式に出席した。

そのあと虎ノ門書房へ出かけた。

三時五十分、中尾宏先生〔衆、鹿児島2、椎名派〕が陳情に来られた。

四時に、ＩＭＦ総会の演説の会議を行なった。

五時半に、東郷〔文彦・駐米〕大使が一時帰国の挨拶に来られた。

夜は、光琳の三金会に出席した。

九月十八日（土）

九時羽田発の日航で、森田欽二先生の応援のために板付に向った。十一時五十分より、経済界の人達と昼食を共にしながら懇談した。続いて数組の陳情を受けた。

三時より三十分にわたり講演した。会場は大濠パークプラザで、前に自民党の三万円パーティが行なわれたところであった。

五時の板付発の日航で六時半に羽田についた。

そのあと喜代竜に寄り、カヤ会の夜の懇親会に出席した。

九月十九日（日）

三菱ガス化学の相川〔泰吉〕社長が一緒にプレーしたいというので湘南カントリーに出かけた。

相川社長は調子が悪かった。大平四八・四八であった。

九月二十日（月）

九時に公企体給与関係閣僚協が官邸で開かれた。記者会見。

岡田広先生ほかの陳情。

十一時より国鉄、財特法のレクチャー。高木国鉄総裁がつなぎ資金のことで来訪した。十二時よりの政府与党首脳会議に出たあと、ホテルオークラの春芳会に出席した。そのあと宏池会で記者懇談。

三時より関税率審議会。続いて、中期債、農業共済の問題について会議。

五時から、ガイゼル大統領の歓送式が迎賓館で行なわれた。

夜回り記者会見。仮縫いのあと帰宅。

九月二十一日（火）

九時三十分、閣議記者会見。十一時より、第七八回臨時会の開会式が行なわれた。終了後、宏池会へ。一時半に、沖縄出身の国会議員が砂糖きびの陳情。岐阜県議長、唐沢〔俊二郎〕前政務次官が来訪。三時より、五十一年全国証券大会に出席し挨拶。四時すぎ、竹内次官が中期国債の問題について打ち合わせ。中期国債問題がにわかにクローズアップしてきた。全銀協、長信三行、信託の反対でにぎやかになってきた。

田中六助先生が椎名副総裁、田中角栄氏、中曽根氏などに会った結果について報告に来た。

夜、石井光次郎氏及び夫人の喜寿の祝いが、プリンスホテルのマグノリアホールで行なわれた。

九月二十二日（水）

朝、衆参両院の大蔵・国対の委員長理事が集って、財特法についての協議を重ねた。十時四十五分に、アルプス電気片岡社長が長男の結婚式の件で来訪した。十一時にジャマイカ蔵相の表敬、十一時半にグレーベ西独大使が離任表敬。

十一時四十五分に、政府与党連絡会議が官邸小食堂で行なわれた。

戸井田三郎先生ほかが陳情のため来訪。

外務省で、マニラで行なわれるＩＭＦ総会に出席するためのコレラの注射をした。

五時に、クラブ関東で故高橋朝次郎氏の法要小宴が行なわれた。

六時より、臨時閣議で施政方針に関する演説を検討した。

中期国債の問題で中村〔俊男・三菱銀行〕頭取に会うことになっていたが延期した。

九月二十三日（木）

スリーハンドレッドで、東洋信託森田〔千賀三〕社長（信託協会長）、第百土地の森社長、佐々木栄一郎氏とともにプレーした。中期国債について話を聞くため、森田社長が入ることになったものである。開場記念杯が行なわれ、大平四十五・五十でBクラスの三等賞になった。森田は四十・四十五であった。プレーのあと一時〔間〕半にわたり、森田会長と中期債の問題について話し合った。その内容については別添の通りであった。

夜、内田〔常雄〕幹事長が私邸に来訪し、諸々の件について意見を交換した。

中期国債問題について

51．9．23

23日午後大臣は1時間余にわたり標記の問題について森田信託協会会長と懇談した。その概要次の通り。（以下敬称を略す。）

大臣　信託側はどういう点が心配なのか。

森田　信託資産は約12兆あるがそのうち30％の税率の課税対象分が約12％ある。今いわれているような中期国債が出されると12％の税率が有利だということでこれらの部分が被害を受けることになる。業界の被害を強調することは、業界エゴということにもなるが、特定業界が集中して被害を受けることはたえられないような気がする。興長銀の金融債は常に買手市場であるのにそこへ5年ものの割引国債が出ると値くずれが起きるのではないかと思われる。

大臣　貸付信託が発売されたのはいつか。割引金融債はいつ最初に出されたのか。
森田　貸付信託ができたのは昭和28年である。割引金融債についてはよく知らない。
大臣　割引金融債がはじめて出された時には、それなりの影響があったと思うがどうか。
森田　新商品が出されると影響があることは当然であり、その点は覚悟しているが特定のところで集中的に被害がでるのは困る。興長銀には5兆円の金融債の残高があるがこれらが一番影響を受けることになろう。また中村頭取などは第二の郵貯をつくることになると主張している。5年の最初に12％の税金をおさめておけばあとは何もしなくてもよいというのは何といっても魅力的だ。また無記名の場合には元本のいんとくがあっても5年たったら時効が完成していることになる。いずれにしても5年分の利息を最初に一括して支払うのは心情的におかしいという気がする。

ここまで来ればもはや理屈ではないといわれるが、かりに実施する場合でも金額を3・4千億円にとどめておくこと。将来12％と30％の税制を是正すること。郵貯の営業姿勢を改めること等は是非実施してほしいと考えている。

また地方債への波及の問題については、地方債の公募金は1割位であり、ロットが小さいことを考えると割引地方債が容易に増大するとは思っていないが不安がある。金額の点については、これだけ国民の間で需要があるのに何故金額を制限するのかと国会で追及されると抗弁することは難しいのではないか。中期国債の問題については、国会対策上の配慮もあろうが、理屈のうえで説得的でないように思う。
大臣　これまでの国債は㊝で利用者をふやしてきたが、このようなやり方も一巡したといえるのではないか。ここらで工夫をしなければならないのではないか。
森田　㊝の限度まで国債を買っている人もいるが、それはごく一部である。三百万円のわくを使い切っている人は全体の5・6％であろう。それを使い切ってから考えてもよいのではないか。また中期国債は小金持優遇だという批判もある。商品を売り出すときに一番魅力のあるものを最初に出してしまうのはおかしいのではないか。需要の動向に応じて次第に魅力のあるものを出していくのが正しいやり方ではないか。

大臣　いつまでもこのようにぐずぐずしていてはだめなので、自分としてはもうそろそろけりをつけねばならぬと考えている。

森田　来週あたり大蔵省の案が示されると聞いているが、案が示されれば双方は引き下がれない状態となる。大臣が大きな政策のためだからのんでくれといわれれば納得するかも知れないが、大臣にそういうことを言わせるべきではないと思う。心情的にいっても銀行全部がいやがって證券のみがのぞんでいるものを出すのはどうかという気がする。

大臣　しかし、中ぶらりんの状態で引きのばしておくことは業界としても迷惑ではないか。

森田　これまでも信託業界を育てていただいた恩義は強く感じているし、理屈にかなわぬことであっても理外の理があれば納得することもありえよう。ただ郵貯征伐のことを考えて今貸しをつくっておく方がよいのではないかといわれてもこれらは別問題であると思う。

金利の一元化は、これと引きかえではなく進めるべきものと思う。

大臣　信託業界が新商品を出すときは何で決めるのか。

森田　貸付信託などで新しいものを出すときは大蔵省の認可を得なければならない。中期国債が年間3・4千億円で止まるのであれば、誰も何も言わないが売れるものを何故売らないのかと言われれば抗弁の仕様がないのではないか。まだ暫定的な期間だけであれば不安は少ないがそのような期間にかぎるのはおかしいということになる。シ団ではこの問題を研究しているのでその答申が出てから事務当局と折衝させていただくというのも一方法であろうと思う。それを待ってはおれないといわれるかも知れないが、何故そんなに急がなくてはならないのであろうかということに対する答えが必要になる。

大臣　中期の割引国債を出すということについては大蔵省は一本化している。金額その他の条件の問題はあるが基本的な考え方について反対論はない。自由に意見を述べさせてみても反対論は出て来ない。

森田　しかし銀行局は最後まで迷っていたように見受けしている。銀行局が動き出したのは9月になってからで、この辺で郵貯問題に対する貸しをつくっておいたらどうだといわれ出した。

大臣　私は国会を前にしてあまりに優柔不断ではいけないのではないかと考えている。

森田　今年の国債の消化状況を見ても10％の個人消化はできるのであるしいろいろの手段をもっと慎重に検討していただいてもよいのではないかと思う。金額を限定しても不安は残る。

大臣　あなた方は減債について政府はやろうとしているがなかなか難しいと見ているのであろうと思うが、そこは国に対する信頼の問題である。

森田　大臣は大蔵省の先輩としてこの問題はどうしても実施しなければならないとお考えでしょうか。

大臣　こういう問題で大蔵省がふらふらしてはいけないと思う。ただし条件については虚心に耳をかたむけたいと思う。大蔵省内にはコンセンサスがあり国会を前にしてそろそろ態度を固めなければならない。金融界の平和のためにも長びかしてはならないと考えている。

森田　どうしても実施される場合　代りにお前の望んでいるものをやるからというようなことではいけないと思う。政策はあくまで政策として配慮されなければならないと思う。

大臣　プレスはこの問題をどのように見ていると思うか。

森田　大蔵省の考えはかなり無理強いであるとみているようだ。原案が示される前に何回もニュースが流れたが大蔵省の誘導ではないでしょうか。

（備考）１　会談の途中正宗興銀会長が入ってきて、国債は流通市場において金やダイヤモンドのように価値基準がはっきりしていなければならないと考えるが中期割引国債は金メッキの商品であるように思うとだけ述べ直ちに退出した。

2　22日夕、キリンビールの故高橋会長の77日忌の席に中村頭取も列席していた。森田秘書官の隣に山下元利先生がいたので今日中期国債のことで岩瀬理財局長がお伺いした筈ですがと話しかけたところ、山下先生より大臣の眞意はどうなのかと質問があった。そこで秘書官より大臣は実施することを決意していますと答えたところ、山下先生はそれならその点を充分含んでおきましょうとのことであった。そのあと中村頭取は山下先生をつかまえてくどいているようであった。（ただし話の内容は未確認である。）

中期国債問題について

51．9．24

24日夜大臣は中村頭取と7時半から約2時間にわたり標記の問題について意見を交換した。その概要次の通り。（会談には露木氏が同席したが中村頭取の希望により秘書官は同席しなかった。）

1　中村頭取より　自分は国債は大切なものであり、国民の金融資産として国債が定着することを心から願っている。また個人消化が円滑に行なわれることを誰に劣らず望んでいるつもりである。ただ個人消化の方法については次の理由により割引国債だけは考え直してほしいと述べた。

（イ）税の点で不公平である。

（ロ）脱税の手段に使われる恐れがつよい。

（ハ）地方債が割引債を出していないのは国が出していないからであり法律上地方債にも割引債を出すことができることとなっている。

(ニ) 割引国債はよく売れる魅力ある商品で証券会社が望むのはよくわかるが、それだけにわれわれからみると銀行預金への影響が大きい。銀行の預金集めが索漠たるものになるものと思われる。

(ホ) あまり魅力があるので10年債がこれに移行し、5年の利付債の場合より移行現象が著しい。その結果10年債の値くずれが起る。

(ヘ) このような新商品を出さなくても今年あたりは個人消化は13%に達している。

2 以上のほか中村頭取は、自分はもともと割引金融債の存在について気にかけていなかったが今や四兆八千億円にも達し無視できなくなった。郵貯も過去三年間に三兆　四兆　五兆とふえ今年は六兆円も増加するであろう。これは大変な事態でありもはや放置しておくことはできない情況になってきた。郵貯がこのようにふえるのは脱税に魅力があるということ以外に何物でもないのではないかと述べた。

また貯蓄国債については欧米諸国では貯蓄国債を出しておりわが国もよくねった貯蓄国債を出せばよいと考える。何故貯蓄国債を出さないのか疑問であると述べた。

3 大臣より　あなたの主張はそれなりにわかるが、よく聞いていると根幹は税の不公平論にあるようである。今大蔵省でも利子と配当の総合課税を実現する方向で検討しているが、この問題を考える際には個人の秘密の保持についてどう考えるかに思いを致さねばならないと思っている。同時に無記名債券についても同様の配慮が必要であり、あまり税の不公平論に片寄ると無記名制度が維持できなくなり、結局国民総背番号制の社会になることを恐れる。

私はあなたの主張はわかるが、現在無記名制度は㊝の制度のほか税の不公平の問題はいたるところにあり、ひとり割引国債の問題だけではない。あまり、それを問題にしていると税の不公平論がにぎやかになりヤブをつついて蛇が出ることになりかねないと思う。自由社会を守ろうとすればどこかに堤防を築かねばならず、預金の秘密や無記名制をどのように守っていくかということを考えることこそわれわれの大切な仕事ではないか。私達大蔵省も全銀協も同じキャンプに属しているのであって、割引国債などの問題を大きく取り上げたりしていると第三勢力を利することとなる。

そもそも大蔵省も銀行も世の中からあまり愛される存在ではないのにそれが対立していると双方が墓穴を掘ることとなると述べた。

4　更に大臣より　大蔵省の次官以下事務当局は私に対して二つのことを言ってきている。一つはもう収束しなければならぬ潮時であることであり、他の一つは中期の割引国債でなければならぬことである。しかし、各方面との条件の調整にあたっては相当程度弾力的であってよいと言っている。

彼等もまた国を思い、よかれと思ってやっていることと信じている。しかし、私もこれまでお三方の意見を聞いたので、今度は事務当局からもう一度何故割引国債に固執するのかと聞いてみることを約した。

中期国債問題について

51・9・24

24日朝8時より9時半までホテルオークラにおいて大臣は池浦頭取と中期国債問題等について懇談した。その概要は次の通り。(以下敬称は略す)

大臣　景気はなかなか勢いがついてこないが、どのようにみているか。

池浦　自分はこんなものではないかと思っている。というのは経済成長率が5～6%で従来の半分になったわけであるから、オイルショック以前のような景気回復を期待することは無理ではないかと思う。また電々国鉄の工事の遅れや政局不安の心理的問題などもある。

またオイルショック以前に設備投資されてきたものが、その後に生産力化したという事実も無視できない。私はインフレ率を10％以下に押えていこうとするとそう好況感を味わえるものとは思っていない。これまで輸出の力で景気が上昇してきたがいつまでもこのようなパターンを続けることはできない。そこで内需の振興ということになるが、財政は建設国債をふやして、てこ入れしなければならない

池浦　新立法が必要であるが、立法の過程で郵貯問題を検討したらよいと思う。中村さんは一見割引債を問題にしているように見えるが、眞意は郵貯問題を考えている。景気対策としては金利を下げてもよいのではないかと考えておられるようであるが、郵貯問題があって、これが実現できない。中村さんは自分が正面から郵貯について言及して郵貯戦争ということになっても困るので言及を避けている。大蔵省は郵貯はあとで片付けるからといわれるが、大蔵省自身があとで困ることになるのではないか。

大蔵省が郵貯問題を単独で取り上げると銀行擁護論になって世論の反撃を受けることになる。中村さんの話によれば郵貯はここ三年間に3兆円、4兆円、5兆円とふえて全部で26兆円の残高になっている。このように、大きな残高を持つ郵貯が金利を下げようとするとインフレヘッジだということで下げられないということになると外貨流入も押えられないし、景気の振興は図れないし、企業の金利負担の軽減も図れないことになる。

松沢さんなどは貸付信託や割引金融債は本来おかしなものであるのにこれをさらにふやしていくのは困ると言っている。

大臣　あなた方の方は利付債と割引債の割合はどのようになっているか。

池浦　割引債は全体の1／3である。（ここで長信三行の割引金融債純増額と国債引受額について説明した。別添資料）三行は割引債の発行により国債を買っているという関係になっている。利付債と割引債は大体2：1

の比率で増加しており、割引債の伸びが大きいということはない。利付債はたしかに売れにくいがさりとて短期のものをあまりふやすわけにもいかない。

大臣　年間で割引債はどの位ふえるのか。

池浦　長信三行だけで５０００億円位ふえている。このほかにワリノーなどがある。今回伝えられる中期国債については額面と手取りの問題があり、額面で３０００億円であっても手取りでは２１００億円にしかならない。税についても12％といわれるのは実質は13％になっている。これらの税金を先払いするわけだから理財局から主税局の方に資金が移動することになる。（ここで毎日新聞の社説を説明する。別添）自分としては割引金融債の存在自体が問題になりかけているときに、ことさらスポットをあてるような措置がとられることは困る。中期国債は郵貯、割引金融債、税制等金融制度全体の問題に波及する。

この問題について中村さんが堀昌雄さんに会ったときに堀さんはインフレで被害を受けるのは庶民であるから中期国債の買手は小金持であっても、それでインフレが収まるならばよいと言われたがこれはいかにもおかしな議論である。また５年ということになると所得税について時効との関連が出てくる。

また、割引債はその時の金利水準に残存期間がかけ合わされて決められるので価格が大きく変動する可能性が強い。長信三行も５年ものを出したらどうかという意見があるが、顧客に大きな損をかける恐れのあるものをつくるわけにはいかない。この議論に対して大蔵省では買い支えをすると言っているが市場はかなり混乱するように思う。また10年国債は市場性のない御用金であるが、同じ国の債券で有利なものが出ると10年国債そのものの根幹をゆるがすことになると思う。現在の１００分の１．６の減債制度は銀行に６回買い換えさせることを前提としているが中期国債が出るとこの買い換えについても議論を誘発することになると思う。氷山がじっと動かないでいるときに底だけ融かすと氷山が動き出して手がつけられなくなることを懸念する。

大臣　しかし、国債制度をいつまでも氷山のまま置いておくことはできないのではないか。国債のあり方を次第に改めていかなければならないのではないか。

池浦　それは正論であるが、日本のストックがこのような状態である限り根本的な問題に手をつけるのは時期尚早ではないか。

大臣　しかし、いつまでも㊝にばかり頼って国債を売っているのも問題である。

池浦　北裏さんの話によると㊝を宣伝すると国債は非常に売れることがわかったと言っているし、51年度は個人消化は12％位に達する見込で今年度については問題は片付いている。私は貯蓄国債の構想により野党の勢いを利用して郵貯に攻め込むべきであると考えている。堀さんのいうように3000億円の中期国債でインフレが押えられるとは思われない。そうかといって個人消化分は借りかえがきくかどうかわからぬから大量に出すことはできない。

一番心配していることは、金持ちが割引国債で脱税しているということになって共産党に攻撃され、国債もやめるが割引金融債もやめろということになると長信三行にとっては致命傷になる。

大臣　国会対策のために結論を急ごうとは思っていないが、あまり優柔不断であることは大蔵省の名誉にならぬと考えている。ここ半年間慎重に検討を続け事務当局から説明を聞いたが中期割引国債という点については省内に反対論がない。ただ、今後の金融秩序維持のために、池浦さん、中村さん、森田さんに大臣からもよく話をして納得していただきたいということのようである。

池浦　この問題は何といっても竹内次官が推進者で銀行局長あたりは弱っているようだ。吉国、石野両氏も慎重論を唱えている。（ここで貯蓄国債案を説明。別添資料）この貯蓄国債案について真剣に検討した様子がないのは残念である。また證券会社は、本来證券会社がやるべきことをやらず大蔵省にかくれてシ団にも出て来ないのはよくないと思う。中村さんは絶対におりないと言っているので私としても心配している。

大臣　私もこの問題をあまり放置しておくとマスコミのおもちゃになることを恐れている。
池浦　米国ならば個人の貯蓄国債の保有額に制限があるがわが国の場合にはその点がはっきりしていない。共産党などがその点をついてくることを恐れている。たとえば、児玉誉志〔士〕夫が割不動を大量に買っていて児玉宅をおとづれた不動産銀行の車がその帰りに某氏のところに立ち寄ったところ某氏の脱税もばれてしまったという話がつたわっている。
大臣　いずれにしても今後のとりまとめにあたって御助力いただきたい。
池浦　わかりました。

（備考）1　会談終了後池浦頭取は森田秘書官に対し、大臣に申し上げるのを忘れたが、中村さんとしては大蔵省がどうしても強行するなら十年国債を八年にして窓口販売を認めるように主張すると言っていることを伝えた。

2　また、池浦頭取は、岩動先生より呼ばれていて、今まで延ばしていたものの来週あたりは会わねばならないと話していた。

九月二十四日（金）

八時より、オークラで興銀池浦頭取と中期債の問題で話し合った。十時に、閣議記者会見。岡山県の伊藤幹事長が岡山への応援の件で来訪し、十月十七日に岡山に行くことになった。十一時四十五分、内田幹事長と意見交換をする予定であったが、前日会ったのでその必要はなくなった。

十二時に、宏池会定例総会。

一時に衆院本会議で、総理の所信表明演説が行なわれた。二時に、参院本会議で総理の所信表明演説が行なわれた。三時四十分、京三製作所の大川社長が国鉄運賃値上げ法の件で陳情に来訪。

三時四十五分から主計局等の会議。

五時すぎ後楽園でアメリカンフットボールの大臣あいさつをした後、島さんの送別会に出席し、そのあと中村〔俊男〕三菱銀行頭取と会談した。

九月二十五日（土）

箱根カントリーで行なわれた、証券会社の会であるみのる会に出席した。九時四十二分にスタートした。

二時すぎに上り、三島市で行なわれ〔た〕栗原先生の幹部会に向った。成績は大平四十七・四十七、森田は四十一・四十八であった。四時頃から一時間にわたって講演し、五時すぎ三島を発った。

帰りに伊原隆氏の弔問に立ち寄った。

八時に、橋本清氏が来訪した。

九月二十六日（日）

今日は党青年部総決起大会が行なわれたが、小川平二先生のところに行くために、宮沢喜一先生に代ってもらった。十時半に新宿を出て、急行アルプスにより茅野駅に向った。

茅野について直ちに昼食休憩し、駅前の公会堂で講演した。このあと諏訪の片倉会館に向い、ここでも約一時間にわたって講演した。

このあと十八時十分の上諏訪発の特急あずさ号により、二十時五十二分に新宿に着いた。

九月二十七日（月）

九時に、園田先生が陳情（五億円を出してくれる人がいてそれを野村証券に運用してほしいというもの）。九時十五分、ローリング・ニュージ〔ー〕ランド〔前〕首相と会談。十時に、五洋建設水野〔哲太郎〕社長と永野〔俊雄〕会長とスエズ運河の件で会談。続いて植木〔光教〕先生が来訪。十一時半より、政府与党首脳会議。一時より、衆院本会議で代表質問が行なわれた。

終了後、IMF出張のための会議をした。国会の日程がつく限り行くかまえである。予算委が開かれる場合にも月曜日（演説の予定日）は代理でやれないかどうかを検討してもらうことになっている。

夜は、外資審議会の懇談会のあと末広会に出席した。

九月二十八日（火）

改造により三木首相は論功行賞人事をやったが、挙党協側は、このところ意気が沈滞気味であり、受け皿がはっきり決まらぬ限り十月党大会で三木をひきおろすことはできないという空気が強い。

九時閣議、記者会見。十時より参院本会議で代表質問が行なわれ、上田哲（社）、増原恵吉（自）の代表質問があった。二時より、衆議院の代表質問。金子満広（共）、矢野絢也（公）、春日一幸（民）の各氏が質問に立った。

三時より、生命保険大会。

五時より、中期国債についての会議。六時より大栄会に一時間位出席した後、前閣僚の集いに出席した。これは反三木閣僚の集まりという性格をもっていた。

九月二十九日（水）

八時半に内外政策研究所朝食会があったが、これは欠席して成人病研究所で健康診断。坂出の商工会議所のメンバーが坂出の市街地改造の件で上京した。十時に、参院本会議で代表質問。多田省吾（公）、立木洋（共）、中村利次（民）が質問。午後から戸沢政方先生〔元厚生事務次官。衆、神奈川3、76年初当選〕が大臣室に来訪。矢野登先生〔参、栃木、三木派〕、二階堂先生、仲谷〔義明〕愛知県知事がそれぞれ陳情。

三時に会議。渥美〔健夫・鹿島建設〕社長から国鉄運賃法の早期成立についての陳情。国鉄電々の関連会社は相当まいっているらしい。夕方、中期国債について会議。このあと七時頃から、今後の政局について鈴木〔善幸〕、小川〔平二〕、斉藤〔邦吉〕の三先生と意見を交換した。これは次期政権には福田氏を擁することにするかどうかである。

九月三十日(木)

十時に、衆院予算委が始まった。結局IMF総会には行けないことになった。野党は参院の審議を五、六日の両日を主張しているが、四、五日でないと六日の運輸委が開けないことになるからである。小林進(社)、田中武夫(社)、安宅常彦(社)、小山長規(自)、楢崎弥之助(社)、横路孝弘(社)、正森成二(共)、中島武敏(共)の各先生が質問に立った。

六時より、役所の会議。そのあと大使公邸で行なわれたヒース前首相のディナーに出席した。奥様は明後日、マニラのIMFに出席するため、今日の晩餐会には出席しないことになった。

十月一日(金)

七時、佐々木義武先生が朝食を共にしながら、当面の政局について議論した。九時に、閣議記者会見。十時より前日に引きつづき衆院予算委が開かれた。

正木良明(公)、塚本三郎(民)、安井吉典(社)、田川誠一(無)、阿部助哉(社)の各先生が質疑。

十二時に、日銀の森永〔貞一郎〕総裁と会談。途中から次官、官房長も加わって中期債のつめを行なう。

六時に、故伊原隆横浜銀行会長へ勲賞伝達式を行なった。

五時半からのフォーリンプレスセンター開設リセプションに出席した。

十月二日（土）

大臣夫人と森田夫人がＪＡＬ。ＩＭＦ総会を機会にマニラに出発した。

午前中はゆっくりして、十二時半頃、伊原隆氏の葬儀告別式に出席した。

十月三日（日）

明君をつれてスリーハンドレッドに行った。

比較的早く家に帰りゆっくりした。帰りに極秘に福田副総理と会って、大福調整の件をつめた。これは誰にもさとられなかった。

十月四日（月）

十時、参予算が開かれ、森中守義（社）、秦野章（自）、田英夫（社）、坂野重信（自）が質問した。

十二時に、政府与党首脳会談。本来今日はＩＭＦで演説しているはずであったが、副総理の代理で予算委は開けないとする社会党ほか野党の方針によりとりやめたものである。

十月五日（火）

九時、閣議記者会見。十時に参院予算委の二日目が開かれ、小平芳平（公）、上田耕一郎（共）、栗林卓司（民）、神沢浄（社）、喜屋武真栄（第二）の各先生が質問に立った。

十二時に田中六助先生が来訪し、大平株が上昇している現在こそ大福調整をし、福田に譲るべきであるとの意見であった。

夜は遅くなったため、狩野近雄氏〔元毎日新聞記者〕の出版記念パーティにもかもめ会にも出席できなかった。

十月六日（水）

八時に岡山県連幹事長が私邸に来訪し、十一月七日に来てほしい旨強く要請し、大臣も引き受けることとなった。

逢沢先生には、随分サーヴィスをしている。

九時四十五分、駐アルゼンチン近藤〔四郎〕大使来訪。

十時半より、モーニングを着て褒賞伝達式。午後、地銀協諸田〔幸一〕新会長の挨拶。

二時から、国金と主計の会議。

四時二十分、宮沢〔喜一〕先生が来訪。特に用事があるわけではないが、派内情勢を見きわめ派閥列車に乗りおくれまいとする動きのように見えた。

五時から喜寿合同祝賀会に出席した後、六時半から河野議長と会い、そのあと塩見先生、藤田先生とともに吉田忠三郎先生〔参、北海道、社会党〕と会った。

十月七日（木）

ツータ・トンガ副首相が大臣室に来訪。

九時十五分より、ハンガリーのフサーク副首相と会談した。

十時に参院大蔵委で、財特法の審議がはじめて本格的に行なわれた。

大塚喬（社）、青木一男（自）、戸塚進也（自）、鈴木一弘（公）、近藤忠孝（共）、和田春生（民）、野末陳平（第二）の各先生が質問に立った。

今のところ国会は財特法、値上げ二法とも予想外の順調さで審議が進んでいる。

委員会終了後、戸沢政方先生の講演会に出席した。

十月八日（金）

八時半に、経済関係閣僚協議会が院内大臣室で開かれた。九時より、記者会見。十時、参院大蔵委。福間知之（社）、戸塚進也（自）、矢追秀彦（公）、鈴木一弘（公）、渡辺武（共）、栗林卓司（民）の各氏が質問に立った。

十二時半より、田中六助先生と一緒に大臣室で昼食をとった。

三時四十五分、ペルー経済財政相バルーア氏と会談。

夕方、栗原先生と川重四本〔潔〕社長。

六時、瓢亭で大平会。その前に加藤紘一先生を励ます会に出席した。

十月九日（土）

バーディクラブのオープンのため、十時より式典、十時半よりパーティ、十二時半よりプレーを行なった。

十月十日（日）

スリーハンドレッドに行ってプレーした。保利先生と偶然出会った。

十月十一日（月）

今日は一日本を読んだりして、一日を家で過した。

十月十二日（火）

七時半、私邸出発。閣議の前、大蔵省でアルゼンチンのマルチネス蔵相と会談。マニラで行なわれたＩＭＦ総会の帰りに東京に立ち寄る要人が多いので、これらの日程をさばくだけでも大変である。

閣議記者会見。終了後直ちに、参院大蔵での財特法の審議に入った。財特法も一日下旬に国会に提出されてから延々と審議が続けられている感が深い。今日も五時過ぎまで昼食をとる暇もなく、審議が続いた。

委員会終了後、佐々木栄一郎家の長男雄一君の結婚式に出席した。雄一君は昭和四十二年夏、ガーナに出張中自動車事故で瀕死の重傷を負った。佐々木夫妻は直ちにガーナに飛び、意識不明の雄一君をロンドンに運びさらに東京に空輸した、とのことであった。

十月十三日（水）

八時半に、トリニダードトバゴのブルース中銀総裁を新日本証券の鷹尾〔寛〕社長が連れてきた。

九時、国防会議が院内で開かれた。十時、参院本会議。電々法の趣旨説明。

そのあと納税表彰式の写眞撮影をした。

十二時、政府与党連絡会議。

一時に、衆院大蔵委で一般質問。高沢寅男（社）、武藤山治（社）、増本一彦（共）、坂口力（公）、広沢直樹（公）、竹本孫一（民）の各先生が質問に立った。

夕方、日銀総裁がＩＭＦの報告に来た。堀〔昌雄・社会党〕政審会長が公労法十六条を値上げ法の委員会採決の直前にとり下げることを要求して、もめている。

十月十四日（木）

田中〔六助〕大蔵委員長が私邸に来訪して、公労法の要求をのまないのであれば財特法は今日審議できないし、今月中に通らないのではないかということを堀政審会長が言っているとのことである。しかし、原則は曲げるべきではないということで対処することとなった。

十月十五日（金）

朝、伊東〔正義〕、佐々木〔義武〕先生と朝食をともにした。ポスト三木の展望について語り合った。

八時四十五分、閣議。給与関係閣僚協。

十時より、参院本会議で国鉄財特について討論採決。財特は十時半に採決された。

一時半より、衆院大蔵で早速財特法の審議が行なわれた。

四時五分委員会採決、三十五分衆院本会議で可決散会した。

六時より、参院大平派の会合が栄林で行なわれた。植木〔光教〕先生が主唱して開かれたものである。

十月十六日（土）

九時五十分、平井卓志先生と参院真鍋〔賢二〕立候補の問題で懇談。

十時、ＦＲＢバーンズ議長と会談。十一時、参院問題について党本部で会合。

午後からの東京香川県人会は欠席した。

十月十七日（日）

スリーハンドレッドで、森〔美夫〕さんとともにプレーした。

十月十八日（月）

九時半より、ＩＤＢメガ総裁と会談。そのあと院内で理髪に行った。政府与党首脳会議が開かれた。そのあと宏池会で記者会見。

三時より、原健三郎先生と宏池会で会った。

夕方、瓦力先生を励ます会に出席した後、東京ヒルトンで行なわれた宏池会幹部会に出た。

十月十九日（火）

ロッキード閣僚協でフリートーキング。

九時閣議、記者会見。九時半、全国信用組合大会がヒルトンで開かれた。

一時に衆院決算委（森下、原、庄司、田中、坂井）。四十八年の予備費について審議。

山村〔新治郎〕先生〔衆、千葉2、田中派〕が陳情。武藤嘉文先生来訪。伊藤昌哉氏と懇談。

六時より、参院大平派との第二次会合。

十月二十日（水）

八時半より、院内で国防会議。十時より、大蔵省永年勤務者表彰式。

一時、セントラル硝子の吉井前社長の葬儀告別式。

田中六助先生が福田政権でやむなしとする旨の進言にきた。田中先生によれば大平株が上っているときにゆずるのが最上の策であるとのことである。

二時より、反三木の実力者会談がヒルトンホテルで開かれた。

六時より、第三次参院大平派の会合。

八時頃、福田・大平・鈴木・園田会談がホテルパシフィックで行なわれた。

十月二十一日(木)

八時半、挙党協の総会。

トルドー・カナダ首相歓迎式。十時五十分、国税庁永年勤務者表彰式。

十二時、宏池会定例総会。

二時四十分、地銀協大会に出て挨拶。三時二十五分、河野洋平先生、西岡武夫先生が、菊池福治郎先生を新自由クラブから出すことについて了解を取りに来た。

四時より会議。五時半より、片岡勝太郎氏〔アルプス電気社長〕の結婚披露宴。カヤ会。

十月二十二日(金)

九時、閣議記者会見。山本〔学〕サウジアラビア公使の挨拶。

原邦道氏〔元日本長期信用銀行頭取〕への位記伝達。

ビルン・ニュージャージー州知事の表敬訪問。

日銀との昼食会。どうも景気の様子がおかしいというのが実感のようである。国立婦人会館の陳情。

四時から、日本研究センターで日本に来ている五人の留学生と懇談。

大坪健一郎先生が大臣室に大臣を訪ねてきた。

トルドー首相歓迎晩餐会。

十月二十三日（土）

八時頃、修善寺へ向った。十一時、ヴィラ修善寺のオープン披露。六時より、クラブ内で大栄会が開かれた。

一九時五九分三島発で新大阪に向った。

十月二十五日（月）

九時半より、第二十回国際アクチュアリー会議に出席。皇太子殿下も列席された。

政府与党首脳会議。ウルグアイ・ブランコ外相が表敬。

二時、宇部興産中安〔閑一〕社長が挨拶のため来訪。二時半より、トリュ〔ル〕ドー・カナダ首相と会談。終了後、記者会見、夜回り懇談。

四時に、池田行彦氏が最後のお願いのため来訪。四時五十分より国際アクチュアリー協会のレセプション、その後た〔あ〕と大臣のみカナダ首相夫妻のディナーがブラックタイで行なわれた。

十月二十六日（火）

九時、閣議記者会見。十時参院大蔵委、一般質問。二時、衆院本会議で災害の決議が行なわれた。

四時三十五分、トルドー・カナダ首相歓送式。保岡〔興治〕先生ほか陳情。五時過ぎより、会議のあと田畑久宣氏〔錦海塩業社長〕来訪。ジョンソンのイースタム社長歓迎パーティがホテルオークラで行なわれた。

十月二十七日（水）

九時より、国防会議。十時半に、東京鉄鋼吉原〔貞敏〕社長来訪。平電炉メーカーは軒並みピンチにおち入っているらしい。長銀の杉浦〔敏介〕頭取に紹介した。

十一時、松岡克由〔立川談志〕先生来訪。十二時、春芳会がホテルオークラで開かれた。二時、指定都市市長議長、陳情に来訪。木村武雄先生来訪。続いて主計局の会議。

六時に、戸沢政方先生を励ます会が東京プリンスで開かれた。

七時半より、福田、大平ほか各実力者が会合。

十月二十八日（木）

八時に、三思会朝食会。そのあとすぐ実力者会談がニューオータニで行なわれた。

東京国税永年勤務者表彰式が椿山荘で開かれた。

十二時に、宏池会定例総会。続いて一時より記者懇談。一時四十分より衆本議、続いて会議。

三時五十分に高木神戸商大学長が来訪。四時十分前田〔正男〕科技庁長官〔衆、奈良、田中派〕。五時一五分、安田貴六先生が来訪。六時より、外人記者との会合。

十月二十九日（金）

七時二十分、日本塩田連、平井社長私邸。江戸英雄氏〔三井不動産社長〕と佐渡卓氏〔日本国土開発会長〕が私邸に来訪。八時半、国防会議。九時閣議、記者会見。十時半、衆院外務委。

一時五十分より、赤坂御苑で園遊会。三時より、挙党協実力者会談。そのあと記者会見。

会議のあと早目に私邸へ向った。八時に、家に栗原〔祐幸〕先生が来訪された。

十月三十日（土）

九時、伊藤昌哉氏来訪。十時に今井勇先生。十二時より赤プリで挙党協の会合が開かれた。福田氏擁立をきめた。一時半より、宏池会記者懇談。

十月三十一日（日）

一時より自民党臨時党大会の予定であったが、党大会を開けば三木退陣のめどを明らかにしなければおさまらず、結局延期することが双方にとって好都合であるということになったものである。結局臨時党大会は延期となった。これによって三木退陣は総選挙後に持ちこされた。

十一月一日（月）

十一時に、米沢〔滋〕電々総裁来訪。藤井裕〔久〕氏来訪。上条勝久先生が、宮崎県参院選のことで松形氏〔祐尭・林野庁長官〕擁立のことで会談した。十二時、政府与党首脳会議。そのあと宏池会記者懇談。三時、外貨債務についての会議をした。四時、日本建設業団体連合会陳情。夜回り会見。五時より、日本証券経済クラブの創立十周年記念パーティ。

十一月二日（火）

九時閣議、公企体等関係閣僚協議会、記者会見。十時半参院運輸委で、国鉄問題を審議。十二時から、宏池会へ行って資金手当。一時半より二時四十分まで、参院逓信委で電々法の審議が行なわれた。

三時より、福田家《ふくだや》で福田さんと二人で会談した。そのあと宏池会で記者懇談。

五時より、理財官房。一九時一〇分参院運輸委で、和田春生（民）で《ママ》質疑した。

十一月三日（水）

文化の日。津島雄二先生の応援に行くこととした。

八時十分羽田発ＴＤＡで三沢に向った。十一時四十分青森農業会館に到着、時局講演会。十四時五十分、時局講演。

十七時四十分、三沢空港発東亜国内航空で東京へ向った。一八時五十五分、羽田に帰着。

十一月四日（木）

九時半、公企体等給与関係閣僚協。十時に成田〔知巳・社会党〕委員長、高松市長〔脇信男〕が陳情のため来訪。

十時二十分、記者会見。

十時四十分、参院運輸委が開かれ、瀬谷英行（社）、三木忠雄（公）が質疑に立った。

十二時に、宏池会定例総会。

二時に、ヒルトン奈良の間で実力者会談。四時すぎ、会議が行なわれた。

八時〇五分、参本会議。国鉄電々給与の三法案を可決散会した。

十一月五日（金）

七時半、三崎会長。八時半、挙党協ヒルトンで出陣式。

九時より、国防会議。九時半閣議、記者会見。

遠藤要先生〔参、宮城、田中派〕、住栄作先生、福永健司が陳情に来訪。

十二時二十四分、東京発で大阪に向った。貨幣大試験のためである。

経済三団体との懇談、大阪国際ホテルで行なわれた。

十八時三十分、財界有志との懇親会が大和屋で行なわれた。

在阪神大蔵官衙長先輩懇親会。

十一月六日（土）

九時、大阪市長〔大島靖〕の陳情。

十時五十分より、貨幣大試験。十一時四十分午餐会。

一三時三十分、金融懇談会が大阪銀行協会で行なわれた。

十七時三十分より、ロイヤルホテルで新産業政策懇親会が行なわれた。

十一月七日（日）

八時四十分ロイヤルを出て、木曽〔幸陽ドック〕社長を見舞った。

続いて穎川〔徳助・幸福相互銀行〕会長の弔問を行なった。十一時十二分、新大阪を出て岡山に向った。逢沢英雄先生応援のためである。

二時四十分より、深柢小学校体育館で時局講演。

四時より、ＪＣで講演会。

十七時四十分、岡山発の全日空機で東京に向った。

十一月八日（月）

九時に、福田・大平会談がパレスホテルで開かれた。

十時半、講堂で勲賞伝達式。政府与党首脳会議、宏池会記者懇談。

一時に、川島正次郎先生を偲ぶ会があったが出席しなかった。

二時半、森ビル森〔泰吉郎〕社長、高木〔文雄〕国鉄総裁、ロッテ重光〔武雄〕社長、岡山県連伊藤幹事長が相次いで来訪した。嶋崎〔均〕先生陳情。

四時、朝日新聞選挙用インタビュー。五時半、夜回り記者会見。

十一月九日（火）

八時半、関電芦原〔義重〕会長。

十時閣議、経済関係閣僚協議会、記者会見。

十一時四十五分、しょう油協会・小宮副会長来訪。

十二時、伊東正義先生を励ます会がまつ〔松〕本楼で開かれた。

サントリー佐治〔敬三〕社長、糖業連合会山崎会長、岩動〔道行〕先生、武藤嘉文先生、相銀早坂〔順一郎〕会長、田中四郎氏、信濃〔勇。多度津〕前町長等が相次いで来訪した。

六時すぎ私邸に帰って夕食をとった。

十一月十日（水）

天皇陛下ご在位五十年記念祝典。十時半に、モーニング姿で記念式典に出席した。

十二時に会議。竹内〔藤男〕茨城県知事、梶山〔静六。衆、茨城2、田中派。建設〕政務次官来訪。

一時に、オペック関係のレクチャー。

二時すぎ、深尾〔清吉・宝幸水産社長〕・福本〔邦雄〕両氏が相次いで来訪。

選挙にかかるのでこれに備えるために理髪に行った。

五時半より仮縫い。六時より植木〔光教〕先生と新谷〔寅三郎。衆、奈良、無〕先生と会食をした。

十一月十一日（木）

八時に、伊藤昌哉氏。フジタ工業・藤田〔一暁〕社長。

九時半、宮中茶会。

十一時主計局の会議。栗山あきら氏、河合〔良一・小松製作所〕社長、高橋社長が相次いで来訪。

一時半、東京中小企業育成会社・藤沢社長来訪。

二時半、戸田建設戸田〔順之助〕社長と石丸副社長が来訪。古井喜実先生来訪。

六時より、瓢亭で大平会が開かれた。

十一月十二日（金）

九時より、ロッキード問題閣僚連絡協が官邸で開かれた。

閣議記者会見。お昼に平和生命武元〔忠義〕社長来訪。

日比谷で自民党時局大演説会が開かれた。

四時半、長銀杉浦〔敏介〕頭取が来訪。

夜、松山で清友会が開かれた。そのあとＮＨＫで政見放送のビデオをとった。

十一月十三日（土）

十時半より、選挙用毎日新聞、山陽新聞インタビュー。

十時四十分、新日本観光浅川〔正義〕社長来訪。

十二時に、細川隆元先生〔政治評論家〕と昼食をともにしながら懇談した。

十一月十四日（日）

私邸で静養。

十一月十五日（月）

九時に私邸発、戸沢〔政方〕先生の応援に行った。

小山省二先生〔衆、東京7、田中派〕、小坂徳三郎先生、大塚裕〔雄〕司先生〔衆、東京1、福田派。76年初当選〕、山田久就先生〔衆、東京8、田中派〕、天野公義先生の事務所を次々にまわった。

5時半、長岡官房長の母堂の弔問に行った。

七時、上条勝久先生が挨拶に来訪。

七時半、タキシードでバンダラナイケ歓迎晩餐会に出席した。

十一月十六日（火）

八時十分、羽田を発ち住〔栄作〕先生の応援に行った。

十時二十五分、富山県庁着。数ヶ所で街頭演説。

ＹＫＫが昼食懇談会、演説会をやってくれた。

一五時八分、〔魚〕津発の列車で七尾に向った。

十七時十五分、七尾市民会館で夕食、陳情、記者会見、演説会。

十八時三十分より、演説会を二ヶ所で開催。金茶寮で泊った。

十一月十七日（水）

十時、小松空港を出て東京に帰り静岡を遊説。下田市で個人演説会。自宅泊り。

十一月十八日（木）

八時半、電気化学花岡〔弥六〕社長、遠藤〔福雄・神崎製紙〕社長来訪。

十時会議、十一時相銀大会が経団連会館で行なわれた。十一時半、キリンビール本社落成式。

小宮山〔重四郎〕先生〔衆、埼玉２、田中派〕応援。浜口家へ弔問に寄った。

私邸泊り。

十一月十九日（金）

八時半、平和相互小松常務。十時閣議、記者会見。（財研と宏池会の両方をすませる）
十二時三十五分、羽田発全日空にて高知に入る。
田村良平先生〔衆、高知、田中派〕応援のため二ヶ所で街頭演説を打つ。
城西館で夕食をとったあと、高知発あしづりで今井〔勇〕先生のところへ入る。
窪川で今井先生引継。ホテルサンペール泊り。

十一月二十日（土）

二ヶ所で今井先生応援のための街頭演説をぶつ。

十二時三十分、宇和島発にて松山に向った。松山にて県庁で記者会見。

済美高校体育館にて個人演説会。そのあと街頭演説二ヶ所。郡中公民館にて個人演説会。

松山空港を一八時五十五分に発って大阪に向った。

十一月二十一日（日）

九時十二分、新大阪発。岡山駅前他で街頭九ヶ所で実施。

十四時二十分より、西大寺市民会館にて個人演説会。十五時三十五分、岡山駅発。

十六時十七分、姫路着。戸井田〔三郎〕先生の事務所で経済講演。

あと一ヶ所街頭演説をやって、一八時五六分に新大阪に着いた。大阪ロイヤルホテル泊り。

十一月二十二日（月）

八時半、ロイヤル発。

左藤〔恵。衆、大阪6、田中派〕事務所に立ち寄った。二カ所で街頭演説をした後、十一時に古川丈吉先生に引き継いだ。

街頭二カ所をやったあと、木野〔晴夫〕先生に引き継いだ。街頭を三カ所やったあと、大阪空港に向った。

十九時五十五分、大阪空港を出て羽田に帰ってきた。私邸泊り。

十一月二十三日（火）

九時四十五分、羽田発。全日空にて阿部〔文男〕先生の応援に向う。
十一時函館着。五ヶ所で街頭演説。
十五時五分函館発、青森の津島〔雄二〕先生の応援に向う。その夜はホテル青森泊り。

十一月二十四日（水）

七時十分、魚市場で街頭十分。朝食ののち三カ所街頭演説。
十和田市に向う。二カ所で街頭演説。
十四時、三沢駅発くりこまにて盛岡に向う。盛岡文化服装学院講堂にて個人演説会。
ホテルロイヤルで夕食の後、街頭演説一カ所をやったあと盛岡を出て仙台に向った。
二十一時十七分、仙台駅発。ホテル仙台プラザ泊り。

十一月二十五日（木）

八時、朝食会。お昼の昼食をはさんで七ヶ所で街頭演説。
十四時二十分仙台発、関山ドライブインで加藤紘一先生へ引継。
酒田産業会館及び鶴岡文化会館で個人演説会。
鶴岡発急行寝台にて上野に向った。

十一月二十六日〔金〕

六時四十一分上野に着き、一旦家に帰り風呂に入り朝食。十時閣議、記者会見。会議（主計局）十二時二十分宏池会記者懇。

藤沢その他について七カ所で街頭演説、戸沢政方氏を応援。

八時頃私邸に帰宅。

七時に小林〔保清〕コーセー専務、十時半光洋精工蓑田〔又男〕専務来訪。私邸泊り。

十一月二十七日（土）

七時三十分、伊藤昌哉氏来訪。十時二十三分三島着。五カ所で街頭演説。栗原〔祐幸〕先生応援。

十一時より、経済人懇談会で食事。

十五時四十七分三島発。静岡着原田〔昇左右〕先生応援。三カ所で街頭演説。二カ所で個人演説会。

十九時五十二分静岡発こだまで名古屋に向った。名古屋キャッスル泊り。

十一月二十八日（日）

七時半ホテル発。桑名と四日市で山本幸雄先生〔衆、三重1、田中派〕を応援。

十二時二十三分に服部〔安司〕先生の応援に到着。七カ所で街頭演説。二カ所で個人演説会。

十七時三十分大阪駅につき、そのまま大阪ロイヤルホテル泊り。

十一月二十九日（月）
十時三十分、大阪発全日空にて鹿児島に向う。黒木〔利克〕先生の応援。街頭四ヶ所実施。
十五時二十四分鹿児島駅着。街頭二カ所、個人演説会一カ所。宮崎観光ホテル泊り。

十一月三十日（火）
七時半ホテル発。黒木〔利克〕先生のため五カ所街頭演説。
十二時十五分延岡駅着、大分に向う。三カ所で街頭演説。
西鉄グランドホテルで懇談会。別府ホテル清風泊り。

十二月一日（水）

七時四十五分、別府駅発小倉に向う。田中六助先生応援のため　街頭二カ所で演説。

林義郎先生応援のため、三カ所で街頭演説。

列車で森田〔欽二〕先生〔衆、福岡1、大平派。76年初当選〕応援のため博多に向った。

四カ所で街頭演説実施。都ホテルで夕食会を実施しそのまま都ホテル泊り。

十二月二日（木）
八時博多発で、大久保〔武雄〕先生応援のため熊本に向った。三カ所で街頭演説実施。
一三時四十五分、熊本空港発にて大阪に向った。
谷垣〔専一〕先生〔衆、京都2、大平派〕応援。三カ所で街頭演説。夜二カ所で個人演説会。

大阪にもどり大阪ロイヤルホテル泊り。

十二月三日（金）

七時四十五分、大阪空港発。十一時四十五分西条市着、五ヶ所で街頭演説。

十五時県境で引き継ぎ。香川に入る。綾歌、仲多度、五カ所で個人演説会。

九時半に観音寺へ向う。観音寺泊り。

十二月四日（土）

七時より、遊説車で三豊郡一帯を流して走る。豊浜他十カ所で個人演説会実施。

夜二十二時、観音寺市事務所にもどる。観音寺事務所泊り。

十二月五日（日）

十一時〇五分、高松発全日空機で東京にもどる。投票をすます。夜宏池会に行って開票速報につき合う。

十二月六日（月）

十一時より、役所で会議。三時に、宏池会記者会見。四時に、理髪に行った。五時三十分、記者会見。

十二月七日（火）

朝、原田昇左右先生。

解題

本日記の主役である大平正芳は、一九一〇（明治四三）年三月十二日に香川県の西端に位置する三豊《みとよ》郡和田村（現、観音寺市）に生まれた。三豊中学（現、観音寺第一高等学校）、高松高等商業学校（現、香川大学）を経て、一九三三（昭和八）年東京商科大学（現、一橋大学）に入学。一九三六年四月、二・二六事件の余燼さめやらぬなか大蔵省へ入省した。大蔵省へ入るにあたっては、郷里の先輩である津島寿一大蔵次官（当時）の強い引きがあった。

一九四五年三月に小磯国昭内閣で津島蔵相秘書官となり、戦後東久邇宮稔彦内閣でも同じく津島蔵相秘書官を務めている。そして、一九四九年に池田勇人蔵相の秘書官となったことを機縁として、五二年に郷里香川二区から自由党公認で立候補初当選を果たし、以後十一期二十九年の長きにわたって衆議院議員を務めた。

大平が政界で頭角を現すことになったのは、一九六〇年十二月に池田内閣の官房長官となり、六二年七月に第二次池田改造内閣で外相に就任して以降である。続く佐藤榮作内閣では、政調会長（六七年十一月）や通産相（六八年十一月〜七〇年一月）を務めたものの、政権の中枢からは遠ざけられた。

一九七一年四月に、大平は前尾繁三郎を継いで宏池会第三代会長に就任し、総理総裁の座を目指すようになった。翌七二年七月に行われた総裁選挙は、その資格を問う第一の関門とも言えた。選挙には、大平、田中角栄、三木武夫、福田赳夫の四名が立ったが、「角福戦争」とも呼ばれたように事実上田中と福田の一騎打ちであった。結果は、田中一五六、福田一五〇、大平一〇一、三木六九だった。大平は、前回の前尾を上回る三ケタの票を獲得し、有力な総裁候補としての地位を固めた。決戦投票の結果、田中が圧勝し、総裁に選出された。この総裁選挙は、「三角大福」の熾烈な派閥抗争の始まりを告げるものとなった。

一九七二年七月七日に田中内閣が発足し、大平は再び外相に就任した。派内からは、幹事長もしくは蔵相を要求すべきとの突き上げもあったが（七月七日）、大平は外相として外交を苦手とする田中を支えていく。七四年七月には辞任した福田赳夫蔵相の後任となり、三木内閣でも蔵相に留任した。二つのニクソン・ショック、第一次石油危機など、国際政治経済秩序に大きな変動がもたらされた時期に、彼は外相・蔵相としてこの危機に立ち向からことになったのである。周知のとおり、大平は七六年十二月に福田内閣で幹事長の椅子を得、七八年十二月の総裁予備選挙で福田に圧勝し、念願の首相の座に就いた。

ここでは、日記を手掛かりに四年有余のその軌跡を振り返っておきたい。

＊＊＊＊＊

日中国交正常化と衆議院総選挙――一九七二年

一九七二年は、沖縄返還と日中国交正常化という、戦後日本政治を画す二つの大事があった。大平は、沖縄返還について「長い占領政治に終止符がうたれた」と記し、「戦後の総決算」を標榜し、新たな時代の針路を求めていく。

七月七日、組閣を終えて、田中は列島改造と並んで日中国交回復を急ぐとの談話を発表した。大平もまた「日中国交正常化に決意をもって当たる」と述べた。およそ一年前の七一年五月頃、大平は自身の手帳に中国問題について「急グベシ。中国は私ヲ求メテオル」（『全著作集7』31頁）と、彼なりの覚悟と自負を書き留めており、その熱意は相当のものだったと思われる。このメモは、ピンポン外交で来日中だった王暁雲と極秘裡に会った直後に書かれたと推測される。七月十六日に、二人は「総選挙、臨時国会、日中、日米訪問」等について相談し、「今後の政権の運営は二人で相談してやろう」との約束を交わしている。

大平は、日中関係解決に向けて、熱い思いを抑えて慎重に準備を進めていく。七月十日には佐々木更三社会党元委員長に、同二十二日には訪中を前にした竹入義勝公明党委員長と会う一方、来日中だった孫平化や肖向前ら中国の要人とも密かに会談をもっている。

八月四日に、周恩来との会見を終えて帰国した竹入がもたらした、いわゆる「竹入メモ」は交渉開始に逡巡する田中の背中を押し、大平が懸念する二つの問題――日米安保と日台関係の解決に糸口を与える内容だった。大平は「これを極秘事項として大臣限りの扱い」とし、外務省に持ち帰りその検討を急いだ。こののち、日記には「日中問題の勉強」との記述がしばしば現れる。

傍ら、大平はさまざまな人々と会談を重ねる。たとえば、スナイダー米駐日首席公使（七月二十六日）や来日したキッシンジャー米大統領補佐官（八月十五日）と「日中問題」について議論している。また、駐日中華民国大使からは抗議の訪問を受けている（七月二十五日、八月十六日）。宇山厚駐中華民国大使（七月二十四日、同二十七日）、一橋の後輩でもある奈良靖彦シンガポール大使（八月六日）、岡田晃香港総領事（九月十四日）など関係外交官からの進言を受けている。

八月九日、大平は田中と交渉に当たっての問題点と課題を整理し（『全著作集7』52―53頁）、翌十日には、参議院決算委員会で「日中国交正常化が実現したときは、日台条約は論理的な当然の帰結として失効せざるを得ない」と答弁し、自民党親台派の激しい反発を受けた（八月十日）。二十日には、田中と台湾特使問題や自民党訪中団などについて協議している。

この間、自民党の古井喜実は日中国交正常化交渉において大平が最も頼りにした一人だった。二人は「安保問題を中心に議論」（七月二十五日）、「古井先生はなかなか良い点を指摘する」との大平の言葉（七月二十九日）、「日中コムュニケの案文につき古井議員の意見を聴取した模様」（八月三十日）などの記述からうかがえるように頻繁に会っている。古井もまた、悲願の実現を大平に賭けた。最終的には、古井は九月九日に、大平から託された日本側の日中共同声明要綱の案文を持って北京に飛び立っている。その厚い信頼関係を象徴するものと言えよう。

なお二人の、そして田中との会談の内容については、『全著作集7』に収めた大平のメモと、『中央公論』二〇一二年七月号掲載の「新発見・大平メモ」を併せて参照していただきたい。

八月三十一日ハワイで、田中と大平はニクソン米大統領から日中和解への同意を取り付けた。帰国後、九月四日から六日の三日間、日韓閣僚定期会議への出席などルーティーンの業務をこなしたあと、大平は椎名悦三郎自民党副総裁に日台関係の処理を委ねた（九月七日）。日記には、中国問題も大筋でめどがつき、終局に近づきつつある、との観測が記されている（九月十三日）。

そして、米台との交渉に対する中国の反応を見定めて、九月二十五日に大平は首相らとともに訪中し、二十九日に国交回復を成し遂げた。組閣から三カ月足らず、まさに「決断と実行」の賜物と言えよう。森田が記した『訪中日記』は本書が初出だが、同行したものが書き留めた貴重な記録である。

その後、休む間もなく、十月十日から二十五日まで、大平はオーストラリア、ニュージーランドを経て、米ソに日中国交回復の意味を説く旅に出た。ニュージーランドが「中国問題では、豪州より一層台湾擁護の雰囲気が強く、アスパックなどで維持したがっていたようである」（十月十六日）との記述は、国内に満ちた熱気と国外との温度差を示している。

帰国した大平を待ち受けていたのは、議会内外に吹く解散風であった。田中は、日中国交正常化の成功と列島改造を掲げて総選挙に打って出たとされるが、一方で列島改造をある程度具体化してから総選挙を行いたいと考えていた節がある。実際、田中は解散・総選挙について「俺は今でもやりたくないんだ」と本音を吐露するも、大平の「しかし大勢だから仕方がない」との言葉に無言の肯定で応えている（十月二十五日）。

以後日記には、選挙応援に列島を奔走する大平の姿が描かれている。十二月の総選挙で、大平は八万九九四二票を獲得してトップ当選したが、自民党は全体として立党以来最低の二七一議席と振るわなかった。

金大中事件と第一次石油危機――一九七三年

一九七三年を迎えて、国際社会はさらに流動化の様相を濃くした。一月末には、米国と北ベトナムの間で和平協定が調印され、長い戦争に終止符が打たれた。二月には、ヨーロッパ通貨不安とドルの切り下げをきっかけとして、円は変動相場制に移行した。

国内に目を向けると、経済情勢は厳しいものとなりつつあった。地価の高騰は止むことなく、物価もじりじり上がり続け、国民の生活を直撃した。田中への支持も急速に冷えこみ、発足直後には六〇%台の空前の水準に達した内閣支持率も、五月にはわずか二七%に落ち込んだ。焦りからであろう、四月に入り、田中は突然小選挙区制法案をもって走り出した。野党はもちろん自民党内からも反発を受け、「なお総理は強気であった」(五月十四日)というが、十六日に断念を余儀なくされた。

予期せぬ事件が、米国から帰って来たばかりの田中と大平を襲い、政権を揺るがす。八月八日に起こった金大中事件である。韓国の野党指導者金大中が東京のグランドパレス・ホテルで拉致され、「金東雲一等書記官の関与の疑いが濃い」との報は日韓関係を緊張させた(八月三十日)。大平は苦慮するが、おおよそ三カ月後に一応の政治的決着をみた。これに彼が必ずしも満足していなかったことは、「もともと金大中事件などあのような形で結着をすべきではなかった」(一九七五年九月十四日)という記述からもうかがわれる。この間、大平と田中は訪ソの外交日程をこなしている。

さらに、十月の第四次中東戦争をきっかけとする石油危機(第一次)は、列島改造ブームによる急激な地価急騰でインフレが進む日本経済を痛撃した。高度成長に終止符を打つとともに、「狂乱物価」と呼ばれるさらなる物価の暴騰を招いた。日本外交はアラブ寄りに舵を切るが、この「アブラ外交」に大平は冷やかであり、「外務大臣は孤立した感が深い」(十一月二十一日)と記されている。

こうしたなか、十一月二十三日に、心労の重なった愛知揆一蔵相が急逝した。二十四日、内閣改造人事については「ほぼ留任の線」でまとまり、後任蔵相を誰にするかという問題に絞られた。メディアでは、大平あるいは福田の横滑りという説が流れていた。田中は福田を蔵相にすることは列島改造論の放棄にほかならないと考えて躊躇していたといわれる。このとき、大平が福田を推薦し、田中が「本当にそれでよいか」と問い返したのに対し、大平は「それでよい」と応えた。翌二十五日に改造内閣が発足している。なお、三木武夫副総理は経済企画庁長官を提示されたが、「田中・福田の板ばさみは困る」として断っている(十一月二十四日)。それは、のちの三木内閣期の大平蔵相と福田経済企画庁長官との微妙な関係に通ずる。

核のイントロダクションと田中退陣——一九七四年

一九七四年一月早々、大平は年賀の気分も冷めやらぬなか、苦しい体を押して日中航空協定交渉のために北京を訪れた。大平の帰国と入れ替わるように、東南アジア歴訪に旅立とうとしていた田中の顔は疲労とストレスからくる「顔面神経炎で未だゆがんでいた」(一月七日)。航空協定は親台派の反発だけでなく、運輸省や航空会社などが複雑に絡んだことで、調印がなされたのは四月末だった。この間、田中は国交正常化のときとは異なり、反対派の抑制に積極的ではなかったといわれる(森田談)。

七月の参議院選挙が近づいていた。選挙では、強引な「企業ぐるみ選挙」に批判が集まり、メディアは「金権選挙」と激しい非難を浴びせた。結果は議席差七という与野党伯仲状況を生み、以後、自民党は総理総裁の座をめぐって分裂を志向する遠心的な力と、統一を保とうとする求心的な力が押し合うなかで混迷を深めていく。選挙後、三木副総理、続いて福田蔵相が田中の政治姿勢を批判して辞任したことを受け、七月十六日に大平は外務大臣から大蔵大臣に横滑りした。意外にも、大平にとって初めての蔵相経験だった。

夏から秋にかけて、田中への党内の金権批判が倒閣の色を強めていた。十月九日に発売された『文藝春秋』十一月号に掲載された立花隆と児玉隆也の二つの論稿は田中を追いつめた。田中も揺れていた。彼は「誰にも他言するな」と断りつつ、大平に「石橋内閣のようにスムーズにバトンタッチする方法はないか」と伝えている（十月十八日）。二十四日にも改めて「後継首班を引き受ける意思があるか」と質している。十月二十八日から一二日間、田中は辞任の意思を秘めてニュージーランド、オーストラリア、ビルマ（現ミャンマー）訪問の旅に立った。

この前後、日記に「核問題」という言葉が見られる。この問題は、一九六三年四月四日にライシャワー米駐日大使から伝えられ、大平を驚かせた「核のイントロダクション」問題を指し、また「持たず、つくらず、持ち込ませず」の「非核三原則」にも触れる、彼を悩ませてきた長年の宿題だった。大平は外務大臣臨時代理就任を「核問題に一応の結着をつけるため」と位置づけ（十月二十五日）、外務省との協議に臨んだ。十月三十一日の日記は、「総理はこの問題を処理して退陣する意向を固めているようだ」と記している。しかし、この期待は、十一月二十六日に田中が退陣を表明したことで潰え、日記には抹消を意味する斜線が付されている。

田中退陣は、後継をめぐって、公選論を説く大平と話し合いを主張する三木と福田との対立を深めた。田中はなお「大平政権へのバトンタッチという点で気持ちの動揺はなかった」という（十一月十八日）。

しかし、大福相争う天下獲りの第一幕は、いわゆる「椎名裁定」により、三木が指名されたことで閉じた（十二月一日）。指名を受けて、三木は「晴天の霹靂だ」と声を上げたという。今日では、複数の証言から前夜すでに情報が漏れていたことが明らかとなっているが、それは彼の本音でもあった。大平の手帳には、急いで書き留めたと思われる乱れた字で裁定文が残っている。

三木内閣の誕生――一九七五年

一九七四年十二月九日、三木内閣が発足した。大平は蔵相に留任し、引き続き石油危機後の経済的混乱の跡始末に当たる。福田は副総理格の経企庁長官となり、公共料金の凍結を提唱するなど（十二月二十二日）、経済運営をめぐって大平を牽制した。

一九七五年一月、七五年度予算編成を終え、大平はIMF世銀総会出席のために訪米した。帰国後の二月九日には田中と会い、「田中七五人、大平七五人を維持すること、それぞれ十億程度かかること、一人三千というのは出すつもりのないことなどを打ち合わせ、選挙区ごとに細かく打ち合わせをして行くこととした」と話し合っている。大角側の戦線の建て直しであろう。

三木は自民党への金権体質批判に応えて、政治資金規正法および公職選挙法の改正の選挙二法の実現に意欲を燃やした。大平が歳入不足を補うために出した酒タバコ法案は、結果的にこれと審議の過程でぶつかることになった。六月には早くも、同法案が「公選法との取扱いもからみ、なかなか上る予定が立たなかった」（六月五日）と憂慮されている。

選挙法案は、いずれも議員の生死を左右するものであっただけに自民党内は揺れた。三木が世論に訴え、野党と妥協し味方につける手法をとったことで、党内の亀裂は深まった。さらに、三木がカルテル規制などを含む独禁法改正へと進むと、自民党や財界の不満を増幅させた。七月、選挙二法は会期末寸前に辛うじて可決され、このあおりを受けて酒タバコ法案は参院で審議未了、廃案となった。

一九七五年夏以降、田中は復活への狼煙を上げ、公務員のスト権問題や赤字国債の発行に道を拓く財政法特例法（財特法）問題で三木に揺さぶりをかけた。十一月三日、ランブイエ・サミットを前に、田中は大平に「大福がやめれば三木政権はつぶれる」が、「福田政権は、自分としては賛成しがたい」と告げている。

並行して、福田からもアプローチがあった。大平派の服部安司を介して、安倍晋太郎から大福提携論が持ち込まれた（十一月二十日）。十二月十五日に、大平は福田派に属するが姻戚関係にあった上原正吉邸で顔を合わせている。同二十七日には、田中派の金丸信が来訪し、田中派主導の角大福の三派提携を説いている（十二月二十七日）。

ロッキード事件と第一次三木おろし――一九七六年

一九七六年一月一日、森田は日記に「今年は政治的に激動の幕開けのような気がする」と書き留めている。一月二十九日には、田中は大平に「政局は自分と大平で決断してまわしていく以外にはない」、「三木を倒すとき椎名をやめさせる話はついている」「椎名は、前尾か保利の暫定政権を考えているようだが、自分はダメだと言っておいた」と告げている。

田中が反攻に転じようとしたところに飛び込んできたのが、二月五日のロッキード事件の第一報だった。新聞の片隅に載った小さな外電は、その後未曾有の激震となって永田町を直撃する。それは三木にとって第二の「晴天の霹靂」とでも言うべきもので、翌六日に彼は、その真相の徹底究明を約束することで政権の浮上を図る。

これに対し、椎名は、三木内閣総辞職論と三木の手で解散はさせない、と述べた（三月三十日）。ほかならぬ三木を指名した椎名が三木退陣工作の先頭に立った。五月五日に、田中は大平に、三木内閣に代わる「新内閣、新体制」の結成を説き、椎名や福田と提携するよう説いた。大平も、栗原祐幸や田中六助を使って椎名説得に当たっていると応えている。このとき彼が、首班指名で自民党が一本化することすら難しいとしつつ、福田首相、椎名総裁の総・総分離論に触れていることは興味深い（五月五日）。本書に収めた田中や椎名との会談を記録したメモは初出であり、貴重な記録である。五月九日、椎名は大平に、三木を推薦したことについて「全く申し訳ない」

と述べている（本書六三八頁）。

しかし、こうした椎名の動きは『読売新聞』五月十三日付け朝刊で報じられ、「政界は大さわぎとなった」（五月十三日）。翌十四日の日記には「政界は椎名工作で騒然となり、三木首相の世論をバックにしての猛烈な巻きかえしがはじまった。夜再び椎名さんとホテルオータ《ママ》ニで会談した。三木善玉、椎名悪玉とはっきり世論上の色分けがなされた」と記されている。この善後策を講じるためであろうか、二十日に大平は福田と会っている。椎名をはさんで、田中、大平、福田の三者の肚の探り合いが続くなか、結局、この第一次三木おろしの動きは、新聞・世論から「ロッキード隠し」の批判を浴び、一旦底流に沈み込んだ。

大福提携――第二次三木おろし

一九七六年七月二十七日の田中前首相の逮捕は、底流に潜んでいた自民党内の三木おろしの動きを再燃させ一気に加速した。日記には「田中前首相が逮捕された」としか書かれていないが、それはやがて田中・福田・大平三派による三木包囲網へとつながっていく。とはいえ、さまざまなポスト三木をめぐる工作の糸が錯綜し、先はまだ見えない状態だった。

日記には、大福調整・提携を模索する大平周辺の動きが赤裸々に記されている。登場人物としては、栗原祐幸、田中六助、そして伊藤昌哉がいた。大平の心中をはかることは難しいが、伊藤が著した『自民党戦国史』（朝日ソノラマ、昭和五七年）は、この時期の田中・大平・福田の動きを詳細に伝えている。

栗原は「福田派の園田直との間で（大福調整の）話を進めている」（七月十九日、八月八日）。八月三日には宏池会で、伊東正義、服部安司、佐々木義武らが「政局についての意見交換」を行っている。伊藤によると、伊東と服部は田中嫌いで知られており、鈴木善幸はこの時点まで「福田政権を全く考えていなかった」という。

他方、伊藤は大福提携を「第二の保守合同」と位置づけ、二人の間を頻繁に往来していた。日記は、伊藤が「このところほとんど毎日来て相談相手になっている」（九月一日）と記している。

八月十二日に、三木は大平に協力を求めるが物別れに終わり（六八〇〜六八三頁参照）、十九日には福田、大平、田中、椎名、船田、水田の各派は挙党態勢確立協議会（挙党協）を結成し、三木包囲網を狭めていく。三木解任を目論む挙党協の両院議員総会開催要求と、解散・総選挙をにらむ三木の臨時国会召集との綱引きが始まった。八月二十四日には両院議員総会、併せて三木、大平、福田の三者のせめぎ合いが続いた。この間、伊藤は大平に「福田総理、大平幹事長」の腹案を伝えている。伊藤によると、大平は大福の合意をもとにひそかに政局の軌道修正に乗り出したという（『自民党戦国史』二四八頁、二五七頁）。

九月十五日の内閣改造は、両者痛み分けの形で終わった。十六日臨時国会が召集され、会期は五〇日と決定された。同日、伊藤は「十一月に入れば解散ということではなく任期満了の告示ということで総選挙が行なわれることになるので、閣議での署名拒否ということは不可能」になるとの報をもたらした（十月十六日）。

二十一日、田中六助が、椎名・田中角栄・中曽根康弘と会った結果について報告している。しかし、挙党協の動きは「沈滞気味」になり、「受け皿がはっきりきまらぬ限り、三木を引きおろすことはできない空気」が出てきた（九月二十八日）。二十九日には、大平は鈴木善幸、小川平二、斎藤邦吉と会い、「次期政権に福田氏を擁することにするかどうか」について意見交換を行っている。

十月三日、日記には「極秘に福田副総理と会って、大福調整の件をつめた」とある。同五日には、田中六助が来訪し、「大平株が上昇している現在こそ大福調整をし、福田に譲るべきであるとの意見」を述べ、八日には「福田政権でやむなしとする旨の進言にきた。田中〔角栄〕先生によれば大平株が上がっているときにゆずるのが最上の策であるとのことである」と角栄筋の動きを伝えている。

十月十日の日記には、「スリーハンドレッドに行ってプレーした。保利先生と偶然出会った」としか記されていない。しかし、伊藤によると、保利は大平に「昭和五十二年、三年の二年間でよいから福田（を総理・総裁）にしてくれないか、これで党をまとめたい」と伝え、大平は「おれはOKだといった」と応えたという（『自民党戦国史』二八〇頁）。

こうして、二十日にホテルパシフィックで行われた福田・大平・鈴木・園田会談で大福提携が決まる。福田側は否定しているが、このとき後継について大平と福田赳夫との間で「二年で交代」の意味にとれる密約があったと言われる。そして、二十九日の挙党協実力者会談を経て、三十日、挙党協は福田で一本化した。

これに対し、「バルカン政治家」の異名を持つ三木は世論を背景に粘り、両者決着がつかないまま、十一月十五日に選挙が公示され、十二月五日の投票日に向けて総選挙になだれ込んだ。戦後初めての任期満了による総選挙で、自民党は過半数割れを起こして三木は退陣した。大福の天下獲りの第二幕は閉じ、ここで日記も終わる。

そのほか日記には、読書家として知られる大平が暇を見つけては本屋に立ち寄る姿や、もう一つの趣味であるゴルフに興じる姿が描かれている。

＊＊＊＊＊

大平と宏池会

日記はまた、派閥（宏池会）とそのリーダーとしての大平の顔を浮かび上がらせる。宏池会は毎週木曜日に定例総会をもち、毎年夏には研修会を開いている。大平自身は公務多忙で、できるだけ顔を出すという約束も果たせないことが多かった。

大平は会長として、総選挙や参議院の国政選挙だけでなく地方選挙での応援も精力的にこなしている。また、所属議員への「お中元」「もち代」や選挙手当の支給の話は、これまでメディアなどで聞くことはあっても、実態を知ることは稀であった。「年末のもち代を渡した。（党の方も五十万円ということで五十万円とした。）」（一九七二年十二月二十六日）、「宏池会で大平派の先生方にお才〔歳〕暮配りを続けた」（七三年十二月九日）等々生々しい。

もっとも、この頃の宏池会は必ずしも大平のもとで一枚岩だったわけではない。前会長前尾系と大平系の議員の関係は微妙だった。「宏池会はかなりがたがたしているようだ」（一九七四年二月十四日）とあり、同二十七日には「積極的に行動する派閥に脱皮する」ために組織改革が行われている。なお、当時の自民党の派閥は、結党時のいわゆる「八個師団」の時代から、七〇年代末から八〇年代にかけて「五大派閥」に収斂していく過渡期に当たり、石井派、椎名派、船田派、水田派などの中間派が一定の存在感を示していた。

所属議員は、一九七二年十二月の総選挙後で、衆議院四五名、参議院二〇名の計六五名、一九七六年十二月の総選挙後で、衆議院三八名、参議院一九名の計五七名を数える（『別冊「国会便覧」第二集』『同第三集』）。

日記は、鈴木善幸を別格として、田沢吉郎、浦野幸男、服部安司、伊東正義、佐々木義武、栗原祐幸の六名を大平「親衛隊」議員としている（一九七三年七月十八日）。田中六助もここに入るであろう。また親衛隊記者として、同じく島桂次（ＮＨＫ）を別格として、青木徹郎（ＴＢＳ）、河崎曽一郎（ＮＨＫ）、田島三津雄（朝日新聞）、山岸一平（日本経済新聞）、阿部穆《あつし》（産経新聞）、梶原武俊（共同通信）の六名が挙がっている（同七月十九日）。大平派（宏池会）の議員については、《付表１：宏池会（大平派）議員一覧》を参照していただきたい。

ここで、日記にしばしば出てくる人びとについて若干補足説明しておく。伊藤昌哉は、新聞記者から池田勇人の秘書官となり、のちに政治評論家として活躍した。二人の関係について、森田は「曰くいいがたいものがあった」と評しているが、二人の密談に森田が同席することはなく、その内容は日記からはわからない。橋本清は大平の高松高商の同期で、神戸商大（現、神戸大学）を経て、東京銀行に入ったが病気で退職した。親友であり、私邸・公邸を問わず、自由に出入りすることを許された、経済問題の議論の相手であった。また彼は、大平が記

付表１．宏池会（大平派）議員一覧

氏名	院	選挙区	初当選	回数	備考	氏名	院	選挙区	初当選	回数	備考
益谷秀次	衆	石川 2	1920		1972引退	田中六助	衆	福岡 4	1960	④	
小坂善太郎	衆	長野 1	1946	⑫		谷垣専一	衆	京都 2	1960	⑤	
荒木万寿夫	衆	福岡 3	1947	⑩	1973死去	栗原祐幸	衆	静岡 2	1972	①	1962参
鍛冶良作	衆	富山 1	1947		1972引退	岩動道行	衆	岩手 1	1963	①	1968参
小平久雄	衆	栃木 2	1947	⑪		伊東正義	衆	福島 2	1963	③	
鈴木善幸	衆	岩手 1	1947	⑪		登坂重次郎	衆	茨城 3	1963	④	
佐々木秀世	衆	北海道 2	1947	⑨		村山達雄	衆	新潟 3	1963	④	
島村一郎	衆	東京10	1947	⑫	1976引退	木野晴夫	衆	大阪 5	1967	③	
天野公義	衆	東京 6	1949	⑧		古内広雄	衆	宮城 1	1967		1972死去
池田勇人	衆	広島 2	1949		1965死去	増岡博之	衆	広島 2	1967	③	
小川平二	衆	長野 3	1949	⑨		水野　清	衆	千葉 2	1967	③	椎名派
小山長規	衆	宮崎 2	1949	⑨		阿部文男	衆	北海道 3	1969		
福永健司	衆	埼玉 1	1949	⑩		塩崎　潤	衆	愛媛 1	1969	②	
前尾繁三郎	衆	京都 2	1949	⑩		羽田野忠文	衆	大分 1	1969	②	
内田常雄	衆	山梨	1952	⑧		別川悠紀夫	衆	石川 1	1969	①	1972落選
大平正芳	衆	香川 2	1952	⑨		安田貴六	衆	北海道 5	1969	②	
黒金泰美	衆	山形 1	1952	⑨		今井　勇	衆	愛媛 3	1972	①	
丹羽喬四郎	衆	茨城 3	1952	⑧		加藤紘一	衆	山形 2	1972	①	
高見三郎	衆	静岡 1	1952	⑧	1976引退	瓦　力	衆	石川 2	1972	①	
大久保武雄	衆	熊本 1	1953	⑦	1976落選	住　栄作	衆	富山 1	1972	①	
宮沢喜一	衆	広島 3	1967	③	1953参	萩原幸雄	衆	広島 1	1972	①	
草野一郎平	衆	滋賀	1955	⑥	1973死去	宮崎茂一	衆	鹿児島 1	1972	①	
八田貞義	衆	福島 2	1955	⑦		逢沢英雄	衆	岡山 1	1976		
金子岩三	衆	長崎 2	1958	⑥		相沢英之	衆	鳥取	1976		
亀山孝一	衆	岡山 1	1955	⑥	1976引退	池田行彦	衆	広島 2	1976		
斎藤邦吉	衆	福島 3	1958	⑥		大坪健一郎	衆	佐賀	1976		
服部安司	衆	奈良	1958	⑤		菊地福治郎	衆	宮城 2	1976		
浦野幸男	衆	愛知 4	1960	⑤		津島雄二	衆	青森	1976		
金子一平	衆	岐阜 2	1960	⑤		戸沢政方	衆	神奈川 3	1976		
佐々木義武	衆	秋田 1	1960	⑤		原田昇左右	衆	静岡 1	1976		
田沢吉郎	衆	青森 2	1960	⑤		森田欽二	衆	福岡 1	1976		
塩見俊二	参	高知	1956	④		稲嶺一郎	参	沖縄	1970特	②	
西田信一	参	北海道	1956	③	1974落選	松岡克由	参	全国	1971	①	落語家・立川談志
植木光教	参	京都	1963補	③		久保田藤麿	参	三重	1971	①	1960衆
園田清充	参	熊本	1965	③		橋本繁蔵	参	愛知	1971	①	
平泉　渉	参	福井	1965	③	1976衆院	浜田幸雄	参	高知	1971	①	1952衆、67落選
藤田正明	参	広島	1965	③		嶋崎　均	参	石川	1971補	①	
小林　章	参	全国	1965	①	1971落選	寺下岩蔵	参	青森	1973補	①	
安田隆明	参	福井	1965	③		上条勝久	参	宮崎	1974	①	
津島文治	参	青森	1965	③	1946衆	岡田　広	参	全国	1974	①	
林田悠紀夫	参	京都	1965	③		永野厳雄	参	広島	1974	①	
山本茂一郎	参	全国	1965	③		宮田　輝	参	全国	1974	①	
高橋文五郎	参	岩手	1965補	②	1974引退	林　迶	参	高知	1974補	①	
玉置　猛夫	参	全国	1968	①	1974落選	下条進一郎	参	長野	1977		
長屋　茂	参	全国	1968	①	1974引退	真鍋賢二	参	香川	1977		
増田　盛	参	岩手	1968	②		板垣　正	参	全国	1980		

＊氏名は、当選年次順。衆は衆議院、参は参議院。

した著書（『旦暮芥考』『風塵雑俎』）のタイトルの命名者でもある。新井俊三は、一橋大で大平の一年後輩で、三菱信託銀行の常務をしていた頃に初めて出会い、一九六八年に同社を退職して新井経営カウンセラー事務所を開いた。芳明会に参加するようになった頃から、ブレーンの一人となった。黒川信夫（内外政策研究所代表）は、勉強会を兼ねた朝食会の主宰者だが、大平との関係は必ずしも明らかではない。三崎会長は、同郷の誼で大平家に出入りするようになったが、政治的関係はなかったという。

大平と大平後援会

さらに日記には、さまざまな名を冠する大平後援会がしばしば出てくる。多くの日記は、面会者氏名と会合日時など客観的事実を記しているが、公刊されている他の政治家の日記には見られない異色の記述である。

これらは大きく、池田勇人の後援会を継承した会、大平個人を囲む、あるいは後援する会、選挙マシーンである後援会の三つに分けられる。以下の叙述は、基本的に『大平正芳回想録・追想編』等の回想および後援会名簿に基づいている。

末広会は吉田茂元首相の勧めで、一九五七（昭和三二）年二月に政財界人を中心に作られた。メンバーには、大平、前尾繁三郎、宮沢喜一、鈴木善幸ら宏池会系の議員たちのほか、芦原義重（関西電力）、安西正夫（昭和電工）、出光計助（出光興産）、稲山嘉寛（新日鉄）、越後正一（伊藤忠）、江戸英雄（三井不動産）、駒井健一郎（日立製作所）、寺尾一郎（三菱商事）、日向方斉（関西経団連会長）、水上達三（三井物産）、土井正治（住友化学）、土光敏夫（経団連会長）、豊田英二（トヨタ自工）、瀬川美能留（野村証券）、佐治敬三（サントリー）ら財界の大立者が名を連ねている。世話人は、初め国土開発社長高木睦朗が務め、佐渡卓同社社長が引き継いだ。四水会や毎月第三火曜日に開かれた火曜会も同様である。

末広会は、池田の遺産を継いだものだが、そのつながりは、池田とは異なり「特定のこの人」というラインは少なく、「ほどほどに皆とよい」という（山口朝雄『大平正芳――政治姿勢と人間像』創芸社、昭和五三年）。

大平を囲む、あるいは後援する会は基本的に、如水会《じょすいかい》と又信会《ゆうしんかい》の、それぞれ大平の母校である一橋大学と旧高松高商の同窓会を基盤に作られている。大平自身がのちに「一橋出身でなければ総理にはなれなかったかもしれない」と語っていたように（森田談）、その物心両面にわたる支援は厚かった。

大平会は一九五一年春頃、「商大から総理、総裁を」を合言葉に、元最高裁判事で弁護士の松本正雄、茂木啓三郎（キッコーマン）、高橋朝次郎（キリンビール）、小泉幸久（古河電工）ら如水会有志で作られ、毎月八日に栄家で例会をもった。大平は自著『私の履歴書』で、植松清（古河電工）、田中外次（住友金属鉱山）、宮崎一雄（三井軽金属）、田林政吉（長銀）、近藤淳（ゼネラル石油）、露口達（日清紡績）等の名を挙げている。一水会は、もともと大平会のメンバーが池田を中心に毎月第一水曜の昼に集まろうということで始まり、池田の死後も引き継がれたものである。

春芳会（第二大平会）は、桜田武、永野重雄、佐々木邦彦（富士銀行）、中山素平、平岩外四（東京電力）、日向方斉、小山五郎（三井銀行）、出光、芦原ら財界の超大物クラスをメンバーとし、時おり夕食や朝食を共にするグループである。これに対して大雄会は、末広会の比較的若い経営者を中心に結成された。大平の「大」と英雄の「雄」を組み合わせて命名され、佐治、河合良一（小松製作所）、堤清二（西武百貨店）、藤田一暁（フジタ工業）らをメンバーとし、さらに関東大雄会と安田博（大阪ガス）らをメンバーとする関西大雄会の二つの地域別組織をもっている。

大平会はまた、各界各層にもある。地域別にはまず、一九五三年の総選挙後、加藤藤太郎（神崎製紙）が香川県人や同窓会グループに呼びかけて発足した京阪神大平会を挙げることができる。高商同窓の宮武徳次郎（大日本製薬）や堀田正行（阪急産業）が世話役を務めた。もう一つ、茂木・本田弘敏（東京ガス）らの東京大平会が、業界別では証券大平会や鍛造大平会がある。

このほか一橋出身者を中心とする大平後援会は多い。芳友会は、相京光雄（大興証券）と吉永實雄（三菱金属）を世話役とし、メンバーは二三名を数える。三思会は、現役の社長クラスをメンバーとし、田部文一郎（三菱商事）、露木清（三菱銀行）、槙田久生（日本鋼管）を世話役とする。格物会は、池田芳蔵（三井物産）や鈴木恭二（味の素）ら二〇名からなる。三金会は栗田勝啓を世話人とし、メンバーには、中山素平（興銀）、水上達三、安居喜造（東レ）、吉村寿雄（富士ゼロックス）、渡辺文蔵（味の素）、朝海浩一郎（外務省顧問）、森泰吉郎（森ビル）らが名を連ねている。芳明会は宮崎良一（三桟工業）を幹事とし、大平と一橋同期の川口勲（三井アルミ）、庭野正之助（日本鉱業）など主に三井系の財界人から構成されている。清友会は一橋一九三四年卒を中心に「生臭い話は抜きに」ということで作られ、赤城猪太郎（富士化学紙工業）、戸崎誠喜（伊藤忠商事）、楢原亮（本州製紙）、水野衛夫（安田生命）らが名を連ねている。大栄会は、稲田耕作（長銀）を世話人に、川又克二（日産）らがいる。いずれも一橋出身である。

太平会は一九六〇年末、大平が池田内閣官房長官時代に、矢野良臣（日棉実業）や藤井良男（フジタ工業）ら旧高松高商の三回生（一九二九年卒）の有志を中心に結成された。大平をもじって「太平会」と命名され、毎年ゴルフ・コンペをもっている。鷹尾寛（新日本証券）、岡内英夫（資生堂）等に加えて、大平の秘書官（森田一、菊地清明、真鍋賢二、福川伸次）、そして準会員として柳田誠二郎（日本航空）も六四年四月に参加している。

青藍会は一九七一年、牛尾治朗（ウシオ電機）ら日本青年会議所のメンバーおよびOBを中心に結成された。築地の藍亭で開かれたことから名づけられた。そのほか日記には、五島昇（東急電鉄）を世話人とする芳芽会、塚本幸一（ワコール）を世話人とする京芳会、海運・貿易関係のかもめ会、証券会社社長父子の親睦会であるみのる会などがある。

以上の人びとは、頻度の差はあれ、陳情その他で省庁や大平の私邸に顔を出している。言うまでもなく、複数の会にまたがって所属している場合も少なくない。いずれも、およそ月一回程度は夕食や朝食を共にし、政治的な話もあったと思われるが、大平から政財界の動向や政界の逸話などを聞き、親睦を深める会であったという。

官界関係では、鳳雛会《ほうすいかい》、かや（カヤ）会、十二日会がある。鳳雛会は政界入りしたばかりの大平を会長とし、村山達雄など大蔵省ＯＢを中心とするゴルフ・コンペの会である。かや（カヤ）会は賀屋興宣を中心とした大蔵省・通産省ＯＢからなり、迫水久常、伊原隆、石原武夫・周夫兄弟、森永貞一郎、徳永久次など一〇名ほどの小規模な会である。十二日会は、毎月十二日に古河電工築地寮で開かれたことから命名され、もともと池田を中心に大蔵省ＯＢと現役幹部との親睦を目的として結成された。いずれも、官庁ＯＢの親睦会的色彩が強い。

最後に、選挙マシーンとして展開した後援会を挙げておく。芳友会は地元の後援会で、一九六四年十二月に、選挙基盤の強化、若返りのために発足し、会誌『芳友』を発行。雄心会は、大平と就職、保証人等、何らかの関係を持つ同郷の若い人々を中心として、東京で結成された後援会であり、その後、関西雄心会、高松、坂出、丸亀、観音寺、琴平で結成されている（真鍋賢二『私の見た大平正芳』イメージメイカーズ、昭和五一年）。会誌『雄心』を発行している。

＊＊＊＊＊

後援会と併せて、日記で目にするのは数々の料亭である。それはかつて、重要な政治的決定が議会などの公的な場ではなく、料亭や待合などで私的に行われる、日本の悪しき政治的慣行として「待合政治」と批判されてきた。今は会合もホテルが主となり、料亭の多くが姿を消し、その面影はない《付図：赤坂料亭、銀座料亭参照》。ここで、その現状を記しておく。

大平が最もひいきにしたのが、新橋演舞場の傍、銀座七丁目にあった栄家《さかえや》であり、彼自身「栄家と交遊群像」

というエッセイをものにしている（『全著作集2』所収）。

赤坂・永田町近辺では、赤坂みすじ通り沿いの赤坂三丁目界隈に、中川（現、赤坂中川ビル）、満《ま》ん賀《が》ん、冨司《ふじ》林《ばやし》（現、冨司林ビル）、千代新《ちよしん》、金龍（一九二八年創業）、大野などが軒を連ねていた。金龍を除き今はなく、料亭ではないが栄林《えいりん》（現、栄林会館。一九五六年創業）は残り、光琳は位置を確定できなかった。

また、元赤坂には、俳優長谷川一夫の経営になる賀寿老《かずお》（廃業）、宮尾登美子の小説『菊亭八百善の人びと』のモデルとなった菊亭（江戸時代創業。現、ニッセイ元赤坂ビル辺り）がある。日本舞踊家の武原はんが赤坂新町に創業したはん居は、一九六三年に六本木三丁目へ移転している。そのほか、福田家《ふくだや》（一九三九年に虎ノ門で創業。四五年に紀尾井町へ移転。現、上智大学紀尾井町福田家ビル）、清水（紀尾井町弁慶橋辺り。現、赤坂プリンスホテル内弁慶橋清水）、瓢亭《ひょうてい》（京都瓢亭の分店として、神田万世橋に東京店を開店。一九二五年に永田町へ移転）がある。

銀座、築地、新橋近辺には、前述の栄家のほか、銀座七丁目界隈に金田中《かねたなか》（大正時代創業）、花蝶（一九二七年創業）、松山（一九四九年創業）、吉兆などが軒を連ねている。築地には、一八七五年に旧大隈重信邸跡に作られた新喜楽、藍亭（一九三一年創業。現、紀尾井町藍泉）、河庄（河庄双園）、米田中《よねたなか》（現、築地一丁目現アロア築地ビル辺り。）がある。米田中も今はなく、喜代竜は位置を確定できなかった

そのほか、日記には神楽坂五丁目に田中角栄がひいきにした松ヶ枝、新宿区信濃町の光亭、墨田区向島の桜茶屋の名が出てくる。

赤坂料亭

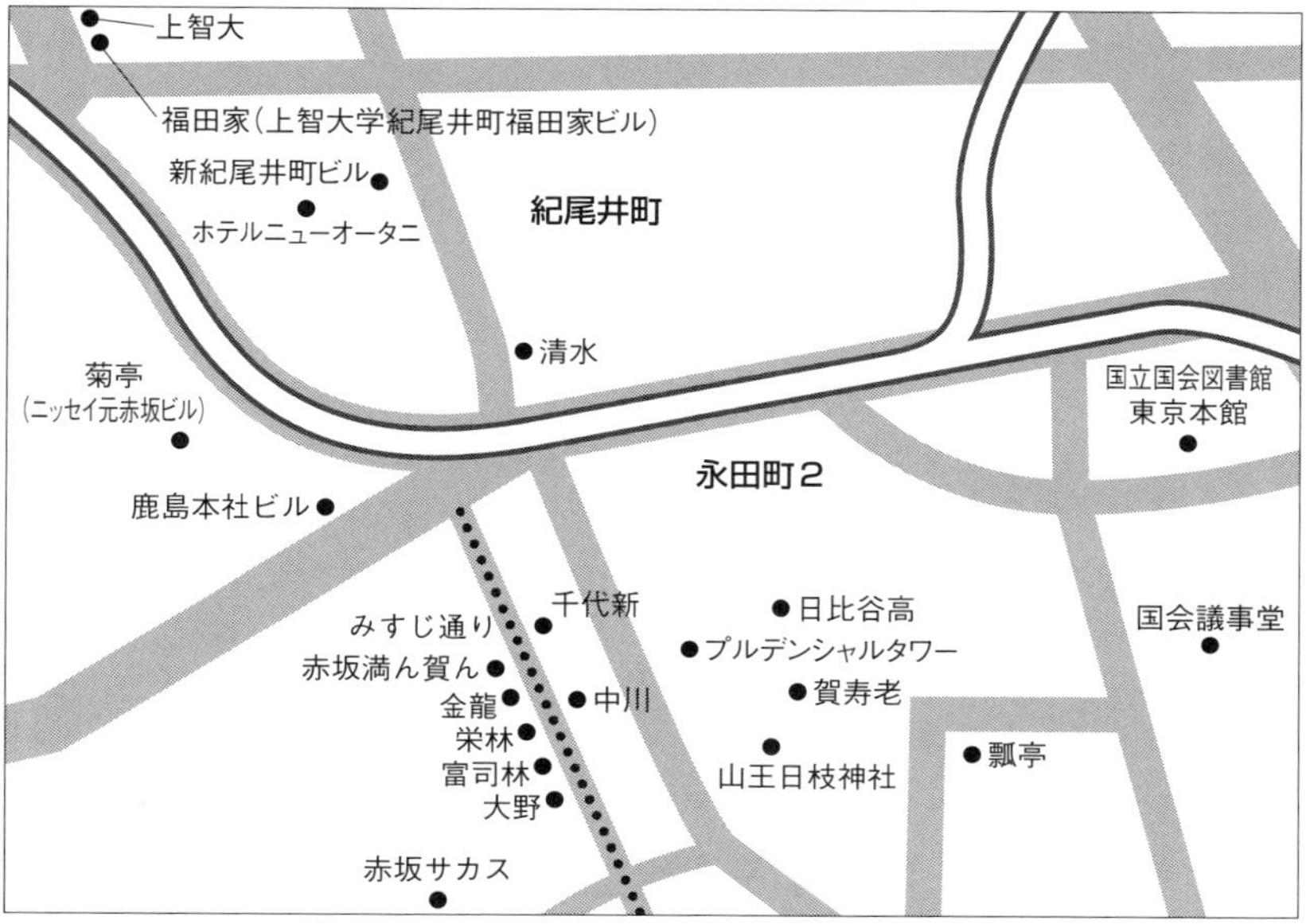

参照：松澤光雄『繁華街を歩く・東京編 ―― 繁華街の構造分析と特性研究』統合ユニコム、昭和 61 年。

銀座料亭

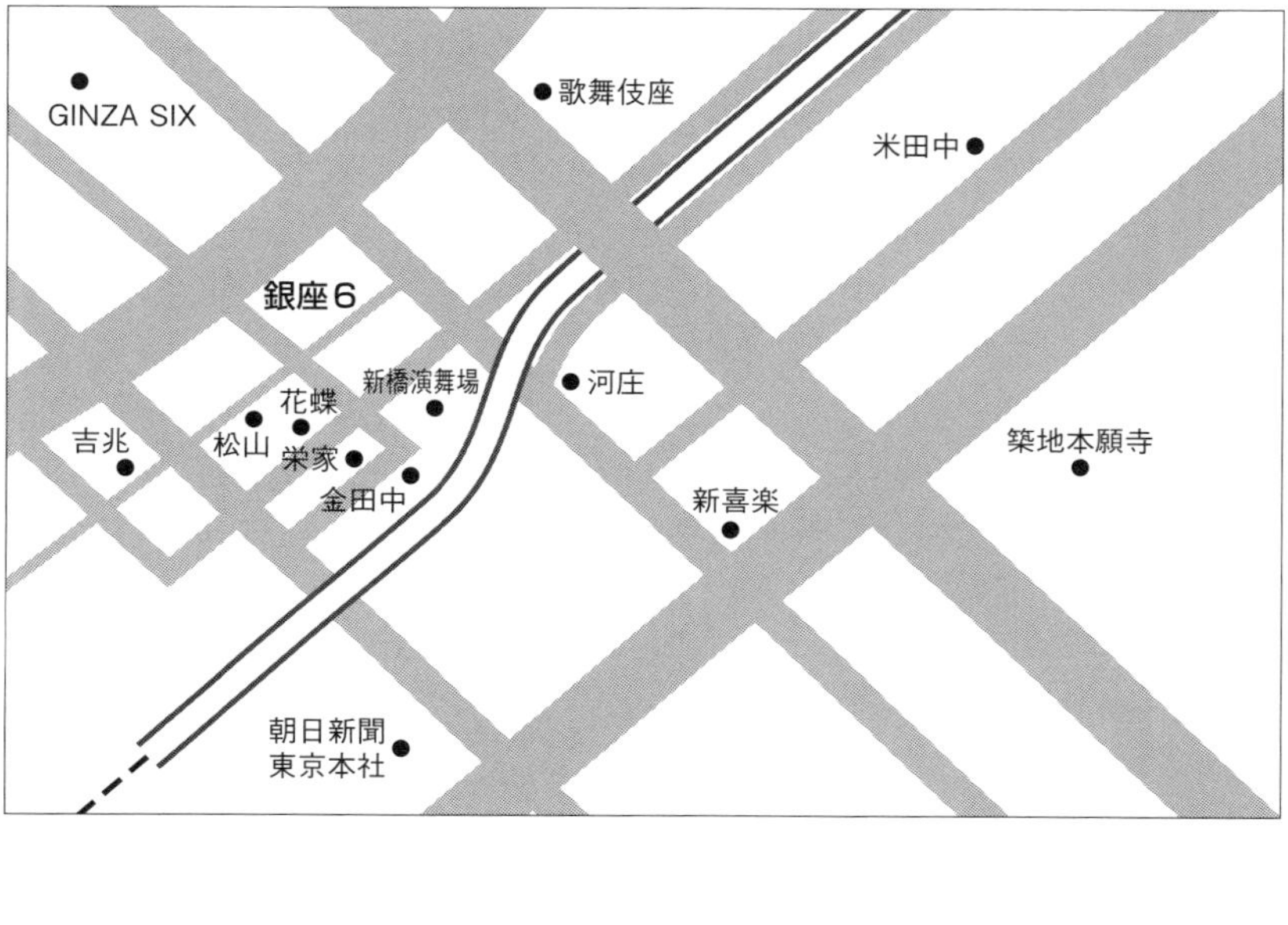

【わ】

【や】

【ゆ】

【よ】

【む】

【も】

【へ】

【ほ】

【ま】

【み】

【ぬ】

【ね】

【の】

【は】

【な】

【に】

【ち】

【つ】

【て】

【と】

【せ】

【そ】

【た】

【し】

【す】

【さ】

【く】

【こ】

【か】

【き】

【え】

【お】

【う】

人名索引

※索引には、衆参の国会議員および立候補予定者等を収録した。

【あ】

【い】

【編者略歴】

福永文夫（ふくなが・ふみお）　※はじめにと解題を執筆

一九五三年生まれ。獨協大学法学部教授。神戸大学法学部卒業、神戸大学大学院法学研究科博士後期課程修了。博士（政治学）。専門は日本政治外交史、政治学。

著書に『日本占領史　１９４５―１９５２　東京・ワシントン・沖縄』（中央公論新社、二〇一四年。読売・吉野作造賞受賞）、『大平正芳――「戦後保守」とは何か』（中央公論新社、二〇〇八年）など。

井上正也（いのうえ・まさや）

一九七九年生まれ。成蹊大学法学部教授。神戸大学法学部卒業、神戸大学大学院法学研究科博士後期課程修了。博士（政治学）。専門は日本政治外交史。

著書に『戦後日本のアジア外交』（共著、ミネルヴァ書房、二〇一五年。国際開発研究大来賞受賞）、『日中国交正常化の政治史』（名古屋大学出版会、二〇一〇年。サントリー学芸賞・吉田茂賞受賞）など。

【著者略歴】

森田　一（もりた・はじめ）

一九三四年香川県坂出市生まれ。一九五七年東京大学法学部を卒業後、大蔵省に入省（官房文書課）。一九六一年大平正芳に見込まれて、その長女と結婚。一九六二年大平外相秘書官となり、六四年の大平の辞任後、大蔵省に復帰。国際金融局外資課課長補佐、同企画課課長補佐、主計局調査課主計官補佐、主計局法規課課長補佐、主計局主計官補佐などを歴任。一九七二年大平正芳外相秘書官となり、七四年に大平が蔵相となると同秘書官を務めた。一九七七年大臣官房参事官となり、銀行局保険部保険第二課長、理財局資金第二課長などを経て、七八年一二月に大平首相秘書官となった。一九七九年大蔵省を退官。

一九八〇年六月、初の衆参同日選挙の最中に急逝した大平首相の後継として、衆議院香川2区で補充立候補当選。以後、二〇〇五年に引退するまで八期二五年務めた。二〇〇〇年、第二次森喜朗内閣で運輸大臣兼北海道開発庁長官に就任している。

著書に『心の一燈――回想の大平正芳その人と外交』（第一法規、二〇一〇年）、『最後の旅――遺された唯一の太平宰相日記』（行政問題研究所、一九八一年）など。

大平正芳《おおひらまさよし》秘書官日記《ひしょかんにっき》

二〇一八年四月一五日　初版印刷
二〇一八年四月二〇日　初版発行

著者　森田　一
編者　福永文夫
　　　井上正也
発行者　大橋信夫
組版　有限会社一企画
印刷・製本　中央精版印刷株式会社

発行所　株式会社　東京堂出版
東京都千代田区神田神保町一―一七（〒一〇一―〇〇五一）
電話　東京〇三―三二三三―三七四一

ISBN978-4-490-20984-6 C3031
Printed in Japan　2018